ESTATÍSTICA BÁSICA

WILTON DE O. BUSSAB
PEDRO A. MORETTIN

ESTATÍSTICA BÁSICA

10ª edição
revista e ampliada

Av. Paulista, 901, Edifício CYK, 4º andar
Bela Vista – São Paulo – SP – CEP 01310-100

Atendimento ao cliente:
https://www.editoradodireito.com.br/contato

Diretoria executiva	Flávia Alves Bravin
Diretoria editorial	Ana Paula Santos Matos
Gerência de produção e projetos	Fernando Penteado
Gerenciamento de catálogo	Gabriela Ghetti
Edição	Estela Janiski Zumbano
Design e produção	Jeferson Costa da Silva (coord.)
	Camilla Felix Cianelli Chaves
	Rosana Peroni Fazolari
	Tiago Dela Rosa
Planejamento e projetos	Cintia Aparecida dos Santos
	Daniela Maria Chaves Carvalho
	Emily Larissa Ferreira da Silva
	Kelli Priscila Pinto
Diagramação	Fernanda Matajs
Revisão	Viviane Oshima
Capa	Tiago Dela Rosa
Produção gráfica	Marli Rampim
	Sergio Luiz Pereira Lopes

DADOS INTERNACIONAIS DE CATALOGAÇÃO NA PUBLICAÇÃO (CIP)
ODILIO HILARIO MOREIRA JUNIOR – CRB-8/9949

M845e Morettin, Pedro Alberto
   Estatística básica / Pedro Alberto Morettin, Wilton de Oliveira Bussab. – 10. ed. – São Paulo : SaraivaUni, 2023.
   624 p. : il.

   Inclui índice.
   ISBN 978-65-8795-849-1 (Impresso)

   1. Matemática. 2. Estatística. 3. Modelos de regressão. 4. Séries temporais. 5. Variáveis aleatórias. 6. Análise de dados. 7. Probabilidades. I. Bussab, Wilton de Oliveira. II. Título.

   CDD 519.5
2023-1641 CDU 519.2

Índices para catálogo sistemático:
1. Matemática : Estatística 519.5
2. Matemática : Estatística 519.2

Copyright © Wilton de O. Bussab e Pedro A. Morettin
2023 Saraiva Educação
Todos os direitos reservados.

10ª edição
2ª tiragem: 2024
Dúvidas? Acesse www.saraivaeducacao.com.br

Nenhuma parte desta publicação poderá ser reproduzida por qualquer meio ou forma sem a prévia autorização da Saraiva Educação. A violação dos direitos autorais é crime estabelecido na Lei n. 9.610/98 e punido pelo art. 184 do Código Penal.

| CÓD. OBRA | 14060 | CL | 651978 | CAE | 819931 |

Para Célia
e Ligia

"A vida é complicada,
mas não desinteressante."

Jersy Neyman

PREFÁCIO À
DÉCIMA EDIÇÃO

Nesta Décima Edição, incluímos modificações pontuais em alguns capítulos, especialmente nos Capítulos 4 e 16, sendo que neste último introduzimos brevemente regressão linear múltipla. Adicionamos também um novo capítulo, no qual tratamos de alguns tópicos sobre séries temporais, que poderão ser abordados se o professor tiver tempo disponível. Como na edição anterior, usamos alguns pacotes do R para aplicações e figuras.

Agradecemos a vários colegas que enviaram correções, sugestões e comentários.

São Paulo, novembro de 2023.

Pedro A. Morettin

PREFÁCIO À NONA EDIÇÃO

Nesta Nona Edição, atendendo a pedidos de leitores, incluímos a utilização de pacotes do Repositórios livre R. Mas continuamos a usar, em alguns exemplos, os pacotes SPlus e Minitab.

Para não aumentar muito o tamanho do livro, a maneira encontrada foi colocar uma pequena introdução ao R, dados e os *scripts* para reproduzirem os exemplos do livro, na página: www.ime.usp.br/~pam/EstBas.html.

O leitor também poderá ver os exemplos completos (*scripts*, gráficos etc.) na página: rpubs.com/EstatBasica.

Além disso, os problemas suplementares de cada capítulo foram separados dos complementos metodológicos. Correções foram feitas em diversos pontos. Quero agradecer de modo especial a Kim Samejima pela colaboração na preparação da página relativa ao R.

Os depoimentos de colegas sobre o papel do Wilton no desenvolvimento da Estatística do Brasil agora encontram-se, também, na página do livro.

São Paulo, junho de 2017.
Pedro A. Morettin

PREFÁCIO À OITAVA EDIÇÃO

Essa edição difere da anterior em dois aspectos. O primeiro capítulo foi reescrito e alguns novos problemas foram acrescentados. Além disso, procuramos corrigir erros presentes na edição anterior. Agradecemos a diversos colegas e alunos que apontaram erros e fizeram comentários sobre o livro.

São Paulo, junho de 2013.

Pedro A. Morettin

PREFÁCIO À SÉTIMA EDIÇÃO

Nesta Sétima Edição fizemos diversas correções no texto, acrescentamos novos problemas e algumas seções foram reescritas. Mais do que tudo, essa nova edição é uma homenagem ao Professor Wilton de Oliveira Bussab, que nos deixou prematuramente em maio desse ano.

Apresentamos, a seguir, diversos depoimentos de colegas sobre o papel fundamental que Wilton teve no desenvolvimento da Estatística no Brasil.

De minha parte, perdi um amigo de mais de quarenta anos. As vidas de sua família, amigos, colegas e alunos não serão mais as mesmas. Será mais difícil atualizar esse livro, fruto de uma colaboração estreita durante tantos anos. Wilton sempre foi a parte "pé no chão" dessa parceria, dada a sua grande experiência e vivência de problemas reais. Com sua partida, perderei eu, perderão os leitores. Mas a vida continua, e seu legado será lembrado por todos que tiveram o privilégio de com ele conviver.

São Paulo, julho de 2011.

Pedro A. Morettin

PREFÁCIO À SEXTA EDIÇÃO

Nesta edição atendemos à solicitação de leitores que sugeriram modificações em alguns tópicos considerados difíceis. Por exemplo, o tópico sobre quantis empíricos agora traz o cálculo utilizando o histograma, deixando a definição mais geral para a seção de Problemas e Complementos.

Inúmeras correções foram feitas na edição anterior, à medida que as sucessivas tiragens foram editadas. Nesta sexta edição outros erros foram corrigidos, mas sabemos que diversos persistirão! Agradecemos aos diversos leitores que nos enviaram correções e sugestões.

Acrescentamos problemas a diversas seções do livro e substituímos o conjunto de dados sobre o Brasil (CD-Brasil) com informações atualizadas da Contagem da População 2007 feita pelo IBGE. Os dados também estão disponíveis na página: http://www.ime.usp.br/~pam.

Os Autores

PREFÁCIO À QUINTA EDIÇÃO

Esta edição é uma revisão substancial da edição anterior deste livro. Cinco novos capítulos foram adicionados, e os demais foram revisados e atualizados.

Cremos que este texto, com a escolha adequada dos tópicos, possa ser utilizado por alunos de diversas áreas do conhecimento. A plataforma Conecta, disponível no seguinte link: https://conteudo.saraivaconecta.com.br, fornece uma discussão mais longa sobre roteiros apropriados para cursos de diferentes níveis.

Com essa filosofia em mente, procuramos incluir no texto uma quantidade de informação substancial em cada capítulo. Obviamente caberá ao professor escolher o material apropriado para cada curso desenvolvido.

O livro é dividido em três partes. A primeira trata da análise de dados unidimensionais e bidimensionais, com atenção especial a métodos gráficos. Pensamos que a leitura dessa parte é essencial para o bom entendimento das demais. Recomendamos que o aluno trabalhe com dados reais, embora isso não seja uma necessidade essencial, pois normalmente um primeiro curso de estatística é dado no início do programa do aluno, que não possui ainda um conhecimento sólido dos problemas de sua área. A segunda parte trata dos conceitos básicos de probabilidades e variáveis aleatórias. Finalmente, na terceira parte, estudamos os tópicos principais da inferência estatística, além de alguns temas especiais, como regressão linear simples. Um capítulo sobre noções de simulação foi adicionado, pois tais noções são hoje fundamentais em muitas áreas.

O uso de algum pacote computacional é fortemente recomendado para a prática dos conceitos desenvolvidos. Apresentamos exemplos de aplicações utilizando alguns desses pacotes: Minitab, Excel e SPlus. Mas, evidentemente, outros pacotes poderão ser usados.

No final do livro, apresentamos vários conjuntos de dados que poderão ser utilizados pelos alunos. Esses dados também estão disponíveis nas seguintes páginas da Internet:

http://www.ime.usp.br/~pam

https://conteudo.saraivaconecta.com.br

Finalmente, agradecemos a todos aqueles que enviarem sugestões e comentários com a finalidade de melhorar a presente edição. Para tanto, além do correio normal, os leitores poderão usar o Sac da Saraiva Educação.

Os Autores

SUMÁRIO

Capítulo 1 – Preliminares.. 1

  1.1 Introdução.. 1

  1.2 Modelos.. 4

  1.3 Estatística e ciência de dados.. 5

      1.3.1 Aprendizado supervisionado 5

      1.3.2 Aprendizado não supervisionado............................. 5

      1.3.3 Dados e megadados 5

      1.3.4 Programação clássica 6

      1.3.5 *Machine learning* 6

  1.4 Aspectos computacionais... 7

      1.4.1 O Repositório R 8

  1.5 Métodos gráficos 8

  1.6 Conjuntos de dados 9

  1.7 Plano do livro 10

Parte I – Análise Exploratória de Dados

Capítulo 2 – Resumo de Dados.. 13

  2.1 Tipos de variáveis... 13

  2.2 Distribuições de frequências 17

  2.3 Gráficos 20

      2.3.1 Gráficos para variáveis qualitativas 20

      2.3.2 Gráficos para variáveis quantitativas........................ 21

  2.4 Ramo-e-folhas 25

  2.5 Exemplos computacionais 28

  2.6 Problemas suplementares 31

Capítulo 3 – Medidas-Resumo... 41

  3.1 Medidas de posição.. 41

  3.2 Medidas de dispersão 43

3.3 Quantis empíricos	47
3.4 *Box plots*	53
3.5 Gráficos de simetria	57
3.6 Transformações	58
3.7 Exemplos computacionais	60
3.8 Problemas suplementares	62
3.9 Complementos metodológicos	69

Capítulo 4 – Análise de Dados de Várias Variáveis 76

4.1 Introdução	76
4.2 Variáveis qualitativas	78
4.3 Associação entre variáveis qualitativas	81
4.4 Medidas de associação entre variáveis qualitativas	84
4.5 Associação entre variáveis quantitativas	88
4.6 Associação entre variáveis qualitativas e quantitativas	95
4.7 Gráficos $q \times q$	100
4.8 O caso de três ou mais variáveis	102
4.9 Problemas suplementares	106
4.10 Complementos metodológicos	113

Parte II – Probabilidades

Capítulo 5 – Probabilidades 119

5.1 Introdução	119
5.2 Algumas propriedades	122
5.3 Probabilidade condicional e independência	127
5.4 O Teorema de Bayes	133
5.5 Probabilidades subjetivas	138
5.6 Problemas suplementares	139

Capítulo 6 – Variáveis Aleatórias Discretas 146

6.1 Introdução	146
6.2 O conceito de variável aleatória discreta	147
6.3 Valor médio de uma variável aleatória	153
6.4 Algumas propriedades do valor médio	155
6.5 Função de distribuição acumulada	156

SUMÁRIO

6.6 Alguns modelos probabilísticos para variáveis aleatórias discretas 158

    6.6.1 Distribuição uniforme discreta 158

    6.6.2 Distribuição de Bernoulli 160

    6.6.3 Distribuição binomial 161

    6.6.4 Distribuição hipergeométrica 165

    6.6.5 Distribuição de Poisson 166

6.7 O processo de Poisson 172

6.8 Quantis 173

6.9 Exemplos computacionais 175

6.10 Problemas suplementares 177

6.11 Complementos metodológicos 181

Capítulo 7 – Variáveis Aleatórias Contínuas 183

7.1 Introdução 183

7.2 Valor médio de uma variável aleatória contínua 187

7.3 Função de distribuição acumulada 190

7.4 Alguns modelos probabilísticos para variáveis aleatórias contínuas 193

    7.4.1 O modelo uniforme 194

    7.4.2 O modelo normal 196

    7.4.3 O modelo exponencial 201

7.5 Aproximação normal à binomial 202

7.6 Funções de variáveis contínuas 205

7.7 Outros modelos importantes 208

    7.7.1 A distribuição gama 208

    7.7.2 A distribuição qui-quadrado 209

    7.7.3 A distribuição t de Student 211

    7.7.4 A distribuição F de Snedecor 212

7.8 Quantis 214

7.9 Exemplos computacionais 215

7.10 Problemas suplementares 217

7.11 Complementos metodológicos 221

Capítulo 8 – Variáveis Aleatórias Multidimensionais 225

8.1 Distribuição conjunta 225

8.2 Distribuições marginais e condicionais 228

8.3 Funções de variáveis aleatórias 232

8.4 Covariância entre duas variáveis aleatórias... 236

8.5 Variáveis contínuas 242

8.6 Distribuições condicionais contínuas... 246

8.7 Funções de variáveis contínuas 250

8.8 Distribuição normal bidimensional 251

8.9 Problemas suplementares 253

8.10 Complementos metodológicos 256

Capítulo 9 – Noções de Simulação.. 257

9.1 Introdução... 257

9.2 Simulação de variáveis aleatórias... 262

9.3 Simulação de alguns modelos 266

9.4 Exemplos computacionais 269

9.5 Problemas suplementares 273

9.6 Complementos metodológicos 275

Parte III – Inferência Estatística

Capítulo 10 – Introdução à Inferência Estatística 281

10.1 Introdução... 281

10.2 População e amostra 281

10.3 Problemas de inferência... 284

10.4 Como selecionar uma amostra.. 286

10.5 Amostragem aleatória simples.. 288

10.6 Estatísticas e parâmetros 291

10.7 Distribuições amostrais 292

10.8 Distribuição amostral da média.. 297

10.9 Distribuição amostral de uma proporção... 301

10.10 Outras distribuições amostrais.. 303

10.11 Determinação do tamanho de uma amostra 307

10.12 Exemplos computacionais 309

10.13 Problemas suplementares 310

10.14 Complementos metodológicos 313

Capítulo 11 – Estimação.. 316

11.1 Primeiras ideias.. 316

11.2 Propriedades de estimadores 318

11.3 Estimadores de momentos 324

11.4 Estimadores de mínimos quadrados 325

11.5 Estimadores de máxima verossimilhança 328

11.6 Intervalos de confiança 331

11.7 Erro padrão de um estimador 337

11.8 Inferência Bayesiana 338

11.9 Exemplos computacionais 342

      11.9.1 Simulando erros padrões 342

11.10 Problemas suplementares 346

11.11 Complementos metodológicos 349

Capítulo 12 – Testes de Hipóteses 352

12.1 Introdução 352

12.2 Um exemplo 352

12.3 Procedimento geral do teste de hipóteses 359

12.4 Passos para a construção de um teste de hipóteses 361

12.5 Testes sobre a média de uma população com variância conhecida 361

12.6 Teste para proporção 363

12.7 Poder de um teste 366

12.8 Valor-p 370

12.9 Teste para a variância de uma normal 373

12.10 Teste sobre a média de uma normal com variância conhecida 377

12.11 Problemas suplementares 380

12.12 Complementos metodológicos 383

Capítulo 13 – Inferência para Duas Populações 384

13.1 Introdução 384

13.2 Comparação das variâncias de duas populações normais 388

13.3 Comparação de duas populações: amostras independentes 390

      13.3.1 Populações normais 391

      13.3.2 Populações não normais 395

13.4 Comparação de duas populações: amostras dependentes 405

      13.4.1 População normal 405

      13.4.2 População não normal 407

13.5 Comparação de proporções em duas populações 410

13.6 Exemplo computacional..413

13.7 Problemas suplementares 417

Capítulo 14 – Análise de Aderência e Associação 422

14.1 Introdução..422

14.2 Testes de aderência 425

14.3 Testes de homogeneidade...429

14.4 Testes de independência...432

14.5 Teste para o coeficiente de correlação 434

14.6 Outro teste de aderência 437

14.7 Problemas suplementares 440

14.8 Complementos metodológicos 442

Capítulo 15 – Inferência para Várias Populações 443

15.1 Introdução..443

15.2 Modelo para duas subpopulações 448

    15.2.1 Suposições..448

    15.2.2 Estimação do modelo..449

    15.2.3 Intervalos de confiança..453

    15.2.4 Tabela de análise de variância 454

15.3 Modelo para mais de duas subpopulações.......................................457

15.4 Comparações entre as médias...461

15.5 Teste de homoscedasticidade 463

15.6 Exemplo computacional..464

15.7 Problemas suplementares 465

15.8 Complementos metodológicos 468

Capítulo 16 – Modelos de Regressão...470

16.1 Introdução..470

16.2 Estimação de parâmetros..473

16.3 Avaliação do modelo..477

    16.3.1 Estimador de σ_e^2 477

    16.3.2 Decomposição da soma de quadrados.......................................480

    16.3.3 Tabela de análise de variância 481

16.4 Propriedades dos estimadores 483

    16.4.1 Média e variância dos estimadores 484

    16.4.2 Distribuições amostrais dos estimadores 486

16.4.3 Intervalos de confiança para os parâmetros 487

16.4.4 Intervalo de confiança para $\mu(x)$ 489

16.4.5 Intervalo de predição 490

16.5 Análise de resíduos 492

16.6 Alguns modelos especiais 499

16.6.1 Reta passando pela origem 499

16.6.2 Modelos não lineares 500

16.7 Regressão resistente 505

16.8 Regressão linear múltipla 507

16.9 Exemplos computacionais 509

16.10 Problemas suplementares 512

16.11 Complementos metodológicos 517

Capítulo 17 – Séries Temporais 522

17.1 Introdução 522

17.2 Transformações 524

17.3 Previsão 528

17.4 Componentes de uma série temporal 529

17.5 Tendências 530

17.6 Sazonalidade 532

17.6.1 Método de regressão 533

17.6.2 Método de médias móveis 534

17.7 Métodos de suavização para previsão 536

17.7.1 Séries localmente constantes 537

17.7.2 Séries que apresentam tendência 540

17.7.3 Séries que apresentam componente sazonal 541

17.8 Correlação serial 543

17.9 Problemas suplementares 547

17.10 Complementos metodológicos 548

Referências 551

Conjunto de dados 553

Tabelas 563

Respostas 579

Índice Remissivo 595

Capítulo 1

Preliminares

1.1 Introdução

Em alguma fase de seu trabalho, o pesquisador depara-se com o problema de analisar e entender um conjunto de dados relevante ao seu particular objeto de estudos. Ele necessitará trabalhar os dados para transformá-los em informações, para compará-los com outros resultados ou, ainda, para julgar sua adequação a alguma teoria.

De modo bem geral, podemos dizer que a essência da Ciência é a *observação* e que seu objetivo básico é a *inferência*.

A *inferência estatística* é uma das partes da *Estatística*. Esta, por sua vez, é a parte da metodologia da Ciência que tem por objetivo a coleta, redução, análise e modelagem dos dados, a partir do que, finalmente, faz-se a inferência para uma população da qual os dados (a amostra) foram obtidos. Um aspecto importante da modelagem dos dados é fazer *previsões*, a partir das quais se pode tomar decisões.

Os cientistas usam o chamado *Método Científico* para testar suas teorias ou hipóteses. Podemos resumir o método nos seguintes passos:

(i) O cientista formula uma questão, problema ou teoria. Ele pode querer, também, testar alguma hipótese.

(ii) Para responder a essas questões, ele coleta informação que seja relevante. Para isso, ele pode planejar algum experimento. Em determinadas áreas (Astronomia, por exemplo), o planejamento de experimentos não é possível (ou factível); o que se pode fazer é observar algum fenômeno ou variáveis de interesse.

(iii) Os resultados do passo (ii) são usados para obter conclusões, mesmo que não definitivas.

(iv) Se for necessário, repita os passos (ii) e (iii), ou mesmo reformule suas hipóteses.

Um estatístico pode ajudar no passo (i) e certamente pode ser indispensável nos passos (ii) e (iii). Vamos considerar um exemplo para ilustrar o método.

Exemplo 1.1 (i) Em Economia, sabe-se, desde Keynes, que o gasto com o consumo de pessoas (vamos indicar essa variável por C) é uma função da renda pessoal disponível (indicada por Y). Ou seja, podemos escrever, formalmente,

$$C = f(Y),$$

para alguma função f.

(ii) Para investigar com é essa relação entre C e Y, para uma comunidade específica, um economista colhe dados dessas variáveis para um conjunto de indivíduos $I = [I_1, I_2, \ldots I_n]$, obtendo a amostra $(Y_1, C_1), \ldots, (Y_n, C_n)$. Esse é um exemplo em que o experimento consiste em planejar a obtenção de uma amostra de modo adequado, representando assim a comunidade (população).

(iii) Um gráfico de dispersão (veja o Capítulo 4), entre Y_i e C_i, $i = 1, 2, \ldots, n$, como o da Figura 1.1, permite estabelecer um modelo (veja a seção seguinte) tentativo para a variável C como função da variável Y.

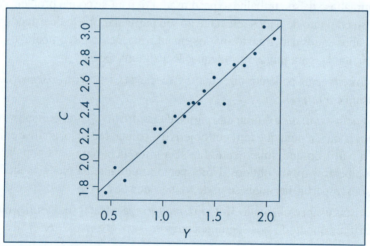

Figura 1.1 Relação entre rendimento e consumo de 20 indivíduos.

Suponha que seja razoável postular o modelo

$$C_i = \alpha + bY_i + e_i, \quad i = 1, 2, \ldots, n. \tag{1.1}$$

Nesse modelo, (Y_i, C_i), $i = 1, \ldots, n$, são variáveis observadas, enquanto e_i, $i = 1, \ldots, n$, são variáveis não observadas. O parâmetro α é denominado consumo autônomo (fazendo-se $Y = 0$ na Equação (1.1)) e β é a propensão marginal a consumir.

Na Figura 1.1, temos representados os rendimentos e gastos de consumo de $n = 20$ indivíduos. Na reta que aparece na figura, os coeficientes foram obtidos usando métodos dos Capítulos 11 e 16. Nesse caso, obtemos $\alpha = 1{,}48$ e $\beta = 0{,}71$, aproximadamente.

Veremos, mais a frente, que poderemos fazer *suposições* sobre os *erros* e_i, por exemplo, que tenham média zero.

Nem sempre um modelo linear da forma (1.1) é adequado, como mostra o exemplo a seguir.

Exemplo 1.2 O interesse aqui é a relação entre renda e idade para $n = 256$ mulheres brasileiras com mestrado e doutorado (dados da PNAD 2004, IBGE). Na Figura 1.2 temos os dados e uma função estimada da forma $R = f(I)$, onde R indica a renda e I, a idade. Nesse caso, uma função *paramétrica* como aquela em (1.1) pode não ser adequada, e temos que usar *métodos não paramétricos* para estimar a forma de f. Observamos um valor atípico perto de 48 anos de idade. Uma queda da renda é observada entre as idades 35 e 40 anos, talvez explicada pelo efeito de geração. Usualmente, uma função paramétrica quadrática é utilizada em problemas como esse, que não explicariam essa queda.

Figura 1.2 Relação entre Renda e Idade para mulheres brasileiras.

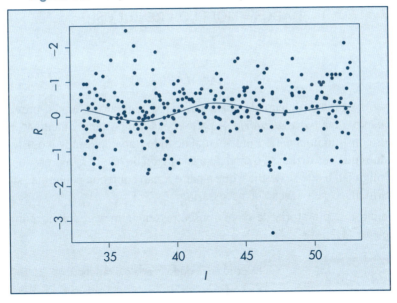

Na primeira parte deste livro, estaremos interessados na redução, análise e interpretação dos dados sob consideração, adotando um enfoque que chamaremos de *Análise Exploratória de Dados* (AED). Nesta abordagem, tentaremos obter dos dados a maior quantidade possível de informação, que indique modelos plausíveis a serem utilizados em uma fase posterior, a *análise confirmatória de dados* (ou inferência estatística).

Tradicionalmente, uma análise descritiva de dados limita-se a calcular algumas medidas de posição e variabilidade, como a média e variância, por exemplo. Contrária a esta tendência, uma corrente mais moderna, liderada por Tukey (1977), utiliza principalmente técnicas *gráficas*, em oposição a resumos numéricos. Isto não significa que sumários não devam ser obtidos, mas uma análise exploratória de dados não deve se limitar a calcular tais medidas.

1.2 Modelos

Fundamentalmente, quando se procede a uma análise de dados, busca-se alguma forma de *regularidade* ou *padrão* ou, ainda, *modelo*, presente nas observações.

Exemplo 1.1 (continuação) O que se espera, intuitivamente, no caso em questão é que os gastos de um indivíduo estejam diretamente relacionados com os seus rendimentos, de modo que é razoável supor uma "relação linear" entre essas duas quantidades. Os pontos da Figura 1.1 não estão todos, evidentemente, sobre uma reta; essa seria o nosso padrão ou modelo. A diferença entre os dados e o modelo constitui os *resíduos*. Veja a Figura 1.3.

Podemos, então, escrever de modo esquemático:

$$DADOS = MODELO + RESÍDUOS$$

ou, ainda,

$$D = M + R. \qquad (1.2)$$

A parte M é também chamada *parte suave* (ou regular ou, ainda, previsível) dos dados, enquanto R é a *parte aleatória*. A parte R é tão importante quanto M, e a análise dos resíduos constitui uma parte fundamental de todo trabalho estatístico. Basicamente, são os resíduos que nos dizem se o modelo é adequado ou não para representar os dados. De modo coloquial, o que se deseja é que a parte R não contenha nenhuma "suavidade", caso contrário mais "suavização" é necessária.

Uma análise exploratória de dados busca, essencialmente, fornecer informações para estabelecer (1.2).

Figura 1.3 Relação entre dado, modelo e resíduo.

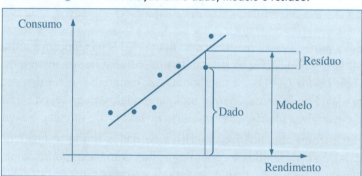

1.3 Estatística e ciência de dados

Recentemente, um novo paradigma em Estatística surgiu: *Ciência de Dados* (CD). CD é uma mescla de Estatística e Computação. Um *Cientista de Dados*, nome em voga, seria um profissional com boa formação em Estatística (um bacharel, mestre ou mesmo doutor) aliada a um bom conhecimento de técnicas computacionais (como conhecimento de programação em linguagens como R e Python) e redes neurais.

Não pretendemos, neste livro, introduzir técnicas usadas em CD. Veja Morettin e Singer (2022) para mais detalhes.

Com referência a essa "nova área", nomes como Aprendizado com Estatística (*Statistical Learning*) e Aprendizado com Máquina (*Machine Learning*, ML) passaram a ser usados. Esses dois aprendizados incluem, por sua vez, o Aprendizado Supervisionado e o Aprendizado Não Supervisionado.

1.3.1 Aprendizado supervisionado

Este aprendizado inclui técnicas como Regressão e Classificação, que fazem parte de disciplinas como Análise de Regressão, Modelos Lineares, Modelos Lineares Generalizados e Análise Multivariada em programas de bacharelados em Estatística.

1.3.2 Aprendizado não supervisionado

Este compreende técnicas como Análise de Agrupamentos, Análise de Componentes Principais, Análise Fatorial e Análise de Componentes Independentes, as três últimas constituindo técnicas de redução da dimensionalidade de dados. Normalmente, essas técnicas são estudadas na disciplina de Análise Multivariada em bacharelados em Estatística.

1.3.3 Dados e megadados

Dados são dispostos normalmente na forma de uma tabela $n \times p$, com n indivíduos (ou amostras) e p variáveis (veja a Tabela 2.1, onde temos $n = 36$ e $p = 6$ e a Tabela 4.1). Uma das características que tem sido objeto de discussão em Ciência de Dados está relacionada com o volume de dados, especialmente quando se trata dos chamados *megadados* (*big data*).

Nesse contexto, as seguintes estruturas podem ser consideradas:

(a) grande número de unidades amostrais e pequeno número de variáveis, $n \gg p$; se n e p forem pequenos, teremos *dados pequenos* (*small data*);

(b) pequeno número de unidades amostrais e grande número de variáveis, $n \gg p$; neste caso temos *dados de alta dimensão* (*high dimension*), que requerem procedimentos especiais;

(c) grande número de unidades amostrais e grande número de variáveis, n e p grandes.

Veja a Figura 1.4. Megadados são encontrados em profusão na Internet, em aplicações de reconhecimento de imagens, de voz e análise de linguagens naturais etc. Progressos relativos à Inferência para esse tipo de dados ainda são escassos.

A área mais ligada à Computação é o Aprendizado de Máquina ou Aprendizado Automático, ou ainda, para usar o nome em voga, *Machine Learning* (vamos usar a sigla ML). Técnicas de ML diferem das técnicas de Programação Clássica.

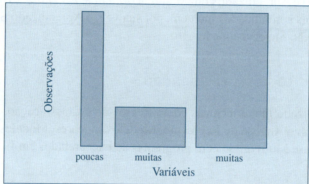

Figura 1.4 Estruturas de dados.

1.3.4 Programação clássica

Nessa situação, usa-se uma *regra* (programa), juntamente com *dados* a serem processados de acordo com essa regra, e como resultado obtêm-se *respostas*.

Exemplo 1.3 Suponha que queiramos obter a **média amostral** de n observações $x_1, ..., x_n$ retiradas de uma população, correspondentes a uma variável X de interesse (por exemplo, o rendimento de domicílios). Chamando essa média por $\bar{x}$, esta será uma **estimativa** da verdadeira média da população, digamos μ, que é desconhecida. Essa média amostral é calculada como $\bar{x} = (x1 + ... + xn)/n$, que é a regra ou *algoritmo*. Como resultado obtemos um valor numérico de x.

1.3.5 *Machine learning*

Nesse caso, entramos no sistema computacional (um computador, um *cluster* de computadores, um supercomputador etc.) com *dados* e *respostas* esperadas dos dados, e o resultado é uma *regra*.

Exemplo 1.4 É conveniente que mulheres a partir de certa idade (50 anos, por exemplo) fizessem uma mamografia, para prevenir ou diagnosticar algum tipo de carcinoma de mama. A imagem de uma mamografia é analisada por um médico especialista, que fornece um diagnóstico. A título de simplificação, suponha que ele classifique a imagem em três classes: N (normal), S (suspeito) e Carcinoma (C). Nos dois últimos casos, usualmente sugere-se uma biópsia, para confirmar o diagnóstico.

Como esse dado (a mamografia) pode ser inserido num computador? Há diversas maneiras, uma delas é obter *pixels* a partir de um reticulado da imagem, que serão codificados, por exemplo, em certo número de tons de cinza (se a imagem não for colorida). Esses códigos são, então, lidos pelo computador, juntamente com o rótulo N, S ou C. Suponha que um serviço que realiza esse tipo de exame tenha, em dado momento, mamografias (ou n vetores x_1, ..., x_n contendo os códigos e n rótulos, que poderemos chamar de y_1, ..., y_n), onde cada y_i pode ser N, S ou C. Chamamos o conjunto {(x_1,y_1), ..., (x_n,y_n)} de *conjunto de treinamento*.

A seguir, uma técnica de ML para problemas de classificação é usada (o algoritmo) e obtém-se uma *regra de classificação*. Tendo-se uma nova mamografia, podemos usar a regra para obter-se um diagnóstico, ou seja, ela é classificada em uma das três classes acima. Pode haver erro nesse procedimento, como pode haver erro no diagnóstico feito por um médico.

O ideal é ter-se um *conjunto teste* (ou de validação) que pode ser usado para aplicar a regra estabelecida. Alguma medida de erro pode ser usada, como a proporção de erros de classificação obtida pelo *classificador* usado. Um objetivo de ML é determinar aquela técnica que conduz ao menor erro de classificação. Para detalhes sobre procedimentos de classificação ou previsão que podem ser utilizados, veja Morettin e Singer (2022).

O nome aprendizado (no caso, aprendizado com máquina, ML) refere-se ao processo que um sistema ML é *treinado* após ser apresentado com muitos exemplos relevantes à resposta desejada.

1.4 Aspectos computacionais

O desenvolvimento rápido e constante na área de computação foi acompanhado pela introdução de novas técnicas de análise de dados, notadamente de métodos gráficos e de métodos chamados de computação intensiva (como o método *bootstrap*, que será tratado brevemente neste livro).

Para a implementação dessas técnicas, pacotes estatísticos foram desenvolvidos e que atualmente são usados em larga escala, tanto no meio acadêmico como em indústrias, bancos, órgãos de governo etc. Esses pacotes podem ser genéricos ou específicos. Os pacotes genéricos (como o Minitab, SPlus, SPSS, SAS etc.) são adequados para realizar uma gama variada de análises estatísticas. Os pacotes específicos são planejados para realizar análises particulares de uma determinada área.

Por outro lado, os pacotes podem exigir ou não uma maior experiência computacional dos usuários. Alguns operam com *menus*, e seu uso é mais simples. Outros requerem maior familiaridade com o computador e são baseados em linguagens próprias.

Do ponto de vista de sistema operacional, a maioria dos pacotes é programada para uso em microcomputadores que operam com o sistema Windows. Todavia, um número razoável de pacotes já tem versões para o sistema Linux.

Listamos, na Tabela 1.1, alguns pacotes genéricos utilizados na área de Estatística. Salientamos, também, que existem planilhas à venda no mercado que possuem opções para certas técnicas estatísticas. Dentre essa planilhas mencionamos o Excel.

Tabela 1.1 Alguns pacotes estatísticos genéricos.

Pacote	Fabricante
Minitab	Minitab, Inc.
SAS	SAS Institute, Inc.
SPlus	TIBCO, Inc.
SPSS	SPSS, Inc.
Statgraphics	Stat. Graphics, Inc.
MATLAB	MathWorks

Para resolver problemas mais complicados do que aqueles expostos neste livro, como aqueles mencionados na seção anterior, serão necessários pacotes computacionais específicos, que podem ser encontrados, por exemplo, no Repositório R, que descrevemos a seguir. As técnicas estatísticas necessárias para resolver esses problemas estão fora do alcance deste livro, exceto o tópico de regressão, que abordaremos, nos casos mais simples, no Capítulo 16.

1.4.1 O Repositório R

Neste livro usaremos, preferencialmente, programas do Repositório de Pacotes R, que podem ser obtidos livremente do *Compreensive R Archive Network* (CRAN), no endereço: http://cran.r-project.org.

Após instalar o R, vá para o site www.ime.usp.br/~pam/EstBas.html e obtenha os *scripts* usados para reproduzir os exemplos e os dados utilizados no livro.

Para uma breve introdução ao R, siga o caminho indicado no Capítulo 1, "Introdução". Neste capítulo, também estão relacionados os pacotes usados no livro (*packages* ou *libraries*).

Para ver as soluções detalhadas dos exemplos, consulte: rpubs.com./EstatBasica.

1.5 Métodos gráficos

Como dissemos na introdução, os métodos gráficos têm encontrado um uso cada vez maior devido ao seu forte apelo visual. Normalmente, é mais fácil para qualquer pessoa entender a mensagem de um gráfico do que aquela embutida em tabelas ou sumários numéricos.

Os gráficos são utilizados para diversos fins (Chambers et al., 1983):

(a) buscar padrões e relações;

(b) confirmar (ou não) certas expectativas que se tinha sobre os dados;

(c) descobrir novos fenômenos;

(d) confirmar (ou não) suposições feitas sobre os procedimentos estatísticos usados;

(e) apresentar resultados de modo mais rápido e fácil.

Podemos usar métodos gráficos para plotar os dados originais ou outros dados derivados deles. Por exemplo, a investigação da relação entre as variáveis da Figura 1.1 pode ser feita por meio daquele diagrama de dispersão. Mas podemos também "ajustar" uma reta aos dados, calcular o desvio (resíduo) para cada observação e fazer um novo gráfico, de consumo contra resíduos, para avaliar a qualidade do ajuste.

Com o progresso recente da computação gráfica e a existência de *hardware* e *software* adequados, a utilização de métodos gráficos torna-se rotineira na análise de dados.

Neste texto introduziremos gráficos para a visualização e resumo de dados, no caso de uma ou duas variáveis, principalmente. Noções para o caso de três ou mais variáveis serão rapidamente abordadas. Gráficos com o propósito de comparar duas distribuições também serão tratados.

1.6 Conjuntos de dados

No final do livro, aparecem alguns conjuntos de dados que serão utilizados nos exemplos ou nos exercícios propostos. Aconselhamos os leitores a reproduzir os exemplos, usando esses dados, bem como resolver os problemas, pois somente a efetiva manipulação de dados pode levar a um bom entendimento das técnicas apresentadas.

Os conjuntos de dados apresentados provêm de diferentes fontes, que são mencionadas em cada conjunto e depois explicitadas nas referências.

Os leitores, é claro, poderão usar as técnicas apresentadas em seus próprios conjuntos de dados.

Alguns conjuntos de dados são parte de conjuntos maiores. Todos esses dados podem ser obtidos no endereço:

http://www.ime.usp.br/~pam/EstBas.html.

Usaremos um nome curto para identificar cada conjunto de dados. Por exemplo, o Conjunto de Dados 1 será designado simplesmente por CD-Brasil, o Conjunto de Dados 4, por CD-Poluição etc.

1.7 Plano do livro

Na primeira parte do livro, trataremos, nos Capítulos 2 a 4, de técnicas gráficas e numéricas que nos permitirão fazer uma primeira análise dos dados disponíveis. No Capítulo 2, estudaremos como resumir os dados por meio de distribuições de frequências e como representá-los graficamente por meio de gráficos em barras, histogramas e ramo-e-folhas. No Capítulo 3, veremos as principais medidas numéricas resumidoras de um conjunto de dados: medidas de posição (ou localização) e medidas de dispersão (ou de variabilidade). A partir dessas medidas, poderemos construir gráficos importantes, como o gráfico de quantis e o *box plot*. No Capítulo 4, trataremos do caso em que temos duas variáveis. Estaremos interessados em verificar se existe alguma associação entre duas variáveis e como medi-la. O caso de três variáveis será considerado brevemente.

Na segunda parte, introduzimos os conceitos básicos sobre probabilidades e variáveis aleatórias. A ideia é que a primeira parte sirva de motivação para construir os modelos probabilísticos da segunda parte. No Capítulo 5, tratamos da noção de probabilidade, suas propriedades, probabilidade condicional e independência. Também consideramos o teorema de Bayes e destacamos sua importância em problemas de inferência. As variáveis aleatórias discretas são estudadas no Capítulo 6 e as contínuas, no Capítulo 7. Em particular, são introduzidos os principais modelos para variáveis aleatórias, bem como métodos de simulação dessas variáveis. O caso de duas variáveis aleatórias é considerado no Capítulo 8.

No Capítulo 9, introduzimos noções básicas de simulação. Esse assunto é muito importante, notadamente quando se quer avaliar algum modelo construído para uma situação real.

A terceira parte trata da inferência estatística. Nesta parte, todos os conceitos aprendidos nas duas partes anteriores são imprescindíveis. Os dois grandes problemas de inferência, estimação e teste de hipóteses são estudados nos Capítulos 11 e 12, respectivamente, após serem introduzidas, no Capítulo 10, as noções básicas de amostragem e distribuições amostrais. O caso de duas populações é considerado no Capítulo 13 e de várias populações no Capítulo 15. Basicamente, são desenvolvidos testes para médias, proporções e variâncias. O Capítulo 14 trata dos chamados testes do qui-quadrado para dados que aparecem sob a forma de tabelas de contingência. Finalmente, no Capítulo 16, estudamos com algum detalhe o modelo de regressão linear simples.

Em cada capítulo há, sempre que possível, exemplos computacionais. Isso significa que algum conjunto de dados é analisado utilizando-se o R ou alguns dos programas mencionados acima. Em geral, são problemas um pouco mais difíceis do que aqueles exemplificados ou, então, têm o caráter de ilustrar o uso de tais pacotes para simulações, por exemplo. Recomendamos que o leitor tente reproduzir esses exemplos para adquirir experiência na manipulação de dados e procura de eventuais modelos que possam representá-los.

ANÁLISE EXPLORATÓRIA DE DADOS

Capítulo **2**   13
Resumo de Dados

Capítulo **3**   41
Medidas-Resumo

Capítulo **4**   76
Análise de Dados Variáveis

Capítulo 2

Resumo de Dados

2.1 Tipos de variáveis

Para ilustrar o que segue, consideremos o seguinte exemplo.

Exemplo 2.1 Um pesquisador está interessado em fazer um levantamento sobre alguns aspectos socioeconômicos dos empregados da seção de orçamentos da Companhia MB. Usando informações obtidas do departamento de pessoal, ele elaborou a Tabela 2.1. Essa tabela é chamada planilha de dados.

Planilhas (usualmente na forma eletrônica) são matrizes de dados, construídas com o objetivo de permitir uma análise estatística. Cada linha da matriz corresponde a uma unidade de investigação (por exemplo, unidade amostral) e cada coluna, a uma variável, que corresponde à realização de uma característica.

A planilha, em formato excel, correspondendo à Tabela 2.1, está no Conjunto de Dados, na página do livro.

Para importá-la, utilizaremos qualquer um dos formatos TXT, DAT ou CSV. Desta forma, o primeiro passo é construir um arquivo CSV (ou alternativamente DAT ou TXT), a partir da planilha excel da Tabela 2.1, salvando-a no formato CSV.

Após a construção do arquivo CSV, procederemos no R com o comando read.table para importar os dados.

```
tab21<-read.table ("tabela2_1.csv", dec=",", sep=";", h=T)
```

Podemos facilmente saber quais são as variáveis importadas por meio do comando

```
names (tab21)
## [1] "N"              "estado_civil"   "grau_instrucao"
"n_filhos"
## [5] "salario"        "idade_anos"     "idade_meses"
"reg_procedencia
```

Para mais detalhes, veja os comandos referentes ao Capítulo 2 na página do livro.

No exemplo em questão, considerando-se a característica (variável) estado civil, para cada empregado pode-se associar uma das realizações, solteiro ou casado (note que poderia haver outras possibilidades, como separado, divorciado, mas somente as duas mencionadas foram consideradas no estudo). Podemos atribuir uma letra, digamos X, para representar tal variável. Observamos que o pesquisador colheu informações sobre seis variáveis:

Variável	Representação
Estado civil	X
Grau de instrução	Y
Número de filhos	Z
Salário	S
Idade	U
Região de procedência	V

Algumas variáveis, como sexo, educação, estado civil, apresentam como possíveis realizações uma qualidade (ou atributo) do indivíduo pesquisado, ao passo que outras, como número de filhos, salário, idade, apresentam como possíveis realizações números resultantes de uma contagem ou mensuração. As variáveis do primeiro tipo são chamadas *qualitativas*, e as do segundo tipo, *quantitativas*.

Dentre as variáveis qualitativas, ainda podemos fazer uma distinção entre dois tipos: variável qualitativa *nominal*, para a qual não existe nenhuma ordenação nas possíveis realizações, e variável qualitativa *ordinal*, para a qual existe uma ordem nos seus resultados. A região de procedência, do Exemplo 2.1, é um caso de variável nominal, enquanto grau de instrução é um exemplo de variável ordinal, pois ensinos fundamental, médio e superior correspondem a uma ordenação baseada no número de anos de escolaridade completos. A variável qualitativa *classe social*, com as possíveis realizações alta, média e baixa, é outro exemplo de variável ordinal.

2.1 TIPOS DE VARIÁVEIS

De modo análogo, as variáveis quantitativas podem sofrer uma classificação dicotômica: (a) variáveis quantitativas *discretas*, cujos possíveis valores formam um conjunto finito ou enumerável de números, e que resultam, frequentemente, de uma contagem, como número de filhos (0, 1, 2, ...); (b) variáveis quantitativas *contínuas*, cujos possíveis valores pertencem a um intervalo de números reais e que resultam de uma mensuração, como por exemplo estatura e peso (melhor seria dizer massa) de um indivíduo.

A Figura 2.1 esquematiza as classificações feitas acima.

Figura 2.1 Classificação de uma variável.

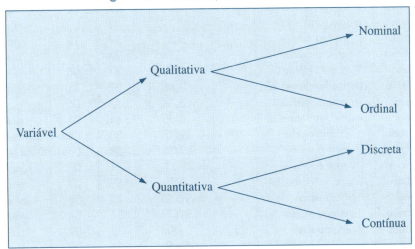

Para cada tipo de variável existem técnicas apropriadas para resumir as informações, donde a vantagem de usar uma tipologia de identificação como a da Figura 2.1. Entretanto, verificaremos que técnicas usadas num caso podem ser adaptadas para outros.

Para finalizar, cabe uma observação sobre variáveis qualitativas. Em algumas situações podem-se atribuir valores numéricos às várias qualidades ou atributos (ou, ainda, classes) de uma variável qualitativa e depois proceder-se à análise como se esta fosse quantitativa, desde que o procedimento seja passível de interpretação.

Existe um tipo de variável qualitativa para a qual essa quantificação é muito útil: a chamada variável dicotômica. Para essa variável só podem ocorrer duas realizações, usualmente chamadas *sucesso* e *fracasso*. A variável *estado civil*, no exemplo acima, estaria nessa situação. Esse tipo de variável aparecerá mais vezes nos próximos capítulos.

Tabela 2.1 Informações sobre estado civil, grau de instrução, número de filhos, salário (expresso como fração do salário mínimo), idade (medida em anos e meses) e procedência de 36 empregados da seção de orçamentos da Companhia MB.

Nº	Estado civil	Grau de instrução	Nº de filhos	Salário (× sal. mín.)	Idade		Região de procedência
					anos	meses	
1	solteiro	ensino fundamental	—	4,00	26	03	interior
2	casado	ensino fundamental	1	4,56	32	10	capital
3	casado	ensino fundamental	2	5,25	36	05	capital
4	solteiro	ensino médio	—	5,73	20	10	outra
5	solteiro	ensino fundamental	—	6,26	40	07	outra
6	casado	ensino fundamental	0	6,66	28	00	interior
7	solteiro	ensino fundamental	—	6,86	41	00	interior
8	solteiro	ensino fundamental	—	7,39	43	04	capital
9	casado	ensino médio	1	7,59	34	10	capital
10	solteiro	ensino médio	—	7,44	23	06	outra
11	casado	ensino médio	2	8,12	33	06	interior
12	solteiro	ensino fundamental	—	8,46	27	11	capital
13	solteiro	ensino médio	—	8,74	37	05	outra
14	casado	ensino fundamental	3	8,95	44	02	outra
15	casado	ensino médio	0	9,13	30	05	interior
16	solteiro	ensino médio	—	9,35	38	08	outra
17	casado	ensino médio	1	9,77	31	07	capital
18	casado	ensino fundamental	2	9,80	39	07	outra
19	solteiro	superior	—	10,53	25	08	interior
20	solteiro	ensino médio	—	10,76	37	04	interior
21	casado	ensino médio	1	11,06	30	09	outra
22	solteiro	ensino médio	—	11,59	34	02	capital
23	solteiro	ensino fundamental	—	12,00	41	00	outra
24	casado	superior	0	12,79	26	01	outra
25	casado	ensino médio	2	13,23	32	05	interior
26	casado	ensino médio	2	13,60	35	00	outra
27	solteiro	ensino fundamental	—	13,85	46	07	outra
28	casado	ensino médio	0	14,69	29	08	interior
29	casado	ensino médio	5	14,71	40	06	interior
30	casado	ensino médio	2	15,99	35	10	capital
31	solteiro	superior	—	16,22	31	05	outra
32	casado	ensino médio	1	16,61	36	04	interior
33	casado	superior	3	17,26	43	07	capital
34	solteiro	superior	—	18,75	33	07	capital
35	casado	ensino médio	2	19,40	48	11	capital
36	casado	superior	3	23,30	42	02	interior

Fonte: Dados hipotéticos.

2.2 Distribuições de frequências

Quando se estuda uma variável, o maior interesse do pesquisador é conhecer o *comportamento* dessa variável, analisando a ocorrência de suas possíveis realizações. Nesta seção, veremos uma maneira de se dispor um conjunto de realizações, para se ter uma ideia global sobre elas, ou seja, de sua distribuição.

Exemplo 2.2 A Tabela 2.2 apresenta a *distribuição de frequências* da variável grau de instrução, usando os dados da Tabela 2.1.

Tabela 2.2 Frequências e porcentagens dos 36 empregados da seção de orçamentos da Companhia MB segundo o grau de instrução.

Grau de instrução	Frequência n_i	Proporção f_i	Porcentagem $100 f_i$
Fundamental	12	0,3333	33,33
Médio	18	0,5000	50,00
Superior	6	0,1667	16,67
Total	36	1,0000	100,00

Fonte: Tabela 2.1.

Observando os resultados da segunda coluna, vê-se que dos 36 empregados da companhia, 12 têm o ensino fundamental, 18 o ensino médio e 6 possuem curso superior.

Uma medida bastante útil na interpretação de tabelas de frequências é a proporção de cada realização em relação ao total. Assim, $6/36 = 0,1667$ dos empregados da companhia MB (seção de orçamentos) têm instrução superior. Na última coluna da Tabela 2.2 são apresentadas as porcentagens para cada realização da variável grau de instrução. Usaremos a notação n_i para indicar a frequência (absoluta) de cada classe, ou categoria, da variável, e a notação $f_i = n_i/n$ para indicar a *proporção* (ou *frequência relativa*) de cada classe, sendo n o número total de observações. As proporções são muito úteis quando se quer comparar resultados de duas pesquisas distintas. Por exemplo, suponhamos que se queira comparar a variável grau de instrução para empregados da seção de orçamentos com a mesma variável para todos os empregados da Companhia MB. Digamos que a empresa tenha 2.000 empregados e que a distribuição de frequências seja a da Tabela 2.3.

Tabela 2.3 Frequências e porcentagens dos 2.000 empregados da Companhia MB, segundo o grau de instrução.

Grau de instrução	Frequência n_i	Porcentagem $100 f_i$
Fundamental	1.650	32,50
Médio	1.020	51,00
Superior	1.330	16,50
Total	2.000	100,00

Fonte: Dados hipotéticos.

Não podemos comparar diretamente as colunas das frequências das Tabelas 2.2 e 2.3, pois os totais de empregados são diferentes nos dois casos. Mas as colunas das porcentagens são comparáveis, pois reduzimos as frequências a um mesmo total (no caso 100).

A construção de tabelas de frequências para variáveis contínuas necessita de certo cuidado. Por exemplo, a construção da tabela de frequências para a variável salário, usando o mesmo procedimento acima, não resumirá as 36 observações num grupo menor, pois não existem observações iguais. A solução empregada é agrupar os dados por faixas de salário.

Exemplo 2.3 A Tabela 2.4 dá a distribuição de frequências dos salários dos 36 empregados da seção de orçamentos da Companhia MB por faixa de salários.

Tabela 2.4 Frequências e porcentagens dos 36 empregados da seção de orçamentos da Companhia MB por faixa de salário.

Classe de salários	Frequência n_i	Porcentagem $100\,f_i$
4,00 $\vdash$ 8,00	10	27,78
8,00 $\vdash$ 12,00	12	33,33
12,00 $\vdash$ 16,00	8	22,22
16,00 $\vdash$ 20,00	5	13,89
20,00 $\vdash$ 24,00	1	2,78
Total	36	100,00

Fonte: Tabela 2.1.

Procedendo-se desse modo, ao resumir os dados referentes a uma variável contínua, perde-se alguma informação. Por exemplo, não sabemos quais são os oito salários da classe de 12 a 16, a não ser que investiguemos a tabela original (Tabela 2.1). Sem perda de muita precisão, poderíamos supor que todos os oito salários daquela classe fossem iguais ao ponto médio da referida classe, isto é, 14 (o leitor pode verificar qual o erro cometido, comparando-os com os dados originais da Tabela 2.1). Voltaremos a este assunto no Capítulo 3. Note que estamos usando a notação $a \vdash b$ para o intervalo de números contendo o extremo a, mas não contendo o extremo b. Podemos também usar a notação $[a, b)$ para designar o mesmo intervalo $a \vdash b$.

A escolha dos intervalos é arbitrária e a familiaridade do pesquisador com os dados é que lhe indicará quantas e quais classes (intervalos) devem ser usadas. Entretanto, deve-se observar que, com um pequeno número de classes, perde-se informação, e com um número grande de classes, o objetivo de resumir os dados fica prejudicado. Estes dois extremos têm a ver, também, com o grau de suavidade da representação gráfica dos dados, a ser tratada a seguir, baseada nestas tabelas. Normalmente, sugere-se o uso de 5 a 15 classes com a mesma amplitude. O caso de classes com amplitudes diferentes é tratado no Problema 10.

2.2 DISTRIBUIÇÕES DE FREQUÊNCIAS

19

Problemas

1. *Escalas de medidas.* A seguir descrevemos outros possíveis critérios para classificar variáveis, em função da escala adotada. Observe a similaridade com a classificação apresentada anteriormente. Nossas observações são resultados de medidas feitas sobre os elementos de uma população. Existem quatro escalas de medidas que podem ser consideradas:

Escala nominal. Nesta escala, somente podemos afirmar que uma medida, é diferente ou não de outra, e ela é usada para categorizar indivíduos de uma população. Um exemplo é o sexo de um indivíduo. Para cada categoria associamos um numeral diferente (letra ou número). Por exemplo, no caso do sexo, podemos associar as letras **M** (masculino) e **F** (feminino) ou 1 (masculino) e 2 (feminino). Não podemos realizar operações aritméticas aqui e uma medida de posição apropriada é a moda. (As medidas citadas nesse problema, como a média, mediana e moda, são definidas no Capítulo 3.)

Escala ordinal. Aqui, podemos dizer que uma medida é diferente e maior do que outra. Temos a situação anterior, mas as categorias são ordenadas, e a ordem dos numerais associados ordena as categorias. Por exemplo, a classe socioeconômica de um indivíduo pode ser baixa (1 ou X), média (2 ou Y) e alta (3 ou Z). Transformações que preservam a ordem não alteram a estrutura de uma escala ordinal. No exemplo acima, podemos representar as categorias por 1, 10 e 100 ou A, L e Z. Medidas de posição apropriadas são a mediana e a moda.

Escala intervalar. Nesta escala, podemos afirmar que uma medida é igual ou diferente, maior e quanto maior do que outra. Podemos quantificar a diferença entre as categorias da escala ordinal. Necessitamos de uma origem arbitrária e de uma unidade de medida. Por exemplo, considere a temperatura de um indivíduo, na escala Fahrenheit. A origem é $0°$ F e a unidade é $1°$ F. Transformações que preservam a estrutura dessa escala são do tipo $y = ax + b$, $a > 0$. Por exemplo, a transformação $y = 5/9 (x - 32)$ transforma graus Fahrenheit em centígrados. Para essa escala, podemos fazer operações aritméticas, assim média, mediana e moda são medidas de posição apropriadas.

Escala razão. Dadas duas medidas nessa escala, podemos dizer se são iguais, ou se uma é diferente, maior, quanto maior e quantas vezes a outra. A diferença com a escala intervalar é que agora existe um zero absoluto. A altura de um indivíduo é um exemplo de medida nessa escala. Se ela for medida em centímetros (cm), 0 cm é a origem e 1 cm é a unidade de medida. Um indivíduo com **190** cm é duas vezes mais alto do que um indivíduo com **95** cm, e esta relação continua a valer se usarmos 1 m como unidade. Ou seja, a estrutura da escala razão não é alterada por transformações da forma $y = cx$, $c > 0$. Por exemplo, $y = x/100$ transforma cm em m. As estatísticas apropriadas para a escala intervalar são também apropriadas para a escala razão.

Para cada uma das variáveis abaixo, indique a escala usualmente adotada para resumir os dados em tabelas de frequências:

(a) Salários dos empregados de uma indústria.

(b) Opinião de consumidores sobre determinado produto.

(c) Número de respostas certas de alunos num teste com dez itens.

(d) Temperatura diária da cidade de Manaus.

(e) Porcentagem da receita de municípios aplicada em educação.

(f) Opinião dos empregados da Companhia MB sobre a realização ou não de cursos obrigatórios de treinamento.

(g) QI de um indivíduo.

2. Usando os dados da Tabela 2.1, construa a distribuição de frequências das variáveis:
   (a) Estado civil.
   (b) Região de procedência.
   (c) Número de filhos dos empregados casados.
   (d) Idade.
3. Para o Conjunto de Dados 1 (CD-Brasil), construa a distribuição de frequências para as variáveis população e densidade populacional.

2.3 Gráficos

Como já salientamos no Capítulo 1, a representação gráfica da distribuição de uma variável tem a vantagem de, rápida e concisamente, informar sobre sua variabilidade. Existem vários gráficos que podem ser utilizados e abordaremos aqui os mais simples. No Capítulo 3, voltaremos a tratar deste assunto, em conexão com medidas associadas à distribuição de uma variável.

2.3.1 Gráficos para variáveis qualitativas

Existem vários tipos de gráficos para representar variáveis qualitativas. Vários são versões diferentes do mesmo princípio, logo nos limitaremos a apresentar dois deles: gráficos em barras e de composição em setores ("pizza" ou retângulos).

Exemplo 2.4 Tomemos como ilustração a variável Y: grau de instrução, exemplificada nas Tabelas 2.2 e 2.3. O gráfico em barras consiste em construir retângulos ou barras, em que uma das dimensões é proporcional à magnitude a ser representada (n_i ou f_i), sendo a outra arbitrária, porém igual para todas as barras. Essas barras são dispostas paralelamente umas às outras, horizontal ou verticalmente. Na Figura 2.2, temos o gráfico em barras (verticais) para a variável Y.

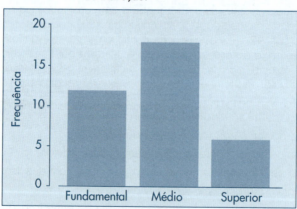

Figura 2.2 Gráfico em barras para a variável Y: grau de instrução.

Já o gráfico de composição em setores, sendo em forma de "pizza" o mais conhecido, destina-se a representar a composição, usualmente em porcentagem, de partes de um todo. Consiste num círculo de raio arbitrário, representando o todo, dividido em setores, que correspondem às partes de maneira proporcional. A Figura 2.3 mostra esse tipo de gráfico para a variável Y. Muitas vezes é usado um retângulo no lugar do círculo, para indicar o todo.

Figura 2.3 Gráfico em setores para a variável Y: grau de instrução.

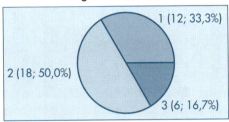

1= Fundamental, 2 = Médio e 3 = Superior

2.3.2 Gráficos para variáveis quantitativas

Para variáveis quantitativas, podemos considerar uma variedade maior de representações gráficas.

Exemplo 2.5 Considere a distribuição da variável Z, número de filhos dos empregados casados da seção de orçamentos da Companhia MB (Tabela 2.1). Na Tabela 2.5, temos as frequências e porcentagens.

Além dos gráficos usados para as variáveis qualitativas, como ilustrado na Figura 2.4, podemos considerar um gráfico chamado *gráfico de dispersão unidimensional*, como o da Figura 2.5(a), em que os valores são representados por pontos ao longo da reta (provida de uma escala). Valores repetidos são acompanhados por um número que indica as repetições. Outra possibilidade é considerar um gráfico em que os valores repetidos são "empilhados", um em cima do outro, como na Figura 2.5(b). Pode-se também apresentar o ponto mais alto da pilha, como aparece na Figura 2.5(c).

Figura 2.4 Gráfico em barras para a variável Z: número de filhos.

Figura 2.5 Gráficos de dispersão unidimensionais para a variável Z: número de filhos.

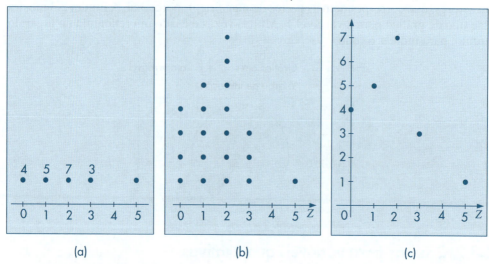

Para variáveis quantitativas contínuas, necessita-se de alguma adaptação, como no exemplo a seguir.

Tabela 2.5 Frequências e porcentagens dos empregados da seção de orçamentos da Companhia MB, segundo o número de filhos.

Nº de filhos z_i	Frequência n_i	Porcentagem 100 f_i
0	4	20
1	5	25
2	7	35
3	3	15
5	1	5
Total	20	100

Fonte: Tabela 2.1.

Exemplo 2.6 Queremos representar graficamente a distribuição da variável S, salário dos empregados da seção de orçamentos da Companhia MB. A Tabela 2.4 fornece a distribuição de frequências de S. Para fazer uma representação similar às apresentadas anteriormente, devemos usar o artifício de aproximar a variável contínua por uma variável discreta, sem perder muita informação. Isto pode ser feito supondo-se que todos os salários em determinada classe são iguais ao ponto médio desta classe. Assim, os dez salários pertencentes à primeira classe (de quatro a oito salários) serão admitidos iguais a 6,00, os 12 salários da segunda classe (oito a doze salários) serão admitidos iguais a 10,00 e assim por diante. Então, podemos reescrever a Tabela 2.4 introduzindo os pontos médios das classes. Estes pontos estão na segunda coluna da Tabela 2.6.

2.3 GRÁFICOS

Com a tabela assim construída podemos representar os pares (s_i, n_i) ou (s_i, f_i), por um gráfico em barras, setores ou de dispersão unidimensional. Veja a Figura 2.6.

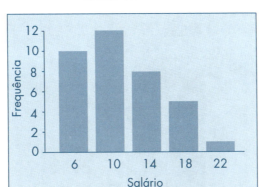

Figura 2.6 Gráfico em barras para a variável S: salários.

O artifício usado acima para representar uma variável contínua faz com que se perca muito das informações nela contidas. Uma alternativa a ser usada nestes casos é o gráfico conhecido como *histograma*.

Tabela 2.6 Distribuição de frequências da variável S, salário dos empregados da seção de orçamentos da Companhia MB.

Classes de salários	Ponto médio s_i	Frequência n_i	Porcentagem $100 f_i$
4,00 ⊢ 8,00	6,00	10	27,78
8,00 ⊢ 12,00	10,00	12	33,33
12,00 ⊢ 16,00	14,00	8	22,22
16,00 ⊢ 20,00	18,00	5	13,89
20,00 ⊢ 24,00	22,00	1	2,78
Total	–	36	100,00

Fonte: Tabela 2.4.

Exemplo 2.7 Usando ainda a variável S do Exemplo 2.4, apresentamos na Figura 2.7 o histograma de sua distribuição.

O histograma é um gráfico de barras contíguas, com as bases proporcionais aos intervalos das classes e a área de cada retângulo proporcional à respectiva frequência. Pode-se usar tanto a frequência absoluta, n_i, como a relativa, f_i. Indiquemos a amplitude do i-ésimo intervalo por Δ_i. Para que a área do retângulo respectivo seja proporcional a f_i, a sua altura deve ser proporcional a f_i/Δ_i (ou a n_i/Δ_i), que é chamada *densidade de frequência* da i-ésima classe. Quanto mais dados tivermos em cada classe, mais alto deve ser o retângulo. Com essa convenção, a área total do histograma será igual a um.

Quando os intervalos das classes forem todos iguais a Δ, a densidade de frequência da i-ésima classe passa a ser f_i/Δ (ou n_i/Δ). É claro que marcar no eixo das ordenadas os valores

n_i, f_i, n_i/Δ ou f_i/Δ leva a obter histogramas com a mesma forma; somente as áreas é que serão diferentes. O Problema 10 traz mais informações sobre a construção de histogramas.

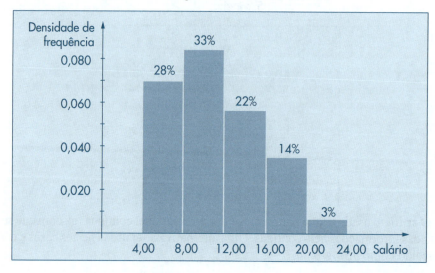

Figura 2.7 Histograma da variável S: salários.

Para facilitar o entendimento, foi colocada acima de cada setor (retângulo) a respectiva porcentagem das observações (arredondada). Assim, por meio da figura, podemos dizer que 61% dos empregados têm salário inferior a 12 salários mínimos, ou 17% possuem salário superior a 16 salários mínimos.

Do mesmo modo que usamos um artifício para representar uma variável contínua como uma variável discreta, podemos usar um artifício para construir um histograma para variáveis discretas. A Figura 2.8 é um exemplo de como ficaria o histograma da variável Z, número de filhos dos empregados casados da seção de orçamentos da Companhia MB, segundo os dados da Tabela 2.5. O gráfico é suficientemente autoexplicativo, de modo que omitimos detalhes sobre sua construção.

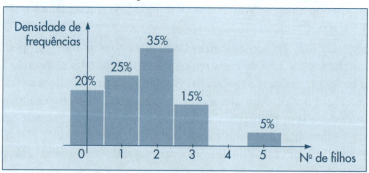

Figura 2.8 Histograma da variável Z: número de filhos.

2.4 Ramo-e-folhas

Tanto o histograma como os gráficos em barras dão uma ideia da *forma da distribuição* da variável sob consideração. Veremos, no Capítulo 3, outras características da distribuição de uma variável, como medidas de posição e dispersão. Mas a forma da distribuição é tão importante quanto estas medidas. Por exemplo, saber que a renda *per capita* de um país é de tantos dólares pode ser um dado interessante, mas saber como essa renda se distribui é mais importante.

Um procedimento alternativo para resumir um conjunto de valores, com o objetivo de se obter uma ideia da forma de sua distribuição, é o *ramo-e-folhas*. Uma vantagem deste diagrama sobre o histograma é que não perdemos (ou perdemos pouca) informação sobre os dados em si.

Exemplo 2.8 Na Figura 2.9, construímos o ramo-e-folhas dos salários de 36 empregados da Companhia MB (Tabela 2.1). Não existe uma regra fixa para construir o ramo-e-folhas, mas a ideia básica é dividir cada observação em duas partes: a primeira (o *ramo*) é colocada à esquerda de uma linha vertical, a segunda (a *folha*) é colocada à direita. Assim, para os salários 4,00 e 4,56, o 4 é o ramo e 00 e 56 são as folhas.

Um ramo com muitas folhas significa maior incidência daquele ramo (realização).

Figura 2.9 Ramo-e-folhas para a variável S: salários.

4	00	56		
5	25	73		
6	26	66	86	
7	39	44	59	
8	12	46	74	95
9	13	35	77	80
10	53	76		
11	06	59		
12	00	79		
13	23	60	85	
14	69	71		
15	99			
16	22	61		
17	26			
18	75			
19	40			
20				
21				
22				
23	30			

Algumas informações que se obtêm deste ramo-e-folhas são:

(a) Há um destaque grande para o valor 23,30.

(b) Os demais valores estão razoavelmente concentrados entre 4,00 e 19,40.

(c) Um valor mais ou menos típico para este conjunto de dados poderia ser, por exemplo, 10,00.

(d) Há uma leve assimetria em direção aos valores grandes; a suposição de que estes dados possam ser considerados como amostra de uma população com distribuição simétrica, em forma de sino (a chamada distribuição normal), pode ser questionada.

A escolha do número de linhas do ramo-e-folhas é equivalente à escolha do número de classes de um histograma. Um número pequeno de linhas (ou de classes) enfatiza a parte M da relação (1.1), enquanto um número grande de linhas (ou de classes) enfatiza a parte R.

Exemplo 2.9 Os dados abaixo referem-se à dureza de 30 peças de alumínio (Hoaglin; Mosteller; Tukey, 1983, p. 13).

53,0	70,2	84,3	69,5	77,8	87,5	53,4	82,5	67,3	54,1
70,5	71,4	95,4	51,1	74,4	55,7	63,5	85,8	53,5	64,3
82,7	78,5	55,7	69,1	72,3	59,5	55,3	73,0	52,4	50,7

Na Figura 2.10, temos o ramo-e-folhas correspondente. Aqui, optamos por truncar cada valor, omitindo os décimos, de modo que 69,1 e 69,5, por exemplo, tornam-se 69 e 69 e aparecem como 9 na linha que corresponde ao ramo 6.

Figura 2.10 Ramo-e-folhas para os dados de dureza de peças de alumínio.

5	0	1	2	3	3	3	4	5	5	5	9
6	3	4	7	9	9						
7	0	0	1	2	3	4	7	8			
8	2	2	4	5	7						
9	5										

Este é um exemplo em que temos muitas folhas em cada ramo. Uma maneira alternativa é duplicar os ramos. Criamos os ramos 5* e 5•, 6* e 6• etc., nos quais colocamos folhas de 0 a 4 na linha * e folhas de 5 a 9 na linha •. Obtemos o ramo-e-folhas da Figura 2.11.

Um ramo-e-folhas pode ser "adornado" com outras informações, como o número de observações em cada ramo. Para outros exemplos, veja o Problema 19.

Figura 2.11 Ramo-e-folhas para os dados de dureza, com ramos divididos.

5*	0	1	2	3	3	3	4
5•	5	5	5	9			
6*	3	4					
6•	7	9	9				
7*	0	0	1	2	3	4	
7•	7	8					
8*	2	2	4				
8•	5	7					
9*							
9•	5						

2.4 RAMO-E-FOLHAS

Problemas

4. Contou-se o número de erros de impressão da primeira página de um jornal durante 50 dias, obtendo-se os resultados abaixo:

8	11	8	12	14	13	11	14	14	15
6	10	14	19	6	12	7	5	8	8
10	16	10	12	12	8	11	6	7	12
7	10	14	5	12	7	9	12	11	9
14	8	14	8	12	10	12	22	7	15

(a) Represente os dados graficamente.

(b) Faça um histograma e um ramo-e-folhas.

5. Usando os resultados do Problema 2 e da Tabela 2.3:

(a) construa um histograma para a variável idade; e

(b) proponha uma representação gráfica para a variável grau de instrução.

6. As taxas médias geométricas de incremento anual (por 100 habitantes) dos 30 maiores municípios do Brasil estão dadas abaixo.

3,67	1,82	3,73	4,10	4,30
1,28	8,14	2,43	4,17	5,36
3,96	6,54	5,84	7,35	3,63
2,93	2,82	8,45	5,28	5,41
7,77	4,65	1,88	2,12	4,26
2,78	5,54	0,90	5,09	4,07

(a) Construa um histograma.

(b) Construa um gráfico de dispersão unidimensional.

7. Você foi convidado para chefiar a seção de orçamentos ou a seção técnica da Companhia MB. Após analisar o tipo de serviço que cada seção executa, você ficou indeciso e resolveu tomar a decisão baseado em dados fornecidos para as duas seções. O departamento pessoal forneceu os dados da Tabela 2.1 para os funcionários da seção de orçamentos, ao passo que, para a seção técnica, os dados vieram agrupados segundo as tabelas abaixo, que apresentam as frequências dos 50 empregados dessa seção, segundo as variáveis grau de instrução e salário. Baseado nesses dados, qual seria a sua decisão? Justifique.

Instrução	Frequência
Fundamental	15
Médio	30
Superior	5
Total	50

Classe de Salários	Frequência
7,50 ⊢─ 10,50	14
10,50 ⊢─ 13,50	17
13,50 ⊢─ 16,50	11
16,50 ⊢─ 19,50	8
Total	50

8. Construa um histograma, um ramo-e-folhas e um gráfico de dispersão unidimensional para o Conjunto de Dados 2 (CD-Municípios).

2.5 Exemplos computacionais

Nesta seção, vamos analisar dois conjuntos de dados apresentados no final do livro, utilizando técnicas vistas neste capítulo e comandos do R. Para mais detalhes veja a página do livro.

Exemplo 2.10 Considere o conjuntos de notas, em Estatística, de 100 alunos de um curso de Economia (CD-Notas). O histograma dos dados está na Figura 2.12, que mostra que a distribuição dos dados é razoavelmente simétrica. Esse gráfico pode ser obtido por meio do comando do R a seguir:

```
cdnotas<-read.table("cd-notas.csv", h=T, skip=4,sep=";", dec=",")
hist (cdnotas$nota, col="darkblue", xlab="Notas", ylab="Frequência", border="white")
```

Figura 2.12 Histograma para o CD-Notas. R.

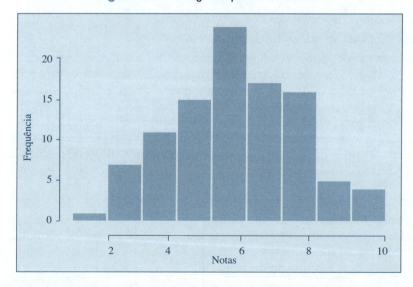

O gráfico de dispersão unidimensional e o ramo-e-folhas correspondentes estão nas Figuras 2.13 e 2.14, respectivamente, e ambos contêm informação semelhante à dada pelo histograma. Os comandos a utilizar são:

```
stripchart (cdnotas$nota, method = "stack", offset = 2, at=0,
pch = 19, col="darkblue", ylab=NA,cex=0.5)
stem (cdnotas$notaFigura 2.14 Ramo-e-folhas para o CD-Notas. R.
```

Figura 2.13 Gráfico de dispersão unidimensional para o CD-Notas. R.

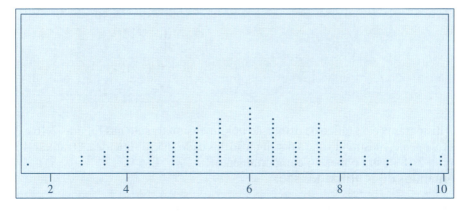

Figura 2.14 Ramo-e-folhas para o CD-Notas. R.

The decimal point is at the	
1	5
2	555
3	000055555
4	000000555555
5	00000000055555555555
6	000000000000055555555555
7	0000005555555555
8	000000555
9	005
10	000

Exemplo 2.11 O Conjunto de Dados 4 (CD-Poluição) traz dados sobre a poluição na cidade de São Paulo. Tomemos os dados de temperatura, de 1º de janeiro a 30 de abril de 1991 (120 dados). Essas observações constituem o que se chama *série temporal*, ou seja, os dados são observados em instantes ordenados do tempo. Espera-se que exista relação entre as observações em instantes de tempo diferentes, o que não acontece com os dados do exemplo anterior: a nota de um aluno, em princípio, é independente da nota de outro aluno qualquer. O gráfico dessa série temporal está na Figura 2.15. Observa-se uma variação da temperatura no decorrer do tempo, entre 12 e 22 ºC.

Figura 2.15 Dados de temperatura de São Paulo. R.

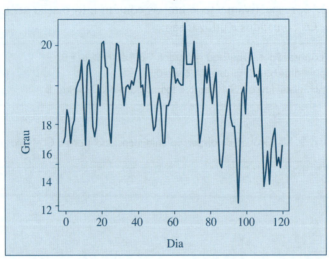

O histograma e o gráfico de dispersão unidimensional estão nas Figuras 2.16 e 2.17, respectivamente, mostrando que a distribuição dos dados não é simétrica. O ramo-e-folhas da Figura 2.18 ilustra o mesmo comportamento.
Os comandos do R utilizados são:

```
cdpoluicao<-read.table ("cd-poluicao.csv", h=T, skip=8, sep=";", dec=",")
plot.ts (cdpoluicao$temp, xlab="Dia", ylab="Grau", col="darkblue")
hist (cdpoluicao$temp, col="darkblue", xlab="Temperatura", border="white",
ylab="")
stripchart (cdpoluicao$temp, method = "stack", offset = 2, at=0, pch =
19, col="darkblue",ylab=NA, cex=0.5)
stem (cdpoluicao$temp, scale=.5)
```

Figura 2.16 Histograma dos dados de temperatura de São Paulo. R.

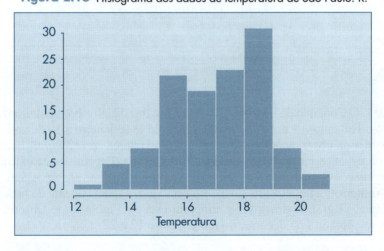

Figura 2.17 Gráfico de dispersão unidimensional para os dados de temperatura de São Paulo. R.

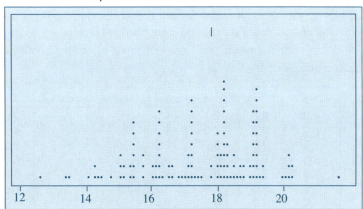

Figura 2.18 Ramo-e-folhas para os dados de temperatura de São Paulo. R.

The decimal point is at the │	
12	3
13	128
14	0012588899
15	112222225558899
16	000000013344678999
17	000000001236688888999
18	00000000001111233345566889999999
19	00000000012289
20	00011
21	0

2.6 Problemas suplementares

9. A MB Indústria e Comércio, desejando melhorar o nível de seus funcionários em cargos de chefia, montou um curso experimental e indicou 25 funcionários para a primeira turma. Os dados referentes à seção a que pertencem, notas e graus obtidos no curso estão na tabela a seguir. Como havia dúvidas quanto à adoção de um único critério de avaliação, cada instrutor adotou seu próprio sistema de aferição. Usando dados daquela tabela, responda as questões:

   (a) Após observar atentamente cada variável, e com o intuito de resumi-las, como você identificaria (qualitativa ordinal ou nominal e quantitativa discreta ou contínua) cada uma das 9 variáveis listadas?

   (b) Compare e indique as diferenças existentes entre as distribuições das variáveis Direito, Política e Estatística.

   (c) Construa o histograma para as notas da variável Redação.

   (d) Construa a distribuição de frequências da variável Metodologia e faça um gráfico para indicar essa distribuição.

CAPÍTULO 2 — RESUMO DE DADOS

(e) Sorteado ao acaso um dos 25 funcionários, qual a probabilidade de que ele tenha obtido grau A em Metodologia?

(f) Se, em vez de um, sorteássemos dois, a probabilidade de que ambos tivessem tido A em Metodologia é maior ou menor do que a resposta dada em (e)?

(g) Como é o aproveitamento dos funcionários na disciplina Estatística, segundo a seção a que eles pertencem?

Func.	Seção (*)	Administr.	Direito	Redação	Estatíst.	Inglês	Metodologia	Política	Economia
1	P	8,0	9,0	8,6	9,0	B	A	9,0	8,5
2	P	8,0	9,0	7,0	9,0	B	C	6,5	8,0
3	P	8,0	9,0	8,0	8,0	D	B	9,0	8,5
4	P	6,0	9,0	8,6	8,0	D	C	6,0	8,5
5	P	8,0	9,0	8,0	9,0	A	A	6,5	9,0
6	P	8,0	9,0	8,5	10,0	B	A	6,5	9,5
7	P	8,0	9,0	8,2	8,0	D	C	9,0	7,0
8	T	10,0	9,0	7,5	8,0	B	C	6,0	8,5
9	T	8,0	9,0	9,4	9,0	B	B	10,0	8,0
10	T	10,0	9,0	7,9	8,0	B	C	9,0	7,5
11	T	8,0	9,0	8,6	10,0	C	B	10,0	8,5
12	T	8,0	9,0	8,3	7,0	D	B	6,5	8,0
13	T	6,0	9,0	7,0	7,0	B	C	6,0	8,5
14	T	10,0	9,0	8,6	9,0	A	B	10,0	7,5
15	V	8,0	9,0	8,6	9,0	C	B	10,0	7,0
16	V	8,0	9,0	9,5	7,0	A	A	9,0	7,5
17	V	8,0	9,0	6,3	8,0	D	C	10,0	7,5
18	V	6,0	9,0	7,6	9,0	C	C	6,0	8,5
19	V	6,0	9,0	6,8	4,0	D	C	6,0	9,5
20	V	6,0	9,0	7,5	7,0	C	B	6,0	8,5
21	V	8,0	9,0	7,7	7,0	D	B	6,5	8,0
22	V	6,0	9,0	8,7	8,0	C	A	6,0	9,0
23	V	8,0	9,0	7,3	10,0	C	C	9,0	7,0
24	V	8,0	9,0	8,5	9,0	A	A	6,5	9,0
25	V	8,0	9,0	7,0	9,0	B	A	9,0	8,5

(*) (P = departamento pessoal, T = seção técnica e V = seção de vendas)

10. Dispomos de uma relação de 200 aluguéis de imóveis urbanos e uma relação de 100 aluguéis rurais.

(a) Construa os histogramas das duas distribuições.

(b) Com base nos histogramas, discuta e compare as duas distribuições.

Classes de aluguéis (codificados)	Zona urbana	Zona rural
2 ⊢ 3	10	30
3 ⊢ 5	40	50
5 ⊢ 7	80	15
7 ⊢ 10	50	5
10 ⊢ 15	20	0
Total	200	100

11. Esboce o histograma alisado para cada uma das situações descritas abaixo:

(a) Distribuição dos salários registrados em carteira de trabalho de moradores da cidade de São Paulo.

(b) Distribuição das idades de alunos de uma Faculdade de Economia e Administração.

(c) Distribuição das idades dos alunos de uma classe da Faculdade do item anterior. Compare as duas distribuições.

(d) Distribuição do número de óbitos segundo a faixa etária.

(e) Distribuição do número de divórcios segundo o número de anos de casado.

(f) Distribuição do número formado pelos dois últimos algarismos do primeiro prêmio da Loteria Federal, durante os dez últimos anos.

12. Faça no mesmo gráfico um esboço das três distribuições descritas abaixo:

(a) Distribuição das alturas dos brasileiros adultos.

(b) Distribuição das alturas dos suecos adultos.

(c) Distribuição das alturas dos japoneses adultos.

13. Usando os dados da Tabela 2.1:

(a) Construa a distribuição de frequências para a variável idade.

(b) Faça o gráfico da porcentagem acumulada.

(c) Usando o gráfico anterior, ache os valores de i correspondentes aos pontos $(i, 25\%)$, $(i, 50\%)$ e $(i, 75\%)$.

14. Construir a f.d.e. para a variável idade referente aos dados da Tabela 2.1.

15. Construa um ramo-e-folhas para a variável CO (monóxido de carbono) do Conjunto de Dados 4 (CD-Poluição).

2.7 Complementos metodológicos

1. Intervalos de classes desiguais. É muito comum o uso de classes com tamanhos desiguais no agrupamento dos dados em tabelas de frequências. Nestes casos, deve-se tomar alguns cuidados especiais quanto à análise e construção do histograma.

A tabela abaixo fornece a distribuição de 250 empresas classificadas segundo o número de empregados. Uma análise superficial pode levar à conclusão de que a concentração vem aumentando até atingir um máximo na classe 40 ⊢ 60, voltando a diminuir depois, mas não tão acentuadamente. Porém, um estudo mais detalhado revela que a amplitude da classe 40 ⊢ 60 é o dobro da amplitude das classes anteriores. Assim, espera-se que mais elementos caiam nessa classe, mesmo que a concentração seja levemente inferior. Então, um primeiro cuidado é construir a coluna que indica as amplitudes Δ_i de cada classe. Estes valores estão representados na terceira coluna da tabela.

Número de empregados	Frequência n_i	Amplitude Δ_i	Densidade n_i/Δ_i	Proporção f_i	Densidade f_i/Δ_i
0 ⊢ 10	5	10	0,50	0,02	0,0020
10 ⊢ 20	20	10	2,00	0,08	0,0080
20 ⊢ 30	35	10	3,50	0,14	0,0140
30 ⊢ 40	40	10	4,00	0,16	0,0160
40 ⊢ 60	50	20	2,50	0,20	0,0100
60 ⊢ 80	30	20	1,50	0,12	0,0060
80 ⊢ 100	20	20	1,00	0,08	0,0040
100 ⊢ 140	20	40	0,50	0,08	0,0020
140 ⊢ 180	15	40	0,38	0,06	0,0015
180 ⊢ 260	15	80	0,19	0,06	0,0008
Total	250	—	—	1,00	—

Um segundo passo é a construção da coluna das densidades de frequências em cada classe, que é obtida dividindo as frequências n_i pelas amplitudes Δ_i, ou seja, a medida que indica qual a concentração por unidade da variável. Assim, observando-se os números da quarta coluna, vê-se que a classe de maior concentração passa a ser a 30 ⊢ 40, enquanto a última é a de menor concentração. Para compreender a distribuição, estes dados são muito mais informativos do que as frequências absolutas simplesmente.

De modo análogo, pode-se construir a densidade da proporção (ou porcentagem) por unidade da variável (verifique a construção por meio da 5ª e da 6ª colunas). A interpretação para f_i/Δ_i é muito semelhante àquela dada para n_i/Δ_i.

Para a construção do histograma, basta lembrar que a área total deve ser igual a 1 (ou 100%), o que sugere usar no eixo das ordenadas os valores de f_i/Δ_i. O histograma para estes dados está na Figura 2.19.

Figura 2.19 Histograma dos dados do CM 1.

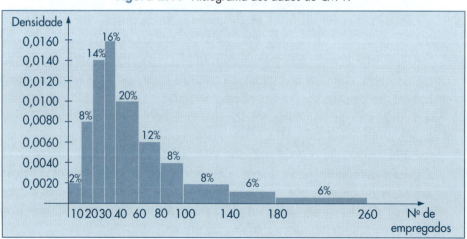

2. Histograma alisado. Na Tabela 2.4, tem-se a distribuição de frequências dos salários de 36 funcionários, agrupados em classes de amplitude 4. Na Figura 2.7, tem-se o respectivo histograma. Reagrupando-se os dados em classes de amplitude 2, obter-se-ia a seguinte tabela de frequências e o correspondente histograma (Figura 2.20(a)).

Classe de salários	Frequências n_i
4,00 ⊢ 6,00	4
6,00 ⊢ 8,00	6
8,00 ⊢ 10,00	8
10,00 ⊢ 12,00	4
12,00 ⊢ 14,00	5
14,00 ⊢ 16,00	3
16,00 ⊢ 18,00	3
18,00 ⊢ 20,00	2
20,00 ⊢ 22,00	0
22,00 ⊢ 24,00	1
Total	36

Figura 2.20(a) Histograma para a variável S: salário, $\Delta = 2$.

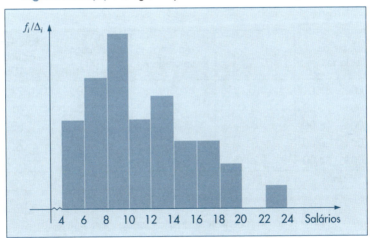

Se houvesse um número suficientemente grande de observações, poder-se-ia ir diminuindo os intervalos de classe, e o histograma iria ficando cada vez menos irregular, até atingir um caso limite com uma curva bem mais suave. Por exemplo, o comportamento da distribuição dos salários poderia ter a representação da Figura 2.20(b). Esse histograma alisado é muito útil para ilustrar rapidamente qual o tipo de comportamento que se espera para a distribuição de uma dada variável. No capítulo referente às variáveis aleatórias contínuas, voltaremos a estudar esse histograma sob um ponto de vista mais matemático.

A interpretação desse gráfico é a mesma do histograma. Assim, nas regiões onde a curva é mais alta, significa uma maior densidade de observações. No exemplo acima, conforme se aumenta o salário, observa-se que a densidade de frequência vai diminuindo.

Figura 2.20(b) Histograma alisado para a variável S: salário.

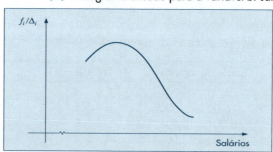

3. Frequências acumuladas. Uma outra medida muito usada para descrever dados quantitativos é a frequência acumulada, que indica quantos elementos, ou que porcentagem deles, estão abaixo de um certo valor. Na tabela a seguir, a terceira e a quinta colunas indicam respectivamente a frequência absoluta acumulada e a proporção (porcentagem) acumulada. Assim, observando a tabela podemos afirmar que 27,78% dos indivíduos ganham até oito salários mínimos; 61,11% ganham até 12 salários mínimos; 83,33% ganham até 16 salários mínimos; 97,22% ganham até 20 salários mínimos e 100% dos funcionários ganham até 24 salários.

Classe de salários	Frequência n_i	Frequência acumulada N_i	Porcentagem $100 f_i$	Porcentagem acumulada $100\, F_i$
4,00 ⊢ 8,00	10	10	27,78	27,78
8,00 ⊢ 12,00	12	22	33,33	61,11
12,00 ⊢ 16,00	8	30	22,22	83,33
16,00 ⊢ 20,00	5	35	13,89	97,22
20,00 ⊢ 24,00	1	36	2,78	100,00
Total	36	—	100,00	—

A Figura 2.21 é a ilustração gráfica da porcentagem acumulada.

Figura 2.21 Porcentagens acumuladas para o Problema 15.

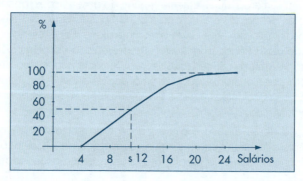

Este gráfico pode ser usado para fornecer informações adicionais. Por exemplo, para saber qual o salário s tal que 50% dos funcionários ganhem menos do que s, basta procurar o ponto $(s, 50)$ na curva. Observando as linhas pontilhadas no gráfico, verificamos que a solução é um pouco mais do que 10 salários mínimos.

4. Frequências acumuladas (continuação). Para um tratamento estatístico mais rigoroso das variáveis quantitativas, costuma-se usar uma definição mais precisa para a distribuição das frequências acumuladas. Em capítulos posteriores será vista a sua utilização.

Definição. Dadas n observações de uma variável quantitativa e um número x real qualquer, indicar-se-á por $N(x)$ o número de observações menores ou iguais a x, e chamar-se-á de função de distribuição empírica (f.d.e.) a função $F_n(x)$ ou $F_e(x)$.

$$F_e(x) = F_n(x) = \frac{N(x)}{n}$$

Exemplo 2.12 Para a variável S = salário dos 36 funcionários listados na Tabela 2.1, é fácil verificar que:

$$F_{36}(s) = \begin{cases} 0, & \text{se } s < 4,00 \\ 1/36, & \text{se } 4,00 \leq s < 4,56 \\ 2/36, & \text{se } 4,56 \leq s < 5,25 \\ \vdots & \vdots \\ 1, & \text{se } s \geq 23,30 \end{cases}$$

O gráfico está na Figura 2.22. Àqueles não familiarizados com a representação gráfica de funções, recomenda-se a leitura de Morettin, Hazzan & Bussab (2005).

Figura 2.22 Função de distribuição empírica para o Exemplo 2.12.

Exemplo 2.13 Esta definição também vale para variáveis quantitativas discretas. Assim, para a variável número de filhos resumida na Tabela 2.5, tem-se a seguinte f.d.e.:

$$F_{20}(x) = \begin{cases} 0,00, & \text{se } x < 0 \\ 0,20, & \text{se } 0 \leq x < 1 \\ 0,45, & \text{se } 1 \leq x < 2 \\ 0,80, & \text{se } 2 \leq x < 3 \\ 0,95, & \text{se } 3 \leq x < 5 \\ 1,00, & \text{se } x \geq 5 \end{cases}$$

cujo gráfico é o da Figura 2.23.

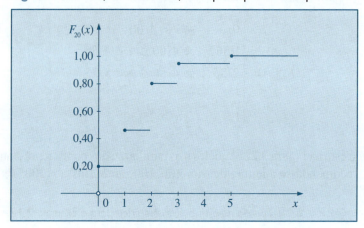

Figura 2.23 Função de distribuição empírica para o Exemplo 2.13.

5. Ramo-e-folhas (continuação). Os dados abaixo referem-se à produção, em toneladas, de dado produto, para 20 companhias químicas (numeradas de 1 a 20).

(1, 50), (2, 280), (3, 560), (4, 170), (5, 180),

(6, 500), (7, 250), (8, 200), (9, 1.050), (10, 240),

(11, 180), (12, 1.000), (13, 1.100), (14, 120), (15, 4.200),

(16, 5.100), (17, 480), (18, 90), (19, 870), (20, 360).

2.7 COMPLEMENTOS METODOLÓGICOS

Vemos que os valores estendem-se de 50 a 5.100 e, usando uma representação semelhante à da Figura 2.9, teríamos um grande número de linhas. A Figura 2.24(a) mostra uma outra forma de ramo-e-folhas, com ramos divididos. A divisão ocorre no ramo, cada vez que se muda por um fator de 10.

Uma economia de 4 linhas poderia ser obtida, representando-se os valores 50 e 90 da Figura 2.24(a) num ramo denominado 0. Obtemos a Figura 2.24(b).

Os pacotes computacionais trazem algumas opções adicionais ao construir um ramo-e-folhas. Por exemplo, podemos ter a contagem do número de folhas em cada ramo, como mostra a Figura 2.25(a). Aqui, temos o ramo-e-folhas dos salários dos empregados da Tabela 2.1. Na Figura 2.25(b), acrescentamos as contagens de folhas a partir de cada extremo até o ramo que contém a mediana. Esse tipo de opção é chamado profundidade (*depth*) nos pacotes.

Figura 2.24 Ramo-e-folhas das produções de companhias químicas.

(a)

```
5 |  0
6 |
7 |
8 |
9 |  0
--------------------
1 |  70, 80, 80, 20
2 |  80, 50, 00, 40
3 |  60
4 |  80
5 |  60, 00
6 |
7 |
8 |  70
9 |
--------------------
1 |  050, 000, 100
2 |
3 |
4 |  200
5 |  100
```

(b)

```
0 |  50, 90
1 |  70, 80, 80, 20
2 |  80, 50, 00, 40
3 |  60
4 |  80
5 |  60, 00
6 |
7 |
8 |  70
9 |
--------------------
1 |  050, 000, 100
2 |
3 |
4 |  200
5 |  100
```

Figura 2.25 Ramo-e-folhas com: (a) frequências em cada ramo, (b) profundidade.

2	4	00	56			2	4	00	56		
2	5	25	73			4	5	25	73		
3	6	26	66	86		7	6	26	66	86	
3	7	39	44	59		10	7	39	44	59	
4	8	12	46	74	95	14	8	12	46	74	95
4	9	13	35	77	80	18	9	13	35	77	80
2	10	53	76			(2)	10	53	76		
2	11	06	59			16	11	06	59		
2	12	00	79			14	12	00	79		
3	13	23	60	85		12	13	23	60	85	
2	14	69	71			9	14	69	71		
1	15	99				7	15	99			
2	16	22	61			6	16	22	61		
1	17	26				4	17	26			
1	18	75				3	18	75			
1	19	40				2	19	40			
0	20					1	20				
0	21					1	21				
0	22					1	22				
1	23	30				1	23	30			

(a)   (b)

Capítulo 3

Medidas-Resumo

3.1 Medidas de posição

Vimos que o resumo de dados por meio de tabelas de frequências e ramo-e-folhas fornece muito mais informações sobre o comportamento de uma variável do que a própria tabela original de dados. Muitas vezes, queremos resumir ainda mais estes dados, apresentando um ou alguns valores que sejam *representativos* da série toda. Quando usamos um só valor, obtemos uma redução drástica dos dados. Usualmente, emprega-se uma das seguintes medidas de posição (ou localização) central: média, mediana ou moda.

A *moda* é definida como a realização mais frequente do conjunto de valores observados. Por exemplo, considere a variável Z, número de filhos de cada funcionário casado, resumida na Tabela 2.5 do Capítulo 2. Vemos que a moda é 2, correspondente à realização com maior frequência, 7. Em alguns casos, pode haver mais de uma moda, ou seja, a distribuição dos valores pode ser bimodal, trimodal etc.

A *mediana* é a realização que ocupa a posição central da série de observações, quando estão ordenadas em ordem crescente. Assim, se as cinco observações de uma variável forem 3, 4, 7, 8 e 8, a mediana é o valor 7, correspondendo à terceira observação. Quando o número de observações for par, usa-se como mediana a média aritmética das duas observações centrais. Acrescentando-se o valor 9 à série acima, a mediana será $(7 + 8)/2 = 7,5$.

Finalmente, a *média aritmética*, conceito familiar ao leitor, é a soma das observações dividida pelo número delas. Assim, a média aritmética de 3, 4, 7, 8 e 8 é $(3 + 4 + 7 + 8 + 8)/5 = 6$.

Exemplo 3.1 Usando os dados da Tabela 2.5, já encontramos que a moda da variável Z é 2. Para a mediana, constatamos que esta também é 2, média aritmética entre a décima e a décima primeira observações. Finalmente, a média aritmética será

$$\frac{4 \times 0 + 5 \times 1 + 7 \times 2 + 3 \times 3 + 5 \times 1}{20} = \frac{33}{20} = 1,65.$$

Neste exemplo, as três medidas têm valores próximos e qualquer uma delas pode ser usada como *representativa* da série toda. A média aritmética é, talvez, a medida mais usada. Contudo, ela pode conduzir a erros de interpretação. Em muitas situações, a mediana é uma medida mais adequada. Voltaremos a este assunto mais adiante.

Vamos formalizar os conceitos introduzidos acima. Se $x_1, ..., x_n$ são os n valores (distintos ou não) da variável X, a média aritmética, ou simplesmente média, de X pode ser escrita

$$\bar{x} = \frac{x_1 + ... + x_n}{n} = \frac{1}{n} \sum_{i=1}^{n} x_i. \tag{3.1}$$

Agora, se tivermos n observações da variável X, das quais n_1 são iguais a x_1, n_2 são iguais a x_2 etc., n_k iguais a x_k, então a média de X pode ser escrita

$$\bar{x} = \frac{n_1 x_1 + n_2 x_2 + ... + n_k x_k}{n} = \frac{1}{n} \sum_{i=1}^{k} n_i x_i. \tag{3.2}$$

Se $f_i = n_i/n$ representar a frequência relativa da observação x_i, então (3.2) também pode ser escrita

$$\bar{x} = \sum_{i=1}^{k} f_i x_i. \tag{3.3}$$

Consideremos, agora, as observações ordenadas em ordem crescente. Vamos denotar a menor observação por $x_{(1)}$, a segunda por $x_{(2)}$, e assim por diante, obtendo-se

$$x_{(1)} \leq x_{(2)} \leq ... \leq x_{(n-1)} \leq x_{(n)}. \tag{3.4}$$

Por exemplo, se $x_1 = 3$, $x_2 = -2$, $x_3 = 6$, $x_4 = 1$, $x_5 = 3$, então $-2 \leq 1 \leq 3 \leq 3 \leq 6$, de modo que $x_{(1)} = -2$, $x_{(2)} = 1$, $x_{(3)} = 3$, $x_{(4)} = 3$ e $x_{(5)} = 6$.

As observações ordenadas como em (3.4) são chamadas *estatísticas de ordem*.

Com essa notação, a mediana da variável X pode ser definida como

$$\mathrm{md}(X) = \begin{cases} x_{\left(\frac{n+1}{2}\right)}, & \text{se } n \text{ ímpar;} \\ \dfrac{x_{\left(\frac{n}{2}\right)} + x_{\left(\frac{n}{2}+1\right)}}{2}, & \text{se } n \text{ par.} \end{cases} \tag{3.5}$$

Exemplo 3.2 A determinação das medidas de posição para uma variável quantitativa contínua, por meio de sua distribuição de frequências, exige aproximações, pois perdemos a informação dos valores das observações. Consideremos a variável S: salário dos 36 funcionários da Companhia MB, agrupados em classes de salários, conforme a Tabela 2.6. Uma aproximação razoável é supor que todos os valores dentro de uma classe tenham seus valores iguais ao ponto médio desta classe. Este procedimento nos deixa na mesma situação do caso discreto, em que as medidas são calculadas usando-se os pares (x_i, n_i) ou (x_i, f_i), como em (3.2) e (3.3).

A moda, mediana e média para os dados da Tabela 2.6 são, respectivamente,

$$\text{mo}(S) \quad 10,00,$$
$$\text{md}(S) \quad 10,00,$$
$$\overline{s} \quad \frac{10 \times 6,00 + 12 \times 10,00 + 8 \times 14,00 + 5 \times 18,00 + 1 \times 22,00}{36} = 11,22.$$

Observe que colocamos o sinal de $\simeq$ e não de igualdade, pois os valores verdadeiros não são os calculados. Por exemplo, a mediana de S é a média entre as duas observações centrais, quando os dados são ordenados, isto é, 9,80 e 10,53, portanto md(S) = 10,16. Quais são, nesse exemplo, a média e moda verdadeiras?

Observe que, para calcular a moda de uma variável, precisamos apenas da distribuição de frequências (contagem). Já para a mediana necessitamos minimamente ordenar as realizações da variável. Finalmente, a média só pode ser calculada para variáveis quantitativas.

Essas condições limitam bastante o cálculo de medidas-resumos para as variáveis qualitativas. Para as variáveis nominais somente podemos trabalhar com a moda. Para as variáveis ordinais, além da moda, podemos usar também a mediana. Devido a esse fato, iremos apresentar daqui em diante medidas-resumo para variáveis quantitativas, que permitem o uso de operações aritméticas com seus valores.

Exemplo 3.2 (continuação) Retomemos os dados da Companhia MB. A moda para a variável V: região de procedência é mo(V) = outra. Para a variável Y: grau de instrução, temos que mo(Y) = ensino médio e md(Y) = ensino médio.

Veremos, na Seção 3.3, que a mediana é uma medida resistente, ao passo que a média não o é, em particular para distribuições muito assimétricas ou contendo valores atípicos. Por outro lado, a média é ótima (num sentido que será discutido no Capítulo 10) se a distribuição dos dados for aproximadamente normal.

Uma outra medida de posição também resistente é a média aparada, definida no Problema 39. Essa medida envolve calcular a média das observações centrais, desprezando-se uma porcentagem das iniciais e finais.

3.2 Medidas de dispersão

O resumo de um conjunto de dados por uma única medida representativa de posição central esconde toda a informação sobre a variabilidade do conjunto de observações. Por exemplo, suponhamos que cinco grupos de alunos submeteram-se a um teste, no qual obtiveram as seguintes notas:

Grupo A (variável X):	3, 4, 5, 6, 7.
Grupo B (variável Y):	1, 3, 5, 7, 9.
Grupo C (variável Z):	5, 5, 5, 5, 5.
Grupo D (variável W):	3, 5, 5, 7.
Grupo E (variável V):	3, 5, 5, 6, 6.

Vemos que $\bar{x} = \bar{y} = \bar{z} = \bar{w} = \bar{v} = 5,0$. A identificação de cada uma destas séries por sua média (5, em todos os casos) nada informa sobre suas diferentes variabilidades. Notamos, então, a conveniência de serem criadas medidas que sumarizem a variabilidade de um conjunto de observações e que nos permita, por exemplo, comparar conjuntos diferentes de valores, como os dados acima, segundo algum critério estabelecido.

Um critério frequentemente usado para tal fim é aquele que mede a dispersão dos dados em torno de sua média, e duas medidas são as mais usadas: desvio médio e variância. O princípio básico é analisar os desvios das observações em relação à média dessas observações.

Para o grupo A acima os desvios $x_i - \bar{x}$ são: $-2, -1, 0, 1, 2$. É fácil ver (Problema 14 (a)) que, para *qualquer* conjunto de dados, a soma dos desvios é igual a zero. Nestas condições, a soma dos desvios $\sum_{i=1}^{5} (x_i - \bar{x})$ não é uma boa medida de dispersão para o conjunto A. Duas opções são: (a) considerar o total dos desvios em valor absoluto; (b) considerar o total dos quadrados dos desvios. Para o grupo A teríamos, respectivamente,

$$\sum_{i=1}^{5} |x_i - \bar{x}| = 2 + 1 + 0 + 1 + 2 = 6,$$

$$\sum_{i=1}^{5} (x_i - \bar{x})^2 = 4 + 1 + 0 + 1 + 4 = 10.$$

O uso desses totais pode causar dificuldades quando comparamos conjuntos de dados com números diferentes de observações, como os conjuntos A e D acima. Desse modo, é mais conveniente exprimir as medidas como médias, isto é, o *desvio médio* e a *variância* são definidos por

$$\mathrm{dm}(X) = \frac{\sum_{i=1}^{n} |x_i - \bar{x}|}{n}, \tag{3.6}$$

$$\mathrm{var}(X) = \frac{\sum_{i=1}^{n} (x_i - \bar{x})^2}{n}, \tag{3.7}$$

respectivamente. Para o grupo A temos

$$\mathrm{dm}(X) = 6/5 = 1,2,$$
$$\mathrm{var}(X) = 10/5 = 2,0,$$

enquanto para o grupo D temos

$$\mathrm{dm}(W) = 4/4 = 1,0,$$
$$\mathrm{var}(W) = 8/4 = 2,0.$$

Podemos dizer, então, que, segundo o desvio médio, o grupo D é mais homogêneo que A, enquanto ambos são igualmente homogêneos, segundo a variância.

Sendo a variância uma medida de dimensão igual ao quadrado da dimensão dos dados (por exemplo, se os dados são expressos em cm, a variância será expressa em cm^2), pode causar problemas de interpretação. Costuma-se usar, então, o *desvio padrão*, que é definido como a raiz quadrada positiva da variância. Para o grupo A o desvio padrão é

$$dp(X) = \sqrt{var(X)} = \sqrt{2} = 1,41.$$

Ambas as medidas de dispersão (dm e dp) indicam, em média, qual será o "erro" (desvio) cometido ao tentar substituir cada observação pela medida resumo do conjunto de dados (no caso, a média).

Exemplo 3.3 Vamos calcular as medidas de dispersão acima para a variável Z = número de filhos, resumida na Tabela 2.5. Como vimos no Exemplo 3.1, $\bar{z} = 1,65$. Os desvios são $z_i - \bar{z}$: $-1,65$; $-0,65$; $0,35$; $1,35$; $3,35$. Segue-se que

$$dm(Z) = \frac{4 \times (1,65) + 5 \times (0,65) + 7 \times (0,35) + 3 \times (1,35) + 1 \times (3,35)}{20} = 0,98.$$

Também,

$$var(Z) = \frac{4(-1,65)^2 + 5(-0,65)^2 + 7(0,35)^2 + 3(1,35)^2 + 1(3,35)^2}{20} = 1,528.$$

Consequentemente, o desvio padrão de Z é

$$dp(Z) = \sqrt{1,528} = 1,24.$$

Suponha que observemos n_1 vezes os valores x_1 etc., n_k vezes o valor x_k da variável X. Então,

$$dm(X) = \frac{\sum_{i=1}^{k} n_i |x_i - \bar{x}|}{n} = \sum_{i=1}^{k} f_i |x_i - \bar{x}|, \tag{3.8}$$

$$var(X) = \frac{\sum_{i=1}^{k} n_i (x_i - \bar{x})^2}{n} = \sum_{i=1}^{k} f_i (x_i - \bar{x})^2, \tag{3.9}$$

$$dp(X) = \sqrt{var(X)}. \tag{3.10}$$

O cálculo (aproximado) das medidas de dispersão no caso de variáveis contínuas, agrupadas em classes, pode ser feito de modo análogo àquele usado para encontrar a média no Exemplo 2.2.

Exemplo 3.4 Consideremos a variável S = salário. A média encontrada no Exemplo 3.2 foi $\bar{s} = 11,22$. Com os dados da Tabela 2.6 e usando (3.9) encontramos

$$var(S) \quad \left[10(6,00 - 11,22)^2 + 12(10,00 - 11,22)^2 + 8(14 - 11,22)^2 \right.$$
$$\left. + 5(18,00 - 11,22)^2 + 1(22,00 - 11,22)^2 \right] / 36 = 19,40$$

e, portanto,

$$dp(S) \quad \sqrt{19,40} = 4,40.$$

É fácil ver que $dm(S)$ $3,72$.

Veremos, mais tarde, que a variância de uma amostra será calculada usando-se o denominador $n - 1$, em vez de n. A justificativa será dada naquele capítulo, mas para grandes amostras pouca diferença fará o uso de um ou outro denominador.

Tanto a variância como o desvio médio são medidas de dispersão calculadas em relação à média das observações. Assim como a média, a variância (ou o desvio padrão) é uma boa medida se a distribuição dos dados for aproximadamente normal. O desvio médio é mais resistente que o desvio padrão, no sentido a ser estudado na seção seguinte.

Poderíamos considerar uma medida que seja calculada em relação à mediana. O desvio absoluto mediano é um exemplo e é mais resistente que o desvio padrão. Veja o Problema 41.

Usando o Problema 14 (b), uma maneira computacionalmente mais eficiente de calcular a variância é

$$\mathrm{var}(X) = \frac{\sum_{i=1}^{n} x_i^2}{n} - \overline{x}^2, \tag{3.11}$$

e, no caso de observações repetidas,

$$\mathrm{var}(X) = \sum_{i=1}^{k} f_i x_i^2 - \overline{x}^2. \tag{3.12}$$

Problemas

1. Quer se estudar o número de erros de impressão de um livro. Para isso escolheu-se uma amostra de 50 páginas, encontrando-se o número de erros por página da tabela abaixo.

   (a) Qual o número médio de erros por página?

   (b) E o número mediano?

   (c) Qual é o desvio padrão?

   (d) Faça uma representação gráfica para a distribuição.

   (e) Se o livro tem 500 páginas, qual é o número total de erros esperado no livro?

Erros	Frequência
0	25
1	20
2	3
3	1
4	1

2. As taxas de juros recebidas por 10 ações durante um certo período foram (medidas em porcentagem) 2,59; 2,64; 2,60; 2,62; 2,57; 2,55; 2,61; 2,50; 2,63; 2,64. Calcule a média, a mediana e o desvio padrão.

3. Para facilitar um projeto de ampliação da rede de esgoto de uma certa região de uma cidade, as autoridades tomaram uma amostra de tamanho 50 dos 270 quarteirões que compõem a região, e foram encontrados os seguintes números de casas por quarteirão:

2	2	3	10	13	14	15	15	16	16
18	18	20	21	22	22	23	24	25	25
26	27	29	29	30	32	36	42	44	45
45	46	48	52	58	59	61	61	61	65
66	66	68	75	78	80	89	90	92	97

(a) Use cinco intervalos e construa um histograma.

(b) Determine uma medida de posição central e uma medida de dispersão.

4. (a) Dê uma situação prática em que você acha que a mediana é uma medida mais apropriada do que a média.

(b) Esboce um histograma em que a média e a mediana coincidem. Existe alguma classe de histogramas em que isso sempre acontece?

(c) Esboce os histogramas de três variáveis (X, Y e Z) com a mesma média aritmética, mas com as variâncias ordenadas em ordem crescente.

5. Suponha que a variável de interesse tenha a distribuição como na figura abaixo.

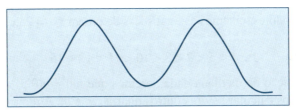

Você acha que a média é uma boa medida de posição? E a mediana? Justifique.

6. Numa pesquisa realizada com 100 famílias, levantaram-se as seguintes informações:

Número de filhos	0	1	2	3	4	5	mais que 5
Frequência de famílias	17	20	28	19	7	4	5

(a) Qual a mediana do número de filhos?

(b) E a moda?

(c) Que problemas você enfrentaria para calcular a média? Faça alguma suposição e encontre-a.

3.3 Quantis empíricos

Tanto a média como o desvio padrão podem não ser medidas adequadas para representar um conjunto de dados, pois:

(a) são afetados, de forma exagerada, por valores extremos;

(b) apenas com estes dois valores não temos ideia da simetria ou assimetria da distribuição dos dados.

Para contornar esses fatos, outras medidas precisam ser consideradas.

48 CAPÍTULO 3 — MEDIDAS-RESUMO

Vimos que a mediana é um valor que deixa metade dos dados abaixo dela e metade acima (ver fórmula (3.5). De modo geral, podemos definir uma medida, chamada *quantil de ordem p* ou *p-quantil*, indicada por $q(p)$, em que p é uma proporção qualquer, $0 < p < 1$, tal que $100p\%$ das observações sejam menores do que $q(p)$.

Indicamos, abaixo, alguns quantis e seus nomes particulares.

$$q\left(0,25\right) = q_1 : \quad 1^\circ \text{ Quartil} = 25^\circ \text{ Percentil}$$
$$q\left(0,50\right) = q_2 : \quad \text{Mediana} = 2^\circ \text{ Quartil} = 50^\circ \text{ Percentil}$$
$$q\left(0,75\right) = q_3 : \quad 3^\circ \text{ Quartil} = 75^\circ \text{ Percentil}$$
$$q\left(0,40\right) : \quad\quad 4^\circ \text{ Decil}$$
$$q\left(0,95\right) : \quad\quad 95^\circ \text{ Percentil}$$

Dependendo do valor de p, há dificuldades ao se calcular os quantis. Isso é ilustrado no exemplo a seguir.

Exemplo 3.5 Suponha que tenhamos os seguintes valores de uma variável X:

$$15, 5, 3, 8, 10, 2, 7, 11, 12.$$

Ordenando os valores, obtemos as estatísticas de ordem $x_{(1)} = 2$, $x_{(2)} = 3,..., x_{(9)} = 15$, ou seja, teremos

$$2 < 3 < 5 < 7 < 8 < 10 < 11 < 12 < 15.$$

Usando a definição de mediana dada, teremos que md $= q(0,5) = q_2 = x_{(5)} = 8$. Suponha que queiramos calcular os dois outros quartis, q_1 e q_3. A ideia é dividir os dados em quatro partes:

$$2 \quad \textbf{3} \quad \textbf{5} \quad 7 \quad \textbf{8} \quad 10 \quad \textbf{11} \quad \textbf{12} \quad 15$$

Uma possibilidade razoável é, então, considerar a mediana dos primeiros quatro valores para obter q_1, ou seja,

$$q_1 = \frac{3+5}{2} = 4,$$

e a mediana dos últimos quatro valores para obter q_3, ou seja,

$$q_3 = \frac{11+12}{2} = 11,5.$$

Obtemos, então, a sequência

$$2 \quad 3 \quad \textbf{(4)} \quad 5 \quad 7 \quad \textbf{(8)} \quad 10 \quad 11 \quad \textbf{(11,5)} \quad 12 \quad 15$$

Observe que a média dos $n = 9$ valores é $\bar{x} = 8{,}1$, próximo à mediana.

Exemplo 3.5 (continuação) Acrescentemos, agora, o valor 67 à lista de nove valores do Exemplo 3.5, obtendo-se agora os $n = 10$ valores ordenados:

$$2 < 3 < 5 < 7 < 8 < 10 < 11 < 12 < 15 < 67$$

3.3 QUANTIS EMPÍRICOS

Agora, $\bar{x} = 14$, enquanto que a mediana fica

$$q_2 = \frac{x_{(5)} + x_{(6)}}{2} = 9,$$

que está próxima da mediana dos nove valores originais, mas ambas (8 e 9) relativamente longe de $\bar{x}$. Dizemos que a mediana é *resistente* (ou *robusta*), no sentido que ela não é muito afetada pelo valor discrepante (ou atípico) 67.

Para calcular q_1 e q_3 para este novo conjunto de valores, considere-os assim dispostos:

$$2 \quad 3 \quad \mathbf{5} \quad 7 \quad 8 \quad \mathbf{9} \quad 10 \quad 11 \quad \mathbf{12} \quad 15 \quad 67$$

de modo que $q_1 = 5$ e $q_3 = 12$.

Obtemos, então os dados separados em 4 partes por q_1, q_2 e q_3:

$$2 \quad 3 \quad \mathbf{(5)} \quad 7 \quad 8 \quad \mathbf{(9)} \quad 10 \quad 11 \quad \mathbf{(12)} \quad 15 \quad 67$$

Suponha, agora, que queiramos calcular $q(0{,}20)$, ou seja, aquele valor que deixa 20% dos dados à sua esquerda, para o conjunto original de $n = 9$ valores de X. Como 20% das observações correspondem a 1,8 observações, qual valor devemos tomar como $q(0, 20)$? O valor 3, que é a segunda observação ordenada, ou 5, ou a média de 3 e 5? Se adotarmos essa última solução, então $q(0, 20) = q(0, 25) = q_1$, o que pode não parecer razoável.

Para responder a essa questão, temos que definir o quantil de uma sequência de valores de uma variável de modo apropriado. Isto está feito no Problema 17.

Se os dados estiverem agrupados em classes, podemos obter os quantis usando o histograma. Por exemplo, para obter a mediana, sabemos que ela deve corresponder ao valor da abscissa que divide a área do histograma em duas partes iguais (50% para cada lado). Então, usando argumentos geométricos, podemos encontrar um ponto, satisfazendo essa propriedade. Vejamos como proceder por meio de um exemplo.

Exemplo 3.6 Vamos repetir a seguir a Figura 2.7, que é o histograma da variável S = salário dos empregados da Companhia MB.

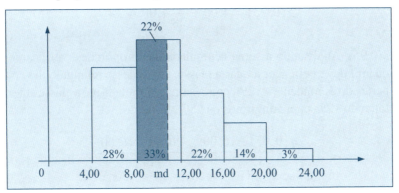

Devemos localizar o ponto das abscissas que divide o histograma ao meio. A área do primeiro retângulo corresponde a 28% do total, os dois primeiros a 61%; portanto, a mediana md é algum número situado entre 8,00 e 12,00. Ou melhor, a mediana irá corresponder ao valor md no segundo retângulo, tal que a área do retângulo de base $8{,}00 \mapsto$ md e mesma altura que o retângulo de base $8{,}00 \mapsto 12{,}00$, seja 22% (28% do primeiro retângulo mais 22% do segundo, perfazendo os 50%). Consulte a figura para melhor compreensão. Pela proporcionalidade entre a área e a base do retângulo, temos:

$$\frac{12,00 - 8,00}{33\%} = \frac{md - 8,00}{22\%}$$

ou

$$md - 8,00 = \frac{22\%}{33\%} \cdot 4,00,$$

logo

$$md = 8,00 + 2,67 = 10,67,$$

que é uma expressão mais precisa para a mediana do que a mediana bruta encontrada anteriormente.

O cálculo dos quantis pode ser feito de modo análogo ao cálculo da mediana, usando argumentos geométricos no histograma. Vejamos a determinação de alguns quantis, usando os dados do último exemplo.

(a) $q(0{,}25)$: Verificamos que $q(0{,}25)$ deve estar na primeira classe, pois a proporção no primeiro retângulo é 0,28. Logo,

$$\frac{q(0,25) - 4,00}{25\%} = \frac{8,00 - 4,00}{28\%},$$

e então

$$q(0,25) = 4,00 + \frac{25}{28} 4,00 = 7,57.$$

(b) $q(0{,}95)$: Analisando a soma acumulada das proporções, verificamos que este quantil deve pertencer à quarta classe, e que nesse retângulo devemos achar a parte correspondente a 12%, pois a soma acumulada até a classe anterior é 83%, faltando 12% para atingirmos os 95%. Portanto,

$$\frac{q(0,95) - 16,00}{12\%} = \frac{20,00 - 16,00}{14\%},$$

logo

$$q(0,95) = 16,00 + \frac{12}{14} \times 4 = 19,43.$$

(c) $q(0,75)$: De modo análogo, concluímos que o terceiro quantil deve pertencer ao intervalo $12,00 \vdash 16,00$, portanto

$$\frac{q(0,75) - 12,00}{14\%} = \frac{16,00 - 12,00}{22\%}$$

e

$$q(0,75) = 14,55.$$

Uma medida de dispersão alternativa ao desvio padrão é a *distância interquartil*, definida como a diferença entre o terceiro e primeiro quartis, ou seja,

$$d_q = q_3 - q_1. \tag{3.13}$$

Para o Exemplo 3.5, temos $q_1 = 4$, $q_3 = 11,5$, de modo que $d_q = 7,5$. Para um cálculo mais preciso, veja o Problema 17. Lá obtemos $q_1 = 4,5$, $q_3 = 11,25$, logo $d_q = 6,75$.

Os quartis $q(0,25) = q_1$, $q(0,5) = q_2$ e $q(0,75) = q_3$ são medidas de localização resistentes de uma distribuição.

Dizemos que uma medida de localização ou dispersão é resistente quando for pouco afetada por mudanças de uma pequena porção dos dados. A mediana é uma medida resistente, ao passo que a média não o é. Para ilustrar esse fato, considere as populações dos 30 municípios do Brasil, do CD-Municípios. Se descartarmos Rio de Janeiro e São Paulo, a média das populações dos 28 municípios restantes é 100,6 e a mediana é 82,1. Para todos os dados, a média pasa a ser 145,4, ao passo que a mediana será 84,3. Note que a média aumentou bastante, influenciada que foi pelos dois valores maiores, que são muito discrepantes da maioria dos dados. Mas a mediana variou pouco. O desvio padrão também não é uma medida resistente. Verifique como este varia para este exemplo dos municípios.

Os cinco valores, $x_{(1)}$, q_1, q_2, q_3 e $x_{(n)}$, são importantes para se ter uma boa ideia da assimetria da distribuição dos dados. Para uma distribuição simétrica ou aproximadamente simétrica, deveríamos ter:

(a) $q_2 - x_{(1)} \simeq x_{(n)} - q_2$;

(b) $q_2 - q_1 \simeq q_3 - q_2$;

(c) $q_1 - x_{(1)} \simeq x_{(n)} - q_3$;

(d) distâncias entre mediana e q_1, q_3 menores do que distâncias entre os extremos e q_1, q_3.

A diferença $q_2 - x_{(1)}$ é chamada *dispersão inferior* e $x_{(n)} - q_2$ é a *dispersão superior*. A condição (a) nos diz que as duas dispersões devem ser aproximadamente iguais, para uma distribuição aproximadamente simétrica.

A Figura 3.1 ilustra estes fatos para a chamada *distribuição normal* ou *gaussiana*.

Figura 3.1 Uma distribuição simétrica: normal ou gaussiana.

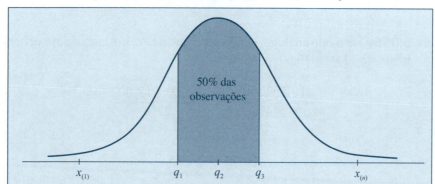

Na Figura 3.2, temos ilustradas estas cinco medidas para os $n = 9$ valores do Exemplo 3.5.

Figura 3.2 Quantis e distâncias para o Exemplo 3.5.

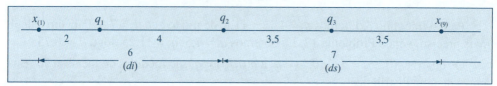

As cinco estatísticas de ordem consideradas acima podem ser representadas esquematicamente como na Figura 3.3, em que também incorporamos o número de observações, n. Representamos a mediana por md, os quartis por q e os extremos por E. Podemos ir além, considerando os chamados *oitavos*, ou seja, o primeiro oitavo, que corresponde a $q(0{,}125)$, o sétimo oitavo, que corresponde a $q(0{,}875)$ etc. Teríamos, então, sete números para representar a distribuição dos dados. Em geral, podemos considerar as chamadas *letras-resumos*, descendo aos *dezesseis-avos*, *trinta e dois-avos* etc. Para detalhes, ver Hoaglin, Mosteller and Tukey (1983).

Figura 3.3 Esquema dos cinco números.

		n	
md		q_2	
q	q_1		q_3
E	$x_{(1)}$		$x_{(n)}$

Exemplo 3.7 Os aplicativos R, SPlus e Minitab, assim como a planilha Excel, possuem ferramentas que geram as principais medidas descritas nesse capítulo e outras. Por exemplo,

o comando *Describe* do Minitab, usado para as populações dos municípios brasileiros produz a saída do Quadro 3.1.

Quadro 3.1 Medidas-resumo para o CD-Municípios. Minitab.

```
MTB > Describe C1.
Descriptive Statistics

Variable          N       Mean     Median    Tr mean    StDev    SE Mean
C1               30      145.4      84.3      104.7      186.6     34.1

Variable         Min      Max       Q1        Q3
C1              46.3     988.8      63.5      139.7
```

Aqui, temos $N = 30$ dados, a média é 145,4, a mediana 84,3, o desvio padrão 186,6, o menor valor 46,3, o maior valor 988,8, o primeiro quartil 63,5 e o terceiro quartil 139,7. Além desses valores, o resumo traz a *média aparada* (*trimmed mean*) e o erro padrão da média, a ser tratado no Capítulo 11. Esse é dado por $S/\sqrt{n} = 186,6/\sqrt{30} = 34,1$.

O comando *summary* do R e SPlus produzem a saída do Quadro 3.2 para os mesmos dados. Note a diferença no cálculo dos quantis $q(0,25)$ e $q(0,75)$. Conclui-se que é necessário saber como cada programa efetua o cálculo de determinada estatística, para poder reportá-lo.

Quadro 3.2 Medidas-resumo para o CD-Municípios. R e SPlus.

```
> summary (munic)

Min.      1st Qu.   Median    Mean      3rd Qu.    Max.

46.3      64.48     84.3      145.4     134.3      988.8
```

Problemas

7. Obtenha o esquema dos cinco números para os dados do Problema 3. Calcule a distância interquartil e as dispersões inferior e superior. Baseado nessas medidas, verifique se a forma da distribuição dos dados é normal.

8. Refaça o problema anterior, utilizando desta vez os dados do Problema 5 do Capítulo 2.

9. Obter os três quartis, $q(0,1)$ e $q(0,90)$ para os dados do Problema 3.

10. Para a variável população do CD-Brasil, obtenha $q(0,10)$, $q(0,25)$, $q(0,50)$, $q(0,75)$, $q(0,80)$ e $q(0,95)$.

3.4 Box plots

A informação contida no esquema dos cinco números da Figura 3.3 pode ser traduzida graficamente num diagrama, ilustrado na Figura 3.4, que chamaremos de *box plot*. Murteira (1993) usa o termo "caixa-de-bigodes".

Figura 3.4 Box plot.

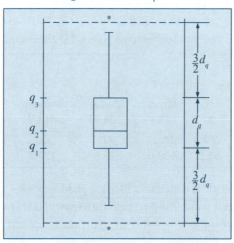

Para construir este diagrama, consideremos um retângulo em que estão representados a mediana e os quartis. A partir do retângulo, para cima, segue uma linha até o ponto mais remoto que não exceda LS = $q_3 + (1,5)d_q$, chamado *limite superior*. De modo similar, da parte inferior do retângulo, para baixo, segue uma linha até o ponto mais remoto que não seja menor do que LI = $q_1 - (1,5)d_q$, chamado *limite inferior*. Os valores compreendidos entre esses dois limites são chamados *valores adjacentes*. As observações que estiverem acima do limite superior ou abaixo do limite inferior estabelecidos serão chamadas *pontos exteriores* e representadas por asteriscos. Essas são observações destoantes das demais e podem ou não ser o que chamamos de *outliers* ou *valores atípicos*.

O *box plot* dá uma ideia da posição, dispersão, assimetria, caudas e dados discrepantes. A posição central é dada pela mediana e a dispersão por d_q. As posições relativas de q_1, q_2, q_3 dão uma noção da assimetria da distribuição. Os comprimentos das caudas são dados pelas linhas que vão do retângulo aos valores remotos e pelos valores atípicos.

Exemplo 3.8 Retomemos o exemplo dos 15 maiores municípios do Brasil, ordenados pelas populações. Usando o procedimento do Problema 17 (veja também o Problema 18), obtemos $q_1 = 105,7$, $q_2 = 135,8$, $q_3 = 208,6$. O diagrama para os cinco números $x_{(1)}$, q_1, q_2 = md, q_3, $x_{(15)}$ está na Figura 3.5 abaixo.

Figura 3.5 Esquema dos cinco números para o Exemplo 3.8.

	15	
md	135,8	
q	105,7	208,6
E	84,7	988,8

Temos que

$$LI = q_1 - (1{,}5)d_q = 105{,}7 - (1{,}5)(102{,}9) = -48{,}7,$$

$$LS = q_3 + (1{,}5)d_q = 208{,}6 + (1{,}5)(102{,}9) = 362{,}9.$$

Então, as cidades com populações acima de 3.629.000 habitantes são pontos exteriores, ou seja, Rio de Janeiro e São Paulo. O *box plot* correspondente está na Figura 3.6. Vemos que os dados têm uma distribuição assimétrica à direita, com 13 valores concentrados entre 80 e 230 e duas observações discrepantes, bastante afastadas do corpo principal dos dados.

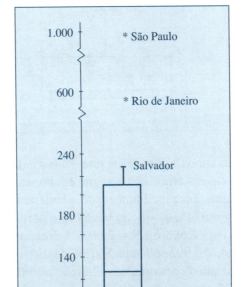

Figura 3.6 *Box plot* para os 15 maiores municípios do Brasil.

Do ponto de vista estatístico, um *outlier* pode ser produto de um erro de observação ou de arredondamento. No exemplo acima, as populações de São Paulo e Rio de Janeiro não são *outliers* neste sentido, pois elas representam dois valores realmente muito diferentes dos demais. Daí, usarmos o nome pontos (ou valores) exteriores. Contudo, na prática, estas duas denominações são frequentemente usadas com o mesmo significado: observações fora de lugar, discrepantes ou atípicas.

A Figura 3.7 mostra o *box plot* para as populações dos trinta municípios brasileiros, feito com o R.

Figura 3.7 *Box plot* com R.

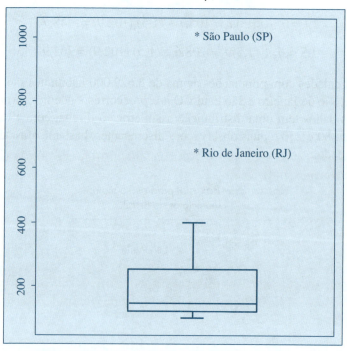

A justificativa para usarmos os limites acima, LI = $q_1 - (1,5)d_q$ e LS = $q_3 + (1,5)d_q$, para definir as observações atípicas é a seguinte: considere uma curva normal com média zero e, portanto, com mediana zero. É fácil verificar (veja o Capítulo 7 e Tabela III) que $q_1 = -0,6745$, $q_2 = 0$, $q_3 = 0,6745$ e portanto $d_q = 1,349$. Segue--se que os limites são LI = $-2,698$ e LS = $2,698$. A área entre esses dois valores, embaixo da curva normal, é 0,993, ou seja, 99,3% da distribuição está entre esses dois valores. Isto é, para dados com uma distribuição normal, os pontos exteriores constituirão cerca de 0,7% da distribuição. Veja a Figura 3.8.

Figura 3.8 Área sob a curva normal entre LI e LS.

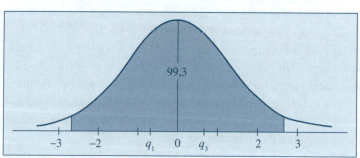

Problemas

11. Construa o *box plot* para os dados do Exemplo 2.3, Capítulo 2. O que você pode concluir a respeito da distribuição?
12. Refaça a questão anterior com os dados do Problema 3 deste capítulo.
13. Faça um *box plot* para o Problema 10. Comente sobre a simetria, caudas e presença de valores atípicos.

3.5 Gráficos de simetria

Os quantis podem ser úteis para se verificar se a distribuição dos dados é simétrica (ou aproximadamente simétrica).

Se um conjunto de observações for perfeitamente simétrico devemos ter

$$q(0,5) - x_{(i)} = x_{(n+1-i)} - q(0,5), \qquad (3.14)$$

em que $i = 1, 2, ..., n/2$, se n for par e $i = 1, 2, ..., (n+1)/2$, se n for ímpar.

Pela relação (3.14), vemos que, se os quantis da direita estão mais afastados da mediana, do que os da esquerda, os dados serão *assimétricos à direita*. Se ocorrer o contrário, os dados serão *assimétricos à esquerda*. A Figura 3.9 ilustra essas duas situações.

Figura 3.9 Distribuições assimétricas.

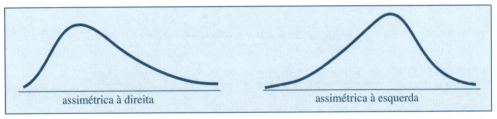

assimétrica à direita   assimétrica à esquerda

Para os dados do Exemplo 3.8, vemos que as observações são assimétricas à direita. Em geral, esse tipo de situação ocorre com dados positivos.

Podemos fazer um *gráfico de simetria*, usando a identidade (3.14). Chamando de u_i o primeiro membro e de v_i o segundo membro, fazendo-se um gráfico cartesiano, com os u_i's como abscissas e os v_i's como ordenadas, se os dados forem aproximadamente simétricos, os pares (u_i, v_i) estarão dispersos ao redor da reta $v = u$.

Exemplo 3.9 Considere os dados que, dispostos em ordem crescente, ficam representados no eixo real como na Figura 3.10.

Figura 3.10 Dados aproximadamente simétricos.

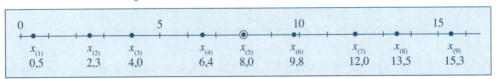

Esses dados são aproximadamente simétricos, pois como $q_2 = 8$, $u_i = q_2 - x_{(i)}$, $v_i = x_{(n+1-i)} - q_2$, teremos:

$$u_1 = 8{,}0 - 0{,}5 = 7{,}5, \quad v_1 = 15{,}3 - 8{,}0 = 7{,}3,$$
$$u_2 = 8{,}0 - 2{,}3 = 5{,}7, \quad v_2 = 13{,}5 - 8{,}0 = 5{,}5,$$
$$u_3 = 8{,}0 - 4{,}0 = 4{,}0, \quad v_3 = 12{,}0 - 8{,}0 = 4{,}0,$$
$$u_4 = 8{,}0 - 6{,}4 = 1{,}6, \quad v_4 = 9{,}8 - 8{,}0 = 1{,}8.$$

A Figura 3.11 mostra o gráfico de simetria para as populações dos trinta municípios do Brasil. Vemos que a maioria dos pontos estão acima da reta $v = u$, mostrando a assimetria à direita da distribuição dos valores. Nessa figura, vemos destacados os pontos correspondentes a Rio de Janeiro e São Paulo.

Figura 3.11 Gráfico de simetria para o CD-Municípios.

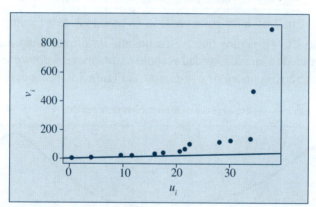

3.6 Transformações

Vários procedimentos estatísticos são baseados na suposição de que os dados provêm de uma distribuição normal (em forma de sino) ou então mais ou menos simétrica. Mas, em muitas situações de interesse prático, a distribuição dos dados da amostra é assimétrica e pode conter valores atípicos, como vimos em exemplos anteriores.

Se quisermos utilizar tais procedimentos, o que se propõe é efetuar uma transformação das observações, de modo a se obter uma distribuição mais simétrica e próxima da normal. Uma família de transformações frequentemente utilizada é

$$x^{(p)} = \begin{cases} x^p, & \text{se } p > 0 \\ \ell n(x), & \text{se } p = 0 \\ -x^p, & \text{se } p < 0. \end{cases} \quad (3.15)$$

Normalmente, o que se faz é experimentar valores de p na sequência

$$\ldots, -3, -2, -1, -1/2, -1/3, -1/4, 0, 1/4, 1/3, 1/2, 1, 2, 3, \ldots$$

e para cada valor de p obtemos gráficos apropriados (histogramas, *box plots* etc.) para os dados originais e transformados, de modo a escolhermos o valor mais adequado de p.

Vimos que, para dados positivos, a distribuição dos dados é usualmente assimétrica à direita. Para essas distribuições, a transformação acima com $0 < p < 1$ é apropriada, pois valores grandes de x decrescem mais, relativamente a valores pequenos. Para distribuições assimétricas à esquerda, tome $p > 1$.

Exemplo 3.10 Consideremos os dados das populações do CD-Municípios e tomemos alguns valores de p: 0, 1/4, 1/3, 1/2. Na Figura 3.12, temos os histogramas para os dados transformados e, na Figura 3.13, os respectivos *box plots*. Vemos que $p = 0$ (transformação logarítmica) e $p = 1/3$ (transformação raiz cúbica) fornecem distribuições mais próximas de uma distribuição simétrica.

Figura 3.12 Histogramas para os dados transformados. CD-Municípios.

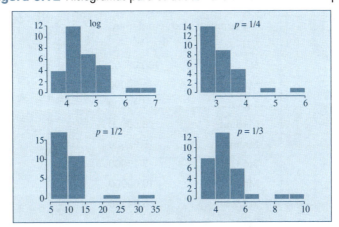

Figura 3.13 *Box plots* para os dados transformados. CD-Municípios. R.

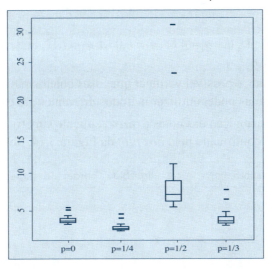

3.7 Exemplos computacionais

Vamos retomar os exemplos estudados no Capítulo 2 e complementar as análises feitas com as medidas e gráficos expostos neste capítulo. Além do R, vamos usar o Minitab e SPlus, para ver as diferenças entre os programas ao calcular certas medidas, como os quantis.

Exemplo 2.10 (continuação) Aqui temos as notas em Estatística de 100 alunos de Economia. Temos, no Quadro 3.3, as principais medidas desse conjunto de dados fornecidas por uma variante do comando *summary* do R e do SPlus. O comando *Describe* do Minitab oferece dez medidas. Para obter essa mesmas medidas pelo R, utilizamos a função *summary2*, que pode ser consultada nos *scripts* do Capítulo 3.

Quadro 3.3 Medidas descritivas para o CD-Notas. R.

```
> summary2 (cdnotas$nota)
[,1]
N                 100.00000
Min.                1.50000
1st Qu.             4.88000
Median              6.00000
Mean                5.92000
3rd Qu.             7.12000
Max.               10.00000
Tr Mean             5.84375
Var                 3.25188
StDev               1.80330
SE Mean             0.13429
```

Vemos, por exemplo, que $q_1 = 4,88$, $q_2 = 6,00$, e $q_3 = 7,12$. Portanto, $d_q = q_3 - q_1 = 2,24$. O desvio padrão é 1,8.

Usando o Minitab, é possível verificar que esses quantis são diferentes, indicando que distintos programas podem utilizar métodos diferentes ara calcular os quantis.

Vimos que a distribuição das notas é razoavelmente simétrica, não havendo valores atípicos, o que é confirmado pelo *box plot* da Figura 3.14, obtida pelo comando R:

```
boxplot(cdnotas$nota, pch="-", col="lightblue", border="darkgrey")
```

3.7 EXEMPLOS COMPUTACIONAIS

Figura 3.14 *Box plot* para o CD-Notas. R.

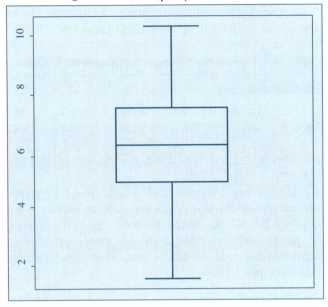

O gráfico de simetria da Figura 3.15 pode ser obtido pelos comandos do R:

```
u<-median(cdnotas$nota)-cdnotas$nota
v<-cdnotas$nota-median(cdnotas$nota)
plot(sort(u),sort(v), pch=19, xlab="ui", ylab="vi",col="darkblue",xlim=c(0,max(u)),ylim
=c(0,max(v)))
title("Figura 3.15: Gráfico de simetria para o CD-Notas.")
abline(0,1)
```

Note que os pontos dispõem-se ao redor da reta $u=v$, estando vários deles sobre ela, indicando a quase-simetria dos dados. Deveríamos ter 50 pontos no gráfico, mas há vários pontos (u_i, v_i) repetidos.

Figura 3.15 Gráfico de simetria para o CD-Notas.

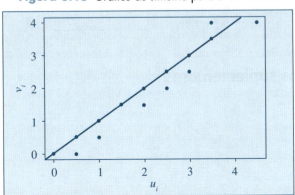

Exemplo 2.11 (continuação) Os dados diários de temperatura na cidade de São Paulo, no período considerado, são ligeiramente assimétricos à esquerda. O comando *summary* do R e do SPlus fornece as medidas descritivas do Quadro 3.4.

Quadro 3.4 Medidas descritivas para temperaturas. R e SPlus.

> summary (temp)					
Min.	1st Qu.	Median	Mean	3rd Qu.	Max.
12.3	16	17.7	17.22	18.6	21

Temos, por exemplo, $q_1 = 16$, $q_2 = 17,7$ e $q_3 = 18,6$. A amplitude amostral é $x_{(n)} - x_{(1)} = 8,7$ e a distância interquartil é $d_q = 2,6$.

O *box plot* e o gráfico de simetria estão nas Figuras 3.16 e 3.17, respectivamente, que mostram a assimetria dos dados. Todos os pontos estão abaixo da reta $u=v$, mostrando que $u_i > v_i$, para todo $i = 1,2,...,60$, ou seja, as distâncias da mediana aos quantis inferiores são maiores do que as distâncias dos quantis superiores à mediana, indicando uma distribuição assimétrica à esquerda. Obtém-se essas duas figuras utilizando comandos similares àqueles do Exemplo 2.10.

Figura 3.16 *Box plot* para as temperaturas de São Paulo. CD-Poluição. R.

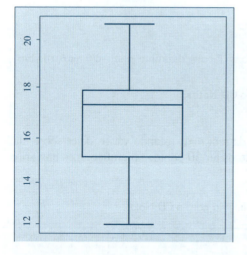

Figura 3.17 Gráfico de simetria para as temperaturas de São Paulo. CD-Poluição. R.

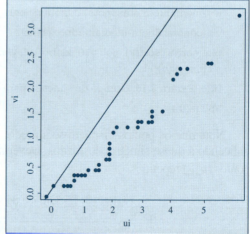

3.8 Problemas suplementares

14. Mostre que:

(a) $\sum_{i=1}^{n}(x_i - \bar{x}) = 0$

(b) $\sum_{i=1}^{n}(x_i - \bar{x})^2 = \sum_{i=1}^{n} x_i^2 - n\bar{x}^2 = \sum_{i=1}^{n} x_i^2 - \frac{(\sum x_i)^2}{n}$

3.8 PROBLEMAS SUPLEMENTARES

(c) $\displaystyle\sum_{i=1}^{k} n_i \left(x_i - \bar{x} \right)^2 = \sum_{i=1}^{k} n_i x_i^2 - n\bar{x}^2$

(d) $\displaystyle\sum_{i=1}^{k} f_i \left(x_i - \bar{x} \right)^2 = \sum_{i=1}^{k} f_i x_i^2 - \bar{x}^2$

15. Usando os resultados da questão anterior, calcule as variâncias dos Problemas 1 e 2 deste capítulo.

16. Os dados abaixo representam as vendas semanais, em classes de salários mínimos, de vendedores de gêneros alimentícios:

Vendas semanais	Nº de vendedores
30 ⊢ 35	2
35 ⊢ 40	10
40 ⊢ 45	18
45 ⊢ 50	50
50 ⊢ 55	70
55 ⊢ 60	30
60 ⊢ 65	18
65 ⊢ 70	2

(a) Faça o histograma das observações.

(b) Calcule a média da amostra, $\bar{x}$.

(c) Calcule o desvio padrão da amostra, s.

(d) Qual a porcentagem das observações compreendidas entre $\bar{x} - 2s$ e $\bar{x} + 2s$?

(e) Calcule a mediana.

17. Considere o CD-Municípios e tome somente os **15** maiores, relativamente à sua população. Calcule $q(0, 1)$, $q(0, 2)$, q_1, q_2, q_3 usando (3.20).

18. O número de divórcios na cidade, de acordo com a duração do casamento, está representado na tabela abaixo.

(a) Qual a duração média dos casamentos? E a mediana?

(b) Encontre a variância e o desvio padrão da duração dos casamentos.

(c) Construa o histograma da distribuição.

(d) Encontre o $1°$ e o $9°$ decis.

(e) Qual o intervalo interquantil?

Anos de casamento	Nº de divórcios
0 ⊢ 6	2.800
6 ⊢ 12	1.400
12 ⊢ 18	600
18 ⊢ 24	150
24 ⊢ 30	50

CAPÍTULO 3 — MEDIDAS-RESUMO

19. O Departamento Pessoal de uma certa firma fez um levantamento dos salários dos 120 funcionários do setor administrativo, obtendo os resultados (em salários mínimos) da tabela abaixo.

    (a) Esboce o histograma correspondente.

    (b) Calcule a média, a variância e o desvio padrão.

    (c) Calcule o 1° quartil e a mediana.

Faixa salarial	Frequência relativa
0 ⊢ 2	0,25
2 ⊢ 4	0,40
4 ⊢ 6	0,20
6 ⊢ 10	0,15

    (d) Se for concedido um aumento de 100% para todos os 120 funcionários, haverá alteração na média? E na variância? Justifique sua resposta.

    (e) Se for concedido um abono de dois salários mínimos para todos os 120 funcionários, haverá alteração na média? E na variância? E na mediana? Justifique sua resposta.

20. O que acontece com a mediana, a média e o desvio padrão de uma série de dados quando:

    (a) cada observação é multiplicada por 2?

    (b) soma-se 10 a cada observação?

    (c) subtrai-se a média geral $\bar{x}$ de cada observação?

    (d) de cada observação subtrai-se $\bar{x}$ e divide-se pelo desvio padrão dp(x)?

21. Na companhia **A**, a média dos salários é **10.000** unidades e o 3° quartil é **5.000**.

    (a) Se você se apresentasse como candidato a funcionário nessa firma e se o seu salário fosse escolhido ao acaso entre todos os possíveis salários, o que seria mais provável: ganhar mais ou menos que **5.000** unidades?

    (b) Suponha que, na companhia **B**, a média dos salários seja **7.000** unidades, a variância praticamente zero e o salário também seja escolhido ao acaso. Em qual companhia você se apresentaria para procurar emprego?

22. Estamos interessados em estudar a idade dos **12.325** funcionários da Cia. Distribuidora de Leite Teco, e isso será feito por meio de uma amostra. Para determinar que tamanho deverá ter essa amostra, foi colhida uma amostra-piloto. As idades observadas foram: 42, 35, 27, 21, 55, 18, 27, 30, 21, 24.

    (a) Determine as medidas descritivas dos dados que você conhece.

    (b) Qual dessas medidas você acredita que será a mais importante para julgar o tamanho final da amostra? Por quê?

23. Estudando-se o consumo diário de leite, verificou-se que, em certa região, **20%** das famílias consomem até um litro, **50%** consomem entre um e dois litros, **20%** consomem entre dois e três litros e o restante consome entre três e cinco litros. Para a variável em estudo:

    (a) Escreva as informações acima na forma de uma tabela de frequências.

    (b) Construa o histograma.

(c) Calcule a média e a mediana.
(d) Calcule a variância e o desvio padrão.
(e) Qual o valor do 1° quartil?

24. A distribuição de frequências do salário anual dos moradores do bairro A que têm alguma forma de rendimento é apresentada na tabela abaixo:

Faixa salarial (× 10 salários mínimos)	Frequência
0 ⊢ 2	10.000
2 ⊢ 4	3.900
4 ⊢ 6	2.000
6 ⊢ 8	1.100
8 ⊢ 10	800
10 ⊢ 12	700
12 ⊢ 14	2.000
Total	20.500

(a) Construa um histograma da distribuição.
(b) Qual a média e o desvio padrão da variável salário?
(c) O bairro **B** apresenta, para a mesma variável, uma média de **7,2** e um desvio padrão de **15,1**. Em qual dos bairros a população é mais homogênea quanto à renda?
(d) Construa a função de distribuição acumulada e determine qual a faixa salarial dos 10% mais ricos da população do bairro.
(e) Qual a "riqueza total" dos moradores do bairro?

25. Dado o histograma abaixo, calcular a média, a variância, a moda, a mediana e o 1° quartil.

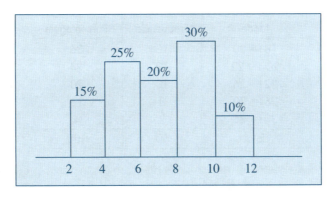

26. Em uma granja foi observada a distribuição dos frangos em relação ao peso, que era a seguinte:

Peso (gramas)	n_i
960 ⊢ 980	60
980 ⊢ 1.000	160
1.000 ⊢ 1.020	280
1.020 ⊢ 1.040	260
1.040 ⊢ 1.060	160
1.060 ⊢ 1.080	80

(a) Qual a média da distribuição?

(b) Qual a variância da distribuição?

(c) Construa o histograma.

(d) Queremos dividir os frangos em quatro categorias, em relação ao peso, de modo que:

— os 20% mais leves sejam da categoria D;

— os 30% seguintes sejam da categoria C;

— os 30% seguintes sejam da categoria B;

— os 20% seguintes (ou seja, os 20% mais pesados) sejam da categoria A.

Quais os limites de peso entre as categorias A, B, C e D?

(e) O granjeiro decide separar desse lote os animais com peso inferior a dois desvios padrões abaixo da média para receberem ração reforçada, e também separar os animais com peso superior a um e meio desvio padrão acima da média para usá-los como reprodutores.

Qual a porcentagem de animais que serão separados em cada caso?

27. A idade média dos candidatos a um determinado curso de aperfeiçoamento sempre foi baixa, da ordem de 22 anos. Como esse curso foi planejado para atender a todas as idades, decidiu-se fazer uma campanha de divulgação. Para se verificar se a campanha foi ou não eficiente, fez-se um levantamento da idade dos candidatos à última promoção, e os resultados estão na tabela a seguir.

Idade	Frequência	Porcentagem
18 ⊢ 20	18	36
20 ⊢ 22	12	24
22 ⊢ 26	10	20
26 ⊢ 30	8	16
30 ⊢ 36	2	4
Total	50	100

(a) Baseando-se nesses resultados, você diria que a campanha produziu algum efeito (isto é, aumentou a idade média)?

(b) Um outro pesquisador decidiu usar a seguinte regra: se a diferença $\bar{x} - 22$ fosse maior que o valor $2\mathrm{dp}(X)/\sqrt{n}$, então a campanha teria surtido efeito. Qual a conclusão dele, baseada nos dados?

(c) Faça o histograma da distribuição.

3.8 PROBLEMAS SUPLEMENTARES

67

28. Para se estudar o desempenho de duas corretoras de ações, selecionou-se de cada uma delas amostras aleatórias das ações negociadas. Para cada ação selecionada, computou-se a porcentagem de lucro apresentada durante um período fixado de tempo. Os dados estão a seguir.

Corretora A		
45	60	54
62	55	70
38	48	64
55	56	55
54	59	48
65	55	60

Corretora B		
57	55	58
50	52	59
59	55	56
61	52	53
57	57	50
55	58	54
59	51	56

Que tipo de informação revelam esses dados? (Sugestão: use a análise proposta nas Seções 3.3 e 3.4.)

29. Para verificar a homogeneidade das duas populações do problema anterior, um estatístico sugeriu que se usasse o quociente $F = \frac{\text{var}(X/A)}{\text{var}(X/B)}$, mas não disse qual decisão tomar baseado nesse valor. Que regra de decisão você adotaria para dizer se são homogêneas ou não ($\text{var}(X/A)$ = variância de X, para a corretora A; $X = \%$ de lucro)?

30. Faça um *box plot* para os dados da corretora **A** e um para os dados da corretora **B**. Compare os dois conjuntos de dados por meio desses desenhos.

31. Para decidir se o desempenho das duas corretoras do exercício 29 são semelhantes ou não, adotou-se o seguinte teste: sejam

$$t = \frac{\bar{x}_A - \bar{x}_B}{S_* \sqrt{1/n_A + 1/n_B}}, S_*^2 = \frac{(n_A - 1)\,\text{var}\,(X/A) + (n_B - 1)\,\text{var}\,(X/B)}{n_A + n_B - 2}$$

Caso $|t| < 2$, os desempenhos são semelhantes, caso contrário, são diferentes. Qual seria a sua conclusão? Aqui, n_A é o número de ações selecionadas da corretora A e nomenclatura análoga para n_B.

32. Um órgão do governo do estado está interessado em determinar padrões sobre o investimento em educação, por habitante, realizado pelas prefeituras. De um levantamento de dez cidades, foram obtidos os valores (codificados) da tabela abaixo:

Cidade	A	B	C	D	E	F	G	H	I	J
Investimento	20	16	14	8	19	15	14	16	19	18

Nesse caso, será considerado como *investimento básico* a *média final* das observações, calculada da seguinte maneira:

1. Obtém-se uma média inicial.

68 CAPÍTULO 3 — MEDIDAS-RESUMO

2. Eliminam-se do conjunto aquelas observações que forem superiores à média inicial mais duas vezes o desvio padrão, ou inferiores à média inicial menos duas vezes o desvio padrão.

3. Calcula-se a média final com o novo conjunto de observações.

Qual o investimento básico que você daria como resposta?

Observação. O procedimento do item 2 tem a finalidade de eliminar do conjunto a cidade cujo investimento é muito diferente dos demais.

33. Estudando-se a distribuição das idades dos funcionários de duas repartições públicas, obtiveram-se algumas medidas que estão no quadro abaixo. Esboce o histograma alisado das duas distribuições, indicando nele as medidas descritas no quadro. Comente as principais diferenças entre os dois histogramas.

Repartição	Mínimo	1º Quartil	Mediana	Média	3º Quartil	Máximo	dp
A	18	27	33	33	39	48	5
B	18	23	32	33	42	48	10

34. Decidiu-se investigar a distribuição dos profissionais com nível universitário em duas regiões, A e B. As informações pertinentes foram obtidas e encontram-se no quadro abaixo, expressas em salários mínimos. Esboce a distribuição (histograma alisado) dos salários de cada região, indicando no gráfico as medidas apresentadas no quadro. Faça também uma descrição rápida das principais diferenças observadas nos gráficos.

Região	Média	dp	Mediana	Moda	q_1	q_3	$x_{(1)}$	$x_{(n)}$
A	20,00	4,00	20,32	20,15	17,32	22,68	8,00	32,00
B	20,00	6,00	18,00	17,00	16,00	24,00	14,00	42,00

35. Construa um *box plot* para os dados do Problema 6, do Capítulo 2. Obtenha conclusões a respeito da distribuição, a partir desse desenho.

36. Usando os dados da variável qualitativa região de procedência, da Tabela 2.1, transforme-a na variável quantitativa X, definida do seguinte modo:

$$X = \begin{cases} 1, \text{ se a região de procedência for capital;} \\ 0, \text{ se a região de procedência for interior ou outra.} \end{cases}$$

(a) Calcule $\bar{x}$ e $\text{var}(X)$.

(b) Qual a interpretação de $\bar{x}$?

(c) Construa um histograma para X.

37. No Problema 9 do Capítulo 2, temos os resultados de 25 funcionários em vários exames a que se submeteram. Sabe-se agora que os critérios adotados em cada exame não são comparáveis, por isso decidiu-se usar o desempenho relativo em cada exame. Essa medida será obtida do seguinte modo:

(I) Para cada exame serão calculados a média $\bar{x}$ e o desvio padrão $dp(X)$.

(II) A nota X de cada aluno será padronizada do seguinte modo:

$$Z = \frac{X - \bar{x}}{\mathrm{dp}(X)}.$$

(a) Interprete o significado de Z.

(b) Calcule as notas padronizadas dos funcionários para o exame de Estatística.

(c) Com os resultados obtidos em (b), calcule $\bar{z}$ e $\mathrm{dp}(Z)$.

(d) Se alguma das notas padronizadas estiver acima de $2\mathrm{dp}(Z)$ ou abaixo de $-2\mathrm{dp}(Z)$, esse funcionário deve ser considerado um caso atípico. Existe algum nessa situação?

(e) O funcionário **1** obteve **9,0** em Direito, em Estatística e em Política. Em que disciplina o seu desempenho relativo foi melhor?

38. Calcule o desvio absoluto mediano para as populações do CD-Brasil.

39. Calcule as principais medidas de posição e dispersão (incluindo a média aparada e o dam) para:

    (a) variável CO no CD-Poluição;

    (b) salários de mecânicos, CD-Salários; e

    (c) variável preço, CD-Veículos.

40. Construa os histogramas, ramo-e-folhas e *box plots* para as variáveis do problema anterior.

41. Faça um gráfico de quantis e um de simetria para os dados do Problema 3. Os dados são simétricos? Comente.

42. Para o CD-Temperaturas e para a variável temperatura de Ubatuba, obtenha um gráfico de quantis e um gráfico de simetria. Os dados são simétricos? Comente.

43. Use (3.21) para construir histogramas para:

    (a) variável umid (umidade) do CD-Poluição;

    (b) variável salário dos professores do CD-Salários; e

    (c) a temperatura de Cananeia, do CD-Temperaturas.

44. Calcule A, dada por (3.22), para o Exemplo 3.5. Comente.

45. Calcule A para o Exemplo 3.8. Comente.

3.9 Complementos metodológicos

1. Quantis. Para calcular os quantis de uma sequência de valores de uma variável X poderíamos usar a função de distribuição acumulada ou empírica, definida no Problema 17 do Capítulo 2. Essa função fornece, para cada número real x, a proporção das observações menores ou iguais a x. No Exemplo 3.5, temos

$$F_e(x) = \begin{cases} 0, & \text{se } x < 2 \\ 1/9, & \text{se } 2 \leq x < 3 \\ 2/9, & \text{se } 3 \leq x < 5 \\ 3/9, & \text{se } 5 \leq x < 7 \\ 4/9, & \text{se } 7 \leq x < 8 \\ 5/9, & \text{se } 8 \leq x < 10 \\ 6/9, & \text{se } 10 \leq x < 11 \\ 7/9, & \text{se } 11 \leq x < 12 \\ 8/9, & \text{se } 12 \leq x < 15 \\ 1, & \text{se } x \geq 15. \end{cases} \qquad (3.16)$$

O gráfico de $F_e(x)$ está na Figura 3.18. Note que não há nenhum valor de x tal que $F_e(x) = 0,5$ e $F_e(2) = 1/9$, $F_e(3) = 2/9$, ..., $F_e(15) = 1$, ou seja, podemos escrever de modo geral

$$F_e\left(x_{(i)}\right) = \frac{i}{9}, i = 1, 2, ..., 9. \qquad (3.17)$$

Em particular, $F_e(\text{md}) = F(x_{(5)}) = F_e(8) = 5/9 = 0{,}556$. Portanto, ou mudamos nossa definição de mediana, ou $F_e(.)$ não pode ser usada para definir precisamente mediana ou, em geral, um quantil $q(p)$.

Figura 3.18 Funções de distribuição empírica (F_e) e f.d.e. alisada ($\tilde{F}_e$) para o Exemplo 3.5.

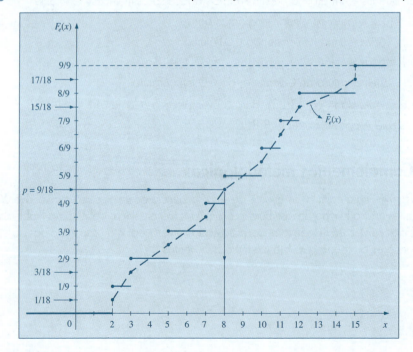

Mas vejamos que $F_e(\cdot)$ pode ser a base para tal definição. Considere "alisar" ou "suavizar" $F_e(\cdot)$, como feito na Figura 3.18, de modo a obter uma curva contínua $\tilde{F}_e(x)$, que passa pelos pontos $(x_{(i)}, p_i)$, em que

$$p_i = \frac{i - 0,5}{9} \ , \ i = 1, \ 2, \ ..., \ 9. \tag{3.18}$$

Observe que $0 < p_1 < 1/9$, $1/9 < p_2 < 2/9$ etc. Com esse procedimento, notamos que

$$\tilde{F}_e(x_{(1)}) = 1/18, ..., \tilde{F}_e(x_{(5)}) = 9/18 = 0,5, ..., \tilde{F}_e(x_{(9)}) = 17/18,$$

ou seja, podemos escrever

$$\tilde{F}_e(x_{(i)}) = \frac{i - 0,5}{n}, i = 1, 2, ..., n, \tag{3.19}$$

sendo que no nosso caso $n = 9$. Com essa modificação, obtemos que $\tilde{F}_e(\mathrm{md}) = \tilde{F}_e(8) = 0,5$, e para cada p, $0 < p < 1$, podemos obter de modo unívoco o quantil $q(p)$, tomando-se a função inversa $\tilde{F}_e^{-1}(p)$. Ou seja, considere uma reta horizontal passando por p no eixo das ordenadas, até encontrar a curva contínua e depois baixe uma reta vertical até encontrar $q(p)$ no eixo das abscissas.

Uma maneira equivalente de proceder nos leva à seguinte definição para calcular $q(p)$, para qualquer p, $0 < p < 1$.

Definição. O p-quantil é definido por

$$q(p) = \begin{cases} x_{(i)}, & \text{se} \quad p = p_i = \dfrac{i - 0,5}{n}, i = 1, 2, ..., n \\ (1 - f_i)x_{(i)} + f_i x_{(i+1)}, & \text{se} \quad p_i < p < p_{i+1} \\ x_{(1)}, & \text{se} \quad p < p_1 \\ x_{(n)}, & \text{se} \quad p > p_n, \end{cases} \tag{3.20}$$

em que $f_i = \dfrac{(p - p_i)}{(p_{i+1} - p_i)}$.

Notamos, então, que se p coincidir com a proporção p_i, o quantil será a i-ésima observação, $x_{(i)}$. Se $p_i < p < p_{i+1}$, o quantil estará no segmento de reta que une $(p_i, x_{(i)})$ e $(p_{i+1}, x_{(i+1)})$. De fato, a reta passando por $(p_i, x_{(i)})$ e $(p, q(p))$ é

$$q(p) - x_{(i)} = \frac{x_{(i+1)} - x_{(i)}}{p_{i+1} - p_i} (p - p_i).$$

72   CAPÍTULO 3 — MEDIDAS-RESUMO

Exemplo 3.5 (continuação) Usando a definição obtemos:

$$q(0,1) = (0,6)x_{(1)} + (0,4)x_{(2)} = (0,6)(2) + (0,4)(3) = 2,4;$$

$$q(0,2) = (0,7)x_{(2)} + (0,3)x_{(3)} = (0,7)(3) + (0,3)(5) = 3,6;$$

$$q(0,25) = (0,25)x_{(2)} + 0,75x_{(3)} = 4,5;$$

$$q(0,5) = x_{(5)} = 8;$$

$$q(0,75) = (0,75)x_{(7)} + (0,25)x_{(8)} = (0,75)(11) + (0,25)(12) = 11,25.$$

2.   Média aparada. Se $0 < \alpha < 1$, uma média aparada a $100\alpha\%$ é obtida eliminando $100\alpha\%$ das menores observações e $100\alpha\%$ das maiores observações e calculando-se a média aritmética das restantes. Por exemplo, se tivermos 10 observações ordenadas $x_{(1)} < x_{(2)} < ... < x_{(10)}$, a média aparada a 10% é

$$\overline{x}(0,10) = \frac{x_{(2)} + x_{(3)} + ... + x_{(9)}}{8}$$

Se $\alpha = 0,25$, $\overline{x}$ (0,25) é chamada *meia-média*.

Calcule a média aparada a 10% e 25% para os dados de salários da Tabela 2.1.

3.   Coeficiente de variação. Como vimos na Seção 3.3, o desvio padrão é bastante afetado pela magnitude dos dados, ou seja, ele não é uma medida resistente. Se quisermos comparar a variabilidade de dois conjuntos de dados podemos usar o coeficiente de variação, que é definido como a razão entre o desvio padrão, S, e a média amostral e usualmente expresso em porcentagem:

$$cv = \frac{S}{\overline{x}}100\%.$$

Calcule o coeficiente de variação para as regiões **A** e **B** e do Problema 35 e comente o resultado.

4.   Desvio absoluto mediano. Esta é uma medida de dispersão dos dados $x_1, ..., x_n$, definida por:

$$dam = med_{1 \le j \le n}|x_j - med_{1 \le i \le n}(x_i)|.$$

Ou seja, calculamos a mediana dos dados, depois os desvios absolutos dos dados em relação à mediana e, finalmente, a mediana desses desvios absolutos. Vamos considerar os dados abaixo, extraídos de Graedel e Kleiner (1985) e que representam velocidades do vento no aeroporto da Filadélfia (EUA) para os primeiros 15 dias de dezembro de 1974. Vemos que há uma observação muito diferente das demais (61,1), mas que representa um dado real: no dia 2 de dezembro houve uma tempestade forte com chuva e vento.

22,2	61,1	13,0	27,8	22,2
7,4	7,4	7,4	20,4	20,4
20,4	11,1	13,0	7,4	14,8

Calculando-se as medidas de posição e dispersão estudadas, obtemos:

$$\bar{x} = 18,4,\ \bar{x}(0,20) = 15,8;$$

$$\text{md} = 14,8,\ q_1 = 8,3,\ q_3 = 21,8;$$

$$d_q = 14,8,\ \text{dam} = 7,4,\ \text{dp}(X) = 13,5.$$

Observemos que, retirando-se o valor atípico 61,1, a média passa a ser 15,3 e o desvio padrão 6,8, valor este mais próximo do dam.

5. O histograma dá uma ideia de como é a verdadeira densidade de frequências da população da qual os dados foram selecionados. Suponha que se tenha o histograma da Figura 3.19 e que a curva suave seja a verdadeira densidade populacional desconhecida.

Figura 3.19 Histograma e densidade hipotéticos de uma população.

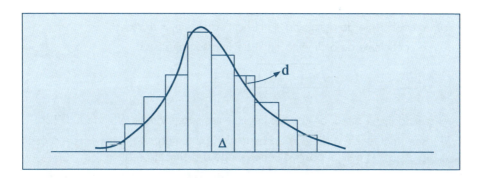

Considere as distâncias entre o histograma e a densidade. Suponha que queiramos determinar a amplitude de classe Δ do histograma de modo a minimizar a maior distância (em valor absoluto). Freedman e Diaconis (1981) mostraram que o valor de Δ é dado aproximadamente por

$$\Delta = 1{,}349 \tilde{S} \left(\frac{\log n}{n} \right)^{1/3},$$

em que $\tilde{S}$ é um estimador robusto do desvio padrão populacional. Por exemplo, podemos tomar

$$\tilde{S} = \frac{d_q}{1{,}349},$$

em que $d_q = q_3 - q_1$ é a distância interquartil, devido ao fato de, numa distribuição normal, $d_q = 1,349\sigma$, sendo o σ o desvio padrão. Segue-se que Δ é dado por

$$\Delta = d_q \left(\frac{\log n}{n} \right)^{1/3}. \tag{3.21}$$

Usando esse resultado, o número de classes a considerar num histograma é obtido por meio de $\dfrac{\left(x_{(n)} - x_{(1)} \right)}{\Delta}$.

6. Medida de forma. Na Seção 3.5 estudamos alguns gráficos para verificar se uma distribuição de dados é simétrica ou não. As medidas de *assimetria* (*skewness*) e *curtose* são úteis para identificar modelos probabilísticos para análise inferencial.

    Na Figura 3.9 mostramos distribuições assimétricas e, na Figura 3.8, um exemplo de distribuição simétrica, a saber, a distribuição normal.

    O objetivo das medidas de assimetria é quantificar sua magnitude, que, em geral, é baseada na relação entre o segundo e o terceiro *momentos centrados*, cujos correspondentes amostrais são respectivamente,

    $$m_2 = \frac{1}{n} \sum_{i=1}^{n} \left(x_i - \overline{x} \right)^2 \quad \text{e} \quad m_3 = \frac{1}{n} \sum_{i=1}^{n} \left(x_i - \overline{x} \right)^3.$$

    Dentre as medidas de assimetria, as mais comuns são:

    (a) o coeficiente de assimetria de Fisher-Pearson: $g_1 = m_3/m_2^{3/2}$.

    (b) o coeficiente de assimetria de Fisher-Pearson ajustado:

    $$\frac{\sqrt{n(n-1)}}{n-2} g_1. \tag{3.22}$$

    As principais propriedades desses coeficientes são (Morettin e Singer, 2022):

    (i) seu sinal reflete a direção da assimetria (sinal negativo corresponde a assimetria à esquerda e sinal positivo corresponde a assimetria à direita);

    (ii) comparam a assimetria dos dados com aquela da distribuição normal, que é simétrica;

    (iii) valores mais afastados do zero indicam maiores magnitudes de assimetria e, consequentemente, maior afastamento da distribuição normal;

    (iv) a estatística indicada em (3.22) tem um ajuste para o tamanho amostral;

    (v) esse ajuste tem pequeno impacto em grandes amostras.

    Outro coeficiente de assimetria mais intuitivo é o chamado *Coeficiente de assimetria de Pearson 2*, estimado por

    $$g_2 = 3[\overline{x} - \text{med}(x_1,\ldots,x_n)]/S,$$

    em que med indica a mediana amostral e S o desvio padrão amostral.

    Uma outra medida de simetria que pode ser utilizada é

$$A = \frac{(q_3 - q_2) - (q_2 - q_1)}{(q_3 - q_1)}.$$

Se a distribuição for simétrica, o numerador é zero e, portanto, $A = 0$.

7. Box plot dentado. Há uma variante do *box plot*, denominada *box plot* dentado (*notched box plot*), que consiste em acrescentar um dente em "v" ao redor da mediana no gráfico. O intervalo determinado pelo dente, dado por

$$Q_2 \pm \frac{1{,}57\, d_Q}{\sqrt{n}}$$

é um intervalo de confiança para a mediana da população da qual supomos que os dados constituem uma amostra. Na Figura 3.20 apresentamos o *box plot* correspondente ao da Figura 3.7 com os dentes (*notchs*) incorporados.

Figura 3.20 *Box plot* dentado para os dados dos Exemplos 3.8.

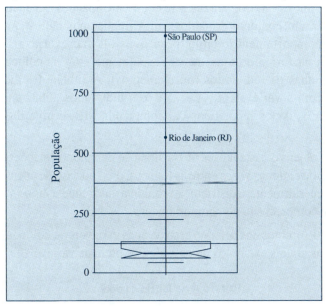

Capítulo 4

Análise de Dados de Várias Variáveis

4.1 Introdução

Até agora vimos como organizar e resumir informações pertinentes a uma única variável (ou a um conjunto de dados), mas frequentemente estamos interessados em analisar o comportamento conjunto de duas ou mais variáveis aleatórias. Os dados aparecem na forma de uma matriz, usualmente com as colunas indicando as variáveis e as linhas os indivíduos (ou elementos). A Tabela 4.1 mostra a notação de uma matriz com p variáveis X_1, X_2, ..., X_p e n indivíduos, totalizando np dados. A Tabela 2.1, com os dados hipotéticos da Companhia MB, é uma ilustração de uma matriz 36×6.

O principal objetivo das análises nessa situação é explorar relações (similaridades) entre as colunas, ou algumas vezes entre as linhas. Como no caso de apenas uma variável, que estudamos anteriormente, a distribuição conjunta das frequências será um instrumento poderoso para a compreensão do comportamento dos dados.

Neste capítulo, iremos nos deter no caso de duas variáveis ou dois conjuntos de dados e daremos apenas alguns exemplos no caso de três ou mais variáveis.

Tabela 4.1 Tabela de dados.

Indivíduo	Variável					
	X_1	X_2	...	X_j	...	X_p
1	x_{11}	x_{12}	...	x_{1j}	...	x_{1p}
2	x_{21}	x_{22}	...	x_{2j}	...	x_{2p}
⋮	⋮	⋮		⋮		⋮
i	x_{i1}	x_{i2}	...	x_{ij}	...	x_{ip}
⋮	⋮	⋮		⋮		⋮
n	x_{n1}	x_{n2}	...	x_{nj}	...	x_{np}

4.1 INTRODUÇÃO

Em algumas situações, podemos ter dois (ou mais) conjuntos de dados provenientes da observação da mesma variável. Por exemplo, podemos ter um conjunto de dados $\{x_1, ..., x_n\}$, que são as temperaturas na cidade A, durante n meses, e outro conjunto de dados $\{y_1, ..., y_n\}$, que são as temperaturas da cidade B, nos mesmos meses. Para efeito de análise, podemos considerar que o primeiro conjunto são observações da variável X: temperatura na cidade A, enquanto o segundo conjunto são observações da variável Y: temperatura na cidade B. Este é o caso do CD-Temperaturas. Também poderíamos usar uma variável X para indicar a temperatura e outra variável, L, para indicar se a observação pertence à região A ou B. Na Tabela 2.1, podemos estar interessados em comparar os salários dos casados e solteiros. Uma reordenação dos dados poderia colocar os casados nas primeiras posições e os solteiros nas últimas, e nosso objetivo passaria a ser comparar, na coluna de salários (variável S), o comportamento de S na parte superior com a inferior. A escolha da apresentação de um ou outro modo será ditada principalmente pelo interesse e técnicas de análise à disposição do pesquisador.

No CD-Brasil, temos três variáveis: superfície, população e densidade populacional. No CD-Poluição, temos quatro variáveis: quantidade de monóxido de carbono, ozônio, temperatura do ar e umidade relativa do ar.

Quando consideramos duas variáveis (ou dois conjuntos de dados), podemos ter três situações:

(a) as duas variáveis são qualitativas;

(b) as duas variáveis são quantitativas; e

(c) uma variável é qualitativa e outra é quantitativa.

As técnicas de análise de dados nas três situações são diferentes. Quando as variáveis são qualitativas, os dados são resumidos em *tabelas de dupla entrada (ou de contingência)*, em que aparecerão as frequências absolutas ou contagens de indivíduos que pertencem simultaneamente a categorias de uma e outra variável. Quando as duas variáveis são quantitativas, as observações são provenientes de mensurações, e técnicas como gráficos de dispersão ou de quantis são apropriadas. Quando temos uma variável qualitativa e outra quantitativa, em geral, analisamos o que acontece com a variável quantitativa quando os dados são categorizados de acordo com os diversos atributos da variável qualitativa. Mas podemos ter também o caso de duas variáveis quantitativas agrupadas em classes. Por exemplo, podemos querer analisar a associação entre renda e consumo de certo número de famílias e, para isso, agrupamos as famílias em classes de rendas e classes de consumo. Desse modo, recaímos novamente numa tabela de dupla entrada.

Contudo, em todas as situações, o objetivo é encontrar as possíveis relações ou associações entre as duas variáveis. Essas relações podem ser detectadas por meio de métodos gráficos e medidas numéricas. Para efeitos práticos (e a razão ficará mais clara após o estudo de probabilidades), iremos entender a existência de associação como a *mudança* de opinião sobre o comportamento de uma variável na presença ou não de informação sobre a segunda variável. Ilustrando: existe relação entre a altura de pessoas e o sexo (homem ou mulher) em dada comunidade? Pode-se fazer uma primeira pergunta: qual a frequência esperada de uma pessoa dessa população ter, digamos, mais de 170 cm de altura? E também uma segunda: qual a frequência esperada de uma mulher

78 CAPÍTULO 4 — ANÁLISE DE DADOS DE VÁRIAS VARIÁVEIS

(ou homem) ter mais de 170 cm de altura? Se a resposta para as duas perguntas for a mesma, diríamos que *não há* associação entre as variáveis altura e sexo. Porém, se as respostas forem diferentes, isso significa uma provável associação, e devemos incorporar esse conhecimento para melhorar o entendimento sobre os comportamentos das variáveis. No exemplo em questão, você acha que existe associação entre as variáveis?

4.2 Variáveis qualitativas

Para ilustrar o tipo de análise, consideremos o exemplo a seguir.

Exemplo 4.1 Suponha que queiramos analisar o comportamento conjunto das variáveis Y: grau de instrução e V: região de procedência, cujas observações estão contidas na Tabela 2.1. A distribuição de frequências é representada por uma tabela de dupla entrada e está na Tabela 4.2.

Cada elemento do corpo da tabela dá a frequência observada das realizações simultâneas de Y e V. Assim, observamos quatro indivíduos da capital com ensino fundamental, sete do interior com ensino médio etc.

A *linha* dos totais fornece a distribuição da variável Y, ao passo que a *coluna* dos totais fornece a distribuição da variável V. As distribuições assim obtidas são chamadas tecnicamente de *distribuições marginais*, enquanto a Tabela 4.2 constitui a *distribuição conjunta de Y e V*.

Tabela 4.2 Distribuição conjunta das frequências das variáveis grau de instrução (Y) e região de procedência (V).

V \ Y	Ensino Fundamental	Ensino Médio	Superior	Total
Capital	4	5	2	11
Interior	3	7	2	12
Outra	5	6	2	13
Total	12	18	6	36

Fonte: Tabela 2.1.

Em vez de trabalharmos com as frequências absolutas, podemos construir tabelas com as frequências relativas (proporções), como foi feito no caso unidimensional. Mas aqui existem três possibilidades de expressarmos a proporção de cada casela:

(a) em relação ao total geral;

(b) em relação ao total de cada linha;

(c) ou em relação ao total de cada coluna.

De acordo com o objetivo do problema em estudo, uma delas será a mais conveniente.

A Tabela 4.3 apresenta a distribuição conjunta das frequências relativas, expressas como proporções do total geral. Podemos, então, afirmar que 11% dos empregados vêm

4.2 VARIÁVEIS QUALITATIVAS

da capital e têm o ensino fundamental. Os totais nas margens fornecem as distribuições unidimensionais de cada uma das variáveis. Por exemplo, 31% dos indivíduos vêm da capital, 33% do interior e 36% de outras regiões. Observe que, devido ao problema de aproximação das divisões, a distribuição das proporções introduz algumas diferenças não existentes. Compare, por exemplo, as colunas de instrução superior nas Tabelas 4.2 e 4.3.

A Tabela 4.4 apresenta a distribuição das proporções em relação ao total das colunas. Podemos dizer que, entre os empregados com instrução até o ensino fundamental, 33% vêm da capital, ao passo que entre os empregados com ensino médio, 28% vêm da capital. Esse tipo de tabela serve para comparar a distribuição da procedência dos indivíduos conforme o grau de instrução.

Tabela 4.3 Distribuição conjunta das proporções (em porcentagem) em relação ao total geral das variáveis Y e V definidas no texto.

V \\ Y	Fundamental	Médio	Superior	Total
Capital	11%	14%	6%	31%
Interior	8%	19%	6%	33%
Outra	14%	17%	5%	36%
Total	33%	50%	17%	100%

Fonte: Tabela 4.2.

Tabela 4.4 Distribuição conjunta das proporções (em porcentagem) em relação aos totais de cada coluna das variáveis Y e V definidas no texto.

V \\ Y	Fundamental	Médio	Superior	Total
Capital	33%	28%	33%	31%
Interior	25%	39%	33%	33%
Outra	42%	33%	34%	36%
Total	100%	100%	100%	100%

Fonte: Tabela 4.2.

De modo análogo, podemos construir a distribuição das proporções em relação ao total das linhas. Aconselhamos o leitor a construir essa tabela.

A comparação entre as duas variáveis também pode ser feita utilizando-se representações gráficas. Na Figura 4.1, apresentamos uma possível representação para os dados da Tabela 4.4.

Figura 4.1 Distribuição da região de procedência por grau de instrução.

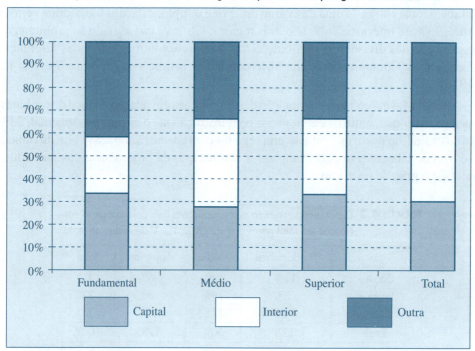

Problemas

1. Usando os dados da Tabela 2.1, Capítulo 2:
   (a) Construa a distribuição de frequência conjunta para as variáveis grau de instrução e região de procedência.
   (b) Qual a porcentagem de funcionários que têm o ensino médio?
   (c) Qual a porcentagem daqueles que têm o ensino médio e são do interior?
   (d) Dentre os funcionários do interior, quantos por cento têm o ensino médio?
2. No problema anterior, sorteando um funcionário ao acaso entre os 36:
   (a) Qual será provavelmente o seu grau de instrução?
   (b) E sua região de procedência?
   (c) Qual a probabilidade do sorteado ter nível superior?
   (d) Sabendo que o sorteado é do interior, qual a probabilidade de ele possuir nível superior?
   (e) Sabendo que o escolhido é da capital, qual a probabilidade de ele possuir nível superior?
3. Numa pesquisa sobre rotatividade de mão de obra, para uma amostra de 40 pessoas foram observadas duas variáveis: número de empregos nos últimos dois anos (X) e salário mais recente, em número de salários mínimos (Y). Os resultados foram:

Indivíduo	X	Y	Indivíduo	X	Y
1	1	6	21	2	4
2	3	2	22	3	2
3	2	4	23	4	1
4	3	1	24	1	5
5	2	4	25	2	4
6	2	1	26	3	2
7	3	3	27	4	1
8	1	5	28	1	5
9	2	2	29	4	4
10	3	2	30	3	3
11	2	5	31	2	2
12	3	2	32	1	1
13	1	6	33	4	1
14	2	6	34	2	6
15	3	2	35	4	2
16	4	2	36	3	1
17	1	5	37	1	4
18	2	5	38	3	2
19	2	1	39	2	3
20	2	1	40	2	5

(a) Usando a mediana, classifique os indivíduos em dois níveis, alto e baixo, para cada uma das variáveis, e construa a distribuição de frequências conjunta das duas classificações.

(b) Qual a porcentagem das pessoas com baixa rotatividade e ganhando pouco?

(c) Qual a porcentagem das pessoas que ganham pouco?

(d) Entre as pessoas com baixa rotatividade, qual a porcentagem das que ganham pouco?

(e) A informação adicional dada em (d) mudou muito a porcentagem observada em (c)? O que isso significa?

4.3 Associação entre variáveis qualitativas

Um dos principais objetivos de se construir uma distribuição conjunta de duas variáveis qualitativas é descrever a associação entre elas, isto é, queremos conhecer o grau de *dependência* entre elas, de modo que possamos prever melhor o resultado de uma delas quando conhecermos a realização da outra.

Por exemplo, se quisermos estimar qual a renda média de uma família moradora da cidade de São Paulo, a informação adicional sobre a classe social a que ela pertence nos permite estimar com maior precisão essa renda, pois sabemos que existe uma dependência entre as duas variáveis: renda familiar e classe social. Ou, ainda, suponhamos que uma pessoa seja sorteada ao acaso na população da cidade de São Paulo e devamos adivinhar o sexo dessa pessoa. Como a proporção de pessoas de cada sexo é aproximadamente a mesma, o resultado desse exercício de adivinhação poderia ser qualquer um dos sexos: masculino ou feminino. Mas se a mesma pergunta fosse feita e também fosse dito que a pessoa sorteada trabalha na indústria siderúrgica, então nossa resposta mais provável seria que a pessoa sorteada é do sexo masculino. Ou seja, há um grau de dependência grande entre as variáveis sexo e ramo de atividade.

Vejamos como podemos identificar a associação entre duas variáveis da distribuição conjunta.

Exemplo 4.2 Queremos verificar se existe ou não associação entre o sexo e a carreira escolhida por 200 alunos de Economia e Administração. Esses dados estão na Tabela 4.5.

Tabela 4.5 Distribuição conjunta de alunos segundo o sexo (X) e o curso escolhido (Y).

Y \ X	Masculino	Feminino	Total
Economia	85	35	120
Administração	55	25	80
Total	140	60	200

Fonte: Dados hipotéticos.

Inicialmente, verificamos que fica muito difícil tirar alguma conclusão, devido à diferença entre os totais marginais. Devemos, pois, construir as proporções segundo as linhas ou as colunas para podermos fazer comparações. Fixemos os totais das colunas; a distribuição está na Tabela 4.6.

Tabela 4.6 Distribuição conjunta das proporções (em porcentagem) de alunos segundo o sexo (X) e o curso escolhido (Y).

Y \ X	Masculino	Feminino	Total
Economia	61%	58%	60%
Administração	39%	42%	40%
Total	100%	100%	100%

Fonte: Tabela 4.5.

A partir dessa tabela podemos observar que, *independentemente do sexo*, 60% das pessoas preferem Economia e 40% preferem Administração (observe na coluna de total). Não havendo dependência entre as variáveis, esperaríamos essas mesmas proporções para cada sexo. Observando a tabela, vemos que as proporções do sexo masculino (61% e 39%) e do sexo feminino (58% e 42%) são próximas das marginais (60% e 40%). Esses resultados parecem indicar não haver dependência entre as duas variáveis, para o conjunto de alunos considerado. Concluímos então que, neste caso, as variáveis sexo e escolha do curso parecem ser *não associadas*.

4.3 ASSOCIAÇÃO ENTRE VARIÁVEIS QUALITATIVAS

Vamos considerar, agora, um problema semelhante, mas envolvendo alunos de Física e Ciências Sociais, cuja distribuição conjunta está na Tabela 4.7.

Tabela 4.7 Distribuição conjunta das frequências e proporções (em porcentagem), segundo o sexo (X) e o curso escolhido (Y).

Y \ X	Masculino	Feminino	Total
Física	100 (71%)	20 (33%)	120 (60%)
Ciências Sociais	40 (29%)	40 (67%)	80 (40%)
Total	140 (100%)	60 (100%)	200 (100%)

Fonte: Dados hipotéticos.

Inicialmente, convém observar que, para economizar espaço, resumimos duas tabelas numa única, indicando as proporções em relação aos totais das colunas entre parênteses. Comparando agora a distribuição das proporções pelos cursos, independentemente do sexo (coluna de totais), com as distribuições diferenciadas por sexo (colunas de masculino e feminino), observamos uma disparidade bem acentuada nas proporções. Parece, pois, haver maior concentração de homens no curso de Física e de mulheres no de Ciências Sociais. Portanto, nesse caso, as variáveis sexo e curso escolhido parecem ser *associadas*.

Quando existe associação entre variáveis, sempre é interessante quantificar essa associação, e isso será objeto da próxima seção. Antes de passarmos a discutir esse aspecto, convém observar que teríamos obtido as mesmas conclusões do Exemplo 4.2 se tivéssemos calculado as proporções, mantendo constantes os totais das linhas.

Problemas

4. Usando os dados do Problema 1, responda:
   (a) Qual a distribuição das proporções do grau de educação segundo cada uma das regiões de procedência?
   (b) Baseado no resultado anterior e no Problema 2, você diria que existe dependência entre a região de procedência e o nível de educação do funcionário?

5. Usando o Problema 3, verifique se há relações entre as variáveis rotatividade e salário.

6. Uma companhia de seguros analisou a frequência com que 2.000 segurados (1.000 homens e 1.000 mulheres) usaram o hospital. Os resultados foram:

	Homens	Mulheres
Usaram o hospital	100	150
Não usaram o hospital	900	850

   (a) Calcule a proporção de homens entre os indivíduos que usaram o hospital.
   (b) Calcule a proporção de homens entre os indivíduos que não usaram o hospital.
   (c) O uso do hospital independe do sexo do segurado?

4.4 Medidas de associação entre variáveis qualitativas

De modo geral, a quantificação do grau de associação entre duas variáveis é feita pelos chamados *coeficientes de associação* ou *correlação*. Essas são medidas que descrevem, por meio de um único número, a associação (ou dependência) entre duas variáveis. Para facilitar a compreensão, esses coeficientes usualmente variam entre 0 e 1, ou entre -1 e $+1$, e a proximidade de zero indica falta de associação.

Existem muitas medidas que quantificam a associação entre variáveis qualitativas, apresentaremos apenas duas delas: o chamado *coeficiente de contingência*, devido a K. Pearson e uma modificação desse.

Exemplo 4.3 Queremos verificar se a criação de determinado tipo de cooperativa está associada com algum fator regional. Coletados os dados relevantes, obtemos a Tabela 4.8.

Tabela 4.8 Cooperativas autorizadas a funcionar por tipo e estado, junho de 1974.

Estado	Tipo de Cooperativa				Total
	Consumidor	Produtor	Escola	Outras	
São Paulo	214 (33%)	237 (37%)	78 (12%)	119 (18%)	648 (100%)
Paraná	51 (17%)	102 (34%)	126 (42%)	22 (7%)	301 (100%)
Rio G. do Sul	111 (18%)	304 (51%)	139 (23%)	48 (8%)	602 (100%)
Total	376 (24%)	643 (42%)	343 (22%)	189 (12%)	1.551 (100%)

Fonte: Sinopse Estatística da Brasil — IBGE, 1977.

A análise da tabela mostra a existência de certa dependência entre as variáveis. Caso não houvesse associação, esperaríamos que em cada estado tivéssemos 24% de cooperativas de consumidores, 42% de cooperativas de produtores, 22% de escolas e 12% de outros tipos. Então, por exemplo, o número esperado de cooperativas de consumidores no Estado de São Paulo seria $648 \times 0,24 = 157$ e no Paraná seria $301 \times 0,24 = 73$ (ver Tabela 4.9).

Tabela 4.9 Valores esperados na Tabela 4.8 assumindo a independência entre as duas variáveis.

Estado	Tipo de Cooperativa				Total
	Consumidor	Produtor	Escola	Outras	
São Paulo	157 (24%)	269 (42%)	143 (22%)	79 (12%)	648 (100%)
Paraná	73 (24%)	124 (42%)	67 (22%)	37 (12%)	301 (100%)
Rio G. do Sul	146 (24%)	250 (42%)	133 (22%)	73 (12%)	602 (100%)
Total	376 (24%)	643 (42%)	343 (22%)	189 (12%)	1.551 (100%)

Fonte: Tabela 4.8.

4.4 MEDIDAS DE ASSOCIAÇÃO ENTRE VARIÁVEIS QUALITATIVAS

Tabela 4.10 Desvios entre observados e esperados.

Estado	Tipo de Cooperativa			
	Consumidor	Produtor	Escola	Outras
São Paulo	57 (20,69)	−32 (3,81)	−65 (29,55)	40 (20,25)
Paraná	−22 (6,63)	−22 (3,90)	59 (51,96)	−15 (6,08)
Rio G. do Sul	−35 (8,39)	54 (11,66)	6 (0,27)	−25 (8,56)

Fonte: Tabelas 4.8 e 4.9.

Comparando as duas tabelas, podemos verificar as discrepâncias existentes entre os valores observados (Tabela 4.8) e os valores esperados (Tabela 4.9), caso as variáveis não fossem associadas. Na Tabela 4.10 resumimos os desvios: valores observados menos valores esperados. Observando essa tabela podemos tirar algumas conclusões:

(i) A soma total dos resíduos é nula. Isso pode ser verificado facilmente somando--se cada linha.

(ii) A casela Escola-São Paulo é aquela que apresenta o maior desvio da suposição de não-associação (−65). Nessa casela esperávamos 143 casos. A casela Escola--Paraná também tem um desvio alto (59), mas o valor esperado é bem menor (67). Portanto, se fôssemos considerar os desvios relativos, aquele correspondente ao segundo caso seria bem maior. Uma maneira de observar esse fato é construir, para cada casela, a medida

$$\frac{(o_i - e_i)^2}{e_i} \tag{4.1}$$

no qual o_i é o valor observado e e_i é o valor esperado.

Usando (4.1) para a casela Escola-São Paulo obtemos $(−65)^2/143 = 29,55$ e para a casela Escola-Paraná obtemos $(59)^2/67 = 51,96$, o que é uma indicação de que o desvio devido a essa última casela é "maior" do que aquele da primeira. Na Tabela 4.10, indicamos entre parênteses esses valores para todas as caselas.

Uma medida do afastamento global pode ser dada pela soma de todas as medidas (4.1). Essa medida é denominada χ^2 (qui-quadrado) de Pearson, e no nosso exemplo teríamos

$$\chi^2 = 20,69 + 6,63 + ... + 8,56 = 171,76.$$

Um valor grande de χ^2 indica associação entre as variáveis, o que parece ser o caso.

Antes de dar uma fórmula geral para essa medida de associação, vamos introduzir, na Tabela 4.11, uma notação geral para tabelas de dupla entrada.

Tabela 4.11 Notação para tabelas de contingência.

X \ Y	B_1	B_2	...	B_j	...	B_s	Total
A_1	n_{11}	n_{12}	...	n_{1j}	...	n_{1s}	$n_{1.}$
A_2	n_{21}	n_{22}	...	n_{2j}	...	n_{2s}	$n_{2.}$
⋮	⋮	⋮	⋮	⋮	⋮	⋮	⋮
A_i	n_{i1}	n_{i2}	...	n_{ij}	...	n_{is}	$n_{i.}$
⋮	⋮	⋮	⋮	⋮	⋮	⋮	⋮
A_r	n_{r1}	n_{r2}	...	n_{rj}	...	n_{rs}	$n_{r.}$
Total	$n_{.1}$	$n_{.2}$	...	$n_{.j}$	...	$n_{.s}$	$n_{..}$

Suponha que temos duas variáveis qualitativas X e Y, classificadas em r categorias $A_1, A_2, ..., A_r$ para X e s categorias $B_1, B_2, ..., B_s$, para Y.

Na tabela, temos:

n_{ij} = número de elementos pertencentes à i-ésima categoria de X e j-ésima categoria de Y;

$n_{i.} = \sum_{j=1}^{s} n_{ij}$ = número de elementos da i-ésima categoria de X;

$n_{.j} = \sum_{i=1}^{r} n_{ij}$ = número de elementos da j-ésima categoria de Y;

$n_{..} = n = \sum_{i=1}^{r} \sum_{j=1}^{s} n_{ij}$ = número total de elementos.

Sob a hipótese de que as variáveis X e Y não sejam associadas (comumente dizemos independentes), temos que

$$\frac{n_{i1}}{n_{.1}} = \frac{n_{i2}}{n_{.2}} = ... = \frac{n_{is}}{n_{.s}}, i = 1, 2, ..., r \qquad (4.2)$$

ou ainda

$$\frac{n_{ij}}{n} = \frac{n_{i.}}{n}, \ i=1, ..., r, j=1, ..., s$$

de onde se deduz, finalmente, que

$$n_{ij} = \frac{n_{i.} n_{.j}}{n}, \ i = 1, ..., r, j = 1, ..., s. \qquad (4.3)$$

Portanto, sob a hipótese de independência, de (4.3) segue que, em termos de frequências relativas, podemos escrever $f_{ij} = f_i f_j$.

Chamando de frequências esperadas os valores dados pelos segundos membros de (4.3), e denotando-as por n_{ij}^*, temos que o qui-quadrado de Pearson pode ser escrito

$$\chi^2 = \sum_{i=1}^{r} \sum_{j=1}^{s} \frac{(n_{ij} - n_{ij}^*)^2}{n_{ij}^*}, \qquad (4.4)$$

4.4 MEDIDAS DE ASSOCIAÇÃO ENTRE VARIÁVEIS QUALITATIVAS

em que n_{ij} são os valores efetivamente observados. Se a hipótese de não associação for verdadeira, o valor calculado de (4.4) deve estar próximo de zero. Se as variáveis forem associadas, o valor de χ^2 deve ser grande.

Podemos escrever a fórmula (4.4) em termos de frequências relativas, como

$$\chi^2 = n \sum_{i=1}^{r} \sum_{j=1}^{s} \frac{(f_{ij} - f_{ij}^*)^2}{f_{ij}^*},$$

para a qual as notações são similares.

Para fazer comparações, seria útil ter uma medida que varie num intervalo limitado, como (0,1), por exemplo, zero indicando independência e um, dependência completa.

Pearson definiu uma medida de associação, baseada em (4.4), chamada *coeficiente de contingência*, dada por

$$C = \sqrt{\frac{\chi^2}{\chi^2 + n}}. \tag{4.5}$$

depende de r e s.

Contudo, esse coeficiente pode não atingir o valor máximo igual um, no caso de dependência completa e o valor máximo depende r e s. Pode-se demonstrar que, quando $r = s$, o valor máximo de C é $\sqrt{(r-1)/r}$.

Um coeficiente, sugerido por Tschuprov, pode atingir o máximo igual a 1, se $r = s$. Este é dado por

$$T = \sqrt{\frac{\chi^2}{n\sqrt{(r-1)(s-1)}}}. \tag{4.6}$$

Outra medida de associação foi proposta por Cramér, dada por

$$V = \sqrt{\frac{\chi^2}{n(q-1)}}, \tag{4.7}$$

onde $q = \min(r, s)$.

Para o Exemplo 4.3, temos que $C = 0,32$, $T = 0,21$ e $V = 0,24$. Voltaremos a falar do uso do χ^2 no Capítulo 14.

Vejamos um exemplo em que há dependência completa e deveremos obter $T = 1$. Suponha $X = Y$ e $r = s = 2$, com n observações distribuídas segundo a tabela abaixo:

X ╲ X	A_1	A_2	Total
A_1	$n/2$	0	$n/2$
A_2	0	$n/2$	$n/2$
Total	$n/2$	$n/2$	n

88 CAPÍTULO 4 — ANÁLISE DE DADOS DE VÁRIAS VARIÁVEIS

É fácil ver que todos os valores esperados são iguais a $n/4$ e o valor calculado do qui-quadrado será $\chi^2 = n$, do que resulta $T = 1$.

Para outros exemplos, veja os Problemas 39 e 40.

Problemas

7. Usando os dados do Problema 1, calcule o valor de χ^2 e o coeficiente de contingência C. Esses valores estão de acordo com as conclusões obtidas anteriormente?

8. Qual o valor de χ^2 e de C para os dados do Problema 3? E para o Problema 6? Calcule T.

9. A Companhia **A** de dedetização afirma que o processo por ela utilizado garante um efeito mais prolongado do que aquele obtido por seus concorrentes mais diretos. Uma amostra de vários ambientes dedetizados foi colhida e anotou-se a duração do efeito de dedetização. Os resultados estão na tabela abaixo. Você acha que existe alguma evidência a favor ou contra a afirmação feita pela Companhia **A**?

	Duração do efeito de dedetização		
Companhia	Menos de 4 meses	De 4 a 8 meses	Mais de 8 meses
A	64	120	16
B	104	175	21
C	27	48	5

4.5 Associação entre variáveis quantitativas

Quando as variáveis envolvidas são ambas do tipo quantitativo, pode-se usar o mesmo tipo de análise apresentado nas seções anteriores e exemplificado com variáveis qualitativas. De modo análogo, a distribuição conjunta pode ser resumida em tabelas de dupla entrada e, por meio das distribuições marginais, é possível estudar a associação das variáveis. Algumas vezes, para evitar um grande número de entradas, agrupamos os dados marginais em intervalos de classes, de modo semelhante ao resumo feito no caso unidimensional. Mas, além desse tipo de análise, as variáveis quantitativas são passíveis de procedimentos analíticos e gráficos mais refinados.

Um dispositivo bastante útil para se verificar a associação entre duas variáveis quantitativas, ou entre dois conjuntos de dados, é o *gráfico de dispersão*, que vamos introduzir por meio de exemplos.

Exemplo 4.4 Na Figura 4.2, temos o gráfico de dispersão das variáveis X e Y da Tabela 4.12. Nesse tipo de gráfico, temos os possíveis pares de valores (x, y), na ordem que aparecem. Para o exemplo, vemos que parece haver uma associação entre as variáveis, porque no conjunto, a medida que aumenta o tempo de serviço, aumenta o número de clientes.

Tabela 4.12 Número de anos de serviço (X) por número de clientes (Y) de agentes de uma companhia de seguros.

Agente	Anos de serviço (X)	Número de clientes (Y)
A	2	48
B	3	50
C	4	56
D	5	52
E	4	43
F	6	60
G	7	62
H	8	58
I	8	64
J	10	72

Fonte: Dados hipotéticos.

Figura 4.2 Gráfico de dispersão para as variáveis X: anos de serviço e Y: número de clientes.

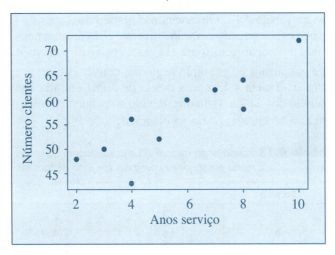

Exemplo 4.5 Consideremos os dados das variáveis X: população urbana e Y: população rural, no Brasil, em 1996. O gráfico de dispersão está na Figura 4.3. Vemos que parece não haver associação entre as variáveis, pois os pontos não apresentam nenhuma tendência particular.

Figura 4.3 Gráfico de dispersão para as variáveis X: população urbana e Y: população rural.

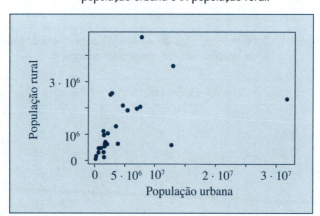

Exemplo 4.6 Consideremos agora as duas situações abaixo e os respectivos gráficos de dispersão.

(a) Numa pesquisa feita com dez famílias com renda bruta mensal entre 10 e 60 salários mínimos, mediram-se:

X: renda bruta mensal (expressa em número de salários mínimos).

Y: a porcentagem da renda bruta anual gasta com assistência médica; os dados estão na Tabela 4.13. Observando o gráfico de dispersão (Figura 4.4), vemos que existe uma associação "inversa", isto é, aumentando a renda bruta, diminui a porcentagem sobre ela gasta em assistência médica.

Antes de passarmos ao exemplo seguinte, convém observar que a disposição dos dados da Tabela 4.13 numa tabela de dupla entrada não iria melhorar a compreensão dos dados, visto que, devido ao pequeno número de observações, teríamos casebas cheias apenas na diagonal.

Tabela 4.13 Renda bruta mensal (X) e porcentagem da renda gasta em saúde (Y) para um conjunto de famílias.

Família	X	Y
A	12	7,2
B	16	7,4
C	18	7,0
D	20	6,5
E	28	6,6
F	30	6,7
G	40	6,0
H	48	5,6
I	50	6,0
J	54	5,5

Fonte: Dados hipotéticos.

4.5 ASSOCIAÇÃO ENTRE VARIÁVEIS QUANTITATIVAS

Figura 4.4 Gráfico de dispersão para as variáveis X: renda bruta e Y: % renda gasta com saúde.

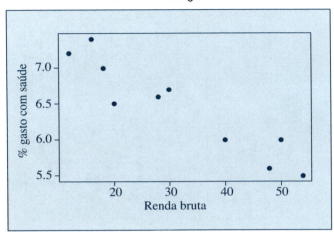

(b) Oito indivíduos foram submetidos a um teste sobre conhecimento de língua estrangeira e, em seguida, mediu-se o tempo gasto para cada um aprender a operar uma determinada máquina. As variáveis medidas foram:

X: resultado obtido no teste (máximo = 100 pontos);

Y: tempo, em minutos, necessário para operar a máquina satisfatoriamente.

Os dados estão na Tabela 4.14. Do gráfico de dispersão (Figura 4.5) concluímos que parece não haver associação entre as duas variáveis, pois conhecer o resultado do teste não ajuda a prever o tempo gasto para aprender a operar a máquina.

Tabela 4.14 Resultado de um teste (X) e tempo de operação de máquina (Y) para oito indivíduos.

Indivíduo	X	Y
A	45	343
B	52	368
C	61	355
D	70	334
E	74	337
F	76	381
G	80	345
H	90	375

Fonte: Dados hipotéticos.

Figura 4.5 Gráfico de dispersão para as variáveis X: resultado no teste e Y: tempo de operação.

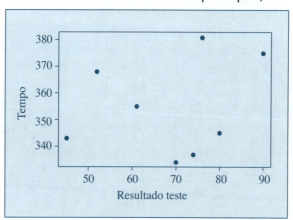

A partir dos gráficos apresentados, verificamos que a representação gráfica das variáveis quantitativas ajuda muito a compreender o comportamento conjunto das duas variáveis quanto à existência ou não de associação entre elas.

Contudo, é muito útil quantificar esta associação. Existem muitos tipos de associações possíveis, e aqui iremos apresentar o tipo de relação mais simples, que é a linear. Isto é, iremos definir uma medida que avalia o quanto a nuvem de pontos no gráfico de dispersão aproxima-se de uma reta. Esta medida será definida de modo a variar num intervalo finito, especificamente, de −1 a +1.

Consideremos um gráfico de dispersão como o da Figura 4.6(a) no qual, por meio de uma transformação conveniente, a origem foi colocada no centro da nuvem de dispersão. Aqueles dados possuem uma associação linear direta (ou positiva) e notamos que a grande maioria dos pontos está situada no primeiro e terceiro quadrantes. Nesses quadrantes as coordenadas dos pontos têm o mesmo sinal, e, portanto, o produto delas será sempre positivo. Somando-se o produto das coordenadas dos pontos, o resultado será um número positivo, pois existem mais produtos positivos do que negativos.

Figura 4.6 Tipos de associações entre duas variáveis.

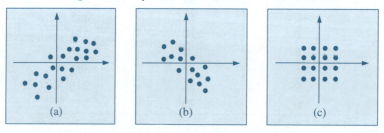

Para a dispersão da Figura 4.6(b), observamos uma dependência linear inversa (ou negativa) e, procedendo-se como anteriormente, a soma dos produtos das coordenadas será negativa.

4.5 ASSOCIAÇÃO ENTRE VARIÁVEIS QUANTITATIVAS

Finalmente, para a Figura 4.6(c), a soma dos produtos das coordenadas será zero, pois cada resultado positivo tem um resultado negativo simétrico, anulando-se na soma. Nesse caso, não há associação linear entre as duas variáveis. Em casos semelhantes, quando a distribuição dos pontos for mais ou menos circular, a soma dos produtos será aproximadamente zero.

Baseando-se nesses fatos é que iremos definir o coeficiente de correlação (linear) entre duas variáveis, que é uma medida do grau de associação entre elas e também da proximidade dos dados a uma reta. Antes, cabe uma observação. A soma dos produtos das coordenadas depende, e muito, do número de pontos. Considere o caso de associação positiva: a soma acima tende a aumentar com o número de pares (x, y) e ficaria difícil comparar essa medida para dois conjuntos com números diferentes de pontos. Por isso, costuma-se usar a média da soma dos produtos das coordenadas.

Exemplo 4.7 Voltemos aos dados da Tabela 4.12. O primeiro problema que devemos resolver é o da mudança da origem do sistema para o centro da nuvem de dispersão. Um ponto conveniente é $(\bar{x}, \bar{y})$, ou seja, as coordenadas da origem serão as médias dos valores de X e Y. As novas coordenadas estão mostradas na quarta e quinta colunas da Tabela 4.15.

Observando esses valores centrados, verificamos que ainda existe um problema quanto à escala usada. A variável Y tem variabilidade muito maior do que X, e o produto ficaria muito mais afetado pelos resultados de Y do que pelos de X. Para corrigirmos isso, podemos reduzir as duas variáveis a uma mesma escala, dividindo-se os desvios pelos respectivos desvios padrões. Esses novos valores estão nas colunas 6 e 7. Observe as mudanças (escalas dos eixos) de variáveis realizadas, acompanhando a Figura 4.7. Finalmente, na coluna 8, indicamos os produtos das coordenadas reduzidas e sua soma, 8,769, que, como esperávamos, é positiva. Para completar a definição dessa medida de associação, basta calcular a média dos produtos das coordenadas reduzidas, isto é, correlação $(X,Y) = 8{,}769/10 = 0{,}877$.

Tabela 4.15 Cálculo do coeficiente de correlação.

Agente	Anos x	Clientes y	$x - \bar{x}$	$y - \bar{y}$	$\dfrac{x - \bar{x}}{dp(x)} = z_x$	$\dfrac{y - \bar{y}}{dp(y)} = z_y$	$z_x \cdot z_y$
A	2	48	−3,7	−8,5	−1,54	−1,05	1,617
B	3	50	−2,7	−6,5	−1,12	−0,80	0,846
C	4	56	−1,7	−0,5	−0,71	−0,06	0,043
D	5	52	−0,7	−4,5	−0,29	−0,55	0,160
E	4	43	−1,7	−13,5	−0,71	−1,66	1,179
F	6	60	0,3	3,5	0,12	0,43	0,052
G	7	62	1,3	5,5	0,54	0,68	0,367
H	8	58	2,3	1,5	0,95	0,19	0,181
I	8	64	2,3	7,5	0,95	0,92	0,874
J	10	72	4,3	15,5	1,78	1,91	3,400
Total	57	565	0	0			8,769

$$\bar{x} = 5{,}7, \qquad dp(X) = 2{,}41, \qquad \bar{y} = 56{,}5, \qquad dp(Y) = 8{,}11$$

Portanto, para esse exemplo, o grau de associação linear está quantificado por 87,7%.

Figura 4.7 Mudança de escalas para o cálculo do coeficiente de correlação.

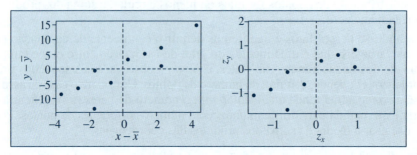

Da discussão feita até aqui, podemos definir o coeficiente de correlação do seguinte modo.

Definição. Dados n pares de valores (x_1, y_1), (x_2, y_2), ..., (x_n, y_n), chamaremos de coeficiente de correlação entre as duas variáveis X e Y a

$$\operatorname{corr}(X, Y) = \frac{1}{n} \sum_{i=1}^{n} \left(\frac{x_i - \bar{x}}{dp(X)} \right) \left(\frac{y_i - \bar{y}}{dp(Y)} \right), \qquad (4.8)$$

ou seja, a média dos produtos dos valores padronizados das variáveis.

Não é difícil provar que o coeficiente de correlação satisfaz

$$-1 \leq \operatorname{corr}(X, Y) \leq 1. \qquad (4.9)$$

A definição acima pode ser operacionalizada de modo mais conveniente pelas seguintes fórmulas:

$$\operatorname{corr}(X, Y) = \frac{1}{n} \sum \left(\frac{x_i - \bar{x}}{dp(X)} \right) \left(\frac{y_i - \bar{y}}{dp(Y)} \right) = \frac{\sum x_i y_i - n \bar{x} \bar{y}}{\sqrt{\left(\sum x_i^2 - n \bar{x}^2 \right) \left(\sum y_i^2 - n \bar{y}^2 \right)}}. \qquad (4.10)$$

O numerador da expressão acima, que mede o total da concentração dos pontos pelos quatro quadrantes, dá origem a uma medida bastante usada e que definimos a seguir.

Definição. Dados n pares de valores (x_1, y_1), ..., (x_n, y_n), chamaremos de *covariância* entre as duas variáveis X e Y a

$$\operatorname{cov}(X, Y) = \frac{\sum_{i=1}^{n} (x_i - \bar{x})(y_i - \bar{y})}{n}, \qquad (4.11)$$

4.6 ASSOCIAÇÃO ENTRE VARIÁVEIS QUALITATIVAS E QUANTITATIVAS

ou seja, a média dos produtos dos valores centrados das variáveis.

Com essa definição, o coeficiente de correlação pode ser escrito como

$$\text{corr}(X,Y) = \frac{\text{cov}(X,Y)}{dp(X) \cdot dp(Y)}. \tag{4.12}$$

Para analisar dois conjuntos de dados podemos recorrer, também, aos métodos utilizados anteriormente para analisar um conjunto de dados, exibindo as análises feitas separadamente, para efeito de comparação. Por exemplo, podemos exibir os desenhos esquemáticos, ou os ramos-e-folhas para os dois conjuntos de observações.

4.6 Associação entre variáveis qualitativas e quantitativas

Como mencionado na introdução deste capítulo, é comum nessas situações analisar o que acontece com a variável quantitativa dentro de cada categoria da variável qualitativa. Essa análise pode ser conduzida por meio de medidas-resumo, histogramas, *box plots* ou ramo-e-folhas. Vamos ilustrar com um exemplo.

Exemplo 4.8 Retomemos os dados da Tabela 2.1, para os quais desejamos analisar agora o comportamento dos salários dentro de cada categoria de grau de instrução, ou seja, investigar o comportamento conjunto das variáveis S e Y.

Tabela 4.16 Medidas-resumo para a variável salário, segundo o grau de instrução, na Companhia MB.

Grau de instrução	n	$\bar{s}$	$dp(S)$	$\text{var}(S)$	$s_{(1)}$	q_1	q_2	q_3	$s_{(n)}$
Fundamental	12	7,84	2,79	7,77	4,00	6,01	7,13	9,16	13,65
Médio	18	11,54	3,62	13,10	5,73	8,84	10,91	14,48	19,40
Superior	6	16,48	4,11	16,89	10,53	13,65	16,74	18,38	23,30
Todos	36	11,12	4,52	20,46	4,00	7,55	10,17	14,06	23,30

Comecemos a análise construindo a Tabela 4.16, que contém medidas-resumo da variável S para cada categoria de Y. A seguir, na Figura 4.8, apresentamos uma visualização gráfica por meio de *box plots*.

Figura 4.8 *Box plots* de salário segundo grau de instrução. SPlus.

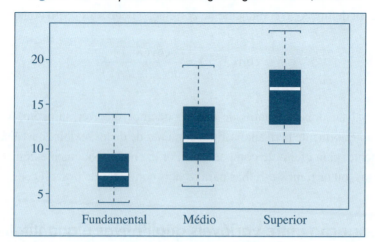

A leitura desses resultados sugere uma dependência dos salários em relação ao grau de instrução: o salário aumenta conforme aumenta o nível de educação do indivíduo. O salário médio de um funcionário é 11,12 (salários mínimos), já para um funcionário com curso superior o salário médio passa a ser 16,48, enquanto funcionários com o ensino fundamental completo recebem, em média, 7,84.

Na Tabela 4.17 e na Figura 4.9, temos os resultados da análise dos salários em função da região de procedência (V), que mostram a inexistência de uma relação melhor definida entre essas duas variáveis. Ou, ainda, os salários estão mais relacionados com o grau de instrução do que com a região de procedência.

Tabela 4.17 Medidas-resumo para a variável salário segundo a região de procedência, na Companhia MB.

Região de procedência	n	$\bar{s}$	$dp(S)$	$var(S)$	$s_{(1)}$	q_1	q_2	q_3	$s_{(n)}$
Capital	11	11,46	5,22	27,27	4,56	7,49	9,77	16,63	19,40
Interior	12	11,55	5,07	25,71	4,00	7,81	10,64	14,70	23,30
Outra	13	10,45	3,02	9,13	5,73	8,74	9,80	12,79	16,22
Todos	36	11,12	4,52	20,46	4,00	7,55	10,17	14,06	23,30

4.6 ASSOCIAÇÃO ENTRE VARIÁVEIS QUALITATIVAS E QUANTITATIVAS

Figura 4.9 *Box plots* de salário segundo região de procedência. SPlus.

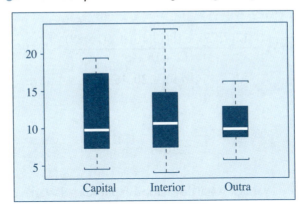

Como nos casos anteriores, é conveniente poder contar com uma medida que quantifique o grau de dependência entre as variáveis. Com esse intuito, convém observar que as variâncias podem ser usadas como insumos para construir essa medida. Sem usar a informação da variável categorizada, a variância calculada para a variável quantitativa para todos os dados mede a dispersão dos dados globalmente. Se a variância dentro de cada categoria for pequena e menor do que a global, significa que a variável qualitativa melhora a capacidade de previsão da quantitativa e portanto existe uma relação entre as duas variáveis.

Observe que, para as variáveis S e Y, as variâncias de S dentro das três categorias são menores do que a global. Já para as variáveis S e V, temos duas variâncias de S maiores e uma menor do que a global, o que corrobora a afirmação acima.

Necessita-se, então, de uma medida-resumo da variância entre as categorias da variável qualitativa. Vamos usar a média das variâncias, porém ponderada pelo número de observações em cada categoria, ou seja,

$$\overline{\operatorname{var}(S)} = \frac{\sum_{i=1}^{k} n_i \operatorname{var}_j(S)}{\sum_{i=1}^{k} n_i} \qquad (4.13)$$

no qual k é o número de categorias ($k = 3$ nos dois exemplos acima) e $\operatorname{var}_i(S)$ denota a variância de S dentro da categoria i, $i = 1, 2, \ldots, k$.

Pode-se mostrar que $\overline{\operatorname{var}(S)} \leq \operatorname{var}(S)$, de modo que podemos definir o grau de associação entre as duas variáveis como o ganho relativo na variância, obtido pela introdução da variável qualitativa. Explicitamente,

$$R^2 = \frac{\operatorname{var}(S) - \overline{\operatorname{var}(S)}}{\operatorname{var}(S)} = 1 - \frac{\overline{\operatorname{var}(S)}}{\operatorname{var}(S)} \qquad (4.14)$$

Note que $0 \leq R^2 \leq 1$. O símbolo R^2 é usual em análise de variância e regressão, tópicos a serem abordados nos Capítulos 15 e 16, respectivamente.

CAPÍTULO 4 — ANÁLISE DE DADOS DE VÁRIAS VARIÁVEIS

Exemplo 4.9 Voltando aos dados do Exemplo 4.8, vemos que para a variável S na presença de grau de instrução, tem-se

$$\overline{\text{var}(S)} = \frac{12(7,77) + 18(13,10) + 6(16,89)}{12 + 18 + 6} = 11,96,$$

$$\text{var}(S) = 20,46,$$

de modo que

$$R^2 = 1 - \frac{11,96}{20,46} = 0,415,$$

e dizemos que 41,5% da variação total do salário é explicada pela variável grau de instrução.

Para S e região de procedência temos

$$\overline{\text{var}(S)} = \frac{11(27,27) + 12(25,71) + 13(9,13)}{11 + 12 + 13} = 20,20,$$

e, portanto,

$$R^2 = 1 - \frac{20,20}{20,46} = 0,013,$$

de modo que apenas 1,3% da variabilidade dos salários é explicada pela região de procedência. A comparação desses dois números mostra maior relação entre S e Y do que entre S e V.

Problemas

10. Para cada par de variáveis abaixo, esboce o diagrama de dispersão. Diga se você espera uma dependência linear e nos casos afirmativos avalie o coeficiente de correlação.

    (a) Peso e altura dos alunos do primeiro ano de um curso de Administração.

    (b) Peso e altura dos funcionários de um escritório.

    (c) Quantidade de trigo produzida e quantidade de água recebida por canteiros numa estação experimental.

    (d) Notas de Cálculo e Estatística de uma classe onde as duas disciplinas são lecionadas.

    (e) Acuidade visual e idade de um grupo de pessoas.

    (f) Renda familiar e porcentagem dela gasta em alimentação.

    (g) Número de peças montadas e resultado de um teste de inglês por operário.

11. Abaixo estão os dados referentes à porcentagem da população economicamente ativa empregada no setor primário e o respectivo índice de analfabetismo para algumas regiões metropolitanas brasileiras.

4.6 ASSOCIAÇÃO ENTRE VARIÁVEIS QUALITATIVAS E QUANTITATIVAS

Regiões metropolitanas	Setor primário	Índice de analfabetismo
São Paulo	2,0	17,5
Rio de Janeiro	2,5	18,5
Belém	2,9	19,5
Belo Horizonte	3,3	22,2
Salvador	4,1	26,5
Porto Alegre	4,3	16,6
Recife	7,0	36,6
Fortaleza	13,00	38,4

Fonte: Indicadores Sociais para Áreas Urbanas — IBGE — 1977.

(a) Faça o diagrama de dispersão.

(b) Você acha que existe uma dependência linear entre as duas variáveis?

(c) Calcule o coeficiente de correlação.

(d) Existe alguma região com comportamento diferente das demais? Se existe, elimine o valor correspondente e recalcule o coeficiente de correlação.

12. Usando os dados do Problema 3:

(a) Construa a tabela de frequências conjuntas para as variáveis X (número de empregos nos dois últimos anos) e Y (salário mais recente).

(b) Como poderia ser feito o gráfico de dispersão desses dados?

(c) Calcule o coeficiente de correlação. Baseado nesse número você diria que existe dependência entre as duas variáveis?

13. Quer se verificar a relação entre o tempo de reação e o número de alternativas apresentadas a indivíduos acostumados a tomadas de decisão. Planejou-se um experimento em que se pedia ao participante para classificar objetos segundo um critério previamente discutido. Participaram do experimento *15* executivos divididos aleatoriamente em grupos de cinco. Pediu-se, então, a cada grupo para classificar dois, três e quatro objetos, respectivamente. Os dados estão abaixo.

Nº de objetos	2	3	4
Tempo de reação	1, 2, 3, 3, 4	2, 3, 4, 4, 5	4, 5, 5, 6, 7

(a) Faça o gráfico de dispersão das duas variáveis.

(b) Qual o coeficiente de correlação entre elas?

14. Calcule o grau de associação entre as variáveis estado civil e idade, na Tabela 2.1.

15. Usando os dados do Problema 9 do Capítulo 2, calcule o grau de associação entre seção e notas em Estatística.

4.7 Gráficos q × q

Outro tipo de representação gráfica que podemos utilizar para duas variáveis é o *gráfico quantis × quantis*, que passamos a discutir.

Suponha que temos valores $x_1, ..., x_n$ da variável X e valores $y_1, ..., y_m$ da variável Y, todos medidos pela mesma unidade. Por exemplo, temos temperaturas de duas cidades ou alturas de dois grupos de indivíduos etc. O gráfico $q \times q$ é um gráfico dos quantis de X contra os quantis de Y.

Pelo que vimos no Capítulo 3, se $m = n$ o gráfico $q \times q$ é um gráfico dos dados ordenados de X contra os dados ordenados de Y. Se as distribuições dos dois conjuntos de dados fossem idênticas, os pontos estariam sobre a reta $y = x$.

Enquanto um gráfico de dispersão fornece uma possível relação *global* entre as variáveis, o gráfico $q \times q$ mostra se valores pequenos de X estão relacionados com valores pequenos de Y, se valores intermediários de X estão relacionados com valores intermediários de Y e se valores grandes de X estão relacionados com valores grandes de Y. Num gráfico de dispersão podemos ter $x_1 < x_2$ e $y_1 > y_2$, o que não pode acontecer num gráfico $q \times q$, pois os valores em ambos os eixos estão ordenados, do menor para o maior.

Exemplo 4.10 Na Tabela 4.18, temos as notas de 20 alunos em duas provas de Estatística e, na Figura 4.10, temos o correspondente gráfico $q \times q$. Os pontos estão razoavelmente dispersos ao redor da reta $x = y$, mostrando que as notas dos alunos nas duas provas não são muito diferentes. Mas podemos notar que, para notas abaixo de cinco, os alunos tiveram notas maiores na segunda prova, ao passo que, para notas de cinco a oito, os alunos tiveram notas melhores na primeira prova. A maioria das notas estão concentradas entre cinco e oito.

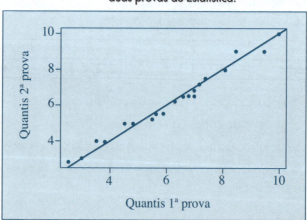

Figura 4.10 Gráfico $q \times q$ para as notas em duas provas de Estatística.

4.7 GRÁFICOS Q × Q

Tabela 4.18 Notas de 20 alunos em duas provas de Estatística.

Aluno	Prova 1	Prova 2	Aluno	Prova 1	Prova 2
1	8,5	8,0	11	7,4	6,5
2	3,5	2,8	12	5,6	5,0
3	7,2	6,5	13	6,3	6,5
4	5,5	6,2	14	3,0	3,0
5	9,5	9,0	15	8,1	9,0
6	7,0	7,5	16	3,8	4,0
7	4,8	5,2	17	6,8	5,5
8	6,6	7,2	18	10,0	10,0
9	2,5	4,0	19	4,5	5,5
10	7,0	6,8	20	5,9	5,0

Exemplo 4.11 Consideremos, agora, as variáveis *temperatura de Ubatuba* e *temperatura de Cananeia*, do CD-Temperaturas. O gráfico $q \times q$ está na Figura 4.11. Observamos que a maioria dos pontos está acima da reta $y = x$, mostrando que as temperaturas de Ubatuba são, em geral, maiores do que as de Cananeia, para valores maiores do que 17 graus.

Quando $m \neq n$, é necessário modificar os valores de p para os quantis da variável com maior número de pontos. Ver o Problema 33 para a solução desse caso.

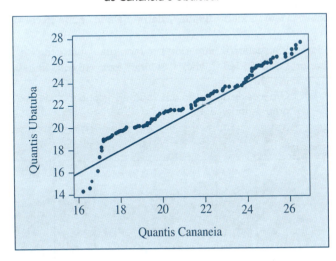

Figura 4.11 Gráfico $q \times q$ para os lados de temperatura de Cananeia e Ubatuba.

Problemas

16. Faça o gráfico $q \times q$ para as notas em Redação e Economia dos 25 funcionários da MB Indústria e Comércio (Problema 9 do Capítulo 2).

17. Faça o gráfico $q \times q$ para as variáveis **salário de professor secundário** e **salário de administrador** do CD-Salários. Comente.

4.8 O caso de três ou mais variáveis

Vamos considerar brevemente nesta seção o caso de mais de dois conjuntos de dados. Exemplos são os dados sobre o Brasil, de poluição e estatísticas sobre veículos, encontrados nos Conjuntos de Dados.

Vejamos um exemplo em que temos duas variáveis quantitativas e uma qualitativa.

Exemplo 4.12 Considere as variáveis salário, idade e grau de instrução da Tabela 2.1. Separamos, agora, os salários e as idades por classes de grau de instrução. Depois, podemos fazer gráficos de dispersão, como na Figura 4.12.

Os comandos necessários do R para fazer essas figuras são:

```
tab21$idade<-tab21$idade_anos*12+tab21$idade_meses

attach (tab21)

par(mfrow=c(1,3), pin=c(2,2))

plot (idade[grau_instrucao=="ensino
fundamental"], salario[grau_instrucao=="ensino
fundamental"], main="Fundamental", xlab="Idade", ylab="Salário",
pch=16,col="darkblue")

plot (idade[grau_instrucao=="ensino
médio"], salario[grau_instrucao=="ensino
médio"], main="Médio", xlab="Idade", ylab="Salário",pch=16,col="darkblue")

plot (idade [grau_instrucao=="superior"], salario[grau_instrucao=="superior"],
main="Superior", xlab="Idade", ylab="Salário", pch=16,col="darkblue")
```

Figura 4.12 Gráficos de dispersão das variáveis salário e idade, segundo a variável grau de instrução.

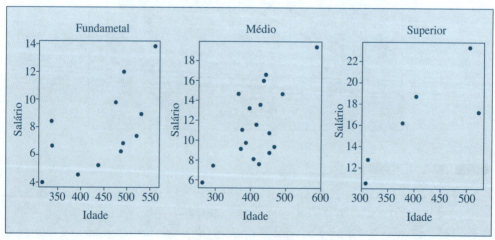

4.8 O CASO DE TRÊS OU MAIS VARIÁVEIS

Notamos que para o ensino fundamental e grau superior os salários aumentam em geral com a idade, ao passo que para o ensino médio essa relação não se verifica, havendo salários baixos e altos numa faixa entre 350 e 450 meses.

Um gráfico similar que pode ser feito é o chamado **gráfico do desenhista** (*draftsman's display*), que consiste em uma matriz cujos elementos são painéis com gráficos de dispersão para cada par de variáveis. Podem-se incluir os coeficientes de correlação entre os diferentes pares de variáveis.

Exemplo 4.13 Considere o CD-Veículos. O gráfico do desenhista para as variáveis preço, comp e motor é apresentado na Figura 4.13.

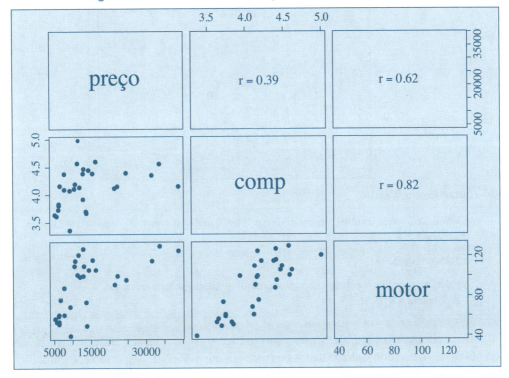

Figura 4.13 Gráfico do desenhista para os dados do CD-Veículos.

Observamos associações positivas tanto entre potência do motor e comprimento quanto entre potência do motor e preço. Esse tipo de relação não é tão aparente quando consideramos as variáveis preço e comprimento: veículos com preços até 15.000 apresentam comprimentos variando entre 3,5 m e 4,0 m, enquanto veículos com preços maiores que 15.000, têm comprimento em torno de 4,5 m.

Considere, agora, os veículos classificados em duas categorias: N (nacionais) e I (importados). Podemos fazer um **gráfico de dispersão simbólico** de preços e comprimentos, indicando por um triângulo se o carro for N e por um círculo preto, se for I. Veja a Figura 4.14. Observamos, pela figura, que os preços dos veículos importados são, em geral, maiores do que os nacionais e que o preço aumenta com o comprimento.

Figura 4.14 Gráfico de dispersão simbólico das variáveis preço e comprimento de veículos, categorizadas pela variável procedência: nacional (▲) e importado (●). R.

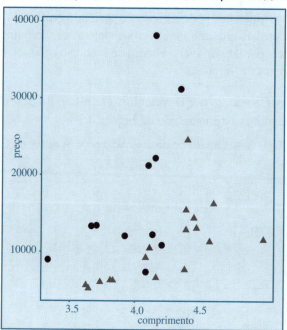

Os comandos no R são:

```
cd_veiculos <- read.table("cd-veiculos.csv", h=T, skip=4, sep=";", dec=",") # Leitura dos dados

attach(cd_veiculos)

ggplot(cd_veiculos, aes(comprimento, preco)) + geom_point(aes(shape =N_I, colour=N_I), size = 4)
```

Uma alternativa para a representação gráfica das associações entre três variáveis quantitativas desse conjunto de dados consiste em um gráfico de dispersão com símbolos de diferentes tamanhos para representar uma delas. Por exemplo, na Figura 4.15, apresentamos o gráfico de dispersão de preço *versus* comp, com a variável motor representada por círculos com tamanhos variando conforme a potência: círculos menores para potências entre 40 e 70, círculos médios para potências entre 70 e 100 e círculos maiores para potências entre 100 e 130. O gráfico permite evidenciar que carros com maior potência do motor são em geral mais caros e têm maior comprimento.

Figura 4.15 Gráfico de dispersão simbólico para as variáveis preço, comp e motor (representados por círculos).

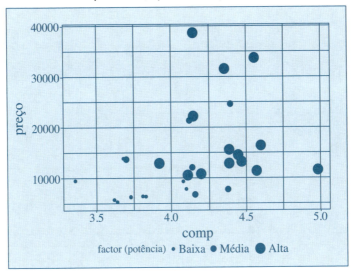

Finalmente, vamos considerar um exemplo de Morettin e Singer (2022), para o caso de quatro variáveis.

Exemplo 4.14 Consideremos dados de concentração de elementos químicos observados em cascas de diferentes espécies de árvores na cidade de São Paulo, utilizados para avaliar os níveis de poluição. Os dados estão disponíveis no arquivo **arvores** no *site*:

http://www.ime.usp.br/jmsinger/Dados/MorettinSingerDados.xls

Na Figura 4.16 apresentamos um gráfico do desenhista com $\binom{4}{2} = 6$ painéis correspondentes aos elementos Mn, Fe, Cu e Zn observados em árvores da espécie *tipuana* localizadas junto a vias coletoras. Aqui também observam-se evidências de correlações moderadas entre as variáveis.

Figura 4.16 Gráfico do desenhista para os dados da concentração de elementos químicos em cascas de árvores.

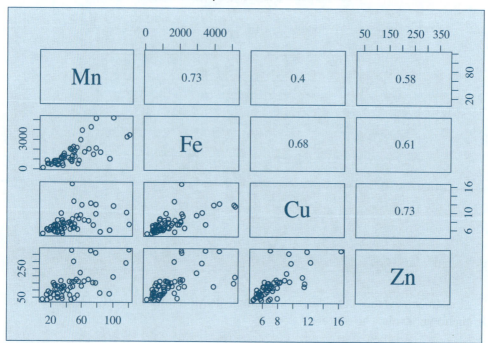

4.9 Problemas suplementares

18. No estudo de uma certa comunidade, verificou-se que:

    (I) A proporção de indivíduos solteiros é de 0,4.

    (II) A proporção de indivíduos que recebem até 10 salários mínimos é de 0,2.

    (III) A proporção de indivíduos que recebem até 20 salários mínimos é de 0,7.

    (IV) A proporção de indivíduos casados entre os que recebem mais de 20 salários mínimos é de 0,7.

    (V) A proporção de indivíduos que recebem até 10 salários mínimos entre os solteiros é de 0,3.

    (a) Construa a distribuição conjunta das variáveis estado civil e faixa salarial e as respectivas distribuições marginais.

    (b) Você diria que existe relação entre as duas variáveis consideradas?

19. Uma amostra de 200 habitantes de uma cidade foi escolhida para declarar sua opinião sobre um certo projeto governamental. O resultado foi o seguinte:

Opinião	Local de residência			Total
	Urbano	Suburbano	Rural	
A favor	30	35	35	100
Contra	60	25	15	100
Total	90	60	50	200

4.9 PROBLEMAS SUPLEMENTARES

(a) Calcule as proporções em relação ao total das colunas.

(b) Você diria que a opinião independe do local de residência?

(c) Encontre uma medida de dependência entre as variações.

20. Com base na tabela abaixo, você concluiria que o tipo de atividade está relacionado ao fato de as embarcações serem de propriedade estatal ou particular? Encontre uma medida de dependência entre as variáveis.

Propriedade	Atividade			Total
	Costeira	Fluvial	Internacional	
Estatal	5	141	51	197
Particular	92	231	48	371
Total	97	372	99	568

Fonte: Sinopse Estatística do Brasil — IBGE — 1975.

21. Uma pesquisa sobre a participação em atividades esportivas de adultos moradores nas proximidades de centros esportivos construídos pelo estado de São Paulo mostrou os resultados da tabela abaixo. Baseado nesses resultados você diria que a participação em atividades esportivas depende da cidade?

Participam	Cidade			
	São Paulo	Campinas	Rib. Preto	Santos
Sim	50	65	105	120
Não	150	185	195	180

22. Uma pesquisa para verificar a tendência dos alunos a prosseguir os estudos, segundo a classe social do respondente, mostrou o seguinte quadro:

Pretende continuar?	Classe social			Total
	Alta	Média	Baixa	
Sim	200	220	380	800
Não	200	280	720	1.200

(a) Você diria que a distribuição de respostas afirmativas é igual à de respostas negativas?

(b) Existe dependência entre os dois fatores? Dê uma medida quantificadora da dependência.

(c) Se dos **400** alunos da classe alta **160** escolhessem continuar e **240** não, você mudaria sua conclusão? Justifique.

23. Refaça os cálculos do Problema 19 usando as fórmulas derivadas em (4.2) – (4.3).

24. Prove que $\dfrac{1}{n}\sum_i \left(\dfrac{x_i - \bar{x}}{dp(x)} \right)\left(\dfrac{y_i - \bar{y}}{dp(y)} \right) = \dfrac{\sum x_i y_i - n\bar{x}\,\bar{y}}{\sqrt{\left(\sum x_i^2 - n\bar{x}^2 \right)\left(\sum y_i^2 - n\bar{y}^2 \right)}}$

CAPÍTULO 4 — ANÁLISE DE DADOS DE VÁRIAS VARIÁVEIS

25. Numa amostra de cinco operários de uma dada empresa foram observadas duas variáveis: X: anos de experiência num dado cargo e Y: tempo, em minutos, gasto na execução de uma certa tarefa relacionada com esse cargo.

As observações são apresentadas na tabela abaixo:

X	1	2	4	4	5
Y	7	8	3	2	2

$\sum x = 16$ $\sum x^2 = 62$

$\sum y = 22$ $\sum y^2 = 130$

$\sum xy = 53$

Você diria que a variável X pode ser usada para explicar a variação de Y? Justifique.

26. Muitas vezes a determinação da capacidade de produção instalada para certo tipo de indústria em certas regiões é um processo difícil e custoso. Como alternativa, pode-se estimar a capacidade de produção por meio da escolha de uma outra variável de medida mais fácil e que esteja linearmente relacionada com ela.

Suponha que foram observados os valores para as variáveis: capacidade de produção instalada, potência instalada e área construída. Com base num critério estatístico, qual das variáveis você escolheria para estimar a capacidade de produção instalada?

X: cap. prod. inst. (ton.)	4	5	4	5	8	9	10	11	12	12
Y: potência inst. (1.000 kW)	1	1	2	3	3	5	5	6	6	6
Z: área construída (l00 m)	6	7	10	10	11	9	12	10	11	14

$$\sum x = 80, \qquad \sum y = 38, \qquad \sum z = 100,$$
$$\sum x^2 = 736, \qquad \sum y^2 = 182, \qquad \sum z^2 = 1.048,$$
$$\sum xy = 361, \qquad \sum xz = 848, \qquad \sum yz = 411.$$

27. Usando os dados da Tabela 2.1, Capítulo 2:
    (a) Construa a tabela de distribuições de frequências conjunta para as variáveis salário e idade, mas divida cada uma delas num certo número de intervalos de classe.
    (b) Como poderia ser calculado o coeficiente de correlação baseado nessa tabela?
    (c) Você conseguiria "escrever" a fórmula da correlação para dados agrupados?

28. Lançam-se, simultaneamente, uma moeda de um real e uma de um quarto de dólar. Em cada tentativa anotou-se o resultado, cujos dados estão resumidos na tabela a seguir.

1/4 dólar \ 1 Real	Cara	Coroa	Total
Cara	24	22	46
Coroa	28	26	54
Total	52	48	100

Fonte: Experimento conduzido pelos autores.

4.9 PROBLEMAS SUPLEMENTARES

(a) Esses dados sugerem que os resultados da moeda de um real e as de um quarto de dólar estão associados?

(b) Atribua para ocorrência cara o valor 0 e para a ocorrência de coroa o valor 1. Chamando de X_1 o resultado do real e de X_2 o resultado do quarto de dólar, calcule a correlação entre X_1 e X_2. Essa medida está de acordo com a resposta que você deu anteriormente?

29. Uma amostra de dez casais e seus respectivos salários anuais (em s.m.) foi colhida num certo bairro conforme vemos na tabela abaixo.

	Casal nº	1	2	3	4	5	6	7	8	9	10
Salário	Homem (X)	10	10	10	15	15	15	15	20	20	20
	Mulher (Y)	5	10	10	5	10	10	15	10	10	15

Sabe-se que:

$$\sum_{i=1}^{10} X_i = 150, \qquad \sum_{i=1}^{10} X_i^2 = 2.400,$$

$$\sum_{i=1}^{10} X_i Y_i = 1.550, \qquad \sum_{i=1}^{10} Y_i = 100,$$

$$\sum_{i=1}^{10} Y_i^2 = 1.100.$$

(a) Encontre o salário anual médio dos homens e o seu desvio padrão.

(b) Encontre o salário anual médio das mulheres e o seu desvio padrão.

(c) Construa o diagrama de dispersão.

(d) Encontre a correlação entre o salário anual dos homens e o das mulheres.

(e) Qual o salário médio familiar? E a variância do salário familiar?

(f) Se o homem é descontado em 8% e a mulher em 6%, qual o salário líquido anual médio familiar? E a variância?

30. O departamento de vendas de certa companhia foi formado há um ano com a admissão de 15 vendedores.

Nessa época, foram observados para cada um dos vendedores os valores de três variáveis:

T: resultado em um teste apropriado para vendedores;

E: anos de experiência de vendas;

G: conceito do gerente de venda, quanto ao currículo do candidato.

O diretor da companhia resolveu agora ampliar o quadro de vendedores e pede sua colaboração para responder a algumas perguntas. Para isso, ele lhe dá informações adicionais sobre duas variáveis:

V: volume médio mensal de vendas em s.m.;

Z: zona da capital para a qual o vendedor foi designado.

O quadro de resultados é o seguinte:

CAPÍTULO 4 — ANÁLISE DE DADOS DE VÁRIAS VARIÁVEIS

Vendedor	T: teste	E: experiência	G: conceito do gerente	V: vendas	Z: zona
1	8	5	Bom	54	Norte
2	9	2	Bom	50	Sul
3	7	2	Mau	48	Sul
4	8	1	Mau	32	Oeste
5	6	4	Bom	30	Sul
6	8	4	Bom	30	Oeste
7	5	3	Bom	29	Norte
8	5	3	Bom	27	Norte
9	6	1	Mau	24	Oeste
10	7	3	Mau	24	Oeste
11	4	4	Bom	24	Sul
12	7	2	Mau	23	Norte
13	3	3	Mau	21	Sul
14	5	1	Mau	21	Oeste
15	3	2	Bom	16	Norte

Dados:

$$\sum T = 91 \qquad \sum T^2 = 601 \qquad \sum TV = 2959$$
$$\sum E = 40 \qquad \sum E^2 = 128 \qquad \sum EV = 1.260$$
$$\sum V = 453 \qquad \sum V^2 = 15.509$$

Mais especificamente, o diretor lhe pede que responda aos sete itens seguintes:

(a) Faça o histograma da variável V em classes de 10, tendo por limite inferior da primeira classe o valor 15.

(b) Encontre a média e a variância da variável V. Suponha que um vendedor seja considerado excepcional se seu volume de vendas é dois desvios padrões superior à média geral. Quantos vendedores excepcionais existem na amostra?

(c) O diretor de vendas anunciou que transferirá para outra praça todos os vendedores cujo volume de vendas for inferior ao 1° quartil da distribuição. Qual o volume mínimo de vendas que um vendedor deve realizar para não ser transferido?

(d) Os vendedores argumentam com o diretor que esse critério não é justo, pois há zonas de venda privilegiadas. A quem você daria razão?

(e) Qual das três variáveis observadas na admissão do pessoal é mais importante para julgar um futuro candidato ao emprego?

(f) Qual o grau de associabilidade entre o conceito do gerente e a zona a que o vendedor foi designado? Você tem explicação para esse resultado?

4.9 PROBLEMAS SUPLEMENTARES

(g) Qual o grau de associação entre o conceito do gerente e o resultado do teste? E entre zona e vendas?

31. A seção de assistência técnica da Companhia MB tem cinco funcionários: **A**, **B**, **C**, **D** e **E**, cujos tempos de serviço na companhia são, respectivamente, um, três, cinco, cinco e sete anos.

    (a) Faça um gráfico representando a distribuição de frequência dos tempos de serviço X.

    (b) Calcule a média $me(X)$, a variância $var(X)$ e a mediana $md(X)$.

    Duas novas firmas, a Verde e a Azul, solicitaram o serviço de assistência técnica da MB. Um mesmo funcionário pode ser designado para atender a ambos os pedidos, ou dois funcionários podem fazê-lo. Assim, o par (**A**, **B**) significa que o funcionário **A** atenderá à firma Verde e o funcionário **B**, à firma Azul.

    (c) Escreva os **25** possíveis pares de funcionários para atender a ambos os pedidos.

    (d) Para cada par, calcule o tempo médio de serviço $\overline{X}$, faça a distribuição de frequência e uma representação gráfica. Compare com o resultado de (a).

    (e) Calcule para os **25** valores de $\overline{X}$ os parâmetros $me(\overline{X})$, $var(\overline{X})$ e $md(\overline{X})$. Compare com os resultados obtidos em (b). Que tipo de conclusão você poderia tirar?

    (f) Para cada par obtido em (c), calcule a variância do par e indique-a por S^2. Faça a representação gráfica da distribuição dos valores de S^2.

    (g) Calcule $me(S^2)$ e $var(S^2)$.

    (h) Indicando por X_1 a variável que expressa o tempo de serviço do funcionário que irá atender à firma Verde e X_2 o que irá atender à firma Azul, faça a distribuição conjunta da variável bidimensional (X_1, X_2).

    (i) As duas variáveis X_1 e X_2 são independentes?

    (j) O que você pode falar sobre as distribuições "marginais" de X_1 e X_2?

    (l) Suponha agora que três firmas solicitem o serviço de assistência técnica. Quantas triplas podem ser formadas?

    (m) Sem calcular todas as possibilidades, como você acha que ficaria o histograma de $\overline{X}$? E $me(\overline{X})$? e $var(\overline{X})$?

    (n) E sobre a variável S^2?

    (o) A variável tridimensional (X_1, X_2, X_3) teria alguma propriedade especial para as suas distribuições "marginais"?

32. Refaça o problema anterior, admitindo agora que um mesmo funcionário não pode atender a duas firmas.

33. Faça o gráfico $q \times q$ para os dois conjuntos de dados em A e B a seguir.

A	65	54	49	60	70	25	87	100	70	102	40	47
B	48	35	45	50	52	20	72	102	46	82	—	—

CAPÍTULO 4 — ANÁLISE DE DADOS DE VÁRIAS VARIÁVEIS

34. Faça gráficos de dispersão unidimensionais e *box plots* para a variável salário da Tabela 2.1, segundo a região de procedência. Analise os resultados.

35. Analise as variáveis salário e idade da Tabela 2.1, segundo o estado civil de cada indivíduo. Quais conclusões você pode obter?

36. Analise a população total do CD-Brasil, segundo as regiões geográficas.

37. Considere os dados do Exemplo 4.13 e o seguinte critério: valores abaixo da média indicam mercado em BAIXA e valores maiores ou iguais à média indicam mercado em ALTA. Categorize os dados segundo esse critério e apresente os resultados numa tabela de dupla entrada. Calcule uma medida de associação. O valor obtido corrobora ou não o resultado obtido no Exemplo 4.13? Comente.

38. Considere o CD-Poluição e as variáveis CO, temperatura e umidade. Faça gráficos de dispersão para pares de variáveis. Quais conclusões você pode obter?

39. Calcule os valores C, T e V para a tabela abaixo. Justifique porque $T = 1$.

Y \\ X	A_1	A_2	A_3	Total
B_1	100	0	0	100
B_2	0	200	0	200
B_3	0	0	200	200
Total	100	200	200	500

40. Suponha que queiramos verificar se existe relação entre a cor do cabelo de mães (X) e dos filhos (Y). Suponha os dados da tabela abaixo. Verifique se há associação entre X e Y. Calcule C, V e T.

Mãe	Filhos		Total
	Claro	Escuro	
Claro	23	5	28
Escuro	10	2	12
Total	33	7	40

41. Num estudo prospectivo obteve-se a tabela abaixo.

Hábito tabagista	Câncer pulmonar		Total
	sem	com	
não fumante	80	20	100
fumante	35	15	50

Calcular o risco atribuível, risco relativo e razão de chances.

42. Mostre que $\omega \to r$, quando π_0 e π_1 tendem a zero. Ou seja, para eventos raros, a razão de chances serve como uma boa aproximação para o risco relativo.

4.10 COMPLEMENTOS METODOLÓGICOS

113

43. (Morettin e Singer, 2022). Considere um exemplo em que o mesmo teste diagnóstico é aplicado em duas comunidades com diferentes prevalências de uma determinada doença. A tabela a seguir contém os dados (hipotéticos) da comunidade em que a doença é menos prevalente, e a próxima tabela contém os dados (hipotéticos) da comunidade em que a doença é mais prevalente.

Frequência de pacientes submetidos a um teste diagnóstico
(prevalência da doença = 15%)

Verdadeiro status	Resultado do teste		Total
	positivo (T+)	negativo (T−)	
doente (D)	20	10	30
não doente (ND)	80	90	170
Total	100	100	200

Frequência de pacientes submetidos a um teste diagnóstico
(prevalência da doença = 30%)

Verdadeiro status	Resultado do teste		Total
	positivo (T+)	negativo (T−)	
doente (D)	40	20	60
não doente (ND)	66	74	140
Total	106	94	200

Obtenha estimativas para a sensibilidade, especificidade, valores preditivo positivo e negativo, além da acurácia, para cada comunidade. Comente os resultados.

4.10 Complementos metodológicos

1. Gráficos quantis × quantis. Na Seçao 4.5 vimos como construir um gráfico $q \times q$ quando $m = n$. Suponha $n > m$, isto é, temos um número maior de observações de X. Então, usamos as observações ordenadas $y_{(1)} \le \ldots \le y_{(m)}$ e interpolamos um conjunto correspondente de quantis para o conjunto dos x_i ordenados. O valor ordenado $y_{(i)}$ corresponde a $p_i = \dfrac{i - 0,5}{m}$. Para X, queremos um valor j tal que

$$\frac{j - 0,5}{n} = \frac{i - 0,5}{m},$$

logo

$$j = \frac{n}{m}(i - 0,5) + 0,5.$$

Se j for inteiro, fazemos o gráfico de $y_{(i)}$ *versus* $x_{(j)}$.

Se $j = k + r$, em que k é inteiro e $0 < r < 1$, então

$$q_x\left(\frac{i-0,5}{m}\right) = (1-r)x_{(k)} + r \cdot x_{(k+1)}.$$

Exemplo: Se $m = 20$ e $n = 40$,

$$j = \frac{40}{20}(i - 0,5) + 0,5 = 2i - 0,5,$$

logo $k = 2i - 1$, $r = 0,5$, e fazemos o gráfico de

$$y_{(1)} \quad versus \quad [0,5x_{(1)} + 0,5x_{(2)}],$$

$$y_{(2)} \quad versus \quad [0,5x_{(3)} + 0,5x_{(4)}] \text{ etc.}$$

2. Risco atribuível, risco relativo e razão de chances. Em algumas áreas pode haver interesse em avaliar a associação entre um ou mais **fatores de risco** e uma variável resposta. Por exemplo, avaliar a associação entre fumar (fator de risco) e a ocorrência de câncer na bexiga (variável resposta).

    Podemos obter uma amostra de tamanho n_{1+} de fumantes e de tamanho n_{2+} de não fumantes e observar a ocorrência de câncer após determinado período. Os dados podem ser dispostos no formato da tabela a seguir. Esse tipo de estudo é conhecido como **estudo prospectivo**.

Frequências observadas num estudo prospectivo

Hábito fumar	Câncer		Total
	sem	com	
não fumante	n_{11}	n_{12}	n_{1+}
fumante	n_{21}	n_{22}	n_{2+}

Para a população da qual essa amostra é extraída, a tabela correspondente é indicada na tabela seguinte.

Probabilidades de ocorrência

Hábito fumar	Câncer		Total
	sem	com	
não fumante	$1 - \pi_0$	π_0	1
fumante	$1 - \pi_1$	π_1	1

O parâmetro π_0 corresponde à probabilidade[1] de que indivíduos que sabemos ser não fumantes contraíram câncer, enquanto π_1 corresponde à probabilidade de que indivíduos que sabemos ser fumantes contraíram câncer.

Algumas medidas de associação (entre o fator de risco e a variável resposta) são:

---

1. O termo "frequência relativa" é substituído por "probabilidade" quando nos referimos às características populacionais (veja o Capítulo 5).

4.10 COMPLEMENTOS METODOLÓGICOS

(I) **Risco atribuível:** $d = \pi_1 - \pi_0$, que é a diferença entre as probabilidades (ou riscos) de ocorrência do evento de interesse para expostos e não expostos ao fator de risco.

(II) **Risco relativo:** $r = \pi_1 / \pi_0$, que é o quociente entre as probabilidades de ocorrência do evento de interesse para expostos e não expostos ao fator de risco.

(III) **Razão de chances** (*odds ratio*): $\omega = [\pi_1/(1 - \pi_1)]/[\pi_0/(1 - \pi_0)$, que é quociente entre as chances de ocorrência do evento de interesse para expostos e não expostos ao fator de risco.[2]

Em geral, estudos prospectivos com a natureza daquele que motivou a discussão acima não são praticamente viáveis em função do tempo decorrido até o diagnóstico da doença. Uma alternativa é a condução de **estudos retrospectivos** em que, por exemplo, são selecionados 35 pacientes com e 115 pacientes sem câncer pulmonar e se determina (*a posteriori*) quais dentre eles eram fumantes e não fumantes. Nesse caso, os papéis das variáveis explicativa e resposta se invertem, sendo o *status* relativo à presença da moléstia encarado como variável explicativa, e o hábito tabagista, como variável resposta. Veja Morettin e Singer (2022) para detalhes.

3. Avaliação de testes diagnósticos. Se quisermos avaliar a capacidade de testes laboratoriais ou exames médicos para diagnóstico de alguma doença, podemos construir a tabela abaixo, na qual classificamos indivíduos segundo duas variáveis; o verdadeiro *status* relativamente à presença da moléstia (doente ou não doente) e o resultado do teste (positivo ou negativo).

Frequência de pacientes submetidos a um teste diagnóstico

Verdadeiro status	Resultado do teste		Total
	positivo (T+)	negativo (T−)	
doente (D)	n_{11}	n_{12}	n_{1+}
não doente (ND)	n_{21}	n_{22}	n_{2+}
Total	n_{+1}	n_{+2}	n

Como usual, $n_{i+} = n_{i1} + n_{i2}$ e $n_{+j} = n_{1j} + n_{2j}, i,j = 1,2$. As seguintes características associadas aos testes diagnósticos são bastante utilizadas na prática.

(I)   **Sensibilidade:** é a probabilidade de resultado positivo para pacientes doentes $[S = P(T + |D)]$ e pode ser estimada por $s = n_{11}/n_{1+}$;

(II) **Especificidade:** é a probabilidade de resultado negativo para pacientes não doentes $[E = P(T + |ND)]$ e pode ser estimada $e = n_{22}/n_{2+}$;

(III) **Falso positivo:** é probabilidade de resultado positivo para pacientes não doentes $[FP = P(T + |ND)]$ e pode ser estimada por $f_p = n_{21}/n_{2+}$;

(IV) **Falso negativo:** é a probabilidade de resultado negativo para pacientes doentes $[FN = P(T - |ND)]$ e pode ser estimada por $f_n = n_{12}/n_{1+}$;

---

2. Uma medida de frequência equivalente à probabilidade, mas com valores entre 0 e é conhecida como **chance** (*odds*). Por exemplo, se um evento ocorre com probabilidade 0,8 (80%), a chance de ocorrência é 4 (= 80% / 20%) ou mais comumente de 4 para 1, indicando que em cinco casos, o evento ocorre em 4 e não ocorre em 1.

(V) **Valor preditivo positivo:** é a probabilidade de que o paciente seja doente, dado que o resultado do teste é positivo $[VPP = P(D|T+)]$, e pode ser estimada por $v_{pp} = n_{11}/n_{+1}$;

(VI) **Valor preditivo negativo:** é a probabilidade de que o paciente não seja doente, dado que o resultado do teste é negativo $[VPN = P(ND|T-)]$, e pode ser estimada por $v_{pn} = n_{22}/n_{+2}$;

(VII) **Acurácia:** corresponde à probabilidade de resultados corretos $[AC = P\{(D \cap T+) \cup (ND \cap T-)\}]$ e pode ser estimada por $ac = (n_{11} + n_{22})/n$.

A sensibilidade de um teste é um indicativo da capacidade de o teste detectar a doença. Por outro lado, a especificidade de um teste corresponde à sua capacidade de identificar indivíduos que não têm a doença.

Quanto maior a sensibilidade de um teste, menor é a possibilidade de que indique falsos positivos. Quanto maior a especificidade de um teste, maior é a probabilidade de apresentar um resultado negativo para pacientes que não têm a doença. Um bom teste apresenta alta sensibilidade e alta especificidade, mas nem sempre isso acontece.

Sensibilidade e especificidade são características do teste, mas tanto o valor preditivo positivo quanto o valor preditivo negativo dependem da **prevalência** (porcentagem de indivíduos doentes na população) da doença. Veja o Problema 43.

Um gráfico contendo a sensibilidade (s) no eixo vertical e 1–especificidade (1–e) no eixo horizontal é chamado curva ROC (*receiver operating characteristic*), que é bastante utilizada em problemas de classificação em ML. A área sob a curva ROC fornece a acurácia do classificador, logo se tivermos que comparar dois classificadores, aquele que tiver a maior área sob a curva ROC é o melhor. Veja Morettin e Singer (2022) para detalhes.

PROBABILIDADES

Capítulo 5	119
Probabilidades	

Capítulo 6	146
Variáveis Aleatórias Discretas	

Capítulo 7	183
Variáveis Aleatórias Contínuas	

Capítulo 8	225
Variáveis Aleatórias Multidimensionais	

Capítulo 9	257
Noções de Simulação	

Capítulo 5

Probabilidades

5.1 Introdução

Na primeira parte deste livro, vimos que a análise de um conjunto de dados por meio de técnicas numéricas e gráficas permite que tenhamos uma boa ideia da distribuição desse conjunto. Em particular, a distribuição de frequências é um instrumento importante para avaliarmos a variabilidade das observações de um fenômeno aleatório. A partir dessas frequências observadas podemos calcular medidas de posição e variabilidade, como média, mediana, desvio padrão etc. Essas frequências e medidas calculadas a partir dos dados são *estimativas* de quantidades desconhecidas, associadas em geral a populações das quais os dados foram extraídos na forma de *amostras*. Em particular, as frequências (relativas) são estimativas de *probabilidades* de ocorrências de certos eventos de interesse. Com suposições adequadas, e sem observarmos diretamente o fenômeno aleatório de interesse, podemos criar um *modelo teórico* que reproduza de maneira razoável a distribuição das frequências, quando o fenômeno é observado diretamente. Tais modelos são chamados *modelos probabilísticos* e serão objeto de estudo neste capítulo e nos subsequentes.

Exemplo 5.1 Queremos estudar as frequências de ocorrências das faces de um dado. Um procedimento a adotar seria lançar o dado certo número de vezes, n, e depois contar o número n_i de vezes em que ocorre a face i, $i = 1, 2, ..., 6$. As proporções n_i/n determinam a distribuição de frequências do experimento realizado. Lançando o dado um número $n'(n' \neq n)$ de vezes, teríamos outra distribuição de frequências, mas com um padrão que esperamos ser muito próximo do anterior.

O modelo probabilístico pode ser construído por meio de premissas, como se segue.

Primeiro, observamos que só podem ocorrer seis faces; a segunda consideração que se faz é que o dado seja perfeitamente equilibrado, de modo a não favorecer alguma face em particular. Com essas suposições, cada face deve ocorrer o mesmo número de vezes quando o dado é lançado n vezes, e, portanto, a proporção de ocorrência de cada face deve ser 1/6. Nessas condições, o modelo teórico (ou probabilístico) para o experimento é dado na Tabela 5.1.

Tabela 5.1 Modelo para lançamento de um dado.

Face	1	2	3	4	5	6	Total
Frequência teórica	1/6	1/6	1/6	1/6	1/6	1/6	1

Exemplo 5.2 De um grupo de duas mulheres (M) e três homens (H), uma pessoa será sorteada para presidir uma reunião. Queremos saber as probabilidades de o presidente ser do sexo masculino ou feminino. Observamos que: (i) só existem duas possibilidades: ou a pessoa sorteada é do sexo masculino (H) ou é do sexo feminino (M); (ii) supondo que o sorteio seja honesto e que cada pessoa tenha igual chance de ser sorteada, teremos o modelo probabilístico da Tabela 5.2 para o experimento.

Tabela 5.2 Modelo teórico para o Exemplo 5.2.

Sexo	M	H	Total
Frequência teórica	2/5	3/5	1

Dos exemplos acima, verificamos que todo experimento ou fenômeno que envolva um elemento casual terá seu modelo probabilístico especificado quando estabelecermos:

(a) um *espaço amostral*, Ω, que consiste, no caso discreto, da enumeração (finita ou infinita) de todos os resultados possíveis do experimento em questão:

$$\Omega = \{\omega_1, \omega_2, ..., \omega_n, ...\}$$

(os elementos de Ω são os *pontos amostrais* ou *eventos elementares*);

(b) uma *probabilidade*, $P(\omega)$, para cada ponto amostral, de tal sorte que seja possível encontrar a probabilidade $P(A)$ de qualquer subconjunto A de Ω, isto é, a probabilidade do que chamaremos de um *evento aleatório* ou simplesmente *evento*.

Para ilustrar graficamente eventos, é costume utilizar-se os mesmos diagramas comumente usados na teoria dos conjuntos. Veja Morettin et. al. (2005). Na Figura 5.1, ilustramos por um quadrado o espaço amostral, por círculos os eventos A e B e por pontos os pontos amostrais.

Figura 5.1 Espaço amostral e eventos aleatórios.

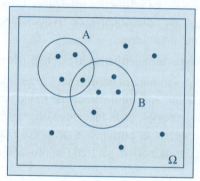

5.1 INTRODUÇÃO

121

Exemplo 5.3 Lançamos uma moeda duas vezes. Se C indicar cara e R indicar coroa, então um espaço amostral será

$$\Omega = \{\omega_1, \omega_2, \omega_3, \omega_4\}$$

em que $\omega_1 = (C, C)$, $\omega_2 = (C, R)$, $\omega_3 = (R, C)$, $\omega_4 = (R, R)$. É razoável supor que cada ponto ω_i tenha probabilidade 1/4, se a moeda for perfeitamente simétrica e homogênea.

Se designarmos por A o evento que consiste na obtenção de faces iguais nos dois lançamentos, então

$$P(A) = P\{\omega_1, \omega_4\} = 1/4 + 1/4 = 1/2.$$

De modo geral, se A for qualquer evento de Ω, então

$$P(A) = \sum_j P(\omega_j), \tag{5.1}$$

em que a soma é estendida a todos os pontos amostrais $\omega_j \in A$.

Exemplo 5.4 Uma fábrica produz determinado artigo. Da linha de produção são retirados três artigos, e cada um é classificado como bom (B) ou defeituoso (D). Um espaço amostral do experimento é

$$\Omega = \{BBB, BBD, BDB, DBB, DDB, DBD, BDD, DDD\}.$$

Se A designar o evento que consiste em obter dois artigos defeituosos, então $A = \{DDB, DBD, BDD\}$.

Exemplo 5.5 Considere o experimento que consiste em retirar uma lâmpada de um lote e medir seu "tempo de vida" antes de se queimar. Um espaço amostral conveniente é

$$\Omega = \{t \in \mathbb{R} : t \geq 0\},$$

isto é, o conjunto de todos os números reais não negativos. Se A indicar o evento "o tempo de vida da lâmpada é inferior a 20 horas", então $A = \{t : 0 \leq t < 20\}$. Esse é um exemplo de um espaço amostral *contínuo*, contrastado com os anteriores, que são *discretos*.

Problemas

1. Uma urna contém duas bolas brancas (*B*) e três bolas vermelhas (*V*). Retira-se uma bola ao acaso da urna. Se for branca, lança-se uma moeda; se for vermelha, ela é devolvida à urna e retira-se outra. Dê um espaço amostral para o experimento.

2. Lance um dado até que a face 5 apareça pela primeira vez. Enumere os possíveis resultados desse experimento.

3. Três jogadores *A*, *B* e *C* disputam um torneio de tênis. Inicialmente, *A* joga com *B* e o vencedor joga com *C*, e assim por diante. O torneio termina quando um jogador ganha duas vezes em seguida ou quando são disputadas, ao todo, quatro partidas. Quais são os resultados possíveis do torneio?

122 CAPÍTULO 5 — PROBABILIDADES

4. Duas moedas são lançadas. Dê dois possíveis espaços amostrais para esse experimento. Represente um deles como o produto cartesiano de dois outros espaços amostrais (ver Morettin et. al., 2016, para o conceito de produto cartesiano).

5. Uma moeda e um dado são lançados. Dê um espaço amostral do experimento e depois represente-o como produto cartesiano dos dois espaços amostrais, correspondente aos experimentos considerados individualmente.

6. Defina um espaço amostral para cada um dos seguintes experimentos aleatórios:

   (a) Lançamento de dois dados; anota-se a configuração obtida.

   (b) Numa linha de produção conta-se o número de peças defeituosas num intervalo de uma hora.

   (c) Investigam-se famílias com três crianças, anotando-se a configuração segundo o sexo.

   (d) Numa entrevista telefônica com 250 assinantes, anota-se se o proprietário tem ou não máquina de secar roupa.

   (e) Mede-se a duração de lâmpadas, deixando-as acesas até que se queimem.

   (f) Um fichário com dez nomes contém três nomes de mulheres. Seleciona-se ficha após ficha, até o último nome de mulher ser selecionado, e anota-se o número de fichas selecionadas.

   (g) Lança-se uma moeda até aparecer cara e anota-se o número de lançamentos.

   (h) Um relógio mecânico pode parar a qualquer momento por falha técnica. Mede-se o ângulo (em graus) que o ponteiro dos segundos forma com o eixo imaginário orientado do centro ao número 12.

   (i) Mesmo enunciado anterior, mas supondo que o relógio seja elétrico e, portanto, seu ponteiro dos segundos mova-se continuamente.

   (j) De um grupo de cinco pessoas $\{A, B, C, D, E\}$, sorteiam-se duas, uma após outra, com reposição, e anota-se a configuração formada.

   (l) Mesmo enunciado que (j), sem reposição.

   (m) Mesmo enunciado que (j), mas as duas selecionadas simultaneamente.

   (n) De cada família entrevistada numa pesquisa, anotam-se a classe social a que pertence (A, B, C, D) e o estado civil do chefe da família.

5.2 Algumas propriedades

Sendo o modelo probabilístico um modelo teórico para as frequências relativas, de suas propriedades podemos obter algumas das propriedades das probabilidades, que estudaremos a seguir.

Como a frequência relativa é um número entre 0 e 1, temos que

$$0 < P(A) < 1, \tag{5.2}$$

para qualquer evento A. Será útil considerar o espaço todo Ω e o conjunto vazio $\emptyset$ como eventos. O primeiro é denominado *evento certo* e o segundo, *evento impossível*, e temos

$$P(\Omega) = 1, \; P(\emptyset) = 0. \tag{5.3}$$

Exemplo 5.6 Na Tabela 5.3, temos dados referentes a alunos matriculados em quatro cursos de uma universidade em dado ano.

Tabela 5.3 Distribuição de alunos segundo o sexo e escolha de curso.

Curso \ Sexo	Homens (H)	Mulheres (F)	Total
Matemática Pura (M)	70	40	110
Matemática Aplicada (A)	15	15	30
Estatística (E)	10	20	30
Computação (C)	20	10	30
Total	115	85	200

Vamos indicar por M o evento que ocorre quando, escolhendo-se ao acaso um aluno do conjunto desses quatro cursos, ele for um estudante de Matemática Pura. A, E, C, H e F têm significados análogos. Dessa maneira, vemos que $P(E) = 30/200$, ao passo que $P(H) = 115/200$.

Dados os eventos A e H, podemos considerar dois novos eventos:

- $A \cup H$, chamado a *reunião* de A e H, quando pelo menos um dos eventos ocorre;

- $A \cap H$, chamado a *intersecção* de A e H, quando A e H ocorrem simultaneamente.

É fácil ver que $P(A \cap H) = 15/200$, pois o aluno escolhido terá de estar, ao mesmo tempo, matriculado no curso de Matemática Aplicada e ser homem.

Vemos que $P(A) = 30/200$ e $P(H) = 115/200$; suponha que nosso cálculo para $P(A \cup H)$ fosse

$$P(A \cup H) = P(A) + P(II) - \frac{30}{200} + \frac{115}{200} = \frac{145}{200}.$$

Se assim o fizéssemos, estaríamos contando duas vezes os alunos que são homens e estão matriculados no curso de Matemática Aplicada, como destacado na Tabela 5.3. Portanto, a resposta correta é

$$P(A \cup H) = P(A) + P(H) - P(A \cap H) = \frac{30}{200} + \frac{115}{200} - \frac{15}{200} = \frac{130}{200}.$$

No entanto, considerando-se os eventos A e C, vemos que $P(A) = 30/200$, $P(C) = 30/200$ e $P(A \cup C) = 60/200 = P(A) + P(C)$. Nesse caso, os eventos A e C são disjuntos ou *mutuamente exclusivos*, pois se A ocorre, então C não ocorre e vice-versa. Aqui, $A \cap C = \emptyset$ e $P(A \cap C) = 0$.

124 CAPÍTULO 5 — PROBABILIDADES

Portanto, se U e V são dois eventos quaisquer, teremos a chamada *regra da adição de probabilidades*

$$P(U \cup V) = P(U) + P(V) - P(U \cap V), \tag{5.4}$$

que se reduz a

$$P(U \cup V) = P(U) + P(V), \tag{5.5}$$

se U e V são eventos mutuamente exclusivos. Veja o Problema 58.

Suponha, agora, que estejamos somente interessados em saber se um estudante escolhido ao acaso está matriculado como aluno de Matemática Pura, Aplicada, Estatística ou Computação, não interessando saber se é homem ou mulher. Seja $B = M \cup E \cup C$. Então $A \cup B = \Omega$ e $A \cap B = \emptyset$. Dizemos que A e B são *complementares* e $P(A) = 30/200$, $P(B) = 110/200 + 30/200 + 30/200 = 170/200$, isto é, $P(A) + P(B) = 1$.

De modo geral, vamos indicar por A^c o complementar de um evento qualquer A, e teremos então

$$P(A) + P(A^c) = 1. \tag{5.6}$$

As operações de reunião, intersecção e complementação entre eventos possuem propriedades análogas àquelas válidas para operações entre conjuntos. Ver Morettin et. al. (2005). Por exemplo:

(a) $(A \cap B)^c = A^c \cup B^c$ (b) $(A \cup B)^c = A^c \cap B^c$

(c) $A \cap \emptyset = \emptyset, A \cap \Omega = A$ (d) $\emptyset^c = \Omega, \Omega^c = \emptyset$

(e) $A \cap A^c = \emptyset$ (f) $A \cup A^c = \Omega$

(g) $A \cup \emptyset = A, A \cup \Omega = \Omega$ (h) $A \cap (B \cup C) = (A \cap B) \cup (A \cap C)$

Vejamos um exemplo de aplicação das propriedades das probabilidades.

Exemplo 5.7 Consideremos um experimento aleatório e os eventos A e B associados, tais que $P(A) = 1/2$, $P(B) = 1/3$ e $P(A \cap B) = 1/4$. Então temos:

(a) $P(A^c) = 1 - P(A) = 1 - 1/2 = 1/2$;

    $P(B^c) = 1 - P(B) = 1 - 1/3 = 2/3$.

(b) $P(A \cup B) = P(A) + P(B) - P(A \cap B) = 1/2 + 1/3 - 1/4 = 7/12$.

(c) $P(A^c \cap B^c) = P[(A \cup B)^c] = 1 - P(A \cup B) = 1 - 7/12 = 5/12$.

(d) $P(A^c \cup B^c) = P[(A \cap B)^c] = 1 - P(A \cap B) = 1 - 1/4 = 3/4$.

(e) Calculemos $P(A^c \cap B)$, isto é, a probabilidade de que ocorra B e não ocorra A. Podemos escrever

$$B = (A \cap B) \cup (A^c \cap B),$$

ou seja, B pode ocorrer com A ou (exclusivo) com A^c. Logo,

$$P(B) = P(A \cap B) + P(A^c \cap B),$$

do que decorre

$$P(A^c \cap B) = P(B) - P(A \cap B) = 1/3 - 1/4 = 1/12.$$

Consideremos, agora, uma situação historicamente importante, a saber, aquela em que temos um espaço amostral finito, $\Omega = \{\omega_1, \ldots, \omega_n\}$, em que todos os pontos têm a mesma probabilidade $1/n$. Se A for um evento contendo m pontos amostrais, então

$$P(A) = \frac{m}{n}.$$

Nesse caso, não é necessário explicitar completamente Ω e A, bastando calcular m e n, chamados, respectivamente, *número de casos favoráveis* e *número de casos possíveis*. Para tanto, são usados os métodos clássicos de contagem da análise combinatória. Um princípio fundamental de contagem nos diz que, se uma tarefa pode ser executada em duas etapas, a primeira podendo ser realizada de p maneiras e a segunda de q maneiras, então as duas podem ser realizadas simultaneamente de pq maneiras. Esse é o chamado *princípio multiplicativo*.

Exemplo 5.8 Suponha que num lote com 20 peças existam cinco defeituosas. Escolhemos quatro peças do lote ao acaso, ou seja, uma *amostra* de quatro elementos, de modo que a ordem dos elementos seja irrelevante.

Dessa maneira, o número de amostras com quatro elementos que podemos extrair do lote é $\binom{20}{4}$, ou seja, combinações de 20 elementos, tomados quatro a quatro. Suponha que queiramos calcular a probabilidade de se escolher duas defeituosas na amostra. Pelo visto acima, $\binom{20}{4}$ é o número de pontos do espaço amostral. Seja A o evento que consiste em escolher duas defeituosas na amostra. Segue-se que $m = \binom{5}{2}\binom{15}{2}$, pois podemos escolher na amostra de quatro elementos duas defeituosas e duas não defeituosas simultaneamente de $\binom{5}{2}\binom{15}{2}$ maneiras, usando o princípio multiplicativo. Logo,

$$P(A) = \frac{\binom{5}{2}\binom{15}{2}}{\binom{20}{4}} = 0,217.$$

Exemplo 5.9 O jogo da Megasena consiste em escolher 6 números dentre os 60 números (01, 02, ..., 59, 60). O jogador pode marcar num cartão de 6 a 15 números. Os custos (em reais) de cada jogo estão relacionados abaixo.

Números	Custo
6	2,00
7	14,00
8	56,00
9	168,00
10	420,00
11	924,00
12	1.848,00
13	3.432,00
14	6.010,00
15	10.010,00

Temos, ao todo, $\binom{60}{6} = 50.063.860$ possibilidades. Portanto, com um jogo único de R\$ 2,00 (seis números), a probabilidade de ganhar o prêmio máximo é $1\big/\binom{60}{6}$, ou seja, aproximadamente, uma chance em 50 milhões. Por que o jogo com 7 números custa R\$ 7,00? Porque com 7 números podemos formar $\binom{7}{6} = 7$ jogos de 6 números. Ou seja, fazer um jogo com 7 números ou 7 jogos com 6 números são ações equivalentes, em termos de probabilidade de ganhar. Do mesmo modo, um jogo de 15 dezenas custa R\$ 10.010,00, porque com 15 números podemos formar $\binom{15}{6} = 5.005$ jogos de 6 números.

Portanto, é mais fácil preencher um boleto com 15 números do que 5.005 boletos com 6 números, já que as probabilidades associadas são iguais.

Problemas

7. No Problema 4, liste os eventos:
    (a) pelo menos uma cara,
    (b) duas caras;
    (c) o complementar do evento em (b).
8. Expresse em termos de operações entre eventos:
    (a) A ocorre mas B não ocorre;
    (b) exatamente um dos eventos A e B ocorre;
    (c) nenhum dos dois eventos A e B ocorre.
9. No espaço amostral do Problema 3, atribua a cada ponto contendo k letras a probabilidade $1/2^k$ (assim, AA tem probabilidade 1/4).
    (a) Mostre que a soma das probabilidades dos pontos do espaço amostral é 1.

5.3 PROBABILIDADE CONDICIONAL E INDEPENDÊNCIA

(b) Calcule a probabilidade de que A vença (um jogador vence quando ganha duas partidas seguidas). Em seguida, calcule a probabilidade de que B vença.

(c) Qual a probabilidade de que não haja decisão?

10. No Problema 2, suponha que 5 indique o aparecimento da face 5 e Q indique que apareceu outra face qualquer diferente da 5. Atribua probabilidade $(5/6)^k (1/6)$ a cada ponto com k letras iguais a Q seguidas de 5.

(a) Mostre que a soma das probabilidades dos pontos amostrais é igual a um (aqui, você deve usar o resultado da soma dos termos de uma sequência geométrica infinita).

(b) Calcule a probabilidade de que a face 5 apareça após três lançamentos do dado.

11. Dentre seis números positivos e oito negativos, dois números são escolhidos ao acaso (sem reposição) e multiplicados. Qual a probabilidade de que o produto seja positivo?

12. Considere o lançamento de dois dados. Considere os eventos: A = soma dos números obtidos igual a 9, e B = número no primeiro dado maior ou igual a 4. Enumere os elementos de A e B. Obtenha $A \cup B$, $A \cap B$ e A^c.

13. Obtenha as probabilidades dos eventos que aparecem nos Problemas 7 e 12.

14. Que suposições devem ser feitas para que os resultados dos experimentos abaixo possam ser considerados equiprováveis?

(a) Lançamento de um dado.

(b) Opinião de moradores de uma cidade sobre um projeto governamental.

(c) Preço de uma ação no fim da próxima semana.

5.3 Probabilidade condicional e independência

Voltemos à Tabela 5.3 do Exemplo 5.6. Dado que um estudante, escolhido ao acaso, esteja matriculado no curso de Estatística, a probabilidade de que seja mulher é $20/30 = 2/3$. Isso porque, do total de 30 alunos que estudam Estatística, 20 são mulheres. Escrevemos

$$P(\text{mulher}|\,\text{Estatìstica}) = \frac{2}{3}.$$

Para dois eventos quaisquer A e B, sendo $P(B) > 0$, definimos a *probabilidade condicional de A dado B*, $P(A|B)$, como

$$P(A|B) = \frac{P(A \cap B)}{P(B)}. \qquad (5.7)$$

Para o exemplo mencionado, se B e A indicam, respectivamente, os eventos "aluno matriculado em Estatística" e "aluno é mulher", então

$$P(A|B) = \frac{20/200}{30/200} = \frac{2}{3},$$

como havíamos obtido.

Observe que $P(A) = P(\text{mulher}) = 85/200 = 17/40$, e com a informação de que B ocorreu (o aluno é matriculado em Estatística), obtemos $P(A|B) = 2/3$. Podemos dizer que $P(A)$ é a probabilidade *a priori* de A e, com a informação adicional de que B ocorreu, obtemos a probabilidade *a posteriori* $P(A|B)$. Note que, nesse caso, $P(A|B) > P(A)$, logo a informação de que B ocorreu aumentou a chance de A ocorrer.

Da relação (5.7) obtemos a chamada *regra do produto de probabilidades*,

$$P(A \cap B) = P(B) \, P(A|B). \tag{5.8}$$

Exemplo 5.10 Uma urna contém duas bolas brancas (B) e três vermelhas (V). Suponha que são sorteadas duas bolas ao acaso, *sem reposição*. Isso significa que escolhemos a primeira bola, verificamos sua cor e não a devolvemos à urna; misturamos as bolas restantes e retiramos a segunda. O diagrama em árvore da Figura 5.2 ilustra as possibilidades. Em cada "galho" da árvore estão indicadas as probabilidades de ocorrência, sendo que para as segundas bolas as probabilidades são condicionais. A probabilidade do resultado conjunto é dada, então, por (5.8). Veja a Tabela 5.4.

Figura 5.2 Diagrama em árvore para a extração de duas bolas de uma urna, sem reposição.

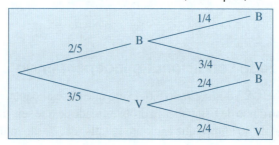

Se A indicar o evento "bola branca na segunda extração", então

$$P(A) = P(BB) + P(VB) = \frac{2}{20} + \frac{6}{20} = \frac{2}{5}.$$

Tabela 5.4 Resultados e probabilidades para o experimento do Exemplo 5.10.

Resultados	Probabilidades
BB	2/5 × 1/4 = 2/20
BV	2/5 × 3/4 = 6/20
VB	3/5 × 2/4 = 6/20
VV	3/5 × 2/4 = 6/20
Total	1

Exemplo 5.11 Imagine, agora, que as duas extrações são feitas da mesma urna do exemplo anterior, mas a primeira bola é *reposta* na urna antes da extração da segunda. Nessas condições, as extrações são independentes, pois o resultado de uma extração não tem influência no resultado da outra. Obtemos a situação da Figura 5.3 e da Tabela 5.5.

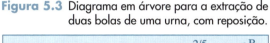

Figura 5.3 Diagrama em árvore para a extração de duas bolas de uma urna, com reposição.

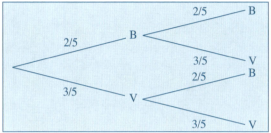

Tabela 5.5 Resultados e probabilidades para o experimento do Exemplo 5.11.

Resultados	Probabilidades
BB	$2/5 \times 2/5 = 4/25$
BV	$2/5 \times 3/5 = 6/25$
VB	$3/5 \times 2/5 = 6/25$
VV	$3/5 \times 3/5 = 9/25$
Total	1

Observe que, aqui,

P(branca na 2ª | branca na 1ª) = 2/5 = P(branca na 2ª),

ou seja, se indicarmos por A e B os eventos "bola branca na segunda extração" e "bola branca na primeira extração", respectivamente, então $P(A|B) = P(A)$. Nesse caso, dizemos que o evento A *independe* do evento B e, usando (5.8), temos

$$P(A \cap B) = P(A) P(B). \tag{5.9}$$

É fácil ver que se A independe de B, então B independe de A — dizemos que A e B são independentes. A Fórmula (5.9) pode ser tomada como definição de independência entre dois eventos, ou seja, A e B são *independentes* se, e somente se, (5.9) for válida.

Exemplo 5.12 Considere ainda a urna dos dois exemplos anteriores, mas vamos fazer três extrações *sem reposição*. Indiquemos por V_i ou B_i a obtenção de bola vermelha ou branca na i-ésima extração, respectivamente, $i = 1, 2, 3$. Obtemos a Figura 5.4 e a Tabela 5.6.

Figura 5.4 Diagrama em árvore para a extração de três bolas de uma urna, sem reposição.

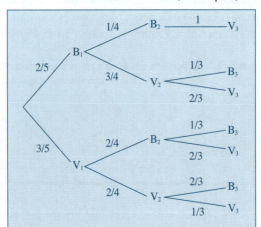

Tabela 5.6 Resultados e probabilidades para o experimento do Exemplo 5.12.

Resultados	Probabilidades
$B_1 B_2 V_3$	$2/5 \times 1/4 \times 1 = 2/20 = 6/60$
$B_1 V_2 B_3$	$2/5 \times 3/4 \times 1/3 = 6/60$
$B_1 V_2 V_3$	$2/5 \times 3/4 \times 2/3 = 12/60$
$V_1 B_2 B_3$	$3/5 \times 2/4 \times 1/3 = 6/60$
$V_1 B_2 V_3$	$3/5 \times 2/4 \times 2/3 = 12/60$
$V_1 V_2 B_3$	$3/5 \times 2/4 \times 2/3 = 12/60$
$V_1 V_2 V_3$	$3/5 \times 2/4 \times 1/3 = 6/60$
Total	$60/60 = 1$

Observe que $P(B_2|B_1) = 1/4$, ao passo que $P(V_3|B_1 \cap B_2) = 1$; daí,

$$P(B_1 \cap B_2 \cap V_3) = P(B_1)\, P(B_2|B_1)\, P(V_3|B_1 \cap B_2) = 2/5 \times 1/4 \times 1 = 1/10.$$

De modo geral, dados três eventos A, B e C, temos que

$$P(A \cap B \cap C) = P(A)\, P(B|A)\, P(C|A \cap B). \qquad (5.10)$$

Essa relação pode ser estendida para um número finito qualquer de eventos. Veja o Problema 60.

Exemplo 5.13 A *teoria da confiabilidade* estuda sistemas e seus componentes, por exemplo, sistemas mecânicos e eletrônicos (um automóvel ou um computador) e sistemas biológicos, como o corpo humano. O objetivo da teoria é estudar as relações entre o funcionamento dos componentes e do sistema. A Figura 5.5(a) ilustra um sistema composto de dois componentes ligados em *série*.

Figura 5.5 Sistema com dois componentes (a) em série (b) em paralelo.

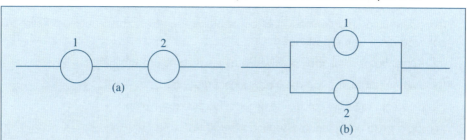

O sistema da figura funcionará se os componentes 1 e 2 funcionarem simultaneamente. Se um dos componentes falhar, o sistema também falhará. Supondo que os componentes funcionem *independentemente*, e se p_i for a probabilidade de o componente i ($i = 1,2$) funcionar, então a probabilidade de o sistema funcionar será

$$P(F) = P(A_1 \cap A_2) = P(A_1)P(A_2) = p_1 p_2,$$

em que indicamos por F o evento "o sistema funciona" e por A_i o evento "o componente i funciona", $i = 1, 2$.

A probabilidade p_i é a chamada *confiabilidade do componente i* e $P(F) = h(p_1, p_2) = p_1 p_2$ a *confiabilidade do sistema*.

Se os componentes 1 e 2 estiverem em *paralelo*, como na Figura 5.5(b), então o sistema funcionará se *pelo menos um* dos dois componentes funcionar. Ou seja,

$$P(F) = P(A_1 \cup A_2) = P(A_1) + P(A_2) - P(A_1 \cap A_2) = p_1 + p_2 - p_1 p_2$$

e a confiabilidade do sistema é $h(p_1, p_2) = p_1 + p_2 - p_1 p_2$.

Vejamos agora o conceito de independência para três eventos: dizemos que os eventos A, B e C são *independentes* se, e somente se,

$$P(A \cap B) = P(A)\,P(B),$$
$$P(A \cap C) = P(A)\,P(C),$$
$$P(B \cap C) = P(B)\,P(C), \quad\quad (5.11)$$
$$P(A \cap B \cap C) = P(A)\,P(B)\,P(C).$$

Se apenas as três primeiras relações de (5.11) estiverem satisfeitas, dizemos que os eventos A, B e C são *mutuamente independentes*. É possível que três eventos sejam mutuamente independentes, mas não sejam completamente independentes. Veja o Problema 59.

A definição pode ser estendida facilmente para um número finito qualquer de eventos. Veja o Problema 61.

Problemas

15. Considere uma urna contendo três bolas pretas e cinco bolas vermelhas. Retire duas bolas da urna, sem reposição.

    (a) Obtenha os resultados possíveis e as respectivas probabilidades.

    (b) Mesmo problema, para extrações com reposição.

16. No problema anterior, calcule as probabilidades dos eventos:

    (a) Bola preta na primeira e segunda extrações.

    (b) Bola preta na segunda extração.

    (c) Bola vermelha na primeira extração.

17. A probabilidade de que A resolva um problema é de 2/3, e a probabilidade de que B o resolva é de 3/4. Se ambos tentarem independentemente, qual a probabilidade de o problema ser resolvido?

18. Um dado é viciado, de tal forma que a probabilidade de sair um certo ponto é proporcional ao seu valor (por exemplo, o ponto 6 é três vezes mais provável de sair do que o ponto 2). Calcular:

    (a) a probabilidade de sair 5, sabendo-se que o ponto que saiu é ímpar;

    (b) a probabilidade de tirar um número par, sabendo-se que saiu um número maior que 3.

19. As probabilidades de que dois eventos independentes ocorram são p e q, respectivamente. Qual a probabilidade:

    (a) de que nenhum desses eventos ocorra?

    (b) de que pelo menos um desses eventos ocorra?

20. Na figura abaixo, temos um sistema com três componentes funcionando independentemente, com confiabilidades p_1, p_2 e p_3. Obtenha a confiabilidade do sistema.

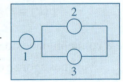

21. Na tabela abaixo, os números que aparecem são probabilidades relacionadas com a ocorrência de A, B, $A \cap B$ etc. Assim, $P(A) = 0,10$, enquanto $P(A \cap B) = 0,04$.

	B	B^c	Total
A	0,04	0,06	0,10
A^c	0,08	0,82	0,90
Total	0,12	0,88	1,00

Verifique se A e B são independentes.

22. Supondo que todos os componentes do sistema da figura abaixo tenham a mesma confiabilidade p e funcionem independentemente, obtenha a confiabilidade do sistema.

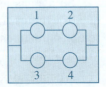

5.4 O Teorema de Bayes

Uma das relações mais importantes envolvendo probabilidades condicionais é dada pelo Teorema de Bayes. A versão mais simples desse teorema é dada pela Fórmula (5.12):

$$P(A|B) = \frac{P(A \cap B)}{P(B)} = \frac{P(A) \cdot P(B|A)}{P(B)}. \qquad (5.12)$$

Como salientamos na seção anterior, temos a probabilidade inicial $P(A)$ e, dada a informação de que B ocorreu (ou dada a suposição de que B venha a ocorrer), obtemos a probabilidade *a posteriori* $P(A|B)$, dada por (5.12). Ou seja, *atualizamos* a probabilidade inicial, multiplicando-a por $\frac{P(B|A)}{P(B)}$. Observe que $P(A|B) > P(A)$ se $P(B|A) > P(B)$. A probabilidade $P(B|A)$ é chamada *verossimilhança* da hipótese A.

A forma geral do Teorema de Bayes será introduzida por um exemplo.

Exemplo 5.14 Temos cinco urnas, cada uma com seis bolas. Duas dessas urnas (tipo C_1) têm 3 bolas brancas, duas outras (tipo C_2) têm 2 bolas brancas, e a última urna (tipo C_3) tem 6 bolas brancas. Escolhemos uma urna ao acaso e dela retiramos uma bola. Qual a probabilidade de a urna escolhida ser do tipo C_3, sabendo-se que a bola sorteada é branca?

Na Figura 5.6, temos esquematizados o espaço amostral e os eventos de interesse.

Figura 5.6 Espaço amostral e eventos para o Exemplo 5.14.

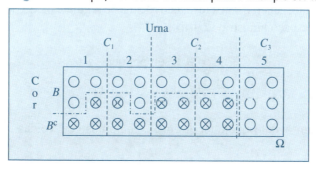

Queremos encontrar $P(C_3|B)$, sabendo que

$$P(C_1) = 2/5, \; P(B|C_1) = 1/2,$$
$$P(C_2) = 2/5, \; P(B|C_2) = 1/3,$$
$$P(C_3) = 1/5, \; P(B|C_3) = 1.$$

Da definição de probabilidade condicional, temos

$$P(C_3|B) = \frac{P(C_3 \cap B)}{P(B)} = \frac{P(C_3)P(B|C_3)}{P(B)}. \qquad (5.13)$$

A segunda igualdade é devida à Fórmula (5.8).

Precisamos encontrar o valor de $P(B)$, já que o numerador é conhecido. Como C_1, C_2 e C_3 são eventos mutuamente exclusivos, e reunidos formam o espaço amostral completo, podemos decompor o evento B na reunião de três outros, também mutuamente exclusivos, como segue (ver também a Figura 5.6):

$$B = (C_1 \cap B) \cup (C_2 \cap B) \cup (C_3 \cap B), \qquad (5.14)$$

e então

$$\begin{aligned} P(B) &= P(C_1 \cap B) + P(C_2 \cap B) + P(C_3 \cap B) \\ &= P(C_1)P(B|C_1) + P(C_2)P(B|C_2) + P(C_3)P(B|C_3) \\ &= \frac{2}{5} \times \frac{1}{2} + \frac{2}{5} \times \frac{1}{3} + \frac{1}{5} \times 1 = \frac{8}{15}. \end{aligned}$$

Substituindo esse resultado em (5.13), obtemos

$$P(C_3|B) = \frac{1/5 \times 1}{8/15} = \frac{3}{8}.$$

Podemos, agora, generalizar os resultados acima do seguinte modo: seja $\{C_1, C_2, ..., C_n\}$ uma partição do espaço amostral Ω, isto é,

$$C_i \cap C_j = \emptyset, \quad \text{sempre que} \quad i \neq j,$$

$$C_1 \cup C_2 \cup ... \cup C_n = \Omega.$$

Considere um evento qualquer A em Ω. Supomos conhecidas as probabilidades $P(C_i)$ e $P(A|C_i)$, $i = 1, 2, ..., n$.

Então, temos o seguinte resultado, ilustrado pela Figura 5.7.

Figura 5.7 Partição de um espaço amostral.

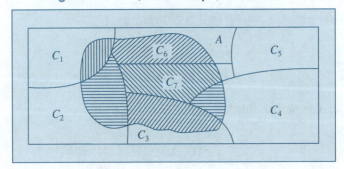

5.4 O TEOREMA DE BAYES

Teorema 5.1 (Bayes) A probabilidade de ocorrência do evento C_i, supondo-se a ocorrência do evento A, é dada por

$$P(C_i \mid A) = \frac{P(C_i)P(A \mid C_i)}{\sum_{j=1}^{n} P(C_j)P(A \mid C_j)}, \tag{5.15}$$

para todo $i = 1, 2, ..., n$.

Podemos pensar $C_1, ..., C_n$ como um conjunto de *hipóteses*, sendo somente uma delas verdadeira. Dado que A ocorreu, a probabilidade inicial de C_i, $P(C_i)$, é modificada de modo a se obter $P(C_i|A)$, dada por (5.15). Passamos da probabilidade *a priori* $P(C_i)$ para a probabilidade *a posteriori* $P(C_i|A)$, multiplicando a primeira por

$$\frac{P(A \mid C_i)}{\sum_{j=1}^{n} P(C_j)P(A \mid C_j)}. \tag{5.16}$$

Para A fixado, as probabilidades $P(A|C_i)$ em (5.15) são denominadas *verossimilhanças* das hipóteses $C_1, C_2, ..., C_n$. Vemos que $P(C_i|A) > P(C_i)$ se (5.16) for maior do que um, isto é, se $P(A|C_i) > P(A)$, em que $P(A)$ é o denominador de (5.16). Observe que esse denominador é uma média ponderada dos $P(A|C_j)$ e os pesos são as probabilidades $P(C_j)$, que têm soma unitária. Como o numerador é sempre uma das parcelas do denominador $P(A)$, torna-se indispensável o uso de um novo índice, j, na decomposição deste.

Exemplo 5.15 Para selecionar seus funcionários, uma empresa oferece aos candidatos um curso de treinamento durante uma semana. No final do curso, eles são submetidos a uma prova e 25% são classificados como bons (B), 50% como médios (M) e os restantes 25% como fracos (F). Para facilitar a seleção, a empresa pretende substituir o treinamento por um teste contendo questões referentes a conhecimentos gerais e específicos. Para isso, gostaria de conhecer qual a probabilidade de um indivíduo aprovado no teste ser considerado fraco, caso fizesse o curso. Assim, neste ano, antes do início do curso, os candidatos foram submetidos ao teste e receberam o conceito aprovado (A) ou reprovado (R). No final do curso, obtiveram-se as seguintes probabilidades condicionais:

$$P(A|B) = 0,80, \qquad P(A|M) = 0,50, \qquad P(A|F) = 0,20.$$

Queremos encontrar $P(F|A)$ e, pelo Teorema de Bayes, essa probabilidade é dada por

$$\begin{aligned}
P(F \mid A) &= \frac{P(A \mid F)P(F)}{P(A \mid B)P(B) + P(A \mid M)P(M) + P(A \mid F)P(F)} \\
&= \frac{(0,20)(0,25)}{(0,80)(0,25) + (0,50)(0,50) + (0,20)(0,25)} = 0,10.
\end{aligned}$$

Então, apenas 10% dos aprovados é que seriam classificados como fracos durante o curso. De modo análogo, podemos encontrar $P(B|A) = 0,40$ e $P(M|A) = 0,50$, que poderiam fornecer subsídios para ajudar na decisão de substituir o treinamento pelo teste.

Um gráfico em árvore pode ajudar bastante na solução de um problema envolvendo o Teorema de Bayes. Desse modo, para o Exemplo 5.15, teremos a Figura 5.8 e a Tabela 5.7. Assim, o numerador de $P(F|A)$ está assinalado com um pequeno círculo, ao passo que o denominador é a soma das três parcelas assinaladas com asterisco.

Figura 5.8 Diagrama em árvore para o Exemplo 5.15.

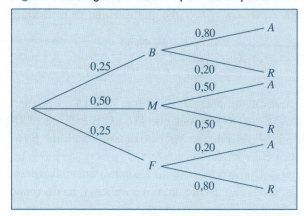

O Teorema de Bayes, que aparentemente poderia ser encarado como mais um resultado na teoria de probabilidades, tem importância fundamental, pois fornece a base para uma abordagem da inferência estatística conhecida como *inferência bayesiana*. Esse ponto será abordado brevemente no Capítulo 11.

Tabela 5.7 Resultados e probabilidades para o Exemplo 5.15.

Resultados	Probabilidades
BA	$(0,25)(0,80) = 0,20$*
BR	$(0,25)(0,20) = 0,05$
MA	$(0,50)(0,50) = 0,25$*
MR	$(0,50)(0,50) = 0,25$
FA	$(0,25)(0,20) = 0,05$* °
FR	$(0,25)(0,80) = 0,20$

O Teorema de Bayes fornece um mecanismo formal para atualizar probabilidades, como já vimos acima. Vejamos mais um exemplo para ilustrar esse ponto.

Exemplo 5.16 A administração de um fundo de investimentos em ações pretende divulgar, após o encerramento do pregão, a probabilidade de queda de um índice da bolsa no dia seguinte, baseando-se nas informações disponíveis até aquele momento. Suponha que a previsão inicial seja de 0,10. Após encerrado o pregão, nova informação sugere uma alta do dólar frente ao real. A experiência passada indica que, quando houve queda da bolsa no dia seguinte, 20% das vezes foram precedidas por esse tipo de notícia, enquanto, nos dias em que a bolsa esteve em alta, apenas em 5% das vezes houve esse tipo de notícia no dia anterior.

Chamando de E o evento que indica "queda da bolsa", a sua probabilidade a *priori* é $P(E) = 0,10$, enquanto a probabilidade de alta é $P(E^c) = 0,90$. Se B indicar "alta do dólar", então as verossimilhanças são dadas por

$$P(B|E) = 0,20, \qquad P(B|E^c) = 0,05.$$

Logo, pelo Teorema de Bayes, teremos que

$$P(E|B) = \frac{P(E)\,P(B|E)}{P(E)P(B|E) + P(E^c)P(B|E^c)},$$

ou seja,

$$P(E|B) = \frac{(0,10)(0,20)}{(0,10)(0,20) + (0,90)(0,05)} = \frac{0,02}{0,065} = \frac{4}{13} = 0,31.$$

Portanto, a nova informação aumenta a probabilidade de que haja queda na bolsa de 10% para 31%.

Suponha, agora, que horas depois surja nova informação relevante: o Banco Central irá reduzir a taxa de juros vigente a partir do dia seguinte. Denotando-se, agora, por B_1 o evento "alta do dólar" e por B_2 o evento "queda na taxa de juros", o interesse será saber como essa nova informação, B_2, afetará a probabilidade calculada, $P(E|B_1)$. Segue-se que essa é agora a probabilidade *a priori* para E com respeito a B_2.

Novamente, informações passadas mostram que, dado que tenha havido alta do dólar e queda da bolsa, 10% das vezes foram precedidas por notícias de queda de juros, enquanto, dado que tenha havido alta do dólar e alta da bolsa, 60% das vezes foram precedidas de queda dos juros. Então, as verossimilhanças agora serão dadas por

$$P(B_2|E, B_1) = 0,10, \qquad P(B_2|E^c, B_1) = 0,60.$$

O Teorema de Bayes fica escrito agora na forma

$$P(E|B_1, B_2) = \frac{P(E|B_1)\,P(B_2|E, B_1)}{P(E|B_1)\,P(B_2|E, B_1) + P(E^c|B_1)\,P(B_2|E^c, B_1)},$$

do que segue que

$$P(E|B_1, B_2) = \frac{(0,31)(0,10)}{(0,31)(0,10) + (0,69)(0,60)} = \frac{0,031}{0,445} = 0,07.$$

Ou seja, a informação B_2 causa um decréscimo na probabilidade de queda da bolsa, de 0,31 para 0,07, que é menor ainda do que a probabilidade *a priori* inicial, $P(E) = 0,10$.

Observe que a probabilidade $P(E|B_1, B_2)$ pode ser escrita também como $P(E|B_1 \cap B_2)$, ou seja, temos a ocorrência simultânea dos eventos B_1 e B_2.

Problemas

23. Uma companhia produz circuitos em três fábricas, I, II e III. A fábrica I produz 40% dos circuitos, enquanto a II e a III produzem 30% cada uma. As probabilidades de que um circuito integrado produzido por essas fábricas não funcione são 0,01, 0,04 e 0,03, respectivamente. Escolhido um circuito da produção conjunta das três fábricas, qual a probabilidade de o mesmo não funcionar?

24. Considere a situação do problema anterior, mas suponha agora que um circuito escolhido ao acaso seja defeituoso. Determine qual a probabilidade de ele ter sido fabricado por I.

25. A urna I contém duas bolas pretas e três brancas, ao passo que a urna II contém três bolas pretas e três brancas. Escolhemos uma urna ao acaso e dela extraímos uma bola que tem cor branca. Se a bola é recolocada na urna, qual é a probabilidade de se retirar novamente uma bola branca da mesma urna?

5.5 Probabilidades subjetivas

Na Seção 5.1 vimos como associar probabilidades a eventos. Utilizamos um enfoque chamado *frequentista*, pois se baseia na estabilidade das frequências relativas e no fato de podermos, hipoteticamente, repetir um experimento várias vezes. Mas é óbvio que nem sempre podemos considerar replicações. Suponha que queiramos calcular a probabilidade de chover no dia 12 de janeiro do próximo ano, na cidade de São Paulo. Evidentemente, se considerarmos o evento A = chover em São Paulo no dia 12 de janeiro do próximo ano, ele não pode ser replicado. O que poderemos eventualmente considerar é em quantos dias 12 de janeiro de anos anteriores choveu e calcular uma frequência relativa. Se tivermos essa informação, ela evidentemente poderá ser usada. Mas suponha que uma pessoa morando em Fortaleza tenha de calcular essa probabilidade. Se ela não tiver informação sobre o tempo em São Paulo, poderá simplesmente dizer que essa probabilidade é de 1/2. Por outro lado, uma pessoa vivendo em São Paulo terá informações adicionais. Por exemplo, saberá que normalmente janeiro, fevereiro e março são meses com muita chuva. Esse morador de São Paulo poderá arriscar uma probabilidade, digamos de 2/3 para o evento A. Vemos, portanto, que a associação de probabilidades a um evento depende de cada indivíduo, de sua informação a respeito desse evento. Esse tipo de apreciação é particularmente recomendável quando o indivíduo julga que as replicações anteriores não sejam comparáveis com a próxima. Por exemplo, o fenômeno *El Niño* pode ter ocorrido com grande intensidade em janeiro de 1999, provocando muita chuva no sudeste do Brasil, e sua intensidade nos anos seguintes talvez seja menor.

Respostas a questões como essa envolvem o que chamamos de *probabilidade subjetiva*. Ou seja, cada indivíduo, baseado em informações anteriores e na sua opinião pessoal a respeito do evento em questão, pode ter uma resposta para a probabilidade desse evento. A Inferência Bayesiana, de que trataremos brevemente neste livro (veja o Capítulo 11), toma como uma de suas bases o fato de que todas as probabilidades são subjetivas. O Teorema de Bayes tem papel importante nesse tipo de inferência, pois passa a ser visto como um mecanismo de atualização de opiniões. Ou seja, o indivíduo aprende B e passa a ter opinião $P(A|B)$ sobre A.

Um ingrediente básico quando se associam probabilidades é a *coerência*. Se um indivíduo julgar que um evento A é mais provável que seu complementar, então ele deverá, como que apostando na ocorrência de A, associar uma probabilidade maior do que 1/2 ao evento A. Por exemplo, se ele julgar que uma proporção 3 : 1 a favor de A é razoável, então ele deverá sugerir $P(A) = 3/4$. A fórmula de Bayes fornece uma maneira coerente de atualizar opiniões.

As probabilidades associadas a eventos de modo subjetivo têm propriedades análogas àquelas vistas em seções anteriores e podem ser obtidas a partir do princípio da coerência. Há outras maneiras de se associar probabilidades a eventos e os interessados poderão consultar O'Hagan (1994), por exemplo, para obter mais informações sobre esse assunto e outros ligados à Inferência Bayesiana.

5.6 Problemas suplementares

26. Um restaurante popular apresenta apenas dois tipos de refeições: salada completa ou um prato à base de carne. Considere que 20% dos fregueses do sexo masculino preferem a salada, 30% das mulheres escolhem carne, 75% dos fregueses são homens e os seguintes eventos:

    H: freguês é homem A: freguês prefere salada

    M: freguês é mulher B: freguês prefere carne

    Calcular:

    (a) $P(H), P(A|H), P(B|M)$;

    (b) $P(A \cap H), P(A \cup H)$;

    (c) $P(M|A)$.

27. Uma companhia de seguros analisou a frequência com que 2.000 segurados (1.000 homens e 1.000 mulheres) usaram o hospital. Os resultados são apresentados na tabela:

	Homens	Mulheres
Usaram o hospital	100	150
Não usaram o hospital	900	850

(a) Qual a probabilidade de que uma pessoa segurada use o hospital?

(b) O uso do hospital independe do sexo do segurado?

28. As probabilidades de três motoristas serem capazes de guiar até em casa com segurança, depois de beber, são de 1/3, 1/4 e 1/5, respectivamente. Se decidirem guiar até em casa, depois de beber numa festa, qual a probabilidade de todos os três motoristas sofrerem acidentes? Qual a probabilidade de pelo menos um dos motoristas guiar até em casa a salvo?

29. Duas lâmpadas queimadas foram acidentalmente misturadas com seis lâmpadas boas. Se vamos testando as lâmpadas, uma por uma, até encontrar duas defeituosas, qual é a probabilidade de que a última defeituosa seja encontrada no quarto teste?

30. Suponhamos que 10.000 bilhetes sejam vendidos em uma loteria e 5.000 em outra, cada uma tendo apenas um ganhador. Um homem tem 100 bilhetes de cada. Qual a probabilidade de que:

(a) ele ganhe exatamente um prêmio?

(b) ele ganhe alguma coisa?

31. Uma companhia de seguros vendeu apólices a cinco pessoas, todas da mesma idade e com boa saúde. De acordo com as tábuas atuariais, a probabilidade de que uma pessoa daquela idade esteja viva daqui a 30 anos é de 2/3. Calcular a probabilidade de que daqui a 30 anos:

(a) exatamente duas pessoas estejam vivas;

(b) todas as pessoas estejam vivas; e

(c) pelo menos três pessoas estejam vivas.

(Indique as suposições necessárias para a resolução do problema.)

32. Num teste com duas marcas que lhe são apresentadas em ordem aleatória, um experimentador de vinhos faz três identificações corretas em três tentativas.

(a) Qual a probabilidade de isso ocorrer, se na realidade ele não possuir habilidade alguma para distingui-los?

(b) E se a probabilidade de distinguir corretamente é de 90% em cada tentativa?

33. Um grupo de 12 homens e 8 mulheres concorre a três prêmios por meio de um sorteio, sem reposição de seus nomes. Qual a probabilidade de:

(a) nenhum homem ser sorteado?

(b) um prêmio ser ganho por homem?

(c) dois homens serem premiados?

34. Um empreiteiro apresentou orçamentos separados para a execução da parte elétrica e da parte de encanamento de um edifício. Ele acha que a probabilidade de ganhar a concorrência da parte elétrica é de 1/2. Caso ele ganhe a parte elétrica, a chance de ganhar a parte de encanamento é de 3/4; caso contrário, essa probabilidade é de 1/3. Qual a probabilidade de ele:

(a) ganhar os dois contratos?

5.6 PROBLEMAS SUPLEMENTARES

(b) ganhar apenas um?

(c) não ganhar nada?

35. Em média, **5%** dos produtos vendidos por uma loja são devolvidos. Qual a probabilidade de que, das quatro próximas unidades vendidas desse produto, duas sejam devolvidas?

36. Três alarmes estão dispostos de tal maneira que qualquer um deles funcionará independentemente quando qualquer coisa indesejável ocorrer. Se cada alarme tem probabilidade **0,9** de trabalhar eficientemente, qual é a probabilidade de se ouvir o alarme quando necessário?

37. Em uma fábrica de parafusos, as máquinas A, B e C produzem **25%**, **35%** e **40%** do total, respectivamente. Da produção de cada máquina **5%**, **4%** e **2%**, respectivamente, são parafusos defeituosos. Escolhe-se ao acaso um parafuso e verifica-se que é defeituoso. Qual a probabilidade de que o parafuso venha da máquina A; da B; e da C?

38. Um fabricante afirma que apenas **5%** de todas as válvulas que produz têm duração inferior a **20** horas. Uma indústria compra semanalmente um grande lote de válvulas desse fabricante, mas sob a seguinte condição: ela aceita o lote se, em dez válvulas escolhidas o acaso, no máximo uma tiver duração inferior a **20** horas; caso contrário, o lote todo é rejeitado.

(a) Se o fabricante de fato tem razão, qual a probabilidade de um lote ser rejeitado?

(b) Suponha agora que o fabricante esteja mentindo, isto é, na verdade a proporção de válvulas com duração inferior a **20** horas é de **10%**. Qual a probabilidade de um lote ser aceito, segundo o critério acima?

39. Para estudar o comportamento do mercado automobilístico, as marcas foram divididas em três categorias: marca F, marca W, e as demais reunidas como marca X. Um estudo sobre o hábito de mudança de marca mostrou o seguinte quadro de probabilidade:

Proprietário de carro da marca	Probabilidade de mudança para		
	W	F	X
W	0,50	0,25	0,25
F	0,15	0,70	0,15
X	0,30	0,30	0,40

A compra do primeiro carro é feita segundo as seguintes probabilidades: marca W com **50%**, marca F com **30%** e marca X com **20%**.

(a) Qual a probabilidade de um indivíduo comprar o terceiro carro da marca W?

(b) Se o terceiro carro é da marca W, qual a probabilidade de o primeiro também ter sido W?

40. A empresa M & B tem **15.800** empregados, classificados de acordo com a tabela abaixo.

Idade \ Sexo	Homens (M)	Mulheres (F)	Total
< 25 anos (A)	2.000	800	2.800
25 – 40 anos (B)	4.500	2.500	7.000
> 40 anos (C)	1.800	4.200	6.000
Total	8.300	7.500	15.800

Se um empregado é selecionado ao acaso, calcular a probabilidade de ser ele:

(a) um empregado com 40 anos de idade ou menos;

(b) um empregado com 40 anos de idade ou menos, e mulher;

(c) um empregado com mais de 40 anos de idade e que seja homem;

(d) uma mulher, dado que é um empregado com menos de 25 anos.

41. Considere o Problema 40 e suponha que escolhamos dois empregados ao acaso, com reposição. Qual a probabilidade de que:

    (a) ambos sejam do sexo masculino;

    (b) o primeiro tenha menos de 25 anos, e o segundo seja do sexo masculino e tenha menos de 25 anos;

    (c) nenhum tenha menos de 25 anos.

42. Resolva as questões (a) e (c) do Problema 41, supondo que a amostragem é feita sem reposição.

43. Numa empresa existem operários de determinada categoria, com idades iguais a a, b e c anos (existem pelo menos três com a mesma idade). Escolhem-se três ao acaso para que façam determinado curso. Se indicarmos por x a idade do primeiro, y a do segundo e z a do terceiro, o terno (x, y, z) indica cada possível resultado. Enumere:

    (a) o espaço amostral; e

    (b) os eventos $A = \{(x, y, z) | x = y = z\}$, $B = \{(x, y, z) | x = y\}$.

44. Os colégios A, B e C têm as seguintes porcentagens de rapazes, respectivamente: 40%, 20% e 10%. Um desses colégios é selecionado ao acaso e oito alunos são escolhidos, com reposição. Se o resultado for **RRRMMMMM** (R para rapaz e M para moça), qual é a probabilidade de ter sido selecionado o colégio C?

45. Um inspetor da seção de controle de qualidade de uma firma examina os artigos de um lote que tem m peças de primeira qualidade e n peças de segunda qualidade. Uma verificação dos b primeiros artigos selecionados ao acaso do lote mostrou que todos eram de segunda qualidade ($b < n - 1$). Qual a probabilidade de que entre os dois próximos artigos selecionados, ao acaso, dos restantes, pelo menos um seja de segunda qualidade?

46. Prove que, se A e B são independentes, também o serão A^c e B^c, A e B^c e A^c e B.

47. Obtenha uma fórmula para $P(A \cup B \cup C)$.

48. Na figura abaixo, temos um sistema chamado *ponte*. Nas mesmas condições do Problema 22, obtenha a confiabilidade do sistema.

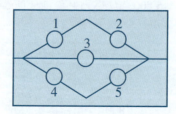

5.6 PROBLEMAS SUPLEMENTARES

49. Considere o quadrado com vértices (0,0), (1,0), (0,1) e (1,1). Suponha que a probabilidade de uma região A (evento) seja a área dessa região.

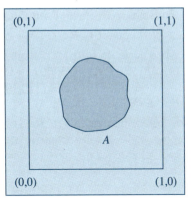

(a) Represente graficamente o evento A = conjunto dos pontos cuja distância à origem seja menor ou igual a 1.

(b) Calcule $P(A)$.

(c) Calcule a probabilidade do evento $B = \{(x, y) : x \geq b \text{ ou } y \geq b\}$, em que b é um número tal que $0 < b < 1$.

(d) Calcule $P(B^c)$, em que B foi definido em (c).

50. Considere Ω como o quadrado da figura do Problema 49. Considere os eventos:

$A = \{(x, y) : 1/3 \leq x \leq 2/3, 0 \leq y \leq 1/2\}$

$B = \{(x, y) : 1/2 \leq x \leq 1, 1/4 \leq y \leq 3/4\}$.

Calcular $P(A)$, $P(B)$, $P(A \cup B)$, $P(A^c)$, $P(B^c)$ e $P(A^c \cap B^c)$.

51. Considere, agora, a situação do Problema 49, mas suponha que o quadrado não tenha área unitária. Como você definiria a probabilidade de um evento A?

52. Suponha uma *população* de N elementos $a_1, a_2, \ldots, a_N$. Qualquer arranjo ordenado $a_{i1}, a_{i2}, \ldots, a_{in}$ de n símbolos é chamado de uma *amostra ordenada de tamanho n*, extraída da população. Considere o símbolo $(N)_n$ como significando $N(N-1) \ldots (N-n+1)$. Suponha $n < N$. Mostre que existem N^n amostras com reposição (um mesmo elemento pode ser retirado mais de uma vez) e $(N)_n$ amostras sem reposição (um elemento, quando escolhido, é removido da população, não havendo, pois, repetição na amostra).

53. Uma amostra ordenada de tamanho n, extraída de uma população com N elementos, produz um plano aleatório simples se todas as possíveis amostras têm a mesma probabilidade de serem escolhidas; essa probabilidade será $1/N^n$ se a amostra for com reposição e $1/(N)_n$ se for sem reposição. Uma amostra casual de tamanho n, com reposição, é extraída de uma população com N elementos. Encontre a probabilidade de não haver repetição na amostra.

54. Considere $\binom{N}{n} = \dfrac{(N)_n}{n!} = \dfrac{N!}{n!(N-n)!}$. Observe a situação do Problema 52, na qual não levamos em consideração a ordem do conjunto $a_{i1}, a_{i2}, \ldots, a_{in}$.

144 CAPÍTULO 5 — PROBABILIDADES

Mostre que existem $\begin{pmatrix} N \\ n \end{pmatrix}$ amostras sem reposição.

55. (a) Se A, B e C são independentes, prove que A e $B \cap C$ são independentes.

    (b) Nas mesmas condições, prove que $A \cup B$ e C são independentes.

56. Dizemos que $A \subset B$ (A é subconjunto de B) se todo elemento de A também pertence a B. Por exemplo, $\{1, 2\} \subset \{1, 2, 3\}$. Se $P(A) = 1/3, P(B^c) = 1/4, A$ e B podem ser disjuntos (ou mutuamente exclusivos)? (Sugestão: $P(A) = P(A \cap B) + P(A \cap B^c)$ e $A \cap B^c \subset B^c$. Use o fato de que, se $A \subset B, P(A) \leq P(B)$.)

57. Um sistema é composto de três componentes 1, 2 e 3, com confiabilidade 0,9, 0,8 e 0,7, respectivamente. O componente 1 é indispensável ao funcionamento do sistema; se 2 ou 3 não funcionam, o sistema funciona, mas com um rendimento inferior. A falha simultânea de 2 e 3 implica o não-funcionamento do sistema. Supondo que os componentes funcionem independentemente, calcular a confiabilidade do sistema.

58. Prove (5.4). (Sugestão: escreva $U \cup V$ e V como reuniões de eventos mutuamente exclusivos.)

59. Há quatro bolas numa urna, numeradas 000, 011, 101, 110. Selecione uma bola ao acaso da urna. Considere os eventos

    A_i: na bola selecionada, o número 1 aparece na posição i, $i = 1, 2, 3$.

    Seja $A = A_1 \cap A_2 \cap A_3$.

    (a) Calcule $P(A_i)$, $i = 1, 2, 3$ e $P(A)$.

    (b) Mostre que A_1, A_2 e A_3 são mutuamente independentes, mas não são independentes.

60. Como fica a relação (5.10) para n eventos quaisquer $A_1, A_2, ..., A_n$?

61. Definir independência para n eventos quaisquer $A_1, ..., A_n$.

62. O problema do aniversário. Considere k pessoas numa sala. Qual a probabilidade de que pelo menos duas pessoas façam aniversário no mesmo dia e mês? A partir de qual valor de k essa probabilidade é maior que 0,5?

    (Sugestão: seja A o evento "pelo menos duas pessoas fazem aniversário no mesmo dia". O evento complementar é A^c: "todas as k pessoas fazem aniversário em dias diferentes". Calcule primeiro a $P(A^c)$. Para isso, use o resultado do Problema 53. Aqui, temos $N = 365$ dias e $k = n$ pessoas. Se $P(A) = p$, então mostre que

$$1 - p = P(A^c) = \frac{(365)_k}{365^k} = \frac{365 \cdot 364 \cdot 363...(365 - k + 1)}{365^k}$$

Note que há k fatores no numerador e no denominador dessa expressão.)

63. Mostre que a probabilidade $1 - p$ do Problema 62 pode ser escrita como

$$1 - p \approx 1 - \frac{1 + 2 + ... + k - 1}{365} = 1 - \frac{(k - 1)k}{730},$$

para k pequeno. Como ficará $P(A)$ neste caso?

5.6 PROBLEMAS SUPLEMENTARES

64. Num mercado, três corretoras A, B e C são responsáveis por 20%, 50% e 30% do volume total de contratos negociados, respectivamente. Do volume de cada corretora, 20%, 5% e 2%, respectivamente, são contratos futuros em dólares. Um contrato é escolhido ao acaso e este é futuro em dólares. Qual é a probabilidade de ter sido negociado pela corretora A? E pela corretora C?

65. Lance uma moeda duas vezes e sejam os eventos: A: cara no primeiro lançamento,

    B: cara no segundo lançamento e C: as duas moedas mostram faces diferentes.

    Mostre que A, B e C são dois a dois independentes, mas não totalmente independentes.

66. O Problema de Monty Hall. Num programa de TV, o objetivo é ganhar um carro como prêmio. O apresentador do programa mostra a você três portas, P_1, P_2 e P_3: atrás de uma há um carro e, das outras, duas cabras. Ele pede a você para escolher uma porta, você escolhe P_1, mas essa não é aberta. Então, ele abre uma das outras duas portas e mostra uma cabra (ele sabe o que há atrás de cada porta). Então ele pergunta se você quer mudar sua escolha de porta. O que você faria?

    [Sugestão: solução informal: faça a árvore de possibilidades. Solução formal: seja G o evento: ganhar o carro, mudando sua escolha. Seja C_i o evento: carro está atrás da porta P_i, $i = 1, 2, 3$ e seja H_i o evento: apresentador abriu a porta P_i, $i = 1, 2, 3$. Escreva G como uma reunião disjunta de dois eventos e use (5.8).]

67. Defina a *diferença simétrica* entre os eventos A e B como $A \Delta B = (A^c \cap B) \cup (A \cap B^c)$. Calcule $P(A \Delta B)$ para os eventos A e B do Exemplo 5.7.

Capítulo 6

Variáveis Aleatórias Discretas

6.1 Introdução

No capítulo anterior, introduzimos alguns modelos probabilísticos por meio de espaços amostrais bem simples. Isso facilitou bastante a compreensão do conceito de probabilidade e a obtenção de algumas propriedades. Mas, para atender a situações práticas mais gerais, necessitamos ampliar esses conceitos para que tenhamos modelos probabilísticos que representem todos os tipos de variáveis definidas no Capítulo 2. Muito do que foi apresentado naquele capítulo para tratamento descritivo das variáveis terá o seu correspondente no modelo teórico.

Para as variáveis qualitativas, a descrição de probabilidades associadas a eventos construída no capítulo precedente adapta-se muito bem. Dada a sua simplicidade, trataremos aqui de variáveis quantitativas discretas. Já os modelos para variáveis contínuas necessitarão de um artifício matemático, baseado em uma generalização do conceito de histograma, definido na Seção 2.3, e esse será o objetivo do próximo capítulo. A extensão dos modelos para várias variáveis será tratada no Capítulo 8.

Por outro lado, quando estudamos a descrição de dados, vimos que os recursos disponíveis para a análise das variáveis quantitativas são muito mais ricos do que para as variáveis qualitativas. Isso sugere o uso de artifícios para transformar essas últimas variáveis naquelas do primeiro tipo. Por exemplo, considere o caso de um questionário em que uma pessoa é indagada a respeito de uma proposição, e as respostas possíveis são *sim* ou *não*. Podemos associar ao problema uma variável que toma dois valores, 1 ou 0, por exemplo, correspondentes às respostas *sim* ou *não*, respectivamente. Esse tipo de variável será estudado neste capítulo.

O conhecimento de modelos probabilísticos para variáveis quantitativas é muito importante, e grande parte do restante deste livro será dedicada à construção desses modelos e inferências sobre seus parâmetros. Essas variáveis, para as quais iremos construir modelos probabilísticos, serão chamadas de *variáveis aleatórias* (v.a.).

6.2 O conceito de variável aleatória discreta

O conceito de v.a. discreta será introduzido por meio de um exemplo.

Exemplo 6.1 Um empresário pretende estabelecer uma firma para montagem de um produto composto de uma esfera e um cilindro. As partes são adquiridas em fábricas diferentes (A e B), e a montagem consistirá em juntar as duas partes e pintá-las. O produto acabado deve ter o comprimento (definido pelo cilindro) e a espessura (definida pela esfera) dentro de certos limites, e isso só poderá ser verificado após a montagem. Para estudar a viabilidade de seu empreendimento, o empresário quer ter uma ideia da distribuição do lucro por peça montada.

Sabe-se que cada componente pode ser classificado como bom, longo ou curto, conforme sua medida esteja dentro da especificação, maior ou menor que a especificada, respectivamente. Além disso, foram obtidos dos fabricantes o preço de cada componente ($ 5,00) e as probabilidades de produção de cada componente com as características bom, longo e curto. Esses valores estão na Tabela 6.1.

Se o produto final apresentar algum componente com a característica C (curto), ele será irrecuperável, e o conjunto será vendido como sucata ao preço de $ 5,00. Cada componente longo poderá ser recuperado a um custo adicional de $ 5,00. Se o preço de venda de cada unidade for de $ 25,00, como seria a distribuição de frequências da variável X: lucro por conjunto montado?

Tabela 6.1 Distribuição da produção das fábricas A e B, de acordo com as medidas das peças produzidas.

Produto		Fábrica A Cilindro	Fábrica B Esfera
Dentro das especificações	bom (B)	0,80	0,70
Maior que as especificações	longo (L)	0,10	0,20
Menor que as especificações	curto (C)	0,10	0,10

Fonte: Retirada das especificações técnicas das fábricas A e B.

A construção dessa distribuição de frequências vai depender de certas *suposições* que faremos sobre o comportamento do sistema considerado. Com base nessas suposições, estaremos trabalhando com um *modelo* da realidade, e a distribuição que obtivermos será uma distribuição teórica, tanto mais próxima da distribuição de frequências real quanto mais fiéis à realidade forem as suposições.

Primeiramente, vejamos a construção do espaço amostral para a montagem dos conjuntos segundo as características de cada componente e suas respectivas probabilidades. Como os componentes vêm de fábricas diferentes, vamos supor que a classificação dos cilindros e a da esfera, segundo suas características, sejam eventos independentes. Obteremos a configuração da Figura 6.1.

Uma representação do espaço amostral em questão está apresentada na Tabela 6.2 e foi obtida da Figura 6.1.

Figura 6.1 Diagrama em árvore para o Exemplo 6.1.

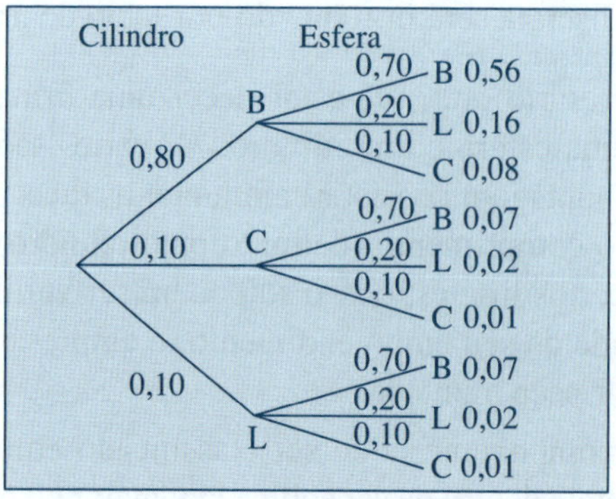

Cilindro	Esfera	
	0,70	B 0,56
B	0,20	L 0,16
0,80	0,10	C 0,08
	0,70	B 0,07
0,10 C	0,20	L 0,02
	0,10	C 0,01
0,10	0,70	B 0,07
	0,20	L 0,02
L	0,10	C 0,01

Tabela 6.2 Distribuição de probabilidade das possíveis composições das montagens.

Produto	Probabilidade	Lucro por montagem (X)
BB	0,56	15
BL	0,16	10
BC	0,08	–5
LB	0,07	10
LL	0,02	5
LC	0,01	–5
CB	0,07	–5
CL	0,02	–5
CC	0,01	–5

Fonte: Figura 5.1 e informações no texto.

A última coluna da Tabela 6.2 foi construída com base nas informações sobre preços. Por exemplo, obtendo uma montagem LB (cilindro longo e esfera boa), do preço de venda $ 25,00 devemos descontar: $ 10,00 dos custos dos componentes e $ 5,00 para recuperar o cilindro longo. Portanto, o lucro X desse conjunto será $ 10,00. Verifique os lucros das demais montagens.

Com os dados da Tabela 6.2, vemos que X pode assumir um dos seguintes valores:

15, se ocorrer o evento $A_1 = \{BB\}$;
10, se ocorrer o evento $A_2 = \{BL, LB\}$;
5, se ocorrer o evento $A_3 = \{LL\}$;
–5, se ocorrer o evento $A_4 = \{BC, LC, CB, CL, CC\}$.

Cada um desses eventos tem uma probabilidade associada, ou seja,

$$P(A_1) = 0,56, \quad P(A_2) = 0,23,$$
$$P(A_3) = 0,02, \quad P(A_4) = 0,19,$$

o que nos permite escrever a função $(x, p\,(x))$ da Tabela 6.3, que é um modelo teórico para a distribuição da variável X, que o empresário poderá usar para julgar a viabilidade econômica do projeto que ele pretende realizar. Aqui, x é o valor da v.a. X e $p(x)$ é a probabilidade de X tomar o valor x. Voltaremos a esse problema mais adiante.

Tabela 6.3 Distribuição da v.a. X.

x	$p(x)$
15	0,56
10	0,23
5	0,02
–5	0,19
Total	1,00

A função $(x, p(x))$ é chamada *função de probabilidade* da v.a. X. Esquematicamente teremos a situação da Figura 6.2.

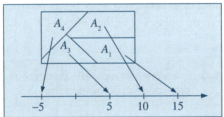

Figura 6.2 Função de probabilidade da v.a. X = lucro por montagem.

É evidente que, ao mesmo espaço amostral da Tabela 6.2, podemos associar outras variáveis aleatórias, como veremos a seguir.

Exemplo 6.2 Se considerarmos Y como a variável "custo de recuperação de cada conjunto produzido", verificaremos que Y irá assumir os valores

0, se ocorrer o evento $B_1 = \{BB, BC, LC, CB, CL, CC\}$;
5, se ocorrer o evento $B_2 = \{BL, LB\}$;
10, se ocorrer o evento $B_3 = \{LL\}$.

A função de probabilidade da v.a. Y está representada na Tabela 6.4 e a Figura 6.3 representa a situação esquematicamente.

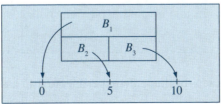

Figura 6.3 Função de probabilidade da v.a. Y = custo de recuperação.

Tabela 6.4 Distribuição da v.a. Y.

y	$p(y)$
0	0,75
5	0,23
10	0,02
Total	1,00

Deduz-se do exposto que uma v.a. X, do tipo discreto, estará bem caracterizada se indicarmos os possíveis valores $x_1, x_2, ..., x_n, ...$ que ela pode assumir e as respectivas probabilidades $p(x_1), p(x_2), ..., p(x_n), ...$, ou seja, se conhecermos a sua função de probabilidade $(x, p(x))$. Também usaremos a notação $p(x) = P(X = x)$.

Em algumas situações, a determinação da *função de probabilidade* (f.p.) é bem mais simples. Isso pode ser verificado pelos dois exemplos seguintes.

Exemplo 6.3 Voltemos à situação do Exemplo 5.10, em que consideramos duas extrações, sem reposição, de uma urna contendo duas bolas brancas e três bolas vermelhas. Definamos a v.a. X: número de bolas vermelhas obtidas nas duas extrações. Obtemos a Tabela 6.5 e a Figura 6.4.

Tabela 6.5 Extrações sem reposição de urna com duas bolas brancas e três bolas vermelhas.

Resultados	Probabilidades	X
BB	1/10	0
BV	3/10	1
VB	3/10	1
VV	3/10	2

Fonte: Figura 6.4.

Figura 6.4 Diagrama em árvore para o Exemplo 6.3.

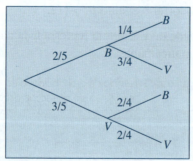

Vemos, pois, que a cada resultado do experimento está associado um valor da v.a. X, a saber, 0, 1 ou 2.

6.2 O CONCEITO DE VARIÁVEL ALEATÓRIA DISCRETA

Temos que $X = 0$, com probabilidade 1/10, pois $X = 0$ se, e somente se, ocorre o resultado BB; $X = 1$ com probabilidade $3/10 + 3/10 = 6/10$, pois $X = 1$ se, e somente se, ocorrem os resultados BV ou VB, que são mutuamente exclusivos; finalmente, $X = 2$ com probabilidade 3/10, pois $X = 2$ se, e somente se, ocorre o resultado VV. Resumidamente,

$$p(0) = P(X = 0) = P(BB) = 1/10,$$
$$p(1) = P(X = 1) = P(BV \text{ ou } VB) = 6/10,$$
$$p(2) = P(X = 2) = P(VV) = 3/10.$$

Na Tabela 6.6, apresentamos a distribuição de probabilidades da v.a. X.

Tabela 6.6 Distribuição de probabilidades da v.a. X = número de bolas vermelhas.

x	$p(x)$
0	1/10
1	6/10
2	3/10

Fonte: Tabela 6.5.

Exemplo 6.4 Retomemos o Exemplo 5.3, em que consideramos o lançamento de uma moeda duas vezes. Definamos a v.a. Y: número de caras obtidas nos dois lançamentos. Temos, então:

$$p(0) = P(Y = 0) = P(RR) = 1/4,$$
$$p(1) = P(Y = 1) = P(CR \text{ ou } RC) = 1/4 + 1/4 = 1/2,$$
$$p(2) = P(Y = 2) = P(CC) = 1/4.$$

Na Tabela 6.7 e na Figura 6.5, temos esquematizado o que ocorre e na Tabela 6.8 apresentamos a distribuição de probabilidades de Y.

Tabela 6.7 Lançamento de duas moedas.

Resultados	Probabilidades	Y
CC	1/4	2
CR	1/4	1
RC	1/4	1
RR	1/4	0

Fonte: Figura 6.5.

Figura 6.5 Diagrama em árvore para o Exemplo 6.4.

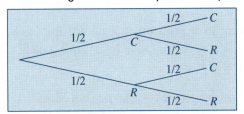

Tabela 6.8 Distribuição da v.a. Y = número de caras.

y	$p(y)$
0	1/4
1	1/2
2	1/4

Fonte: Tabela 6.7.

Dos exemplos apresentados, vemos que, a cada ponto do espaço amostral, a variável sob consideração associa um valor numérico, o que corresponde em Matemática ao conceito de função, mais precisamente, a uma função definida no espaço amostral Ω e assumindo valores reais.

Definição. Uma função X, definida no espaço amostral Ω e com valores num conjunto enumerável de pontos da reta é dita uma variável aleatória discreta.

Esquematicamente, teremos a situação da Figura 6.6.

Figura 6.6 Definição de uma v.a.

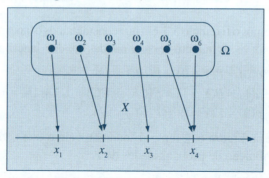

Vimos, também, como associar a cada valor x_i da v.a. X sua probabilidade de ocorrência. Ela é dada pela probabilidade do evento A de Ω, cujos elementos correspondem ao valor x_i (veja Figuras 6.2 e 6.3). Matematicamente, podemos escrever

$$P(X = x_i) = P(A),$$

onde

$$A = \{\omega_1, \omega_2, \ldots\} \subset \Omega$$

é tal que $X(\omega_i) = x_i$, se $\omega_i \in A$ e $X(\omega_i) \neq x_i$, se $\omega_i \in A^c$.

Definição. Chama-se função de probabilidade da v.a. discreta X, que assume os valores $x_1, x_2, \ldots, x_n, \ldots$, a função $\{(x_i, p(x_i)), i = 1, 2, \ldots\}$, que a cada valor de x_i associa a sua probabilidade de ocorrência, isto é,

$$p(x_i) = P(X = x_i) = p_i, i = 1, 2, \ldots$$

6.3 VALOR MÉDIO DE UMA VARIÁVEL ALEATÓRIA

Problemas

1. Considere uma urna contendo três bolas vermelhas e cinco pretas. Retire três bolas, sem reposição, e defina a v.a. X igual ao número de bolas pretas. Obtenha a distribuição de X.

2. Repita o problema anterior, mas considerando extrações com reposição.

3. Suponha que uma moeda perfeita é lançada até que cara apareça pela primeira vez. Seja X o número de lançamentos até que isso aconteça. Obtenha a distribuição de X. (Observe que, nesse problema, pelo menos teoricamente, X pode assumir um número infinito de valores.) Veja também o Problema 55.

4. Uma moeda perfeita é lançada quatro vezes. Seja Y o número de caras obtidas. Calcule a distribuição de Y.

5. Repita o problema anterior, considerando agora que a moeda é viciada, sendo a probabilidade de cara dada por p, $0 < p < 1$, $p \neq 1/2$.

6. Generalize o Problema 5, para n lançamentos da moeda.

6.3 Valor médio de uma variável aleatória

Vamos introduzir o conceito de valor médio por meio do seguinte exemplo.

Exemplo 6.5 Uma pergunta que logo ocorreria ao empresário do Exemplo 6.1 é qual o lucro médio por conjunto montado que ele espera conseguir. Da Tabela 6.3, observamos que 56% das montagens devem produzir um lucro de 15 reais, 23% um lucro de dez reais, e assim por diante. Logo, o lucro esperado por montagem será dado por

$$\text{lucro médio} = (0,56)(15) + (0,23)(10) + (0,02)(5) + (0,19)(-5) = 9,85.$$

Isto é, caso sejam verdadeiras as suposições feitas para determinar a distribuição da v.a., o empresário espera ter um lucro de 9,85 reais por conjunto montado.

Definição. Dada a v.a. X discreta, assumindo os valores $x_1, \dots, x_n$, chamamos valor médio ou esperança matemática de X ao valor

$$E(X) = \sum_{i=1}^{n} x_i P(X = x_i) = \sum_{i=1}^{n} x_i p_i. \tag{6.1}$$

A Fórmula (6.1) é semelhante àquela utilizada para a média, introduzida no Capítulo 3, na qual no lugar das probabilidades p_i tínhamos as frequências relativas f_i. A distinção entre essas duas quantidades é que a primeira corresponde a valores de um modelo teórico pressuposto, e a segunda, a valores observados da variável. Como p_i e f_i têm a mesma interpretação, todas as medidas e gráficos discutidos no Capítulo 2, baseados na distribuição das f_i, possuem um correspondente na distribuição de uma v.a. Além do valor médio, ou simplesmente *média*, definido acima, podemos considerar também outras medidas de posição e variabilidade, como a mediana e o desvio padrão. Veja a Seção 6.8 para a definição da mediana de uma v.a. discreta. Vamos considerar agora a definição de variância.

Definição. Chamamos de *variância* da v.a. X o valor

$$\text{Var}(X) = \sum_{i=1}^{n} \left[x_i - E(X)\right]^2 p_i. \quad (6.2)$$

O desvio padrão de X, $DP(X)$, é definido como a raiz quadrada positiva da variância.

Exemplo 6.6 Deixamos a cargo do leitor verificar que, no caso do problema do empresário, teremos:

(i) $\text{Var}(X) = 57,23$;

(ii) $DP(X) = 7,57$;

(iii) gráfico de $(x, p(x))$: Figura 6.7.

Figura 6.7 Gráfico de $p(x)$: distribuição da v.a. X = lucro por montagem.

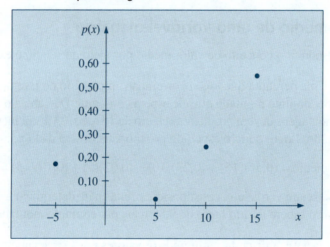

Observação. Até agora, consideramos o caso em que a v.a. X pode assumir um número *finito* de valores. Mas uma v.a. discreta X pode assumir um número *infinito*, porém *enumerável*, de valores, $x_1, ..., x_n, ...$, com probabilidades $p_1, ..., p_n, ...$, tal que cada $p_i > 0$ e a soma de todos os p_i seja 1, ou seja, $\sum_{i=1}^{\infty} p_i = 1$. Veja o Problema 3. Nesse caso, a definição de esperança deve ser modificada. A soma na Fórmula (6.1) é uma "soma infinita", que temos de supor que seja "convergente".

Problemas

7. Obtenha a média e a variância da v.a. X dos Problemas 1 e 2.
8. Obter a média e a variância da v.a. Y do Problema 4.

6.4 Algumas propriedades do valor médio

Retomemos o Exemplo 6.1 para ilustrar algumas propriedades da média de uma v.a.

Exemplo 6.7 Suponha que todos os preços determinados pelo empresário do Exemplo 6.1 estivessem errados. Na realidade, todos os valores deveriam ser duplicados, isto é, custos e preços de venda. Isso corresponde à transformação $Z = 2X$. As probabilidades associadas à v.a. Z serão as mesmas da v.a. X, pois cada valor de X irá corresponder a um único valor de Z. Na Tabela 6.9, temos a distribuição de Z.

O valor médio da v.a. Z é obtido por

$$E(Z) = \sum z_i p(z_i) = \sum (2x_i) p(x_i) = 19,70.$$

Suponha, agora, que queiramos a distribuição da v.a. $W = X^2$. Baseados na Tabela 6.3, obtemos a Tabela 6.10.

Tabela 6.9 Distribuição da variável aleatória $Z = 2X$.

x	$z = 2x$	$p(z) = p(x)$	$z \cdot p(z)$
15	30	0,56	16,80
10	20	0,23	4,60
5	10	0,02	0,20
−5	−10	0,19	−1,90
Total	−	1,00	19,70

Fonte: Tabela 6.3.

Tabela 6.10 Distribuição da variável aleatória $W = X^2$.

w	$p(w)$	$w \cdot p(w)$
225	0,56	126,00
100	0,23	23,00
25	0,21	5,25
Total	1,00	154,25

Fonte: Tabela 6.3.

Observe que o evento $\{W = 25\}$ ocorre quando $\{X = 5$ ou $X = -5\}$, portanto $P(W = 25) = P(X = 5) + P(X = -5) = 0,02 + 0,19 = 0,21$. Segue-se que a média de W é

$$E(W) = \sum w_i p(w_i) = (225)(0,56) + (100)(0,23) + (25)(0,21)$$

$$= (225)(0,56) + (100)(0,23) + \{(25)(0,02) + (25)(0,19)\}$$

$$= \sum x_i^2 p(x_i) = 154,25.$$

156 CAPÍTULO 6 — VARIÁVEIS ALEATÓRIAS DISCRETAS

Quanto às esperanças de Z e W, transformadas de X, é fácil ver que elas podem ser escritas por meio da f.p. de X.

Definição. Dada a v.a. discreta X e a respectiva função de probabilidade $p(x)$, a esperança matemática da função $h(X)$ é dada por

$$E[h(X)] = \sum h(x_i)p(x_i). \tag{6.3}$$

As seguintes propriedades podem ser facilmente demonstradas (veja o Problema 45):

(a) Se $h(X) = aX + b$, onde a e b são constantes, então

$$E(aX + b) = aE(X) + b, \tag{6.4}$$
$$\mathrm{Var}(aX + b) = a^2\mathrm{Var}(X). \tag{6.5}$$

(b) $\mathrm{Var}(X) = E(X^2) - [(E(X)]^2 = \sum x_i^2 p(x_i) - [\sum x_i p(x_i)]^2.$ \hfill (6.6)

A Fórmula (6.6) deve ser usada para facilitar o cálculo da variância.

Observação. A propriedade (6.4) não vale, em geral, para funções não lineares. Veja o Problema 58.

Exemplo 6.8 Usando os resultados dos Exemplos 6.5 e 6.7, obtemos

$$\mathrm{Var}(X) = 154{,}25 - (9{,}85)^2 = 57{,}23.$$

Observação. Usaremos os símbolos abaixo para indicar a média e a variância de uma v.a. X:

$$E(X) = \mu(X),$$
$$\mathrm{Var}(X) = \sigma^2(X),$$

ou, simplesmente, μ e σ^2, respectivamente, se não houver possibilidade de confusão.

6.5 Função de distribuição acumulada

No Capítulo 2, demos a definição de função de distribuição acumulada ou empírica para um conjunto de n observações. O equivalente teórico para variáveis aleatórias é definido a seguir.

Definição. Dada a variável aleatória X, chamaremos de *função de distribuição acumulada* (f.d.a.), ou simplesmente função de distribuição (f.d.) $F(x)$ à função

$$F(x) = P(X \le x). \tag{6.7}$$

Observe que o domínio de F é todo o conjunto dos números reais, ao passo que o contradomínio é o intervalo [0,1].

Exemplo 6.9 Voltando ao problema do empresário e usando a f.p. de X definida na Tabela 6.3, a f.d.a. de X será dada por

$$F(x) = \begin{cases} 0, & \text{se } x < -5 \\ 0,19, & \text{se } -5 \leq x < 5 \\ 0,21, & \text{se } 5 \leq x < 10 \\ 0,44, & \text{se } 10 \leq x < 15 \\ 1, & \text{se } x \geq 15, \end{cases}$$

cujo gráfico está na Figura 6.8.

Figura 6.8 f.d.a. para a v.a. X = lucro por montagem.

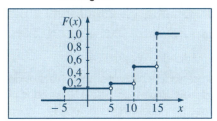

Observe que $P(X = x_i)$ é igual ao salto que a função $F(x)$ dá no ponto x_i; por exemplo, $P(X = 10) = 0{,}23 = F(10) - F(10-)$. De modo geral, $P(X = x_i) = F(x_i) - F(x_i -)$, em que lembramos que $F(a-) = \lim_{x \to a_-} F(x)$. Observe, também, que o conhecimento de $F(x)$ é equivalente ao conhecimento da f.p. de X.

Problemas

9. No Problema 1, obtenha as distribuições das v.a. $3X$ e X^2.

10. Considere o lançamento de três moedas. Se ocorre o evento **CCC**, dizemos que temos uma sequência, ao passo que se ocorre o evento **CRC** temos três sequências. Defina a v.a. X = número de caras obtidas e Y = número de sequências, isso para cada resultado possível. Assim, X (CRR) = 1 e Y (CRR) = 2. Obtenha as distribuições de X e Y. Calcule $E(X)$, $E(Y)$, $\text{Var}(X)$ e $\text{Var}(Y)$.

11. Suponha que a v.a. V tem a distribuição seguinte:

v	0	1
$p(v)$	q	$1 - q$

Obtenha $E(V)$ e $\text{Var}(V)$.

12. Seja X com distribuição dada abaixo; calcule $E(X)$. Considere a v.a. $(X - a)^2$ e calcule $E(X - a)^2$ para $a = 0, 1/4, 1/2, 3/4, 1$. Obtenha o gráfico de $E(X - a)^2 = g(a)$. Para qual valor de a, $g(a)$ é mínimo?

x	0	1	2
$p(x)$	1/2	1/4	1/4

158   CAPÍTULO 6 — VARIÁVEIS ALEATÓRIAS DISCRETAS

13. Um vendedor de equipamento pesado pode visitar, num dia, um ou dois clientes, com probabilidade de 1/3 ou 2/3, respectivamente. De cada contato, pode resultar a venda de um equipamento por $ 50.000,00 (com probabilidade 1/10) ou nenhuma venda (com probabilidade 9/10). Indicando por Y o valor total de vendas diárias desse vendedor, escreva a função de probabilidade de Y e calcule o valor total esperado de vendas diárias.

14. Calcule a variância da v.a. Y definida no Problema 13.

15. Obter a f.d.a. para a v.a. V do Problema 11. Faça seu gráfico.

16. Calcule a f.d.a. da v.a. Y do Problema 10 e faça seu gráfico.

17. O tempo T, em minutos, necessário para um operário processar certa peça é uma v.a. com a seguinte distribuição de probabilidade.

t	2	3	4	5	6	7
$p(t)$	0,1	0,1	0,3	0,2	0,2	0,1

(a) Calcule o tempo médio de processamento.

Para cada peça processada, o operário ganha um fixo de $ 2,00, mas, se ele processa a peça em menos de seis minutos, ganha $ 0,50 em cada minuto poupado. Por exemplo, se ele processa a peça em quatro minutos, recebe a quantia adicional de $ 1,00.

(b) Encontre a distribuição, a média e a variância da v.a. G: quantia em $ ganha por peça.

18. Sabe-se que a v.a. X assume os valores 1, 2 e 3 e que sua f.d.a. $F(x)$ é tal que

$$F(1) - F(1-) = 1/3,$$
$$F(2) - F(2-) = 1/6,$$
$$F(3) - F(3-) = 1/2.$$

Obtenha a distribuição de X, a f.d.a. $F(x)$ e os gráficos respectivos.

19. Obtenha a f.d.a. $F(t)$ da v.a. T do Problema 17.

6.6 Alguns modelos probabilísticos para variáveis aleatórias discretas

Algumas variáveis aleatórias adaptam-se muito bem a uma série de problemas práticos. Portanto, um estudo pormenorizado dessas variáveis é de grande importância para a construção de modelos probabilísticos para situações reais e a consequente estimação de seus parâmetros. Para algumas dessas distribuições existem tabelas que facilitam o cálculo de probabilidades, em função de seus parâmetros. Nesta seção, iremos estudar alguns desses modelos, procurando enfatizar as condições em que eles aparecem, suas funções de probabilidade, parâmetros e como calcular probabilidades.

6.6.1 Distribuição uniforme discreta

Este é o caso mais simples de v.a. discreta, em que cada valor possível ocorre com a mesma probabilidade.

6.6 ALGUNS MODELOS PROBABILÍSTICOS PARA VARIÁVEIS ALEATÓRIAS DISCRETAS

Definição. A v.a. discreta X, assumindo os valores $x_1, \ldots, x_k$, tem *distribuição uniforme* se, e somente se,

$$P(X = x_i) = p(x_i) = p = \frac{1}{k}, \qquad (6.8)$$

para todo $i = 1, 2, \ldots, k$.

É fácil verificar que

$$E(X) = \frac{1}{k} \sum_{i=1}^{k} x_i, \qquad (6.9)$$

$$\text{Var}(X) = \frac{1}{k} \left\{ \sum x_i^2 - \frac{\left(\sum x_i\right)^2}{k} \right\}, \qquad (6.10)$$

e que a função de distribuição acumulada é dada por

$$F(x) = \sum_{(x_i \leq x)} \frac{1}{k} = \frac{n(x)}{k}, \qquad (6.11)$$

em que $n(x)$ é o número de $x_i \leq x$ (veja a Figura 6.9).

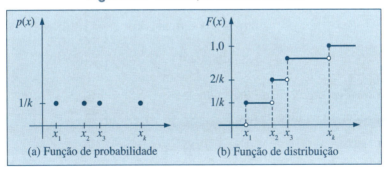

Figura 6.9 Distribuição uniforme discreta.

(a) Função de probabilidade (b) Função de distribuição

Exemplo 6.10 Seja X a v.a. que indica o "número de pontos marcados na face superior de um dado", quando ele é lançado. Obtemos na Tabela 6.11 a distribuição de X. Temos, também,

$$E(X) = 1/6 \{1 + 2 + 3 + 4 + 5 + 6\} = 21/6 = 3,5,$$
$$\text{Var}(X) = 1/6 \{(1 + 4 + \ldots + 36) - (21)^2/6\} = 35/12 = 2,9.$$

Tabela 6.11 Número de pontos no lançamento de um dado.

x	1	2	3	4	5	6	Total
$p(x)$	1/6	1/6	1/6	1/6	1/6	1/6	1,0

6.6.2 Distribuição de Bernoulli

Muitos experimentos são tais que os resultados apresentam ou não uma determinada característica. Por exemplo:

(1) uma moeda é lançada: o resultado ou é cara, ou não (ocorrendo, então, coroa);

(2) um dado é lançado: ou ocorre face 5 ou não (ocorrendo, então, uma das faces 1, 2, 3, 4 ou 6);

(3) uma peça é escolhida ao acaso de um lote contendo 500 peças: essa peça é defeituosa ou não;

(4) uma pessoa escolhida ao acaso dentre 1.000 é ou não do sexo masculino;

(5) uma pessoa é escolhida ao acaso entre os moradores de uma cidade e verifica-se se ela é favorável ou não a um projeto municipal.

Em todos esses casos, estamos interessados na ocorrência de *sucesso* (cara, face 5 etc.) ou *fracasso* (coroa, face diferente de 5 etc.). Essa terminologia (sucesso e fracasso) será usada frequentemente.

Para cada experimento acima, podemos definir uma v.a. X, que assume apenas dois valores: 1, se ocorrer sucesso, e 0, se ocorrer fracasso. Indicaremos por p a probabilidade de sucesso, isto é, $P(\text{sucesso}) = P(S) = p, 0 < p < 1$.

Definição. A variável aleatória X, que assume apenas os valores 0 e 1, com função de probabilidade $(x, p(x))$ tal que

$$p(0) = P(X = 0) = 1 - p,$$

$$p(1) = P(X = 1) = p,$$

é chamada *variável aleatória de Bernoulli*.

Então, segue-se facilmente que

$$E(X) = p; \tag{6.12}$$

$$\text{Var}(X) = p - p^2 = p(1 - p), \tag{6.13}$$

$$F(x) = \begin{cases} 0, & \text{se } x < 0 \\ 1 - p, & \text{se } 0 \leq x < 1 \\ 1, & \text{se } x \geq 1. \end{cases}$$

Na Figura 6.10, temos representadas as f.p. e f.d.a. de X.

Figura 6.10 Distribuição de Bernoulli (a) f.p. (b) f.d.a.

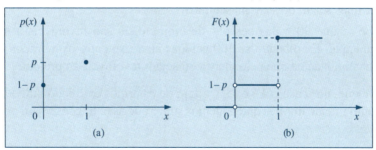

Exemplo 6.11 Vamos supor o caso do experimento (2). Supondo o dado perfeito, teremos $P(X = 0) = 5/6, P(X = 1) = 1/6$,

$$E(X) = 1/6, \text{Var}(X) = (1/6)(5/6) = 5/36.$$

Observação. Experimentos que resultam numa v.a. de Bernoulli são chamados *ensaios de Bernoulli*. Usaremos a notação

$$X \sim \text{Ber}(p)$$

para indicar uma v.a. com distribuição de Bernoulli com parâmetro p.

6.6.3 Distribuição binomial

Imagine, agora, que repetimos um ensaio de Bernoulli n vezes, ou, de maneira alternativa, obtemos uma amostra de tamanho n de uma distribuição de Bernoulli. Suponha ainda que as repetições sejam *independentes*, isto é, o resultado de um ensaio não tem influência nenhuma no resultado de qualquer outro ensaio. Uma amostra particular será constituída de uma sequência de sucessos e fracassos, ou, alternativamente, de uns e zeros. Por exemplo, repetindo um ensaio de Bernoulli cinco vezes ($n = 5$), um particular resultado pode ser *FSSFS* ou a quíntupla ordenada (0, 1, 1, 0, 1). Usando a notação da Seção 6.6.2, com $P(S) = p$, a probabilidade de tal amostra será

$$(1-p)pp(1-p)p = p^3(1-p)^2.$$

O número de sucessos nessa amostra é igual a 3, sendo 2 o número de fracassos.

Considere agora as seguintes situações, obtidas de (1) a (5) da seção anterior:

(1') uma moeda é lançada três vezes; qual é a probabilidade de se obter duas caras?

(2') um dado é lançado cinco vezes; qual é a probabilidade de se obter face 5 no máximo três vezes?

(3') dez peças são extraídas, ao acaso, com reposição, de um lote contendo 500 peças; qual é a probabilidade de que todas sejam defeituosas, sabendo-se que 10% das peças do lote são defeituosas?

(4') cinco pessoas são escolhidas ao acaso entre 1.000; qual é a probabilidade de que duas sejam do sexo masculino?

(5') sabe-se que 90% das pessoas de uma cidade são favoráveis a um projeto municipal. Escolhendo-se 100 pessoas ao acaso entre os moradores, qual é a probabilidade de que pelo menos 80 sejam favoráveis ao projeto?

Observe que, nos casos (4') e (5'), o fato de estarmos extraindo indivíduos de um conjunto muito grande implica que podemos supor que as extrações sejam praticamente independentes.

Exemplo 6.12 Consideremos a situação (1'), supondo que a moeda seja "honesta", isto é, $P(\text{sucesso}) = P(\text{cara}) = 1/2$. Indiquemos o sucesso (cara) por S e fracasso (coroa), por F. Então, estamos interessados na probabilidade do evento

$$A = \{SSF, SFS, FSS\},$$

ou, em termos da notação anterior, na probabilidade de

$$A = \{(1, 1, 0), (1, 0, 1), (0, 1, 1)\}.$$

É claro que $P(A) = P(SSF) + P(SFS) + P(FSS)$ e, devido à independência dos ensaios,

$$P(SSF) = \frac{1}{2} \times \frac{1}{2} \times \frac{1}{2} = P(SFS) = P(FSS),$$

e, portanto,

$$P(A) = \frac{3}{8}.$$

Se a probabilidade de sucesso for p, $0 < p < 1$, e $P(F) = 1 - p = q$, então

$$P(SSF) = p \times p \times q = p^2 \times q = P(SFS) = P(FSS),$$

de modo que

$$P(A) = 3p^2q.$$

Uma característica interessante dos experimentos considerados é que estamos interessados apenas no *número total* de sucessos e não na ordem em que eles ocorrem. Podemos construir a Tabela 6.12 para $n = 3$ lançamentos da moeda, com $P(S) = p$, $P(F) = 1 - p = q$, a partir da Figura 6.11.

Vamos designar por X o número total de sucessos em n ensaios de Bernoulli, com probabilidade de sucesso p, $0 < p < 1$. Os possíveis valores de X são 0, 1, 2, ..., n e os pares $(x, p(x))$, em que $p(x) = P(X = x)$, constituem a chamada *distribuição binomial*.

6.6 ALGUNS MODELOS PROBABILÍSTICOS PARA VARIÁVEIS ALEATÓRIAS DISCRETAS

Figura 6.11 Probabilidades binomiais para $n = 3$ e $P(S) = p$.

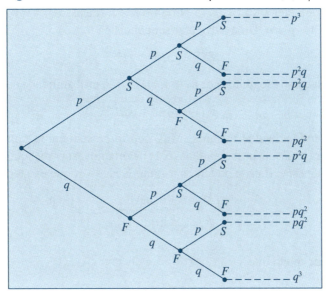

Tabela 6.12 Probabilidades binomiais para $n = 3$ e $P(S) = p$.

Número de sucessos	Probabilidades	$p = 1/2$
0	q^3	1/8
1	$3pq^2$	3/8
2	$3p^2q$	3/8
3	p^3	1/8

Fonte: Figura 6.11.

Para o exemplo (1') acima, $n = 3$ e $p = 1/2$, obtemos a distribuição dada pela primeira e terceira colunas da Tabela 6.12 e o gráfico da Figura 6.12.

Figura 6.12 Gráfico da f.p. $p(x)$ para $n = 3$ e $p = 1/2$.

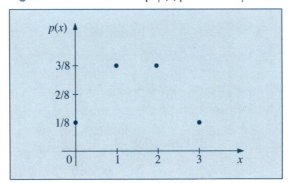

Obtenhamos, agora, $P(X = k)$, ou seja, numa sequência de n ensaios de Bernoulli, a probabilidade de obter k sucessos (e portanto $n - k$ fracassos), $k = 0,1,2, \ldots, n$, com $P(S) = p$, $P(F) = 1 - p = q$. Uma particular sequência é

$$SSS \ldots SFF \ldots F,$$

em que temos k sucessos seguidos por $n - k$ fracassos. A probabilidade de tal sequência é

$$p^k(1 - p)^{n-k} = p^k q^{n-k}, \tag{6.14}$$

devido à independência dos ensaios. Mas *qualquer* sequência com k sucessos e $n - k$ fracassos terá a mesma probabilidade (6.14). Portanto resta saber quantas sequências com a propriedade especificada podemos formar. É fácil ver que existem

$$\binom{n}{k} = \frac{n!}{k!(n-k)!}$$

tais sequências, de modo que

$$P(X = k) = \binom{n}{k} p^k q^{n-k}, k = 0, 1, \ldots, n. \tag{6.15}$$

As probabilidades (6.15) também serão indicadas por $b(k; n, p)$ e, quando a v.a. X tiver distribuição binomial com parâmetros n e p, escreveremos

$$X \sim b(n, p).$$

Exemplo 6.13 Vamos considerar a situação (3′) acima. Temos $n = 10$ ensaios de Bernoulli, cada um com $P(S) = P(\text{peça defeituosa}) = p = 0{,}1$. Se X indicar o número de peças defeituosas na amostra, queremos calcular $P(X = 10) = b(10; 10, 1/10)$. Por (6.15), obtemos

$$P(X = 10) = \binom{10}{10} (1/10)^{10} (9/10)^0 = (1/10)^{10} = 1/10^{10}.$$

A média e a variância de uma v.a. binomial, com parâmetros n e p são dadas, respectivamente, por

$$E(X) - np, \tag{6.16}$$

$$\text{Var}(X) = npq. \tag{6.17}$$

Veja o Problema 41 e as Seções 8.3 e 8.4.

Para o Exemplo 6.13 temos

$$E(X) = 10 \times \frac{1}{10} = 1,$$

$$\text{Var}(X) = 10 \times \frac{1}{10} \times \frac{9}{10} = \frac{9}{10}.$$

6.6 ALGUNS MODELOS PROBABILÍSTICOS PARA VARIÁVEIS ALEATÓRIAS DISCRETAS

As probabilidades binomiais $b(k; n, p)$ são facilmente calculadas em programas estatísticos, como o Minitab e o SPlus, ou planilhas, como o Excel, ou então são dadas por tabelas especialmente construídas, para diferentes valores de n e p. A Tabela I fornece essas probabilidades para valores de $n = 2, 3, \ldots, 19$ e alguns valores de p.

Exemplo 6.14 Usando (6.15) e a Tabela I, ou com a ajuda de um computador, obtemos

$$b(17; 20; 0,9) = \binom{20}{17}(0,9)^{17}(0,1)^3 = 0,19.$$

No Capítulo 7 e na Seção 6.6.5, veremos duas maneiras de calcular valores aproximados para as probabilidades binomiais para n grande.

Para finalizar, vamos formalizar os principais pontos apresentados nesta seção.

Definição. Chama-se de *experimento binomial* ao experimento

(a) que consiste em n ensaios de Bernoulli;

(b) cujos ensaios são independentes; e

(c) para o qual a probabilidade de sucesso em cada ensaio é sempre igual a $p, 0 < p < 1$.

Definição. A variável aleatória X, correspondente ao número de sucessos num experimento binomial, tem distribuição binomial $b(n, p)$, com função de probabilidade

$$b(k; n, p) = P(X = k \,|\, n, p) = \binom{n}{k} p^k q^{n-k}, k = 0, 1, \ldots, n. \tag{6.18}$$

Na Seção 6.9, veremos como podemos obter os valores $b(k; n, p)$, para n e p dados, usando um pacote estatístico.

6.6.4 Distribuição hipergeométrica

Essa distribuição é adequada quando consideramos extrações casuais feitas *sem reposição* de uma população dividida segundo dois atributos. Para ilustrar, considere uma população de N objetos, r dos quais têm o atributo A e $N - r$ têm o atributo B. Um grupo de n elementos é escolhido ao acaso, sem reposição. Estamos interessados em calcular a probabilidade de que esse grupo contenha k elementos com o atributo A. Pode-se ver facilmente, utilizando o princípio multiplicativo, que essa probabilidade é dada por

$$p_k = \frac{\binom{r}{k}\binom{N-r}{n-k}}{\binom{N}{n}}, \tag{6.19}$$

em que $\max(0, n - N + r) \le k \le \min(r, n)$.

166 CAPÍTULO 6 — VARIÁVEIS ALEATÓRIAS DISCRETAS

Os pares (k, p_k) constituem a *distribuição hipergeométrica de probabilidades*. Se definirmos a v.a. X como o número de elementos na amostra que têm o atributo A, então $P(X = k) = p_k$.

Exemplo 6.15 Em problemas de controle de qualidade, lotes com N itens são examinados. O número de itens com defeito (atributo A), r, é desconhecido. Colhemos uma amostra de n itens e determinamos k. Somente para ilustrar, suponha que num lote de $N = 100$ peças, $r = 10$ sejam defeituosas. Escolhendo $n = 5$ peças sem reposição, a probabilidade de não se obter peças defeituosas é

$$p_0 = \frac{\binom{10}{0}\binom{90}{5}}{\binom{100}{5}} = \frac{\binom{90}{5}}{\binom{100}{5}} \simeq 0,584,$$

enquanto a probabilidade de se obter pelo menos uma defeituosa é

$$p_1 + p_2 + \dots + p_5 = 1 - p_0 \simeq 0,426.$$

Pode-se demonstrar que a v.a. X definida acima tem esperança e variância dadas por

$$E(X) = np, \tag{6.20}$$

$$\text{Var}(X) = np(1 - p)\frac{N - n}{N - 1}, \tag{6.21}$$

respectivamente, em que $p = r/N$ é a probabilidade de se obter uma peça defeituosa numa única extração. Se N for grande, quando comparado com n, então extrações com ou sem reposição serão praticamente equivalentes, de modo que as probabilidades dadas por (6.19) serão aproximadamente iguais às dadas pela Fórmula (6.15), isto é, $p_k \simeq b(k; n, p)$. Do mesmo modo, os resultados (6.20) e (6.21) serão aproximadamente iguais aos valores correspondentes da distribuição binomial (note que $N - n \simeq N - 1$, se $n \ll N$). Denotaremos uma v.a. com distribuição hipergeométrica por

$$X \sim \text{hip}(N, r, n).$$

6.6.5 Distribuição de Poisson

A Tabela I fornece os valores de $b(k; n, p)$ para $n = 2, \dots, 19$. Para n grande e p pequeno, podemos aproximar essas probabilidades por

$$\frac{e^{-np}(np)^k}{k!}, k = 0, 1, \dots, n \tag{6.22}$$

6.6 ALGUNS MODELOS PROBABILÍSTICOS PARA VARIÁVEIS ALEATÓRIAS DISCRETAS

As probabilidades (6.22), calculadas agora para todos os valores inteiros não negativos $k = 0, 1, 2, ...$, constituem a chamada *distribuição de Poisson*, tabelada na Tabela II, para alguns valores de $\lambda = np$. A aproximação

$$b(k; n, p) \simeq \frac{e^{-np}(np)^k}{k!} \tag{6.23}$$

é boa se n for grande e p pequeno e de tal sorte que $np \leq 7$. Ver o Problema 43 para uma sugestão de como provar (6.23).

As probabilidades dadas por (6.23) podem, também, ser obtidas em aplicativos estatísticos ou planilhas, assim como a binomial.

Exemplo 6.16 Consideremos aproximar $b(2; 1.000, 0,0001)$, usando (6.23). Temos que $np = 0,1$, logo

$$b(2; 1.000, 0, 0001) \simeq \frac{e^{-0,1}(0,1)^2}{2!} = 0,0045.$$

Observemos que as probabilidades (6.23) estão definidas para qualquer inteiro não negativo k. Contudo, observando a Tabela II, vemos que essas probabilidades decaem à medida que k cresce e, normalmente, são desprezíveis para k maior do que 5 ou 6.

A distribuição de Poisson é largamente empregada quando se deseja contar o número de eventos de certo tipo que ocorrem num intervalo de tempo, ou superfície ou volume. São exemplos:

(a) número de chamadas recebidas por um telefone durante cinco minutos;

(b) número de falhas de um computador num dia de operação; e

(c) número de relatórios de acidentes enviados a uma companhia de seguros numa semana.

De modo geral, dizemos que a v.a. N tem uma distribuição de Poisson com parâmetro $\lambda > 0$ se

$$P(N = k) = \frac{e^{-\lambda}\lambda^k}{k!}, k = 0,1,2,... \tag{6.24}$$

É fácil verificar que $E(N) = \text{Var}(N) = \lambda$ (veja o Problema 46); logo, λ representa o número médio de eventos ocorrendo no intervalo considerado.

Uma suposição que se faz usualmente em relação à distribuição de Poisson é que a probabilidade de se obter mais de um evento num intervalo muito pequeno é desprezível.

Exemplo 6.17 Uma situação prática de interesse na qual a distribuição de Poisson é empregada diz respeito à desintegração de substâncias radioativas. Considere o urânio 238 (U^{238}), por exemplo. Cada núcleo de U^{238} tem uma probabilidade muito pequena, $4,9 \times 10^{-18}$

168 CAPÍTULO 6 — VARIÁVEIS ALEATÓRIAS DISCRETAS

de se desintegrar, emitindo uma partícula α, em um segundo. Considere, agora, um número grande n de núcleos e a v.a. N = número de núcleos que se desintegram. Admitindo-se que a desintegração de um núcleo não afeta a probabilidade de desintegração de qualquer outro núcleo (independência), a v.a. N tem uma distribuição binomial, com parâmetros n e p, este dado pelo valor acima. Logo, estamos numa situação em que podemos usar (6.23), ou seja, aproximar probabilidades binomiais por probabilidades de Poisson.

Em 0,30 mg de U^{238} temos aproximadamente $n = 7,6 \times 10^{17}$ átomos (Helene; Vanin, 1981), logo $\lambda = np \approx 3,7$ e

$$P(N = k) \simeq \frac{e^{-3,7}\,(3,7)^k}{k\,!}\,, k = 0,1,\dots$$

Por exemplo, $P(N = 0) = 0,025$ e $P(N = 2) = 0,169$. Pode-se ver que $P(N \geq 19)$ é muito pequena, menor do que 10^{-6}.

Tabela 6.13 Frequências observadas e esperadas para o Exemplo 6.17.

k	n_k	np_k
0	57	54,399
1	203	210,523
2	383	407,361
3	525	525,496
4	532	508,418
5	408	393,515
6	273	253,817
7	139	140,325
8	45	67,882
9	27	29,189
≥ 10	16	17,075
	2.608	2.608,000

Seria interessante avaliar se a distribuição de Poisson realmente é um modelo razoável para essa situação. Um experimento devido a Rutherford e Geiger (veja Feller, 1964, p. 149, para a referência completa sobre esse experimento) de fato comprova essa adequação. Eles observaram os números de partículas α emitidas por uma substância radioativa em $n = 2.608$ intervalos de 7,5 segundos. A Tabela 6.13 apresenta os números n_k de intervalos de 7,5 segundos contendo k partículas. Uma estimativa de λ = número médio de partículas emitidas durante um intervalo de 7,5 segundos é dada por

$$\lambda = \frac{\sum kn_k}{n} = \frac{10.094}{2.608} = 3,87$$

6.6 ALGUNS MODELOS PROBABILÍSTICOS PARA VARIÁVEIS ALEATÓRIAS DISCRETAS

Se considerarmos ocorrências de eventos em intervalos de tempo de comprimento t, no lugar de intervalo unitário de tempo, basta ajustar o parâmetro λ na Fórmula (6.24). Vejamos um exemplo.

As probabilidades de Poisson são dadas por

$$P_k = \frac{3,87^k e^{-3,87}}{k!}, k = 0,1,2,\ldots$$

Segue-se que np_k é o número esperado de intervalos contendo k partículas, e esses valores também estão apresentados na Tabela 6.13. Vemos que há uma boa coincidência entre os valores das duas colunas. Um teste formal pode ser feito para verificar a adequação da distribuição de Poisson. Veja o Capítulo 14, Exemplo 14.5.

Exemplo 6.18 Um telefone recebe, em média, cinco chamadas por minuto. Supondo que a distribuição de Poisson seja adequada nessa situação, obter a probabilidade de que o telefone não receba chamadas durante um intervalo de um minuto.

Segue-se que $\lambda = 5$ e

$$P(N = 0) = \frac{5^0 e^{-5}}{0!} = e^{-5} = 0,0067.$$

Por outro lado, se quisermos a probabilidade de obter no máximo duas chamadas em quatro minutos, teremos $\lambda = 20$ chamadas em quatro minutos, logo

$$P(N \leq 2) = P(N = 0) + P(N = 1) + P(N = 2) = e^{-20} (1 + 20 + 200) = 221e^{-20},$$

que é um número muito próximo de zero.

Esse exemplo nos mostra que a probabilidade de k ocorrências num intervalo fixo de comprimento t pode ser escrita como

$$P(N = k) = \frac{e^{-\lambda t} (\lambda t)^k}{k!}, k = 0,1,2,\ldots, \tag{6.25}$$

em que λ representa o número médio de ocorrências naquele intervalo. Denotaremos uma v.a. N com distribuição de Poisson de parâmetro λ por

$$N \sim \text{Pois}(\lambda).$$

Apresentamos, na Tabela 6.14, um resumo das distribuições discretas estudadas neste capítulo. Para cada uma temos a fórmula que dá a probabilidade de assumir cada valor, os possíveis valores, os parâmetros que caracterizam cada distribuição, a média e a variância. Incluímos, também, a distribuição geométrica, tratada no Problema 55.

Tabela 6.14 Modelos para variáveis discretas.

Modelo	$P(X = x)$	Parâmetros	$E(X)$, $\mathrm{Var}(X)$
Bernoulli	$p^x(1-p)^{1-x}, x = 0, 1$	p	$p, p(1-p)$
Binomial	$\binom{n}{x} p^x (1-p)^{n-x}, x = 0, \ldots, n$	n, p	$np, np(1-p)$
Poisson	$\dfrac{e^{-\lambda}\lambda^x}{x!}, x = 0, 1, \ldots$	λ	λ, λ
Geométrica	$p(1-p)^{x-1}, x = 1, 2, \ldots$	p	$\dfrac{1}{p}, \dfrac{(1-p)}{p^2}$
Hipergeométrica	$\dfrac{\binom{n}{x}\binom{N-r}{n-x}}{\binom{N}{n}}, a \leq x \leq b^{(1)}$	N, r, n	$\dfrac{nr}{N}, n\left(\dfrac{r}{N}\right)\left(1 - \dfrac{r}{N}\right)\left(\dfrac{N-n}{N-1}\right)$

[1]$a = \max(0, n - N + r)$, $b = \min(r, n)$.

Problemas

20. Para os exercícios (a) a (e) abaixo, considere o enunciado:

    Das variáveis abaixo descritas, assinale quais são binomiais, e para essas dê os respectivos campos de definição e função de probabilidade. Quando julgar que a variável não é binomial, aponte as razões de sua conclusão.

    (a) De uma urna com dez bolas brancas e 20 pretas, vamos extrair, com reposição, cinco bolas. X é o número de bolas brancas nas cinco extrações.

    (b) Refaça o problema anterior, mas dessa vez as n extrações são sem reposição.

    (c) Temos cinco urnas com bolas pretas e brancas e vamos extrair uma bola de cada urna. Suponha que X seja o número de bolas brancas obtidas no final.

    (d) Vamos realizar uma pesquisa em dez cidades brasileiras, escolhendo ao acaso um habitante de cada uma delas e classificando-o em pró ou contra um certo projeto federal. Suponha que X seja o número de indivíduos contra o projeto no final da pesquisa.

    (e) Em uma indústria existem 100 máquinas que fabricam determinada peça. Cada peça é classificada como boa ou defeituosa. Escolhemos ao acaso um instante de tempo e verificamos uma peça de cada uma das máquinas. Suponha que X seja o número de peças defeituosas.

21. Se $X \sim b(n, p)$, sabendo-se que $E(X) = 12$ e $\sigma^2 = 3$, determinar:

    (a) n

    (b) p

    (c) $P(X < 12)$

    (d) $P(X \geq 14)$

6.6 ALGUNS MODELOS PROBABILÍSTICOS PARA VARIÁVEIS ALEATÓRIAS DISCRETAS

(e) $E(Z)$ e $\text{Var}(Z)$, em que $Z = (X - 12)/\sqrt{3}$

(f) $P(Y \geq 14/16)$, em que $Y = X/n$

(g) $P(Y \geq 12/16)$, em que $Y = X/n$

22. Numa central telefônica, o número de chamadas chega segundo uma distribuição de Poisson, com a média de oito chamadas por minuto. Determinar qual a probabilidade de que num minuto se tenha:

    (a) dez ou mais chamadas;

    (b) menos que nove chamadas;

    (c) entre sete (inclusive) e nove (exclusive) chamadas.

23. Num certo tipo de fabricação de fita magnética, ocorrem cortes a uma taxa de um por 2.000 pés. Qual a probabilidade de que um rolo com 2.000 pés de fita magnética tenha:

    (a) nenhum corte?

    (b) no máximo dois cortes?

    (c) pelo menos dois cortes?

24. Suponha que a probabilidade de que um item produzido por uma máquina seja defeituoso é de 0,2. Se dez itens produzidos por essa máquina são selecionados ao acaso, qual é a probabilidade de que não mais do que um defeituoso seja encontrado? Use a binomial e a distribuição de Poisson e compare os resultados.

25. Examinaram-se 2.000 ninhadas de cinco porcos cada uma, segundo o número de machos. Os dados estão representados na tabela abaixo.

Nº de Machos	Nº de Ninhadas
0	20
1	360
2	700
3	680
4	200
5	40
Total	2.000

    (a) Calcule a proporção média de machos.

    (b) Calcule, para cada valor de X, o número de ninhadas que você deve esperar se $X \sim b(5, p)$, em que p é a proporção média de machos calculada em (a).

26. Se X tem distribuição binomial com parâmetros $n = 5$ e $p = 1/2$, faça os gráficos da distribuição de X e da f.d.a. $F(x)$.

27. Considere, agora, $n = 5$ e $p = 1/4$. Obtenha o gráfico da distribuição de X. Qual a diferença entre esse gráfico e o correspondente do Problema 26? O que ocasionou a diferença?

28. Refaça o Problema 26, com $n = 6$ e $p = 1/2$.

6.7 O processo de Poisson

No Exemplo 6.17 acima, vimos uma aplicação importante da distribuição de Poisson ao problema da desintegração radioativa. Lá tratamos da emissão de partículas alfa em intervalos de 7,5 segundos. Ou seja, estamos contando o número de ocorrências de um evento ao longo do tempo. Na realidade, consideramos o que se chama um *processo estocástico*. Designando-se por N_t o número de partículas emitidas no intervalo $[0, t)$, obteremos o que se chama de *processo de Poisson*, para todo $t \geq 0$. Nesta seção, iremos partir de algumas suposições que consideramos plausíveis sobre tal processo e mostrar que a distribuição da variável aleatória N_t, para cada $t \geq 0$, é dada pela Fórmula (6.25).

As suposições que iremos admitir como válidas são as seguintes.

(S1) $N_0 = 0$, ou seja, o processo começa no instante zero com probabilidade um: $P(N_0 = 0) = 1$.

(S2) Os números de eventos em intervalos de tempo disjuntos são v.a. independentes. Considere $0 < t < t + s$, N_t como antes e $N_{t+s} - N_t$ o número de eventos no intervalo $[t, t + s)$. Então, estamos supondo que as v.a. N_t e $N_{t+s} - N_t$ são independentes. Dizemos que o processo tem *incrementos independentes*.

(S3) Considere os intervalos $[0, t)$ e $[s, s + t)$, de mesmo comprimento t e as v.a. N_t como antes e M_t = número de eventos no intervalo $[s, s + t)$. Então, para todo $s > 0$, as v.a. N_t e M_t têm a mesma distribuição de probabilidades. Ou seja, a distribuição do número de eventos ocorridos num intervalo depende somente do comprimento do intervalo, e não de sua localização. Dizemos que o processo tem *incrementos estacionários*.

(S4) Para h suficientemente pequeno, $P(N_h = 1) \approx \lambda h$, com $\lambda > 0$, constante. Ou seja, num intervalo pequeno, a probabilidade de ocorrência de um evento é proporcional ao comprimento do intervalo.

(S5) Para h como em (S4), $P(N_h \geq 2) \approx 0$. Isso nos diz que a probabilidade de se ter dois ou mais eventos num intervalo suficientemente pequeno é desprezível.

Considere o intervalo $[0, t)$ e o divida em subintervalos de comprimento t/n, como na Figura 6.13.

Figura 6.13 Divisão de intervalo $[0, t)$ em subintervalos de comprimentos t/n.

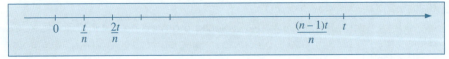

Chamemos de Y a v.a. que dá os números de subintervalos com um evento. Então, Y é uma v.a. com distribuição binomial, de parâmetros n (número total de subintervalos)

e $p = P$ (um evento) $= \lambda(t/n)$. Para n grande, usando a aproximação da seção anterior, temos que essa variável pode ser aproximada por uma v.a. com distribuição de Poisson com parâmetro $np = n\lambda(t/n) = \lambda t$. Note que aqui usamos as suposições S2 (cada subintervalo contém um evento, independentemente dos demais intervalos) e S3 (com a mesma probabilidade).

Pela suposição S5, a probabilidade de que cada subintervalo contenha dois ou mais eventos tende a zero, quando n cresce. Logo, N_t é uma v.a. com distribuição de Poisson, com parâmetro λt.

Uma prova um pouco mais rigorosa, usando derivadas, pode ser dada. Veja Meyer (1965).

6.8 Quantis

No Capítulo 3, estudamos os quantis associados a um conjunto de dados. Esses poderiam ser chamados de quantis empíricos, pois podemos agora considerar quantis associados à distribuição de uma v.a. discreta, que poderíamos denominar quantis teóricos.

Definição. O valor $Q(p)$ satisfazendo

$$P(X \le Q(p)) \ge p \text{ e } P(X \ge Q(p)) \ge 1 - p, \tag{6.26}$$

para $0 < p < 1$, é chamado o p-*quantil* de X.

A interpretação do p-quantil é similar à que foi dada no caso de um conjunto de dados: $Q(p)$ é o valor tal que a soma das probabilidades dos valores menores do que ele, é p. Então, por que não defini-lo por $F(Q(p)) = P(X \le Q(p)) = p$, em que $F(x)$ é a f.d.a. de X? A resposta será dada acompanhando os exemplos a seguir.

Para determinados valores de p teremos, como antes, denominações especiais. Por exemplo:

$Q_1 = Q(0,25)$:   primeiro quartil

$Q_2 = Q(0,5)$:   mediana ou segundo quartil

$Q_3 = Q(0,75)$:   terceiro quartil.

Vejamos o caso da mediana, $Q(0,5) = Md$. Por (6.26) devemos ter

$$P(X \le Md) \ge 0,5 \text{ e } P(X \ge Md) \ge 0,5. \tag{6.27}$$

Suponha a v.a. X com a distribuição:

x	0	1
$p(x)$	1/3	2/3

Então $Md = 1$, pois $P(X \le 1) = 1/3 + 2/3 = 1 > 1/2$ e $P(X \ge 1) = P(X = 1) = 2/3 > 1/2$.

Na Figura 6.14, temos a f.d.a. de X. Sabemos que

$$F(x) = \begin{cases} 0, & x < 0 \\ 1/3, & 0 \leq x < 1 \\ 1, & x \geq 1, \end{cases}$$

de modo que não existe algum valor x tal que $F(x) = 0{,}5$, o que ilustra por que não podemos definir a mediana por meio de $F(Md) = 0{,}5$.

Figura 6.14 f.d.a. da v.a. X.

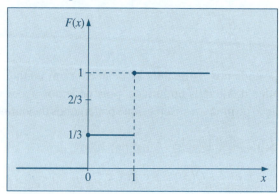

Por outro lado, considere a v.a. Y com a distribuição da tabela abaixo:

Y	−1	0	1
$p(y)$	1/4	1/4	1/2

Então, qualquer valor Md entre 0 e 1 é uma mediana, pois

$$P(Y \leq Md) = P(Y = -1) + P(Y = 0) = 1/2 \geq 1/2 \text{ e}$$
$$P(Y \geq Md) = P(Y = 1) = 1/2 \geq 1/2.$$

A f.d.a. de Y está na Figura 6.15. Observe que 0 e 1 também são medianas. Observe, também, que $Q(0{,}75) = 1$, pois

$$P(X \leq 1) = 1 \geq p = 0{,}75,$$
$$P(X \geq 1) = 0{,}5 \geq 1 - p = 0{,}25.$$

Novamente, não há nenhum valor de y tal que $F(y) = 0{,}75$. Mostre que $Q(0{,}90)$ também é igual a 1.

Figura 6.15 f.d.a. da v.a. Y.

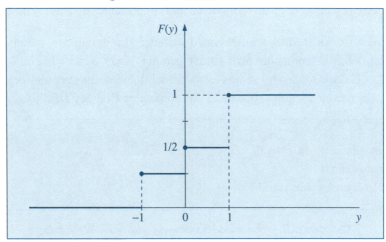

6.9 Exemplos computacionais

No R, é possível obter a função de probabilidade (ou densidade), a função de distribuição acumulada e os quantis de uma variável aleatória. Por exemplo, para uma variável aleatória com distribuição binomial, podemos utilizar os seguintes comandos:

```
dbinom (x, size, prob, log = FALSE)
pbinom (q, size, prob, lower.tail = TRUE, log.p = FALSE)
qbinom (p, size, prob, lower.tail = TRUE, log.p = FALSE)
rbinom (n, size, prob)

Principais argumentos:

x : valor observador para o qual se deseja calcular o valor da distribuição
q : vetor de quantis
p : vetor de probabilidades
n : Número de observações a serem simuladas
size : parâmetro da distribuição: número de ensaios
prob : parâmetro da distribuição: probabilidade de sucesso de cada ensaio
lower.tail : Variável TRUE/FALSE. Se TRUE, P[X ≤ x] para TRUE e P[X > x].
```

Com relação à nomenclatura, note que no exemplo anterior, a referência à distribuição é sempre precedida de uma letra, d para densidade, p para função distribuição, q para quantis e r para simulação. Dessa forma, se quisermos simular uma distribuição de Poisson, o comando será rpois (...), para acessar os quantis de uma distribuição geométrica, qgeom (...) e assim por diante.

176 CAPÍTULO 6 — VARIÁVEIS ALEATÓRIAS DISCRETAS

Além do R, outros pacotes podem ser usados para gerar probabilidades e probabilidades acumuladas, quantis etc., para os modelos mais importantes discutidos neste capítulo.

Exemplo 6.19 Consideremos a v.a X com distribuição binomial, com parâmetros n=14 e p=P(sucesso)=0,3. Os comandos no R abaixo geram P(X=k), para k=0,1,...,12 , e P(X≤x) para x=0,1,...,12. No Quadro 6.1 temos essas probabilidades, mas geradas pelo Minitab, que fornece os mesmos valores, por meio dos comandos *PDF* e *CDF*.

```
x<-0:12
px<-dbinom(x, size=14, p=0.3)
fdax<-cumsum(px)
quadro61<-data.frame(x, px, fdax)
```

Quadro 6.1 Probabilidades binomiais geradas pelo Minitab.

MTB > PDF;				MTB > CDF;			
SUBC> Binomial 14 0.3.				SUBC> Binomial 14 0.3.			
Probability Density Function				**Cumulative Distribution Function**			
Binomial with n = 14 and p = 0.300000				Binomial with n = 14 and p = 0.300000			
x	P(X = x)	x	P(X = x)	x	P(X <= x)	x	P(X <= x)
0	0.0068	7	0.0618	0	0.0068	6	0.9067
1	0.0407	8	0.0232	1	0.0475	7	0.9685
2	0.1134	9	0.0066	2	0.1608	8	0.9917
3	0.1943	10	0.0014	3	0.3552	9	0.9983
4	0.2290	11	0.0002	4	0.5842	10	0.9998
5	0.1963	12	0.0000	5	0.7805	11	1.0000
6	0.1262						

Para um v.a X com distribuição de Poisson, com parâmetro $\lambda = 5, 2$, teremos os comandos no R:

```
x<-0:17
px<-dpois(x, lambada,=5.2)
fdax<-cumsum(px)
quadro62<-data.frame(x, px, fdax)
```

No Quadro 6.2 obtemos as mesmas probabilidades, via Minitab.

6.10 PROBLEMAS SUPLEMENTARES

Quadro 6.2 Probabilidades de Poisson geradas pelo Minitab.

MTB > PDF;				MTB > CDF;			
SUBC> Poisson 5.2.				SUBC> Poisson 5.2.			
Probability Density Function				**Cumulative Distribution Function**			
Poisson with mu = 5.20000				Poisson with mu = 5.20000			
x	P(X = x)	x	P(X = x)	x	P(X <= x)	x	P(X <= x)
0	0.0055	9	0.0423	0	0.0055	9	0.9603
1	0.0287	10	0.0220	1	0.0342	10	0.9823
2	0.0746	11	0.0104	2	0.1088	11	0.9927
3	0.1293	12	0.0045	3	0.2381	12	0.9972
4	0.1681	13	0.0018	4	0.4061	13	0.9990
5	0.1748	14	0.0007	5	0.5809	14	0.9997
6	0.1515	15	0.0002	6	0.7324	15	0.9999
7	0.1125	16	0.0001	7	0.8449	16	1.0000
8	0.0731	17	0.0000	8	0.9181		

6.10 Problemas suplementares

29. Um florista faz estoque de uma flor de curta duração que lhe custa $ 0,50 e que ele vende a $ 1,50 no primeiro dia em que a flor está na loja. Toda flor que não é vendida nesse primeiro dia não serve mais e é jogada fora. Seja X a variável aleatória que denota o número de flores que os fregueses compram em um dia casualmente escolhido. O florista descobriu que a função de probabilidade de X é dada pela tabela abaixo.

x	0	1	2	3
$p(x)$	0,1	0,4	0,3	0,2

Quantas flores deveria o florista ter em estoque a fim de maximizar a média (valor esperado) do seu lucro?

30. As cinco primeiras repetições de um experimento custam $ 10,00 cada. Todas as repetições subsequentes custam $ 5,00 cada. Suponha que o experimento seja repetido até que o primeiro sucesso ocorra. Se a probabilidade de sucesso de uma repetição é igual a 0,9, e se as repetições são independentes, qual é o custo esperado da operação?

31. Na manufatura de certo artigo, é sabido que um entre dez dos artigos é defeituoso. Qual a probabilidade de que uma amostra casual de tamanho quatro contenha:

    (a) nenhum defeituoso?

    (b) exatamente um defeituoso?

    (c) exatamente dois defeituosos?

    (d) não mais do que dois defeituosos?

32. Um fabricante de peças de automóveis garante que uma caixa de suas peças conterá, no máximo, duas defeituosas. Se a caixa contém 18 peças, e a experiência tem demonstrado que esse processo de fabricação produz 5% das peças defeituosas, qual a probabilidade de que uma caixa satisfaça a garantia?

178 CAPÍTULO 6 — VARIÁVEIS ALEATÓRIAS DISCRETAS

33. Um curso de treinamento aumenta a produtividade de uma certa população de funcionários em 80% dos casos. Se dez funcionários quaisquer participam desse curso, encontre a probabilidade de:

    (a) exatamente sete funcionários aumentarem a produtividade;

    (b) não mais do que oito funcionários aumentarem a produtividade; e

    (c) pelo menos três funcionários não aumentarem a produtividade.

34. O número de petroleiros que chegam a uma refinaria em cada dia ocorre segundo uma distribuição de Poisson, com $\lambda = 2$. As atuais instalações podem atender, no máximo, a três petroleiros por dia. Se mais de três aportarem num dia, o excesso é enviado a outro porto.

    (a) Em um dia, qual a probabilidade de se enviar petroleiros para outro porto?

    (b) De quanto deverão ser aumentadas as instalações para permitir atender a todos os navios que chegarem pelo menos em 95% dos dias?

    (c) Qual o número médio de petroleiros que chegam por dia?

35. Na tabela abaixo, X significa número de filhos homens em famílias com 12 filhos. Calcule para cada valor da variável o número de famílias que você deveria esperar se $X \sim b(12; 0,5)$.

X	Nº observado de famílias
0	6
1	29
2	160
3	521
4	1.198
5	1.921
6	2.360
7	2.033
8	1.398
9	799
10	298
11	60
12	7
Total	10.690

Você acha que o modelo binomial é razoável para explicar o fenômeno?

36. Houve uma denúncia por parte dos operários de uma indústria de que, toda vez que ocorria um acidente em uma seção da indústria, ocorriam outros em outras seções mais ou menos no mesmo horário. Em outras palavras, os acidentes não estavam ocorrendo ao acaso. Para verificar essa hipótese, foi feita uma contagem do número de acidentes por hora durante um certo número de dias (24 horas por dia). Os resultados da pesquisa foram apresentados no quadro a seguir.

6.10 PROBLEMAS SUPLEMENTARES

Nº de acidentes por hora	Nº de horas
0	200
1	152
2	60
3	30
4	13
5	9
6	7
7	5
8	4

(a) Calcule o número médio de acidentes por hora nessa amostra.

(b) Se o número de acidentes por hora seguisse uma distribuição de Poisson, com média igual à que você calculou, qual seria o número esperado de dias com 0, 1, 2, ... etc. acidentes?

(c) Os dados revelam que a suspeita dos operários é verdadeira?

37. Determinado tipo de parafuso é vendido em caixas com 1.000 peças. É uma característica da fabricação produzir 10% com defeito. Normalmente, cada caixa é vendida por $ 13,50. Um comprador faz a seguinte proposta: de cada caixa, ele escolhe uma amostra de 20 peças; se a caixa não tiver parafusos defeituosos, ele paga $ 20,00; um ou dois defeituosos, ele paga $ 10,00; três ou mais defeituosos, ele paga $ 8,00. Qual alternativa é a mais vantajosa para o fabricante? Justifique.

38. Uma certa região florestal foi dividida em 109 quadrados para estudar a distribuição da espécie *Primula simenses selvagem*. Supomos que a distribuição de Poisson seja adequada nessa situação. A tabela abaixo indica o número de quadrados com X *Primulas*. O número médio de plantas por quadrado foi de 2,2.

X plantas por quadrado	Nº de quadrados com X plantas
0	26
1	21
2	23
3	14
4	11
5	4
6	5
7	4
8	1
acima de 8	0

(a) Se as plantas realmente distribuem-se segundo uma distribuição de Poisson, qual a probabilidade de encontrarmos pelo menos duas *Primulas*?

(b) Dê as frequências esperadas para os valores de $X = 0$, $X = 1$ e $X = 2$.

CAPÍTULO 6 – VARIÁVEIS ALEATÓRIAS DISCRETAS

(c) Apenas comparando os resultados de (b) com as frequências observadas, qual a conclusão a que você chegaria?

(d) Quais as causas que você daria para a conclusão?

39. Uma fábrica produz válvulas, das quais 20% são defeituosas. As válvulas são vendidas em caixas com dez peças. Se uma caixa não tiver nenhuma defeituosa, seu preço de venda é $ 10,00; tendo uma, o preço é $ 8,00; duas ou três, o preço é $ 6,00; mais do que três, o preço é $ 2,00. Qual o preço médio de uma caixa?

40. Um industrial fabrica peças, das quais 1/5 são defeituosas. Dois compradores, A e B, classificaram as partidas adquiridas em categorias I e II, pagando $ 1,20 e $ 0,80 respectivamente do seguinte modo:

Comprador A: retira uma amostra de cinco peças; se encontrar mais que uma defeituosa, classifica como II.

Comprador B: retira amostra de dez peças; se encontrar mais que duas defeituosas, classifica como II.

Em média, qual comprador oferece maior lucro?

41. Se $X \sim b(n, p)$, prove que $E(X) = np$ e $\mathrm{Var}(X) = npq$.

(Sugestão: calcule $E(X)$ e $\mathrm{Var}(X)$ para $n = 1, 2, \ldots$ etc.)

42. Aceitação de um lote. Suponha que um comprador queira decidir se vai aceitar ou não um lote de itens. Para isso, ele retira uma amostra de tamanho n do lote e conta o número x de defeituosos. Se $x \leq a$, o lote é aceito, e se $x > a$, o lote é rejeitado; o número a é fixado pelo comprador. Suponha que $n = 19$ e $a = 2$. Use a Tabela I a fim de encontrar a probabilidade de aceitar o lote, ou seja, $P(X \leq 2)$ para as seguintes proporções de defeituosos no lote:

(a) $p = 0,10$ (b) $p = 0,20$ (c) $p = 0,05$

43. Prove que, quando $n \to \infty$ e $p \to 0$, mas de tal sorte que $np \to \lambda$, temos

$$\binom{n}{k} p^k \cdot \left(1 - p\right)^{n-k} \to \frac{e^{-\lambda} \cdot \lambda^k}{k!}.$$

Sugerimos que você use o fato: $\left(1 - \dfrac{\lambda}{n}\right)^{n} \to e^{-\lambda}$ quando $n \to \infty$.

44. Suponha que X seja uma v.a. discreta, com f.p. $p(x) = 2^{-x}$, $x = 1, 2, \ldots$ Calcule:

(a) $P(X$ ser par)   (b) $P(X \leq 3)$ (c) $P(X > 10)$

45. Prove (6.4), (6.5) e (6.6).

46. Prove que $E(X) = \mathrm{Var}(X) = \lambda$, se a $P(X = k)$ for dada por (6.24).

47. Prove a relação (6.19).

48. Num teste tipo certo/errado, com 50 questões, qual é a probabilidade de que um aluno acerte 80% das questões, supondo que ele as responda ao acaso?

49. Repita o Problema 48, considerando cinco alternativas para cada questão.

50. Em um experimento binomial com três provas, a probabilidade de exatamente dois sucessos é 12 vezes a probabilidade de três sucessos. Encontre p.

51. No sistema abaixo, cada componente tem probabilidade p de funcionar. Supondo independência de funcionamento dos componentes, qual a probabilidade de:

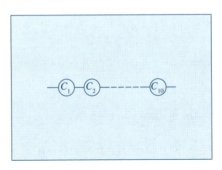

(a) o sistema funcionar?
(b) o sistema não funcionar?
(c) exatamente dois componentes funcionarem?
(d) pelo menos cinco componentes funcionarem?

52. Prove que

$$b(k+1; n, p) = \frac{(n-k)p}{(k+1)(1-p)} \cdot b(k; n, p).$$

53. Encontre a mediana da v.a. Z com distribuição

Z	0	1	2	3
$p(Z)$	1/4	1/4	1/4	1/4

54. Encontre os quantis de ordens $p = 0{,}25, 0{,}60, 0{,}80$ da v.a. Z do exercício 53.

55. (Meyer, 1965). O custo de realização de um experimento é $ 1.000,00. Se o experimento falha, um custo adicional de $ 300,00 tem de ser imposto. Se a probabilidade de sucesso em cada prova é 0,2, se as provas são independentes e continuadas até a ocorrência do primeiro sucesso, qual o custo esperado do experimento?

56. Use o (6.28) para verificar as relações entre:
    (a) $E(e^X)$ e $e^{E(X)}$;
    (b) $E(\log X)$ e $\log [E(X)]$, para $X > 0$;
    (c) $E(1/X)$ e $1/E\{X\}$, para $X \neq 0$.

6.11 Complementos metodológicos

1. Distribuição Geométrica. Suponha que, ao realizar um experimento, ocorra o evento A com probabilidade p ou não ocorra A (ou seja, ocorra A^c com probabilidade $1-p$). Repetimos o experimento de forma independente até que o evento A ocorra pela primeira vez.

CAPÍTULO 6 — VARIÁVEIS ALEATÓRIAS DISCRETAS

Seja X = número de repetição do experimento até que se obtenha A pela primeira vez. Então,

$$P(X = j) = (1 - p)^{j-1} \cdot p, \quad j = 1, 2, 3, \ldots,$$

pois se $X = j$, nas primeiras $j - 1$ repetições A não ocorre, ocorrendo na j-ésima.

(a) Prove que $\sum_{j=1}^{\infty} P(X = j) = 1$.

(b) Mostre que $E(X) = 1/p$ e $\text{Var}(X) = (1 - p)/p^2$.

[Sugestão: $E(X) = \sum_{j=1}^{\infty} j \cdot p(X = j) = p \sum_{j=1}^{\infty} j \cdot (1 - p)^{j-1} = p \sum_{j=1}^{\infty} \frac{d}{dq} q^j$, com $1 - p = q$.]

(c) Se s e t são inteiros positivos, então

$$P(X > s + t \mid X > s) = P(X > t).$$

Essa propriedade nos diz que a distribuição geométrica não tem memória. Essa propriedade é compartilhada pela distribuição exponencial, a ser estudada no Capítulo 7.

2. **Distribuição de Pascal.** Considere a mesma situação experimental do Problema 55, só que agora o experimento é continuado até que o evento A ocorra pela r-ésima vez. Defina a v.a. Y = número de repetições necessárias para que A ocorra exatamente r vezes. Note que, se $r = 1$, obtemos a distribuição geométrica. Mostre que

$$P(Y = j) = \binom{j-1}{r-1} p^r q^{j-r}, j = r, r+1, \ldots$$

3. **A Desigualdade de Jensen.** Vimos, na fórmula (6.4), que se $h(x) = ax + b$, então $E[h(X)] = h[E(X)]$, ou seja, $E(aX + b) = aE(X) + b$.

    Esta fórmula pode não valer se $h(x)$ não for linear. O que vale é o seguinte resultado, denominado Desigualdade de Jensen. Se $h(x)$ for uma função convexa e X uma v.a., então

$$E[h(X)] \geq h[E(X)], \tag{6.28}$$

com igualdade se e somente se h for linear (ou se a variância de X for zero).

Por exemplo, se $h(x) = x^2$, então $E(X^2) \geq [E(X)]^2$, do que decorre que $\text{Var}(X) = E(X^2) - [E(X)]^2 \geq 0$.

Lembremos que uma função h é convexa se $h((x + y)/2) \leq (h(x) + h(y))/2$, para todo par x, y no domínio de h. Em termos geométricos, h é convexa se o ponto médio da corda que une dois pontos quaisquer da curva representando h está acima da curva. A função h é côncava se $-h$ for convexa. Por exemplo, $\log x$ é uma função côncava.

Capítulo 7

Variáveis Aleatórias Contínuas

7.1 Introdução

Neste capítulo, iremos estudar modelos probabilísticos para variáveis aleatórias contínuas, ou seja, variáveis para as quais os possíveis valores pertencem a um intervalo de números reais. A definição dada no capítulo anterior, para v.a. discreta, deve ser modificada como segue.

Definição. Uma função X, definida sobre o espaço amostral Ω e assumindo valores num intervalo de números reais, é dita uma *variável aleatória contínua*.

No Capítulo 2 vimos alguns exemplos de variáveis contínuas, como o salário de indivíduos, alturas etc. A característica principal de uma v.a. contínua é que, sendo resultado de uma mensuração, o seu valor pode ser pensado como pertencendo a um intervalo ao redor do valor efetivamente observado. Por exemplo, quando dizemos que a altura de uma pessoa é 175 cm, estamos medindo sua altura usando cm como unidade de medida e, portanto, o valor observado é, na realidade, um valor entre 174,5 cm e 175,5 cm.

Vejamos um exemplo para motivar a discussão que se segue.

Exemplo 7.1 O ponteiro dos segundos de um relógio mecânico pode parar a qualquer instante, devido a algum defeito técnico, ou término da bateria, e vamos indicar por X o ângulo que esse ponteiro forma com o eixo imaginário passando pelo centro do mostrador e pelo número XII, conforme mostra a Figura 7.1.

Tabela 7.1 Distribuição uniforme discreta.

x	0°	6°	12°	18°	...	348°	354°
$p(x)$	1/60	1/60	1/60	1/60	...	1/60	1/60

Figura 7.1 Ilustração de uma v.a. X discreta.

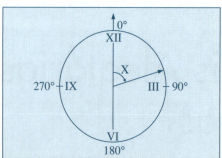

Medindo esse ângulo X em graus e lembrando que:

(i) o ponteiro deve dar 60 "saltos" (ele dá um salto em cada segundo) para completar uma volta;

(ii) acreditamos que o ponteiro tenha probabilidade igual de parar em qualquer ponto, então, a v.a. X tem distribuição uniforme discreta, com função de probabilidade dada pela Tabela 7.1 e representada graficamente na Figura 7.2.

Figura 7.2 Distribuição uniforme discreta.

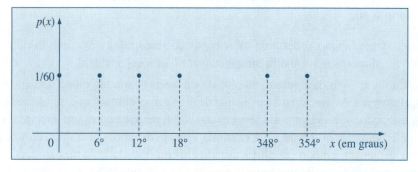

Considerando esse mesmo problema com um relógio elétrico, para o qual o ponteiro dos segundos move-se *continuamente*, necessitamos de um outro modelo para representar a v.a. X. Primeiro, observamos que o conjunto dos possíveis valores de X não é mais um conjunto discreto de valores, pois X pode assumir qualquer valor do intervalo $[0,360) = \{x \in \mathbb{R}: 0 \leq x < 360\}$. Em segundo lugar, como no caso do relógio mecânico, continuamos a acreditar que não exista uma região de preferência para o ponteiro parar. Como existem infinitos pontos nos quais o ponteiro pode parar, cada um com igual probabilidade, se fôssemos usar o mesmo método usado para a v.a. discreta uniforme, cada ponto teria probabilidade de ocorrer igual a zero. Assim não tem muito sentido falar na probabilidade de que o ângulo X seja igual a certo valor, pois essa probabilidade sempre será igual a zero. Entretanto, podemos determinar a probabilidade de que X esteja compreendido entre dois valores quaisquer. Por exemplo, usando a Figura 7.1 como referência, a probabilidade de o ponteiro parar no intervalo compreendido entre os números XII e III é 1/4, pois esse intervalo corresponde a 1/4 do intervalo total.

Podemos, pois, escrever

$$P(0∫ \le X \le 90∫) = \frac{1}{4}.$$

Do mesmo modo, a probabilidade $P(120° \le X \le 150°) = 1/12$. Por menor que seja o intervalo, sempre poderemos calcular a probabilidade de o ponteiro parar num ponto qualquer desse intervalo. E é fácil verificar que, nesse caso, dados dois números a e b, tais que $0° \le a < b < 360°$, a probabilidade de $X \in [a, b)$ é

$$P(a \le X < b) = \frac{b-a}{360∫}$$

Por meio da divisão do intervalo $[0°, 360°)$ em pequenos subintervalos, podemos construir um histograma para as probabilidades da v.a. X (como fizemos para v.a contínuas no Capítulo 2). Ou ainda, como naquele capítulo, fazendo esses intervalos tenderem a zero, podemos construir o histograma alisado da v.a. X, apresentado na Figura 7.3.

Figura 7.3 Histograma alisado: distribuição uniforme contínua.

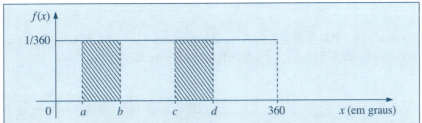

O histograma alisado da Figura 7.3 corresponde à seguinte função:

$$f(x) = \begin{cases} 0, & \text{se } x < 0∫ \\ 1/360, & \text{se } 0∫ \le x < 360∫ \\ 0, & \text{se } x \ge 360∫. \end{cases}$$

Como vimos na construção de histogramas, a área correspondente ao intervalo $[a, b)$ (hachurada na Figura 7.3) deve indicar a probabilidade de a variável estar entre a e b. Matematicamente, isso é expresso por meio da integral da função entre a e b; então,

$$P(a \le X < b) = \int_a^b f(x)dx = \int_a^b \frac{1}{360} dx = \frac{b-a}{360},$$

pois a integral definida de uma função entre dois pontos determina a área sob a curva representativa da função, compreendida entre esses dois pontos.

A função $f(x)$ é chamada *função densidade de probabilidade* (f.d.p.) da v.a. X.

Podemos construir modelos teóricos para variáveis aleatórias contínuas, escolhendo adequadamente as funções densidade de probabilidade. Teoricamente, qualquer função f, que seja não negativa e cuja área total sob a curva seja igual à unidade, caracterizará uma v.a. contínua.

Exemplo 7.2 Se $f(x) = 2x$, para $0 \leq x \leq 1$, e zero fora desse intervalo, vemos que $f(x) \geq 0$, para qualquer x, e a área sob o gráfico de $f(x)$ é unitária (verifique na Figura 7.4). Logo, a função f pode representar a função densidade de uma v.a. contínua X.

Figura 7.4 f.d.p. da v.a. X do Exemplo 7.2.

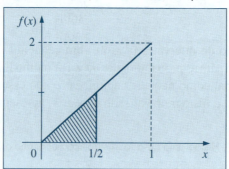

Para esse caso, $P(0 \leq X \leq 1/2)$ é igual à área do triângulo de base 1/2 e altura 1, hachurado na Figura 7.4; logo, a probabilidade em questão é

$$P(0 \leq X \leq 1/2) = \frac{1}{2}\left(\frac{1}{2} \times 1\right) = \frac{1}{4}.$$

Observamos, então, que a probabilidade de essa v.a. assumir um valor pertencente ao intervalo [0, 1/2) é menor que a probabilidade de a variável assumir um valor pertencente ao intervalo [1/2, 1).

A comparação das funções densidade dos dois últimos exemplos ajuda a entender seu significado. No primeiro exemplo, consideremos dois intervalos, $I_1 = [a, b)$ e $I_2 = [c, d)$, contidos no intervalo [0,360), com a mesma amplitude ($b - a = d - c$); então,

$$P(X \in I_1) = P(X \in I_2).$$

O mesmo não acontece no segundo exemplo: dados dois intervalos de mesma amplitude, aquele mais próximo de 1 irá apresentar maior probabilidade. Ou seja, a probabilidade de que a v.a. X assuma um valor num intervalo de amplitude fixa depende da posição do intervalo; existem regiões com maior *chance* de ocorrer, e o que determina esse fato é a função densidade de probabilidade. Portanto, a f.d.p. é um indicador da concentração de "massa" (probabilidade) nos possíveis valores de X. Convém ressaltar ainda que $f(x)$ não representa a probabilidade de ocorrência de algum evento. A área sob a curva entre dois pontos é que irá fornecer a probabilidade.

Problemas

1. Dada a função

$$f(x) = \begin{cases} 2e^{-2x}, & x \geq 0 \\ 0, & x < 0, \end{cases}$$

(a) Mostre que esta é uma f.d.p.

(b) Calcule a probabilidade de $X > 10$.

2. Uma v.a. X tem distribuição triangular no intervalo [0, 1] se sua f.d.p. for dada por

$$f(x) = \begin{cases} 0, & x < 0 \\ Cx, & 0 \leq x \leq 1/2 \\ C(1-x), & 1/2 \leq x \leq 1 \\ 0, & x > 1. \end{cases}$$

(a) Qual valor deve ter a constante C?

(b) Faça o gráfico de $f(x)$.

(c) Determine $P(X \leq 1/2)$, $P(X > 1/2)$ e $P(1/4 \leq X \leq 3/4)$.

3. Suponha que estamos atirando dardos num alvo circular de raio 10 cm, e seja X a distância do ponto atingido pelo dardo ao centro do alvo. A f.d.p. de X é

$$f(x) = \begin{cases} kx, & \text{se } 0 \leq x \leq 10 \\ 0, & \text{para os demais valores.} \end{cases}$$

(a) Qual a probabilidade de acertar o centro do alvo, se esse for um círculo de 1 cm de raio?

(b) Mostre que a probabilidade de acertar qualquer círculo concêntrico é proporcional à sua área.

4. Encontre o valor da constante c se

$$f(x) = \begin{cases} c/x^2, & x \geq 10 \\ 0, & x < 10 \end{cases}$$

for uma densidade. Encontre $P(X > 15)$.

7.2 Valor médio de uma variável aleatória contínua

Do que foi visto até aqui, deduz-se que qualquer função $f(\cdot)$, não negativa, tal que

$$\int_{-\infty}^{\infty} f(x)\,dx = 1,$$

define uma v.a. contínua X, ou seja, cria um modelo teórico para as frequências relativas de uma v.a. contínua. A área compreendida entre dois valores, a e b, da abscissa x, sob a curva representativa de $f(x)$, dá a probabilidade (proporção teórica) da variável pertencer ao intervalo limitado pelos dois valores. Usando o conceito de integral, podemos escrever

$$P(a \leq X \leq b) = \int_a^b f(x)dx. \qquad (7.1)$$

Vejamos agora como podemos definir a esperança (valor médio ou média) de uma v.a. contínua. Para isso, usaremos um artifício semelhante àquele usado na Seção 3.1 para calcular a média das variáveis quantitativas, com os dados agrupados em classes. Lá, substituímos todos os valores de um intervalo (classe) por um único valor aproximado (o ponto médio do intervalo), e agimos como se a variável fosse do tipo discreto. Aqui, iremos repetir esse artifício.

Consideremos a v.a. X com função densidade $f(x)$ e dois pontos a e b, bem próximos, isto é, $h = b - a$ é pequeno, e consideremos x_0 o ponto médio do intervalo $[a, b]$. Observando a Figura 7.5 é fácil verificar que

$$P(a \leq X \leq b) \simeq h f(x_0), \qquad (7.2)$$

o que significa aproximar a área da parte hachurada pelo retângulo de base h e altura $f(x_0)$. É fácil ver que a aproximação melhora com h tendendo a zero.

Figura 7.5 Área hachurada representa $P(a \leq X \leq b)$.

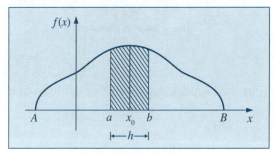

Dividamos agora o intervalo $[A, B]$, em que $f(x) > 0$, em n partes de amplitudes iguais a $h = (B - A)/n$ (Figura 7.6) e consideremos os pontos médios desses intervalos, $x_1, x_2, ..., x_n$.

Figura 7.6 Partição do intervalo $[A, B]$.

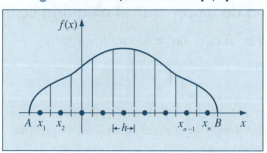

Consideremos a v.a. Y_n, assumindo os valores $x_1,..., x_n$ com as probabilidades

$$p_i = P(Y_n = x_i) \simeq f(x_i)h.$$

Dessa maneira, e de acordo com a definição de esperança, temos

$$E(Y_n) = \sum_{i=1}^{n} x_i p_i \approx \sum_{i=1}^{n} x_i f(x_i)h,$$

que será uma aproximação da esperança $E(X)$. Para determinar $E(X)$ com maior precisão, podemos aumentar o número de intervalos, diminuindo sua amplitude h. No limite, quando $h \to 0$, teremos o valor de $E(X)$. Definamos, pois,

$$E(X) = \lim_{n \to \infty} E(Y_n) = \lim_{n \to \infty} \sum_{i=1}^{n} x_i f(x_i)h. \tag{7.3}$$

Mas da definição de integral (veja Morettin et al., 2005), temos que, se o limite (7.3) existe, ele define a integral de $x f(x)$ entre A e B, isto é,

$$E(X) = \int_{A}^{B} x f(x) dx. \tag{7.4}$$

Exemplo 7.3 Continuando com o Exemplo 7.2, observamos que, dividindo o intervalo $[0, 1]$ em n subintervalos, teremos $h = 1/n$, $x_i = (2i-1)/2n$ e $f(x_i) = (2i-1)/n$, $i = 1, 2,..., n$. Portanto,

$$E(Y_n) = \sum_{i=1}^{n} \left(\frac{2i-1}{2n}\right)\left(\frac{2i-1}{n}\right)\left(\frac{1}{n}\right) = \frac{1}{2n^3} \sum_{i=1}^{n} (2i-1)^2$$

$$= \frac{1}{2n^3}\left\{\frac{n(2n+1)(2n-1)}{3}\right\} = \frac{1}{6}\left(2 + \frac{1}{n}\right)\left(2 - \frac{1}{n}\right),$$

na qual usamos o conhecido resultado que dá a soma dos quadrados dos primeiros n números ímpares. Logo,

$$E(X) = \lim_{n \to \infty} \frac{1}{6}\left(2 + \frac{1}{n}\right)\left(2 - \frac{1}{n}\right) = \frac{2}{3}$$

O mesmo resultado é obtido diretamente da relação (7.4):

$$E(X) = \int_{0}^{1} (x)(2x) dx = \left[\frac{2x^3}{3}\right]_{0}^{1} = \frac{2}{3}.$$

Exemplo 7.4 No caso do relógio elétrico do Exemplo 7.1, obtemos

$$E(X) = \int_{0}^{360} x\frac{1}{360} dx = \left[\frac{1}{360}\frac{x^2}{2}\right]_{0}^{360} = 180,$$

que é o valor esperado devido à distribuição uniforme das frequências teóricas.

CAPÍTULO 7 — VARIÁVEIS ALEATÓRIAS CONTÍNUAS

Como a função $f(x)$ é sempre não negativa, podemos escrever a esperança como

$$E(X) = \int_{-\infty}^{\infty} x f(x) \, dx. \tag{7.5}$$

A extensão do conceito de variância para v.a. contínuas é feita de maneira semelhante e o equivalente à Fórmula (6.2) é

$$\text{Var}(X) = E\left[(X - E(X))^2\right] = \int_{-\infty}^{\infty} (x - E(X))^2 f(x) \, dx. \tag{7.6}$$

Exemplo 7.5 Para os dois exemplos vistos anteriormente, teremos:

(i) para o caso do relógio,

$$\text{Var}(X) = \int_0^{360} (x - 180)^2 \frac{1}{360} \, dx = \frac{1}{360} \left[\frac{x^3}{3} - \frac{360x^2}{2} + 180^2 x \right]_0^{360} = 10.800;$$

(ii) para o Exemplo 7.2,

$$\text{Var}(X) = \int_0^1 \left(x - \frac{2}{3} \right)^2 2x \, dx = 2 \left[\frac{x^4}{4} - \frac{4x^3}{9} + \frac{2x^2}{9} \right]_0^1 = \frac{1}{18}.$$

Como no caso de v.a. discretas, o desvio padrão de uma v.a. contínua X é definido como

$$DP(X) = \sqrt{\text{Var}(X)}, \tag{7.7}$$

que é dado na mesma unidade de medida do que X. Deixamos a cargo do leitor a verificação de que o seguinte resultado vale, como consequência de (7.6):

$$\text{Var}(X) = E(X^2) - [E(X)]^2. \tag{7.8}$$

Como frisamos no Capítulo 6, frequentemente usaremos outros símbolos para indicar os parâmetros discutidos, a saber:

$$E(X) = \mu(X),$$
$$\text{Var}(X) = \sigma^2(X),$$
$$DP(X) = \sigma(X),$$

ou simplesmente μ, σ^2 e σ, respectivamente, se não houver possibilidade de confusão.

7.3 Função de distribuição acumulada

Dada uma v.a. X com função densidade de probabilidade $f(x)$, podemos definir a sua função de distribuição acumulada, $F(x)$, do mesmo modo como foi definida no Capítulo 6:

$$F(x) = P(X \leq x), \quad -\infty < x < \infty. \tag{7.9}$$

De (7.1) segue-se que

$$F(x) = \int_{-\infty}^{x} f(t)\,dt, \qquad (7.10)$$

para todo real x.

Exemplo 7.6 Retomemos o Exemplo 7.2. Temos

$$F(x) = \begin{cases} 0, & \text{se } x < 0 \\ \int_0^x 2t\,dt = x^2, & \text{se } 0 \le x < 1 \\ \int_0^1 2t\,dt + \int_1^x 0\,dt = 1, & \text{se } x \ge 1. \end{cases}$$

O gráfico de $F(x)$ está na Figura 7.7.

Figura 7.7 f.d.a. da v.a. X do Exemplo 7.6.

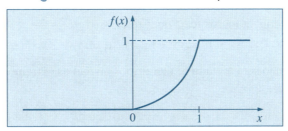

De (7.9), vemos que $0 \le F(x) \le 1$, para todo x real; além disso, $F(x)$ é não decrescente e possui as duas seguintes propriedades:

(i) $\lim_{x \to -\infty} F(X) = 0$,

(ii) $\lim_{x \to \infty} F(X) = 1$.

No Exemplo 7.6, temos, efetivamente, $F(x) = 0$, para $x < 0$ e $F(x) = 1$, para $x \ge 1$. Para v.a. contínuas, o seguinte resultado é importante.

Proposição 7.1 Para todos os valores de x para os quais $F(x)$ é derivável temos

$$F'(x) = \frac{dF(x)}{dx} = f(\mathrm{x}).$$

Vamos usar esse resultado no exemplo a seguir.

Exemplo 7.7 Suponha que

$$F(x) = \begin{cases} 0, & \text{se } x < 0 \\ 1 - e^{-x}, & \text{se } x \ge 0 \end{cases}$$

seja a f.d.a. de uma v.a. X. Então,

$$f(x) = \begin{cases} 0, & \text{se } x < 0 \\ e^{-x}, & \text{se } x \geq 0. \end{cases}$$

Na Figura 7.8, temos os gráficos dessas duas funções. Veremos que $f(x)$ é um caso especial da densidade exponencial, a ser estudada na Seção 7.4.3.

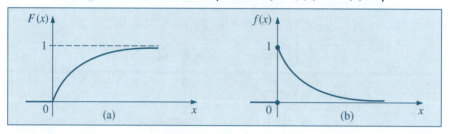

Figura 7.8 Distribuição exponencial ($\beta = 1$) (a) f.d.a. (b) f.d.p.

Se a e b forem dois números reais quaisquer,

$$P(a < X \leq b) = F(b) - F(a). \tag{7.11}$$

Esse resultado não será afetado se incluirmos ou não os extremos a e b na desigualdade entre parênteses.

Problemas

5. Calcule a esperança, a variância e a f.d.a. da v.a. X do Problema 2.
6. Determine a esperança e a variância da v.a. cuja f.d.p. é

$$f(x) = \begin{cases} \text{sen } x, & 0 \leq x \leq \pi/2 \\ 0, & \text{caso contrário.} \end{cases}$$

7. Calcule a média da v.a. X do Problema 4.
8. A v.a. contínua X tem f.d.p.

$$f(x) = \begin{cases} 3x^2, & -1 \leq x \leq 0 \\ 0, & \text{caso contrário.} \end{cases}$$

   (a) Se b for um número que satisfaz $-1 < b < 0$, calcule $P(X > b \mid X < b/2)$.
   (b) Calcule $E(X)$ e $Var(X)$.

9. Certa liga é formada pela mistura fundida de dois metais. A liga resultante contém certa porcentagem de chumbo, X, que pode ser considerada uma v.a. com f.d.p.

$$f(x) = \frac{3}{5} 10^{-5} x (100 - x), 0 \leq x \leq 100.$$

Suponha que L, o lucro líquido obtido na venda dessa liga (por unidade de peso), seja dado por $L = C_1 + C_2 X$. Calcule $E(L)$, o lucro esperado por unidade.

7.4 ALGUNS MODELOS PROBABILÍSTICOS PARA VARIÁVEIS ALEATÓRIAS CONTÍNUAS 193

10. A demanda diária de arroz num supermercado, em centenas de quilos, é uma v.a. com f.d.p.

$$f(x) = \begin{cases} 2x/3, & \text{se } 0 \le x < 1 \\ -x/3 +1, & \text{se } 1 \le x < 3 \\ 0, & \text{se } x < 0 \text{ ou } x > 3. \end{cases}$$

(a) Qual a probabilidade de se vender mais do que 150 kg, num dia escolhido ao acaso?

(b) Em 30 dias, quanto o gerente do supermercado espera vender?

(c) Qual a quantidade de arroz que deve ser deixada à disposição dos clientes diariamente para que não falte arroz em 95% dos dias?

11. Suponha que X tenha f.d.p. $f(x)$ do Problema 1. Calcule $E(X)$ e Var(X).

12. Seja X com densidade

$$f(x) = \begin{cases} c\left(1 - x^2\right), & \text{se } -1 \le x \le 1 \\ 0, & \text{caso contrário.} \end{cases}$$

Calcule a média e a variância de X.

7.4 Alguns modelos probabilísticos para variáveis aleatórias contínuas

De modo geral, podemos dizer que as v.a. cujos valores resultam de algum processo de mensuração são v.a. contínuas. Alguns exemplos são:

(a) o peso ou a altura das pessoas de uma cidade;

(b) a demanda diária de arroz num supermercado;

(c) o tempo de vida de uma lâmpada;

(d) o diâmetro de rolamentos de esferas; e

(e) erros de medidas em geral, resultantes de experimentos em laboratórios.

Dada uma v.a. contínua X, interessa saber qual a f.d.p. de X. Alguns modelos são frequentemente usados para representar a f.d.p. de v.a. contínuas. Alguns dos mais utilizados serão descritos a seguir e, para uniformizar o estudo desses modelos, iremos em cada caso analisar:

(a) definição;

(b) gráfico da f.d.p.;

(c) momentos: $E(X)$, Var(X);

(d) função de distribuição acumulada (f.d.a.).

Outros modelos serão apresentados na Seção 7.7.

7.4.1 O modelo uniforme

O modelo uniforme é uma generalização do modelo estudado no Exemplo 7.1 e é o modelo mais simples para v.a. contínuas.

(a) Definição. A v.a. X tem distribuição uniforme no intervalo $[\alpha, \beta]$ se sua f.d.p. é dada por

$$f(x; \alpha, \beta) = \begin{cases} \dfrac{1}{\beta - \alpha}, & \text{se } \alpha \leq x \leq \beta, \\ 0, & \text{caso contrário.} \end{cases} \qquad (7.12)$$

(b) Gráfico. A Figura 7.9 representa a função dada por (7.12).

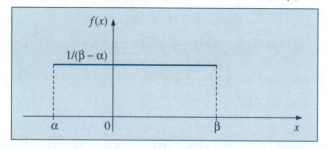

Figura 7.9 Distribuição uniforme no intervalo $[\alpha, \beta]$.

(c) Momentos. Pode-se mostrar (veja o Problema 29) que

$$E(X) = \frac{\alpha + \beta}{2}, \qquad (7.13)$$

$$\text{Var}(X) = \frac{(\beta - \alpha)^2}{12}. \qquad (7.14)$$

(d) F.d.a. A função de distribuição acumulada da uniforme é fácil de ser encontrada (veja o Problema 29):

$$F(x) = P(X \leq x) = \int_{-\infty}^{x} f(x)\,dx = \begin{cases} 0, & \text{se } x < \alpha \\ \dfrac{x - \alpha}{\beta - \alpha}, & \text{se } \alpha \leq x < \beta \\ 1, & \text{se } x \geq \beta, \end{cases} \qquad (7.15)$$

cujo gráfico está na Figura 7.10.

7.4 ALGUNS MODELOS PROBABILÍSTICOS PARA VARIÁVEIS ALEATÓRIAS CONTÍNUAS

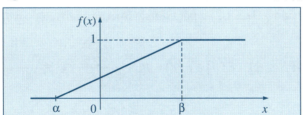

Figura 7.10 f.d.a. de uma v.a. uniforme no intervalo $[\alpha, \beta]$.

Assim, para dois valores quaisquer c e d, $c < d$, teremos

$$P(c < X \leq d) = F(d) - F(c),$$

que é obtida facilmente de (7.15).

Usaremos a notação

$$X \sim \mathcal{U}(\alpha, \beta)$$

para indicar que a v.a. X tem distribuição uniforme no intervalo $[\alpha, \beta]$.

Exemplo 7.8 Um caso particular bastante interessante é aquele em que $\alpha = -1/2$ e $\beta = 1/2$. Indicando essa v.a. por U, teremos

$$f(u) = \begin{cases} 1, & \text{se } -1/2 \leq u \leq 1/2 \\ 0, & \text{caso contrário.} \end{cases}$$

Nessa situação, temos que

$$E(U) = 0, \text{Var}(U) = 1/12$$

e a f.d.a. é dada por

$$F_U(u) = \begin{cases} 0, & \text{se } u < -1/2 \\ u + 1/2, & \text{se } -1/2 \leq u < 1/2 \\ 1, & \text{se } u > 1/2. \end{cases}$$

Por exemplo,

$$P(-1/4 \leq U \leq 1/4) = F_U(1/4) - F_U(-1/4) = 1/2.$$

Se quiséssemos facilitar o nosso trabalho, poderíamos tabelar os valores da f.d.a para essa variável U. Devido à simetria da área em relação a $x = 0$, poderíamos construir uma tabela indicando a função $G(u)$, tal que

$$G(u) = P(0 \leq U \leq u)$$

para alguns valores de u (veja o Problema 30).

Dada uma v.a. uniforme X qualquer, com parâmetros α e β, podemos definir a v.a. U como

$$U = \frac{X - \dfrac{\beta + \alpha}{2}}{\beta - \alpha}. \tag{7.16}$$

Segue-se que a transformação (7.16) leva uma uniforme no intervalo [α, β] numa uniforme no intervalo [−1/2, 1/2] e para dois números quaisquer c e d, com $c < d$,

$$P(c < X \le d) = F(d) - F(c) = P\left(\frac{c - \frac{\beta+\alpha}{2}}{\beta-\alpha} < U \le \frac{d - \frac{\beta+\alpha}{2}}{\beta-\alpha}\right)$$

$$= F_U\left(\frac{d - \frac{\beta+\alpha}{2}}{\beta-\alpha}\right) - F_U\left(\frac{c - \frac{\beta+\alpha}{2}}{\beta-\alpha}\right).$$

Artifícios semelhantes a esse são muito úteis na construção de tabelas e programas para cálculos de probabilidades referentes a famílias de modelos.

Um outro caso importante é para $\alpha = 0$ e $\beta = 1$. Um número aleatório é um valor gerado de uma v.a. com distribuição uniforme no intervalo [0, 1]. Veja o Capítulo 9.

7.4.2 O modelo normal

Vamos introduzir, agora, um modelo fundamental em probabilidades e inferência estatística. Suas origens remontam a Gauss em seus trabalhos sobre erros de observações astronômicas, por volta de 1810, donde o nome de distribuição *gaussiana* para tal modelo.

(a) Definição. Dizemos que a v.a. X tem *distribuição normal* com parâmetros μ e σ^2, $-\infty < \mu < +\infty$ e $0 < \sigma^2 < \infty$, se sua densidade é dada por

$$f(x; \mu, \sigma^2) = \frac{1}{\sigma\sqrt{2\pi}} e^{-(x-\mu)^2/2\sigma^2}, \quad -\infty < x < \infty. \qquad (7.17)$$

Claramente, $f(x; \mu, \sigma^2) \ge 0$, para todo x e pode-se provar que $\int_{-\infty}^{\infty} f(x; \mu, \sigma^2) dx = 1$. Veja o Problema 60.

(b) Gráfico. A Figura 7.11 ilustra uma particular *curva normal*, determinada por valores particulares de μ e σ^2.

Figura 7.11 f.d.p. de uma v.a. normal com média μ e desvio padrão σ.

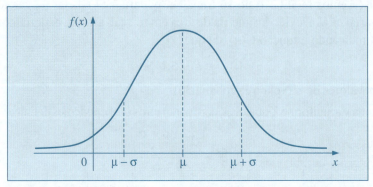

(c) Momentos. Pode-se demonstrar que (veja o Problema 32):

$$E(X) = \mu, \tag{7.18}$$
$$\text{Var}(X) = \sigma^2. \tag{7.19}$$

Além disso, $f(x; \mu; \sigma^2) \to 0$, quando $x \to \pm\infty$, $\mu - \sigma$ e $\mu + \sigma$ são pontos de inflexão de $f(x; \mu, \sigma^2)$, $x = \mu$ é ponto de máximo de $f(x; \mu, \sigma^2)$, e o valor máximo é $1/\sigma\sqrt{2\pi}$. . A densidade $f(x; \mu, \sigma^2)$ é simétrica em relação à reta $x = \mu$, isto é,

$$f(\mu + x; \mu, \sigma^2) = f(\mu - x; \mu, \sigma^2), \tag{7.20}$$

para todo x real.

Para simplificar a notação, denotaremos a densidade da normal simplesmente por $f(x)$ e escreveremos, simbolicamente,

$$X \sim N(\mu, \sigma^2).$$

Quando $\mu = 0$ e $\sigma^2 = 1$, temos uma distribuição *padrão* ou *reduzida*, ou brevemente $N(0,1)$. Para essa a função densidade reduz-se a

$$\phi(z) = \frac{1}{\sqrt{2\pi}} e^{-z^2/2} -\infty < z < \infty. \tag{7.21}$$

O gráfico da normal padrão está na Figura 7.12.

Figura 7.12 f.d.p. de uma v.a. normal padrão: $Z \sim N(0, 1)$.

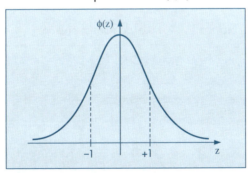

Se $X \sim N(\mu; \sigma^2)$, então a v.a. definida por

$$Z = \frac{X - \mu}{\sigma}, \tag{7.22}$$

terá média zero e variância 1 (prove esses fatos). O que não é tão fácil mostrar é que Z também tem distribuição normal. Isso não será feito aqui.

A transformação (7.22) é fundamental para calcularmos probabilidades relativas a uma distribuição normal qualquer.

(d) F.d.a. A f.d.a. $F(y)$ de uma v.a. normal X, com média μ e variância σ^2 é obtida integrando-se (7.17) de $-\infty$ até y, ou seja,

$$F(y) = \int_{-\infty}^{y} f(x; \mu, \sigma^2) dx, y \in \quad . \qquad (7.23)$$

A integral (7.23) corresponde à área, sob $f(x)$, desde $-\infty$ até y, como ilustra a Figura 7.13.

Figura 7.13 Representação gráfica de $F(y)$ como área.

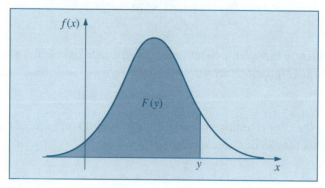

No caso específico da normal padrão, utilizamos a seguinte notação, que é universal:

$$\Phi(y) = \int_{-\infty}^{y} \phi(z) dz = 1/\sqrt{2\pi} \int_{-\infty}^{y} e^{-z^2/2} dz. \qquad (7.24)$$

O gráfico de $\Phi(z)$ é ilustrado na Figura 7.14.

Figura 7.14 f.d.a. da normal padrão.

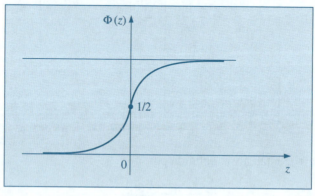

Suponha, então, que $X \sim N(\mu, \sigma^2)$ e que queiramos calcular

$$P(a < X < b) = \int_{a}^{b} f(x) dx, \qquad (7.25)$$

em que $f(x)$ é dada por (7.17). Ver Figura 7.15.

7.4 ALGUNS MODELOS PROBABILÍSTICOS PARA VARIÁVEIS ALEATÓRIAS CONTÍNUAS

A integral (7.25) não pode ser calculada analiticamente e, portanto, a probabilidade indicada só poderá ser obtida, aproximadamente, por meio de integração numérica. No entanto, para *cada* valor de μ e *cada* valor de σ, teríamos de obter $P(a < X < b)$ para diversos valores de a e b. Essa tarefa é facilitada pelo uso de (7.22), de sorte que somente é necessário construir uma tabela para a distribuição normal padrão.

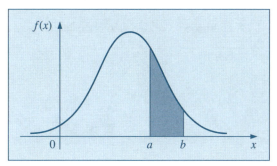

Figura 7.15 Ilustração gráfica da $P(a \leq X \leq b)$ para uma v.a. normal.

Vejamos, então, como obter probabilidades a partir da Tabela III. Essa tabela dá as probabilidades sob uma curva normal padrão, que nada mais são do que as correspondentes áreas sob a curva. A Figura 7.16 ilustra a probabilidade fornecida pela tabela, a saber,

$$P(0 \leq Z \leq z_c),$$

em que $Z \sim N(0,1)$.

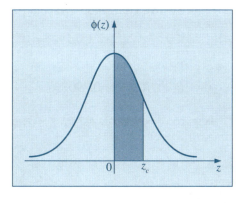

Figura 7.16 $P(0 \leq Z \leq z_c)$ fornecido pela Tabela III.

Se tomarmos, por exemplo, $z_c = 1{,}73$, segue-se que

$$P(0 \leq Z \leq 1{,}73) = 0{,}4582.$$

Calculemos mais algumas probabilidades (Figura 7.17):
(a) $P(-1{,}73 \leq Z \leq 0) = P(0 \leq Z \leq 1{,}73) = 0{,}4582$, devido à simetria da curva.
(b) $P(Z \geq 1{,}73) = 0{,}5 - P(0 \leq Z \leq 1{,}73) = 0{,}5 - 0{,}4582 = 0{,}0418$, pois $P(Z \geq 0) = 0{,}5 = P(Z \leq 0)$.
(c) $P(Z < -1{,}73) = P(Z > 1{,}73) = 0{,}0418$.
(d) $P(0{,}47 \leq Z \leq 1{,}73) = P(0 \leq Z \leq 1{,}73) - P(0 \leq Z \leq 0{,}47) = 0{,}4582 - 0{,}1808 = 0{,}2774$.

Figura 7.17 Ilustração do cálculo de probabilidades para a $N(0,1)$.

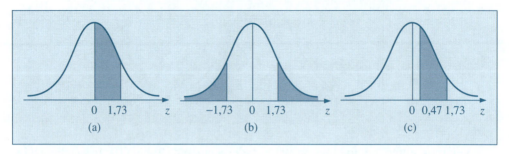

Suponha, agora, que X seja uma v.a. $N(\mu, \sigma^2)$, com $\mu = 3$ e $\sigma^2 = 16$, e queiramos calcular $P(2 \leq X \leq 5)$. Utilizando (7.22), temos

$$P(2 \leq X \leq 5) = P\left(\frac{2-\mu}{\sigma} \leq \frac{X-\mu}{\sigma} \leq \frac{5-\mu}{\sigma}\right)$$

$$= P\left(\frac{2-3}{4} \leq Z \leq \frac{5-3}{4}\right) = P\left(-\frac{1}{4} \leq Z \leq \frac{1}{2}\right).$$

Portanto, a probabilidade de que X esteja entre 2 e 5 é igual à probabilidade de que Z esteja entre $-0{,}25$ e $0{,}5$ (Figura 7.18). Utilizando a Tabela III, vemos que

$$P(-0{,}25 \leq Z \leq 0{,}5) = 0{,}0987 + 0{,}1915 = 0{,}2902,$$

ou seja,

$$P(2 \leq X \leq 5) = 0{,}2902.$$

Figura 7.18 Ilustração do cálculo de $P(2 \leq X \leq 5)$ para a v.a. $N(3, 16)$.

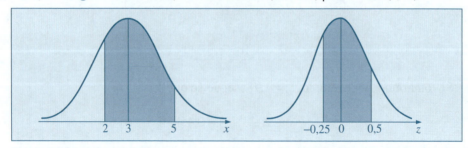

7.4 ALGUNS MODELOS PROBABILÍSTICOS PARA VARIÁVEIS ALEATÓRIAS CONTÍNUAS

Exemplo 7.9 Os depósitos efetuados no Banco da Ribeira durante o mês de janeiro são distribuídos normalmente, com média de $ 10.000,00 e desvio padrão de $ 1.500,00. Um depósito é selecionado ao acaso dentre todos os referentes ao mês em questão. Encontrar a probabilidade de que o depósito seja:

(a) $ 10.000,00 ou menos;

(b) pelo menos $ 10.000,00;

(c) um valor entre $ 12.000,00 e $ 15.000,00;

(d) maior do que $ 20.000,00.

Temos que $\mu = 10.000$ e $\sigma = 1.500$. Seja a v.a. $X =$ depósito.

(a) $P(X \leq 10.000) = P\left(Z \leq \dfrac{10.000 - 10.000}{1.500}\right) = P(Z \leq 0) = 0,5.$

(b) $P(X \geq 10.000) = P(Z \geq 0) = 0,5.$

(c) $P(12.000 < X < 15.000) = P\left(\dfrac{12.000 - 10.000}{1.500} < Z < \dfrac{15.000 - 10.000}{1.500}\right)$

$$= P(4/3 < Z < 10/3) = P(1,33 < Z < 3,33) = 0,09133.$$

(d) $P(X > 20.000) = P\left(Z > \dfrac{20.000 - 10.000}{1.500}\right) = P(Z > 6,67) \quad 0.$

7.4.3 O modelo exponencial

Outra distribuição importante e que tem aplicações em confiabilidade de sistemas, assunto de que já tratamos brevemente no Capítulo 5, é a exponencial.

(a) Definição. A v.a. T tem *distribuição exponencial* com parâmetro $\beta > 0$ se sua f.d.p. tem a forma

$$f(t;\beta) = \begin{cases} \dfrac{1}{\beta} e^{-t/\beta}, & \text{se } t \geq 0 \\[2mm] 0, & \text{se } t < 0. \end{cases} \tag{7.26}$$

Escreveremos, brevemente,

$$T \sim \text{Exp}(\beta).$$

(b) Gráfico. O gráfico de $f(t; \beta) = f(t)$ está ilustrado na Figura 7.8(b), com $\beta = 1$.

(c) Momentos. Usando integração por partes, pode-se demonstrar que (veja o Problema 41):

$$E(T) = \beta, \tag{7.27}$$

$$\text{Var}(T) = \beta^2. \tag{7.28}$$

Exemplo 7.10 O tempo de vida (em horas) de um transistor pode ser considerado uma v.a com distribuição exponencial com $\beta = 500$. Segue-se que a vida média do transistor é $E(T) = 500$ horas e a probabilidade de que ele dure mais do que a média é

$$P(T > 500) = \int_{500}^{\infty} f(t)dt = 1/500 \int_{500}^{\infty} e^{-t/500} dt$$

$$= 1/500 \left[-500 e^{-t/500} \right]_{500}^{\infty} = e^{-1} = 0{,}3678.$$

(d) F.d.a. Usando a definição (7.10), obtemos

$$F(t) = \begin{cases} 0, & \text{se } t < 0 \\ 1 - e^{-t/\beta}, & \text{se } t \geq 0. \end{cases} \quad (7.29)$$

O gráfico de $F(t)$ está na Figura 7.8(a), com $\beta = 1$.

7.5 Aproximação normal à binomial

Suponha que a v.a. Y tenha uma distribuição binomial com parâmetros $n = 10$ e $p = 1/2$ e queiramos calcular $P(Y \geq 7)$. Embora seja uma v.a. discreta, vimos no Capítulo 2 que é possível representá-la por meio de um histograma, como na Figura 7.19. Vemos que $P(Y = 7)$ é igual à área do retângulo de base unitária e altura igual a $P(Y = 7)$, similarmente para $P(Y = 8)$ etc. Logo, $P(Y \geq 7)$ é igual à soma das áreas dos retângulos hachurados na Figura 7.19.

Figura 7.19 $(P(Y \geq 7)$ para $Y \sim b(10, 1/2)$.

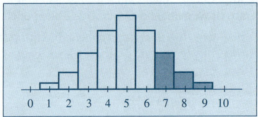

A ideia é aproximar tal área pela área sob uma curva normal, à *direita* de 6,5. Qual curva normal? Parece razoável considerar aquela normal de média

$$\mu = np = 10 \times \frac{1}{2} = 5$$

e variância

$$\sigma^2 = np(1-p) = 10 \times \frac{1}{2} \times \frac{1}{2} = 2{,}5.$$

Veja a Figura 7.20.

Figura 7.20 Aproximação de $P(Y \geq 7)$ pela área sob a $N(5; 2,5)$.

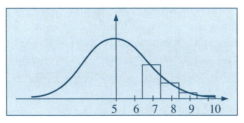

Chamando X tal variável, com distribuição normal,

$$P(Y \geq 7) \quad P(X \geq 6,5) = P\left(\frac{X - \mu}{\sigma} \geq \frac{6,5 - \mu}{\sigma}\right)$$

$$P\left(Z \geq \frac{6,5 - 5}{\sqrt{2,5}}\right) = P(Z \geq 0,94) = 0,174,$$

em que Z é, como sempre, $N(0, 1)$. Utilizando a Tabela I, vemos que a probabilidade verdadeira é 0,172.

Vamos calcular agora $P(3 < Y \leq 6) = P(Y = 4) + P(Y = 5) + P(Y = 6)$. Vemos, pela Figura 7.21, que a aproximação a ser feita deve ser

$$P(3 < Y \leq 6) \quad P(3,5 \leq X \leq 6,5) = P\left(\frac{3,5 - 5}{1,58} \leq Z \leq \frac{6,5 - 6}{1,58}\right)$$

$$= P(-0,94 \leq Z \leq 0,94) = 0,653,$$

ao passo que a probabilidade verdadeira é 0,656.

Figura 7.21 Aproximação de $P(3 < Y \leq 6)$.

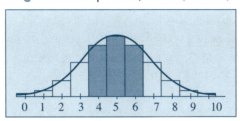

A justificativa formal de tal aproximação é dada pelo chamado Teorema Limite Central, que será visto no Capítulo 10. A aproximação é boa quando $np > 5$ e $n(1 - p) > 5$.

204 CAPÍTULO 7 — VARIÁVEIS ALEATÓRIAS CONTÍNUAS

Problemas

13. A temperatura T de destilação do petróleo é crucial na determinação da qualidade final do produto. Suponha que T seja considerada uma v.a. com distribuição uniforme no intervalo $(150, 300)$. Suponha que o custo para produzir um galão de petróleo seja C_1 reais. Se o óleo for destilado a uma temperatura inferior a $200°$, o produto obtido é vendido a C_2 reais; se a temperatura for superior a $200°$, o produto é vendido a C_3 reais.

    (a) Fazer o gráfico da f.d.p. de T.

    (b) Qual o lucro médio por galão?

14. Se $X \sim N(10, 4)$, calcular:

    (a) $P(8 < X < 10)$,   (c) $P(X > 10)$,

    (b) $P(9 \leq X \leq 12)$,   (d) $P(X < 8 \text{ ou } X > 11)$.

15. Para $X \sim N(100, 100)$, calcule:

    (a) $P(X < 115)$,

    (b) $P(X \geq 80)$,

    (c) $P(|X - 100| \leq 10)$,

    (d) o valor a, tal que $P(100 - a \leq X \leq 100 + a) = 0,95$.

16. Para a v.a. $X \sim N(\mu, \sigma^2)$, encontre:

    (a) $P(X \leq \mu + 2\sigma)$,

    (b) $P(|X - \mu| \leq \sigma)$,

    (c) o número a tal que $P(\mu - a\sigma \leq X \leq \mu + a\sigma) = 0,99$,

    (d) o número b tal que $P(X > b) = 0,90$.

17. As alturas de 10.000 alunos de um colégio têm distribuição aproximadamente normal, com média 170 cm e desvio padrão 5 cm.

    (a) Qual o número esperado de alunos com altura superior a 165 cm?

    (b) Qual o intervalo simétrico em torno da média que conterá 75% das alturas dos alunos?

18. As vendas de determinado produto têm distribuição aproximadamente normal, com média 500 unidades e desvio padrão 50 unidades. Se a empresa decide fabricar 600 unidades no mês em estudo, qual é a probabilidade de que não possa atender a todos os pedidos desse mês, por estar com a produção esgotada?

19. Suponha que as amplitudes de vida de dois aparelhos elétricos, D_1 o D_2, tenham distribuições $N(42, 36)$ e $N(45, 9)$, respectivamente. Se os aparelhos são feitos para ser usados por um período de 45 horas, qual aparelho deve ser preferido? E se for por um período de 49 horas?

20. O diâmetro X de rolamentos esféricos produzidos por uma fábrica tem distribuição $N(0,6140; (0,0025)^2)$. O lucro T de cada rolamento depende de seu diâmetro. Assim,

    $T = 0,10$, se o rolamento for bom $(0,610 < X < 0,618)$.

    $T = 0,05$, se o rolamento for recuperável $(0,608 < X < 0,610)$ ou $(0,618 < X < 0,620)$.

    $T = -0,10$, se o rolamento for defeituoso $(X < 0,608 \text{ ou } X > 0,620)$.

Calcule:

(a) as probabilidades de que os rolamentos sejam bons, recuperáveis e defeituosos.

(b) $E(T)$.

21. Suponha que um mecanismo eletrônico tenha um tempo de vida X (em 1.000 horas) que possa ser considerado uma v.a. contínua com f.d.p. $f(x) = e^{-x}$, $x > 0$. Suponha que o custo de fabricação de um item seja 2,00 reais e o preço de venda seja 5,00 reais. O fabricante garante total devolução se $X \leq 0,9$. Qual o lucro esperado por item?

22. Seja Y com distribuição binomial de parâmetros $n = 10$ e $p = 0,4$. Determine a aproximação normal para:

    (a) $P(3 < Y < 8)$,   (b) $P(Y \geq 7)$,   (c) $P(Y < 5)$.

23. De um lote de produtos manufaturados, extraímos 100 itens ao acaso; se 10% dos itens do lote são defeituosos, calcule a probabilidade de 12 itens serem defeituosos. Use também a aproximação normal.

24. A confiabilidade de um mecanismo eletrônico é a probabilidade de que ele funcione sob as condições para as quais foi planejado. Uma amostra de 1.000 desses itens é escolhida ao acaso e os itens são testados, obtendo-se 30 defeituosos. Calcule a probabilidade de se obter pelo menos 30 itens defeituosos, supondo que a confiabilidade de cada item é 0,95.

7.6 Funções de variáveis contínuas

Vimos, no Capítulo 6, como obter a distribuição de uma v.a. $Y = h(X)$, se conhecermos a distribuição da v.a. discreta X. Vejamos, agora, o caso em que X é contínua. Suponhamos, primeiramente, que a função h seja estritamente monotônica, crescente ou decrescente. Neste caso, a inversa h^{-1} estará univocamente determinada e podemos obter $x = h^{-1}(y)$, para valores x e y das v.a. X e Y, respectivamente. Observando a Figura 7.22, vemos que, se a densidade de X, $f(x)$, digamos, for positiva no intervalo $a < x < b$, então a densidade de Y será positiva para $h(a) < y < h(b)$, se h for crescente, e para $h(b) < y < h(a)$, se h for decrescente.

Figura 7.22 Função de uma v.a.

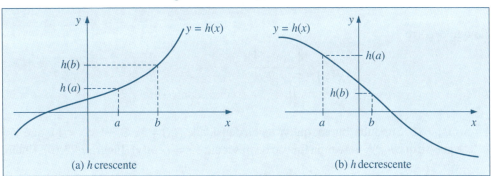

(a) h crescente

(b) h decrescente

Exemplo 7.11 Suponha X com a densidade do Exemplo 7.2 e considere $Y = 3X + 4$. Aqui, $y = h(x) = 3x + 4$, que é crescente (Figura 7.23(a)).

Figura 7.23 Exemplos de funções de v.a., (a) Exemplo 7.11, (b) Exemplo 7.12.

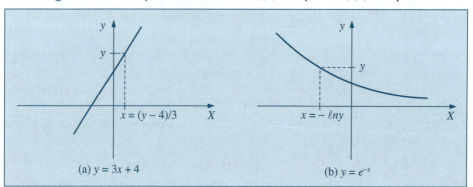

(a) $y = 3x + 4$ (b) $y = e^{-x}$

Denotando a densidade de Y por $g(y)$, e como $f(x) > 0$ para $0 < x < 1$, $g(y) > 0$ para $4 < y < 7$.

Notemos que se podem obter probabilidades relativas a Y a partir da densidade de X. Por exemplo,

$$P(Y > 1) = P(3X + 4 > 1) = P(X > -1) = 1.$$

Vejamos como se pode obter $g(y)$. Denotemos por $G(y)$ a função de distribuição acumulada de Y. Da Seção 7.3, sabemos que $G'(y) = g(y)$; para todo valor de y para o qual G for derivável. Então, temos

$$G(y) = P(Y \le y) = P(3X + 4 \le y) = P\left(X \le \frac{y-4}{3}\right) = F\left(\frac{y-4}{3}\right),$$

em que estamos denotando por $F(\cdot)$ a função de distribuição acumulada de X. Usando a regra da cadeia para derivadas, temos

$$G'(y) = F'\left(\frac{y-4}{3}\right) \cdot \frac{1}{3} = \frac{1}{3} f\left(\frac{y-4}{3}\right),$$

do que decorre

$$g(y) = \begin{cases} \dfrac{2(y-4)}{9}, & \text{se } 4 < y < 7 \\ 0, & \text{caso contr\'ario.} \end{cases}$$

Exemplo 7.12 Suponha, agora, que X tenha densidade $f(x) = 3x^2/2$, $-1 < x < 1$ e que $Y = e^{-X}$. Segue-se que $h(x) = e^{-x}$ é uma função decrescente e $x = -\ell n(y)$ (Figura 7.23(b)). Então,

$$G(y) = P(Y \le y) = P(e^{-X} \le y) = P(X \ge -\ell n(y))$$
$$= 1 - P(X \le -\ell n(y)) = 1 - F(-\ell n(y)),$$

em que novamente F denota a f.d.a. de X. Derivando, obtemos a f.d.p. de Y,

$$g(y) = \frac{3}{2y}(\ell n(y))^2, \quad e^{-1} < y < e.$$

O seguinte resultado generaliza esses dois exemplos.

Teorema 7.1 Se X for uma v.a. contínua, com densidade $f(x) > 0$, $a < x < b$, então $Y = h(X)$ tem densidade

$$g(y) = f(h^{-1}(y)) \left| \frac{dx}{dy} \right|, \qquad (7.30)$$

supondo que h seja monotônica, derivável para todo x. Se h for crescente, $g(y) > 0$, $h(a) < y < h(b)$ e, se h for decrescente, $g(y) > 0$, $h(b) < y < h(a)$.

Prova. Basta notar que $G(y) = P(Y \leq y) = P(h(X) \leq y)$ e que essa probabilidade é igual a $P(X \leq h^{-1}(y)) = F(h^{-1}(y))$, se h for crescente, e igual a $1 - F(h^{-1}(y))$, se h for decrescente. Derivando $G(y)$ obtemos o resultado, notando que a derivada $(h^{-1}(y))' = dx/dy > 0$ se h for crescente, e negativa se h for decrescente.

Suponha, agora, que h não seja monotônica. Um caso de interesse que será usado mais tarde é $Y = h(X) = X^2$ (Figura 7.24). Temos

$$G(y) = P(Y \leq y) = P(X^2 \leq y) = P(-\sqrt{y} \leq X \leq \sqrt{y})$$
$$= F(\sqrt{y}) - F(-\sqrt{y}).$$

e derivando obtemos a densidade de Y,

$$g(y) = \frac{1}{2\sqrt{y}} \cdot \left[f(\sqrt{y}) + f(-\sqrt{y}) \right] \qquad (7.31)$$

em que f é a densidade de X.

Se $f(x) = 1$, $0 < x < 1$ (X é uniforme no intervalo $[0, 1]$), então

$$g(y) = \frac{1}{2\sqrt{y}}, 0 < y < 1.$$

Figura 7.24 Ilustração de $Y = h(X) = X^2$.

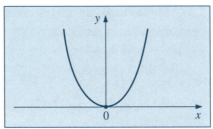

208 CAPÍTULO 7 — VARIÁVEIS ALEATÓRIAS CONTÍNUAS

Problemas

25. Considere a v.a. X do Problema 2 e $Y = X + 5$.
    (a) Calcule $P(Y \leq 5,5)$.
    (b) Obtenha a densidade de Y.
    (c) Obtenha a densidade de $Z = 2X$.
26. Suponha que a v.a. X tenha a densidade do Problema 8. Se $Y = 2X - 3/5$, obter a densidade de Y. Calcule $E(Y)$ e $\text{Var}(Y)$.
27. Suponha $X \sim U[-1, 1]$. Calcule a densidade de $Y = X^2$ e de $W = |X|$.

7.7 Outros modelos importantes

Nesta seção, vamos introduzir alguns modelos para v.a. contínuas que serão bastante utilizados na terceira parte deste livro. Juntamente com o modelo normal, esses modelos são úteis para as v.a. de interesse prático, que na maioria dos casos assumem valores positivos e tendem a ter distribuições assimétricas à direita.

7.7.1 A distribuição gama

Uma extensão do modelo exponencial é estudado a seguir.

Definição. A v.a. contínua X, assumindo valores positivos, tem uma distribuição gama com parâmetros $\alpha > 0$ e $\beta > 0$, se sua f.d.p. for dada por

$$f(x;\alpha,\beta) = \begin{cases} \dfrac{1}{\Gamma(\alpha)\beta^\alpha} x^{\alpha-1} e^{-x/\beta}, & x > 0, \\[2mm] 0, & x < 0, \end{cases} \qquad (7.32)$$

Em (7.32), $\Gamma(\alpha)$ é a *função gama*, importante em muitas áreas da Matemática, dada por

$$\Gamma(\alpha) = \int_0^\infty e^{-x} x^{\alpha-1} dx, \quad \alpha > 0. \qquad (7.33)$$

Não é difícil ver que $\Gamma(\alpha) = (\alpha - 1)\,\Gamma(\alpha - 1)$, se $\alpha = n$ for um inteiro positivo, $\Gamma(n) = (n - 1)!$ e que $\Gamma(1/2) = \sqrt{\pi}$. Veja o Problema 45.

A Figura 7.25 ilustra a densidade (7.32) para $\alpha = 3$ e $\beta = 1$. Se $\alpha = 1$ obtemos a distribuição exponencial (7.26). Muitos casos de interesse têm α inteiro positivo.

Usaremos a notação

$$X \sim \text{Gama}(\alpha, \beta)$$

para designar uma v.a. com a distribuição dada por (7.32).

Figura 7.25 Gráfico da f.d.p. de uma distribuição gama, $\alpha = 3, \beta = 1$.

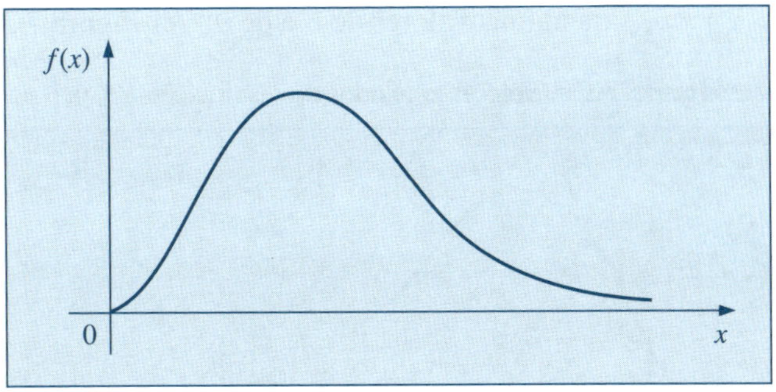

Pode-se demonstrar que:

$$E(X) = \alpha\beta, \; \text{Var}(X) = \alpha\beta^2. \tag{7.34}$$

7.7.2 A distribuição qui-quadrado

Um caso especial importante do modelo gama é obtido fazendo-se $\alpha = \nu/2$ e $\beta = 2$, com $\nu > 0$ inteiro.

Definição. Uma v.a. contínua Y, com valores positivos, tem uma distribuição qui-quadrado com ν graus de liberdade, se sua densidade for dada por

$$f(y;\nu) = \begin{cases} \dfrac{1}{\Gamma(\nu/2)2^{\nu/2}} y^{\nu/2-1} e^{-y/2}, & y > 0 \\ 0, & y < 0. \end{cases} \tag{7.35}$$

Usaremos a notação $Y \sim \chi^2(\nu)$.

A Figura 7.26 ilustra os gráficos de (7.35) para $\nu = 1, 2, 3$. Segue-se de (7.34) que

$$E(Y) = \nu, \quad \text{Var}(Y) = 2\nu. \tag{7.36}$$

Figura 7.26 Gráficos da distribuição qui-quadrado $\chi^2(\nu)$.

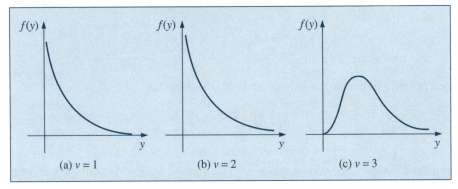

(a) $\nu = 1$ (b) $\nu = 2$ (c) $\nu = 3$

A distribuição qui-quadrado tem muitas aplicações em Estatística e, como no caso da normal, existem tabelas para obter probabilidades. A Tabela IV fornece os valores de y_0 tais que $P(Y > y_0) = p$, para alguns valores de p e de ν. Ver Figura 7.27.

Figura 7.27 Valores tabelados da distribuição $\chi^2(\nu)$.

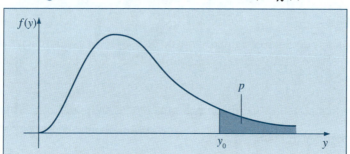

Exemplo 7.13 Usando a Tabela IV, para $\nu = 10$, observe que $P(Y > 2{,}558) = 0{,}99$, ao passo que $P(Y > 18{,}307) = 0{,}05$.

Para $\nu > 30$ podemos usar uma aproximação normal à distribuição qui-quadrado. Especificamente, temos o seguinte resultado: se Y tiver distribuição qui-quadrado com ν graus de liberdade, então a v.a.

$$Z = \sqrt{2Y} - \sqrt{2\nu - 1} \quad N(0,1).$$

Por exemplo, consultando a Tabela IV, temos que, se $\nu = 30$,

$$P(Y > 40{,}256) = 0{,}10,$$

enquanto que, usando a fórmula acima, temos que

$$z = \sqrt{2 \times 40{,}256} - \sqrt{59} = 1{,}292$$

e $P(Z > 1{,}292) = 0{,}099$, que resulta ser uma boa aproximação.

Exemplo 7.14 Considere $Z \sim N(0,1)$ e considere a v.a. $Y = Z^2$. De (7.31) temos que a densidade de Y é dada por

$$g(y) = \frac{1}{2\sqrt{y}}\left[\phi\left(\sqrt{y}\right) + \phi\left(-\sqrt{y}\right)\right], y > 0,$$

em que por $\phi(z)$ indicamos a densidade da $N(0,1)$. Resulta

$$g(y) = \frac{1}{\sqrt{2\pi}} y^{-1/2} e^{-y/2},$$

e comparando com (7.35) vemos que $Y \sim \chi^2(1)$. Temos, aqui, um resultado importante:

O quadrado de uma v.a. com distribuição normal padrão é uma v.a. com distribuição $\chi^2(1)$.

De um modo mais geral, uma v.a. $\chi^2(\nu)$ *pode ser vista como a soma de ν normais padrões ao quadrado, independentes.*

7.7.3 A distribuição *t* de Student

A distribuição *t* de Student é importante no que se refere às inferências sobre médias populacionais, tópico a ser tratado nos Capítulos 12 e 13. A obtenção da densidade está contida no teorema abaixo.

Teorema 7.1 Seja *Z* uma v.a. $N(0,1)$ e *Y* uma v.a. $\chi^2(\nu)$, com *Z* e *Y* independentes. Então, a v.a.

$$t = \frac{Z}{\sqrt{Y/\nu}}, \tag{7.37}$$

tem densidade dada por

$$f(t;\nu) = \frac{\Gamma((\nu+1)/2)}{\Gamma(\nu/2)\sqrt{\pi\nu}}(1+t^2/\nu)^{-(\nu+1)/2}, \quad -\infty < t < \infty. \tag{7.38}$$

Diremos que tal variável tem uma *distribuição t de Student com ν graus de liberdade* e a indicaremos por $t(\nu)$. Pode-se provar que

$$E(t) = 0, \quad \text{Var}(t) = \frac{\nu}{\nu-2}, \quad \nu > 2, \tag{7.39}$$

e verificar que o gráfico da densidade de *t* aproxima-se bastante de uma $N(0,1)$ quando ν é grande. Veja a Figura 7.28.

Figura 7.28 A distribuição *t* de Student e a distribuição normal padrão.

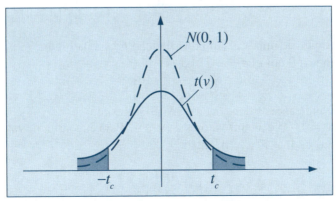

Como essa distribuição é bastante utilizada na prática, existem tabelas fornecendo probabilidades relativas a ela. A Tabela V fornece os valores de t_c tais que

$$P(-t_c < t(\nu) < t_c) = 1 - p, \tag{7.40}$$

para alguns valores de p e de ν.

O nome *Student* vem do pseudônimo usado pelo estatístico irlandês W. S. Gosset, que introduziu essa distribuição no início do século passado.

Exemplo 7.15 Se $\nu = 6$, então, usando a Tabela V, $P(-1,943 < t(6) < 1,943) = 0,90$, ao passo que $P(t(6) > 2,447) = 0,025$. Observe que, nessa tabela, há uma linha com $\nu = \infty$, que corresponde a usar os valores da $N(0,1)$. Para $n > 120$ essa aproximação é muito boa.

7.7.4 A distribuição *F* de Snedecor

Vamos considerar agora uma v.a. definida como o quociente de duas variáveis com distribuição qui-quadrado.

O seguinte teorema, que não será demonstrado, resume o que nos vai ser útil.

Teorema 7.2 Sejam U e V duas v.a. independentes, cada uma com distribuição qui-quadrado, com ν_1 e ν_2 graus de liberdade, respectivamente. Então, a v.a.

$$W = \frac{U/\nu_1}{U/\nu_2} \tag{7.41}$$

tem densidade dada por

$$g(w; \nu_1, \nu_2) = \frac{\Gamma\left((\nu_1 + \nu_2)/2\right)}{\Gamma\left(\nu_1/2\right)\Gamma\left(\nu_2/2\right)} \left(\frac{\nu_1}{\nu_2}\right)^{\nu_1/2} \frac{w^{(\nu_1-2)/2}}{\left(1 + \nu_1 w/\nu_2\right)^{(\nu_1+\nu_2)/2}}, \quad w > 0. \tag{7.42}$$

Diremos que W tem *distribuição F de Snedecor, com ν_1 e ν_2 graus de liberdade*, e usaremos a notação $W \sim F(\nu_1, \nu_2)$. Pode-se mostrar que

$$E(W) = \frac{\nu_2}{\nu_2 - 2} \quad e \quad \mathrm{Var}(W) = \frac{2\nu_2^2 \left(\nu_1 + \nu_2 - 2\right)}{\nu_1 \left(\nu_2 - 2\right)^2 \left(\nu_2 - 4\right)}. \tag{7.43}$$

O gráfico típico de uma v.a. com distribuição F está na Figura 7.29. Na Tabela VI, são dados os pontos f_0 tais que

$$P\left\{F\left(\nu_1, \nu_2\right) > f_0\right\} = \alpha,$$

para $\alpha = 0,05$, $\alpha = 0,025$ e alguns valores de ν_1 e ν_2. Para encontrar os valores inferiores, usa-se o fato que, se $W \sim F(\nu_1, \nu_2)$, então

$$\frac{1}{W} \quad F\left(\nu_2, \nu_1\right). \tag{7.44}$$

7.7 OUTROS MODELOS IMPORTANTES

Figura 7.29 Gráfico de distribuição F.

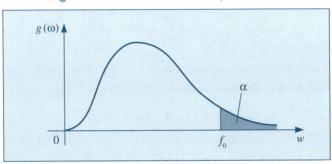

Exemplo 7.16 Considere, por exemplo, $W \sim F(5,7)$. Consultando a Tabela VI, $P(W > 3{,}97) = 0{,}05$ ou, então, $P(W \leq 3{,}97) = 0{,}95$. Digamos, agora, que desejamos encontrar o valor f_0 tal que $P(W < f_0) = 0{,}05$. De (7.44) temos

$$0{,}05 = P\{F(5,7) < f_0\} = P\{F(7,5) < f_0\} = P\{F(7,5) > 1/f_0\},$$

e procurando na Tabela VI, para $F(7,5)$, obtemos $1/f_0 = 4{,}88$ e, portanto, $f_0 = 0{,}205$.

Na seção de Problemas e Complementos, apresentamos algumas outras distribuições de interesse, como a log-normal, Pareto, Weibull e beta.

Na Tabela 7.2, mostramos os principais modelos para v.a. contínuas, incluindo: a densidade, o domínio dos valores, os parâmetros, a média e a variância.

Tabela 7.2 Modelos para variáveis contínuas.

Modelo	$f(x)$	Parâmetros	$E(X)$, $\text{Var}(X)$
Uniforme	$1/(\beta - \alpha),\ \alpha < x < \beta$	α, β	$(\alpha + \beta)/2,\ (\beta - \alpha)^2/12$
Exponencial	$1/\beta\, e^{-t/\beta},\ t > 0$	β	$\beta,\ \beta^2$
Normal	$\dfrac{1}{\sigma\sqrt{2\pi}} \exp\left\{\left(\dfrac{x-\mu}{\sigma}\right)^2\right\},\ -\infty < x < \infty$	μ, σ	μ, σ^2
Gama	$\beta^{-\alpha}/\Gamma(\alpha)\, x^{\alpha-1} e^{-x/\beta},\ x > 0$	$\beta > 0,\ \alpha > 0$	$\alpha\beta,\ \alpha\beta^2$
Qui-quadrado	$\dfrac{2^{-v/2}}{\Gamma v/2} y^{v/2-1} e^{-v/2},\ y > 0$	v	$v,\ 2v$
t-Student	$\dfrac{\Gamma((v+1)/2)}{\Gamma(v/2)\sqrt{\pi v}}\left(1+\dfrac{t^2}{v}\right)^{-(v+1)/2},\ -\infty < t < \infty$	v	$0,\ v/(v-2)$
F-Snedecor	$\dfrac{\Gamma\left(\dfrac{v_1+v_2}{2}\right)}{\Gamma\left(\dfrac{v_1}{2}\right)\Gamma\left(\dfrac{v_2}{2}\right)}\left(\dfrac{v_1}{v_2}\right)^{\frac{v_1}{2}} \dfrac{w^{\frac{v_1-2}{2}}}{\left(1+\dfrac{v_1 w}{v_2}\right)^{\frac{v_1+v_2}{2}}},\ w > 0.$	v_1, v_2	$\dfrac{v_2}{v_2-2},\ \dfrac{2v_2^2(v_1+v_2-2)}{v_1(v_2-2)^2(v_2-4)}$

7.8 Quantis

No Capítulo 6, definimos o p-quantil $Q(p)$ como o valor da v.a. discreta X satisfazendo as duas desigualdades de (6.26).

No caso de uma v.a. contínua X, essa definição torna-se mais simples. Se $F(x)$ designar a f.d.a. de X, temos que as desigualdades em (6.26) ficam:

$$P(X \leq Q(p)) = F(Q(p)) \geq p \qquad (7.45)$$

e

$$P(X \geq Q(p)) = 1 - P(X < Q(p)) = 1 - P(X \leq Q(p)) = 1 - F(Q(p)) \geq 1 - p. \qquad (7.46)$$

Mas (7.46) pode ser reescrita como

$$F(Q(p)) \leq p. \qquad (7.47)$$

Portanto, de (7.45) e (7.47) chegamos à conclusão de que o p-quantil deve satisfazer

$$F(Q(p)) = p. \qquad (7.48)$$

Graficamente, temos a situação ilustrada na Figura (7.30). Ou seja, para obter $Q(p)$, marcamos p no eixo das ordenadas, consideramos a reta horizontal pelo ponto $(0, p)$ até encontrar a curva de $F(x)$ e baixamos uma reta vertical até encontrar $Q(p)$ no eixo das abscissas. Analiticamente, temos de resolver a Equação (7.48). Vejamos alguns exemplos.

Figura 7.30 Definição de $Q(p)$, (a) f.d.a., (b) f.d.p.

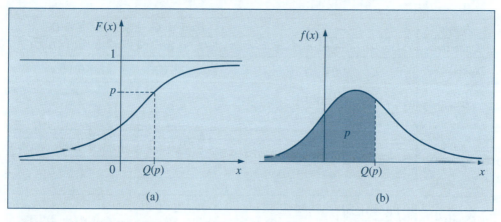

Exemplo 7.17 Se $Z \sim N(0, 1)$, utilizando a Tabela III encontramos facilmente que

$Q(0,5) = Q_2 = 0,$
$Q(0,25) = Q_1 = -0,675,$
$Q(0,30) = -0,52,$
$Q(0,75) = Q_3 = 0,675.$

Exemplo 7.18 Suponha que $Y \sim \text{Exp}(2)$. Se quisermos calcular a mediana, Q_2, teremos de resolver

$$\int_0^{Q_2} f(y)\,dy = 0,5,$$

ou seja,

$$1/2 \int_0^{Q_2} e^{-y/2}\,dy = 0,5.$$

Obtemos

$$1 - e^{-Q_2/2} = 0,5,$$

do que temos, finalmente, $Q_2 = -2\ell n(0,5) = 1,386$.

7.9 Exemplos computacionais

Para variáveis contínuas, o padrão dos comandos é muito parecido com o padrão utilizado no capítulo anterior para variáveis discretas. Valem os mesmos prefixos, isto é, d para densidade, p para função distribuição, q para quantis e r para simulação. A Tabela 7.3 apresenta os principais sufixos para distribuições contínuas:

Tabela 7.3 As principais distribuições contínuas e seus sufixos no R.

Distribuição	Sufixo	Parâmetros
Exponencial	exp	rate
Normal	norm	mean,sd
Gama	gamma	shape, rate, scale
Qui-quadrado	chisq	df
t-Student	t	df
F-Snedecor	f	df1, df2

Apresentaremos a seguir uma sequência de comandos para construir os gráficos da função densidade e distribuição acumulada de uma v.a. Normal padrão. Esta sequência de comandos pode ser utilizada para qualquer distribuição contínua.

216 · CAPÍTULO 7 — VARIÁVEIS ALEATÓRIAS CONTÍNUAS

```
x<-seq (-3,3,0.1) # Cria um intervalo de -3 a 3
fdnorm<-dnorm(x = x, mean = 0, sd=1)     # Calcula a fdp da distr. normal para o
intervalo x
fdanorm<-pnorm(q = x, mean = 0, sd=1)   # Calcula a fda da distr. normal para o
intervalo x
## Imprimindo os gráficos da fdp e fda:
par (mfrow=c (1,2))
plot (x=x,y=fdnorm,type="l", col="blue", lwd=2, main="f.d.p. da Distrib. Normal
padrão",xlab="z")
plot (x=x,y=fdanorm,type="l", col="blue",lwd=2, main="f.d.a. da Distrib. Normal
padrão",xlab="z")
lines (x=c(0,0),y=c(0,fdanorm[x==0]), lty=2, col="gray")
```

Nesta seção, vamos dar alguns exemplos de como obter probabilidades acumuladas e quantis para a normal e exponencial, usando o R. Isso também pode ser feito usando outros pacotes, como o Minitab e SPlus, bem como podemos considerar outras distribuições contínuas.

Considere a v.a. contínua X, com f.d.a. $F(x)=P(X\leq x)$, para todo x real. Dado x, queremos calcular $F(x)$, ou dado $F(x)=p$, $0< p <1$, queremos calcular $x=Q(p)$, conforme (7.48), ou seja, queremos calcular o p-quantil de X.

Exemplo 7.19 Suponha X com distriuição normal, de média 10 e desvio padrão 25. Se x=8,65, para obter $F(x)$ usamos o comando:

```
pnorm (8.65,mean=10, sd=25),
obtendo-se
[1] 0.47847
```

Por outro lado, se $F(x)=0,8269(=p)$, usamos o comando:

```
qnorm (0.8269,mean=10, sd=25),
obtendo-se o quantil
[1] 33.55
```

Exemplo 7.20 Suponha, agora, que tenhamos uma distribuição exponencial, com média $E(X)=0,5$, ou seja, parâmetro $\beta =2$. Da mesma forma, os comandos para a distribuição exponencial serão pexp e qexp, respectivamente:

```
pexp (0.85, rate=2)
[1] 0.81732
qexp (0.345 ,rate=2)
[1] 0.21156
[1] 0.21156
```

Exemplo 7.21 Podemos, também, construir o gráfico de uma f.d.a, por meio de comandos do R (ou de outro pacote). Suponha Z ~ N(0,1). Como os valores de Z estão concentrados no intervalo [-4,4], podemos considerar um vetor de valores nesse intervalo e obter o gráfico de da f.d.a. Os comandos estão abaixo, onde utilizamos o comando *curve*. O gráfico está na Figura 7.31.

```
curve (pnorm(q = x, mean = 0, sd=1), xlim=c (- 4, 4), col="blue", lwd=2,
ylab="", xlab="z")
```

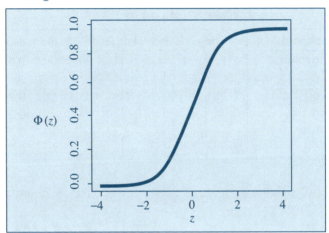

Figura 7.31 Gráfico da f.d.a. da *N*(0, 1). R.

7.10 Problemas suplementares

28. Numa determinada localidade, a distribuição de renda (em reais) é uma v.a. X com f.d.p.

$$f(x) = \begin{cases} \dfrac{1}{10}x + \dfrac{1}{10}, & 0 \le x \le 2 \\ -\dfrac{3}{40}x + \dfrac{9}{20}, & 2 < x \le 6 \\ 0, & x < 0 \text{ ou } x > 6. \end{cases}$$

(a) Qual a renda média nessa localidade?

(b) Escolhida uma pessoa ao acaso, qual a probabilidade de sua renda ser superior a $ 3.000,00?

(c) Qual a mediana da variável?

29. Se X tiver distribuição uniforme com parâmetros α e β, mostre que:

(a) $E(X) = \dfrac{\alpha + \beta}{2}$.

(b) $\text{Var}(X) = (\beta - \alpha)^2/12$.

CAPÍTULO 7 — VARIÁVEIS ALEATÓRIAS CONTÍNUAS

(c) $$F(x) = \begin{cases} 0, & x < \alpha \\ \dfrac{x - \alpha}{\beta - \alpha}, & \alpha \le x \le \beta \\ 1, & x > \beta. \end{cases}$$

30. Complete a tabela abaixo, que corresponde a alguns valores da função

$$G(u) = P(0 \le U \le u),$$

definida na Seção 7.4.1, com U uma v.a. uniforme no intervalo $(-1/2, 1/2)$.

Probabilidades p, tais que $p = P(0 \le U \le u)$

Primeira decimal de u	Segunda decimal de u				Primeira decimal de u
	0	1	...	9	
0,0					0,0
0,1					0,1
0,2					0,2
0,3					0,3
0,4					0,4
0,5					0,5

31. Dada a v.a. X, uniforme em $(5, 10)$, calcule as probabilidades abaixo, usando a tabela do problema anterior.

(a) $P(X < 7)$

(b) $P(8 < X < 9)$

(c) $P(X > 8,5)$

(d) $P(|X - 7,5| > 2)$

32. Se $X \sim N(\mu, \sigma^2)$, calcular $E(X)$ e $\text{Var}(X)$.

[Sugestão: Fazendo a transformação de variáveis $x = \mu + \sigma t$, obtemos que

$$EX = \frac{\mu}{\sqrt{2\pi}} \int_{-\infty}^{\infty} e^{-t^2/2} dt + \frac{\sigma}{\sqrt{2\pi}} \int_{-\infty}^{\infty} t e^{-t^2/2} dt.$$

A primeira integral resulta μ (por quê?) e a segunda anula-se, pois o integrando é uma função ímpar. Para obter a variância, obtenha $E(X^2)$ por integração por partes.]

33. As notas de Estatística Econômica dos alunos de determinada universidade distribuem-se de acordo com uma distribuição normal, com média $6,4$ e desvio padrão $0,8$. O professor atribui graus **A**, **B** e **C** da seguinte forma:

Nota	Grau
$x < 5$	C
$5 \le x < 7,5$	B
$7,5 \le x \le 10$	A

Numa classe de **80** alunos, qual o número esperado de alunos com grau **A**? E com grau **B**? E **C**?

7.10 PROBLEMAS SUPLEMENTARES

34. O peso bruto de latas de conserva é uma v.a. normal, com média 1.000 g e desvio padrão 20 g.

    (a) Qual a probabilidade de uma lata pesar menos de 980 g?

    (b) Qual a probabilidade de uma lata pesar mais de 1.010 g?

35. A distribuição dos pesos de coelhos criados numa granja pode muito bem ser representada por uma distribuição normal, com média de **5 kg** e desvio padrão de **0,8 kg**. Um abatedouro comprará 5.000 coelhos e pretende classificá-los de acordo com o peso, do seguinte modo: **20%** dos leves como pequenos, os **55%** seguintes como médios, os **15%** seguintes como grandes e os **10%** mais pesados como extras. Quais os limites de peso para cada classe?

36. Uma enchedora automática de garrafas de refrigerantes está regulada para que o volume médio de líquido em cada garrafa seja de 1.000 cm^3 e o desvio padrão de 10 cm^3. Pode-se admitir que a variável volume seja normal.

    (a) Qual é a porcentagem de garrafas em que o volume de líquido é menor que 990 cm^3?

    (b) Qual é a porcentagem das garrafas em que o volume líquido não se desvia da média em mais que dois desvios padrões?

    (c) O que acontecerá com a porcentagem do item (b) se a máquina for regulada de forma que a média seja 1.200 cm^3 e o desvio padrão 20 cm^3?

37. O diâmetro de certo tipo de anel industrial é uma v.a. com distribuição normal, de média **0,10 cm** e desvio padrão **0,02 cm**. Se o diâmetro de um anel diferir da média em mais que **0,03 cm**, ele é vendido por \$ 5,00; caso contrário, é vendido por \$ 10,00. Qual o preço médio de venda de cada anel?

38. Uma empresa produz televisores e garante a restituição da quantia paga se qualquer televisor apresentar algum defeito grave no prazo de seis meses. Ela produz televisores do tipo **A** (comum) e do tipo **B** (luxo), com lucros respectivos de \$ 1.000,00 e \$ 2.000,00, caso não haja restituição, e com prejuízos de \$ 3.000,00 e \$ 8.000,00, se houver restituição. Suponha que o tempo para a ocorrência de algum defeito grave seja, em ambos os casos, uma v.a. com distribuição normal, respectivamente, com médias 9 meses e 12 meses, e variâncias 4 meses^2 e 9 meses^2. Se tivesse de planejar uma estratégia de *marketing* para a empresa, você incentivaria as vendas dos aparelhos do tipo **A** ou do tipo **B**?

39. Determine as médias das v.a. X, Y e Z:

    (a) X uniforme em $(1, 3)$, $Y = 3X + 4$, $Z = e^X$.

    (b) X tem f.d.p. $f(x) = e^{-x}$, $x > 0$, $Y = X^2$, $Z = 3/(X + 1)^2$.

40. Suponha que X tenha distribuição uniforme em $[-a, 3a]$. Determine a média e a variância de X.

41. Se T tiver distribuição exponencial com parâmetro β, mostre que:

    (a) $E(T) = \beta$.   (b) $\text{Var}(T) = \beta^2$.

42. Os dados a seguir representam uma amostra de firmas de determinado ramo de atividade de uma região. Foram observadas duas variáveis: faturamento e número de empregados.

Faturamento	Nº de empresas
0 ⊢ 10	18
10 ⊢ 50	52
50 ⊢ 100	30
100 ⊢ 200	26
200 ⊢ 400	24
400 ⊢ 800	20
800 ⊢ 1600	16
1600 ⊢ 3200	14
3200 ⊢ 6400	6
> 6400	4
Total	210

Nº de empregados	Nº de empresas
0 ⊢ 20	35
20 ⊢ 50	75
50 ⊢ 100	45
100 ⊢ 200	30
200 ⊢ 400	15
400 ⊢ 800	8
> 800	2
Total	210

(a) Calcule a média e a variância para cada variável.

(b) Supondo normalidade para cada uma dessas variáveis, com parâmetros estimados pela amostra, calcule os valores esperados para cada intervalo de classe e compare com o observado.

43. Suponha que a v.a. X tenha densidade $f(x) = 1$, para $0 < x < 1$ e igual a zero no complementar. Faça $Y = X^2$.

(a) Determine $F_Y(y) = P(Y \le y)$, y real.

(b) Determine a f.d.p. de Y.

(c) Calcule $E(X^2)$, utilizando a f.d.p. de X.

(d) Calcule $E(Y)$, utilizando a f.d.p. de Y, e compare com (c).

44. Dada a v.a.

$$Z = \frac{X - \mu_x}{\sigma_x},$$

determine a média e a variância de Z, sabendo-se que a f.d.p. do X é

$$f(x) = e^{-x}, x > 0.$$

45. (a) Prove que, se α for inteiro positivo, $\Gamma(\alpha) = (\alpha - 1)!$.

(b) Prove que $\Gamma(\alpha + 1) = \alpha\Gamma(\alpha)$.

(c) Calcule $\Gamma(1)$ e $\Gamma(1/2)$.

(d) Prove que a média e a variância de uma v.a. X com distribuição gama (densidade em (7.32)) são, respectivamente, $\alpha\beta$ e $\alpha\beta^2$.

7.11 COMPLEMENTOS METODOLÓGICOS

46. Suponha que X tenha distribuição exponencial com parâmetro β. Prove que

$$\frac{P(X > t + x)}{P(X > x)} = P(X > t), \forall t, x \geq 0.$$

Essa propriedade nos diz que a distribuição exponencial não tem memória. Por exemplo, se X for a vida de um componente eletrônico, a relação acima diz que, se o componente durou até o instante x, a probabilidade de ele não falhar após o intervalo $t + x$ é a mesma de não falhar após o instante t. Nesse sentido, X "esquece" a sua idade, e a eventual falha do componente não resulta de uma deterioração gradual e sim de alguma falha repentina.

47. Se X for uma v.a. contínua, com f.d.p. $f(x)$, e se $Y = g(X)$ for uma função de X, então Y será uma v.a com

$$E(Y) = \int_{-\infty}^{\infty} g(x) f(x) dx.$$

Suponha que X tenha densidade

$$f(x) = \begin{cases} \left(\frac{1}{2}\right)e^{x}, & x \leq 0 \\ \left(\frac{1}{2}\right)e^{-x}, & x > 0. \end{cases}$$

Obtenha $E(Y)$, se $Y = |X|$.

48. Se X for uniforme no intervalo $[0, 1]$, obtenha a média da v.a. $Y = (\frac{1}{2})X^2$.

49. Obtenha o gráfico da f.d.a. de uma v.a. $T \sim \text{Exp}(0,5)$, ou seja, $E(T) = 2$, considerando 20 valores de T e calculando os valores de $F(t)$, como na Seção 7.9.

50. Idem, para 30 valores de uma uniforme no intervalo $[-1,1]$.

51. Obtenha os quantis $Q(0,1)$, Q_1, Q_2, Q_3, $Q(0,9)$ para uma v.a. $X \sim N(10, 16)$.

52. Resolva a mesma questão para uma v.a. $Y \sim \chi^2(5)$.

53. Usando a aproximação normal a uma variável qui-quadrado, calcular:

    (a) $P(\chi^2(35) > 49,76)$;   (b) o valor y tal que $P(\chi^2(40) > y) = 0,05$.

7.11 Complementos metodológicos

1. Distribuição de Pareto. Esta é uma distribuição frequentemente usada em Economia, em conexão com problemas de distribuição de renda.

   Dizemos que a v.a. X tem **distribuição de Pareto** com parâmetros $\alpha > 0$, $b > 0$ se sua f.d.p. for dada por

$$f(x) = \begin{cases} (\alpha/b)(b/x)^{\alpha+1}, & x \geq b \\ 0, & x < b. \end{cases}$$

Aqui, b pode representar algum nível mínimo de renda, x é o nível de renda e $f(x)\,\Delta x$ dá a proporção de indivíduos com renda entre x e $x + \Delta x$. O gráfico de $f(x)$ está na figura a seguir.

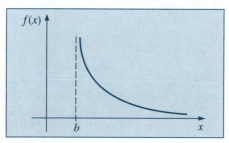

(a) Prove que $\int_{-\infty}^{\infty} f(x)\,dx = 1$.

(b) Mostre que, para $\alpha > 1$,

$$E(X) = \frac{\alpha b}{\alpha - 1} \text{ e para } \alpha > 2, \text{Var}(X) = \frac{\alpha b^2}{(\alpha - 1)^2 (\alpha - 2)}.$$

2. Distribuição lognormal. Outra distribuição usada quando se têm valores positivos é a distribuição lognormal. A v.a. X tem distribuição lognormal, com parâmetros μ e σ^2, $-\infty < \mu < \infty$, $\sigma^2 > 0$, se $Y = \ell nX$ tiver distribuição normal com média μ e variância σ^2. A f.d.p. de X tem a forma

$$f(x) = \begin{cases} \dfrac{1}{x\sigma\sqrt{2\pi}} e^{-1/2\left(\frac{\ell nx - \mu}{\sigma}\right)^2}, & \text{se } x > 0 \\ 0, & \text{se } x \leq 0. \end{cases}$$

O gráfico de $f(x)$ está na figura a seguir.

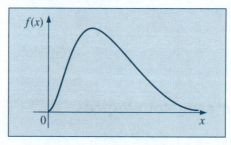

(a) Prove que $E(X) = e^{\mu + \sigma^2/2}$.

(b) Se $E(X) = m$, prove que $\text{Var}(X) = m^2(e^{\sigma^2} - 1)$.

3. Distribuição de Weibull. Um modelo que tem muitas aplicações na *teoria da confiabilidade* é o modelo de Weibull, cuja f.d.p. é dada por

$$f(x) = \begin{cases} \alpha\beta x^{\beta-1} e^{-\alpha x^\beta}, & x \geq 0 \\ 0, & x < 0, \end{cases}$$

em que α e β são constantes positivas. A v.a. X pode representar, por exemplo, o tempo de vida de um componente de um sistema.

(a) Se $\beta = 1$, qual a f.d.p. resultante?

(b) Obtenha $E(X)$ para $\beta = 2$.

4. Distribuição Beta. Uma v.a. X tem distribuição beta com parâmetros $\alpha > 0$, $\beta > 0$, se sua f.d.p. for dada por

$$f(x) = \begin{cases} \dfrac{1}{B(\alpha,\beta)} x^{\alpha-1}(1-x)^{\beta-1}, & 0 < x < 1 \\ 0, & \text{caso contrário.} \end{cases}$$

Aqui, $B(\alpha, \beta)$ é a função beta, definida por

$$B(\alpha,\beta) = \int_0^1 x^{\alpha-1}(1-x)^{\beta-1} dx.$$

É possível provar que $B(\alpha, \beta) = \Gamma(\alpha)\Gamma(\beta)/\Gamma(\alpha+\beta)$. A figura abaixo mostra a densidade da distribuição beta para $\alpha = \beta = 2$. Para esse caso, calcule $P(X \leq 0,2)$. Calcule a média e a variância de X para $\alpha = \beta = 2$.

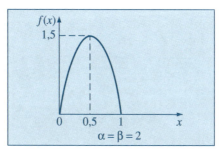

5. Se na distribuição t de Student colocarmos $\nu = 1$, obteremos a **distribuição de Cauchy**,

$$f(x) = \frac{1}{\pi} \frac{1}{1+x^2}.$$

Mostre que $E(X)$ não existe.

6. Para uma v.a. com distribuição qui-quadrado, com ν graus de liberdade e ν *par*, vale a seguinte fórmula:

$$P(\chi^2(\nu) > c) = e^{-c/2} \sum_{j=0}^{\nu/2-1} \frac{(c/2)^j}{j!}.$$

Calcule essa probabilidade para os seguintes casos e compare com os valores tabelados na Tabela IV:

(a) $\nu = 4$, $c = 9,488$;

(b) $\nu = 10$, $c = 16$.

7. Se $X \sim N(\mu, \sigma^2)$, com densidade $f(x)$ dada por (7.17), provemos que a integral $I = \int_{-\infty}^{\infty} f(x)dx = 1$. Como esta integral é sempre positiva, mostremos que $I^2 = 1$. Novamente, como no Problema 32, fazemos a transformação $x = \mu + \sigma t$ e obtemos $I^2 = \frac{1}{2\pi}\iint e^{-(t^2+s^2)/2} dsdt$, em que os limites de integração são $-\infty$ e ∞. Agora, fazemos outra transformação, passando de coordenadas cartesianas para polares: $s = r \cos \theta$, $t = r \operatorname{sen} \theta$, de modo que $dsdt = r\,drd\theta$. Segue-se, integrando primeiro com relação a r e depois com relação a θ, que

$$I^2 = \frac{1}{2\pi}\int_0^{2\pi}\int_0^{\infty} e^{-r^2/2} r\,drd\theta = \frac{1}{2\pi}\int_0^{2\pi}\left[-e^{-r^2/2}\right]_0^{\infty} d\theta = \frac{1}{2\pi}\int_0^{2\pi} d\theta = 1.$$

Capítulo 8

Variáveis Aleatórias Multidimensionais

8.1 Distribuição conjunta

Em muitas situações, ao descrevermos os resultados de um experimento, atribuímos a um mesmo ponto amostral os valores de duas ou mais variáveis aleatórias. Neste capítulo, iremos nos concentrar no estudo de um par de variáveis aleatórias, indicando que os conceitos e resultados apresentados estendem-se facilmente a um conjunto finito de variáveis aleatórias. Um tratamento mais completo é dado ao caso de variáveis discretas, nas Seções 8.1 a 8.4.

Exemplo 8.1 Suponha que estamos interessados em estudar a composição de famílias com três crianças, quanto ao sexo. Definamos:

X = número de meninos,

$$Y = \begin{cases} 1, \text{se o primeiro filho for homem} \\ 0, \text{se o primeiro filho for mulher,} \end{cases}$$

Z = número de vezes em que houve variação do sexo entre um nascimento e outro, dentro da mesma família.

Com essas informações, e supondo que as possíveis composições tenham a mesma probabilidade, obtemos a Tabela 8.1, em que, por exemplo, o evento HMH indica que o primeiro filho é homem, o segundo, mulher e o terceiro, homem.

As distribuições de probabilidades das v.a. X, Y e Z podem ser obtidas dessa tabela e são dadas na Tabela 8.2.

CAPÍTULO 8 – VARIÁVEIS ALEATÓRIAS MULTIDIMENSIONAIS

Tabela 8.1 Composição de famílias com três crianças, quanto ao sexo.

Eventos	Probabilidade	X	Y	Z
HHH	1/8	3	1	0
HHM	1/8	2	1	1
HMH	1/8	2	1	2
MHH	1/8	2	0	1
HMM	1/8	1	1	1
MHM	1/8	1	0	2
MMH	1/8	1	0	1
MMM	1/8	0	0	0

Tabela 8.2 Distribuições de probabilidades unidimensionais.

(a)					(b)				(c)			
x	0	1	2	3	y	0	1		z	0	1	2
$p(x)$	1/8	3/8	3/8	1/8	$p(y)$	1/2	1/2		$p(z)$	1/4	1/2	1/4

A Tabela 8.3 apresenta as probabilidades associadas aos pares de valores nas variáveis X e Y. Nessa tabela, $p(x, y) = P(X = x, Y = y)$ denota a probabilidade do evento $\{X = x$ e $Y = y\} = \{X = x\} \cap \{Y = y\}$. Essa tabela é denominada *distribuição conjunta* de X e Y.

Tabela 8.3 Distribuição bidimensional da v.a. (X, Y).

(x, y)	$p(x, y)$
(0, 0)	1/8
(1, 0)	2/8
(1, 1)	1/8
(2, 0)	1/8
(2, 1)	2/8
(3, 1)	1/8

A partir da Tabela 8.1, podemos formar também as distribuições conjuntas de X e Z, de Y e Z, bem como a distribuição conjunta de X, Y e Z, que está dada na Tabela 8.4.

Tabela 8.4 Distribuição conjunta das v.u. X, Y e Z.

(x, y, z)	$p(x, y, z)$
(0, 0, 0)	1/8
(1, 0, 1)	1/8
(1, 0, 2)	1/8
(1, 1, 1)	1/8
(2, 0, 1)	1/8
(2, 1, 1)	1/8
(2, 1, 2)	1/8
(3, 1, 0)	1/8

Aqui, $p(x, y, z) = P(X = x, Y = y, Z = z)$. Vamos nos fixar nas distribuições bidimensionais, isto é, nas distribuições conjuntas de duas variáveis. Nesse caso, uma maneira mais cômoda de representar a distribuição conjunta é por meio de tabelas de duplas entradas, como na Tabela 8.5, em que temos representada a mesma distribuição de X e Y, dada antes na Tabela 8.3.

Tabela 8.5 Distribuição conjunta de X e Y, como uma tabela de dupla entrada.

Y \ X	0	1	2	3	$p(y)$
0	1/8	2/8	1/8	0	1/2
1	0	1/8	2/8	1/8	1/2
$p(x)$	1/8	3/8	3/8	1/8	1

A representação gráfica de variáveis aleatórias bidimensionais (X, Y) exige gráficos com três eixos: um para a v.a. X, outro para a v.a. Y e um terceiro eixo z para a probabilidade conjunta $p(x, y)$. A Figura 8.1 representa a distribuição conjunta resumida na Tabela 8.5. A dificuldade em desenhar e interpretar tais gráficos nos leva, muitas vezes, a evitar o uso desse recurso tão valioso.

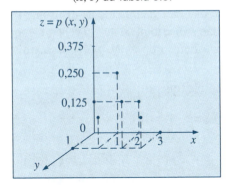

Figura 8.1 Representação gráfica da v.a. (X, Y) da Tabela 8.5.

Uma tentativa de representar distribuições de probabilidades discretas em duas dimensões é o gráfico de *curvas de níveis*. Esse é o mesmo recurso utilizado em mapas geográficos sobre relevos, indicando-se por meio de linhas as cotas (alturas) de mesma intensidade em uma região. Curvas de níveis podem ser usadas também em mapas meteorológicos, de marés etc.

Embora tais mapas sejam usados principalmente para variáveis contínuas, vamos exemplificar abaixo sua construção para os dados da Tabela 8.5. Notamos que existem valores apenas para as probabilidades 0, 1/8, 2/8 e 3/8, e cada um deles define um conjunto de pontos. Por exemplo, correspondendo à probabilidade 1/8 temos o conjunto de pontos $(0, 0)$, $(1, 1)$, $(2, 0)$ e $(3, 1)$. Na Figura 8.2(b), representamos esses pontos, que corresponderiam à "curva de nível" para a cota 1/8. De modo análogo, traçaríamos as demais curvas de níveis. A Figura 8.2(e), reunindo todos os resultados, seria "equivalente" à Figura 8.1. Assim, os pontos representados por × formariam a curva de nível da cota 1/8; os pontos representados por ° formariam a curva de nível com cota (probabilidade) 2/8, e assim por diante. Esse recurso é mais bem visualizado para variáveis contínuas, como na Figura 8.17.

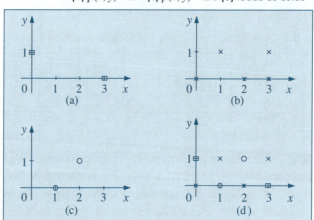

Figura 8.2 Curvas de níveis para a Tabela 8.5. (a) $p(x, y) = 0$ (b) $p(x, y) = 1/8$ (c) $p(x, y) = 2/8$ (d) todas as cotas

8.2 Distribuições marginais e condicionais

Da Tabela 8.5, podemos obter facilmente as distribuições de X e Y. A primeira e última colunas da tabela dão a distribuição de Y, $(y, p(y))$, enquanto a primeira e última linhas da tabela dão a distribuição de X, $(x, p(x))$. Essas distribuições são chamadas *distribuições marginais*.

Observamos, por exemplo, que

$$P(X = 1) = P(X = 1, Y = 0) + P(X = 1, Y = 1) = 2/8 + 1/8 = 3/8$$

e

$$P(Y = 0) = P(X = 0, Y = 0) + P(X = 1, Y = 0) + P(X = 2, Y = 0) + P(X = 3, Y = 0)$$
$$= 1/8 + 2/8 + 1/8 + 0 = 1/2.$$

Portanto, para obter as probabilidades marginais basta somar linhas e colunas.

Quando estudamos os aspectos descritivos das distribuições com mais de uma variável, vimos que, às vezes, é conveniente calcular proporções em relação a uma linha ou coluna, e não em relação ao total. Isso é equivalente aqui ao conceito de distribuição condicional. Por exemplo, qual seria a distribuição do número de meninos, sabendo-se que o primeiro filho é do sexo masculino? Ou seja, queremos calcular a probabilidade $P(X = x | Y = 1)$. Da definição de probabilidade condicional, obtemos

$$P(X = x | Y = 1) = \frac{P(X = x, Y = 1)}{P(Y = 1)} = p(x | Y = 1), \qquad (8.1)$$

para $x = 0, 1, 2, 3$. Pela Tabela 8.5 obtemos, por exemplo,

$$p(2|Y=1) = P(X=2|Y=1) = \frac{P(X=2,Y=1)}{P(Y=1)} = \frac{2/8}{1/2} = 1/2.$$

Do mesmo modo, obtemos as demais probabilidades e a *distribuição condicional* de X, *dado que* Y = 1, está na Tabela 8.6.

Tabela 8.6 Distribuição condicional de X, dado que Y = 1.

x	1	2	3
p(x|Y = 1)	1/4	1/2	1/4

Observe que $\sum_x p(x|Y=1) = p(0|Y=1) + ... + p(3|Y=1) = 1$.

Do mesmo modo, podemos obter a distribuição condicional de Y, dado que X = 2, que está na Tabela 8.7.

Tabela 8.7 Distribuição condicional de Y, dado que X = 2.

y	0	1
p(y|X = 2)	1/3	2/3

Podemos generalizar o que foi dito acima para duas v.a. X e Y quaisquer, assumindo os valores $x_1, x_2, ..., x_n$ e $y_1, y_2, ..., y_m$, respectivamente.

Definição. Seja x_i um valor de X, tal que $P(X=x_i) = p(x_i) > 0$. A probabilidade

$$P(Y=y_j|X=x_i) = \frac{P(X=x_i, Y=y_j)}{P(X=x_i)}, j=1, ..., m, \qquad (8.2)$$

é denominada *probabilidade condicional* de $Y = y_j$, *dado que* $X = x_i$.

Como observamos acima, para x_i fixado, os pares $(y_j, P(Y=y_j|X=x_i))$, j = 1, ..., m, definem a distribuição condicional de Y, dado que $X = x_i$, pois

$$\sum_{j=1}^{m} P(Y=y_j|X=x_i) = \sum_{j=1}^{m} \frac{P(Y=y_j, X=x_i)}{P(X=x_i)} = \frac{P(X=x_i)}{P(X=x_i)} = 1.$$

Considere a distribuição condicional de X, dado que Y = 1, da Tabela 8.6. Podemos calcular a média dessa distribuição, a saber

$$E(X|Y=1) = 1 \times \frac{1}{4} + 2 \times \frac{1}{2} + 3 \times \frac{1}{4} = 2.$$

Observe que E(X) = 1,5, ao passo que E(X|Y = 1) = 2.

De modo geral temos a seguinte definição.

Definição. A esperança condicional de X, dado que $Y = y_j$, é definida por

$$E\left(X|Y = y_j\right) = \sum_{i=1}^{n} x_i P\left(X = x_i | Y = y_j\right).$$

Uma definição análoga vale para $E(Y|X = x_i)$.

Exemplo 8.2 Para a distribuição condicional de Y, dado que $X = 2$, da Tabela 8.7, temos

$$E\left(Y|X = 2\right) = 0 \times \frac{1}{3} + 1 \times \frac{2}{3} = \frac{2}{3}.$$

Exemplo 8.3 Considere, agora, a distribuição conjunta das variáveis Y e Z, definidas no Exemplo 8.1. Da Tabela 8.1 obtemos a Tabela 8.8. Aqui, observamos que

$$P\left(Z = z|Y = y\right) = \frac{P(Z = z, Y = y)}{P(Y = y)} = P\left(Z = z\right)$$

para quaisquer $z = 0, 1, 2$ e $y = 0, 1$. O que significa dizer que

$$P(Z = z, Y = y) = P(Z = z)\, P(Y = y),$$

isto é, a probabilidade de cada casela é igual ao produto das respectivas probabilidades marginais. Por exemplo,

$$P\left(Z = 1|Y = 1\right) = \frac{2}{8} = \frac{2}{4} \times \frac{1}{2} = P\left(Z = 1\right)P\left(Y = 1\right).$$

Tabela 8.8 Distribuição conjunta de Y e Z.

Y \ Z	0	1	2	$p(y)$
0	1/8	2/8	1/8	1/2
1	1/8	2/8	1/8	1/2
$p(z)$	1/4	2/4	1/4	1

Também é verdade que

$$P(Y = y|Z = z) = P(Y = y)$$

para todos os valores de y e z. Dizemos que Y e Z são independentes.

Definição. As variáveis aleatórias X e Y, assumindo os valores $x_1, x_2, \dots$ e $y_1, y_2, \dots$, respectivamente, são independentes se, e somente se, para todo par de valores (x_i, y_j) de X e Y, tivermos que

$$P(X = x_i, Y = y_j) = P(X = x_i)P(Y = y_j). \tag{8.3}$$

Basta que (8.3) não se verifique para *um* par (x_i, y_j), para que X e Y *não* sejam independentes. Nesse caso, diremos que X e Y são *dependentes*. Essa definição pode ser estendida para mais de duas variáveis aleatórias.

8.2 DISTRIBUIÇÕES MARGINAIS E CONDICIONAIS

Problemas

1. Lançam-se, simultaneamente, uma moeda e um dado.
   (a) Determine o espaço amostral correspondente a esse experimento.
   (b) Obtenha a tabela da distribuição conjunta, considerando X o número de caras no lançamento da moeda e Y o número da face do dado.
   (c) Verifique se X e Y são independentes.
   (d) Calcule:
      1. $P(X = 1)$
      2. $P(X \leq 1)$
      3. $P(X < 1)$
      4. $P(X = 2, Y = 3)$
      5. $P(X \geq 0, Y \leq 4)$
      6. $P(X = 0, Y \geq 1)$

2. A tabela abaixo dá a distribuição conjunta de X e Y.
   (a) Determine as distribuições marginais de X e Y.
   (b) Obtenha as esperanças e variâncias de X e Y.
   (c) Verifique se X e Y são independentes.
   (d) Calcule $P(X = 1|Y = 0)$ e $P(Y = 2|X = 3)$.
   (e) Calcule $P(X \leq 2)$ e $P(X = 2, Y \leq 1)$.

Y \ X	1	2	3
0	0,1	0,1	0,1
1	0,2	0	0,3
2	0	0,1	0,1

3. Considere a distribuição conjunta de X e Y, parcialmente conhecida, dada na tabela abaixo.
   (a) Complete a tabela, considerando X e Y independentes.
   (b) Calcule as médias e variâncias de X e Y.
   (c) Obtenha as distribuições condicionais de X, dado que $Y = 0$, e de Y, dado que $X = 1$.

Y \ X	−1	0	1	$P(Y = y)$
−1	1/12			
0				1/3
1	1/4		1/4	
$P(X = x)$				1

8.3 Funções de variáveis aleatórias

Retomemos a Tabela 8.5, que dá a distribuição conjunta das variáveis aleatórias X e Y. A partir dela, podemos considerar, por exemplo, a v.a. $X + Y$, ou a v.a. XY. A soma $X + Y$ é definida naturalmente: a cada resultado do experimento, ela associa a soma dos valores de X e Y, isto é,

$$(X + Y)(\omega) = X(\omega) + Y(\omega). \tag{8.4}$$

Do mesmo modo,

$$(XY)(\omega) = X(\omega)\,Y(\omega). \tag{8.5}$$

Podemos, então, construir a Tabela 8.9.

Tabela 8.9 Funções de variáveis aleatórias.

(x_i, y_j)	$X + Y$	XY	$p(x_i, y_j)$
(0, 0)	0	0	1/8
(0, 1)	1	0	0
(1, 0)	1	0	2/8
(1, 1)	2	1	1/8
(2, 0)	2	0	1/8
(2, 1)	3	2	2/8
(3, 0)	3	0	0
(3, 1)	4	3	1/8

A partir dessa tabela, obtemos as distribuições de $X + Y$ e XY, ilustradas nas Tabelas 8.10 e 8.11.

Tabela 8.10 Distribuição de $X + Y$.

$x + y$	0	1	2	3	4
$p(x + y)$	1/8	2/8	2/8	2/8	1/8

Tabela 8.11 Distribuição de XY.

xy	0	1	2	3
$p(xy)$	4/8	1/8	2/8	1/8

Vimos, no Capítulo 6, como calcular a esperança de uma v.a. Para as v.a X e Y da Tabela 8.5, temos:

$$E(X) = 0 \times \frac{1}{8} + 1 \times \frac{3}{8} + 2 \times \frac{3}{8} + 3 \times \frac{1}{8} = \frac{12}{8} = 1,5,$$

$$E(Y) = 0 \times \frac{1}{2} + 1 \times \frac{1}{2} = 0,5.$$

8.3 FUNÇÕES DE VARIÁVEIS ALEATÓRIAS

Da Tabela 8.10, obtemos

$$E(X+Y)=0\times\frac{1}{8}+1\times\frac{2}{8}+2\times\frac{2}{8}+3\times\frac{2}{8}+4\times\frac{1}{8}=\frac{16}{8}=2.$$

Notamos que $E(X + Y) = E(X) + E(Y)$. Poderia ser uma simples coincidência, mas essa relação é de fato verdadeira.

Teorema 8.1 Se X for uma v.a. com valores $x_1, ..., x_n$ e probabilidades $p(x_1), ..., p(x_n)$, Y for uma v.a. com valores $y_1, ..., y_m$ e probabilidades $p(y_1), ..., p(y_m)$, e se $p(x_i, y_j) = P(X = x_i, Y = y_j)$, $i = 1, ..., n, j = 1, ..., m$, então

$$E(X + Y) = E(X) + E(Y). \tag{8.6}$$

Prova. Observando a Tabela 8.9, podemos escrever

$$E(X+Y)=\sum_{i=1}^{n}\sum_{j=1}^{m}(x_i+y_j)p(x_i,y_j) \tag{8.7}$$

$$=\sum_{i=1}^{n}\sum_{j=1}^{m}x_i p(x_i,y_j)+\sum_{i=1}^{n}\sum_{j=1}^{m}y_i p(x_i,y_j).$$

Mas, para um i fixo, $\sum_{j=1}^{m}p(x_i,y_j)=p(x_i)$ e para um j fixo, $\sum_{i=1}^{n}p(x_i,y_j)=p(y_j)$, logo, podemos escrever

$$E(X)=\sum_{i=1}^{n}x_i p(x_i)=\sum_{i=1}^{n}x_i\sum_{j=1}^{m}p(x_i,y_j)=\sum_{i=1}^{n}\sum_{j=1}^{m}x_i p(x_i,y_j)$$

e

$$E(Y)=\sum_{j=1}^{m}y_j p(y_j)=\sum_{j=1}^{m}y_j\sum_{i=1}^{n}p(x_i,y_j)=\sum_{i=1}^{n}\sum_{j=1}^{m}y_j p(x_i,y_j).$$

Comparando essas duas últimas relações com (8.7), obtemos a relação (8.6).

Do que foi visto acima, podemos concluir que, se X e Y são duas v.a. nas condições do Teorema 8.1, e se $g(X, Y)$ for uma função de X e Y, então

$$E\left[g(X,Y)\right]=\sum_{i=1}^{n}\sum_{j=1}^{m}g(x_i,y_j)p(x_i,y_j). \tag{8.8}$$

Exemplo 8.4 Da Tabela 8.9 temos

$$E(XY)=0\times\frac{1}{8}+0\times 0+0\times\frac{2}{8}+1\times\frac{1}{8}+2\times\frac{2}{8}+0\times 0$$

$$+3\times\frac{1}{8}=\frac{8}{8}=1.$$

É claro que o mesmo valor pode ser obtido da Tabela 8.11, isto é, se $W = XY$ e $p(w) = p(xy)$, então

$$E(W)=E(XY)=0\times\frac{4}{8}+1\times\frac{1}{8}+2\times\frac{2}{8}+3\times\frac{1}{8}=1.$$

Observamos que, neste caso,

$$E(W) = E(XY) = 1 \neq E(X)E(Y) = (1,5)\,(0,5) = 0,75,$$

ou seja, de modo geral, a esperança de um produto de duas v.a. não é igual ao produto das esperanças das v.a. No entanto, existem situações em que essa propriedade se verifica. O teorema seguinte apresenta uma dessas situações.

Teorema 8.2 Se X e Y são variáveis aleatórias independentes, então

$$E(XY) = E(X)\,E(Y). \tag{8.9}$$

Prova. Nas condições do Teorema 8.1, usando (8.8) e (8.3),

$$E(XY) = \sum_{i=1}^{n}\sum_{j=1}^{m} x_i y_j p\left(x_i, y_j\right) = \sum_{i=1}^{n}\sum_{j=1}^{m} x_i y_j p\left(x_i\right) p\left(y_j\right),$$

logo,

$$E(XY) = \sum_{i=1}^{n} x_i p\left(x_i\right) \sum_{j=1}^{m} y_j p\left(y_j\right) = E(X)E(Y).$$

A recíproca do Teorema 8.2 não é verdadeira, isto é, (8.9) pode ser válida e X e Y serem dependentes. Veja o Exemplo 8.7 abaixo.

Observações. (i) Se tivermos um número finito de v.a. $X_1, \ldots, X_n$, então (8.6) toma a forma

$$E(X_1 + \ldots + X_n) = E(X_1) + \ldots + E(X_n). \tag{8.10}$$

(ii) Se $X_1, \ldots, X_n$ forem v.a. independentes, então

$$E(X_1 X_2 \ldots X_n) = E(X_1)\,E(X_2) \ldots E(X_n). \tag{8.11}$$

Exemplo 8.5 Nas Seções 6.6.2 e 6.6.3, definimos a v.a. de Bernoulli e a v.a. binomial. Seja X o número de sucessos em n provas de Bernoulli. Definamos

$$X_i = \begin{cases} 1, & \text{se no } i\text{-ésimo ensaio ocorreu sucesso} \\ 0, & \text{se no } i\text{-ésimo ensaio ocorreu fracasso,} \end{cases}$$

$i = 1, 2, \ldots, n$. Então, segue-se que

$$X = X_1 + X_2 + \ldots + X_n,$$

e $X_1, \ldots, X_n$ são independentes. Se $p = P(\text{sucesso})$, então

$$E(X_i) = 1 \times p + 0 \times (1 - p) = p, \, i = 1, \ldots, n$$

e, por (8.10),

$$E(X) = E(X_1) + \ldots + E(X_n) = np,$$

o que demonstra a relação (6.16). A relação (6.17) será demonstrada na seção seguinte.

8.3 FUNÇÕES DE VARIÁVEIS ALEATÓRIAS

235

Problemas

4. No Problema 2, obtenha as distribuições de $X + Y$ e de XY. Calcule $E(X + Y)$, $E(XY)$, $\text{Var}(X + Y)$, $\text{Var}(XY)$.

5. (a) No Problema 3, calcule $E(X + Y)$ e $\text{Var}(X + Y)$.

   (b) Se $Z = aX + bY$, calcule a e b de modo que $E(Z) = 10$ e $\text{Var}(Z) = 600$.

6. Dois tetraedros (dados com quatro faces) com as faces numeradas de um a quatro são lançados e os números das faces voltadas para baixo são anotados. Sejam as v.a.:

   X: maior dos números observados;

   Y: menor dos números observados;

   $Z = X + Y$.

   (a) Construa a tabela da distribuição conjunta de X e Y.

   (b) Determine as médias e as variâncias de X, Y e Z.

7. Numa urna, há cinco tiras de papel, numeradas 1, 3, 5, 5, 7. Uma tira é sorteada e recolocada na urna; então, uma segunda tira é sorteada. Sejam X_1 e X_2 o primeiro e o segundo números sorteados.

   (a) Determine a distribuição conjunta de X_1 e X_2.

   (b) Obtenha as distribuições marginais de X_1 e X_2. Elas são independentes?

   (c) Encontre a média e a variância de X_1, X_2 e $\overline{X} = (X_1 + X_2)/2$.

   (d) Como seriam as respostas anteriores se a primeira tira de papel não fosse devolvida à urna antes da segunda extração?

8. Numa urna, há cinco bolas marcadas com os seguintes números: $-1, 0, 0, 0, 1$. Retiram-se três bolas, simultaneamente; X indica a soma dos números extraídos e Y o maior valor da trinca. Calcule:

   (a) Função de probabilidade de (X, Y).

   (b) $E(X)$ e $\text{Var}(X)$.

   (c) $\text{Var}(X + Y)$.

9. Dada a distribuição conjunta de X e Y abaixo, determine a média e a variância de:

   (a) $X + Y$.

   (b) XY.

Y \ X	1	2	3
1	5/27	1/27	3/27
2	4/27	3/27	4/27
3	2/27	3/27	2/27

10. Suponha que X e Y tenham a seguinte distribuição conjunta:

Y \ X	1	2	3
1	0,1	0,1	0,0
2	0,1	0,2	0,3
3	0,1	0,1	0,0

236 CAPÍTULO 8 — VARIÁVEIS ALEATÓRIAS MULTIDIMENSIONAIS

(a) Determine a f.p. de $X + Y$ e, a partir dela, calcule $E(X + Y)$. Pode-se obter a mesma resposta de outra maneira?

(b) Determine a f.p. de XY e, em seguida, calcule $E(XY)$.

(c) Mostre que, embora $E(XY) = E(X) E(Y)$, X e Y não são independentes.

8.4 Covariância entre duas variáveis aleatórias

Vamos introduzir agora uma medida da relação linear entre duas variáveis aleatórias.

Definição. Se X e Y são duas v.a., a covariância entre elas é definida por

$$\text{Cov}(X, Y) = E[(X - E(X))(Y - E(Y))], \qquad (8.12)$$

ou seja, o valor médio do produto dos desvios de X e Y em relação às suas respectivas médias.

Suponha que X assuma os valores $x_1, \ldots, x_n$, e Y os valores $y_1, \ldots, y_m$, e que $P(X = x_i, Y = y_j) = p(x_i, y_j)$. Então, (8.12) pode ser escrita

$$\text{Cov}(X, Y) = \sum_{i=1}^{n} \sum_{j=1}^{m} \left[x_i - E(X) \right] \left[y_j - E(Y) \right] p(x_i, y_j). \qquad (8.13)$$

A Fórmula (8.12) pode ser escrita de uma forma mais simples. Note que

$$\text{Cov}(X, Y) = E[XY - XE(Y) - YE(X) + E(X)E(Y)]$$

$$= E(XY) - E(X)E(Y) - E(Y)E(X) + E(X)E(Y),$$

ou seja,

$$\text{Cov}(X, Y) = E(XY) - E(X) E(Y). \qquad (8.14)$$

Exemplo 8.6 Para as v.a. X e Y do Exemplo 8.1 (veja a Tabela 8.5), obtemos

$$E(X) = 1,5, \; E(Y) = 0,5, \; E(XY) = 1,0,$$

de modo que

$$\text{Cov}(X, Y) = 1,0 - (1,5)\,(0,5) = 0,25.$$

Definição. Quando $\text{Cov}(X, Y) = 0$, dizemos que as variáveis aleatórias X e Y são *não correlacionadas*.

Exemplo 8.7 Consideremos a distribuição conjunta de X e Y dada pela Tabela 8.12.

8.4 COVARIÂNCIA ENTRE DUAS VARIÁVEIS ALEATÓRIAS

Tabela 8.12 Distribuição conjunta para o Exemplo 8.7.

Y \ X	0	1	2	$p(y)$
1	3/20	3/20	2/20	8/20
2	1/20	1/20	2/20	4/20
3	4/20	1/20	3/20	8/20
$p(x)$	8/20	5/20	7/20	1,00

Temos que:

$$E(X) = 0 \times \frac{8}{20} + 1 \times \frac{5}{20} + 2 \times \frac{7}{20} = 0,95,$$

$$E(Y) = 1 \times \frac{8}{20} + 2 \times \frac{4}{20} + 3 \times \frac{8}{20} = 2,00,$$

$$E(XY) = 0 \times \frac{3}{20} + 1 \times \frac{3}{20} + 2 \times \frac{2}{20} + 0 \times \frac{1}{20} + 2 \times \frac{1}{20}$$

$$+ 4 \times \frac{2}{20} + 0 \times \frac{4}{20} + 3 \times \frac{1}{20} + 6 \times \frac{3}{20} = 1,90,$$

do que obtemos

$$\mathrm{Cov}(X, Y) = 1,90 - (0,95)(2,00) = 0.$$

Portanto, as v.a. X e Y desse exemplo são não correlacionadas.

Exemplo 8.8 Retomemos o Exemplo 8.3, para o qual vimos que Y e Z são independentes. É fácil ver que $E(Z) = 1$ e $E(Y) = 1/2$. Da Tabela 8.8 obtemos que $E(YZ) = 1/2$, do que decorre que a covariância entre Y e Z é zero.

De modo geral, se X e Y forem independentes, então (8.9) é válida, logo, por (8.14) temos que $\mathrm{Cov}(X, Y) = 0$.

Vamos destacar esse fato por meio da Proposição 8.1.

Proposição 8.1 Se X e Y são duas variáveis aleatórias independentes, então $\mathrm{Cov}(X, Y) = 0$.

Em outras palavras, se X e Y forem independentes, então elas serão não correlacionadas. A recíproca não é verdadeira, isto é, se tivermos $\mathrm{Cov}(X, Y) = 0$, isso não implica que X e Y sejam independentes. De fato, para as v.a. do Exemplo 8.7, a covariância entre X e Y é zero, mas X e Y não são independentes, como podemos facilmente verificar.

Podemos agora demonstrar o

Teorema 8.3 (a) Para duas v.a. X e Y quaisquer, temos

$$\mathrm{Var}(X + Y) = \mathrm{Var}(X) + \mathrm{Var}(Y) + 2\mathrm{Cov}(X, Y); \tag{8.15}$$

CAPÍTULO 8 — VARIÁVEIS ALEATÓRIAS MULTIDIMENSIONAIS

(b) se X e Y forem independentes, então

$$\text{Var}(X + Y) = \text{Var}(X) + \text{Var}(Y). \tag{8.16}$$

Prova.

(a) $\text{Var}(X + Y) = E[(X + Y) - E(X + Y)]^2 = E[X - E(X) + Y - E(Y)]^2$

$= E[X - E(X)]^2 + E[Y - E(Y)]^2 + 2E[(X - E(X))(Y - E(Y))]$, e da definição de covariância, obtemos (8.15).

(b) A relação (8.16) segue imediatamente da Proposição 8.1.

As relações (8.15) e (8.16) podem ser generalizadas para mais de duas variáveis. Em particular, se $X_1, \ldots, X_n$ são v.a. independentes, então

$$\text{Var}(X_1 + \ldots + X_n) = \text{Var}(X_1) + \ldots + \text{Var}(X_n). \tag{8.17}$$

Exemplo 8.5 (continuação) Temos que

$$\text{Var}(X_i) = p(1 - p), \text{ para todo } i = 1, \ldots, n,$$

logo

$$\text{Var}(X) = \text{Var}(X_1) + \ldots + \text{Var}(X_n) = np(1 - p),$$

o que demonstra a relação (6.17).

Vamos introduzir agora uma medida que não depende das unidades de medida de X e Y. O análogo descritivo para dois conjuntos de dados foi introduzido na Seção 4.5.

Definição. O coeficiente de correlação entre X e Y é definido por

$$\rho(X,Y) = \frac{\text{Cov}(X,Y)}{\sigma(X)\sigma(Y)} \tag{8.18}$$

Exemplo 8.9 Para X e Y do Exemplo 8.7, a covariância entre X e Y é zero, logo $\rho(X, Y) = 0$. Para X e Y do Exemplo 8.6, temos que $\text{Cov}(X, Y) = 0{,}25$. Verifique que $\text{Var}(X) = 0{,}75$, $\text{Var}(Y) = 0{,}25$, logo

$$\rho(X,Y) = \frac{0,25}{\sqrt{(0,75)(0,25)}} = 0,58.$$

O seguinte resultado será demonstrado no Problema 48.

Teorema 8.4 O coeficiente de correlação entre X e Y satisfaz a desigualdade

$$-1 \le \rho(X, Y) \le 1.$$

O coeficiente de correlação é uma medida da relação *linear* entre X e Y. Quando $\rho(X, Y) = \pm 1$, existe uma correlação perfeita entre X e Y, pois $Y = aX + b$. Se $\rho(X, Y) = 1$, $a > 0$, e se $\rho(X, Y) = -1$, $a < 0$. O grau de associação linear entre X e Y varia à medida que $\rho(X, Y)$ varia entre -1 e $+1$.

8.4 COVARIÂNCIA ENTRE DUAS VARIÁVEIS ALEATÓRIAS

As seguintes propriedades podem ser provadas facilmente (ver Problema 38). Se a e b são constantes, então:

$$\rho(X + a, Y + b) = \rho(X, Y), \qquad (8.19)$$

$$\rho(aX, bY) = \frac{ab}{|ab|}\rho(X,Y). \qquad (8.20)$$

Ou seja, se $ab > 0$, $\rho(aX, bY) = \rho(X, Y)$ e se $ab < 0$, $\rho(aX, bY) = -\rho(X, Y)$.

Exemplo 8.10 Ainda usando o enunciado do Exemplo 8.1, defina a v.a. W como o "número de meninas". A distribuição conjunta de X e W está na Tabela 8.13.

Tabela 8.13 Distribuição conjunta de X e W para o Exemplo 8.10.

W \ X	0	1	2	3	p(w)
0	0	0	0	1/8	1/8
1	0	0	3/8	0	3/8
2	0	3/8	0	0	3/8
3	1/8	0	0	0	1/8
p(x)	1/8	3/8	3/8	1/8	1

É fácil ver que

$$E(X) = E(W) = 1,5,$$
$$\text{Var}(X) = \text{Var}(W) = 0,75,$$
$$E(XW) = 1,5,$$

do que segue que Cov(X, W) = –0,75 e portanto $\rho(X, W) = -1$. Esse é um resultado esperado, pois sabemos que $X = 3 - W$.

Para se analisar a possível correlação entre duas v.a. X e Y é conveniente usar os chamados *diagramas de dispersão*, que consistem no gráfico dos pares de valores de X e Y.

Exemplo 8.11 Na Figura 8.3, temos os diagramas de dispersão para as v.a. X e Y e X e Z, do Exemplo 8.1.1

Figura 8.3 Diagramas de dispersão para as v.a. do Exemplo 8.1.

(a) X e Y (b) X e Z

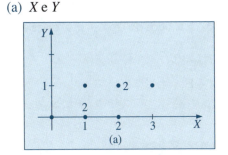
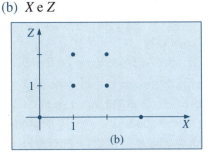

Na Figura 8.3(a), ao lado dos pontos (1, 0) e (2, 1), colocamos o número 2, para mostrar que esses pares têm probabilidades 2/8, ao passo que os demais têm probabilidades 1/8.

Exemplo 8.12 O diagrama de dispersão das v.a. Y e Z do Exemplo 8.2 está ilustrado na Figura 8.4. Lembremos que, nesse caso, Y e Z são independentes.

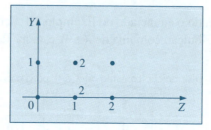

Figura 8.4 Diagrama de dispersão para as v.a. Y e Z do Exemplo 8.2.

Exemplo 8.13 Na Figura 8.5, temos o diagrama de dispersão das variáveis X e W do Exemplo 8.10. Observe que, nesse caso, existe uma relação linear perfeita entre as duas variáveis.

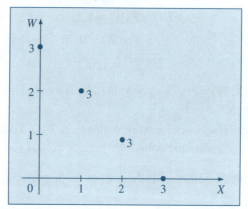

Figura 8.5 Diagrama de dispersão para as v.a. X e W do Exemplo 8.10.

Problemas

11. Para as v.a. X e Y do Problema 2 e usando os resultados do Problema 4, calcule Cov(X, Y) e $\rho(X, Y)$.

12. Considere a situação do Problema 10 do Capítulo 6.
    (a) Obtenha as distribuições de $X + Y$ e $|X - Y|$.
    (b) Calcule $E(XY)$, $E(X/Y)$ e $E(X + Y)$.
    (c) Verifique se X e Y são independentes.
    (d) Verifique se $E(XY) = E(X) E(Y)$. O que você pode concluir?

8.4 COVARIÂNCIA ENTRE DUAS VARIÁVEIS ALEATÓRIAS 241

(e) Verifique se $E(X/Y) = E(X)/E(Y)$.

(f) Calcule $\text{Var}(X + Y)$. É verdade que $\text{Var}(X + Y) = \text{Var}(X) + \text{Var}(Y)$?

13. Sejam X e Y com a distribuição conjunta da tabela abaixo. Mostre que $\text{Cov}(X, Y) = 0$, mas X e Y não são independentes.

Y \ X	−1	0	1
−1	0	1/4	0
0	1/4	0	1/4
1	0	1/4	0

14. Lançam-se dois dados perfeitos. X indica o número obtido no primeiro dado e Y o maior ou o número comum nos dois dados.

(a) Escreva por meio de uma tabela de dupla entrada a distribuição conjunta de X e Y.

(b) As duas variáveis são independentes? Por quê?

(c) Calcule as esperanças e variâncias de X e Y.

(d) Calcule a covariância entre X e Y.

(e) Calcule $E(X + Y)$.

(f) Calcule $\text{Var}(X + Y)$.

15. Uma moeda perfeita é lançada três vezes. Sejam:

X: número de caras nos dois primeiros lançamentos;

Y: número de caras no terceiro lançamento; e

S: número total de caras.

(a) Usando a distribuição conjunta de (X, Y), verifique se X e Y são independentes. Qual é a covariância entre elas?

(b) Calcule a média e a variância das três variáveis definidas.

(c) Existe alguma relação entre os parâmetros encontrados em (b)? Por quê?

16. Depois de um tratamento, seis operários submeteram-se a um teste e, mais tarde, mediu-se a produtividade de cada um deles. A partir dos resultados apresentados na tabela ao lado, calcule o coeficiente de correlação entre a nota do teste e a produtividade.

Operário	Teste	Produtividade
1	9	22
2	17	34
3	20	29
4	19	33
5	20	42
6	23	32

17. O exemplo a seguir ilustra que $\rho = 0$ não implica independência. Suponha que (X, Y) tenha distribuição conjunta dada pela tabela abaixo.

(a) Mostre que $E(XY) = E(X)\,E(Y)$, donde $\rho = 0$.

(b) Justifique por que X e Y não são independentes.

Y \ X	-1	0	1
-1	1/8	1/8	1/8
0	1/8	0	1/8
1	1/8	1/8	1/8

8.5 Variáveis contínuas

Nesta seção, vamos considerar o caso de duas v.a. contínuas, X e Y. Nesse caso, a distribuição conjunta das duas variáveis é caracterizada por uma função $f(x, y)$, chamada *função de densidade conjunta* de X e Y, satisfazendo:

(a) $f(x, y) \geq 0$, para todo par (x, y);

(b) $\int_{-\infty}^{\infty} \int_{-\infty}^{\infty} f(x, y) dx dy = 1$;

(c) $P(a \leq X \leq b, c \leq Y \leq d) = \int_{a}^{b} \int_{c}^{d} f(x, y) dy dx$.

A relação (b) nos diz que o volume sob a superfície representada por $f(x, y)$ é igual a 1. A relação (c) dá a probabilidade do par (x, y) estar num retângulo de lados b-a e d-c.

Exemplo 8.14 Suponha que $f(x, y) = 4xy$, $0 \leq x \leq 1$, $0 \leq y \leq 1$. Então, (a) está satisfeita e

$$\int_{0}^{1} \int_{0}^{1} 4xy dx dy = 4 \int_{0}^{1} x dx \int_{0}^{1} y dy = 4 [x^2/2]_{0}^{1} [y^2/2]_{0}^{1} = 1,$$

o que mostra que (b) também está satisfeita.

Calculemos $P(X \leq 1/2, Y \leq 1/2)$. A Figura 8.6 mostra o domínio de variação de X e Y e a região para a qual $X \leq 1/2$, $Y \leq 1/2$. Logo, por (c),

$$P(X \leq 1/2, Y \leq 1/2) = P(0 \leq X \leq 1/2, 0 \leq Y \leq 1/2)$$
$$= \int_{0}^{1/2} \int_{0}^{1/2} 4xy dx dy = 4 [x^2/2]_{0}^{1/2} [y^2/2]_{0}^{1/2} = 1/16.$$

Figura 8.6 Domínio de variação de (X, Y) para o Exemplo 8.14.

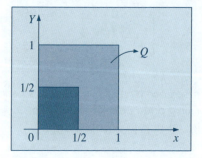

Exemplo 8.15 Suponha que a v.a. (X, Y) seja uniformemente distribuída no quadrado Q da Figura 8.6. Isso significa que

$$f(x,y) = \begin{cases} c, \text{ se } (x,y) \in Q \\ 0, \text{ caso contrário.} \end{cases} \qquad (8.21)$$

Como vimos, (b) acima vale, logo $\int_0^1 \int_0^1 c\,dx\,dy = 1$ e segue-se que $c = 1$. Como a área de Q é 1, na realidade $c = \dfrac{1}{\text{área}(Q)}$. Veja a Figura 8.7.

De modo geral, podemos representar a densidade bidimensional $f(x, y)$ por uma superfície no espaço tridimensional, como ilustra a Figura 8.8.

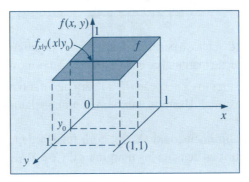

Figura 8.7 Densidade uniforme no quadrado de lado unitário, com densidade condicional representada.

Se A for um evento, então a probabilidade $P((X, Y) \in A)$ será representada pelo volume sob a superfície, delimitado pela região A, no plano (x, y), e pela superfície cilíndrica na Figura 8.8.

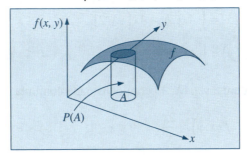

Figura 8.8 Densidade como uma superfície no espaço e $P((X, Y) \in A) = P(A)$.

Se a densidade $f(x, y)$ for positiva numa região qualquer R do plano (x, y), uma v.a. diz-se *uniformemente distribuída sobre R* se $f(x, y) = 1/\text{área}(R)$, para $(x, y) \in R$, e $f(x, y) = 0$ nos demais pontos. Veja a Figura 8.9.

Figura 8.9 Distribuição uniforme na região R do plano (x, y).

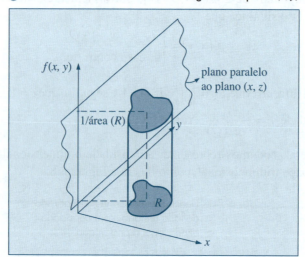

Vimos que, no caso discreto, a partir da distribuição conjunta de duas v.a. X e Y, podíamos determinar a distribuição marginal de cada variável. O mesmo ocorre para v.a. contínuas.

Frequentemente, usaremos a notação (X, Y) para denotar o par de v.a. e diremos que essa é uma v.a. bidimensional. Usamos, também, a nomenclatura *vetor bidimensional*.

Definição. Dada a v.a. bidimensional (X, Y), com função densidade de probabilidade conjunta $f(x, y)$, definimos as densidades marginais de X e Y respectivamente por

$$f_X(x) = \int_{-\infty}^{\infty} f(x,y) dy \qquad (8.22)$$

e

$$f_Y(y) = \int_{-\infty}^{\infty} f(x,y) dx. \qquad (8.23)$$

Exemplo 8.16 Para as v.a. do Exemplo 8.14, temos

$$f_X(x) = \int_0^1 4xy \, dy = 4x \left[y^2/2 \right]_0^1 = 2x, \quad 0 \le x \le 1,$$

$$f_Y(y) = \int_0^1 4xy \, dx = 2y, \qquad 0 \le y \le 1.$$

Exemplo 8.17 Considere a v.a. (X, Y) com densidade conjunta

$$f(x,y) = \frac{2x}{y}, \quad 0 < x < 1, \quad 1 < y < e$$

Então, as densidades marginais são dadas por

$$f_X(x) = \int_1^e \frac{2x}{y} dy = 2x \left[\ell n(y) \right]_1^e = 2x, \quad 0 < x < 1,$$

$$f_Y(y) = \int_0^1 \frac{2x}{y} dx = \frac{2}{y}\left[\frac{x^2}{2}\right]_0^1 = \frac{1}{y}, \quad 1 < y < e.$$

Para o Exemplo 8.14, vemos que o produto das densidades marginais é igual à densidade conjunta, para todo par (x, y) do domínio $[0,1] \times [0,1]$, que é o produto cartesiano dos domínios de variação de X e Y. Dizemos que as v.a. são independentes.

Definição. As variáveis aleatórias X e Y, com densidade conjunta $f(x, y)$ e marginais $f_X(x)$ e $f_y(y)$, respectivamente, são independentes se

$$f(x, y) = f_X(x) f_y(y), \text{ para todo par } (x, y). \tag{8.24}$$

Exemplo 8.18 Se a função densidade conjunta de X e Y for dada por

$$f(x, y) = e^{-x-y}, \quad x > 0, y > 0,$$

então é fácil ver que

$$f_X(x) = e^{-x}, \quad x > 0,$$

$$f_Y(y) = e^{-y}, \quad y > 0,$$

de modo que X e Y são independentes.

As definições de covariância, coeficiente de correlação etc. continuam, é claro, a valer para v.a. bidimensionais contínuas. Portanto, se X e Y são independentes, o coeficiente de correlação entre elas é zero.

Exemplo 8.19 Calculemos o coeficiente de correlação entre X e Y, se a densidade conjunta delas for

$$f(x, y) = x + y, \quad 0 < x < 1, \quad 0 < y < 1.$$

Temos que as marginais são dadas por

$$f_X(x) = \int_0^1 (x + y) dy = x + 1/2, \quad 0 < x < 1,$$

$$f_Y(y) = \int_0^1 (x + y) dx = y + 1/2, \quad 0 < y < 1.$$

A partir delas, calculamos médias e variâncias:

$$E(X) = \int_0^1 x(x + 1/2) dx = 7/12 = E(Y),$$

$$E(X^2) = \int_0^1 x^2 (x + 1/2) dx = 5/12 = E(Y^2),$$

$$\text{Var}(X) = \text{Var}(Y) = 5/12 - 49/144 = 11/144.$$

Para calcular a covariância entre X e Y necessitamos calcular

$$E(XY) = \int_0^1\int_0^1 xy(x + y) dx \, dy = \int_0^1 (y/3 + y^2/2) dy = 1/3.$$

246 CAPÍTULO 8 — VARIÁVEIS ALEATÓRIAS MULTIDIMENSIONAIS

Logo,

$$\text{Cov}(X, Y) = E(XY) - E(X)E(Y) = 1/3 - (7/12)(7/12) = -1/144.$$

Finalmente, o coeficiente de correlação entre X e Y é dado por

$$\rho(X,Y) = \frac{\text{Cov}(X,Y)}{\sigma(X)\,\sigma(Y)} = -\frac{1}{11}.$$

Problemas

18. As v.a. X e Y têm distribuição conjunta dada por

$$f(x,y) = \begin{cases} \dfrac{1}{8}x(x-y), & 0 < x < 2, \ -x < y < x \\ 0, & \text{caso contr}\cdot\text{rio}. \end{cases}$$

(a) Faça um gráfico do domínio de variação de x e y.

(b) Prove que $\int_{-\infty}^{\infty} \int_{-\infty}^{\infty} f(x,y)\,dx\,dy = 1$.

(c) Encontre as f.d.p. marginais de X e Y.

(d) Encontre a $P(X \leq 1)$.

19. Suponha que as v.a. X e Y tenham f.d.p.

$$f(x,y) = \begin{cases} e^{-(x+y)}, & x > 0, y > 0 \\ 0, & \text{nos demais pontos}. \end{cases}$$

(a) Calcule as f.d.p. marginais de X e Y.

(b) Calcule $P(0 < X < 1,\ 1 < Y < 2)$.

(c) Calcule $\rho(X, Y)$.

8.6 Distribuições condicionais contínuas

Nesta seção, vamos tratar de obter a distribuição condicional de uma variável, dado que a outra assume um particular valor. Como sabemos, para uma v.a. contínua X, a $P(X = x) = 0$, logo a definição a seguir tem de ser interpretada apropriadamente.

Definição. A densidade condicional de X, dado que $Y = y$ é definida por

$$f_{X|Y}(x \mid y) = \frac{f(x,y)}{f_Y(y)}, \quad f_Y(y) > 0, \tag{8.25}$$

e a densidade condicional de Y, dado que $X = x$ é definida por

$$f_{Y|X}(y \mid x) = \frac{f(x,y)}{f_X(x)}, \quad f_X(x) > 0. \tag{8.26}$$

A interpretação de (8.25), por exemplo, é a seguinte. Se $Y = y_0$, considere o plano passando por y_0 e paralelo ao plano (x, z). Esse plano determina, na superfície $f(x, y) = z$, a densidade condicional $f_{X|Y}(x|y_0)$. Mesma interpretação vale para (8.26). Suponha, por exemplo, que X denote o salário de um conjunto de indivíduos e Y denote o consumo deles. Então, fixado o consumo y_0, a densidade condicional $f_{X|Y}(x|y_0)$ representa a densidade dos salários para aquele nível fixado de consumo. Nas Figuras 8.7 e 8.10, ilustramos como essa densidade condicional pode ser representada.

Exemplo 8.20 Suponha que a densidade de (X, Y) seja dada por

$$f(x, y) = 6(1 - x - y), \quad 0 < x < 1, \; 0 < y < 1 - x.$$

O domínio de variação dos pares (x, y) é o triângulo da Figura 8.11.

Figura 8.10 Densidade condicional de X, dado que $Y = y_0$.

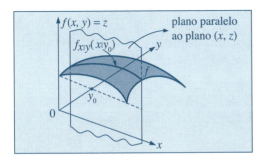

Figura 8.11 Domínio de variação de (X, Y) para o Exemplo 8.20.

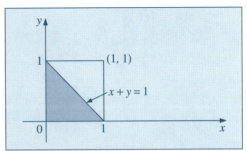

Temos, então, que as densidades marginais são dadas por:

$$f_X(x) = \int_0^{1-x} 6(1-x-y)dy = 6\left[y - xy - y^2/2\right]_0^{1-x} = 3(x-1)^2, \quad 0 < x < 1,$$

$$f_Y(y) = \int_0^{1-y} 6(1-x-y)dx = 3(y-1)^2, \qquad\qquad 0 < y < 1.$$

Consequentemente, as densidades condicionais são

$$f_{X|Y}(x|y) = \frac{2(1-x-y)}{(y-1)^2}, \quad 0 < x < 1 - y,$$

$$f_{Y|X}(y|x) = \frac{2(1-x-y)}{(x-1)^2}, \quad 0 < y < 1 - x.$$

Observe que $f_{X|Y}(x|y)$ define, de fato, uma densidade de probabilidade, para y fixado. Temos que

$$\int_{-\infty}^{\infty} f_{X|Y}(x|y)dx = \int_{-\infty}^{\infty} f(x,y)/f_Y(y)dx = 1/f_Y(y)\int_{-\infty}^{\infty} f(x,y)dx = f_Y(y)/f_Y(y) = 1.$$

Por exemplo, se $X = 0,5$, $f_{Y|X}(y|X=0,5) = 4(1 - 2y)$, $0 < y < 1/2$. Essa é uma densidade que depende do valor observado de X. Assim,

$$P(0 < Y < 1/2 | X = 0,5) = \int_0^{1/2} f_{Y|X}(y|0,5)dy = 4\int_0^{1/2}(1 - 2y)dy = 1.$$

Dado que $f_{X|Y}(x|y)$ e $f_{Y|X}(y|x)$ definem densidades de probabilidades, tem sentido calcular suas médias, variâncias etc.

Definição. A esperança condicional de Y, dado que $X = x$, é definida por

$$E(Y \mid x) = \int_{-\infty}^{\infty} y f_{Y|X}(y|x) dy, \qquad (8.27)$$

e definição análoga para $E(X|y)$.

Note que $E(Y|x)$ é uma *função de x*, isto é, $E(Y|x) = s(x)$, e é denominada *curva de regressão de Y sobre x*. Na realidade, $E(Y|x)$ é o valor da variável aleatória $E(Y|X)$. A mesma interpretação deve ser dada para $E(X|y)$. A Figura 8.12 ilustra esses conceitos.

Figura 8.12 Curvas de regressão de Y sobre x e de X sobre y.

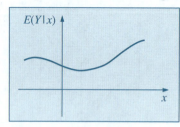
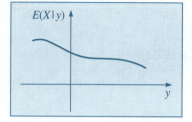

Exemplo 8.21 Suponha que

$$f(x,y) = \begin{cases} 1/2, & \text{se } x - y \geq 0, \ x \leq 2, \ x, \ y \geq 0 \\ 0, & \text{caso contr\'ario.} \end{cases}$$

O domínio de variação de (x, y) está na Figura 8.13, juntamente com as curvas de regressão.

Figura 8.13 Curvas de regressão para o Exemplo 8.21.

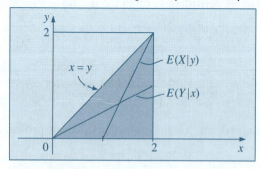

Temos, então,

$$f_X(x) = \int_0^x 1/2\, dy = x/2, \qquad 0 < x < 2,$$

$$f_Y(y) = \int_y^2 1/2\, dx = 1 - y/2, \qquad 0 < y < 2,$$

e, portanto, as densidades condicionais são

$$f_{Y|X}(y|x) = \frac{1/2}{x/2} = 1/x, \quad 0 < y < x$$

e

$$f_{X|Y}(x|y) = \frac{1/2}{1-y/2} = \frac{1}{2-y}, \quad y < x < 2.$$

As esperanças condicionais serão dadas por

$$E(Y|x) = \int_0^x y \frac{1}{x} dy = \frac{x}{2},$$

$$E(X|y) = \int_y^2 x \frac{1}{2-y} dx = 1 + \frac{y}{2}.$$

Note, portanto, que ambas as curvas de regressão são *funções lineares*, como ilustra a Figura 8.13. No caso geral, a Figura 8.14 mostra como seriam essas médias condicionais.

Figura 8.14 Representação gráfica da curva de regressão de Y sobre x.

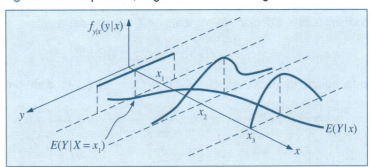

Observe, também, que se, por exemplo, $X = 1$, $E(Y|1) = 1/2$.

Problemas

20. Calcule $f_{X|Y}(x|y)$ e $f_{Y|X}(y|x)$ para a densidade do Problema 18.
21. Calcule as densidades condicionais para o Problema 19. Comente.
22. Calcule as densidades marginais e condicionais para a v.a. (X, Y), com f.d.p.

$$f(x, y) = (1/64)(x + y), \quad 0 \le x \le 4, \ 0 \le y \le 4.$$

23. Mesmos itens do Problema 22 para a f.d.p. conjunta

$$f(x, y) = 3e^{-(x+3y)}, \quad x > 0, y > 0.$$

24. Calcule as esperanças condicionais $E(Y|x)$ e $E(X|y)$ para o Problema 21.
25. Calcule as esperanças condicionais para o Problema 22.

250 CAPÍTULO 8 — VARIÁVEIS ALEATÓRIAS MULTIDIMENSIONAIS

26. Prove que $E(E(X|Y)) = E(X)$.

(Sugestão: $E(X|y)$ é uma função de y e, portanto, é uma v.a. Na realidade, $E(X|y)$ é o valor da v.a. $E(X|Y)$!. Considere a expressão para $E(X|y)$ e tome a esperança novamente. Mude a ordem das integrais e obtenha o resultado.)

8.7 Funções de variáveis contínuas

O tratamento desta seção é uma extensão daquele para uma variável contínua (ver Seção 7.6). Considere duas variáveis X e Y, com função densidade conjunta $f(x, y)$ e suponha que queremos obter a densidade das variáveis Z e W, tais que

$$Z = h_1(X, Y)$$
$$W = h_2(X, Y)$$

Suponha que possamos expressar x e y em função de z e w, isto é,

$$x = g_1(z, w),$$
$$y = g_2(z, w).$$

Supondo que as derivadas parciais de x e y, em relação a z e w, existam e sejam contínuas, podemos obter a densidade conjunta de Z e W por meio de

$$g(z, w) = f(g_1(z, w), g_2(z, w))|J|, \tag{8.28}$$

em que J é o Jacobiano da transformação que leva (x, y) em (z, w), dado por

$$J = \begin{vmatrix} \dfrac{\partial x}{\partial z} & \dfrac{\partial x}{\partial w} \\ \dfrac{\partial y}{\partial z} & \dfrac{\partial y}{\partial w} \end{vmatrix}$$

No caso unidimensional, $Y = h(X)$, J era simplesmente $\dfrac{dx}{dy}$, com $x = h^{-1}(y)$.

Exemplo 8.22 Retomemos o Exemplo 8.14, no qual tínhamos

$$f_X(x) = 2x, \quad 0 < x < 1,$$
$$f_Y(y) = 2y, \quad 0 < y < 1,$$

e X e Y eram independentes.

Suponha que queiramos determinar a densidade $F_Z(z)$ da v.a. $Z = XY$. Considere $W = X$ e, portanto, $x = w$, $y = \dfrac{z}{w}$ e o Jacobiano é

$$\begin{vmatrix} 0 & 1 \\ \dfrac{1}{w} & \dfrac{-z}{w^2} \end{vmatrix} = -\dfrac{1}{w},$$

8.8 DISTRIBUIÇÃO NORMAL BIDIMENSIONAL

de modo que

$$g(z,w) = 4w\frac{z}{w}\left|-\frac{1}{w}\right| = \frac{4z}{w}, \ 0 < w < 1, \ 0 < \frac{z}{w} < 1.$$

Segue-se que $0 < z < w < 1$ e a densidade de Z é obtida por

$$f_Z(z) = \int_z^1 g(z,w)\,dw = \int_z^1 \frac{4z}{w}\,dw = -4z\,\ell n(z), \ 0 < z < 1.$$

Problemas

27. Encontre a densidade de $Z = X + Y$ para X e Y v.a. independentes, com $f_X(x) = 2x$, $0 < x < 1$ e $f_Y(y) = 2y$, $0 < y < 1$.

    (Sugestão: considere $0 < z < 1$ e $1 < z < 2$.)

28. Se X tiver densidade $f_X(x) = 2x$, $0 \le x \le 1$ e Y tiver densidade $f_Y(y) = y^2/9$, $0 \le y \le 3$ e forem independentes, encontre a densidade de $W = XY$.

29. Encontre a densidade de $Z = X/Y$, se X e Y são independentes, com densidades $f_X(x) = e^{-x}$, $x > 0$ e $f_Y(y) = 2e^{-2y}$, $y > 0$.

    (Sugestão: $z = x/y$, $w = y$.)

8.8 Distribuição normal bidimensional

Assim como a distribuição normal é um modelo importante para variáveis contínuas unidimensionais, para v.a. contínuas bidimensionais podemos considerar o modelo normal bidimensional, definido a seguir.

Definição. A variável (X, Y) tem distribuição normal bidimensional se sua densidade conjunta for dada por

$$f(x,y) = \frac{1}{2\pi\sigma_x\sigma_y\sqrt{1-\rho^2}}\exp\left\{-\frac{1}{2(1-\rho^2)}\left[\left(\frac{x-\mu_x}{\sigma_x}\right)^2 - 2\rho\frac{(x-\mu_x)(y-\mu_y)}{\sigma_x\sigma_y} + \left(\frac{y-\mu_y}{\sigma_y}\right)^2\right]\right\},$$

$$(8.29)$$

para $-\infty < x < \infty$, $-\infty < y < \infty$.

Aqui, estamos usando a notação $\exp\{z\} = e^z$.

Vemos que a densidade em questão depende de cinco parâmetros: as médias μ_x e μ_y, que podem assumir quaisquer valores reais, as variâncias σ_x^2 e σ_y^2, que devem ser positivas, e o coeficiente de correlação ρ entre X e Y, que deve satisfazer $-1 < \rho < 1$.

Dois exemplos de gráficos dessa densidade estão representados na Figura 8.15.

Figura 8.15 f.d.p. de normais bidimensionais.

(a) $\mu_x = \mu_y = 0, \sigma_x = \sigma_y = 1, \rho = 0$. (b) $\mu_x = \mu_y = 0, \sigma_x = \sigma_y = 1, \rho = 0{,}6$.

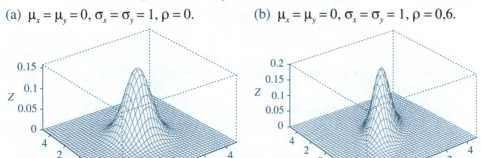

As seguintes propriedades podem ser demonstradas:

(a) As distribuições marginais de X e Y são normais unidimensionais, a saber

$$X \sim N(\mu_x, \sigma_x^2), \quad Y \sim N(\mu_y, \sigma_y^2).$$

(b) $\rho = \mathrm{Corr}(X, Y)$.

(c) As distribuições condicionais são normais, com

$$f_{Y|X}(y|x) \quad N\left(\mu_y + \rho\frac{\sigma_y}{\sigma_x}(x - \mu_x), \sigma_y^2(1-\rho^2)\right),$$

$$f_{X|Y}(x|y) \quad N\left(\mu_x + \rho\frac{\sigma_x}{\sigma_y}(y - \mu_Y), \sigma_x^2(1-\rho^2)\right).$$

Ou seja, as médias condicionais são funções lineares. Ver Figura 8.16.

Figura 8.16 Curva de regressão de X sobre y para o caso da normal bidimensional.

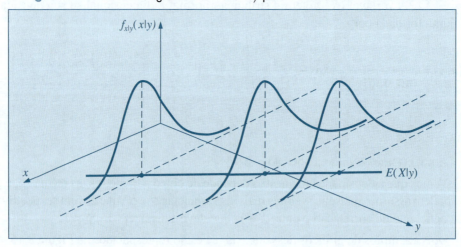

Se chamarmos $z = f(x, y)$, então $z = c$, constante, determina sobre a superfície uma *curva de nível*, que nesse caso é uma elipse. Variando c, teremos as diversas curvas de nível (que são curvas em que a densidade de probabilidade é constante), semelhantes às curvas de nível de um mapa de relevo. No caso em que $\rho = 0$ e as variâncias são iguais, isto é, $\sigma_x^2 = \sigma_y^2$, essas curvas serão círculos. Veja a Figura 8.17.

Figura 8.17 Curvas de nível para a normal bidimensional.

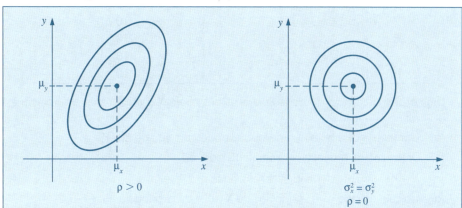

Vimos que $\rho = 0$ significa que as variáveis X e Y são não correlacionadas. Aqui, poderemos concluir algo mais. Nessa situação, poderemos escrever a densidade (8.29) como

$$f(x,y) = \left(\frac{1}{\sigma_x \sqrt{2\pi}} e^{-\frac{1}{2}\left(\frac{x-\mu_x}{\sigma_x}\right)^2} \right) \left(\frac{1}{\sigma_y \sqrt{2\pi}} e^{-\frac{1}{2}\left(\frac{y-\mu_y}{\sigma_y}\right)^2} \right), \quad (8.30)$$

isto é, a densidade conjunta é o produto das duas marginais, que sabemos serem normais. Ou seja, concluímos que X e Y são independentes. Portanto, no caso em que X e Y tiverem densidade conjunta normal bivariada, $\rho = 0$ é equivalente à independência entre X e Y.

8.9 Problemas suplementares

30. Um *sinal* consiste numa série de vibrações de magnitude X, tendo os valores $-1, 0, 1$, cada um com probabilidade $1/3$. Um *ruído* consiste numa série de vibrações, de magnitude Y, tendo os valores $-2, 0, 2$, com probabilidades $1/6, 2/3, 1/6$, respectivamente. Combinando-se o sinal com o ruído, obtemos o sinal efetivamente observado, $Z = X + Y$. Construa a função de probabilidade para Z e calcule a sua média e variância, admitindo que sinal e ruído são independentes.

31. Numa comunidade em que apenas dez casais trabalham, fez-se um levantamento no qual foram obtidos os seguintes valores para os rendimentos anuais:

CAPÍTULO 8 — VARIÁVEIS ALEATÓRIAS MULTIDIMENSIONAIS

Casal	Rendimento do Homem (X)	Rendimento da Mulher (Y)
1	10	5
2	10	10
3	5	5
4	10	5
5	15	5
6	10	10
7	5	10
8	15	10
9	10	10
10	5	10

Um casal é escolhido ao acaso entre os dez. Seja X o rendimento do homem e Y o da mulher.

(a) Construa a distribuição de probabilidade conjunta de X e Y.

(b) Determine as distribuições marginais de X e Y.

(c) X e Y são v.a. independentes? Justifique.

(d) Calcule as médias e variâncias de X e Y e a covariância entre elas.

(e) Considere a v.a. Z igual à soma dos rendimentos de cada homem e mulher. Calcule a média e variância de Z.

(f) Supondo que todos os casais tenham a renda de um ano disponível, e que se oferecerá ao casal escolhido a possibilidade de comprar uma casa pelo preço de **20**, qual a probabilidade de que o casal escolhido possa efetuar a compra?

32. Suponha que realizemos um experimento e os resultados possíveis sejam ω_1, ω_2, ω_3, ω_4, ω_5. Definamos as v.a. X e Y cujos valores em cada ponto são dados na tabela a seguir.

Resultado	X	Y
ω_1	3	1
ω_2	2	2
ω_3	2	0
ω_4	1	0
ω_5	3	2

Obtenha as distribuições de probabilidades de X, Y, $X + Y$, $X - Y - 1$ e $X - Y$, supondo que os cinco resultados tenham a mesma probabilidade. Faça um diagrama de dispersão para as variáveis X e Y. Idem para X e $X + Y$.

33. Numa sala estão cinco crianças cujas idades são (em anos): 3, 3, 4, 5, 5. Escolhem-se três crianças ao acaso para formar uma trinca. X indica a idade da mais nova da turma, e Y a da mais velha.

(a) Escreva a f.p. conjunta de X e Y.

(b) Calcule $E(X)$ e $\text{Var}(X)$.

(c) Calcule $\text{Cov}(X, Y)$.

(d) Calcule $\text{Var}(X + Y)$.

8.9 PROBLEMAS SUPLEMENTARES

34. A distribuição de notas de certo tipo de teste é normal com $\mu_H = 70$ e $\sigma_H = 10$ para os homens e $\mu_M = 65$ e $\sigma_M = 8$ para as mulheres. Se esse teste for proposto numa classe na qual o número de homens é igual ao dobro do número de mulheres, qual a porcentagem de pessoas que deverá obter nota maior que 80?

35. Se $E(X) = \mu$ e $\mathrm{Var}(X) = \sigma^2$, escreva em função de μ e σ^2 as seguintes expressões:

    (a) $E(X^2)$ (b) $E[X(X-1)]$.

36. Num estudo sobre rotatividade de mão de obra, foram definidas para certa população as v.a. X = número de empregos que um funcionário teve no último ano e Y = salário. Obteve-se a seguinte distribuição conjunta:

Y \ X	1	2	3	4
800	0	0	0,10	0,10
1.200	0,05	0,05	0,10	0,10
2.000	0,05	0,20	0,05	0
5.000	0,10	0,05	0,05	0

São dados: $E(X) = 2,5$, $DP(X) = 1,0$, $E(Y) = 2.120$, $DP(Y) = 1.505,2$.

(a) Calcule $P(X = 2)$ e $P(X = 2|Y = 1.200)$; X e Y são independentes?

(b) Obtenha o coeficiente de correlação entre X e Y e interprete esse coeficiente para as variáveis em estudo.

37. Uma urna contém três bolas numeradas 0, 1, 2. Duas bolas são retiradas ao acaso e sucessivamente. Sejam as v.a. X = número da primeira bola retirada e Y = número da segunda bola retirada. Calcule:

    (a) $E(XY)$ (b) $\mathrm{Cov}(X, Y)$ (c) $\mathrm{Var}(X + Y)$,

    nos casos em que as bolas são retiradas (i) com reposição; (ii) sem reposição.

38. Prove as relações (8.19) e (8.20) do texto.

39. Se $\rho(X, Y)$ for o coeficiente de correlação entre X e Y, e se tivermos que $Z = AX + B$, $W = CY + D$, com $A > 0$, $C > 0$, prove que $\rho(X, Y) = \rho(Z, W)$.

40. Uma urna contém n bolas numeradas de 1 até n. Duas bolas são retiradas sucessivamente, sem reposição. Determine a distribuição do módulo da diferença entre os dois números observados.

41. Suponha que X e Y sejam v.a. com $\mathrm{Var}(X) = 1$, $\mathrm{Var}(Y) = 2$ e $\rho(X, Y) = 1/2$. Determine $\mathrm{Var}(X - 2Y)$.

42. Sejam X e Y v.a. com $E(X) = E(Y) = 0$ e $\mathrm{Var}(X) = \mathrm{Var}(Y) = 1$. Prove que $\rho(Z, U) = 0$, se $Z = X + Y$ e $U = X - Y$.

43. As v.a X e Y do Problema 18 são independentes? Justifique.

44. Mostre que X e Y do Problema 19 são independentes.

45. Se $X_1, \ldots, X_n$ são v.a. independentes, cada X_i com média μ_i e variância σ_i^2, $i = 1, 2, \ldots, n$, calcule $E(\bar{X})$ e $\mathrm{Var}(\bar{X})$, com $\bar{X} = (X_1 + \ldots + X_n)/n$.

46. Refaça o problema anterior para o caso de as v.a. terem todas a mesma média μ e a mesma variância σ^2.

CAPÍTULO 8 — VARIÁVEIS ALEATÓRIAS MULTIDIMENSIONAIS

47. Suponha que $X \sim b(n, p)$ e $Y \sim b(m, p)$, sendo ainda X e Y v.a. independentes. Mostre que $X + Y \sim b(m + n; p)$.

48. Se X e Y forem v.a. independentes, com distribuições de Poisson, com parâmetros λ_1 e λ_2, respectivamente, mostre que $X + Y$ terá distribuição de Poisson com parâmetro $\lambda_1 + \lambda_2$.

49. Prove (8.9) para v.a. X e Y contínuas.

8.10 Complementos metodológicos

1. Um resultado importante é o seguinte: se $X_1, \ldots, X_n$, são variáveis normais e independentes, então $a_1X_1 + a_2X_2 + \ldots + a_nX_n$ será uma v.a. normal, sendo $a_1, \ldots, a_n$ constantes.

   Suponha $X \sim N(\mu_i, \sigma_i^2)$, para $i = 1,2,\ldots, n$.

   Calcule a média e variância de $y = \sum_{i=1}^{n} a_i X_i$.

2. Vamos provar que $-1 \le p \le 1$.

   Suponha $E(X) = \mu_1$, $E(Y) = \mu_2$, $\mathrm{Var}(X) = \sigma_1^2$, $\mathrm{Var}(Y) = \sigma_2^2$, $\mathrm{Cov}(X, Y) = \sigma_{12}$. Então, o coeficiente de correlação entre X e Y é dado por

$$\rho(X,Y) = \rho = \frac{\sigma_{12}}{\sigma_1 \sigma_2}$$

A função

$$
\begin{aligned}
f(t) &= E[(X - \mu_1) + t(Y - \mu_2)]^2 \\
&= E[(X - \mu_1)^2 + 2t(X - \mu_1)(Y - \mu_2) + t^2(Y - \mu_2)^2] \\
&= \sigma_1^2 + 2t\sigma_{12} + t^2\sigma_2^2
\end{aligned}
$$

é sempre positiva ou nula, quaisquer que sejam os parâmetros σ_1^2, σ_2^2 e σ_{12}. Sendo um polinômio do segundo grau em t, o seu discriminante deve ser negativo ou nulo, isto é,

$$\Delta = 4\sigma_{12}^2 - 4\sigma_1^2\sigma_2^2 \le 0.$$

do que decorre

$$\left(\frac{\sigma_{12}}{\sigma_1 \sigma_2}\right)^2 \le 1,$$

que implica $\rho^2 \le 1$ e, finalmente, $-1 \le \rho \le 1$.

Capítulo 9

Noções de Simulação

9.1 Introdução

Nos capítulos anteriores, aprendemos a construir alguns modelos probabilísticos simples, que são úteis para representar situações reais, ou então para descrever um experimento aleatório. Notamos, também, que se especificarmos um espaço amostral e probabilidades associadas aos pontos desse espaço, o modelo probabilístico ficará completamente determinado e poderemos, então, calcular a probabilidade de qualquer evento aleatório de interesse.

Muitas vezes, mesmo construindo um modelo probabilístico, certas questões não podem ser resolvidas analiticamente e teremos de recorrer a *estudos de simulação* para obter aproximações de quantidades de interesse. De modo bastante amplo, estudos de simulação tentam reproduzir num ambiente controlado o que se passa com um problema real. Para nossos propósitos, a solução de um problema real consistirá na simulação de *variáveis aleatórias*. A simulação de variáveis aleatórias deu origem aos chamados *Métodos Monte Carlo* (MMC), que, por sua vez, supõem que o pesquisador disponha de um *gerador de números aleatórios equiprováveis*. Um Número Aleatório (NA) representa o valor de uma variável aleatória uniformemente distribuída no intervalo (0,1). Originalmente, esses números aleatórios eram gerados manualmente ou mecanicamente, usando dados, roletas etc. Modernamente, usamos computadores para gerar números que na realidade são pseudo-aleatórios.

Para nossos propósitos, uma simulação pode ser entendida como uma particular realização do modelo (binomial, normal etc). Nesse sentido, os valores simulados podem ser considerados como uma amostra, como veremos nos capítulos seguintes. Esse entendimento será útil para estudar as distribuições de estimadores e suas propriedades.

O nome Monte Carlo está relacionado com a cidade de mesmo nome, no Principado de Mônaco, principalmente devido à roleta, que é um mecanismo simples para gerar números aleatórios. Os MMC apareceram durante a Segunda Guerra Mundial, em pesquisas relacionadas à difusão aleatória de neutrons num material radioativo. Os trabalhos pioneiros devem-se a Ulam, Metropolis, Fermi e von Neumann, por volta de 1948-1949. Alguns trabalhos que podem ser consultados são os artigos de Metropolis e Ulam (1949) e von Neumann (1951) e os livros de Sóbol (1976), Hammersley e Handscomb (1964) e Ross (1997).

Para ilustrar, suponha que se queira calcular a área da figura F contida no quadrado Q de lado unitário (Figura 9.1). Suponha que sejamos capazes de gerar pontos aleatórios em Q, de modo homogêneo, isto é, de modo a cobrir toda a área do quadrado, ou, ainda, que esses pontos sejam *uniformemente distribuídos sobre Q*. Se gerarmos N pontos, suponha que N' desses caiam em F. Então, poderemos aproximar a área de F por N'/N. No caso da figura, uma estimativa da área é 24/200, pois geramos 200 pontos em Q e 24 estão dentro de F. Quanto mais pontos gerarmos, melhor será a aproximação.

Note que o problema em si não tem nenhuma componente aleatória: queremos calcular a área de uma figura plana. Mas, para resolver o problema, uma possível maneira foi considerar um mecanismo aleatório. Esse procedimento pode ser utilizado em muitas situações.

Vejamos algumas maneiras de obter um número aleatório.

Figura 9.1 Área de uma figura por simulação.

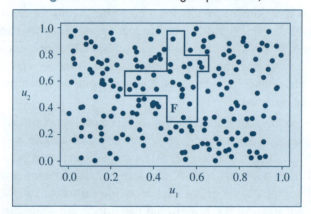

Exemplo 9.1 Lance uma moeda três vezes e atribua o valor 1 se ocorrer cara e o valor 0 se ocorrer coroa. Os resultados possíveis são as *sequências* ou *números binários* abaixo:

$$000, 001, 010, 011, 100, 101, 110, 111.$$

Cada um desses números binários corresponde a um número decimal. Por exemplo, $(111)_2 = (7)_{10}$, pois $(111)_2 = 1 \times 2^2 + 1 \times 2^1 + 1 \times 2^0$ (o índice indica a base em que o número está sendo expresso). Veja Morettin et al. (2005). Considere a representação decimal de cada sequência acima e divida o resultado por $2^3 - 1 = 7$. Obteremos os números aleatórios 0, 1/7, 2/7, ..., 1. Observe que você poderá, eventualmente, considerar a sequência 111 "menos aleatória" do que 010, digamos. Mas qualquer uma das oito sequências anteriores tem a mesma probabilidade, a saber, $1/2^3 = 1/8$.

Suponha, agora, que você lance a moeda dez vezes. Teremos números binários com dez dígitos, e cada um terá probabilidade $1/2^{10} = 1/1024$. Assim, a sequência

$$1 1 1 1 1 1 1 1 1 1,$$

9.1 INTRODUÇÃO

formada por "dez uns", parece "menos aleatória" do que a sequência

$$1 0 1 0 1 0 1 0 1 0,$$

formada por "cinco pares de dez", que por sua vez parece "menos aleatória" do que a sequência

$$0 1 1 0 1 1 1 0 0 1,$$

que requer uma descrição mais elaborada. No entanto, todas elas têm a mesma probabilidade de ocorrer no experimento acima. Intuitivamente, a *aleatoriedade* de uma sequência está ligada à dificuldade de descrevê-la em palavras, como fizemos acima.

Para esse caso de dez lançamentos, procederíamos como no caso de três lançamentos, dividindo os 1.024 números decimais obtidos por $2^{10} - 1 = 1.023$, para obter 1.024 NA entre 0 e 1. De modo geral, lançando-se a moeda n vezes, teremos 2^n possibilidades e os NA finais são obtidos por meio de divisão por $2^n - 1$.

Exemplo 9.2 Números aleatórios também podem ser gerados usando-se uma roleta como a da Figura 9.2, com dez setores numerados 0, 1, 2, ..., 9.

Gire a roleta dez vezes e anote os números obtidos numa coluna. Faça a mesma coisa mais duas vezes, de modo a obter algo como:

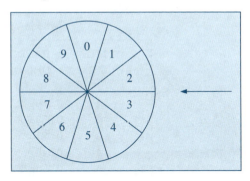

Figura 9.2 Roleta com dez setores.

6	1	0
9	4	4
5	0	4
5	1	0
2	5	4
6	3	9
1	2	9
3	8	0
2	2	6
0	7	9

Agora, divida cada número em cada linha por 1.000, para obter os NA

0,610; 0,944; 0,504; 0,510; 0,254; 0,639; 0,129; 0,380; 0,226; 0,079.

Para obter NA com quatro casas decimais, basta girar a roleta quatro vezes. Na realidade, os números acima foram obtidos de uma *tabela de números aleatórios*, como aquela da Tabela VII. No exemplo, iniciamos no canto superior esquerdo e tomamos as três primeiras colunas com dez dígitos cada. Tabelas de números aleatórios são construídas por meio de mecanismos como o que descrevemos. O problema que enfrentamos muitas vezes é o de gerar uma quantidade muito grande de números aleatórios, da ordem de 1.000 ou 10.000. O procedimento de *simulação manual*, usando uma tabela de números aleatórios, pode se tornar muito trabalhoso ou mesmo impraticável.

A solução alternativa é substituir a simulação manual por *simulação por meio de computadores*, utilizando *números pseudo-aleatórios*, em vez de números aleatórios.

Os números pseudo-aleatórios (NPA) são obtidos por meio de técnicas que usam relações matemáticas recursivas *determinísticas*. Logo, um NPA gerado numa iteração dependerá do número gerado na iteração anterior e, portanto, não será realmente aleatório, originando o nome pseudo-aleatório.

Há vários métodos para gerar NPA. Um dos primeiros, formulado pelo matemático John von Neumann, é chamado o método de quadrados centrais (veja o Problema 18). Um método bastante utilizado em pacotes computacionais é o método congruencial, discutido nos Problemas 1 e 2.

Os diversos pacotes aplicativos, estatísticos ou não, utilizam métodos como o congruencial para implementar sub-rotinas de geração de NPA. Como exemplos de pacotes, citamos o NAG (*Numerical Algorithm Group*), atualmente incorporado ao pacote MATLAB, e o IMSL.

O pacote estatístico Minitab usa os comandos Random e Uniform para gerar NPA.

Exemplo 9.3 Temos no Quadro 9.1 um exemplo de geração de dez NA. O comando "Random 10 C1" seguido de "Uniform 0,1" pede para gerar dez NA e guardá-los na coluna C1.

Quadro 9.1 Geração de números aleatórios. Minitab.

MTB	> RANDOM 10 C1;
SUBC	> UNIFORM (0, 1).
	C1
1	0.590042
2	0.859332
3	0.021023
4	0.340748
5	0.673675
6	0.558276
7	0.911412
8	0.775391
9	0.867138
10	0.865328

O pacote SPlus usa o comando runif(n, min, max), em que *n* é o número de valores a gerar e (min, max) é o intervalo no qual se quer gerar os NPA. No nosso caso, min = 0 e max = 1.

Exemplo 9.4 O comando "$u < -$ runif(10,0,1)" pede para gerar dez NA e guardá-los no vetor *u*. O comando "u" imprime os dez valores. Veja o Quadro 9.2.

9.1 INTRODUÇÃO

Quadro 9.2 Geração de números aleatórios. SPlus.

```
> u <- runif (10, 0, 1)
> u
[1]    0.6931500    0.8586156    0.1494293    0.2947197
       0.3474523    0.7571899    0.3016043    0.3051952
[9]    0.9135144    0.7996542
```

A planilha Excel usa a função ALEATÓRIO() para gerar NA, ou então "Geração de números aleatórios", escolhendo a opção "Análise de Dados" do menu "Ferramentas".

Exemplo 9.5 O Quadro 9.3 mostra, na coluna A, o resultado de gerar 20 NA usando o Excel. Foi utilizada a opção Uniforme (0,1).

Quadro 9.3 Geração de números aleatórios. Excel.

	A	B	C	D	E	F	G
1	0.382	0	5	1	0.77423	1	2
2	0.100681	1	4	1	0.91015	2	9
3	0.596484	1	3	0	−0.12675	3	10
4	0.899106	1	4	4	−1.43943	4	6
5	0.88461	1	6	0	1.192723	5	7
6	0.958464	1	5	1	−0.89864	6	
7	0.014496	0	6	1	−0.64207	7	
8	0.407422	1	6	0	−1.16122	8	
9	0.863247	0	3	0	0.47886	9	
10	0.138585	1	5	3	0.832001	10	
11	0.245033	1		1	1.001472		
12	0.045473	0		0	0.61513		
13	0.03238	0		2	1.896733		
14	0.164129	1		3	−1.25240		
15	0.219611	0		1	1.308572		
16	0.01709			2	−1,28498		
17	0.285043			1	0.357816		
18	0.343089			0	−0.1679		
19	0.553636			2	1.580393		
20	0.357372			1	0.994548		

Problemas

1. Vejamos o significado da expressão $x \bmod m$, na qual x e m são inteiros não negativos. O resultado de tal operação é o resto da divisão de x por m. Ou seja, se $x = mq + r$, então $x \bmod m = r$. Por exemplo, $13 \bmod 4 = 1$.

   Encontre $18 \bmod 5$ e $360 \bmod 100$.

2. *O método congruencial*. No chamado *método congruencial multiplicativo* de gerar NPA, começamos com um valor inicial n_0, chamado *semente*, e geramos sucessivos valores n_1, n_2, ... por meio da relação

$$n_{i+1} = an_i \bmod m,$$

sendo n_0, a, m inteiros não negativos e $i = 0, 1, 2, \ldots, m-1$. A constante a é o multiplicador e m é o módulo. Por meio da fórmula acima no máximo m números diferentes são gerados, a saber, $0, 1, \ldots, m-1$. Se $h \leq m$ for o valor de i correspondente ao número máximo de pontos gerados, a partir do qual os valores se repetem, então h é chamado o *ciclo* ou o *período* do gerador. Os NPA são obtidos por meio de

$$u_i = n_i/m, \qquad i = 0, 1, \ldots, m-1.$$

Tomemos, por exemplo, a semente $n_0 = 17$, $a = 7$ e $m = 100$. É fácil ver que obtemos o seguinte:

i	0	1	2	3	4	...
n_i	17	19	33	31	17	...

Temos, então, que o ciclo é $h = 4$, e os valores n_i vão se repetir a partir daí. Os correspondentes NPA gerados serão

$$0{,}17;\ 0{,}19;\ 0{,}33;\ 0{,}31;\ 0{,}17;\ \ldots$$

Devemos escolher a e m de modo a obter ciclos grandes, ou seja, geramos muitos NPA antes que eles comecem a se repetir. A seleção de m é normalmente determinada pelo número de "bits" das palavras do computador usado. Atualmente, tomamos por exemplo $m = 2^{64}$. Para o valor a a sugestão é tomar uma potência grande de um número primo, por exemplo, $a = 7^5$.

O *método congruencial misto* usa a fórmula

$$n_{i+1} = an_i + b \bmod m.$$

3. Considere a semente $n_0 = 13$, o multiplicador $a = 5$ e o módulo $m = 100$, para gerar dez números pseudo-aleatórios. Qual o período h nesse caso?

4. *Idem*, para $n_0 = 19$, $a = 13$ e $m = 100$.

5. Use algum programa ou planilha computacional para gerar **10.000** números pseudo-aleatórios. Faça um histograma e um *box plot* desses valores. Esses gráficos corroboram o fato de que esses números obtidos são observações de uma v.a. com distribuição uniforme no intervalo $(0, 1)$? Explique.

9.2 Simulação de variáveis aleatórias

De posse de um bom gerador de NA podemos, em princípio, gerar NA de qualquer outra v.a., usando a correspondente função de distribuição acumulada (f.d.a.). Como ilustração, vamos supor uma v.a. contínua X, com f.d.a. $F(x)$ mostrada na Figura 9.3.

Figura 9.3 f.d.a. de uma v.a. contínua X.

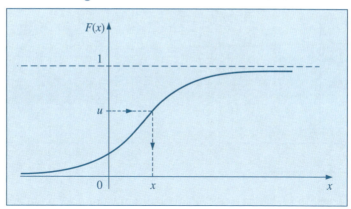

Usando-se um gerador de NA, produz-se um NA u; marca-se esse valor no eixo das ordenadas de $F(x)$; por meio da função inversa de $F(x)$ obtém-se o valor x da v.a. X no eixo das abcissas. Isto é, resolve-se a seguinte equação

$$F(x) = u, \qquad (9.1)$$

ou seja, $x = F^{-1}(u)$. Observe a figura para melhor entendimento.

Na realidade, o procedimento ilustrado acima pode ser formalizado no seguinte resultado, chamado de *método da transformação integral*. Suponha F estritamente crescente.

Teorema 9.1 Se X for uma v.a. com f.d.a. F, então a v.a. $U = F(X)$ tem distribuição uniforme no intervalo $[0, 1]$.

Prova. Como F é estritamente crescente e $u = F(x)$, então $x = F^{-1}(u)$, pois existe a inversa de X. Se $G(u)$ é a f.d.a. de U, temos

$$G(u) = P(U \leq u) = P(F(X) \leq u) = P(X \leq F^{-1}(u)) = F(F^{-1}(u)) = u,$$

o que demonstra o teorema.

Exemplo 9.6 Considere a v.a. com densidade $f(x) = 2x$, $0 < x < 1$. Temos,

$$F(x) = \begin{cases} 0, & \text{se } x < 0 \\ x^2, & \text{se } 0 \leq x < 1 \\ 1, & \text{se } x \geq 1. \end{cases}$$

Na Figura 9.4 temos os gráficos de $f(x)$ e $F(x)$.

Figura 9.4 F.d.p. e f.d.a. da v.a. X do Exemplo 9.6.

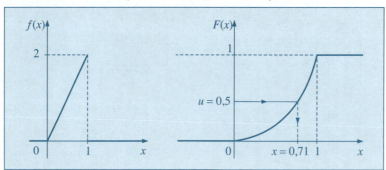

Então, a equação (9.1) fica $u = x^2$. Para obter um valor de X basta gerar um NA u e depois gerar $x = \sqrt{u}$. Como $0 < x < 1$, deve-se tomar a raiz quadrada positiva de u. Por exemplo, se $u = 0,5$, então $F(x) = 0,5$ e portanto $x = \sqrt{0,5} = 0,71$, que é um valor (número aleatório) gerado da v.a. X.

Para simular dados de uma v.a. discreta, o segredo está em fazer uma pequena modificação no gráfico da f.d.a. Considere uma v.a. com a seguinte distribuição de probabilidades:

X	x_1	x_2	...	x_n
p_j	p_1	p_2	...	p_n

A f.d.a dessa v.a. é dada por

$$F(x) = \begin{cases} 0, & \text{se } x < x_1 \\ p_1, & \text{se } x_1 \leq x < x_2 \\ p_1 + p_2, & \text{se } x_2 \leq x < x_3 \\ \vdots & \\ 1, & \text{se } x \geq x_n. \end{cases}$$

Os gráficos correspondentes estão na Figura 9.5.

Figura 9.5 F.p. e f.d.a. de uma v.a. discreta.

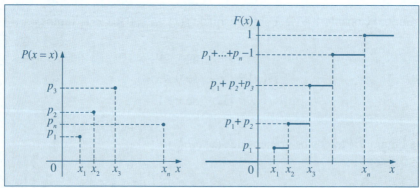

Para usar o procedimento anterior basta alterar o gráfico de $F(x)$ acima, do modo apresentado na Figura 9.6.

Figura 9.6 F.d.a. "modificada" para a v.a. discreta X.

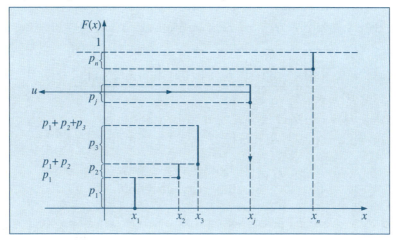

Como antes, geramos um NA u entre 0 e 1 e o marcamos no eixo das ordenadas; procura-se o inverso de u no eixo das abcissas. Suponha que u esteja entre $p_1 + p_2 + \ldots + p_{j-1}$ e $p_1 + p_2 + \ldots + p_{j-1} + p_j$. Segundo a Figura 9.6, vemos que então obteremos o valor x_j da v.a. X.

A descrição acima pode ser resumida no seguinte procedimento: gera-se um NA u, ou seja, um valor de uma v.a. U uniforme no intervalo [0, 1]. Coloque:

$$X = \begin{cases} x_1, & \text{se } u < p_1, \\ x_2, & \text{se } p_1 \leq u < p_1 + p_2, \\ \vdots \\ x_j, & \text{se } p_1 + \ldots + p_{j-1} \leq u < p_1 + \ldots + p_j. \end{cases} \quad (9.2)$$

Exemplo 9.7 Consideremos a v.a. X com distribuição

X	0	1	2
p_j	1/4	1/2	1/4

Suponha que ao gerar um NA obtemos $u = 0,3$. Então, como $p_1 \leq u < p_1 + p_2$, ou seja, $0,25 \leq u < 0,75$, tomamos o valor gerado de X como $x = 1$. Para obter uma amostra de n valores de X basta gerar n números aleatórios e proceder para cada um deles como acima. Note que poderemos obter valores repetidos de X.

Na Seção 9.3, mostraremos como gerar valores de algumas distribuições conhecidas. Nem sempre o método apresentado é utilizado, pois há dificuldade em resolver a equação (9.1). Os pacotes estatísticos (como o Minitab e SPlus) e as planilhas eletrônicas (como a do

266 CAPÍTULO 9 — NOÇÕES DE SIMULAÇÃO

Excel) possuem sub-rotinas próprias para simular valores para vários modelos de v.a.'s, tanto discretas como contínuas. Na Seção 9.4, apresentaremos exemplos de uso de tais programas.

Problemas

6. Gere cinco valores da v.a. X, cuja distribuição é dada por:

X	0	1	2	3	4
p_j	0,1	0,2	0,4	0,2	0,1

Use a Tabela VII para gerar os NA.

7. Gere dez valores da v.a T do Problema 17 do Capítulo 6.

8. Considere a v.a. X contínua com f.d.p.

$$f(x) = \begin{cases} 3x^2 & se -1 \leq x \leq 0 \\ 0, & \text{caso contrário.} \end{cases}$$

Como você procederia para obter um valor simulado de X? Se $u = 0,5$, qual será o valor correspondente gerado de X?

9.3 Simulação de alguns modelos

Utilizando o que foi estudado nas seções anteriores, vejamos como podemos simular valores de alguns modelos que já consideramos anteriormente.

Exemplo 9.8 *Simulação de uma distribuição de Bernoulli.*

Suponha que X tenha uma distribuição de Bernoulli, com $P(X = 0) = 1 - p = 0,48$ e $P(X = 1) = p = 0,52$. Para gerar valores de tal distribuição basta gerar NA u e concluir:

Se $u < 0,48$, coloque $X = 0$;

Se $u \geq 0,48$, coloque $X = 1$.

Por exemplo, suponha que geramos dez NA: 0,11; 0,82; 0,00; 0,43; 0,56; 0,60; 0,72; 0,42; 0,08; 0,53. Então, os dez valores gerados da distribuição em questão são 0, 1, 0, 0, 1, 1, 1, 0, 0, 1, respectivamente.

Exemplo 9.9 *Simulação de uma distribuição binomial.*

Sabemos que se $Y \sim b(n, p)$, então Y é o número de sucessos num experimento de Bernoulli, com n repetições e probabilidades de sucesso p. Mas $P(\text{sucesso}) = P(Y = 1) = p$. No Exemplo 9.8, obtivemos cinco sucessos, logo $Y = 5$. Portanto, se $Y \sim b(10; 0,52)$, e queremos, digamos, gerar 20 valores dessa distribuição, basta considerar 20 experimentos de Bernoulli, sendo que em cada um deles repetimos o experimento $n = 10$ vezes, com probabilidade de sucesso $p = 0,52$. Para cada experimento j consideramos o número de sucessos (número de 1), y_j, $j = 1, 2, ..., 20$. Obteremos, então, os 20 valores simulados $y_1, ..., y_{20}$ da v.a. Y. Observe que esses valores serão inteiros entre 0 e 20, inclusive esses dois últimos.

Exemplo 9.10 *Simulação de uma distribuição exponencial.*

Se a v.a. T tiver densidade dada por

$$f(t) = 1/\beta \, e^{-t/\beta}, \quad t > 0, \tag{9.3}$$

a sua f.d.a. é dada por

$$F(t) = 1 - e^{-t/\beta}, \tag{9.4}$$

logo, temos de resolver a equação (9.1) para gerar t.

Tomando logaritmo na base e, temos

$$1 - u = e^{-t/\beta} \Leftrightarrow \log (1 - u) = -t/\beta \Leftrightarrow t = -\beta \log (1 - u).$$

Logo, gerado um NA, um valor da distribuição Exp(β) é dado por $-\beta \log (1 - u)$.

Por exemplo, suponha $\beta = 2$ e queremos gerar cinco valores de $T \sim$ Exp(2). Gerados os valores $u_1 = 0{,}57, u_2 = 0{,}19, u_3 = 0{,}38, u_4 = 0{,}33, u_5 = 0{,}31$ de uma distribuição uniforme em [0, 1] (os números aleatórios), obteremos $t_1 = (-2)(\log(0{,}43)) = 1{,}68, t_2 = (-2)(\log(81))$ $= 0{,}42, t_3 = (-2)(\log(0{,}62)) = 0{,}96, t_4 = (-2)(\log(0{,}67)) = 0{,}80, t_5 = (-2)(\log(0{,}69)) = 0{,}74$.

Podemos reduzir um pouco os cálculos se usarmos o seguinte fato: se $U \sim \mathcal{U}[0, 1]$, então $1 - U \sim \mathcal{U}[0, 1]$. Resulta que poderemos gerar os valores de uma exponencial por meio de

$$t = -\beta \log (u).$$

Usando essa fórmula para os valores de U acima, obteremos os seguintes valores de T: 1,12; 3,32; 1,93; 0,96; 2,34.

Exemplo 9.11 *Simulação de uma distribuição normal.*

Há vários métodos para gerar v.a. normais, mas uma observação importante é que basta gerar uma v.a. normal padrão, pois qualquer outra pode ser obtida desta. De fato, gerado um valor z_1 da v.a. $Z \sim N(0, 1)$, para gerar um valor de uma v.a. $X \sim N(\mu, \sigma^2)$ basta usar a transformação $z = (x - \mu)/\sigma$ para obter

$$x_1 = \mu + \sigma z_1. \tag{9.5}$$

Vamos dar um exemplo usando a transformação integral e uma tabela de probabilidades para a normal padrão. Suponha que $X \sim N(10; 0{,}16)$, ou seja, $\mu = 10$ e $\sigma = 0{,}4$. Temos de resolver a Fórmula (9.1), ou seja,

$$\Phi(z) = u,$$

em que estamos usando a notação $\Phi(z)$ para a f.d.a. da $N(0, 1)$. Vamos gerar, em primeiro lugar, um NA u, usando a Tabela VII. Tomando as três primeiras colunas e o canto inferior esquerdo, obtemos $u = 0{,}230$. Então temos de resolver

$$\Phi(z) = 0{,}230,$$

ou seja, temos de encontrar o valor z tal que a área à sua esquerda, sob a curva normal padrão, seja 0,230. Veja a Figura 9.7.

Figura 9.7 Geração de um valor $z \sim N(0, 1)$.

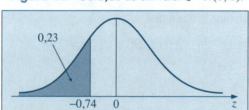

Consultando uma tabela para a normal, encontramos que $z = -0{,}74$. Logo, o valor gerado da normal em questão satisfaz

$$\frac{x-10}{0{,}4} = -0{,}74,$$

ou seja, $x = 10 + (0{,}4)(-0{,}74) = 9{,}704$. Qualquer outro valor pode ser gerado da mesma forma.

Esse método, embora simples, não é prático, sob o ponto de vista computacional. Há outros métodos mais eficientes. Alguns são variantes do método de Box-Müller (1958). Nesse método são geradas duas v.a. Z_1 e Z_2, independentes, e $N(0, 1)$, por meio das transformações

$$Z_1 = \sqrt{-2\log U_1}\cos(2\pi U_2),$$
$$Z_2 = \sqrt{-2\log U_1}\operatorname{sen}(2\pi U_2),$$
(9.6)

em que U_1 e U_2 são v.a. com distribuição uniforme em [0, 1]. Portanto, basta gerar dois NA u_1 e u_2 e depois gerar z_1 e z_2 usando (9.6). Veja também o Problema 22.

Problemas

9. Gere dez valores de uma distribuição de Bernoulli, com $p = 0{,}35$.
10. Obtenha dez valores de uma v.a. $Y \sim b(10; 0{,}2)$.
11. Usando o procedimento do Exemplo 9.10, gere dez valores de uma distribuição exponencial com parâmetro $\beta = 1/2$.
12. Usando o Teorema 9.1, gere:
    (a) cinco valores da v.a. do Exemplo 9.6;
    (b) dez valores de uma distribuição $N(10; 4)$;
    (c) dez valores de uma distribuição t de Student com 24 graus de liberdade.
13. Simulação de uma distribuição qui-quadrado. Como sabemos, se $Z \sim N(0, 1)$ e $Y = Z^2$, então $Y \sim \chi^2(1)$. Por outro lado, uma v.a. W com distribuição $\chi^2(n)$ pode ser escrita como

    $$W = Z_1^2 + Z_2^2 + \ldots + Z_n^2$$

    em que as v.a. $Z_1, \ldots, Z_n$ são normais padrões, independentes.
    Portanto, para simular um valor de uma v.a. com distribuição qui-quadrado, com n graus de liberdade, basta gerar n valores de uma v.a. $N(0, 1)$ e considerar a soma de seus quadrados.
14. Gere dez valores de uma distribuição qui-quadrado com três graus de liberdade.

9.4 Exemplos computacionais

Nesta seção, vamos apresentar alguns exemplos de simulação de v.a.'s usando os pacotes R, Minitab, SPlus e Excel. As Tabelas 9.1 e 9.2 trazem as distribuições discretas e contínuas, respectivamente, contempladas por cada um e os comandos apropriados, quando pertinentes.

Tabela 9.1 Opções de Distribuições Discretas.

Distribuição	Excel (Par.)	Minitab (Par.)	R e SPlus (Par.)
Bernoulli	Bernoulli (p)	Bernoulli (p)	—
Binomial	Binomial (n, p)	Binomial (n, p)	binom (n, p)
Geométrica	—	—	geom (p)
Hipergeométrica	—	—	hyper (N, r, k)
Poisson	Poisson (λ)	Poisson (λ)	pois (λ)
Discreta	Discreta	—	—

Comecemos com v.a.'s discretas. Para gerar uma distribuição de Bernoulliu no R ou SPlus, basta colocar $n = 1$ no caso binomial. O pacote Minitab usa o comando *Random* seguido de um dos comandos da tabela. Os pacotes R e SPlus colocam a letra r (de "random") antes do comando apropriado. A planilha Excel pode tanto usar a função ALEATÓRIO( ) como a opção *Geração de número aleatório*, dentro de *Análise de Dados* do menu *Ferramentas*. Existe uma opção *Discreta* para gerar uma distribuição discreta especificada (x_i, p_i), $i = 1, ..., k$. Vejamos alguns exemplos.

Exemplo 9.12 Suponha que queiramos simular 20 valores de uma distribuição binomial, com $n = 10$ e $p = 0,6$, e 15 valores de uma distribuição de Poisson, com parâmetro $\lambda = 2,4$, usando o R. Obtemos o Quadro 9.4. Os valores simulados são arquivados nas colunas C1 e C2.

Quadro 9.4 Simulação da binomial e Poisson. R.

```
C1<-rbinom(20,10,0.6)
C2<-rpois(15,2.4)
C2<-append(C2,values = rep(NA,5))
quadro9.4<-data.frame(C1,C2)
quadro9.4.
```

	C1	C2			C1	C2
1	3	1		11	3	2
2	7	1		12	7	2
3	3	1		13	7	1
4	7	4		14	7	2
5	7	3		15	4	3
6	4	1		16	8	NA
7	8	3		17	9	NA
8	7	4		18	4	NA
9	4	3		19	7	NA
10	7	2		20	4	NA

Exemplo 9.13 Usando o SPlus, mostramos no Quadro 9.5 as saídas correspondentes a simular 20 valores de uma v.a. $X \sim b(10; 0,5)$ e 20 valores de uma v.a. $Y \sim$ Poisson $(1,7)$.

Quadro 9.5 Simulação da binomial e Poisson. SPlus.

```
> x <- rbinom(20, 10, 0.5)
> x
[1]  6 4 7 5 5 5 5 7 6 1 8 4 6 6 7 6 5 5 6 7
> y <- rpois (20, 1.7)
> y
[1]  1 2 5 5 1 3 2 1 2 2 3 1 3 2 1 1 4 2 3 0
```

Exemplo 9.14 Suponha que queiramos gerar as seguintes distribuições, usando o R:

(a) $X \sim b(10; 0,5)$;
(b) $Y \sim$ Poisson$(1,7)$;
(c) $Z \sim \mathcal{U}[0,1]$;
(d) $B \sim$ Bern$(0,7)$.

Os comandos respectivos estão dados no Quadro 9.6.

Quadro 9.6 Simulação de variáveis. R.

```
x<-rbinom(20,10,0.5)
y<-rpois(20,1.7)
z<-runif(100,0,1)
b<-rbinom(15,1,0.7)
```

Os histogramas respectivos estão na Figura 9.8.

Figura 9.8 Histogramas de distribuições simuladas no Exemplo 9.14. SPlus.

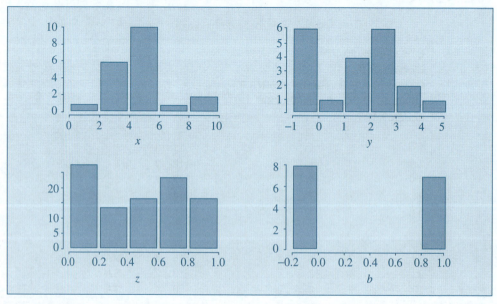

9.4 EXEMPLOS COMPUTACIONAIS

Tabela 9.2 Opções de Distribuições Contínuas.

Distribuição	Excel (Par.)	Minitab (Par.)	R e SPlus (Par.)
Normal	Normal (0, 1)	Normal (μ, σ)	norm (μ, σ)
Exponencial	—	Exponential (β)	exp (β)
t (Student)	—	T (ν)	t (ν)
F (Snedecor)	—	F (ν_1, ν_2)	f (ν_1, ν_2)
Gama	—	Gamma (α, β)	gamma (α, β)
Qui-Quadrado	—	Chisquare (ν)	chisq (ν)
beta	—	Beta(α, β)	beta (α, β)

Vejamos, agora, alguns exemplos para v.a.'s contínuas.

Exemplo 9.15 Usando o pacote Minitab, geramos:
(a) 10 valores de uma $N(0, 1)$;
(b) 20 valores de uma Exp(2);
(c) 15 valores de uma $\chi^2(5)$.
Os comandos e respectivos valores simulados estão mostrados no Quadro 9.7.

Quadro 9.7 Simulação de variáveis. Minitab.

```
    MTB   > Random 10 C1;          MTB   >
    SUBC  > Normal 0 1.            MTB   > Random 15 C3;
    MTB   >                        SUBC  > Chisquare 5.
    MTB   > Random 20 C2;          MTB   >
    SUBC  > Exponential 2.
          C1        C2        C3          C1        C2        C3
     1  -0.06636  2.50204   4.44339    11          0.60892   0.71995
     2   0.14940  1.11469   2.60994    12          0.11405   6.58849
     3  -0.08339  1.83977   9.25374    13          4.10192   5.52644
     4   0.09516  0.47726   1.10399    14          3.87223   2.86108
     5  -1.08060  0.60830   2.31042    15          2.59596   2.87105
     6  -0.63088  1.83693   6.62708    16          0.50944
     7   0.17171  2.35880   9.20627    17          1.05514
     8  -1.78075  1.31646   1.52421    18          3.91126
     9   1.89407  4.19729   4.88943    19          1.98810
    10   0.21054  1.81575   3.90302    20          3.82243
```

Exemplo 9.16 Usando o pacote R, simulamos:
(a) 500 valores de uma v.a. $Z \sim N(0,1)$;
(b) 200 valores de uma v.a. $Y \sim N(10; 0,3^2)$;
(c) 500 valores de uma v.a. $t(35)$;
(d) 500 valores de uma v.a. $T \sim \text{Exp}(2)$;
(e) 300 valores de uma v.a. $W \sim \chi^2(5)$;
(f) 500 valores de uma v.a. $F(10, 12)$.

Os comandos necessários são mostrados no Quadro 9.8 e os respectivos histogramas estão na Figura 9.9.

Quadro 9.8 Simulação de variáveis. R.

```
z<-rnorm(500,0,1)            Exp<-rexp(500,2)
hist(z)                      hist(Exp)
y<-rnorm(200,10,0.3)         w<-rchisq(300,5)
hist(y)                      hist(w)
t<-rt(500,35)                f<-rf(500,10,12)
hist(t)                      hist(f)
```

Figura 9.9 Histogramas de algumas distribuições geradas no Exemplo 9.16.

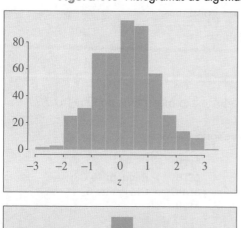
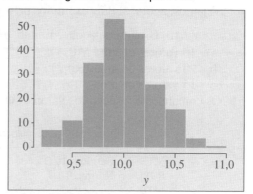
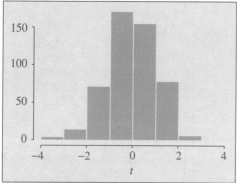
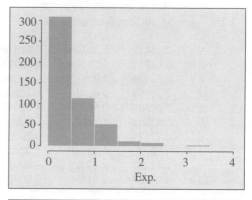
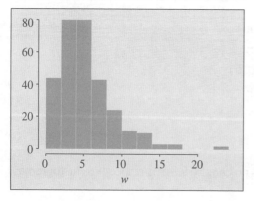
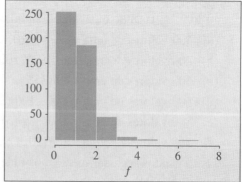

9.5 PROBLEMAS SUPLEMENTARES

Na planilha Excel a normal pode ser gerada por meio da "opção normal" no menu "Ferramentas (Análise de Dados (Geração de números aleatórios))" ou pela função ALEATÓRIO( ) e a fórmula = INV.NORM (ALEATÓRIO( ), μ, σ).

Exemplo 9.17 A coluna E do Quadro 9.3 traz 20 valores gerados de uma $N(0, 1)$ usando a ferramenta GNA.

Problemas

15. Usando um pacote de sua preferência, gere:

    (a) 100 valores de uma distribuição binomial, com parâmetros $n = 15$, $p = 0,7$.

    (b) 500 valores de uma distribuição de Poisson com parâmetro $\lambda = 1,3$.

    Em cada caso, faça um histograma e veja se este corresponde à distribuição em questão.

16. Usando um pacote computacional de sua preferência, gere:

    (a) 500 valores de uma normal padrão;

    (b) 1.000 valores de uma distribuição qui-quadrado com cinco graus de liberdade;

    (c) 800 valores de uma distribuição exponencial com parâmetro 3.

    Em cada caso, faça um histograma, um ramo-e-folhas e um *box plot*. Comente.

17. Usando o método de Box-Müller, gere cinco valores de uma distribuição normal padrão.

9.5 Problemas suplementares

18. O método dos quadrados centrais de von Neumann opera do modo descrito a seguir. Considere um inteiro n_0 com m dígitos e seu quadrado n_0^2, que terá $2m$ dígitos (eventualmente acrescentando zeros à esquerda). Tome os dígitos centrais de n_0^2 e divida o número obtido por 10^m para se obter um NA, u_0, entre 0 e 1. Continue, tomando n_1 como o número inteiro central desse passo.

    Esse método pode não funcionar bem, como o exemplo abaixo de Kleijnen e van Groenendaal (1994) mostra.

    Suponha $m = 2$ e considere $n_0 = 23$. Então, $n_0^2 = 0529$, e o primeiro NA é $u_0 = 0,52$.

    Agora, $n_1 = 52$, $n_1^2 = 2704$ e $u_1 = 0,70$. Sucessivamente, obtemos $u_2 = 0,90$, $u_3 = 0,10$, $u_4 = 0,10$ etc. Ou seja, a partir de u_4, os NA se repetem.

    Obtenha números aleatórios, com $m = 3$, usando esse método.

19. Uma distribuição binomial de parâmetros n e p pode ser simulada também do seguinte modo. Considere a recursão

    $$p_{j+1} = \frac{n-j}{j+1} \frac{p}{1-p} p_j,$$

    com $p_j = P(X = j)$, $j = 0, 1, ..., n$.

    Chame j o valor atual, $pr = P(X = j)$, $F = F(j) = P(X \leq j)$ e o algoritmo:

    Passo 1. Gere o NA u;

    Passo 2. $r = p/(1 - p)$, $j = 0$, $pr = (1 - p)^n$, $F = pr$;

274 CAPÍTULO 9 — NOÇÕES DE SIMULAÇÃO

Passo 3. Se $u < F$, coloque $X = j$;

Passo 4. $pr = \dfrac{r(n-j)}{j+1} pr, F = F + pr, j = j + 1.$

Passo 5. Volte ao passo 3.

Usando esse algoritmo, gere cinco valores da v.a. $X \sim b(5; 0,3)$.

20. Usando o procedimento recursivo 9.8, gere cinco valores de uma v.a. com distribuição de Poisson de parâmetro $\lambda = 2$.

21. Usando um aplicativo estatístico, gere:

   (a) 100 valores de uma $N(5; 0,9)$ e faça o histograma dos valores gerados.

   (b) 200 valores de uma $Exp(1/2)$ e faça o histograma dos valores gerados.

   (c) 500 valores de uma Gama(α, β), com $\alpha = \beta = 2$, e faça o histograma.

   (d) 300 valores de uma $\chi^2(32)$ e faça o histograma.

   Os histogramas que você obteve estão de acordo com as definições dadas dessas distribuições? Comente.

22. Usando um pacote, gere:

   (a) 300 valores de uma distribuição $t(120)$.

   (b) 500 valores de uma distribuição $F(56, 38)$.

   (c) 300 valores de uma distribuição $B(20, 30)$.

   Faça um histograma dos valores simulados em cada caso e responda a mesma pergunta do problema anterior.

23. Simule cinco valores de uma distribuição Gama$(3, 1/2)$, usando o procedimento descrito no CM-3.

24. Usando um pacote computacional, gere:

   (a) 1.000 valores de uma distribuição uniforme bidimensional no quadrado de lado unitário, supondo os componentes independentes;

   (b) 1.000 valores de uma normal bidimensional (X, Y), com X e Y independentes, $X \sim N(10, 4)$ e $Y \sim N(15, 9)$.

25. Um time de futebol irá disputar 10 partidas num torneio de classificação.

   (a) Supondo que sua chance de vitória em cada jogo é de 60%, simule sua possível campanha.

   (b) Simule agora se é esperado o seguinte desempenho em cada jogo: 50% de vitória, 30% de empate e 20% de derrota.

   (c) Para a situação descrita em *(b)*, simule 12 possíveis campanhas para o time, e estude a variável X = número de pontos obtidos (vitória = 3, empate = 1 e derrota = 0).

   (d) Proponha outros parâmetros para o time e repita a questão (c).

26. Suponha que uma moeda é viciada, de tal sorte que favoreça mais cara do que coroa. Para estimar a probabilidade de cara, você a pode lançar, digamos, 50 vezes.

   (a) Para simular um possível resultado do seu experimento, o que é que seria necessário?

   (b) Supondo que a probabilidade de ocorrer cara é $p = 0,6$, qual seria a sua simulação e sua estimativa de p?

9.6 COMPLEMENTOS METODOLÓGICOS

(c) Faça a simulação para 4 outras pessoas e dê suas respectivas estimativas. Alguém acertou o verdadeiro parâmetro?

27. Em uma população 20% das pessoas compram o produto C. Seleciona-se, com reposição, indivíduos dessa população até encontrar um comprador de C. A variável X indica o número de indivíduos entrevistados. Qual é a distribuição simulada de X?

28. Uma pesquisa domiciliar irá entrevistar todos os moradores do domicílio e a distribuição do número de moradores por domicílio encontra-se abaixo. Será usada uma amostra de 5 domicílios:

N. de moradores	Porcentagem
1	5
2	12
3	20
4	23
5	18
6	10
7	8
8	4

(a) Simule 100 amostras de tamanho 5.

(b) Considere X = n. médio de pessoas por amostra. Qual a distribuição de frequência empírica de X?

(c) Construa a distribuição de $\bar{X}$ = nº médio de pessoas por amostra.

(d) Encontre para a população o valor μ = nº médio de pessoas, e construa a distribuição empírica de $\bar{X} - \mu$. Como pode ser interpretada essa distribuição?

(e) Se o entrevistador recebe 2 u.m. por pessoa entrevistada, usando o resultado (b), qual a probabilidade de uma amostra custar mais de 12 u.m.?

29. A altura X das pessoas segue aproximadamente uma curva normal com média μ e variância σ^2.

(a) Proponha dois valores realísticos para μ e σ, e gere 10 alturas de uma população de homens. Calcule a média e o desvio padrão desta população.

(b) Com os mesmos parâmetros gere uma outra amostra de 10 alturas. Olhando e analisando as duas amostras elas parecem vir de populações distintas?

(c) Gere uma amostra de 10 alturas de uma população feminina. Compare com a amostra obtida em (a), e diga se é possível afirmar que as duas amostras vêm de populações distintas.

(d) Como você acha que os parâmetros influenciam para diferenciar bem as amostras? Dê exemplos.

9.6 Complementos metodológicos

1. Simulação de uma distribuição de Poisson. Se $N \sim P(\lambda)$, então $P(N=j) = p_j$ é dada por

$$P(N = j) = \frac{e^{-\lambda}\lambda^j}{j!}, j = 0,1,\dots \qquad (9.7)$$

A geração de valores de uma distribuição de Poisson parte da seguinte relação recursiva, que pode ser facilmente verificada:

$$p_{j+1} = \frac{\lambda}{j+1} p_j, \quad j \geq 0. \quad (9.8)$$

Seja, também, $F(j) = P(N \leq j)$ a função de distribuição acumulada (f.d.a.) de N. Considere j o valor atual gerado e queremos gerar o valor seguinte. Chamemos simplesmente $p = p_j$ e $F = F(j)$. Então o algoritmo para se gerar os sucessivos valores é o seguinte:

Passo 1. Gere o NA u;

Passo 2. Faça $j = 0$, $p = e^{-\lambda}$ e $F = p$;

Passo 3. Se $u < F$, coloque $N = j$;

Passo 4. Faça $p = \frac{\lambda}{j+1} p$, $F = F + p$ e $j = j + 1$;

Passo 5. Volte ao *Passo 3*.

Note que, no *Passo 2*, se $j = 0$, $P(N = 0) = p_0 = e^{-\lambda}$ e $F(0) = P(N \leq 0) = p_0$.

2. Transformação de Box-Müller. Considere as v.a. X e Y, independentes e ambas $N(0, 1)$. Observando a Figura 9.10, vemos que $R^2 = X^2 + Y^2$ e $\text{tg}\theta = Y/X$. A densidade conjunta de X e Y é

$$f(x,y) = \frac{1}{2\pi} e^{-(x^2+y^2)/2}.$$

Figura 9.10 Transformação de variáveis $(x, y) \to (R, \theta)$.

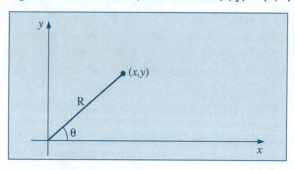

Considere a transformação de variáveis

$$r = x^2 + y^2$$

$$\theta = \text{arctg}(y/x).$$

A densidade conjunta de r e θ é obtida usando o resultado (8.28). Temos que $x = \sqrt{r}\cos\theta, y = \sqrt{r}\sin\theta$ e o Jacobiano da transformação é $|J| = 1/2$. Segue-se que a densidade de r e θ é

$$f(r, \theta) = 1/2\pi \cdot e^{-r} \cdot 1/2, \, 0 < r < \infty, 0 < \theta < 2\pi.$$

9.6 COMPLEMENTOS METODOLÓGICOS

Dessa relação podemos concluir que $r = R^2$ e θ são *independentes*, com

$$R^2 \sim \text{Exp}(2), \; \theta \sim \textbf{\textit{U}}(0, 2\pi).$$

Portanto, podemos escrever que

$$X = R\cos\theta = \sqrt{-2\log U_1}\,\cos\left(2\pi U_2\right)$$
$$Y = R\text{sen}\theta = \sqrt{-2\log U_1}\,\text{sen}\left(2\pi U_2\right)$$

Aqui, usamos o fato de que, se $R^2 \sim \text{Exp}(2)$, gerado um NA U_1, vem que $-2\log U_1 \sim \text{Exp}(2)$ e se $\theta \sim \textbf{\textit{U}}(0, 2\pi)$, então gerado um NA U_2, vem que $2\pi U_2 \sim \textbf{\textit{U}}(0, 2\pi)$.

3. Simulação de uma distribuição gama. Pode-se demonstrar, usando resultados não estudados neste livro, que se a v.a. $X \sim \text{Gama}(r, \beta)$, com r inteiro, então $X = Y_1 + Y_2 + \dots + Y_r$, em que cada $Y_i \sim \text{Exp}(\beta)$ e as v.a. Y_i são independentes. Logo, para gerar um valor de uma distribuição $\text{Gama}(r, \beta)$, com $r > 0$, inteiro, basta gerar r valores de uma distribuição exponencial de parâmetro β e depois somá-los.

4. Simulação de várias variáveis. É mais complicado simular distribuições bidimensionais. No caso de X e Y serem *independentes*, então

$$f(x, y) = f_X(x)\,f_Y(y), \quad \forall x, y,$$

se elas forem contínuas, por exemplo. Logo, para gerar um valor (x, y) da densidade conjunta $f(x, y)$, basta gerar o componente x da distribuição marginal de X e a componente y da distribuição marginal de Y, *independente*.

No caso de v.a. dependentes, temos que vale a relação:

$$f(x, y) = f_X(x)\,f_{Y|X}(y|x).$$

Logo, por essa relação, primeiramente geramos um valor x da distribuição marginal de X e fixado esse valor, x_0, digamos, geramos um valor da distribuição condicional de X, dado que $X = x_0$. Isso implica que devemos saber como gerar valores das distribuições $f_X(x)$ e $f_{Y|X}(y|x)$.

Vamos nos limitar a dar dois exemplos no caso de v.a. independentes.

Exemplo 9.18 *Distribuição uniforme bidimensional.*

Na Seção 9.1, vimos que para calcular a área da figura F contida no quadrado Q de lado unitário (Figura 9.1), considerávamos o quociente N'/N. Como geramos, naquele exemplo, os N pontos uniformemente distribuídos sobre Q? Pelo que vimos acima, basta gerar valores de v.a. $U_1 \sim \textbf{\textit{U}}[0, 1]$ e $U_2 \sim \textbf{\textit{U}}[0, 1]$, independentemente. Então,

$$P((U_1, U_2) \in F) = \text{área}(F).$$

Ou seja, a v.a. (U_1, U_2) é uniformemente distribuída em Q.

No caso da Figura 9.1, consideramos 200 valores gerados para U_1 e U_2, de modo que a área $(F) = 24/100$.

Exemplo 9.19 *Distribuição normal bidimensional.*

O método de Box-Müller gera valores de duas normais padrões independentes, Z_1 e Z_2. Logo, se quisermos gerar valores da distribuição conjunta de X e Y, independentes e normais, com $X \sim N(\mu_x, \sigma_x^2)$ e $Y \sim N(\mu_y, \sigma_y^2)$, basta considerarmos

$$X = \mu_x + \sigma_x Z_1, \qquad Y = \mu_y + \sigma_y Z_2.$$

Na Figura 9.11, temos as curvas de níveis e o gráfico bidimensional obtidos gerando-se 10.000 valores cada uma de duas normais padrões independentes.

Figura 9.11 Distribuição normal padrão bidimensional gerada.

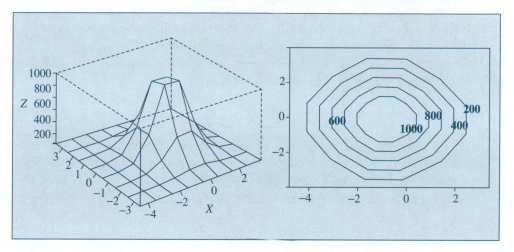

Parte III

INFERÊNCIA ESTATÍSTICA

Capítulo 10   281

Introdução à Inferência Estatística

Capítulo 11   316

Estimação

Capítulo 12   352

Testes de Hipóteses

Capítulo 13   384

Inferência para Duas Populações

Capítulo 14   422

Análise de Aderência e Associação

Capítulo 15   443

Inferência para Várias Populações

Capítulo **16** — 470

Modelos de Regressão

Capítulo **17** — 522

Séries Temporais

Capítulo 10

Introdução à Inferência Estatística

10.1 Introdução

Vimos, na Parte I, como resumir descritivamente variáveis associadas a um ou mais conjuntos de dados. Na Parte II, construímos modelos teóricos (probabilísticos), identificados por parâmetros, capazes de representar adequadamente o comportamento de algumas variáveis. Nesta terceira parte, apresentaremos os argumentos estatísticos para fazer afirmações sobre as características de uma população, com base em informações dadas por amostras.

O uso de informações de uma amostra para concluir sobre o todo faz parte da atividade diária da maioria das pessoas. Basta observar como uma cozinheira verifica se o prato que está sendo preparando tem ou não a quantidade adequada de sal. Ou, ainda, quando um comprador, após experimentar um pedaço de laranja numa banca de feira, decide se vai comprar ou não as laranjas. Essas são decisões baseadas em procedimentos amostrais.

Nosso objetivo nos capítulos seguintes é procurar dar a conceituação formal a esses princípios intuitivos do dia a dia para que possam ser utilizados cientificamente em situações mais complexas.

10.2 População e amostra

Nos capítulos anteriores, tomamos conhecimento de alguns modelos probabilísticos que procuram medir a variabilidade de fenômenos casuais de acordo com suas ocorrências: as distribuições de probabilidades de variáveis aleatórias (qualitativas ou quantitativas). Na prática, frequentemente o pesquisador tem alguma ideia sobre a forma da distribuição, mas não dos valores exatos dos parâmetros que a especificam.

Por exemplo, parece razoável supor que a distribuição das alturas dos brasileiros adultos possa ser representada por um modelo normal (embora as alturas não possam assumir valores negativos). Mas essa afirmação não é suficiente para determinar qual a distribuição normal correspondente; precisaríamos conhecer os parâmetros (média e variância) dessa normal para que ela ficasse completamente especificada. O propósito do pesquisador seria, então, descobrir (estimar) os parâmetros da distribuição para sua posterior utilização.

Se pudéssemos medir as alturas de todos os brasileiros adultos, teríamos meios de obter sua distribuição exata e, daí, produzir os correspondentes parâmetros. Mas, nessa situação, não teríamos necessidade de usar a inferência estatística!

Raramente se consegue obter a distribuição exata de alguma variável, ou porque isso é muito dispendioso, ou muito demorado ou, às vezes, porque consiste num processo destrutivo. Por exemplo, se estivéssemos observando a durabilidade de lâmpadas e testássemos todas até queimarem, não restaria nenhuma para ser vendida. Assim, a solução é selecionar parte dos elementos (amostra), analisá-la e *inferir* propriedades para o todo (população).

Outras vezes, estamos interessados em explorar relações entre variáveis envolvendo experimentos mais complexos para a obtenção dos dados. Por exemplo, gostaríamos de obter resposta para a seguinte indagação: a altura que um produto é colocado na gôndola de um supermercado afeta a sua venda? Observe que para responder a questão precisamos obter dados de vendas com o produto oferecido em diferentes alturas, e que essas vendas sejam controladas para evitar interferências de outros fatores que não a altura. Nesse caso, não existe claramente um conjunto de *todos* os elementos para os quais pudéssemos encontrar os parâmetros populacionais. Recorrer a modelos para descrever o todo (população) facilita a identificação e solução do problema. Nesse exemplo, supondo que as vendas V_h do produto oferecido na altura h ($h = 1$ representando *baixo*, $h = 2$ representando *meio* e $h = 3$ representando *alto*) segue uma distribuição próxima a normal, ou seja, $V_h \sim N(\mu_h, \sigma^2)$, o nosso problema passa a ser o de verificar, por meio de dados coletados do experimento (amostra), se existe evidência de igualdade das médias μ_1, μ_2 e μ_3. Note que, em nossa formulação do problema, consideremos que as três situações de alturas resultam observações com a mesma variância σ^2. Essa suposição poderia ser modificada.

Soluções de questões como as apresentadas acima são o objeto da *inferência estatística*.

Dois conceitos básicos são, portanto, necessários para o desenvolvimento da Inferência Estatística: população e amostra.

Definição. *População* é o conjunto de todos os elementos ou resultados sob investigação. *Amostra* é qualquer subconjunto da população.

Vejamos outros exemplos para melhor entender essas definições.

Exemplo 10.1 Consideremos uma pesquisa para estudar os salários dos 500 funcionários da Companhia MB. Seleciona-se uma amostra de 36 indivíduos, e anotam-se os seus salários. A variável aleatória a ser observada é "salário". A população é formada pelos 500 funcionários da companhia. A amostra é constituída pelos 36 indivíduos selecionados. Na realidade, estamos interessados nos salários, portanto, para sermos mais precisos, devemos considerar como a população os 500 salários correspondentes aos 500 funcionários. Consequentemente, a amostra será formada pelos 36 salários dos indivíduos selecionados. Podemos estudar a distribuição dos salários na amostra, e esperamos que esta reflita a distribuição de todos os salários, desde que a amostra tenha sido escolhida com cuidado.

10.2 POPULAÇÃO E AMOSTRA

Exemplo 10.2 Queremos estudar a proporção de indivíduos na cidade A que são favoráveis a certo projeto governamental. Uma amostra de 200 pessoas é sorteada, e a opinião de cada uma é registrada a favor ou contra o projeto. A população consiste de todos os moradores da cidade, e a amostra é formada pelas 200 pessoas selecionadas. Podemos, como foi visto no Capítulo 5, definir a variável X, que toma o valor 1, se a resposta de um morador for favorável, e o valor 0, se a resposta for contrária ao projeto. Assim, nossa população pode ser reduzida à distribuição de X, e a amostra será constituída de uma sequência de 200 zeros e uns.

Exemplo 10.3 O interesse é investigar a duração de vida de um novo tipo de lâmpada, pois acreditamos que ela tenha uma duração maior do que as fabricadas atualmente. Então, 100 lâmpadas do novo tipo são deixadas acesas até queimarem. A duração em horas de cada lâmpada é registrada. Aqui, a variável é a duração em horas de cada lâmpada. A população é formada por todas as lâmpadas fabricadas ou que venham a ser fabricadas por essa empresa, com o mesmo processo. A amostra é formada pelas 100 lâmpadas selecionadas. Note-se que nesse caso não podemos observar a população, ou seja, a distribuição da duração de vida das lâmpadas na população, pois isso corresponderia a queimar todas as lâmpadas. Assim, em alguns casos, não podemos observar a população toda, pois isso significaria danificar (ou destruir) todos os elementos da população. Esse problema geralmente é contornado atribuindo-se um modelo teórico para a distribuição da variável populacional.

Exemplo 10.4 Em alguns casos, fazemos suposições mais precisas sobre a população (ou sobre a variável definida para os elementos da população). Digamos que X represente o peso real de pacotes de café, enchidos automaticamente por uma máquina. Sabe-se que a distribuição de X pode ser representada por uma normal, com parâmetros μ e σ^2 desconhecidos. Sorteamos 100 pacotes e medimos seus pesos. A população será o conjunto de todos os pacotes enchidos ou que virão a ser enchidos pela máquina, e que pode ser suposta como normal. A amostra será formada pelas 100 medidas obtidas dos pacotes selecionados, que pode ser pensada como constituída de 100 observações feitas de uma distribuição normal. Veremos mais adiante como tal amostra pode ser obtida.

Exemplo 10.5 Para investigar a "honestidade" de uma moeda, nós a lançamos 50 vezes e contamos o número de caras observadas. A população, como no caso do Exemplo 10.2, pode ser considerada como tendo a distribuição da variável X, assumindo o valor 1, com probabilidade p, se ocorrer cara, e assumindo o valor 0, com probabilidade $1 - p$, se ocorrer coroa. Ou seja, a população pode ser considerada como tendo distribuição de Bernoulli com parâmetro p. A variável ficará completamente especificada quando conhecermos p. A amostra será uma sequência de 50 números zeros ou uns.

Exemplo 10.6 Há razões para supor que o tempo Y de reação a certo estímulo visual dependa da idade do indivíduo (esse exemplo será usado nos Capítulos 15 e 16). Suponha, ainda, que essa *dependência seja linear*. Para verificarmos se essa suposição é verdadeira, obtiveram-se 20 dados da seguinte maneira: 20 pessoas foram selecionadas, sendo 10 homens e 10 mulheres. Dentro de cada grupo de homens e mulheres foram

284 CAPÍTULO 10 — INTRODUÇÃO À INFERÊNCIA ESTATÍSTICA

selecionadas duas pessoas das seguintes faixas de idade: 20, 25, 30, 35 e 40 anos. Cada pessoa foi submetida ao teste e seu tempo de reação *y* foi medido. A população poderia ser considerada como formada por todas aquelas pessoas que viessem a ser submetidas ao teste, segundo o sexo e a idade. A amostra é formada pelas 20 medidas, que estão apresentadas na Tabela 15.1.

Observações.

(i) Os três últimos exemplos mostram uma ampliação do conceito definido de população, ou seja, designamos agora a população como a função probabilidade ou função densidade de probabilidade de uma v.a. X, modelando a característica de interesse. Esse artifício simplifica substancialmente o problema estatístico, exigindo no entanto uma proposta de modelo para a variável X. Nesses casos simplificaremos a linguagem, dizendo: "seja a população $f(x)$". Por exemplo, "considere a população das alturas $X \sim N(\mu, \sigma^2)$".

(ii) Essa abordagem, por meio da distribuição de probabilidades, utiliza muitas vezes o conceito de população infinita contínua, exigindo um tratamento matemático mais cuidadoso. É mais fácil apresentar os problemas e soluções por meio de populações finitas. É o que faremos muitas vezes. Entretanto, é importante que o estudante aprenda a trabalhar com o conceito de modelo, explorando o caso de "população $f(x)$".

10.3 Problemas de inferência

Como já dissemos anteriormente, o objetivo da Inferência Estatística é produzir afirmações sobre dada característica da população, na qual estamos interessados, a partir de informações colhidas de uma parte dessa população. Essa característica na população pode ser representada por uma variável aleatória. Se tivéssemos informação completa sobre a função de probabilidade, no caso discreto, ou sobre a função densidade de probabilidade, no caso contínuo, da variável em questão, não teríamos necessidade de escolher uma amostra. Toda a informação desejada seria obtida por meio da distribuição da variável, usando-se a teoria estudada anteriormente.

Mas isso raramente acontece. Ou não temos qualquer informação a respeito da variável, ou ela é apenas parcial. Podemos admitir, como no exemplo das alturas de brasileiros adultos, que ela siga uma distribuição normal, mas desconhecemos os parâmetros que a caracterizam (média, variância). Em outros casos, podemos ter uma ideia desses parâmetros, mas desconhecemos a forma da curva. Ou ainda, o que é muito frequente, não possuímos informações nem sobre os parâmetros, nem sobre a forma da curva. Em todos os casos, o uso de uma amostra nos ajudaria a formar uma opinião sobre o comportamento da variável (população).

Embora a identificação e a descrição da população sejam fundamentais no processo inferencial, é comum os pesquisadores dedicarem mais atenção em descrever a amostra do que a população para a qual serão feitas as afirmações. É imprescindível que se explicite claramente a população investigada.

10.3 PROBLEMAS DE INFERÊNCIA

Neste livro, estaremos mais preocupados em trabalhar com populações descritas por modelos do que com populações finitas identificadas por elementos portadores de uma característica de interesse. Portanto, na maioria das vezes, iremos nos referir à "população X", significando que a variável de interesse X, definida sobre a população-alvo, segue uma distribuição $f(x)$. Nosso problema de interesse passaria a ser o de fazer afirmações sobre a forma da curva e seus parâmetros.

Alguns exemplos simples nos darão uma noção dos tipos de formulações e problemas que a inferência estatística pode nos ajudar a resolver.

Exemplo 10.5 (continuação) Voltemos ao exemplo da moeda. Indicando por X o número de caras obtidas depois de lançar a moeda 50 vezes, sabemos que, se tomados alguns cuidados quando do lançamento, X segue uma distribuição binomial, ou seja, $X \sim b(50, p)$. Esse modelo é válido, admitindo-se ou não a "honestidade" da moeda, isto é, sendo ou não $p = 1/2$. Lançada a moeda, vamos supor que tenham ocorrido 36 caras. Esse resultado traz evidência de que a moeda seja "honesta"? Para tomarmos uma decisão, podemos partir do princípio de que a moeda não favorece nem cara nem coroa, isto é, $p = 1/2$. Com essa informação e com o modelo binomial, podemos encontrar qual a probabilidade de se obterem 36 caras ou mais, e esse resultado nos ajudaria a tomar uma decisão. Suponha que a decisão foi rejeitar a "honestidade" da moeda: qual é a melhor estimativa para p, baseando-se no resultado observado?

Descrevemos aí os dois problemas básicos da Inferência Estatística: o primeiro é chamado *teste de hipóteses*, e o segundo, *estimação*. Nos capítulos seguintes, esses problemas serão abordados com mais detalhes.

Exemplo 10.4 (continuação) Às vezes, o modelo teórico associado ao problema não é tão evidente. No caso da máquina de encher pacotes de café automaticamente, digamos que ela esteja regulada para enchê-los segundo uma distribuição normal com média 500 gramas e desvio padrão de 10 gramas, isto é, $X \sim N(500, 10^2)$. Sabemos também que, às vezes, a máquina desregula-se e, quando isso acontece, o único parâmetro que se altera é a média, permanecendo a mesma variância. Para manter a produção sob controle, iremos colher uma amostra de 100 pacotes e pesá-los. Como essa amostra nos ajudará a tomar uma decisão? Parece razoável, nesse caso, usarmos a média $\bar{x}$ da amostra como informação pertinente para uma decisão. Mesmo que a máquina esteja regulada, dificilmente $\bar{x}$ será igual a 500 gramas, dado que os pacotes apresentam certa variabilidade no peso. Mas se $\bar{x}$ não se afastar muito de 500 gramas, não existirão razões para suspeitarmos da qualidade do procedimento de produção. Só iremos pedir uma revisão se $\bar{x} - 500$, em valor absoluto, for "muito grande".

O problema que se apresenta agora é o de decidir o que é próximo ou distante de 500 gramas. Se o mesmo procedimento de colher a amostra de 100 pacotes fosse repetido um número muito grande de vezes, sob a condição de a máquina estar regulada, teríamos ideia do comportamento da v.a. $\bar{x}$, e saberíamos dizer se aquele valor observado é ou não um evento raro de ocorrer. Caso o seja, é mais fácil suspeitar da regulagem da máquina do que do acaso.

286   CAPÍTULO 10 — INTRODUÇÃO À INFERÊNCIA ESTATÍSTICA

Vemos, então, a importância nesse caso de se conhecer as propriedades da distribuição da variável $\bar{x}$.

Exemplo 10.6 (continuação) A descrição matemática da v.a. Y: tempo de reação ao estímulo é um pouco mais complexa. Podemos supor que esse tempo, para uma dada idade x, seja uma v.a. com distribuição normal, com média dependendo da idade x, ou seja, podemos escrever

$$Y \sim N(\mu(x), \sigma^2).$$

A *linearidade* expressa no problema pode ser incluída na média $\mu(x)$ da seguinte maneira:

$$\mu(x) = \alpha + \beta x.$$

Voltaremos a esse modelo no Capítulo 16. Outra maneira de escrever as duas relações anteriores é

$$Y \mid x \sim N(\alpha + \beta x; \sigma^2).$$

Leia-se "Y dado x".

Podemos, por exemplo, estimar os parâmetros α e β, baseados na amostra de 20 dados. Ou podemos querer investigar a possibilidade de β ser igual a zero, significando que a idade não afeta o tempo de reação. Novamente, os dois principais problemas de inferência aparecem aqui: estimação e teste de uma hipótese. Um outro problema importante em inferência é o de *previsão*. Por exemplo, considerando um grupo de pessoas de 40 anos, poderemos prever com o modelo acima qual será o respectivo tempo de reação.

Repetir um mesmo experimento muitas vezes, sob as mesmas condições, nem sempre é possível, mas em determinadas condições é possível determinar teoricamente o comportamento de algumas medidas feitas na amostra, como por exemplo a média. Mas isso depende, em grande parte, do procedimento (plano) adotado para selecionar a amostra. Assim, em problemas envolvendo amostras, antes de tomarmos uma decisão, teríamos de responder a quatro perguntas:

(a) Qual a população a ser amostrada?

(b) Como obter os dados (a amostra)?

(c) Que informações pertinentes (estatísticas) serão retiradas da amostra?

(d) Como se comporta(m) a(s) estatística(s) quando o mesmo procedimento de escolher a amostra é usado numa população conhecida?

Nas seções e capítulos subsequentes, tentaremos responder a essas perguntas.

10.4 Como selecionar uma amostra

As observações contidas em uma amostra são tanto mais informativas sobre a população quanto mais conhecimento explícito ou implícito tivermos dessa mesma população.

10.4 COMO SELECIONAR UMA AMOSTRA

Por exemplo, a análise da quantidade de glóbulos brancos obtida de algumas gotas de sangue da ponta do dedo de um paciente dará uma ideia geral da quantidade dos glóbulos brancos no corpo todo, pois sabe-se que a distribuição dos glóbulos brancos é homogênea, e de qualquer lugar que se tivesse retirado a amostra ela seria "representativa". Mas nem sempre a escolha de uma amostra adequada é imediata. Voltando ao Exemplo 10.2, para o qual queríamos obter uma amostra de habitantes para saber a opinião sobre um projeto governamental, escolhendo intencionalmente uma amostra de 200 indivíduos moradores de certa região beneficiada pelo projeto, saberemos de antemão que o resultado conterá um *viés de seleção*. Isto é, na amostra, a proporção de pessoas favoráveis ao projeto deverá ser maior do que no todo, donde a importância da adoção de procedimentos científicos que permitam fazer inferências adequadas sobre a população.

A maneira de se obter a amostra é tão importante, e existem tantos modos de fazê-lo, que esses procedimentos constituem especialidades dentro da Estatística, sendo *Amostragem* e *Planejamento de Experimentos* as duas mais conhecidas. Poderíamos dividir os procedimentos científicos de obtenção de dados amostrais em três grandes grupos:

(a) *Levantamentos Amostrais*, nos quais a amostra é obtida de uma população bem definida, por meio de processos bem protocolados e controlados pelo pesquisador. Podemos, ainda, subdividi-los em dois subgrupos: levantamentos probabilísticos e não probabilísticos. O primeiro reúne todas aquelas técnicas que usam mecanismos aleatórios de seleção dos elementos de uma amostra, atribuindo a cada um deles uma probabilidade, conhecida *a priori*, de pertencer à amostra. No segundo grupo estão os demais procedimentos, tais como: amostras intencionais, nas quais os elementos são selecionados com o auxílio de especialistas, e amostras de voluntários, como ocorre em alguns testes sobre novos medicamentos e vacinas. Ambos os procedimentos têm suas vantagens e desvantagens. A grande vantagem das amostras probabilísticas é medir a precisão da amostra obtida, baseando-se no resultado contido na própria amostra. Tais medidas já são bem mais difíceis para os procedimentos do segundo grupo.

Estão nessa situação os Exemplos 10.1 (conhecer os salários da Cia. MB), 10.2 (identificar a proporção de indivíduos favoráveis ao projeto), 10.4 (pesos dos pacotes de café) etc.

(b) *Planejamento de Experimentos*, cujo principal objetivo é o de analisar o efeito de uma variável sobre outra. Requer, portanto, interferências do pesquisador sobre o ambiente em estudo (população), bem como o controle de fatores externos, com o intuito de medir o efeito desejado. Podemos citar como exemplos aquele já citado sobre a altura de um produto na gôndola de um supermercado afetar as vendas e o Exemplo 10.6. Em ensaios clínicos em medicina, esse tipo de estudo é bastante usado, como por exemplo para testar se um novo medicamento é eficaz ou não para curar certa doença.

(c) *Levantamentos Observacionais,* nos quais os dados são coletados sem que o pesquisador tenha controle sobre as informações obtidas, exceto eventualmente sobre possíveis erros grosseiros. As séries de dados temporais são exemplos

CAPÍTULO 10 — INTRODUÇÃO À INFERÊNCIA ESTATÍSTICA

típicos desses levantamentos. Por exemplo, queremos prever as vendas de uma empresa em função de vendas passadas. O pesquisador não pode selecionar dados, esses são as vendas efetivamente ocorridas. Nesses casos, a especificação de um modelo desempenha um papel crucial na ligação entre dados e população.

No caso de uma série temporal, o modelo subjacente é o de *processo estocástico*; podemos pensar que a série efetivamente observada é uma das *infinitas possíveis realizações desse processo*. A população hipotética aqui seria o conjunto de todas essas realizações, e a série observada seria a amostra. Veja Morettin e Toloi (2006) para mais informações.

Neste livro, iremos nos concentrar principalmente em levantamentos amostrais e, mais ainda, num caso simples de amostragem probabilística, a *amostragem aleatória simples, com reposição*, a ser designada por AAS. O leitor poderá consultar Bussab e Bolfarine (2005) para obter mais detalhes sobre outros procedimentos amostrais. Um breve resumo sobre alguns planos é dado no Problema 37. Noções sobre planejamento de experimentos podem ser vistas em Peres e Saldiva (1982).

Problemas

1. Dê sua opinião sobre os tipos de problemas que surgiriam nos seguintes planos amostrais:

    (a) Para investigar a proporção dos operários de uma fábrica favoráveis à mudança do início das atividades das 7h para as 7h30, decidiu-se entrevistar os 30 primeiros operários que chegassem à fábrica na quarta-feira.

    (b) Mesmo procedimento, só que o objetivo é estimar a altura média dos operários.

    (c) Para estimar a porcentagem média da receita municipal investida em lazer, enviaram-se questionários a todas as prefeituras, e a amostra foi formada pelas prefeituras que enviaram as respostas.

    (d) Para verificar o fato de oferecer brindes nas vendas de sabão em pó, tomaram-se quatro supermercados na zona sul e quatro na zona norte de uma cidade. Nas quatro lojas da zona sul, o produto era vendido com brinde, enquanto nas outras quatro era vendido sem brinde. No fim do mês, compararam-se as vendas da zona sul com as da zona norte.

2. Refazer o Problema 7 do Capítulo 8.

10.5 Amostragem aleatória simples

A amostragem aleatória simples é a maneira mais fácil para selecionarmos uma amostra probabilística de uma população. Além disso, o conhecimento adquirido com esse procedimento servirá de base para o aprendizado e desenvolvimento de outros procedimentos amostrais, planejamento de experimentos, estudos observacionais etc. Comecemos introduzindo o conceito de AAS de uma população finita, para a qual temos uma listagem de todas as N unidades elementares. Podemos obter uma amostra nessas condições, escrevendo cada elemento da população num cartão, misturando-os numa urna e sorteando tantos cartões quantos desejarmos na amostra. Esse procedimento torna-se inviável quando a população é muito grande. Nesse caso, usa-se um processo alternativo, no qual os elementos são numerados e em seguida sorteados por meio de uma tabela de números aleatórios (veja a sua utilização em Problemas e Complementos) ou por meio do uso de computadores, que podem gerar números aleatórios (veja o Capítulo 9).

Utilizando-se um procedimento aleatório, sorteia-se um elemento da população, sendo que todos os elementos têm a mesma probabilidade de ser selecionados. Repete-se o procedimento até que sejam sorteadas as n unidades da amostra.

Podemos ter uma AAS *com reposição*, se for permitido que uma unidade possa ser sorteada mais de uma vez, *e sem reposição*, se a unidade sorteada for removida da população.

Do ponto de vista da quantidade de informação contida na amostra, amostrar sem reposição é mais adequado. Contudo, a amostragem com reposição conduz a um tratamento teórico mais simples, pois ela implica que tenhamos *independência* entre as unidades selecionadas. Essa independência facilita o desenvolvimento das propriedades dos estimadores que serão considerados.

Portanto, para o restante do livro, o plano amostral considerado será o de *amostragem aleatória simples com reposição*, que denotaremos simplesmente por AAS.

Vejamos com algum detalhe o significado mais preciso de uma amostra.

Exemplo 10.7 Considere o Problema 2 acima, em que colhemos todas as amostras possíveis de tamanho 2, com reposição, da população $\{1, 3, 5, 5, 7\}$. Defina a variável X: valor assumido pelo elemento na população. Então, a distribuição de X é dada pela Tabela 10.1.

Tabela 10.1 Distribuição da v.a. X para o Problema 2.

x	1	3	5	7
$P(X = x)$	1/5	1/5	2/5	1/5

Indicando por X_1 o número selecionado na primeira extração e por X_2 o número selecionado na segunda extração, vimos que era possível escrever a distribuição conjunta do par (X_1, X_2). Veja também a Tabela 10.2. Além disso, as distribuições marginais de X_1 e X_2 são independentes e iguais à distribuição de X. Desse modo, cada uma das 25 possíveis amostras de tamanho 2 que podemos extrair dessa população corresponde a observar uma particular realização da v.a. (X_1, X_2), com X_1 e X_2 independentes e $P(X_1 = x) = P(X_2 = x) = P(X = x)$, para todo x. Essa é a caracterização de amostra casual simples que iremos usar neste livro.

Definição. Uma amostra aleatória simples de tamanho n de uma variável aleatória X, com dada distribuição, é o conjunto de n variáveis aleatórias independentes $X_1, X_2, ..., X_n$, cada uma com a mesma distribuição de X.

Ou seja, a amostra será a n-upla ordenada $(X_1, X_2, ..., X_n)$, em que X_i indica a observação do i-ésimo elemento sorteado.

290   CAPÍTULO 10 — INTRODUÇÃO À INFERÊNCIA ESTATÍSTICA

Quando a população é caracterizada por uma distribuição de probabilidades, o modo mais simples para sortear uma AAS é usar os procedimentos de simulação estudados no Capítulo 9. O processo de simular uma observação de uma distribuição especificada por seus parâmetros nada mais é do que retirar uma AAS de tamanho um da população. Desse modo, para retirar uma AAS (com reposição) de n indivíduos da população X, basta gerar n números aleatórios independentes dessa distribuição.

Exemplo 10.8 Vamos retirar uma AAS de 5 alturas (em cm) de uma população de mulheres cujas alturas X seguem a distribuição $N(167; 25)$.

Usando-se, por exemplo, o gerador de números aleatórios do Excel, fornecendo os parâmetros $\mu = 167$ e $\sigma = 5$, além do tamanho da amostra $n = 5$, obtemos os valores:

$$x_1 = 165, \qquad x_2 = 161, \qquad x_3 = 168, \qquad x_4 = 173, \qquad x_5 = 173.$$

Note que, se você for gerar uma tal amostra, poderá obter valores diferentes desses. Observe, também, que o primeiro elemento a ser observado pode ser qualquer valor da população simulada $N(167; 25)$. Desse modo, indicando por X_1 o valor observado na primeira extração, concluímos que $X_1 \sim N(167; 25)$. Como a geração do segundo número aleatório é feita independentemente do segundo, resulta que a v.a. X_2, valor observado na segunda extração, também segue uma distribuição $N(167; 25)$, e assim por diante.

Diante do exposto, vemos que continua válida a definição de AAS dada acima, quando a amostra é retirada de uma população referenciada pela sua distribuição de probabilidades.

No caso de uma população X contínua, com f.d.p. $f(x)$, a f.d.p. conjunta da amostra $(X_1, X_2, ..., X_n)$, segundo o que vimos no Capítulo 8, será dada por

$$f(x_1, x_2, ..., x_n) = f_1(x_1) f_2(x_2) ... f_n(x_n),$$

em que $f_i(x_i)$ denota a distribuição (marginal) de X_i, $i = 1, ..., n$.

Antes de prosseguirmos, seria interessante fazer uma comparação da inferência estatística com o processo de simulação da população.

Podemos imaginar que qualquer característica X de interesse seja produzida por um "programa" (modelo) de gerador de números aleatórios, e que somente o "proprietário" (natureza) desse programa é que conhece a forma da distribuição de X, os valores dos parâmetros etc. relacionados ao programa. Quando "obtemos" a amostra, estamos apenas observando o resultado da simulação, não conhecemos nada do processo gerador dos dados. O objetivo da inferência estatística é fornecer critérios para nos ajudar a descobrir a forma da distribuição e/ou parâmetros usados pelo "proprietário". Bons indicadores desses valores nos ajudam a entender melhor os fenômenos e fazer previsões para futuras observações.

Daqui para frente, a menos que esteja especificada de outra maneira, sempre que mencionarmos a palavra amostra, estaremos entendendo a amostra obtida pelo processo probabilístico AAS, ou seja, o vetor aleatório $(X_1, X_2, ..., X_n)$ definido acima.

10.6 ESTATÍSTICAS E PARÂMETROS

Problemas

3. A distribuição do número de filhos, por família, de uma zona rural está no quadro abaixo.

N. de filhos	Porcentagem
0	10
1	20
2	30
3	25
4	15
Total	100

(a) Sugira um procedimento para sortear uma observação ao acaso dessa população.

(b) Dê, na forma de uma tabela de dupla entrada, as possíveis amostras do número de filhos de duas famílias que podem ser sorteadas e as respectivas probabilidades de ocorrência.

(c) Se fosse escolhida uma amostra de tamanho 4, qual seria a probabilidade de se observar a quádrupla ordenada $(2, 3, 3, 1)$?

10.6 Estatísticas e parâmetros

Obtida uma amostra, muitas vezes desejamos usá-la para produzir alguma característica específica. Por exemplo, se quisermos calcular a média da amostra $(X_1, X_2, ..., X_n)$, esta será dada por

$$\bar{X} = \frac{1}{n}\{X_1 + X_2 + ... + X_n\}.$$

É fácil verificar que $\bar{X}$ é também uma variável aleatória. Podemos também estar interessados em qualquer outra característica da amostra, que será sempre uma função do vetor aleatório $(X_1, ..., X_n)$.

Definição. Uma *estatística* é uma característica da amostra, ou seja, uma estatística T é uma função de $X_1, X_2, ..., X_n$.

As estatísticas mais comuns são:

$$\bar{X} = 1/n \sum_{i=1}^{n} X_i : \text{ média da amostra,}$$

$$S^2 = \frac{1}{n-1} \sum_{i=1}^{n} \left(X_i - \bar{X}\right)^2 : \text{ variância da amostra,}$$

$$X_{(1)} = \min\left(X_1, X_2, ..., X_n\right): \text{ o menor valor da amostra,}$$

$$X_{(n)} = \max\left(X_1, X_2, ..., X_n\right): \text{ o maior valor da amostra,}$$

$$W = X_{(n)} - X_{(1)} : \text{ amplitude amostral,}$$

$$X_{(i)} = a \ i-\text{ésima maior observação da amostra}$$

Em geral, como já vimos no Capítulo 3, podemos considerar as *estatísticas de ordem*,

$$X_{(1)} \leq X_{(2)} \leq \ldots \leq X_{(n)},$$

ou seja, os elementos da amostra ordenados.

Outras estatísticas importantes são os quantis (empíricos), $q(p)$, $0 < p < 1$, definidos no Capítulo 3, especialmente os três quartis q_1, q_2 e q_3.

Para facilitar a linguagem usada em Inferência Estatística, iremos diferenciar as características da amostra e da população.

Definição. Um *parâmetro* é uma medida usada para descrever uma característica da população.

Assim, se estivermos colhendo amostras de uma população, identificada pela v.a. X, seriam parâmetros a média $E(X)$ e sua variância $Var(X)$.

Os símbolos mais comuns são dados na tabela a seguir.

Denominação	População	Amostra
Média	$\mu = E(X)$	$\bar{X} = \Sigma \, X_i/n$
Mediana	$Md = Q_2$	$md = q_2$
Variância	$\sigma^2 = Var(X)$	$S^2 = \Sigma \, (X_i - \bar{X})^2/(n-1)$
Nº de elementos	N	n
Proporção	p	$\hat{p}$
Quantil	$Q(p)$	$q(p)$
Quartis	Q_1, Q_2, Q_3	q_1, q_2, q_3
Distância Interquartil	$d_Q = Q_3 - Q_1$	$d_Q = q_3 - q_1$
Função densidade	$f(x)$	histograma
Função de distribuição	$F(x)$	$F_e(x)$

10.7 Distribuições amostrais

Vimos, na Seção 10.3, que o problema da inferência estatística é fazer uma afirmação sobre os parâmetros da população por meio da amostra. Digamos que nossa afirmação deva ser feita sobre um parâmetro θ da população (por exemplo, a média, a variância ou qualquer outra medida). Decidimos que usaremos uma AAS de n elementos sorteados dessa população. Nossa decisão será baseada na estatística T, que será uma função da amostra $(X_1, X_2, \ldots, X_n)$, ou seja, $T = f(X_1, \ldots, X_n)$. Colhida essa amostra, teremos observado um particular valor de T, digamos t_0, e baseados nesse valor é que faremos a afirmação sobre θ, o parâmetro populacional. Veja a Figura 10.1(a).

A validade da nossa resposta seria melhor compreendida se soubéssemos o que acontece com a estatística T, quando retiramos todas as amostras de uma população conhecida segundo o plano amostral adotado. Isto é, qual a distribuição de T quando $(X_1, \ldots, X_n)$ assume todos os valores possíveis. Essa distribuição é chamada *distribuição amostral da estatística T* e desempenha papel fundamental na teoria da inferência estatística. Esquematicamente, teríamos o procedimento representado na Figura 10.1, em que temos:

(a) uma população X, com determinado parâmetro de interesse θ;

(b) todas as amostras retiradas da população, de acordo com certo procedimento;

(c) para cada amostra, calculamos o valor t da estatística T; e

(d) os valores t formam uma nova população, cuja distribuição recebe o nome de distribuição amostral de T.

Figura 10.1 (a) Esquema de inferência sobre θ.
(b) Distribuição amostral da estatística T.

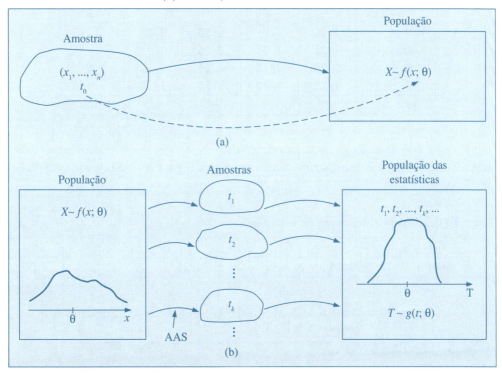

Vejamos alguns exemplos simples para aclarar um pouco mais o conceito de distribuição amostral de uma estatística. Nosso principal objetivo é identificar um modelo que explique bem a distribuição amostral de T. É evidente que a distribuição de T irá depender da distribuição de X e do plano amostral, em nosso caso reduzido a AAS.

Exemplo 10.9 Voltemos ao Exemplo 10.7, no qual selecionamos todas as amostras de tamanho 2, com reposição, da população $\{1, 3, 5, 5, 7\}$. A distribuição conjunta da variável bidimensional (X_1, X_2) é dada na Tabela 10.2.

Vejamos qual é a distribuição da estatística

$$\bar{X} = \frac{X_1 + X_2}{2}. \tag{10.1}$$

Essa distribuição é obtida por meio da Tabela 10.2. Por exemplo, quando a amostra selecionada é o par (1, 1), a média será 1; então, temos que $P(\bar{X} = 1) = 1/25$. Obteremos a média igual a 3 quando ocorrer o evento $A = \{(1, 5),(3, 3),(5, 1)\}$, logo

$$P(\bar{X}=3)=P(A)=\frac{2}{25}+\frac{1}{25}+\frac{2}{25}+\frac{5}{25}=\frac{1}{5}.$$

Tabela 10.2 Distribuição das probabilidades das possíveis amostras de tamanho 2 que podem ser selecionadas com reposição da população {1, 3, 5, 5, 7}.

X_2 \ X_1	1	3	5	7	Total
1	1/25	1/25	2/25	1/25	1/5
3	1/25	1/25	2/25	1/25	1/5
5	2/25	2/25	4/25	2/25	2/5
7	1/25	1/25	2/25	1/25	1/5
Total	1/5	1/5	2/5	1/5	1

Procedendo de maneira análoga para os demais valores que $\bar{X}$ pode assumir, obtemos a Tabela 10.3, que dá a distribuição da v.a. $\bar{X}$. Na Figura 10.2 temos as distribuições de X e de $\bar{X}$.

Tabela 10.3 Distribuição amostral da estatística $\bar{X}$.

$\bar{x}$	1	2	3	4	5	6	7	Total
$P(\bar{X}=\bar{x})$	1/25	2/25	5/25	6/25	6/25	4/25	1/25	1,00

Figura 10.2 Distribuição de X(- - - -) e $\bar{X}$(———), obtida de 25 amostras de tamanho 2 de {1, 3, 5, 5, 7}.

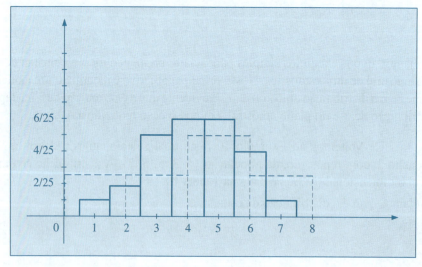

Com um procedimento análogo podemos obter as distribuições amostrais de outras estatísticas de interesse. As Tabelas 10.4 e 10.5 trazem as distribuições amostrais das estatísticas W = amplitude total e $S^2 = \sum(X_i - \bar{X})^2/(n-1)$, respectivamente.

Tabela 10.4 Distribuição amostral de W.

w	0	2	4	6	Total
$P(W = w)$	7/25	10/25	6/25	2/25	1,00

Tabela 10.5 Distribuição amostral de S^2.

s^2	0	2	8	18	Total
$P(S^2 = s^2)$	7/25	10/25	6/25	2/25	1,00

Exemplo 10.5 (continuação) No caso do lançamento de uma moeda 50 vezes, usando como estatística X = número de caras obtidas, a obtenção da distribuição amostral, que já foi vista, é feita por meio do modelo binomial $b(50, p)$, qualquer que seja p = probabilidade de ocorrência de cara num lançamento, $0 < p < 1$. Se estivermos interessados em julgar a "honestidade" da moeda, estaremos verificando se $p = 0,5$. Nessas condições, a $P(X \geq 36 | n = 50, p = 0,5) = 0,0013 = 0,13\%$.

Portanto, caso a moeda seja honesta, em 50 lançamentos, a probabilidade de se obterem 36 ou mais caras é da ordem de 1 por 1.000. Ou seja, se a moeda fosse honesta, o resultado observado (36 caras) seria muito pouco provável, evidenciando que $p > 0,5$.

Comparando os dois últimos exemplos, vemos que nos interessa determinar propriedades das distribuições amostrais que possam ser aplicadas em situações mais gerais (como no caso binomial) e não em situações muito particulares (como no Exemplo 10.7). Iremos, agora, estudar as distribuições amostrais de algumas estatísticas importantes. Nos capítulos seguintes essas distribuições serão usadas para fazer inferências sobre populações.

Quando estivermos trabalhando com populações identificadas pela distribuição de probabilidades, não poderemos gerar *todas as amostras possíveis*. Devemos contentar-nos em simular um número "grande" de amostras e ter uma ideia do que acontece com a estatística de interesse.

Exemplo 10.8 (continuação) Qual seria a distribuição amostral da mediana das alturas de amostras de 5 mulheres retiradas da população $X \sim N(167; 25)$? Como não podemos gerar todas as possíveis amostras de tamanho 5 dessa população, simulamos, via Excel, 200 amostras de tamanho 5 e obtivemos os seguintes resultados:

$$E(\text{md}) = 166,88, \quad \text{Var}(\text{md}) = 7,4289, \quad \text{dp}(\text{md}) = 2,72,$$

$$x_{(1)} = \min(X_1, \dots, X_{200}) = 160, \quad x_{(200)} = \max(X_1, \dots, X_{200}) = 173.$$

Observando os resultados somos levados a pensar que a distribuição amostral de md deve ser próxima de uma normal, com média próxima de $\mu = 167$ e desvio padrão menor do que $\sigma = 5$. Veja a Figura 10.3.

Voltaremos a falar na distribuição da mediana amostral em seções futuras.

Figura 10.3 Distribuição amostral da mediana, obtida de 200 amostras de tamanho 5 de $X \sim N(167; 25)$.

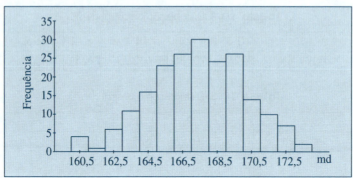

Problemas

4. Usando os dados da Tabela 10.2, construa a distribuição amostral da estatística
$$\hat{\sigma}^2 = \frac{\sum(X_i - \bar{X})^2}{n}.$$

5. No Problema 3, se X indicar o número de filhos na população, X_1 o número de filhos observados na primeira extração e X_2 na segunda:

    (a) calcule a média e a variância de X;

    (b) calcule $E(X_i)$ e $\text{Var}(X_i)$, $i = 1, 2$;

    (c) construa a distribuição amostral de $\bar{X} = \dfrac{(X_1 + X_2)}{2}$;

    (d) calcule $E(\bar{X})$ e $\text{Var}(\bar{X})$;

    (e) faça num mesmo gráfico os histogramas de X e de $\bar{X}$;

    (f) construa as distribuições amostrais de
    $$S^2 = \sum_{i=1}^{2}(X_i - \bar{X})^2 \text{ e } \hat{\sigma}^2 = \sum_{i=1}^{2}(X_i - \bar{X})^2/2;$$

    (g) baseado no resultado de (f), qual dos dois estimadores você usaria para estimar a variância de X? Por quê?

    (h) calcule $P(|\bar{X} - \mu| > 1)$.

6. Ainda com os dados do Problema 3, e para amostras de tamanho 3:

    (a) determine a distribuição amostral de $\bar{X}$ e faça o histograma;

    (b) calcule a média e variância de $\bar{X}$;

    (c) calcule $P(|\bar{X} - \mu| > 1)$.

    (d) se as amostras fossem de tamanho 4, a $P(|\bar{X} - \mu| > 1)$ seria maior ou menor do que a probabilidade encontrada em (c)? Por quê?

10.8 Distribuição amostral da média

Vamos estudar agora a distribuição amostral da estatística $\bar{X}$, a média da amostra. Consideremos uma população identificada pela variável X, cujos parâmetros média populacional $\mu = E(X)$ e variância populacional $\sigma^2 = \text{Var}(X)$ são supostos conhecidos. Vamos retirar todas as possíveis AAS de tamanho n dessa população, e para cada uma calcular a média $\bar{X}$. Em seguida, consideremos a distribuição amostral e estudemos suas propriedades. Voltemos a considerar, a título de ilustração, o Exemplo 10.7.

Exemplo 10.10 A população $\{1, 3, 5, 5, 7\}$ tem média $\mu = 4{,}2$ e variância $\sigma^2 = 4{,}16$. A distribuição amostral de $\bar{X}$ está na Tabela 10.3, da qual obtemos

$$E\left(\bar{X}\right) = \sum_i \bar{x}_i p_i = 1 \times \frac{1}{25} + 2 \times \frac{2}{25} + 3 \times \frac{5}{25} + 4 \times \frac{6}{25} + 5 \times \frac{6}{25} + 6 \times \frac{4}{25} + 7 \times \frac{1}{25} = 4{,}2.$$

De modo análogo, encontramos

$$\text{Var}(\bar{X}) = 2{,}08.$$

Verificamos, aqui, dois fatos: primeiro, a média das médias amostrais coincide com a média populacional; segundo, a variância de $\bar{X}$ é igual à variância de X, dividida por $n = 2$. Estes dois fatos não são casos isolados. Na realidade, temos o seguinte resultado.

Teorema 10.1 Seja X uma v.a. com média μ e variância σ^2, e seja $(X_1, ..., X_n)$ uma AAS de X. Então,

$$E\left(\bar{X}\right) = \mu \quad \text{e} \quad \text{Var}\left(\bar{X}\right) = \frac{\sigma^2}{n}.$$

Prova. Pelas propriedades vistas no Capítulo 8, temos:

$$E(\bar{X}) = (1/n) \{E(X_1) + ... + E(X_n)\}$$
$$= (1/n) \{\mu + \mu + ... + \mu\} = n\mu/n = \mu.$$

De modo análogo, e pelo fato de $X_1, ..., X_n$ serem independentes, temos

$$\text{Var}(\bar{X}) = (1/n^2) \{\text{Var}(X_1) + ... + \text{Var}(X_n)\}$$
$$= (1/n^2) \{\sigma^2 + ... + \sigma^2\} = n\sigma^2/n^2 = \sigma^2/n.$$

Determinamos, então, a média e a variância da distribuição amostral de $\bar{X}$. Vejamos, agora, como obter informação sobre a forma da distribuição dessa estatística.

Exemplo 10.10 (continuação) Para a população $\{1, 3, 5, 5, 7\}$, vamos construir os histogramas das distribuições de $\bar{X}$ para $n = 1$, 2 e 3.

(i)   Para $n = 1$, vemos que a distribuição de $\bar{X}$ coincide com a distribuição de X, com $E(\bar{X}) = E(X) = 4{,}2$ e $\text{Var}(\bar{X}) = \text{Var}(X) = 4{,}16$ (Figura 10.4(a)).

Figura 10.4 Distribuição de $\bar{X}$ para amostras de {1, 3, 5, 5, 7}.

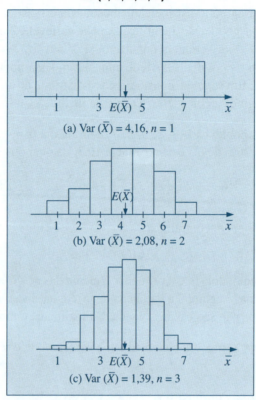

(ii) Para $n = 2$, baseados na Tabela 10.3, temos a distribuição de $\bar{X}$ dada na Figura 10.4(b), com $E(\bar{X}) = 4,2$ e $\text{Var}(\bar{X}) = 2,08$.

(iii) Finalmente, para $n = 3$, com os dados da Tabela 10.6, temos a distribuição de $\bar{X}$ na Figura 10.4(c), com $E(\bar{X}) = 4,2$ e $\text{Var}(\bar{X}) = 1,39$.

Observe que, conforme n vai aumentando, o histograma tende a se concentrar cada vez mais em torno de $E(\bar{X}) = E(X) = 4,2$, já que a variância vai diminuindo. Os casos extremos passam a ter pequena probabilidade de ocorrência. Quando n for suficientemente grande, o histograma alisado aproxima-se de uma distribuição normal. Essa aproximação pode ser verificada analisando-se os gráficos da Figura 10.5, que mostram o comportamento do histograma de $\bar{X}$ para várias formas da distribuição da população e vários valores do tamanho da amostra n.

Esses exemplos sugerem que, quando o tamanho da amostra aumenta, independentemente da forma da distribuição da população, a distribuição amostral de $\bar{X}$ aproxima-se cada vez mais de uma distribuição normal. Esse resultado, fundamental na teoria da Inferência Estatística, é conhecido como *Teorema Limite Central* (TLC).

10.8 DISTRIBUIÇÃO AMOSTRAL DA MÉDIA

Figura 10.5 Histogramas correspondentes às distribuições amostrais de $\bar{X}$ para amostras extraídas de algumas populações.

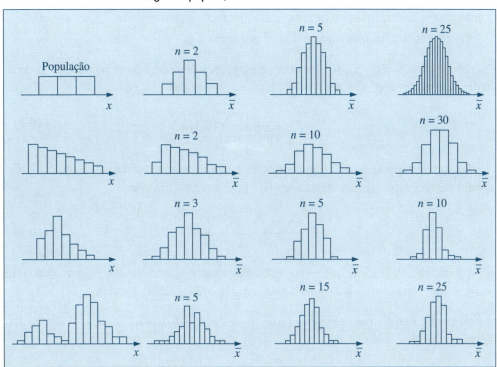

Teorema 10.2. (TLC) Para amostras aleatórias simples $(X_1, \ldots, X_n)$, retiradas de uma população com média μ e variância σ^2 finita, a distribuição amostral da média $\bar{X}$ aproxima-se, para n grande, de uma distribuição normal, com média μ e variância σ^2/n.

A demonstração completa desse teorema exigiria recursos dos quais não dispomos, portanto não será dada, mas o importante é sabermos como esse resultado pode ser usado.

Observemos que, se a população for normal, então $\bar{X}$ terá distribuição *exata* normal. Esse resultado segue do fato de que a distribuição de uma combinação linear de v.a.'s *normais independentes* tem ainda distribuição normal. No caso da $\bar{X}$, a média e variância dessa normal serão dadas pelo Teorema 10.1. A prova dessa propriedade depende do conceito de função geradora de momentos, que não será objeto deste livro. O leitor interessado pode consultar Meyer (1965), por exemplo.

Exemplo 10.11 Voltemos ao Exemplo 10.4, em que uma máquina enchia pacotes cujos pesos seguiam uma distribuição $N(500, 100)$. Colhendo-se um amostra de $n = 100$ pacotes e pesando-os, pelo que foi dito acima, $\bar{X}$ terá uma distribuição normal com média 500 e variância $100/100 = 1$. Logo, se a máquina estiver regulada, a probabilidade de encontrarmos a média de 100 pacotes diferindo de 500 g de menos de 2 gramas será

$$P(|\bar{X} - 500| < 2) = P(498 < \bar{X} < 502) = P(-2 < Z < 2) \approx 95\%.$$

300 CAPÍTULO 10 — INTRODUÇÃO À INFERÊNCIA ESTATÍSTICA

Ou seja, dificilmente 100 pacotes terão uma média fora do intervalo (498, 502). Caso 100 pacotes apresentem uma média fora desse intervalo, podemos considerar como um evento raro, e será razoável supor que a máquina esteja desregulada.

Outra maneira de apresentar o TLC é por meio do

Corolário 10.1 Se $(X_1, ..., X_n)$ for uma amostra aleatória simples da população X, com média μ e variância σ^2 finita, e $\bar{X} = (X_1 + ... + X_n)/n$, então

$$Z = \frac{\bar{X} - \mu}{\sigma/\sqrt{n}} \sim N(0,1). \tag{10.2}$$

Basta notar que se usou a transformação usual de reduzir a distribuição de $\bar{X}$ a uma normal padrão. Observe, também, que (10.2) pode ser escrita como

$$Z = \frac{\sqrt{n}\left(\bar{X} - \mu\right)}{\sigma} \sim N(0,1). \tag{10.3}$$

Chamemos de e a v.a. que mede a diferença entre a estatística $\bar{X}$ e o parâmetro μ, isto é, $e = \bar{X} - \mu$; e é chamado o *erro amostral da média*. Então, temos o

Corolário 10.2 A distribuição de e aproxima-se de uma distribuição normal com média 0 e variância σ^2/n, isto é,

$$\frac{\sqrt{n}\, e}{\sigma} \sim N(0,1). \tag{10.4}$$

O TLC afirma que $\bar{X}$ aproxima-se de uma normal quando n tende para o infinito, e a rapidez dessa convergência (veja a Figura 10.5) depende da distribuição da população da qual a amostra é retirada. Se a população original tem uma distribuição próxima da normal, a convergência é rápida; se a população original se afasta muito de uma normal, a convergência é mais lenta, ou seja, necessitamos de uma amostra maior para que $\bar{X}$ tenha uma distribuição aproximadamente normal. Para amostras da ordem de 30 ou 50 elementos, a aproximação pode ser considerada boa.

Problemas

7. Uma v.a. X tem distribuição normal, com média 100 e desvio padrão 10.

   (a) Qual a $P(90 < X < 110)$?

   (b) Se $\bar{X}$ for a média de uma amostra de 16 elementos retirados dessa população, calcule $P(90 < \bar{X} < 110)$.

   (c) Represente, num único gráfico, as distribuições de X e $\bar{X}$.

   (d) Que tamanho deveria ter a amostra para que $P(90 < \bar{X} < 110) = 0,95$?

8. A máquina de empacotar um determinado produto o faz segundo uma distribuição normal, com média μ e desvio padrão 10 g.

   (a) Em quanto deve ser regulado o peso médio μ para que apenas 10% dos pacotes, tenham menos do que 500 g?

   (b) Com a máquina assim regulada, qual a probabilidade de que o peso total de 4 pacotes escolhidos ao acaso seja inferior a 2 kg?

9. No exemplo anterior, e após a máquina estar regulada, programou-se uma carta de controle de qualidade. De hora em hora, será retirada uma amostra de quatro pacotes, os quais serão pesados. Se a média da amostra for inferior a 495 g ou superior a 520 g, encerra-se a produção para reajustar a máquina, isto é, reajustar o peso médio.

   (a) Qual é a probabilidade de ser feita uma parada desnecessária?

   (b) Se o peso médio da máquina desregulou-se para 500 g, qual é a probabilidade de continuar a produção fora dos padrões desejados?

10. A capacidade máxima de um elevador é de 500 kg. Se a distribuição X dos pesos dos usuários for suposta $N(70, 100)$:

    (a) Qual é a probabilidade de sete passageiros ultrapassarem esse limite?

    (b) E seis passageiros?

10.9 Distribuição amostral de uma proporção

Vamos considerar uma população em que a proporção de elementos portadores de certa característica é p. Logo, podemos definir uma v.a. X, da seguinte maneira:

$$X = \begin{cases} 1, & \text{se o indivíduo for portador de característica} \\ 0, & \text{se o indivíduo não for portador de característica,} \end{cases}$$

logo,

$$\mu = E'(X) = p, \ \sigma^2 = \text{Var}(X) = p(1 - p).$$

Retirada uma AAS dessa população, e indicando por Y_n o total de indivíduos portadores da característica na amostra, já vimos que

$$Y_n \sim b(n, p).$$

Vamos definir por $\hat{p}$ a proporção de indivíduos portadores da característica na amostra, isto é,

$$\hat{p} = \frac{Y_n}{n}.$$

Então,

$$P(Y_n = k) = P(Y_n/n = k/n) = P(\hat{p} = k/n),$$

ou seja, a distribuição amostral de $\hat{p}$ é obtida da distribuição de Y_n.

Vimos na Seção 7.5 que a distribuição binomial pode ser aproximada pela distribuição normal. Vamos mostrar que a justificativa desse fato está no TLC. Inicialmente, observe que

$$Y_n = X_1 + X_2 + \ldots + X_n,$$

em que cada X_i tem distribuição de Bernoulli, com média $\mu = p$ e variância $\sigma^2 = p(1-p)$, e são duas a duas independentes. Podemos escrever que

$$Y_n = n \bar{X},$$

mas pelo TLC, $\bar{X}$ terá distribuição aproximadamente normal, com média p e variância $\dfrac{p(1-p)}{n}$, ou seja,

$$\bar{X} \sim N\left(p, \frac{p(1-p)}{n}\right).$$

Logo, a transformação $Y_n = n \bar{X}$ terá a distribuição

$$Y_n \sim N(np, np(1-p)),$$

que foi a aproximação adotada na Seção 7.5.

Observe que $\bar{X}$, na expressão acima, é a própria variável $\hat{p}$ e, desse modo, para n grande podemos considerar a distribuição amostral de p como aproximadamente normal:

$$\hat{p} \sim N\left(p, \frac{p(1-p)}{n}\right).$$

Exemplo 10.12 Suponha que $p = 30\%$ dos estudantes de uma escola sejam mulheres. Colhemos uma AAS de $n = 10$ estudantes e calculamos $\hat{p} = $ proporção de mulheres na amostra. Qual a probabilidade de que $\hat{p}$ difira de p em menos de 0,01? Temos que essa probabilidade é dada por

$$P(|\hat{p} - p| < 0,01) = P(-0,01 < \hat{p} - p < 0,01).$$

Mas, $\hat{p} - p \sim N\left(0, \dfrac{p(1-p)}{n}\right)$ e como $p = 0,3$, temos que

$$\mathrm{Var}(\hat{p}) = (0,3)(0,7)/10 = 0,021,$$

10.10 OUTRAS DISTRIBUIÇÕES AMOSTRAIS

303

e, portanto, a probabilidade pedida é igual a

$$P\left(\frac{-0,01}{\sqrt{0,021}} < Z < \frac{0,01}{\sqrt{0,021}}\right) = P(-0,07 < Z < 0,07) = 0,056.$$

Problemas

11. Sabe-se que 20% das peças de um lote são defeituosas. Sorteiam-se oito peças, com reposição, e calcula-se a proporção $\hat{p}$ de peças defeituosas na amostra.

    (a) Construa a distribuição exata de $\hat{p}$ (use a tábua da distribuição binomial).

    (b) Construa a aproximação normal à binomial.

    (c) Você pensa que a segunda distribuição é uma boa aproximação da primeira?

    (d) Já sabemos que, para dado p fixo, a aproximação melhora conforme n aumenta. Agora, se n for fixo, para qual valor de p a aproximação é melhor?

12. Um procedimento de controle de qualidade foi planejado para garantir um máximo de 10% de itens defeituosos na produção. A cada 6 horas sorteia-se uma amostra de 20 peças e, havendo mais de 15% de defeituosas, encerra-se a produção para verificação do processo. Qual a probabilidade de uma parada desnecessária?

13. Supondo que a produção do exemplo anterior esteja sob controle, isto é, $p = 10\%$, e que os itens sejam vendidos em caixas com 100 unidades, qual a probabilidade de que uma caixa:

    (a) tenha mais do que 10% de defeituosos?

    (b) não tenha itens defeituosos?

10.10 Outras distribuições amostrais

Do mesmo modo que estudamos a distribuição amostral de $\bar{X}$, podemos, em princípio, estudar a distribuição amostral de qualquer estatística $T = f(X_1, \ldots, X_n)$. Mas, quanto mais complexa for essa relação f, mais difícil será a derivação matemática das propriedades dessa estatística. Vejamos alguns exemplos.

Exemplo 10.13 Na Tabela 10.6 apresentamos a distribuição de três outras estatísticas; a variância da amostra,

$$S^2 = \frac{1}{n-1} \sum_{i=1}^{n} \left(X_i - \bar{X}\right)^2,$$

a mediana amostral, md, e o estimador

$$\hat{\sigma}^2 = \frac{1}{n} \sum_{i=1}^{n} \left(X_i - \bar{X}\right)^2,$$

que difere de S^2 apenas no denominador, e que foi estudado no Capítulo 3. Desta tabela, obtemos as distribuições amostrais apresentadas nas Tabelas 10.7, 10.8 e 10.9.

304 CAPÍTULO 10 — INTRODUÇÃO À INFERÊNCIA ESTATÍSTICA

Tabela 10.6 Distribuição amostral de algumas estatísticas obtidas de amostra de tamanho $n = 3$, retiradas da população $\{1, 3, 5, 5, 7\}$ ($\mu = 4,2$, $\sigma^2 = 4,16$ e $Md = 5$).

Tipo de amostra	Frequência (prob. × 125)	Soma	Soma dos quadrados	Média $\bar{x}$	Mediana md	Variância s^2	$\hat{\sigma}^2$
111	1	3	3	1,00	1	0	0
113	3	5	11	1,67	1	4/3	8/9
115	6	7	27	2,33	1	16/3	32/9
117	3	9	51	3,00	1	12	8
133	3	7	19	2,33	3	4/3	8/9
135	12	9	35	3,00	3	4	8/3
137	6	11	59	3,67	3	28/3	56/9
155	12	11	51	3,67	5	16/3	32/9
157	12	13	75	4,33	5	28/3	56/9
177	3	15	99	5,00	7	12	8
333	1	9	27	3,00	3	0	0
335	6	11	43	3,67	3	4/3	8/9
337	3	13	67	4,33	3	16/3	32/9
355	12	13	59	4,33	5	4/3	8/9
357	12	15	83	5,00	5	4	8/3
377	3	17	107	5,67	7	16/3	32/9
555	8	15	75	5,00	5	0	0
557	12	17	99	5,67	5	4/3	8/9
577	6	19	123	6,33	7	4/3	8/9
777	1	21	147	7,00	7	0	0
Total	125						

Tabela 10.7 Distribuição amostral da variância S^2, para amostras de tamanho 3, retiradas da população $\{1, 3, 5, 5, 7\}$.

s^2	0,00	1,33	4,00	5,33	9,33	12,00
$P(S^2 = s^2)$	11/125	42/125	24/125	24/125	18/125	6/125

$$E(S^2) = 4,16, \quad \mathrm{Var}(S^2) = 11,28.$$

Tabela 10.8 Distribuição amostral da mediana da amostra md para amostras de tamanho 3, retiradas da população $\{1, 3, 5, 5, 7\}$.

md	1	3	5	7
Prob.	13/125	31/125	68/125	13/125

$$E(md) = 4,30, \quad \mathrm{Var}(md) = 2,54.$$

Tabela 10.9 Distribuição amostral da variância $\hat{\sigma}^2$, para amostras de tamanho 3, retiradas da população $\{1, 3, 5, 5, 7\}$.

$\hat{\sigma}^2$	0,00	0,89	2,67	3,56	6,22	8,00
Prob.	11/125	42/125	24/125	24/125	18/125	6/125

$$E(\hat{\sigma}^2) = 2,77, \quad \mathrm{Var}(\hat{\sigma}^2) = 5,04.$$

10.10 OUTRAS DISTRIBUIÇÕES AMOSTRAIS

Os gráficos das funções de probabilidade estão nas Figuras 10.6, 10.7 e 10.8. A obtenção das propriedades dessas estatísticas, de modo geral, não é uma tarefa fácil, e os modelos de probabilidade resultantes correspondem a distribuições mais complexas.

Por exemplo, note que $E(S^2) = 4,16 = \sigma^2$, logo S^2 satisfaz uma propriedade análoga a $E(\bar{X}) = \mu$; dizemos que $\bar{X}$ e S^2 são estimadores *não viesados* dos respectivos parâmetros μ e σ^2. Esta propriedade já não vale para md e $\hat{\sigma}^2$, pois $E(\text{md}) = 4,3$, enquanto Md = 5,0 e $E(\hat{\sigma}^2) = 2,77$ e não 4,16. Vemos que $\hat{\sigma}^2$ sub-estima a verdadeira variância.

Também pode-se demonstrar que S^2 segue uma distribuição que é um múltiplo de uma distribuição qui-quadrado (χ^2), quando a população tem distribuição normal. Ver a Seção 11.9. Já a mediana md, obtida de amostras de uma população simétrica, com média μ e variância σ^2, segue aproximadamente uma distribuição normal, com média $E(\text{md}) = \mu$ e $\text{Var}(\text{md}) = (\pi\sigma^2)/(2n)$. Note que se exigem mais suposições do que aquelas mencionada no TLC. Nos Capítulos 11 e 12, voltaremos a discutir algumas distribuições amostrais e suas aplicações.

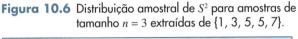

Figura 10.6 Distribuição amostral de S^2 para amostras de tamanho $n = 3$ extraídas de $\{1, 3, 5, 5, 7\}$.

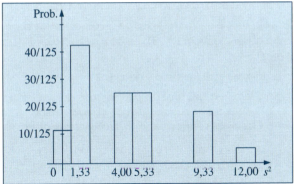

Figura 10.7 Distribuição amostral de md para amostras de tamanho $n = 3$ de $\{1, 3, 5, 5, 7\}$.

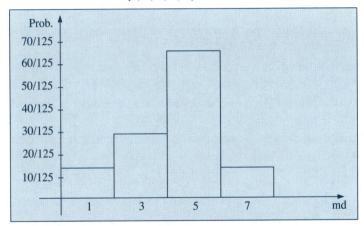

Figura 10.8 Distribuição amostral de $\hat{\sigma}^2$ para amostras de tamanho $n = 3$ extraídas de $\{1, 3, 5, 5, 7\}$.

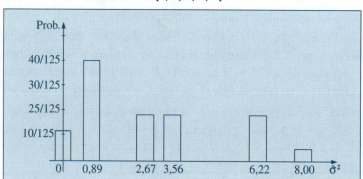

Problemas

14. Usando os dados da Tabela 10.2:

    (a) construa a distribuição amostral de $\hat{\sigma}^2$ e compare com a distribuição amostral de S^2 (Tabela 10.5). Você notou alguma propriedade de S^2 que seja "melhor" do que de $\hat{\sigma}^2$?

    (b) seja U a média de elementos distintos de amostras de tamanho $n = 3$. Por exemplo, se a amostra observada for $(1, 1, 3)$, então $u = (1 + 3)/2 = 2$. Construa a distribuição amostral de U;

    (c) compare as distribuições amostrais de U e $\bar{X}$.

15. Na tabela abaixo, tem-se a distribuição dos salários da Secretaria A.

Classes de salários	Frequência relativa
4,5 ⊢ 7,5	0,10
7,5 ⊢ 10,5	0,20
10,5 ⊢ 13,5	0,40
13,5 ⊢ 16,5	0,20
16,5 ⊢ 19,5	0,10

    (a) Calcule a média, a variância e a mediana dos salários nessa população.

    (b) Construa a distribuição amostral da média e da mediana para amostras de tamanho 2, retiradas dessa população.

    (c) Mostre que a média $\bar{X}$ e a mediana md da amostra são estimadores não viesados da mediana Md da população, no sentido que $E(\bar{X}) = E(md) = Md$.

    (d) Qual dos dois estimadores não viesados você usaria para estimar Md nesse caso? Por quê?

    (e) Baseado na distribuição amostral da média, encontre a distribuição amostral da estatística
    $$Z = \frac{\bar{X} - \mu}{\sigma}\sqrt{n},$$
    para $n = 2$.

10.11 DETERMINAÇÃO DO TAMANHO DE UMA AMOSTRA

(f) Quais são os valores de $E(Z)$ e $\text{Var}(Z)$?

(g) Construa a distribuição amostral da estatística

$$S^2 = \frac{1}{n-1} \sum_{i=1}^{n} \left(X_i - \bar{X} \right)^2,$$

e faça o seu histograma.

(h) Calcule a média e variância de S^2.

(i) Baseando-se nas distribuições amostrais anteriores, determine a distribuição amostral da estatística

$$t = \frac{\bar{X} - \mu}{S} \sqrt{n},$$

e construa seu histograma. Qual é o problema encontrado?

(j) Calcule a média e variância de t, quando possível.

(k) Calcule a $P(|t| < 2)$ e $P(|t| < 4{,}30)$.

16. Tente esboçar como ficariam os histogramas das estatísticas abaixo, para amostras de tamanho grande.

(a) S^2 (faça o histograma da distribuição da Tabela 10.5)

(b) $Z = \dfrac{\bar{X} - \mu}{\sigma} \sqrt{n}$ (Veja o Teorema Limite Central)

(c) $t = \dfrac{\bar{X} - \mu}{S} \sqrt{n}$, definida no problema anterior (compare com a expressão e o resultado obtido em (b)).

10.11 Determinação do tamanho de uma amostra

Em nossas considerações anteriores, fizemos a suposição que o tamanho da amostra, n, era conhecido e fixo. Podemos, em certas ocasiões, querer determinar o tamanho da amostra a ser escolhida de uma população, de modo a obter um erro de estimação previamente estipulado, com determinado grau de confiança.

Por exemplo, suponha que estejamos estimando a média μ populacional e para tanto usaremos a média amostral, $\bar{X}$, baseada numa amostra de tamanho n. Suponha que se queira determinar o valor de n de modo que

$$P\left(\left| \bar{X} - \mu \right| \leq \varepsilon \right) \geq \gamma, \tag{10.5}$$

com $0 < \gamma < 1$ e ε é o *erro amostral* máximo que podemos suportar, ambos valores fixados.

Sabemos que $\bar{X} \sim N(\mu, \sigma^2/n)$, logo $\bar{X} - \mu \sim N(0, \sigma^2/n)$ e portanto (10.5) pode ser escrita

$$P\left(-\varepsilon \leq \bar{X} - \mu \leq \varepsilon \right) = P\left(\frac{-\sqrt{n}\varepsilon}{\sigma} \leq Z \leq \frac{\sqrt{n}\varepsilon}{\sigma} \right) \approx \gamma,$$

308 CAPÍTULO 10 — INTRODUÇÃO À INFERÊNCIA ESTATÍSTICA

com $Z = \left(\bar{X} - \mu\right)\sqrt{n}/\sigma$. Dado γ, podemos obter z_γ da $N(0,1)$, tal que $P(-z_\gamma < Z < z_\gamma) = \gamma$, de modo que

$$\frac{\sqrt{n}\varepsilon}{\sigma} = z_\gamma,$$

do que obtemos finalmente

$$n = \frac{\sigma^2 z_\gamma^2}{\varepsilon^2}. \qquad (10.6)$$

Note que em (10.6) conhecemos z_γ e ε, mas σ^2 é a variância desconhecida da população. Para podermos ter uma ideia sobre n devemos ter alguma informação prévia sobre σ^2 ou, então, usar uma pequena amostra piloto para estimar σ^2.

Exemplo 10.13 (continuação) Suponha que uma pequena amostra piloto de $n = 10$, extraída de uma população, forneceu os valores $\bar{X} = 15$ e $S^2 = 16$. Fixando-se $\varepsilon = 0,5$ e $\gamma = 0,95$, temos

$$n = \frac{16 \times \left(1,96\right)^2}{\left(0,5\right)^2} \approx 245.$$

No caso de proporções, usando a aproximação normal da Seção 10.9 para $\hat{p}$, é fácil ver que (10.6) resulta

$$n = \frac{z_\gamma^2 p\left(1 - p\right)}{\varepsilon^2}. \qquad (10.7)$$

Como não conhecemos p, a verdadeira proporção populacional, podemos usar o fato de que $p(1 - p) \leq 1/4$, para todo p, e (10.7) fica

$$n \approx \frac{z_\gamma^2}{4\varepsilon^2}. \qquad (10.8)$$

Por outro lado, se tivermos alguma informação sobre p ou pudermos estimá-lo usando uma amostra piloto, basta substituir esse valor estimado em (10.7).

Exemplo 10.14 Suponha que numa pesquisa de mercado estima-se que no mínimo 60% das pessoas entrevistadas preferirão a marca A de um produto. Essa informação é baseada em pesquisas anteriores. Se quisermos que o erro amostral de $\hat{p}$ seja menor do que $\varepsilon = 0,03$, com probabilidade $\gamma = 0,95$, teremos

$$n \approx \frac{\left(1,96\right)^2\left(0,6\right)\left(0,4\right)}{\left(0,03\right)^2} = 1.024,$$

na qual usamos o fato de que $p \geq 0,60$. Veja também os Problemas 19, 20 e 41.

10.12 EXEMPLOS COMPUTACIONAIS

Problemas

17. Suponha que uma indústria farmacêutica deseja saber a quantos voluntários se deva aplicar uma vacina, de modo que a proporção de indivíduos imunizados na amostra difira de menos de 2% da proporção verdadeira de imunizados na população, com probabilidade 90%. Qual o tamanho da amostra a escolher? Use (10.8).

18. No problema anterior, suponha que a indústria tenha a informação de que a proporção de imunizados pela vacina seja $p \geq 0,80$. Qual o novo tamanho de amostra a escolher? Houve redução?

19. Seja o tamanho de amostra dado por (10.7) e n_0 dado por (10.8). Prove que, para todo p, temos $n \leq n_0$. (Use a função $f(p) = p(1 - p)$ para sua resposta.)

20. Suponha que haja a informação $p \leq p_0 < 0,5$, com p_0 conhecida. Se $n_1 = z_\gamma^2 p_0 (1 - p_0)/\varepsilon^2$, mostre que $n \leq n_1 < n_0$. Mostre que essa mesma relação vale se soubermos que $p \geq p_0 > 0,5$.

[Sugestão: note que $f(p) = p(1 - p)$ é crescente em $[0; 0,5]$, atinge o máximo em $0,5$ e depois é decrescente em $[0,5; 1]$.]

10.12 Exemplos computacionais

Vimos, no Exemplo 10.7, como escolher todas as possíveis amostras de tamanho $n = 2$, com reposição, da população $\{1, 3, 5, 5, 7\}$. Obtemos $5^2 = 25$ amostras. Como já salientamos em seções anteriores, ao escolher uma amostra de uma população, estamos na realidade gerando valores de uma v.a. com determinada distribuição de probabilidades, supostamente conhecida. No exemplo, podemos pensar na v.a. X, assumindo os valores $x_1 = 1, x_2 = 3, x_3 = 5, x_4 = 5, x_5 = 7$, com probabilidades todas iguais a $0,2$. Portanto, para escolher uma amostra de tamanho $n = 2$, basta gerar dois valores dessa distribuição, como aprendemos no Capítulo 9.

Os programas Excel, SPlus, Minitab e R têm comandos apropriados para gerar amostras de uma população especificada.

Exemplo 10.15 O Excel usa a opção *Amostragem*, dentro de "Análise de Dados" do menu "Ferramentas". Na coluna G do quadro do Exemplo 9.5, temos uma amostra aleatória simples (com reposição), de tamanho $n = 5$ da população $P = \{1, 2, ..., 10\}$, que está na coluna F.

Exemplo 10.16 O R e o SPlus usam o comando *sample(x,n)* para gerar uma amostra *sem* reposição de tamanho n do conjunto x e o comando *sample(x,n,replace=T)* para gerar uma amostra *com* reposição. O Quadro 10.1 mostra como obter amostras de tamanho $n = 7$ do conjunto $x = \{1, 2, 3, ..., 15\}$, sem e com reposição.

310 CAPÍTULO 10 — INTRODUÇÃO À INFERÊNCIA ESTATÍSTICA

Quadro 10.1 Geração de amostras. R e SPlus.

```
> x<-c (1, 2, 3, 4, 5, 6, 7, 8, 9, 10, 11, 12, 13, 14, 15)
>
>
> sample (x, 7)
[1]  6  7  4  2  3  10  5
>
>
> sample (x, 7, replace=T)
[1] 12 14 11 10 15 4 11
```

Exemplo 10.17 O Minitab usa os comandos Sample e Replace para obter amostras. Temos, no Quadro 10.2, amostras de tamanho $n = 5$ obtidas do conjunto $\{1, 2, ..., 10\}$ (na coluna C1). Na coluna C2 temos uma amostra sem reposição e na coluna C3 uma amostra com reposição.

Quadro 10.2 Geração de amostras. Minitab.

	C1	C2	C3	
1	1	10	8	
2	2	1	3	
3	3	8	8	MTB > Sample 5 C1 C2.
4	4	2	6	MTB >
5	5	7	4	MTB > Sample 5 C1 C3;
6	6			SUBC> Replace.
7	7			MTB >
8	8			
9	9			
10	10			

10.13 Problemas suplementares

21. Uma v.a. X tem distribuição normal com média 10 e desvio padrão 4. Aos participantes de um jogo é permitido observar uma amostra de qualquer tamanho e calcular a média amostral. Ganha um prêmio aquele cuja média amostral for maior que 12.

    (a) Se um participante escolher uma amostra de tamanho 16, qual é a probabilidade de ele ganhar um prêmio?

    (b) Escolha um tamanho de amostra diferente de 16 para participar do jogo. Qual é a probabilidade de você ganhar um prêmio?

    (c) Baseado nos resultados acima, qual o melhor tamanho de amostra para participar do jogo?

22. Se uma amostra com 36 observações for tomada de uma população, qual deve ser o tamanho de uma outra amostra para que o desvio padrão dessa amostra seja 2/3 do desvio padrão da média da primeira?

23. Definimos a variável $e = \bar{X} - \mu$ como sendo o erro amostral de média. Suponha que a variância dos salários de uma certa região seja 400 reais².

    (a) Determine a média e a variância de e.

10.13 PROBLEMAS SUPLEMENTARES

311

(b) Que proporção das amostras de tamanho **25** terão erro amostral absoluto maior do que **2** reais?

(c) E qual a proporção das amostras de tamanho **100**?

(d) Nesse último caso, qual o valor de *d*, tal que $P(|e| > d) = 1\%$?

(e) Qual deve ser o tamanho da amostra para que **95%** dos erros amostrais absolutos sejam inferiores a um real?

24. A distribuição dos comprimentos dos elos da corrente de bicicleta é normal, com média **2 cm** e variância **0,01 cm²**. Para que uma corrente se ajuste à bicicleta, deve ter comprimento total entre **58** e **61 cm**.

(a) Qual é a probabilidade de uma corrente com **30** elos não se ajustar à bicicleta?

(b) E para uma corrente com **29** elos?

Observação. suponha que os elos sejam selecionados ao acaso para compor a corrente, de modo que se tenha independência.

25. Cada seção usada para a construção de um oleoduto tem um comprimento médio de **5 m** e desvio padrão de **20 cm**. O comprimento total do oleoduto será de **8 km**.

(a) Se a firma construtora do oleoduto encomendar **1.600** seções, qual é a probabilidade de ela ter de comprar mais do que uma seção adicional (isto é, de as **1.600** seções somarem menos do que **7.995 m**)?

(b) Qual é a probabilidade do uso exato de **1.599** seções, isto é, a soma das **1.599** seções estar entre **8.000 m** e **8.005 m**?

26. Um professor dá um teste rápido, constante de **20** questões do tipo certo-errado. Para testar a hipótese de o estudante estar adivinhando a resposta, ele adota a seguinte regra de decisão: "Se **13** ou mais questões estiverem corretas, ele não está adivinhando". Qual é a probabilidade de rejeitarmos a hipótese, sendo que na realidade ela é verdadeira?

27. Um distribuidor de sementes determina, por meio de testes, que **5%** das sementes não germinam. Ele vende pacotes com **200** sementes com garantia de **90%** de germinação. Qual é a probabilidade de que um pacote não satisfaça à garantia?

28. Uma empresa fabrica cilindros com **50 mm** de diâmetro, sendo o desvio padrão **2,5 mm**. Os diâmetros de uma amostra de quatro cilindros são medidos a cada hora. A média da amostra é usada para decidir se o processo de fabricação está operando satisfatoriamente. Aplica-se a seguinte regra de decisão: "Se o diâmetro médio de amostra de quatro cilindros for maior ou igual a **53,7 mm**, ou menor ou igual a **46,3 mm**, deve-se parar o processo. Se o diâmetro médio estiver entre **46,3** e **53,7 mm**, o processo continua".

(a) Qual é a probabilidade de se parar o processo se a média dos diâmetros permanecer em **50 mm**?

(b) Qual é a probabilidade de o processo continuar se a média dos diâmetros se deslocar para **53,7 mm**?

29. O CD-Veículos traz os preços de **30** carros nacionais e importados, extraídos da população de todos os carros vendidos no mercado. Supondo que o desvio padrão dessa amostra seja um bom representante do verdadeiro desvio padrão da população, qual será o tamanho de uma outra amostra a ser escolhida, de modo que, com probabilidade **90%**, a média amostral difira da verdadeira média de menos de **0,02**?

312 CAPÍTULO 10 — INTRODUÇÃO À INFERÊNCIA ESTATÍSTICA

30. Tabela de Números Aleatórios. Para sortear AAS, costuma-se usar tabelas de números aleatórios, que são coleções de dígitos construídos aleatoriamente e que simulam o processo de sorteio. Na Tabela VII, apresentamos um pequeno conjunto de números aleatórios. Podem ser usados do seguinte modo: se quisermos selecionar dez nomes de uma lista de 90 pessoas, devemos começar numerando-os 01, 02, ..., 90. Em seguida, escolhemos duas colunas, digamos as duas primeiras, e tomamos os dez primeiros números; no caso, serão: 61, 94, 50, 51, 25, 63, 12, 38, 22, 07, 61.

Observe que o 94 foi eliminado, pois não existe esse número na população, e o 61 deverá aparecer repetido. Para outras explicações e tabelas maiores, consultar Pereira e Bussab (1974).

31. Como você usaria uma tabela (ou um gerador) de números aleatórios para sortear uma amostra nas seguintes situações:

   (a) 5 alunos de sua classe;

   (b) 10 alunos de sua escola;

   (c) 15 domicílios de seu bairro;

   (d) 20 ações negociadas na Bolsa de São Paulo;

   (e) 5 números de uma população cujos elementos são numerados de 1 a 115. Existe algum modo de "apressar" o sorteio?

   (f) 5 números de uma população de 115 nomes, cujos números vão de 612 a 726;

   (g) 5 números de uma população de 115 nomes, cuja numeração não é sequencial, mas está compreendida entre os números 300 e 599.

32. Distribuição amostral da diferença de duas médias. Consideremos duas populações X com parâmetros μ_1 e σ_1^2 e Y com parâmetros μ^2 e σ_2^2. Sorteiam-se duas amostras independentes: a da primeira população de tamanho n e a da segunda de tamanho m. Calculam-se as médias amostrais $\overline{X}$ e $\overline{Y}$.

   (a) Qual a distribuição amostral de $\overline{X}$? E de $\overline{Y}$?

   (b) Defina $D = \overline{X} - \overline{Y}$. O que você entende por distribuição amostral de D?

   (c) Calcule $E(D)$ e $\text{Var}(D)$.

   (d) Como você acha que será a distribuição de D? Por quê?

33. A distribuição dos salários (em salários mínimos) de operários do sexo masculino de uma grande fábrica é $N(5,4; 1,69)$, e a de operários do sexo feminino é $N(5,4; 2,25)$.

   Sorteiam-se duas amostras, uma com 16 homens e outra com 16 mulheres. Se D for a diferença entre o salário médio dos homens e das mulheres:

   (a) Calcule $P(|D| > 0,5)$.

   (b) Qual o valor de d tal que $P(|D| > d) = 0,05$?

   (c) Que tamanho comum deveriam ter ambas as amostras para que $P(|D| > 0,4) = 0,05$?

34. Numa escola A, os alunos submetidos a um teste obtiveram média 70, com desvio padrão 10. Em outra escola B, os alunos submetidos ao mesmo teste obtiveram média 65 e desvio padrão 15. Se colhermos na escola A uma amostra de 36 alunos e na B, uma de 49 alunos, qual é a probabilidade de que a diferença entre as médias seja superior a 6 unidades?

10.14 COMPLEMENTOS METODOLÓGICOS

35. Distribuição amostral da diferença de duas proporções. Usando os resultados do Problema 32, qual seria a distribuição de $\hat{p}_1 - \hat{p}_2$, a diferença entre as proporções de amostras independentes retiradas de populações com parâmetros p_1 e p_2?

36. Considere a população $P = \{1, 3, 5, 5, 7\}$. Retire amostras de tamanho $\underline{n} = 2$, sem reposição e construa a distribuição amostral de $\bar{X} = (X_1 + X_2)/2$. Obtenha $E(\bar{X})$ e $\text{Var}(\bar{X})$ e verifique (10.9).

37. Obtenha a densidade de $\hat{M}$, dada por (10.10), para o caso de uma amostra de uma distribuição uniforme no intervalo $(0, \theta)$.

38. Suponha que temos a população $X \sim N(167; 25)$. Gere 100 amostras de tamanho 5 dessa população, usando algum programa de geração de valores de uma distribuição normal, como o Excel ou Minitab.

    (a) Esboce a distribuição amostral de $\bar{X}$ (histograma) e calcule as principais medidas-resumo; faça *box plots* e ramos-e-folhas.

    (b) Mesma questão para **md** = mediana da amostra.

    (c) Compare as duas distribuições, ressaltando as principais diferenças.

    (d) Estude a distribuição da estatística "variância da amostra".

39. Suponha uma população $P = \{1, 2, \ldots, N\}$ e a v.a. X definida sobre P. Então, $T = \sum_{i=1}^{N} X_i$ é chamado *total populacional*. A média populacional é $\mu = T/N$ e a variância populacional é $\sigma^2 = \sum_{i=1}^{N} (X_i - \mu)^2 / N$. Considere uma AAS de tamanho n extraída de P e $\bar{X}$ a média amostral. Considere o estimador $\hat{T} = N\bar{X}$. Mostre que $E(\hat{T}) = T$ e $\text{Var}(\hat{T}) = N^2\sigma^2/n$.

40. Suponha que queiramos retirar uma amostra de uma distribuição de Bernoulli com parâmetro p. Escolhidos k dados $x_1, x_2, \ldots, x_k$, temos que $\bar{x}_k = \Sigma_i x_i/k$ é um estimador de p. Então um estimador natural da variância $\sigma^2 = p(1 - p)$ da população é $\bar{x}_k(1 - \bar{x}_k)$. Como ficaria o algoritmo descrito no CM-4 para essa situação?

10.14 Complementos metodológicos

1. Amostras sem reposição de populações finitas. Suponha uma população com N elementos. Vimos que se extrairmos uma amostra de tamanho n, *com reposição*, e calcularmos a média amostral $\bar{X}$, então $E(\bar{X}) = \mu$ e $\text{Var}(\bar{X}) = \sigma^2/n$, onde μ e σ^2 são a média e a variância da população, respectivamente. No entanto, se a amostragem for feita *sem reposição*, então $E(\bar{X}) = \mu$ continua a valer, mas

$$\text{Var}(\bar{X}) = \frac{\sigma^2}{n} \frac{N - n}{N - 1}. \tag{10.9}$$

O fator $(N - n)/(N - 1)$ é chamado fator de correção para populações finitas. Note que se n for muito menor que N, então esse fator é aproximadamente igual a um, e amostras com ou sem reposição são praticamente equivalentes.

Considere, agora, uma população $P = \{1, 3, 5, 5, 7\}$, logo $N = 5$. Retire amostras de tamanho $\underline{n} = 2$, sem reposição, e construa a distribuição amostral de $\bar{X} = (X_1 + X_2)/2$. Obtenha $E(\bar{X})$ e $\text{Var}(\bar{X})$ e verifique que esta é dada pela fórmula acima.

314 CAPÍTULO 10 — INTRODUÇÃO À INFERÊNCIA ESTATÍSTICA

2. Planos probabilísticos. Existem vários planos probabilísticos que são utilizados em situações práticas. Vamos descrever brevemente alguns deles.

(a) *Amostragem Aleatória Simples (AAS)*. Nesse plano as n unidades que compõem a amostra são selecionadas de tal forma que todas as possíveis amostras têm a mesma probabilidade de serem escolhidas. Podemos ter AAS com e sem reposição. No Exemplo 10.7, cada amostra com reposição tem probabilidade 1/25 de ser escolhida.

(b) *Amostragem Aleatória Estratificada*. Nesse procedimento, a população é dividida em subpopulações ou estratos, usualmente de acordo com os valores (ou categorias) de uma variável, e depois AAS é utilizada na seleção de uma amostra de cada estrato. Por exemplo, considere uma população de $N = 10$ estudantes, para os quais definimos as variáveis renda familiar (X_1) e classe social (X_2), categorizada como A, B ou C. Então, $P = \{1, 2, ...,10\}$ e suponha que a matriz de dados seja

$$D = \begin{bmatrix} 10 & 8 & 15 & 6 & 22 & 12 & 7 & 16 & 13 & 11 \\ B & C & A & C & A & B & C & A & B & B \end{bmatrix}.$$

Podemos considerar três estratos, determinados pela variável X_2:

$$P_A = \{3, 5, 8\}, \quad P_B = \{1, 6, 9, 10\}, \quad P_C = \{2, 4, 7\}.$$

Um dos objetivos da estratificação é homogeneizar a variância dentro de cada estrato, relativamente à principal variável de interesse.

(c) *Amostragem Aleatória por Conglomerados*. Como no item (b), a população é dividida em grupos (subpopulações) distintos, chamados conglomerados. Por exemplo, podemos dividir uma cidade em bairros ou quadras. Usamos AAS para selecionar uma amostra de conglomerados e depois todos os indivíduos dos conglomerados selecionados são analisados.

(d) *Amostragem em Dois Estágios*. A população é dividida em grupos, como em (c). Num primeiro estágio, por meio de AAS, selecionamos algumas subpopulações. Num segundo estágio, usando novamente AAS, retiramos amostras das subpopulações selecionadas na primeiro estágio.

(e) *Amostragem Sistemática*. Nesse plano, supõe-se que temos uma listagem das unidades populacionais. Para k fixado, sorteamos um elemento entre os k primeiros da listagem. Depois observamos, sistematicamente, indivíduos separados por k unidades. Por exemplo, se $k = 10$ e sorteamos o oitavo elemento, observamos depois o décimo oitavo, vigésimo oitavo etc.

3. Distribuição do máximo de uma amostra. Considere M o máximo de uma AAS $X_1, ...,$ X_n, escolhida de uma população com densidade $f(x)$ e f.d.a. $F(x)$. Seja $F_M(m)$ a f.d.a. de M. Então, $F_M(m) = P(M \leq m)$. Agora, o evento $\{M \leq m\}$ é equivalente ao evento $\{X_i \leq m$, para todo $1 \leq i \leq n\}$. Como as v.a. X_i são independentes, teremos

$$F_M(m) = P(M \leq m) = P(X_1 \leq m, ..., X_n \leq m) = P(X_1 \leq m) ... P(X_n \leq m) = [F(m)]^n.$$

Portanto, a densidade de M é dada por

$$f_M(m) = F'_M(m) = n [F(m)]^{n-1} f(m). \tag{10.10}$$

4. Tamanho de uma amostra. Na prática, não conhecemos a distribuição de v.a. X e retiramos uma amostra a fim de estimar algum parâmetro dessa distribuição. Suponha, agora, que nosso interesse esteja na média $\mu = E(X)$. Para estimá-la, colhemos uma amostra $X_1, X_2, ..., X_n$ de X. Logo, as v.a. X_i são independentes, cada uma delas tem

10.14 COMPLEMENTOS METODOLÓGICOS

a mesma distribuição que X e $E(X_i) = \mu$, $\forall i = 1, \ldots, n$. Para estimar μ consideramos a média amostral $\bar{X}$.

Um problema que se apresenta é determinar o tamanho da amostra a colher. Isso pode ser feito usando a TLC, como vimos na Seção 10.11.

Agora, vamos ver um procedimento diferente, também baseado no TLC, mas que envolve uma *regra de parada* para determinar o número de dados a colher. Esse procedimento foi sugerido por Ross (1997). Pelo TLC podemos escrever

$$P\left(\left|\bar{X} - \mu\right| > c\sigma/\sqrt{n}\right) \approx P\left(\left|Z\right| > c\right) = 2\left[1 - \Phi(c)\right], \tag{10.11}$$

para qualquer constante $c > 0$, em que $Z \sim N(0, 1)$ e $\Phi(\cdot)$ denota a f.d.a. de Z. Por exemplo, se $c = 1,96$, a probabilidade acima é $0,05$.

Suponha que, em vez de colher uma pequena amostra piloto para estimar σ, tenhamos informação suficiente para escolher um valor aceitável, digamos d, para o desvio padrão de $\bar{X}$, que é dado por $\sigma/\sqrt{n}$.

Por (10.11), podemos escrever, por exemplo,

$$P(|\bar{X} - \mu| \leq 1,96d) \approx 0,95.$$

Segue-se que podemos amostrar sequencialmente de X até que $S/\sqrt{n} < d$, em que calculamos S com os valores até então escolhidos.

O seguinte algoritmo pode, então, ser adotado:

(1) Escolha um valor aceitável d para $\sigma/\sqrt{n}$.

(2) Gere pelo menos **30** dados (para obter uma estimativa razoável de σ).

(3) Continue a gerar dados, parando quando, com n dados, $S/\sqrt{n} < d$, com

$$S^2 = \sum \left(X_i - \bar{X}\right)^2 / (n-1).$$

(4) Estime μ por $\bar{X} = \sum X_i/n$.

Esse método implica podermos calcular $\bar{X}$ e S^2 *recursivamente*. Isso pode ser feito por meio das seguintes fórmulas, facilmente verificáveis:

$$\bar{X}_j = \frac{1}{j}\sum_{i=1}^{j} X_i, \quad S_j^2 = \frac{1}{j-1}\sum_{i=1}^{j}\left(X_i - \bar{X}\right)^2, j \geq 2,$$

$$S_j^2 = 0,$$

$$\bar{X}_0 = 0,$$

$$\bar{X}_{j+1} = \bar{X}_j + \frac{\bar{X}_{j+1} - \bar{X}_j}{j+1},$$

$$S_{j+1}^2 = \left(1 - \frac{1}{j}\right)S_j^2 + (j+1)\left(\bar{X}_{j+1} - \bar{X}_j\right)^2.$$

Suponha $x_1 = 3$, $x_2 = 5$, $x_3 = 2$, $x_4 = 6$, $x_5 = 4$. Então, usando as fórmulas acima, obtenha, recursivamente, $\bar{X}_i$, S_i^2, $i = 1, 2, 3, 4, 5$.

Capítulo 11

Estimação

11.1 Primeiras ideias

Vimos que a Inferência Estatística tem por objetivo fazer generalizações sobre uma população, com base nos dados de uma amostra. Salientamos que dois problemas básicos nesse processo são:

(a) estimação de parâmetros; e

(b) teste de hipóteses sobre parâmetros.

Lembremos que *parâmetros* são funções de valores populacionais, enquanto *estatísticas* são funções de valores amostrais.

O problema do teste de hipóteses sobre parâmetros de uma população será tratado no Capítulo 12. Neste capítulo, iremos discutir as ideias básicas sobre estimação. Para ilustrar, consideremos o exemplo seguinte.

Exemplo 11.1 Uma amostra de $n = 500$ pessoas de uma cidade é escolhida, e a cada pessoa da amostra é feita uma pergunta a respeito de um problema municipal, para o qual foi apresentada uma solução pela prefeitura. A resposta à pergunta poderá ser SIM (favorável à solução) ou NÃO (contrária à solução). Deseja-se estimar a proporção de pessoas na cidade favoráveis à solução apresentada.

Se 300 pessoas responderam SIM à pergunta, então uma estimativa natural para essa proporção seria 300/500 ou 60%. Nossa resposta é baseada na suposição de que a amostra é representativa da população. Sabemos, também, que outra amostra poderia levar a outra estimativa. Conhecer as propriedades desses *estimadores* é um dos propósitos mais importantes da Inferência Estatística. Vejamos o que pode ser feito nesse caso particular.

Definamos as v.a. $X_1, \ldots, X_n$, tais que:

$$X_i = \begin{cases} 1, & \text{se a i-ésima pessoa na amostra responder SIM,} \\ 0, & \text{se a i-ésima pessoa na amostra responder NÃO,} \end{cases}$$

e seja $p = P$ (sucesso), em que *sucesso* significa resposta SIM à questão formulada.

Portanto, se $Y_n = \sum_{i=1}^{n} X_i$, sabemos que Y_n tem distribuição binomial com parâmetros n e p, e o problema consiste em estimar p. É claro que Y_n representa o número de pessoas na amostra que responderam SIM; portanto, um possível *estimador* de p é

$$\hat{p} = \frac{Y_n}{n} = \frac{\sum_{i=1}^{n} X_i}{n} = \frac{\text{número de SIM}}{\text{número de indivíduos}}. \tag{11.1}$$

Então, se $Y_n = k$, isto é, observarmos o valor k da variável Y_n, obteremos $\hat{p} = k/n$ como uma *estimativa* de p. Observe que $\hat{p}$, dado por (11.1), é uma v.a., ao passo que k/n é um número, ou seja, um valor da v.a. No exemplo acima, uma estimativa é 0,6 ou 60%.

O estimador $\hat{p}$ teve sua distribuição amostral estudada na Seção 10.9. De lá podemos concluir que $\hat{p}$ tem distribuição aproximadamente normal, com parâmetros:

$$E(\hat{p}) = p, \tag{11.2}$$

$$\text{Var}(\hat{p}) = p(1 - p)/n. \tag{11.3}$$

Esses resultados nos ajudam a avaliar as qualidades desse estimador. Por exemplo, o resultado (11.2) indica que o estimador $\hat{p}$, em média, "acerta" p. Dizemos que $\hat{p}$ é um estimador *não viesado* (ou não viciado) de p. Ou ainda, o resultado (11.3) indica que para amostras grandes, a diferença entre $\hat{p}$ e p tende a ser pequena, pois para $n \to \infty$, $\text{Var}(\hat{p}) \to 0$. Nesse caso, dizemos que $\hat{p}$ é um estimador *consistente* de p. Observe que essas propriedades são válidas para o estimador no conjunto de todas as amostras que poderiam ser extraídas da população. Para uma particular amostra, $\hat{p}$ pode estar distante de p.

Em algumas situações, podemos ter mais de um estimador para um mesmo parâmetro, e desejamos saber qual deles é "melhor". O julgamento pode ser feito analisando as propriedades desses estimadores. Vejamos um exemplo.

Exemplo 11.2 Desejamos comprar um rifle e, após algumas seleções, restaram quatro alternativas, que chamaremos de rifles A, B, C e D. Foi feito um teste com cada rifle, que consistiu em fixá-lo num cavalete, mirar o centro de um alvo e disparar 15 tiros. Os resultados estão ilustrados na Figura 11.1.

Para analisar qual a melhor arma, podemos fixar critérios. Por exemplo, segundo o critério de "em média acertar o alvo", escolheríamos as armas A e C. Segundo o critério de "não ser muito dispersivo" (variância pequena), a escolha recairia nas armas C e D. A arma C é aquela que reúne as duas propriedades e, segundo esses critérios, seria a melhor arma. Mas, se outro critério fosse introduzido (por exemplo, menor preço), talvez não fosse a arma escolhida. Muitas vezes, a solução deve ser um compromisso entre as propriedades.

Esse exemplo também nos permite introduzir os conceitos de acurácia e precisão. A *acurácia* mede a proximidade de cada observação do valor alvo que se procura atingir. A *precisão* mede a proximidade de cada observação da média de todas as observações.

Figura 11.1 Resultados de 15 tiros dados por quatro rifles.

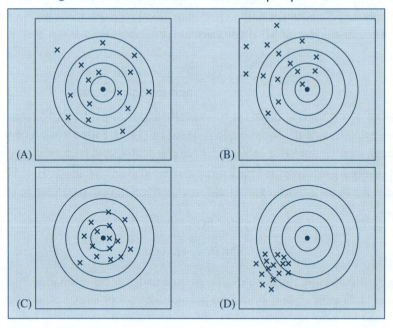

Desse modo, podemos descrever cada arma da seguinte maneira:

Arma A: não viesada, pouco acurada e baixa precisão.

Arma B: viesada, pouco acurada e baixa precisão.

Arma C: não viesada, muito acurada e boa precisão.

Arma D: viesada, pouco acurada e alta precisão.

Do exposto acima, notamos a importância de se definir propriedades desejáveis para estimadores. Trataremos desse assunto na próxima seção. Outro problema que aparece em inferência é como obter um estimador de determinado parâmetro. Nem sempre temos uma sugestão para um estimador, como no caso da proporção, no Exemplo 11.1. Nas Seções 11.3, 11.4 e 11.5, trataremos de três desses métodos.

11.2 Propriedades de estimadores

Inicialmente, vejamos a questão da estimação de um modo mais geral. Consideremos uma amostra $(X_1, X_2, ..., X_n)$ de uma v.a. que descreve uma característica de interesse de uma população. Seja θ um parâmetro que desejamos estimar, por exemplo, a média $\mu = E(X)$ ou a variância $\sigma^2 = \text{Var}(X)$.

Definição. Um *estimador* T do parâmetro θ é qualquer função das observações da amostra, ou seja, $T = g(X_1, ..., X_n)$.

Notemos que, segundo essa definição, um estimador é o que chamamos antes de *estatística*, porém associando-o a um parâmetro populacional.

11.2 PROPRIEDADES DE ESTIMADORES

O problema da estimação é, então, determinar uma função $T = g(X_1, X_2, ..., X_n)$ que seja "próxima" de θ, segundo algum critério. O primeiro critério que iremos abordar é dado a seguir.

Definição. O estimador T é não viesado para θ se

$$E(T) = \theta, \tag{11.4}$$

para todo θ.

Se (11.4) não valer T diz-se *viesado* e a diferença $V(T) = E(T) - \theta$ é chamado o *viés* de T.

Notemos que a esperança de T em (11.4) é calculada sobre a distribuição amostral de T, como tratada no capítulo anterior.

Definição. *Estimativa* é o valor assumido pelo estimador em uma particular amostra.

Assim, no Exemplo 11.1, $\hat{p}$ é um estimador de p, enquanto 60% é uma estimativa de p.

Exemplo 11.3 Vimos que a média amostral $\bar{X}$ é um estimador não viesado de $\mu = E(X)$, colhida uma amostra $(X_1, ..., X_n)$ da v.a. X. Do mesmo modo, como vimos na Seção 10.9, a proporção amostral $\hat{p}$ é um estimador não viesado da proporção p de indivíduos de uma população que tem certa característica comum.

Exemplo 11.4 Considere uma população com N elementos e a variância populacional

$$\sigma^2 = \frac{1}{N} \sum_{i=1}^{N} (X_i - \mu)^2, \tag{11.5}$$

em que $\mu = \frac{1}{N} \sum_{i=1}^{N} X_i$ é a média populacional. Um possível estimador para σ^2, baseado numa AAS de tamanho n extraída dessa população, é

$$\hat{\sigma}^2 = \frac{1}{n} \sum_{i=1}^{n} (X_i - \bar{X})^2. \tag{11.6}$$

Mostremos que esse estimador é viesado. Pela fórmula (3.11), temos que

$$\hat{\sigma}^2 = \frac{1}{n} \sum_{i=1}^{n} X_i^2 - \bar{X}^2,$$

logo

$$E(\hat{\sigma}^2) = \frac{1}{n} \sum_{i=1}^{n} E(X_i^2) - E(\bar{X}^2).$$

Mas, pela definição de AAS e definição de variância de uma v.a., $E(X_i^2) = \text{Var}(X_i) + [E(X_i)]^2 = \sigma^2 + \mu^2$. Também, usando o Teorema 10.1, temos que $E(\bar{X}^2) = \text{Var}(\bar{X}) + [E(\bar{X})]^2 = \frac{\sigma^2}{n} + \mu^2$.

Segue-se que

$$E\left(\hat{\sigma}^2\right)=\frac{1}{n}\sum_{i=1}^{n}\left(\sigma^2+\mu^2\right)-\left(\frac{\sigma^2}{n}+\mu^2\right),$$

ou seja,

$$E\left(\hat{\sigma}^2\right)=\frac{1}{n}\left(n\left(\sigma^2+\mu^2\right)\right)-\frac{\sigma^2}{n}-\mu^2=\sigma^2-\frac{\sigma^2}{n}=\sigma^2\left(1-\frac{1}{n}\right).$$

Finalmente,

$$E\left(\hat{\sigma}^2\right)=\left(\frac{n-1}{n}\right)\sigma^2. \tag{11.7}$$

De (11.7) vemos que $\hat{\sigma}^2$ é viesado para σ^2 e o viés é dado por

$$V=V\left(\hat{\sigma}^2\right)=E\left(\hat{\sigma}^2\right)-\sigma^2=-\frac{\sigma^2}{n}. \tag{11.8}$$

Como esse viés é negativo, o estimador $\hat{\sigma}^2$ em geral subestima o verdadeiro parâmetro σ^2. Por outro lado, por (11.8), o viés diminui com n, ou seja, formalmente, para $n \to \infty$, o viés de $\hat{\sigma}^2$ tende a zero. Note também que o viés de $\hat{\sigma}^2$ é uma função de σ^2. Uma estimativa do viés seria dada por

$$\hat{V}=-\frac{\hat{\sigma}^2}{n},$$

ou seja, substituímos o valor desconhecido de σ^2 por uma estimativa, como por exemplo $\hat{\sigma}^2$.

É fácil ver que para obter um estimador não viesado de σ^2 basta considerar $(n/(n-1))\,\hat{\sigma}^2$, pois de (11.7) segue-se que

$$E\left(\frac{n}{n-1}\hat{\sigma}^2\right)=\hat{\sigma}^2.$$

Logo, se definirmos

$$S^2=\frac{1}{n-1}\sum_{i=1}^{n}\left(X_i-\bar{X}\right)^2, \tag{11.9}$$

então $E(S^2)=\sigma^2$ e S^2 é um estimador não viesado para σ^2. Essa é a razão para se usar $n-1$, em vez de n, como denominador da variância da amostra. No Capítulo 3, usamos sempre n como denominador, porque não havia preocupação em saber se estávamos trabalhando com uma população ou uma amostra. Daqui por diante, será feita essa distinção.

Vimos que o estimador $\hat{p}$ é não viesado e tem variância que tende a zero, quando $n \to \infty$. Ver (11.2) e (11.3). Dizemos que $\hat{p}$ é consistente. Esse conceito de consistência é um pouco mais difícil de se definir. Vejamos um exemplo para motivar a definição que será dada.

11.2 PROPRIEDADES DE ESTIMADORES

Considere a média $\bar{X}$ calculada para diversos tamanhos de amostras; obtemos, na realidade, uma sequência de estimadores $\{\bar{X}_n, n = 1, 2, \ ...\}$. À medida que n cresce, a distribuição de $\bar{X}_n$ torna-se mais concentrada ao redor da verdadeira média μ. Veja, por exemplo, a Figura 10.4 do Capítulo 10. Dizemos que $\{\bar{X}_n\}$ é uma sequência *consistente* de estimadores de μ.

Definição. Uma sequência $\{T_n\}$ de estimadores de um parâmetro θ é *consistente* se, para todo $\varepsilon > 0$,

$$P\{|T_n - \theta| > \varepsilon\} \to 0, n \to \infty. \tag{11.10}$$

Não é muito difícil ver que essa condição está satisfeita para $\{\bar{X}_n\}$. Veja o Problema 33.

Em vez de usar (11.10) para verificar se uma sequência de estimadores é consistente, podemos usar o seguinte resultado.

Proposição. Uma sequência $\{T_n\}$ de estimadores de θ é consistente se

$$\lim_{n \to \infty} E\left(T_n\right) = \theta \tag{11.11}$$

e

$$\lim_{n \to \infty} \text{Var}\left(T_n\right) = 0 \tag{11.12}$$

Se T_n for não viesado, a primeira condição estará, obviamente, satisfeita. Usando esse resultado, vemos que $\hat{p}$ e $\bar{X}_n$ são estimadores consistentes de p e μ, respectivamente, nos Exemplos 11.1 e 11.3.

Exemplo 11.5 Vimos que S^2, dado por (11.9), é não viesado para σ^2. É possível demonstrar, no caso que $X_1, \ ..., X_n$ são observações de uma distribuição $N(\mu, \sigma^2)$, que

$$\text{Var}\left(S^2\right) = \frac{2\sigma^4}{n-1}. \tag{11.13}$$

Como $E(S^2) = \sigma^2$, e $\lim_{n \to \infty} \text{Var}\left(S^2\right) = 0$, segue-se que S^2 é um estimador consistente para σ^2. Dado o que foi dito acima, talvez fosse melhor escrever S_n^2.

Exemplo 11.6 Vimos que $E(\hat{\sigma}^2) = \sigma^2(1 - 1/n)$, de modo que $\lim_{n \to \infty} E\left(\hat{\sigma}^2\right) = \sigma^2$. Também, de (11.6) e (11.13) e supondo que as observações são de uma distribuição normal $N(\mu, \sigma^2)$, temos que

$$\text{Var}\left(\hat{\sigma}^2\right) = \left(\frac{n-1}{n}\right)^2 \text{Var}\left(S^2\right) = \frac{n-1}{n^2}\left(2\sigma^4\right), \tag{11.14}$$

o que mostra que $\text{Var}(\hat{\sigma}^2) \to 0$, quando $n \to \infty$, logo $\hat{\sigma}^2 = \hat{\sigma}_n^2$ também é consistente para σ^2.

De (11.14) obtemos, também, que

$$\text{Var}\left(\hat{\sigma}^2\right) < \frac{2\sigma^4}{n-1} = \text{Var}\left(S^2\right). \tag{11.15}$$

Portanto, usando-se somente o critério de "ter menor variância", $\hat{\sigma}^2$ seria um "melhor" estimador de σ^2. Mas observe que estamos nos referindo a amostras de uma distribuição normal.

Vejamos agora um critério que nos permite escolher entre dois estimadores do mesmo parâmetro.

Definição. Se T e T' são dois estimadores não viesados de um mesmo parâmetro θ, e ainda

$$\text{Var}(T) < \text{Var}(T'), \tag{11.16}$$

então T diz-se mais *eficiente* do que T'.

Exemplo 11.7 Consideremos uma população normal X, com parâmetros μ e σ^2. Queremos estimar a mediana dessa população. Por ser uma distribuição simétrica, sabemos que $\mu = Md(X)$. Definindo como $\bar{X}$ a média e como md a mediana de uma amostra de tamanho n dessa população, qual dos dois estimadores é o melhor para estimar a mediana populacional?

Pelo que vimos no capítulo anterior,

$$\bar{X} \sim N(\mu, \sigma^2/n). \tag{11.17}$$

Pode-se demonstrar que a distribuição da mediana amostral pode ser aproximada por uma normal, especificamente,

$$\text{md} \sim N(Md(X), \pi\sigma^2/2n). \tag{11.18}$$

Vemos, portanto, que os dois estimadores são não viesados, mas $\bar{X}$ é mais eficiente, pois

$$\text{Var}(\text{md})/\text{Var}(\bar{X}) = \pi/2 > 1.$$

Conclui-se que, para estimar a mediana dessa população, é preferível usar a média da amostra como estimador, o que contraria um pouco a nossa intuição.

Para precisar o conceito de estimador acurado, discutido na seção anterior, vamos agora introduzir o conceito de erro quadrático médio.

Chamemos de

$$e = T - \theta,$$

o *erro amostral* que cometemos ao estimar o parâmetro θ da distribuição da v.a. X pelo estimador $T = g(X_1, \ldots, X_n)$, baseado na amostra $(X_1, \ldots, X_n)$.

Definição. Chama-se *erro quadrático médio* (EQM) do estimador T ao valor

$$\text{EQM}(T;\ \theta) = E(e^2) = E(T - \theta)^2. \tag{11.19}$$

De (11.19) temos

$$EQM(T;\theta) = E(T - E(T) + E(T) - \theta)^2$$
$$= E(T - E(T))^2 + 2E\left[(T - E(T))(E(T) - \theta)\right] + E(E(T) - \theta)^2$$
$$= E(T - E(T))^2 + E(E(T) - \theta)^2,$$

já que $E(T) - \theta$ é uma constante e $E(T - E(T)) = 0$. Podemos, pois, escrever,

$$EQM(T;\theta) = \text{Var}(T) + V^2, \qquad (11.20)$$

em que $V = V(T) = E(T) - \theta$ indica, como vimos, o viés de T. A Figura 11.2 ilustra essas duas medidas, usando o caso das armas discutido no Exemplo 11.2.

Vemos, portanto, que um estimador preciso tem variância pequena, mas pode ter EQM grande.

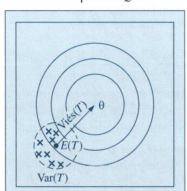

Figura 11.2 Representação gráfica para o EQM.

Problemas

1. Obtenha a distribuição de $\hat{p}$ quando $p = 0{,}2$ e $n = 5$. Depois calcule $E(\hat{p})$ e $\text{Var}(\hat{p})$.
2. Encontre um limite superior para $\text{Var}(\hat{p})$ quando $n = 10, 25, 100$ e 400. Faça o gráfico em cada caso.
3. Suponha um experimento consistindo de n provas de Bernoulli, com probabilidade de sucesso p. Seja X o número de sucessos, e considere os estimadores

    (a) $\hat{p}_1 = X/n$; (b) $\hat{p}_2 = \begin{cases} 1, & \text{se a primeira prova resultar sucesso,} \\ 0, & \text{caso contrário.} \end{cases}$

    Determine a esperança e a variância de cada estimador. Por que $\hat{p}_2$ não é um "bom" estimador?
4. Verifique se $\hat{p}_1$ e $\hat{p}_2$ do Problema 3 são consistentes.
5. Tem-se duas fórmulas distintas para estimar um parâmetro populacional θ. Para ajudar a escolher a melhor, simulou-se uma situação em que $\theta = 100$. Dessa população retiraram-se 1.000 amostras de dez unidades cada uma, e aplicaram-se ambas as fórmulas às dez

unidades de cada amostra. Desse modo, obtêm-se 1.000 valores para a primeira fórmula t_1 e outros 1.000 valores para a segunda fórmula t_2, cujos estudos descritivos estão resumidos abaixo. Qual das duas fórmulas você acha mais conveniente para estimar θ. Por quê?

Fórmula 1	Fórmula 2
$\bar{t}_1 = 102$	$\bar{t}_2 = 100$
$Var(t_1) = 5$	$Var(t_2) = 10$
Mediana = 100	Mediana = 100
Moda = 98	Moda = 100

11.3 Estimadores de momentos

Neste capítulo e em anteriores, temos usado certos estimadores de parâmetros populacionais, como a média e a variância, simplesmente tentando "imitar" na amostra o que acontece na população. Foi assim que construímos $\bar{X}$, por exemplo.

A média populacional é um caso particular daquilo que chamamos de momento. Na realidade, ela é o *primeiro momento*. Se X for uma v.a. contínua, com densidade $f(x; \theta_1, \ldots, \theta_r)$, dependendo de r parâmetros, então

$$\mu_1 = E(X) = \int_{-\infty}^{\infty} x f(x; \theta_1, \ldots, \theta_r) dx. \tag{11.21}$$

Essa média dependerá, genericamente, dos parâmetros desconhecidos $\theta_1, \ldots, \theta_r$. Por exemplo, suponha que X tenha distribuição normal, com parâmetros μ e σ^2. Aqui, $\theta_1 = \mu$, $\theta_2 = \sigma^2$ e $r = 2$. Temos, nesse caso, que $E(X) = \mu$.

Podemos, em geral, definir o *k-ésimo momento* de X por

$$\mu_k = E(X^k) = \int_{-\infty}^{\infty} x^k f(x; \theta_1, \ldots, \theta_r) dx, \quad k = 1, 2, \ldots \tag{11.22}$$

Assim, para $k = 2$, obtemos o segundo momento

$$E(X^2) = \int_{-\infty}^{\infty} x^2 f(x; \theta_1, \ldots, \theta_r) dx.$$

No caso acima da normal, temos que $E(X^2) = Var(X) + [E(X)]^2 = \sigma^2 + \mu^2$. Suponha, agora, que colhemos uma amostra de tamanho n da população $(X_1, \ldots, X_n)$. Definimos o chamado *k-ésimo momento amostral* por

$$m_k = \frac{1}{n} \sum_{i=1}^{n} X_i^k, \quad k = 1, 2, \ldots \tag{11.23}$$

Temos, portanto, que $m_1 = \bar{X}$ e $m_2 = \sum_{i=1}^{m} X_i^2 / n$.

Definição. Dizemos que $\hat{\theta}_1, \ldots, \hat{\theta}_r$ são estimadores obtidos pelo método dos momentos se eles forem soluções das equações

$$m_k = \mu_k, \quad k = 1, 2, \ldots, r. \tag{11.24}$$

11.4 ESTIMADORES DE MÍNIMOS QUADRADOS

O procedimento consiste em substituir os momentos teóricos pelos respectivos momentos amostrais.

Exemplo 11.8 Se X tem média μ e variância σ^2, teremos as seguintes relações válidas para os dois primeiros momentos populacionais:

$$E(X) = \mu, \quad E(X^2) = \sigma^2 + \mu^2,$$

do que obtemos

$$\mu = E(X), \quad \sigma^2 = E(X^2) - E^2(X).$$

Temos, também, os dois primeiros momentos amostrais:

$$m_1 = \frac{1}{n} \sum_{i=1}^{n} X_i = \bar{X},$$

$$m_2 = \frac{1}{n} \sum_{i=1}^{n} X_i^2.$$

Os estimadores obtidos pelo método dos momentos serão

$$\hat{\mu}_M = m_1 = \bar{X},$$

$$\hat{\sigma}_M^2 = m_2 - m_1^2 = \frac{1}{n} \sum_{i=1}^{n} X_i^2 - \bar{X}^2 = \hat{\sigma}^2.$$

Ou seja, obtemos os já mencionados estimadores $\bar{X}$ e $\hat{\sigma}^2$.

Na realidade, podemos ter, às vezes, mais de um estimador de momentos. Suponha, por exemplo, que a v.a. Y tenha uma distribuição de Poisson com parâmetro $\lambda > 0$. Vimos que $E(Y) = \text{Var}(Y) = \lambda$, de modo que λ pode ser estimado por $\bar{Y}$ ou por $\sum_{i=1}^{n} (Y_i - \bar{Y})^2 / n$, ou seja, $\hat{\lambda}_M = \bar{X}$ ou $\hat{\lambda}_M = \hat{\sigma}^2$. Veja o Problema 46.

11.4 Estimadores de mínimos quadrados

Um dos procedimentos mais usados para obter estimadores é aquele que se baseia no princípio dos mínimos quadrados, introduzido por Gauss em 1794, mas que primeiro apareceu com esse nome no apêndice do tratado de Legendre, *Nouvelles Méthodes pour la Determination des Orbites des Comètes*, publicado em Paris em 1806. Gauss somente viria a publicar seus resultados em 1809, em Hamburgo. Ambos utilizaram o princípio em conexão com problemas de Astronomia e Física.

Vejamos o procedimento por meio de um exemplo simples.

Exemplo 11.9 Um engenheiro está estudando a resistência Y de uma fibra em função de seu diâmetro X e notou que as variáveis são aproximadamente proporcionais, isto é, elas obedecem à relação

$$Y \approx \theta X, \tag{11.25}$$

CAPÍTULO 11 — ESTIMAÇÃO

em que θ é o coeficiente de proporcionalidade. Agora ele deseja estimar o parâmetro θ, baseado numa amostra de cinco unidades, que, submetidas a mensuração e testes, produziram os resultados:

$$X: \quad 1,2 \quad 1,5 \quad 1,7 \quad 2,0 \quad 2,6 \quad \bar{X} = 1,8;$$
$$Y: \quad 3,9 \quad 4,7 \quad 5,6 \quad 5,8 \quad 7,0, \quad \bar{Y} = 5,4.$$

Inspecionando os resultados, conclui-se que $\hat{\theta} = 3$ parece ser um valor razoável. Como verificar a qualidade dessa estimativa? Podemos utilizar o modelo $\hat{Y} = 3X$ e ver como esse prevê os valores de Y, para os dados valores de X, e como são as discrepâncias entre os valores observados e os estimados pelo modelo. Essa análise está resumida na Tabela 11.1.

Os valores da coluna $(Y - 3X)$ medem a inadequação do modelo para cada observação da amostra, enquanto o valor $\sum_{i=1}^{5}(Y_i - 3X_i)^2 = 1,06$ é uma tentativa de medir "o erro quadrático total da amostra". Como em situações anteriores, elevou-se ao quadrado para evitar o problema do sinal. Quanto menor for o erro quadrático total, melhor será a estimativa. Isso nos sugere procurar a estimativa que torne mínima essa soma de quadrados. Matematicamente, o problema passa a ser o de encontrar o valor de θ que minimize a função

$$S(\theta) = \sum_{i=1}^{5}(Y_i - \theta X_i)^2. \tag{11.26}$$

Tabela 11.1 Análise do modelo $\hat{Y} = 3X$.

X	Y	$3X$	$Y - 3X$	$(Y - 3X)^2$
1,2	3,9	3,6	0,3	0,09
1,5	4,7	4,5	0,2	0,04
1,7	5,6	5,1	0,5	0,25
2,0	5,8	6,0	−0,2	0,04
2,6	7,0	7,8	0,8	0,64
		Total	0	1,06

O mínimo da função é obtido derivando-a em relação a θ, e igualando o resultado a zero (ver Morettin et al., 2005), o que resulta

$$\frac{dS(\theta)}{d\theta} = \sum_{i=1}^{5}(Y_i - \hat{\theta}X_i)(-2X_i) = 0.$$

Resolvendo essa equação, obtemos

$$\hat{\theta}_{MQ} = \frac{\sum_{i=1}^{5} X_i Y_i}{\sum_{i=1}^{5} X_i^2}.$$

Usando os dados acima encontramos $\hat{\theta}_{MQ} = 2,94$, que conduz a um valor mínimo para $S(\theta)$ de 0,94. Observe que esse valor é realmente menor do que o observado para $\theta = 3$, ou seja, 1,06.

11.4 ESTIMADORES DE MÍNIMOS QUADRADOS

Como foi dito, não esperávamos uma relação perfeita entre as duas variáveis, já que o diâmetro da fibra não é o único responsável pela resistência; outros fatores não controlados afetam o resultado. Desse modo, duas amostras obtidas do mesmo diâmetro X não teriam obrigatoriamente que apresentar o mesmo resultado Y, mas valores em torno de um valor esperado θX.

Em outras palavras, estamos supondo que, para um dado valor da variável explicativa X, os valores da variável resposta Y seguem uma distribuição de probabilidade $f_Y(y)$, centrada em θX. Isso equivale a afirmar que, para cada X, o desvio $\varepsilon = Y - \theta X$ segue uma distribuição centrada no zero. Para melhor entendimento dessa proposição, veja o Capítulo 16. Podemos, então, escrever

$$E(Y \mid x) = \theta x, \quad \text{para todo valor } x.$$

É comum supor que ε tem a mesma distribuição, para todo valor x da variável explicativa X. Desse modo, é comum escrever

$$Y = \theta x + \varepsilon,$$

com ε seguindo a distribuição $f_\varepsilon(.)$, com média zero. Como ilustração, poderíamos supor que $\varepsilon \sim N(0, \sigma^2)$, para todo x. Quanto menor for a variância σ^2, melhor será a "previsão" de Y como função de x. Assim, parece razoável escolher θ que torna mínima a soma dos quadrados do erros:

$$\sum_{i=1}^{5} \varepsilon_i^2 = \sum_{i=1}^{5} \left(Y_i - \theta X_i\right)^2.$$

O modelo acima pode ser generalizado, de modo a envolver outras funções do parâmetro θ, resultando no modelo

$$Y = g(X; \theta) + \varepsilon, \tag{11.27}$$

e devemos procurar o valor de θ que minimize a função

$$S(\theta) = \sum_{i=1}^{n} \varepsilon_i^2 = \sum_{i=1}^{n} \left(Y_i - g\left(X_i; \theta\right)\right)^2, \tag{11.28}$$

para uma amostra $(X_1, Y_1), \ldots, (X_n, Y_n)$ das variáveis X e Y. A solução $\hat{\theta}_{MQ}$ é chamada de estimador de mínimos quadrados (EMQ) de θ.

Nos Capítulos 15 e 16, voltaremos a esse tópico e trataremos com mais detalhes os chamados modelos lineares.

Problemas

6. Estamos estudando o modelo $y_t = \mu + \varepsilon_t$, para o qual uma amostra de cinco elementos produziu os seguintes valores para y_t: 3, 5, 6, 8, 16.

(a) Calcule os valores de $S(\mu) = \sum_t (y_t - \mu)^2$, para $\mu = 6, 7, 8, 9, 10$, e faça o gráfico de $S(\mu)$ em relação a μ. Qual o valor de μ que parece tornar mínimo $S(\mu)$?

328 CAPÍTULO 11 — ESTIMAÇÃO

(b) Derivando $S(\mu)$ em relação a μ, e igualando o resultado a zero, você encontrará o EMQ de μ. Usando os dados acima, encontre a estimativa para μ e compare com o resultado do item anterior.

7. Os dados abaixo referem-se ao índice de inflação (y_t) de 1967 a 1979.

Ano (t)	1967	1969	1971	1973	1975	1977	1979
Inflação (y_t)	128	192	277	373	613	1.236	2.639

(a) Faça o gráfico de y_t contra t.

(b) Considere ajustar o modelo $y_t = \alpha + \beta t + \varepsilon_t$ aos dados. Encontre as estimativas de mínimos quadrados de α e β.

(c) Qual seria a inflação em 1981?

(d) Você teria alguma restrição em adotar o modelo linear nesse caso?

8. No Problema 7, determinamos os estimadores de mínimos quadrados para o modelo $y_t = f(t) + \varepsilon_t$, no qual $f(t) = \alpha + \beta t$. Suponha agora que

$$f(t) = \alpha + \beta x_t, \quad t = 1, \ldots, n,$$

ou seja, temos n valores fixos $x_1, \ldots, x_n$ de uma variável fixa (não aleatória) x. Obtenha os EMQ de α e β para esse modelo.

9. Aplique os resultados do Problema 8 para os dados a seguir:

t	1	2	3	4	5	6	7	8	9	10
x_t	1,5	1,8	1,6	2,5	4,0	3,8	4,5	5,1	6,5	6,0
y_t	66,8	67,0	66,9	67,6	68,9	68,7	69,3	69,8	71,0	70,6

11.5 Estimadores de máxima verossimilhança

O Novo Dicionário Aurélio da Língua Portuguesa (2ª edição, 1986) define *verossímil* (ou verossimilhante) aquilo que é semelhante à verdade, provável, e *verossimilhança* (ou verossimilidade, ou ainda verossimilitude), à qualidade ou caráter de verossímil. O que seria uma amostra verossímil? Seria uma amostra que fornecesse a melhor informação possível sobre um parâmetro de interesse da população, desconhecido, e que desejamos estimar.

O princípio da verossimilhança afirma que devemos escolher aquele valor do parâmetro desconhecido que maximiza a probabilidade de obter a amostra particular observada, ou seja, o valor que torna aquela amostra a "mais provável". O uso desse princípio conduz a um método de estimação pelo qual se obtêm os chamados estimadores de máxima verossimilhança que, em geral, têm propriedades muito boas. Esse princípio foi enunciado por Fisher pela primeira vez em 1912 e, em 1922, deu-lhe forma mais completa, introduzindo a expressão "likelihood" (verossimilhança). Veja Fisher (1935) para mais detalhes. Vamos começar com um exemplo.

11.5 ESTIMADORES DE MÁXIMA VEROSSIMILHANÇA

Exemplo 11.10 Suponha que temos n provas de Bernoulli com P (sucesso) $= p$, $0 < p < 1$ e X = número de sucessos. Devemos tomar como estimador aquele valor de p que torna a amostra observada a mais provável de ocorrer.

Suponha, por exemplo, que $n = 3$ e obtemos dois sucessos e um fracasso. A função de verossimilhança é

$$L(p) = P(2 \text{ sucessos e 1 fracasso}) = p^2(1 - p).$$

Maximizando essa função em relação a p, obtemos

$$L'(p) = 2p(1 - p) - p^2 = 0 \Rightarrow p(2 - 3p) = 0,$$

do que seguem $p = 0$ ou $p = 2/3$. É fácil ver que o ponto máximo é $\hat{p} = 2/3$, que é o estimador de máxima verossimilhança (EMV) de p.

De modo geral, o EMV do parâmetro p de uma distribuição binomial é

$$\hat{p}_{MV} = \frac{X}{n}, \tag{11.29}$$

que é o estimador usado anteriormente no Exemplo 11.1.

Para chegar a (11.29), observe que a função de verossimilhança nesse caso é

$$L(p) = p^x (1 - p)^{n-x},$$

que é a probabilidade de se obter x sucessos e $n - x$ fracassos. O máximo dessa função ocorre no mesmo ponto que $\ell(p) = \log_e L(p)$. Denotando o logaritmo natural simplesmente por log, temos

$$\ell(p) = x \log p + (n - x) \log(1 - p).$$

Derivando e igualando a zero obtemos $\hat{p}_{MV} = x/n$.

O procedimento, pois, é obter a função de verossimilhança, que depende dos parâmetros desconhecidos e dos valores amostrais, e depois maximizar essa função ou o logaritmo dela, o que pode ser mais conveniente em determinadas situações. Chamando de $L(\theta; X_1, \ldots, X_n)$ a função de verossimilhança, a log-verossimilhança será $\ell(\theta; X_1, \ldots, X_n) = \log_e L(\theta; X_1, \ldots, X_n)$.

No caso de variáveis contínuas, a função de verossimilhança é definida da seguinte maneira. Suponha que a v.a. X tenha densidade $f(x; \theta)$, onde destacamos a dependência do parâmetro θ desconhecido. Retiramos uma amostra de X, de tamanho n, $(X_1, \ldots, X_n)$, e sejam $(x_1, \ldots, x_n)$ os valores efetivamente observados.

Definição. A função de verossimilhança é definida por

$$L(\theta; x_1, \ldots, x_n) = f(x_1; \theta) \ldots f(x_n; \theta), \tag{11.30}$$

que deve ser encarada como uma função de θ. O estimador de máxima verossimilhança de θ é o valor θ_{MV} que maximiza $L(\theta; x_1, \ldots, x_n)$.

Se indicarmos por $x = (x_1, \ldots, x_n)'$ o vetor contendo a amostra, é costume denotar a verossimilhança por $L(\theta|x)$ e a log-verossimilhança por $\ell(\theta|x)$. O parâmetro θ pode ser um vetor, como no caso de querermos estimar a média μ e a variância σ^2 de uma normal. Nesse caso, $\theta = (\mu, \sigma^2)'$.

Exemplo 11.11 Suponha que a v.a. X tenha distribuição exponencial, com parâmetro $\alpha > 0$, desconhecido, e queremos obter o EMV desse parâmetro. A densidade de X é dada por (7.26):

$$f(x;\alpha) = \begin{cases} \dfrac{1}{\alpha} e^{-x/\alpha}, & \text{se } x \geq 0 \\[2mm] 0, & \text{se } x < 0. \end{cases}$$

Então, a verossimilhança é dada por

$$L(\alpha/x) = (1/\alpha)^n e^{-\sum x_i/\alpha}$$

e a log-verossimilhança fica

$$\ell(\alpha/x) = -n \log \alpha - \sum_{i=1}^{n} x_i/\alpha.$$

Derivando e igualando a zero obtemos que o EMV de α é

$$\hat{\alpha}_{MV} = \frac{\sum_{i=1}^{n} x_i}{n}, \tag{11.31}$$

que nada mais é do que a média amostral. Lembremos que na distribuição exponencial $E(X) = \alpha$, e portanto o estimador obtido é o esperado pelo senso comum.

No caso discreto, a função de verossimilhança pode ser escrita na forma

$$L(\theta; x_1, \ldots, x_n) = P(X_1 = x_1|\theta) \ldots P(X_n = x_n|\theta).$$

Veja o Problema 37 para o caso de termos mais de um parâmetro.

Problemas

10. Na função de verossimilhança $L(p)$ da binomial, suponha que $n = 5$ e $x = 3$. Construa o gráfico da função para os possíveis valores de $p = 1/5, 2/5, 3/5, 4/5$, e verifique que o máximo ocorre realmente para $p = 3/5$.

11. Observa-se uma sequência de ensaios de Bernoulli, independentes, com parâmetro p, até a ocorrência do primeiro sucesso. Se X indicar o número de ensaios necessários:

    (a) Mostre que $P(X = x) = (1 - p)^{x-1}p$ (distribuição geométrica).

(b) Repetiu-se esse experimento n vezes e, em cada um deles, o número de ensaios necessários foram $x_1, x_2, \ldots, x_n$. Encontre o EMV para p.

(c) Usando uma moeda, repetiu-se esse experimento 5 vezes, e o número de ensaios necessários até a ocorrência da primeira coroa foi 2, 3, 1, 4, 1, respectivamente. Qual a estimativa de MV para p = probabilidade de ocorrência de coroa nessa moeda? Existiria outra maneira de estimar p?

12. Suponha que X seja uma v.a. com distribuição normal, com média μ e variância 1. Obtenha o EMV de μ, para uma amostra de tamanho n, $(x_1, \ldots, x_n)$.

13. Considere Y uma v.a. com distribuição de Poisson, com parâmetro $\lambda > 0$. Obtenha a EMV de λ, baseado numa amostra de tamanho n.

11.6 Intervalos de confiança

Até agora, todos os estimadores apresentados foram pontuais, isto é, especificam um único valor para o estimador. Esse procedimento não permite julgar qual a possível magnitude do erro que estamos cometendo. Daí, surge a ideia de construir os intervalos de confiança, que são baseados na distribuição amostral do estimador pontual.

Exemplo 11.12 Suponha que queiramos estimar a média μ de uma população qualquer, e para tanto usamos a média $\bar{X}$ de uma amostra de tamanho n. Do TLC,

$$e = \left(\bar{X} - \mu\right) \sim N\left(0, \sigma^2_{\bar{X}}\right), \tag{11.32}$$

com $\mathrm{Var}(\bar{X}) = \sigma^2_{\bar{x}} = \sigma^2/n$. Daqui podemos determinar qual a probabilidade de cometermos erros de determinadas magnitudes. Por exemplo,

$$P\left(|e| < 1,96\sigma_{\bar{x}}\right) = 0,95$$

ou

$$P\left(|\bar{X} - \mu| < 1,96\sigma_{\bar{x}}\right) = 0,95,$$

que é equivalente a

$$P\left(-1,96\sigma_{\bar{x}} < \bar{X} - \mu < 1,96\sigma_{\bar{x}}\right) = 0,95,$$

e, finalmente,

$$P\left(\bar{X} - 1,96\sigma_{\bar{x}} < \mu < \bar{X} + 1,96\sigma_{\bar{x}}\right) = 0,95. \tag{11.33}$$

Convém lembrar que μ não é uma variável aleatória e sim, um parâmetro, e a Fórmula (11.33) deve ser interpretada da seguinte maneira: se pudéssemos construir uma quantidade grande de intervalos (aleatórios!) da forma $]\bar{X} - 1{,}96\sigma_{\bar{x}}, \bar{X} + 1{,}96\sigma_{\bar{x}}[$, todos baseados em amostras de tamanho n, 95% deles conteriam o parâmetro μ. Veja a Figura 11.3. Dizemos que $\gamma = 0{,}95$ é o *coeficiente de confiança*. Nessa figura, estão esquematizados o funcionamento e o significado de um intervalo de confiança (IC) para μ, com $\gamma = 0{,}95$ e σ^2 conhecido.

Figura 11.3 Significado de um IC para μ, com $\gamma = 0{,}95$ e σ^2 conhecido.

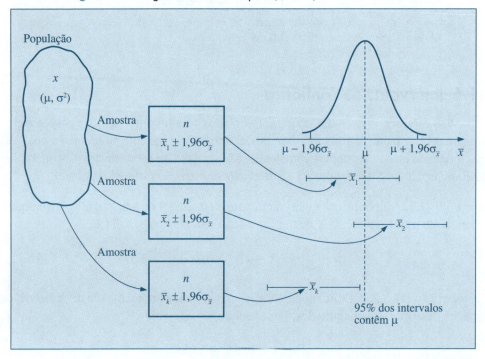

Escolhida uma amostra e encontrada sua média $\bar{x}_0$, e admitindo-se $\sigma_{\bar{x}}$ conhecido, podemos construir o intervalo

$$]\bar{x}_0 - 1{,}96\sigma_{\bar{x}}, \bar{x}_0 + 1{,}96\sigma_{\bar{x}}[\qquad (11.34)$$

Esse intervalo pode ou não conter o parâmetro μ, mas pelo exposto acima temos 95% de confiança de que contenha.

Para ilustrar o que foi dito acima, consideremos o seguinte experimento de simulação. Geramos 20 amostras de tamanho $n = 25$ de uma distribuição normal de média $\mu = 5$ e desvio padrão $\sigma = 3$. Para cada amostra construímos o intervalo de confiança para μ, com coeficiente de confiança $\gamma = 0{,}95$, que é da forma $\bar{X} \pm 1{,}176$, usando (11.34). Na Figura 11.4, temos esses intervalos representados e notamos que três deles (amostras de números 5, 14 e 15) não contêm a média $\mu = 5$.

Figura 11.4 Intervalos de confiança para a média de uma N(5, 9), para 20 amostras de tamanho $n = 25$.

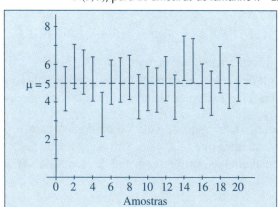

Exemplo 11.13 Uma máquina enche pacotes de café com uma variância igual a 100 g². Ela estava regulada para encher os pacotes com 500 g, em média. Agora, ela se desregulou, e queremos saber qual a nova média μ. Uma amostra de 25 pacotes apresentou uma média igual a 485 g. Vamos construir um intervalo de confiança com 95% de confiança para μ. De (11.34), teremos

$$IC(\mu; 0,95) = 485 \pm 1,96 \times 2,$$

ou seja,

$$IC(\mu; 0,95) =]481, 489[,$$

pois $\sigma_{\bar{x}} = \sigma/\sqrt{n} = 10/5 = 2g$.

Se T for um estimador do parâmetro θ, e conhecida a distribuição amostral de T, sempre será possível achar dois valores t_1 e t_2, tais que

$$P(t_1 < \theta < t_2) = \gamma, \qquad (11.35)$$

a probabilidade interpretada como em (11.33), e γ um valor fixo, $0 < \gamma < 1$. Para uma dada amostra, teremos dois valores fixos para t_1 e t_2, e o intervalo de confiança para θ, com coeficiente de confiança γ, será indicado do seguinte modo:

$$IC(\theta; \gamma) =]t_1, t_2[. \qquad (11.36)$$

Se a variância populacional σ^2 não for conhecida, podemos substituir em (11.34) $\sigma_{\bar{x}}$ por $S/\sqrt{n}$, em que S^2 é a variância amostral dada em (11.9). Para n grande, da ordem de 100, o intervalo (11.34), com essa modificação, pode ainda ser usado. Para n não muito grande, a distribuição normal não pode mais ser usada e terá de ser substituída pela distribuição t de Student, que estudamos no Capítulo 7. Esse assunto voltará a ser abordado no Capítulo 12.

Para um coeficiente de confiança qualquer γ, teremos de usar o valor $z(\gamma)$ tal que $P(-z(\gamma) < Z < z(\gamma)) = \gamma$, com $Z \sim N(0, 1)$. O intervalo fica

$$IC(\mu;\gamma) = \left]\bar{X} - z(\gamma)\sigma_{\bar{x}}; \bar{X} + z(\gamma)\sigma_{\bar{x}}\right[. \tag{11.37}$$

Observe, também, que a amplitude do intervalo (11.37) é $L = 2z(\gamma)\sigma/\sqrt{n}$, que é uma constante, independente de $\bar{X}$. Se construirmos vários intervalos de confiança para o mesmo valor de n, σ e γ, estes terão extremos aleatórios, mas todos terão a mesma amplitude L.

Exemplo 11.14 Vamos obter um intervalo de confiança para o parâmetro p de uma distribuição $b(n, p)$. Sabemos que se X = número de sucessos nas n provas, então X tem distribuição aproximadamente normal, com média $\mu = np$ e variância $\sigma^2 = npq$, com $q = 1 - p$. Logo,

$$Z = \frac{X - np}{\sqrt{npq}} \sim N(0,1),$$

ou ainda,

$$Z = \frac{X/n - p}{\sqrt{pq/n}} = \frac{\sqrt{n}(\hat{p} - p)}{\sqrt{pq}} \sim N(0,1). \tag{11.38}$$

Assim, se $\gamma = 0,95$, temos, consultando a Tabela III, que

$$P(-1,96 \leq Z \leq 1,96) = 0,95,$$

ou seja,

$$P\left\{-1,96 \leq \frac{\sqrt{n}(\hat{p} - p)}{\sqrt{pq}} \leq 1,96\right\} = 0,95.$$

Portanto, com probabilidade 0,95, temos que

$$-1,96\sqrt{pq/n} \leq \hat{p} - p \leq 1,96\sqrt{pq/n},$$

do que segue

$$\hat{p} - 1,96\sqrt{pq/n} \leq p \leq \hat{p} + 1,96\sqrt{pq/n}.$$

Como não conhecemos p, podemos proceder de duas maneiras. Uma é usar o fato que $pq \leq 1/4$, de modo que, obtendo $\sqrt{pq/n} \leq 1/\sqrt{4n}$,

$$\hat{p} - \frac{1,96}{\sqrt{4n}} \leq p \leq \hat{p} + \frac{1,96}{\sqrt{4n}}. \tag{11.39}$$

11.6 INTERVALOS DE CONFIANÇA

Temos, então, que $]\hat{p} - 1,96/\sqrt{4n};\ \hat{p} + 1,96/\sqrt{4n}[$ é um intervalo de confiança para p, com coeficiente de confiança de 95%.

Para um γ qualquer, $0 < \gamma < 1$, (11.39) fica

$$\hat{p} - \frac{z(\gamma)}{\sqrt{4n}} \le p \le \hat{p} + \frac{z(\gamma)}{\sqrt{4n}}. \tag{11.40}$$

em que $z(\gamma)$ é definido como em (11.37).

Exemplo 11.15 Numa pesquisa de mercado, $n = 400$ pessoas foram entrevistadas sobre determinado produto, e 60% delas preferiram a marca A. Aqui, $\hat{p} = 0,6$ e um intervalo de confiança para p com coeficiente de confiança $\gamma = 0,95$ será

$$0,6 \pm (1,96)1/\sqrt{1600} = 0,6 \pm 0,049,$$

ou seja

$$IC(p;0,95) =]0,551;0,649[.$$

O intervalo (11.40) é chamado *conservador*, pois se p não for igual a 1/2 e estiver próximo de zero ou de um, então ele fornece um intervalo desnecessariamente maior, porque substituímos pq pelo seu valor máximo, 1/4. Uma outra maneira de proceder é substituir pq por $\hat{p}\hat{q}$, com $\hat{q} = 1 - \hat{p}$, sendo $\hat{p}$ o estimador de máxima verossimilhança de p, por exemplo. O intervalo obtido fica

$$\hat{p} - z(\gamma)\sqrt{\hat{p}\hat{q}/n} \le p \le \hat{p} + z(\gamma)\sqrt{\hat{p}\hat{q}/n}, \tag{11.41}$$

com $z(\gamma)$ definido como em (11.40).

Na realidade, pode-se demonstrar que

$$\frac{\hat{p} - p}{\sqrt{\dfrac{\hat{p}(1 - \hat{p})}{n}}} \sim N(0,1),$$

do que resulta a Fórmula (11.41).

Exemplo 11.16 Suponha que em $n = 400$ provas obtemos $k = 80$ sucessos. Vamos obter um intervalo de confiança para p com $\gamma = 0,90$. Como $\hat{p} = 80/400 = 0,2$ e $\hat{q} = 1 - \hat{p} = 0,8$, então (11.41) fica

$$0,2 \pm (1,645)\sqrt{(0,2)(0,8)/400} = 0,2 \pm 0,033,$$

336

CAPÍTULO 11 — ESTIMAÇÃO

ou seja,

$$IC(p;0,90) = \,]0,167;0,233[.$$

Usando (11.40) o intervalo conservador é

$$IC(p;0,90) = \,]0,159;0,241[.$$

Observe que o primeiro intervalo tem amplitude menor que o segundo. Outra observação importante é que por (11.40) e um γ fixo, os intervalos que podemos obter para amostras diferentes (mas de mesmo tamanho n) terão a mesma amplitude, dada por $2z(\gamma)\sqrt{4n}$. Por outro lado, usando (11.41), a amplitude do intervalo será $2z(\gamma)\frac{\sqrt{\hat{p}\hat{q}}}{n}$, que é variável de amostra para amostra, pois $\hat{p}$ (e, consequentemente, $\hat{q}$) variará de amostra para amostra.

Problemas

14. Calcule o intervalo de confiança para a média de uma $N(\mu, \sigma^2)$ em cada um dos casos abaixo.

Média Amostral	Tamanho da Amostra	Desvio Padrão da População	Coeficiente de Confiança
170 cm	100	15 cm	95%
165 cm	184	30 cm	85%
180 cm	225	30 cm	70%

15. De 50.000 válvulas fabricadas por uma companhia retira-se uma amostra de 400 válvulas, e obtém-se a vida média de 800 horas e o desvio padrão de 100 horas.

    (a) Qual o intervalo de confiança de 99% para a vida média da população?

    (b) Com que confiança é possível afirmar que a vida média é $800 \pm 0,98$?

    (c) Que tamanho deve ter a amostra para que seja de 95% a confiança na estimativa $800 \pm 7,84$?

    (Que suposições você fez para responder às questões acima?)

16. Qual deve ser o tamanho de uma amostra cujo desvio padrão é 10 para que a diferença da média amostral para a média da população, em valor absoluto, seja menor que 1, com coeficiente de confiança igual a:

    (a) 95%   (b) 99%

17. Uma população tem desvio padrão igual a 10.

    (a) Que tamanho deve ter uma amostra para que, com probabilidade 8%, o erro em estimar a média seja superior a uma unidade?

    (b) Supondo-se colhida a amostra no caso anterior, qual o intervalo de confiança, se $\bar{x} = 50$?

11.7 ERRO PADRÃO DE UM ESTIMADOR

18. Uma amostra aleatória de 625 donas de casa revela que 70% delas preferem a marca A de detergente. Construir um intervalo de confiança para p = proporção das donas de casa que preferem A com c.c. $\gamma = 90\%$.

19. Encontre os intervalos de confiança para p se $k/n = 0{,}3$, com c.c. $\gamma = 0{,}95$. Utilize os dois enfoques apontados na Seção 11.6, com $n = 400$.

20. Antes de uma eleição, um determinado partido está interessado em estimar a proporção p de eleitores favoráveis ao seu candidato. Uma amostra piloto de tamanho 100 revelou que 60% dos eleitores eram favoráveis ao candidato em questão.

    (a) Determine o tamanho da amostra necessário para que o erro cometido na estimação seja de, no máximo, 0,01 com probabilidade de 80%.

    (b) Se na amostra final, com tamanho igual ao obtido em (a), observou-se que 55% dos eleitores eram favoráveis ao candidato em questão, construa um intervalo de confiança para a proporção p. Utilize $\gamma = 0{,}95$.

21. Suponha que estejamos interessados em estimar a proporção de consumidores de um certo produto. Se a amostra de tamanho 300 forneceu 100 indivíduos que consomem o dado produto, determine:

    (a) o intervalo de confiança para p, com coeficiente de confiança de 95% (interprete o resultado);

    (b) o tamanho da amostra para que o erro da estimativa não exceda a 0,02 unidades com probabilidade de 95% (interprete o resultado).

11.7 Erro padrão de um estimador

Vimos que, obtida a distribuição amostral de um estimador, podíamos calcular a sua variância. Se não pudermos obter a distribuição exata, usamos uma aproximação, se essa estiver disponível, como no caso de $\bar{X}$, e a variância do estimador será a variância dessa aproximação. Por exemplo, para a média amostral $\bar{X}$, obtida de uma amostra de tamanho n, temos que

$$\mathrm{Var}\left(\bar{X}\right) = \frac{\sigma^2}{n},$$

na qual σ^2 é a variância da v.a. X definida sobre a população.

À raiz quadrada dessa variância chamaremos de erro padrão de $\bar{X}$ e o denotaremos por

$$\mathrm{EP}\left(\bar{X}\right) = \frac{\sigma}{\sqrt{n}}. \tag{11.42}$$

Definição. Se T for um estimador do parâmetro θ, chamaremos de *erro padrão de T* a quantidade

$$\mathrm{EP}\left(T\right) = \sqrt{\mathrm{Var}\left(T\right)}. \tag{11.43}$$

A variância de T dependerá dos parâmetros da distribuição de X, o mesmo acontecendo com o erro padrão. Por exemplo, em (11.42), EP($\bar{X}$) depende de σ, que em geral é desconhecida. Podemos, então, obter o erro padrão estimado de $\bar{X}$, dado por

$$\mathrm{ep}\left(\bar{X}\right) = \widehat{\mathrm{EP}}\left(\bar{X}\right) = S/\sqrt{n}, \tag{11.44}$$

na qual S^2 é a variância amostral. Genericamente, o *erro padrão estimado* de T é dado por

$$\widehat{\mathrm{EP}}(T) = \sqrt{\widehat{\mathrm{Var}}(T)}. \tag{11.45}$$

Muitas vezes, a quantidade (11.45) é chamada de erro amostral. Mas preferimos chamar de erro amostral à diferença $e = T - \theta$.

Exemplo 11.17 Para o Exemplo 11.15, $\hat{p} = 0{,}6$, e o erro padrão de $\hat{p}$ será dado por

$$\mathrm{EP}\left(\hat{p}\right) = \sqrt{\frac{p\left(1 - p\right)}{n}}. \tag{11.46}$$

Como não conhecemos p usamos no seu lugar o estimador $\hat{p}$, obtendo-se

$$\widehat{\mathrm{EP}}\left(\hat{p}\right) = \sqrt{\left(0{,}6\right)\left(0{,}4\right)/400} = 0{,}025.$$

Observe que o intervalo de confiança (11.41) pode ser escrito

$$\hat{p} \pm z\left(\gamma\right)\left(\widehat{\mathrm{EP}}\left(\hat{p}\right)\right),$$

ao passo que o intervalo para μ dado por (11.37) pode ser escrito

$$\bar{X} \pm \left(1{,}96\right)\left(\mathrm{EP}\left(\bar{X}\right)\right).$$

11.8 Inferência Bayesiana

O estabelecimento de uma ponte entre os valores observados na amostra e os modelos postulados para a população, objeto da inferência estatística, exige a adoção de princípios teóricos muito bem especificados. Neste livro, usaremos a chamada *teoria frequentista* (às vezes, também chamada de clássica). Seus fundamentos encontram-se em trabalhos de J. Neyman, E. Pearson, R. Fisher e outros.

Consideremos um exemplo para ilustrar esse enfoque. Suponha que tenhamos uma amostra observada $(x_1, \ldots, x_n)$ de uma população normal, $N(\mu, \sigma^2)$, e queremos fazer inferências sobre os valores de μ e σ^2, baseados nas n observações.

Por meio de algum procedimento estudado neste capítulo, selecionamos estimadores $\hat{\mu}(x)$ e $\hat{\sigma}^2(x)$ que sejam funções do vetor de observações $x = (x_1, \ldots, x_n)'$. Considere dados hipotéticos $x_1, x_2, \ldots$, todos amostras de tamanho n, que poderiam ter sido gerados

11.8 INFERÊNCIA BAYESIANA

da população em questão. Obtemos, então, as distribuições amostrais de $\hat{\mu}\,(x)$ e $\hat{\sigma}^2(x)$, como na Seção 10.7. Podemos também obter intervalos de confiança para os parâmetros desconhecidos μ e σ^2, bem como testar hipóteses sobre esses parâmetros, assunto a ser discutido no Capítulo 12.

Para construir intervalos de confiança e testar hipóteses será necessário conhecer a distribuição amostral dos estimadores. Como só temos um conjunto de dados e não dados hipotéticos, essas distribuições amostrais terão de ser obtidas de outra maneira, e não como no Exemplo 10.7. Usualmente isso é feito usando teoremas como o Teorema Limite Central, discutido na Seção 10.8, obtendo-se uma distribuição aproximada para os estimadores, que vale para tamanhos de amostras grandes.

A crítica que se faz à teoria frequentista é a possibilidade de "replicar dados", bem como o recurso à teoria assintótica. Uma teoria que não faz uso de tais argumentos é a inferência bayesiana, cujos fundamentos foram estabelecidos por T. Bayes em 1763. Outros expoentes dessa corrente foram Bernoulli (1713), Laplace (1812) e Jeffreys (1939). Aqui, o Teorema de Bayes, estudado no Capítulo 5, tem papel fundamental. A noção de probabilidade prevalente aqui é a subjetiva, discutida brevemente no mesmo capítulo.

Com relação ao nosso exemplo, a Inferência Bayesiana admite que os parâmetros μ e σ^2, que são quantidades desconhecidas da distribuição de X, podem ser descritos por uma distribuição de probabilidades, $p(\mu, \sigma^2)$, chamada a *distribuição a priori* desses parâmetros. Nessa distribuição, são incorporadas todas as informações que temos sobre $\theta = (\mu, \sigma^2)'$, inclusive de natureza subjetiva. Essa distribuição é hipotetizada antes de se colherem os dados.

O que é importante observar é que, tanto na teoria frequentista como na bayesiana, um parâmetro qualquer, como μ, no exemplo acima, é considerado fixo. O que se faz no enfoque bayesiano é caracterizar a incerteza sobre esse parâmetro por meio de uma distribuição de probabilidades.

Após obtidos os dados, obtemos a função de verossimilhança, que incorpora a informação sobre θ fornecida pelos dados. Finalmente, obtemos a distribuição *a posteriori* de θ, dada a amostra observada. Um estimador de θ pode ser tomado, por exemplo, como a média ou a moda dessa distribuição *a posteriori*.

Vimos no Capítulo 5 que o teorema de Bayes pode ser usado para atualizar probabilidades de um evento. Mas o teorema também pode ser utilizado para obter informação sobre um parâmetro desconhecido de um modelo probabilístico, como o binomial ou normal, por exemplo. Chamemos de θ um tal parâmetro, suposto desconhecido, e para o qual tenhamos alguma informação anterior, consubstanciada numa distribuição de probabilidades $p(\theta)$, chamada distribuição *a priori* de θ. Vamos supor, por ser mais simples, que θ tenha os valores $\theta_1, \theta_2, ..., \theta_r$, com probabilidades *a priori* $P(\theta = \theta_i) = p(\theta_i)$, $i = 1, 2, ..., r$. Chamemos de y a nova informação sobre θ, que também é obtida de um modelo discreto. Então o Teorema de Bayes pode ser escrito

$$P\left(\theta_i|y\right) = \frac{p\left(\theta_i\right)P\left(y|\theta_i\right)}{\sum_{j=1}^{r} p\left(\theta_j\right)P\left(y|\theta_j\right)}, \quad i = 1, 2, ..., r. \tag{11.47}$$

Aqui, as verossimilhanças são $P(y|\theta_1)$, ..., $P(y|\theta_r)$, e as probabilidades *a posteriori* determinadas pelo teorema de Bayes são $P(\theta_1|y)$, ..., $P(\theta_r|y)$. Obtida essa distribuição *a posteriori* de θ, dada a nova informação y, podemos por exemplo estimar θ como a média dessa distribuição ou a moda (o valor que maximiza $P(\theta|y)$).

Exemplo 11.18 Vamos considerar uma aplicação do Teorema de Bayes a um exemplo simples de mercado de ações. Chamemos de y o rendimento do IBOVESPA (Índice da Bolsa de Valores de São Paulo), em porcentagem, por período (mês, por exemplo). Suponha que estejamos interessados somente se o rendimento for positivo ($y > 0$) ou negativo ($y < 0$). Designando por θ o "estado do mercado", vamos considerar apenas dois estados, mercado em alta (θ_1) ou mercado em baixa (θ_2). Suponha que se tenha a seguinte informação prévia (ou *a priori*) sobre as probabilidades de θ_1 e θ_2:

priori	θ_1	θ_2
$p(\theta)$	3/5	2/5

Então, as probabilidades *a priori* dos estados são $p(\theta_1) = P(\theta = \theta_1) = 3/5$ e $p(\theta_2) = P(\theta = \theta_2) = 2/5$. As verossimilhanças são dadas aqui por

$$P\left(y > 0|\theta\right) \quad \text{e} \quad P\left(y < 0|\theta\right),$$

para $\theta = \theta_1, \theta_2$, que denotaremos genericamente por $p(y|\theta)$. Essas verossimilhanças são supostas conhecidas no Teorema de Bayes e vamos supor que em nosso caso são dadas na tabela abaixo.

y \ θ	$p(y|\theta)$	
	θ_1	θ_2
$y > 0$	2/3	1/3
$y < 0$	1/3	2/3

Ou seja, temos que

$$P\left(y > 0|\theta_1\right) = 2/3, \quad P\left(y > 0|\theta_2\right) = 1/3$$
$$P\left(y < 0|\theta_1\right) = 1/3, \quad P\left(y < 0|\theta_2\right) = 2/3.$$

Podemos calcular as probabilidades conjuntas $p(y, \theta)$, ou seja,

$$p(y, \theta) = p(\theta)p(y|\theta),$$

obtendo-se a tabela abaixo.

y \ θ	$p(y, \theta)$		
	θ_1	θ_2	$p(y)$
$y > 0$	6/15	2/15	8/15
$y < 0$	3/15	4/15	7/15
$p(\theta)$	9/15	6/15	1

Por exemplo,

$$P(y > 0, \theta = \theta_1) = P(\theta = \theta_1) \cdot P(y > 0 | \theta = \theta_1) = 3/5 \times 2/3 = 6/15.$$

O Teorema de Bayes, dado pela Fórmula (11.47), fornece as probabilidades *a posteriori* de θ_1 e θ_2, dado o valor observado de y:

$$p(\theta | y) = \frac{p(\theta) p(y | \theta)}{p(y)}. \tag{11.48}$$

Para calcular (11.48) precisamos calcular $p(y)$, que são chamadas probabilidades marginais preditoras ou simplesmente *previsões*. Usando o mesmo argumento que deu origem a (5.14), podemos escrever

$$p(y) = \sum_{\theta} p(y, \theta) = \sum_{\theta} p(\theta) p(y | \theta).$$

Em nosso caso,

$$P(y > 0) = P(\theta_1) P(y > 0 | \theta_1) + P(\theta_2) P(y > 0 | \theta_2)$$
$$= 3/5 \times 2/3 + 2/5 \times 1/3 = 8/15.$$

Do mesmo modo,

$$P(y < 0) = P(\theta_1) P(y < 0 | \theta_1) + P(\theta_2) P(y < 0 | \theta_2) = 7/15,$$

e teremos a tabela a seguir:

y	$p(y)$
$y > 0$	8/15
$y < 0$	7/15

Vemos que essa é a mesma distribuição marginal de y, dada na tabela que mostra a distribuição conjunta de y e θ.

Então, por (11.48),

$$P(\theta = \theta_1 | y > 0) = \frac{P(\theta_1) P(y > 0 | \theta_1)}{P(y > 0)} = \frac{3/5 \times 2/3}{8/15} = 3/4,$$

$$P(\theta = \theta_2 | y > 0) = \frac{P(\theta_2) P(y > 0 | \theta_2)}{P(y > 0)} = 1/4.$$

De modo análogo, obtemos

$$P(\theta = \theta_1 | y < 0) = 3/7, \quad P(\theta = \theta_2 | y < 0) = 4/7.$$

342 CAPÍTULO 11 — ESTIMAÇÃO

Temos, então, as probabilidades condicionais de alta e baixa, dada a informação de que o retorno é positivo ou negativo:

θ / y	$p(\theta \mid y)$	
	θ_1	θ_2
$y > 0$	3/4	1/4
$y < 0$	3/7	4/7

Podemos, por exemplo, "estimar" θ (alta ou baixa) por θ_1 (mercado em alta) se $y > 0$, já que $P(\theta = \theta_1 \mid y > 0) = 3/4$ e "estimar" θ por θ_2 (mercado em baixa) se $y < 0$, pois $P(\theta = \theta_2 \mid y < 0) = 4/7$. Ou seja, tomamos o valor máximo da probabilidade *a posteriori*, dada a informação sobre o rendimento.

Esse é um exemplo do que se chama de modelo estático. Poderíamos considerar um modelo dinâmico, supondo-se que esse muda de período para período (de dia para dia ou de mês para mês etc.).

11.9 Exemplos computacionais

11.9.1 Simulando erros padrões

Na Seção 11.7, definimos o que seja o erro padrão de um estimador T de um parâmetro θ, baseado numa AAS de uma população rotulada pela v.a. X. Vimos, em particular, que o erro padrão da média amostral $\bar{X}$ é dado por (11.42) e esse pode ser estimado por (11.44), ou seja,

$$\widehat{\mathrm{EP}}\left(\bar{X}\right) = \frac{S}{\sqrt{n}}.$$

O erro padrão de um estimador é fundamental para avaliarmos quão bom ele é. Simplesmente calcular T, ou saber que ele é não viesado, não é suficiente: é necessário calcular sua variabilidade.

Mas, na maioria das situações, não podemos obter uma estimativa do erro padrão de um estimador. Considere, por exemplo, a mediana de uma amostra,

$$\mathrm{md} = \mathrm{med}(X_1, \ \ldots, X_n). \tag{11.49}$$

Pode não ser fácil calcular a Var(md) e, consequentemente, o erro padrão de md. Se admitirmos que a aproximação (11.18) é razoável, então teremos

$$\mathrm{EP}\left(\mathrm{md}\right) \approx \sigma \sqrt{\frac{\pi}{2n}}$$

11.9 EXEMPLOS COMPUTACIONAIS

e poderemos, novamente, estimar σ por S e obter

$$EP(md) \approx S\sqrt{\frac{\pi}{2n}}.$$

Mas, se tivermos amostras não muito grandes, a aproximação pode não ser adequada.

Felizmente, com o progresso de métodos computacionais usando intensivamente computadores cada vez mais rápidos e com capacidade cada vez maior de lidar com conjuntos grandes de dados, o cálculo de erros padrões, vieses etc., pode ser feito sem recorrer a uma teoria, que muitas vezes pode ser muito complicada ou simplesmente não existir.

Um desses métodos é chamado *bootstrap*, introduzido por B. Efrom, em 1979. Os livros de Efrom e Tibshirani (1993) e Davison e Hinkley (1997) são referências importantes para aqueles que quiserem se aprofundar no assunto.

A ideia básica do método *bootstrap* é reamostrar o conjunto disponível de dados para estimar o parâmetro θ, com o fim de criar dados replicados. A partir dessas replicações, podemos avaliar a variabilidade de um estimador proposto para θ, sem recorrer a cálculos analíticos.

Vamos ilustrar o método com um exemplo.

Exemplo 11.19 Suponha que temos os dados amostrais $x = (x_1, x_2, \ldots, x_n)$ e queremos estimar a mediana populacional, Md, por meio da mediana amostral $md(x) = med(x_1, \ldots, x_n)$.

Vamos escolher uma AAS (portanto, com reposição) de tamanho n dos dados. Tal amostra é chamada uma amostra *bootstrap* e denotada por $x^* = (x_1^*, \ldots, x_n^*)$.

Por exemplo, suponha que $x = (x_1, x_2, x_3, x_4, x_5)$. Poderemos obter, por exemplo, $x^* = (x_4, x_3, x_3, x_1, x_2)$.

Suponha, agora, que geremos B tais amostras independentes, denotadas $x_1^*, \ldots, x_B^*$. Para cada amostra *bootstrap*, geramos uma *réplica bootstrap* do estimador proposto, ou seja, de $md(x)$, obtendo-se

$$md(x_1^*), md(x_2^*), \ldots, md(x_B^*). \tag{11.50}$$

Definimos o estimador *bootstrap* do erro padrão de $md(x)$ como

$$\widehat{EP_B}(md) = \left[\frac{\sum_{b=1}^{B} \left(md(x_b^*) - \overline{md} \right)^2}{B-1} \right]^{1/2}, \tag{11.51}$$

com

$$\overline{md} = \frac{\sum_{b=1}^{B} md(x_b^*)}{B}. \tag{11.52}$$

Ou seja, o estimador *bootstrap* do erro padrão da mediana amostral é o desvio padrão amostral do conjunto (11.50). Na Figura 11.5, temos representado o esquema do método.

Vamos ilustrar o método com um exemplo numérico simples. Suponha que $n = 5$ e a amostra é $x = (2, 5, 3, 4, 6)$. Vamos considerar $B = 5$ amostras *bootstrap* de x. Como gerar tais amostras? Primeiramente, geramos cinco números aleatórios $i_1, ..., i_5$ dentre os cinco números inteiros 1, 2, 3, 4, 5 e consideramos a amostra *bootstrap* $x^* = (x_{i1}, ..., x_{i5})$. Repetimos esse procedimento cinco vezes. Podemos usar a Tabela VII para gerar esses NA, como já aprendemos. Considere, por exemplo, as cinco primeiras linhas e, começando do canto esquerdo, prossiga em cada linha até obter cinco dígitos entre 1 e 5, inclusive; note que pode haver repetições! Obtemos a Tabela 11.2.

Figura 11.5 Procedimento *bootstrap* para calcular o erro padrão da mediana amostral.

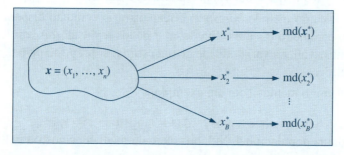

Tabela 11.2 Procedimento *bootstrap*.

NA	Amostra *bootstrap*	md(x^*)	$\bar{x}(x^*)$
1,2,2,5,1	(2,5,5,6,2)	5,0	4,0
4,4,4,3,2	(4,4,4,3,5)	4,0	4,0
5,4,5,5,5	(6,4,6,6,6)	6,0	5,6
5,1,1,5,5	(6,2,2,6,6)	6,0	4,4
2,5,4,5,3	(5,6,4,6,3)	5,0	4,8

Por exemplo, obtidos os NA 1, 2, 2, 5, 1, teremos a amostra *bootstrap* $(x_1, x_2, x_2, x_5, x_1)$ = (2, 5, 5, 6, 2), para a qual a mediana amostral é 5. Segue-se que $\overline{md} = 26/5 = 5,2$ e

$$\widehat{EP}_B(\text{md}) = \left[\frac{\sum_{b=1}^{5}\left(\text{md}(x_b^*) - 5,2\right)^2}{4}\right]^{1/2} = 0,837.$$

Se usarmos a aproximação (11.18), calculamos a variância da amostra original, obtendo-se $S^2 = 2,5$, donde $\widehat{EP}(\text{md}) \approx 0,886$. Levando-se em conta o tamanho da amostra, a discrepância entre os dois valores não é grande.

Veja a página do livro para aprender como usar o R para obter amostra *bootstrap* e calcular o erro padrão correspodente.

11.9 EXEMPLOS COMPUTACIONAIS

Exemplo 11.20 Na Tabela 11.2, calculamos, também, para cada amostra *bootstrap*, a média amostral, $\bar{x}$. Obtemos, usando (11.51),

$$EP_B(\bar{x}) = 0,669,$$

e usando a fórmula (11.44),

$$\widehat{EP}(\bar{x}) = \sqrt{2,5/5} = 0,707,$$

logo o valor obtido pelo método *bootstrap* está bastante próximo do valor calculado pela fórmula obtida de maneira analítica. Obviamente, em situações nas quais há uma fórmula disponível, não há necessidade de se usar *bootstrap*.

A questão que se apresenta é: qual deve ser o valor de *B*, ou seja, quantas amostras *bootstrap* devemos gerar para estimar erros padrões de estimadores? A experiência indica que um valor razoável é $B = 200$.

No caso geral de um estimador $\hat{\theta} = T(x)$, o algoritmo *bootstrap* para estimar o erro padrão de $\hat{\theta}$ é o seguinte:

[1] Selecione *B* amostras *bootstrap* independentes x_1^*, ..., x_B^*, cada uma consistindo de *n* valores selecionados com reposição de *x*. Tome $B \approx 200$.

[2] Para cada amostra *bootstrap* x_B^* calcule a réplica *bootstrap*

$$\hat{\theta}^*(b) = T(x_b^*), \quad b = 1, 2, ..., B.$$

[3] O erro padrão de $\hat{\theta}$ é estimado pelo desvio padrão das *B* réplicas:

$$\widehat{EP}_B = \left[\frac{1}{B-1} \sum_{b=1}^{B} \left(\hat{\theta}^*(b) - \bar{\theta}^* \right)^2 \right]^{1/2}, \tag{11.53}$$

com

$$\bar{\theta}^* = \frac{\sum_{i=1}^{B} \hat{\theta}^*(b)}{B}. \tag{11.54}$$

No exemplo acima, notamos que um intervalo de confiança aproximado para a mediana populacional Md, com coeficiente de confiança 95%, seria

$$5,2 \pm (1,96)(0,837) =]3,56; 6,84[.$$

No exemplo dado, para efeito de ilustração do método *bootstrap*, tomamos uma amostra pequena ($n = 5$) e poucas amostras *bootstrap* ($B = 5$). Para amostras maiores e B na ordem de 200 deveremos fazer um pequeno programa, em alguma linguagem (como o Visual Basic, S, Fortram, C etc.), que gere as amostras *bootstrap*, e calcular o estimador dado por (11.53). Isso implica, em particular, gerar, para cada amostra *bootstrap*, *n* números aleatórios. Como já vimos, não é prático usar uma tabela de NA nessa situação; devemos usar alguma rotina de computador.

11.10 Problemas suplementares

22. Um pesquisador está em dúvida sobre duas possíveis estatísticas, t e t', para serem usadas como estimadores de um parâmetro θ. Assim, ele decidiu usar simulação para uma situação hipotética, procurando encontrar pistas que o ajudassem a decidir qual o melhor estimador. Partindo de uma população fictícia, onde $\theta = 10$, ele retirou 1.000 amostras de 20 elementos, e para cada amostra calculou o valor das estatísticas t e t'. Em seguida, construiu a distribuição de frequências, segundo o quadro abaixo.

Classes	% de t	% de t'
5 ⊢ 7	10	5
7 ⊢ 9	20	30
9 ⊢ 11	40	35
11 ⊢ 13	20	25
13 ⊢ 15	10	5

(a) Verifique as propriedades de t e t' como estimadores de θ.

(b) Qual dos dois você adotaria? Por quê?

23. De experiências passadas, sabe-se que o desvio padrão da altura de crianças de 5ª série do 1º grau é 5 cm.

(a) Colhendo uma amostra de 36 dessas crianças, observou-se a média de 150 cm. Qual o intervalo de confiança de 95% para a média populacional?

(b) Que tamanho deve ter uma amostra para que o intervalo $150 \pm 0,98$ tenha 95% de confiança?

24. Um pesquisador está estudando a resistência de um determinado material sob determinadas condições. Ele sabe que essa variável é normalmente distribuída com desvio padrão de duas unidades.

(a) Utilizando os valores 4,9; 7,0; 8,1; 4,5; 5,6; 6,8; 7,2; 5,7; 6,2 unidades, obtidos de uma amostra de tamanho 9, determine o intervalo de confiança para a resistência média com um coeficiente de confiança $\gamma = 0,90$.

(b) Qual o tamanho da amostra necessário para que o erro cometido, ao estimarmos a resistência média, não seja superior a 0,01 unidade com probabilidade 0,90?

(c) Suponha que no item (a) não fosse conhecido o desvio padrão. Como você procederia para determinar o intervalo de confiança, e que suposições você faria para isso? Veja também o Problema 44.

25. Estime o salário médio dos empregados de uma indústria têxtil, sabendo-se que uma amostra de 100 indivíduos apresentou os seguintes resultados:

Salário	Frequência
150,00 ⊢ 250,00	8
250,00 ⊢ 350,00	22
350,00 ⊢ 450,00	38
450,00 ⊢ 550,00	28
550,00 ⊢ 650,00	2
650,00 ⊢ 750,00	2

Use $\gamma = 0,95$.

11.10 PROBLEMAS SUPLEMENTARES

26. Suponha que as vendas de um produto satisfaçam ao modelo

$$V_t = \alpha + \beta t + a_t,$$

em que a_t é a variável aleatória satisfazendo as suposições da Seção 11.4, e o tempo é dado em meses. Suponha que os valores das vendas nos 10 primeiros meses do ano 1 sejam dados pelos valores da tabela abaixo. Obtenha as previsões para os meses de novembro e dezembro do ano 1 e para julho e agosto do ano 2.

t	1	2	3	4	5	6	7	8	9	10
y_t	5,0	6,7	6,0	8,7	6,2	8,6	11,0	11,9	10,6	10,8

27. Numa pesquisa de mercado para estudar a preferência da população de uma cidade em relação a um determinado produto, colheu-se uma amostra aleatória de 300 indivíduos, dos quais 180 preferiam esse produto.

    (a) Determine um intervalo de confiança para a proporção da população que prefere o produto em estudo; tome $\gamma = 0,90$.

    (b) Determine a probabilidade de que a estimativa pontual dessa proporção não difira do verdadeiro valor em mais de 0,001.

    (c) É possível obter uma estimativa pontual dessa proporção que não difira do valor verdadeiro em mais de 0,0005 com probabilidade 0,95? Caso contrário, determine o que deve ser feito.

28. Uma amostra de 10.000 itens de um lote de produção foi inspecionada, e o número de defeitos por item foi registrado na tabela abaixo.

Nº de defeitos	0	1	2	3	4
Quantidade de peças	6.000	3.200	600	150	50

    (a) Determine os limites de confiança para a proporção de itens defeituosos na população, com coeficiente de confiança de 98%. Use (11.40).

    (b) Mesmo problema, usando (11.41).

29. Antes de uma eleição em que existiam dois candidatos, A e B, foi feita uma pesquisa com 400 eleitores escolhidos ao acaso, e verificou-se que 208 deles pretendiam votar no candidato A. Construa um intervalo de confiança, com c.c. $\gamma = 0,95$, para a porcentagem de eleitores favoráveis ao candidato A na época das eleições.

30. Encontre o c.c. de um intervalo de confiança para p, se $n = 100$, $\hat{p} = 0,6$ e a amplitude do intervalo deve ser igual a 0,090.

31. Usando os resultados do Problema 32 do Capítulo 10, mostre que o intervalo de confiança para a diferença das médias populacionais, com variâncias conhecidas, é dado por

$$IC(\mu_1 - \mu_2 : \gamma) = (\bar{X} - \bar{Y}) \pm z(\gamma)\sqrt{\sigma_1^2/n_1 + \sigma_2^2/n_2}.$$

32. Estão sendo estudados dois processos para conservar alimentos, cuja principal variável de interesse é o tempo de duração destes. No processo A, o tempo X de duração segue a distribuição $N(\mu_A, 100)$, e no processo B o tempo Y obedece à distribuição $N(\mu_B, 100)$. Sorteiam-se duas amostras independentes: a de A, com 16 latas, apresentou tempo médio de duração igual a 50, e a de B, com 25 latas, duração média igual a 60.

    (a) Construa um IC para μ_A e μ_B, separadamente.

348   CAPÍTULO 11 — ESTIMAÇÃO

    (b) Para verificar se os dois processos podem ter o mesmo desempenho, decidiu-se construir um IC para a diferença $\mu_A - \mu_B$. Caso o zero pertença ao intervalo, pode-se concluir que existe evidência de igualdade dos processos. Qual seria sua resposta?

33. Usando (11.55), prove que $\bar{X}$ é um estimador consistente para a média μ de uma população com variância σ^2.

34. Prove (11.56), usando (11.55).

35. Usando (11.57), resolva este problema: suponha que a proporção de fumantes de uma população é p, desconhecida. Queremos determinar p com um erro de, no máximo, 0,05. Qual deve ser o tamanho da amostra n, a ser escolhida com reposição, se $\gamma = 0,95$?

36. Se a distribuição de X depende de mais de um parâmetro, digamos θ_1 e θ_2, então $L(\theta_1, \theta_2; X_1, \ldots, X_n)$, e para maximizar L basta derivar L em relação a θ_1 e θ_2 (em algumas situações, derivar L não conduz ao EMV; veja o Problema 43). Considere, então, $X \sim N(\mu, \sigma^2)$. Determine os EMV de μ e σ^2, considerando $\partial \ell / \partial \mu = 0$ e $\partial \ell / \partial \sigma^2 = 0$, em que $\ell = \log L$.

37. Suponha que X, $N(\mu, \sigma^2)$, μ e σ^2 desconhecidos. Uma amostra de tamanho $n = 600$ forneceu $\bar{X} = 10,3$ e $S^2 = 1,96$. Supondo que a v.a. $Z = \dfrac{\bar{X} - \mu}{S/\sqrt{n}}$ seja aproximadamente normal, obtenha um IC para μ, com c.c. $\gamma = 0,95$ (se n for pequeno, Z não é aproximadamente normal; ver Capítulo 12).

38. Para estimar a média μ desconhecida de uma população, foram propostos dois estimadores não viesados independentes, $\hat{\mu}_1$ e $\hat{\mu}_2$, de tal sorte que $\mathrm{Var}(\hat{\mu}_1) = \mathrm{Var}(\hat{\mu}_2)/3$. Considere os seguintes estimadores ponderados de μ:

    (a) $\ T_1 = (\hat{\mu}_1 + \hat{\mu}_2)/2$;

    (b) $\ T_2 = (4\hat{\mu}_1 + \hat{\mu}_2)/5$;

    (c) $\ T_3 = \hat{\mu}_1$.

    (i) Quais estimadores são não viesados?

    (ii) Dispor esses estimadores em ordem crescente de eficiência.

39. Obtenha o estimador de λ na Poisson, pelo método dos momentos.

40. Considere o CD-Notas e retire uma amostra com reposição de tamanho $n = 10$. Determine o erro padrão estimado pelo método bootstrap das estatísticas (use $B = 15$, por exemplo):

    (a) md = mediana da amostra;

    (b) dm = desvio médio da amostra;

    (c) dam = desvio absoluto mediano.

41. Prove (11 15).

42. Calcule o **EQM** (erro quadrático médio), dado por (11.20), para os estimadores S^2 e $\hat{\sigma}^2$, no caso de população normal. Compare esses dois **EQM**. Qual estimador você escolheria, se o critério de escolha é ter o menor **EQM**?

43. Considere a v.a. discreta X com função de probabilidade dada por:

$$p(x) = P(X = x) = \frac{1}{\theta}, \quad x = 1,2,\ldots,\theta$$

em que $\theta > 0$ é um número inteiro desconhecido. Uma AAS $X_1, \ldots, X_n$ de tamanho n é selecionada e considera-se o seguinte estimador de θ:

$$T = 2\bar{X} - 1, \text{ em que } \bar{X} = \frac{1}{n}\sum_{i=1}^{n} X_i.$$

(a) Mostre que T é um estimador não viesado de θ e obtenha sua variância. T é um estimador consistente de θ? Por quê?

(b) Se $n = 6$ e a amostra observada for $x_1 = x_2 = x_3 = x_4 = x_5 = 1$ e $x_6 = 2$, qual é a estimativa de θ? Esta estimativa é um valor plausível para θ? Sugira outro estimador para θ que somente conduza a valores plausíveis de θ.

[Observação: $\sum_{i=1}^{k} i = k(k+1)/2$, $\sum_{i=1}^{k} i^2 = k(k+1)(2k+1)/6$, $k \geq 1$, k inteiro.]

11.11 Complementos metodológicos

1. Desigualdade de Chebyshev. Seja X uma v.a. com $E(X) = \mu$ e Var $(X) = \sigma^2$, finita. Então, para todo $k \geq o$, a seguinte desigualdade é válida:

$$P(|X - \mu| \geq k) \leq Var(X) / k^2. \tag{11.55}$$

Esta desigualdade é importante em muitas aplicações e, em particular, para provar o resultado (11.56) a seguir.

2. Lei dos Grandes Número. Consideremos n provas de Bernoulli com $p = P$ (sucesso), e seja k o número de sucessos nas n provas. A Lei dos Grandes Números (LGN) afirma que, para n grande, a proporção de sucessos k/n estará próxima de $p = P$ (sucesso). Formalmente, para todo $\varepsilon > 0$,

$$P\left\{ \left| \frac{k}{n} - p \right| \geq \varepsilon \right\} \leq \frac{p(1-p)}{n\varepsilon^2} \tag{11.56}$$

Prove (11.56), usando (11.55).

3. A LGN pode ser usada de mandeira útil na seguinte situação. Suponha que queiramos sabe rquantas repetições de um experimento de Bernoulli devemos realizar a fim de que k/n difira de p de menos de ε, com probabilidade maior ou igual a y. Ou seja, queremos determinar n, tal que

$$P\left\{ \left| \frac{k}{n} - p \right| \geq \varepsilon \right\} \geq y.$$

De (11.56), temos

$$P\left\{ \left| \frac{k}{n} - p \right| < \varepsilon \right\} \geq 1 - \frac{p(1-p)}{n\varepsilon^2},$$

logo, comparando, temos que n deve satisfazer

$$1 - \frac{p(1-p)}{n\varepsilon^2} = y,$$

do que segue $n = \dfrac{p(1-p)}{\delta\varepsilon^2}$, em que $\delta = 1 - y$.

350 CAPÍTULO 11 — ESTIMAÇÃO

Como não conhecemos p, usando o fato de $p(1-p)\, p \leq 1/4$; logo basta tomar n tal que

$$n = \frac{1}{4\delta\varepsilon^2}. \tag{11.57}$$

4. Estimação numa distribuição uniforme. Suponha que X tenha uma distribuição uniforme no intervalo $(0, \theta)$, onde θ é desconhecido. Uma amostra de n observações $X_1, \ldots, X_n$ é escolhida. Sabemos que $E(X) = E(X_i) = \theta/2$, para todo i, e $\mathrm{Var}(X) = \mathrm{Var}(X_i) = \theta^2/12$, para todo i. Logo, se calcularmos a média amostral $\bar{X}$, essa deve estar próxima de $\theta/2$ e podemos estimar θ por $T_1 = 2\bar{X}$.

(a) Calcule $E(T_1)$.

(b) Calcule $\mathrm{EQM}(T_1) = E(T_1 - \theta)^2$.

(c) T_1 é consistente? Por quê?

5. Continuação de 4. Outra maneira de estimar θ na uniforme é a seguinte. Considere $M = \max(X_1, \ldots, X_n) = x_{(n)}$, ou seja, o maior valor da amostra. Para qualquer valor de θ, $M < \theta$ e M se aproxima de θ quando n aumenta. Tome M como estimador de θ, o que é bastante razoável. Na realidade, veremos, em 9, que $M = \hat{\theta}_{MV}$. Usando (10.10) a densidade de M é dada por

$$f_M(x) = \begin{cases} \dfrac{n}{\theta^n} x^{n-1}, & \text{se } 0 \leq x \leq \theta \\ 0, & \text{caso contrário.} \end{cases} \tag{11.58}$$

(a) Mostre que $E(M) = \theta \dfrac{n}{n+1}$, logo M é viesado. Calcule o viés $V_M(\theta)$ de M e mostre que esse viés tende a zero, quando $n \to \infty$.

(b) Considere o estimador $T_2 = \dfrac{n+1}{n} M$; segue-se que T_2 é não viesado para θ, ou seja, $E(T_2) = \theta$. Calcule o erro quadrático médio de T_2, $\mathrm{EQM}(T_2) = E(T_2 - \theta)^2$.

(c) T_2 é consistente? Por quê?

6. Usando 4 e 5, mostre que $\mathrm{Var}(T_2) = [3/(n + 2)]\,\mathrm{Var}(T_1)$. Tome $n = 1, 2, 10, 50, 100$ e verifique qual a relação entre as duas variâncias. Verifique que, para n grande, $T_2 = [(n + 1)/n]M$ é um estimador muito melhor do que $T_1 = 2\bar{X}$. Como $T_2 = (1 + 1/n)M$, vemos que, para n grande, $T_2 \approx M$. Portanto, para tamanhos de amostras grandes, o **EMV** é melhor do que $2\bar{X}$.

7. Suponha que n seja suficientemente grande para que o TLC se aplique e se possa aproximar a distribuição de $\bar{X}$ e de M por uma distribuição normal.

(a) Calcule a média e variância de T_1, M e T_2.

(b) Obtenha um I.C. $(\theta; 0,90)$ usando T_1.

(c) Idem usando M.

(d) Idem usando T_2.

[Sugestão: substitua na variância de cada estimador, obtida em (a), o parâmetro θ, desconhecido, pelo seu estimador, para obter a respectiva variância estimada]

8. Foram gerados 1.000 valores de uma distribuição uniforme no intervalo $(0, 5)$, ou seja, $\theta = 5$. As seguintes estatísticas foram obtidas:

$$x_{(1)} = \min(X_1,...,X_{1000}) = 0,01132, \quad x_{(1000)} = M = \max(X_1,...,X_{1000}) = 4,992;$$
$$q_1 = 1,315, \quad q_2 = 2,572, \quad q_3 = 3,829, \quad \bar{x} = 2,547.$$

Calcule T_1, T_2 e aplique o resultado de 7 para obter um intervalo de confiança para θ, com c.c. = 90%.

9. EMV na uniforme. Como

$$f(x) = \begin{cases} 1/\theta, & \text{se } 0 \le x \le \theta, \\ 0, & \text{caso contrário,} \end{cases}$$

a densidade conjunta da amostra é

$$f(x_1,...,x_n;\theta) = \begin{cases} 1/\theta^n, & \text{se } 0 \le x_i \le \theta, i = 1,...,n \\ 0, & \text{caso contrário,} \end{cases}$$

Segue-se que $\ell(\theta|x_1, ..., x_n) = -n \log \theta$ e derivando e igualando a zero obteremos $-n/\theta = 0$, ou seja, o EMV de θ seria ∞! Evidentemente, essa não é a resposta. Na realidade, não podemos simplesmente derivar a verossimilhança (ou o logaritmo dela) para obter o máximo, pois temos as restrições $0 \le x_i \le \theta$, para todo i. Façamos o seguinte. Considere o gráfico da densidade conjunta, ou da verossimilhança, como função de θ. Como devemos ter $0 \le x_i \le \theta$, para todo i, o máximo M dos x_i deve ser tal que $0 \le M \le \theta$, ou seja, obtemos o gráfico abaixo.

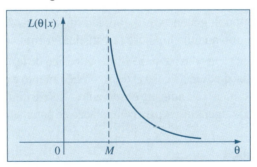

Ou seja, $L(\theta|x_1, ..., x_n) = 0$, para $\theta \le M$; logo, o máximo da verossimilhança é obtido para $\theta = M$ e portanto $\hat{\theta}_{MV} = M$.

Esse exemplo mostra que nem sempre obteremos o EMV derivando-se a verossimilhança e igualando-a a zero.

10. Outro I.C. para p. Considere $(\hat{p}-p)/\sqrt{p(1-p)/n} \sim N(0,1)$. Logo, com coeficiente de confiança γ, um intervalo de confiança para p seria:

$$IC(p;\gamma) = \left\{ p : \left| \frac{\hat{p}-p}{\sqrt{\frac{p(1-p)}{n}}} \right| \le z_\gamma \right\}.$$

Daqui segue que $(\hat{p}-p)^2 \le [p(1-p)/n]z_\gamma^2$. Resolva esta inequação para p e obtenha o I.C. Se $\hat{p} = 0,3$ e $\gamma = 0,95$, obtenha o correspondente I.C.

Capítulo 12

Testes de Hipóteses

12.1 Introdução

Vimos no Capítulo 10 que um dos problemas a serem resolvidos pela Inferência Estatística é o de testar uma hipótese. Isto é, feita determinada afirmação sobre uma população, usualmente sobre um parâmetro dessa, desejamos saber se os resultados experimentais provenientes de uma amostra contrariam ou não tal afirmação. Muitas vezes, essa afirmação sobre a população é derivada de teorias desenvolvidas no campo substantivo do conhecimento. A adequação ou não dessa teoria ao universo real pode ser verificada ou refutada pela amostra. O objetivo do teste estatístico de hipóteses é, então, fornecer uma metodologia que nos permita verificar se os dados amostrais trazem evidências que apoiem ou não uma hipótese (estatística) formulada.

Neste capítulo, iremos introduzir o procedimento básico de teste de hipótese sobre um parâmetro de uma população. A ideia central desse procedimento é a de supor verdadeira a hipótese em questão e verificar se a amostra observada é "verossímil" nessas condições. No capítulo seguinte, daremos alguns testes para comparação de parâmetros de duas populações.

12.2 Um exemplo

Vamos introduzir a ideia de teste de uma hipótese por meio de um exemplo hipotético que, partindo de uma situação simples, será gradualmente ampliado para atender à situação geral do teste de hipóteses.

Exemplo 12.1 Uma indústria usa, como um dos componentes das máquinas que produz, um parafuso importado, que deve satisfazer a algumas exigências. Uma dessas é a resistência à tração. Esses parafusos são fabricados por alguns países, e as especificações técnicas variam de país para país. Por exemplo, o catálogo do país A afirma que a resistência média à tração de seus parafusos é de 145 kg, com desvio padrão de 12 kg. Já para o país B, a média é de 155 kg e desvio padrão 20 kg.

Um lote desses parafusos, de origem desconhecida, será leiloado a um preço muito convidativo. Para que a indústria saiba se faz ou não uma oferta, ela necessita saber qual país produziu tais parafusos. O edital do leiloeiro afirma que, pouco antes do leilão, será divulgada a resistência média $\bar{x}$ de uma amostra de 25 parafusos do lote. Qual regra de decisão deve ser usada pela indústria para dizer se os parafusos são do país A ou B?

Uma resposta que ocorre imediatamente é a que considera como país produtor aquele para o qual a média da amostra mais se aproximar da média da população. Assim, uma possível regra de decisão seria:

Se $\bar{x} \leq 150$ (o ponto médio entre 145 e 155), diremos que os parafusos são do país A; caso contrário, isto é, $\bar{x} > 150$, são do país B.

Na Figura 12.1, ilustramos essa regra de decisão.

Figura 12.1 Regra de decisão para o Exemplo 12.1.

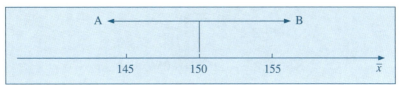

Suponha que, no dia do leilão, fôssemos informados de que $\bar{x} = 148$; de acordo com nossa regra de decisão, diríamos que os parafusos são de origem A. Podemos estar enganados nessa conclusão? Ou, em outras palavras, é possível que uma amostra de 25 parafusos de origem B apresente média $\bar{x} = 148$? Sim, é possível. Então, para melhor entendermos a regra de decisão adotada, é interessante estudarmos os tipos de erros que podemos cometer e as respectivas probabilidades.

Podemos cometer dois tipos de erros, e vamos numerá-los para facilitar a linguagem:

Erro de tipo I: dizer que os parafusos são de A quando na realidade são de B. Isso ocorre quando uma amostra de 25 parafusos de B apresenta média $\bar{x}$ inferior ou igual a 150 kg.

Erro de tipo II: dizer que os parafusos são de B, quando na realidade eles são de A. Isso ocorre quando uma amostra de 25 parafusos de A apresenta média $\bar{x}$ superior a 150 kg.

Para facilitar ainda mais, vamos definir duas hipóteses também numeradas:

H_0: os parafusos são de origem B. Isso equivale a dizer que a resistência X de cada parafuso segue uma distribuição com média $\mu = 155$ e desvio padrão $\sigma = 20$.

H_1: os parafusos são de A, isto é, a média $\mu = 145$ e o desvio padrão $\sigma = 12$.

Finalmente, vamos indicar por *RC* a região correspondente aos valores menores que 150, ou seja,

$$RC = \{y \in \mathbb{R} \mid y \leq 150\}.$$

Com as notações indicadas acima, a probabilidade de se cometer cada um dos erros pode ser escrita:

$$P(\text{erro I}) = P(\bar{X} \in RC | H_0 \text{ é verdadeira}) = \alpha$$

e

$$P(\text{erro II}) = P(\overline{X} \notin RC|H_1 \text{ é verdadeira}) = \beta.$$

Quando H_0 for verdadeira, isto é, os parafusos forem de B, sabemos do TLC que $\overline{X}$ terá distribuição aproximadamente normal, com média 155 e desvio padrão igual a $20/\sqrt{25} = 4$, isto é

$$\overline{X} \sim N(155,16).$$

Denotando por Z a v.a. com distribuição $N(0,1)$, temos

$$P(\text{erro I}) = P(\overline{X} \in RC|H_0 \text{ é verdadeira})$$
$$= P(\overline{X} \leq 150 | \overline{X} \sim N(155,16))$$
$$= P\left(Z \leq \frac{150-155}{4}\right)$$
$$= P(Z \leq -1,25) = 0,10565 = 10,56\% = \alpha$$

De modo análogo, quando H_1 for a alternativa verdadeira, teremos que a v.a. $\overline{X}$ é tal que, aproximadamente,

$$\overline{X} \sim N(145; 5,76).$$

Teremos, então,

$$P(\text{erro II}) = P(\overline{X} \notin RC|H_1 \text{ é verdadeira})$$
$$= P(\overline{X} > 150 | \overline{X} \sim N(145; 5,76))$$
$$= P\left(Z > \frac{150-145}{2,4}\right) = P(Z > 2,08) = 0,01876 = 1,88\% = \beta.$$

Observando esses dois resultados, notamos que, com a regra de decisão adotada, estaremos cometendo o erro de tipo I com maior probabilidade do que o erro de tipo II. De certo modo, essa regra de decisão privilegia a afirmação de que os parafusos são de A. No Quadro 12.1, ilustramos as consequências que podem advir da regra de decisão adotada.

Quadro 12.1 Resumo do teste H_0: $\mu = 155$, H_1: $\mu = 145$, com $RC =]-\infty, 150]$.

Origem Real dos Parafusos	Decisão	
	RC ⊢————150————→ $\overline{X}$	
	A ←	→ B
A	Sem erro	Erro tipo II $\beta = 1,88\%$
B	Erro tipo I $\alpha = 10,56\%$	Sem erro

Desse quadro, podemos notar que, se os parafusos forem realmente de B (segunda linha) e a amostra tiver média superior a 150 (segunda coluna), diremos que são de B, e não cometeremos erro algum. Por outro lado, se a média $\bar{x}$ for inferior a 150 (primeira coluna), devemos dizer que são de A, e estaremos cometendo um erro cuja probabilidade nesse caso é de 10,56%. De modo análogo, teremos uma interpretação para o caso de os parafusos serem realmente de A (primeira linha).

Para cada regra de decisão adotada, isto é, se escolhermos um valor $\bar{x}_c$ em vez de 150 no Quadro 12.1, apenas as probabilidades α e β mudarão. Se $\bar{x}_c$ for escolhido menor que 150, notamos que α diminuirá e β aumentará. Logo, deve existir um ponto em que α seja igual a β, ou seja, uma regra de decisão em que a probabilidade de errar contra A seja a mesma que errar contra B. Mostre que esse ponto é $\bar{x}_c = 148,75$, e nesse caso $\alpha = \beta = 5,94\%$.

Do exposto acima constatamos que, escolhido um valor de $\bar{x}_c$, podemos achar as probabilidades α e β de cometer cada tipo de erro. Mas também podemos proceder de modo inverso: fixar um dos erros, digamos α, e encontrar a regra de decisão que irá corresponder à probabilidade de erro de tipo I igual a α.

Por exemplo, fixemos α em 5%, e vejamos qual a regra de decisão correspondente. Temos

$$5\% = P(\text{erro I}) = P(\bar{X} \le \bar{x}_c | \bar{X} \sim N(155,16))$$
$$= P(Z \le -1,645),$$

mas da transformação para a normal padrão sabemos que

$$-1,645 = \frac{\bar{x}_c - 155}{4},$$

ou seja, $\bar{x}_c = 148,42$. Então, a regra de decisão será:

Se $\bar{x}$ for inferior a 148,42, dizemos que o lote é de A; caso contrário, dizemos que é de B.

Com essa regra, a probabilidade do erro de tipo II será

$$\beta = P(\text{erro II}) = P(\bar{X} > 148,42 | \bar{X} \ (145; 5,76))$$
$$= P(Z > 1,425) = 7,93\%$$

Veja a ilustração na Figura 12.2.

Figura 12.2 Ilustração dos erros de tipo I e II para o Exemplo 12.1.

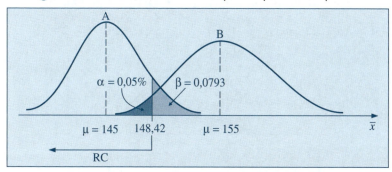

Esse segundo tipo de procedimento é bastante utilizado, porque usualmente a decisão que devemos tomar não é apenas entre duas possíveis populações. Os parafusos poderiam ser produzidos por outros países além daqueles citados e, portanto, com outras características quanto à resistência média. Suponha, ainda, que interessa à indústria fazer uma proposta apenas no caso de o parafuso ser de origem B. Qual a regra de decisão que deve adotar?

A hipótese que nos interessa agora é:

H_0: os parafusos são de origem B ($\mu = 155$ e $\sigma = 20$).

Caso essa não seja a hipótese verdadeira, a alternativa é muito mais ampla e pode ser expressa como:

H_1: os parafusos não são de origem B (μ e σ desconhecidos).

Aqui não podemos especificar os parâmetros sob a hipótese alternativa H_1, pois se não forem de origem B, os parafusos podem ser de vários outros países, cada um com suas próprias especificações. Alguns países podem ter técnicas mais sofisticadas de produção e, portanto, produzir com resistência média superior a 155. Outros, como no exemplo dado, com resistência menor. A especificação da hipótese alternativa depende muito do grau de informação que se tem do problema. Por exemplo, vamos admitir que a indústria do país B para esse caso seja a mais desenvolvida, e nenhum outro país possa produzir uma resistência média superior à dela. Então, nossa hipótese alternativa seria mais explícita:

H_1: os parafusos não são de origem B ($\mu < 155$ e σ qualquer).

Isso significa que só iremos desconfiar de H_0 se $\bar{x}$ for muito menor do que 155. Ou seja, a nossa regra de decisão deverá ser semelhante à vista anteriormente. Como os parâmetros sob a hipótese alternativa são muitos, a melhor solução para construir a regra de decisão é fixar α, a probabilidade do erro de tipo I (rejeitar H_0 quando ela for verdadeira). Se fixarmos novamente $\alpha = 0,5$, e nesse caso a regra de decisão depende apenas das informações de H_0, a regra de decisão será a mesma anterior:

Se $\bar{x}$ for superior a 148,42, diremos que o lote é de origem B; caso contrário, diremos que não é de origem B.

Com essa regra de decisão e com a hipótese alternativa mais ampla, não podemos encontrar β, pois não temos um único parâmetro μ como alternativa e nada sabemos sobre σ. Então, não podemos controlar o erro de tipo II. As implicações dessa regra de decisão estão resumidas na Figura 12.3 e no Quadro 12.2.

Figura 12.3 Teste H_0: $\mu = 155$ vs H_1: $\mu < 155$, com $RC =]-\infty; 148,42]$.

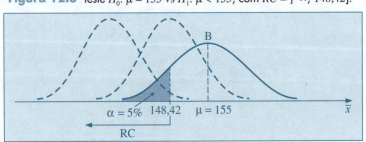

Quadro 12.2 Resumo do teste H_0: $\mu = 155$, H_1: $\mu < 155$, com $RC =]-\infty, 148,42]$.

Origem Real dos Parafusos	Decisão	
	RC → $\overline{X}$ (148,42), → não B	→ B
B	Erro tipo I, $\alpha = 5\%$	Sem erro
não B	Sem erro	Erro tipo II, $\beta = ?$

Podemos reescrever as hipóteses nessa situação da seguinte maneira:

$$H_0: \mu = 155$$
$$H_1: \mu < 155$$

O cálculo de β depende do valor de μ, que não é especificado. Mas podemos considerar a seguinte e importante função.

Definição. A função *característica de operação* (função CO) do teste acima é definida como

$$\beta(\mu) = P(\text{aceitar } H_0 | \mu) = P(\overline{X} > 148,42 | \mu).$$

Ou seja, $\beta(\mu)$ é a probabilidade de aceitar H_0, considerada como uma função de μ.

Usualmente, considera-se a função $\pi(\mu) = 1 - \beta(\mu)$, que é a probabilidade de se rejeitar H_0, como função de μ. Essa função é chamada *função poder do teste* e será estudada abaixo com certo detalhe. Nesses casos consideramos que σ é o mesmo para todos os valores de μ.

Admitamos, agora, que não exista razão alguma para acreditarmos que a resistência média dos parafusos de B seja maior ou menor do que a de outros países. Isso irá nos levar a duvidar que os parafusos não são de B, se a média observada for muito maior ou muito menor do que 155. Esta situação corresponde à seguinte hipótese alternativa:

H_1: os parafusos não são de origem B ($\mu \neq 155$).

Aqui, a regra de decisão deverá indicar dois pontos $\overline{x}_{c_1}$ e $\overline{x}_{c_2}$, tais que:

Se $\overline{x}$ estiver entre $\overline{x}_{c_1}$ e $\overline{x}_{c_2}$, diremos que os parafusos são de origem B; se $\overline{x}$ estiver fora do intervalo, diremos que não são de origem B.

Fixado α, a probabilidade do erro I, existirão muitos valores que satisfazem a essa condição. Daremos preferência àquelas soluções $\overline{x}_{c_1}$ e $\overline{x}_{c_2}$, simétricas em relação à média. Veja a Figura 12.4.

Voltando ao nosso problema, e fixado α em 5%, temos

$$0,05 = P(\text{erro I}) = P\left(\overline{X} < \overline{x}_{c_1} \text{ ou } \overline{X} > \overline{x}_{c_2} \middle| \overline{X} \quad N(155,16)\right)$$
$$= P(Z < -1,96 \text{ ou } Z > 1,96),$$

e daqui encontramos

$$-1,96 = \left(\overline{x}_{c_1} - 155\right)/4 \Rightarrow \overline{x}_{c_1} = 147,16$$

e

$$1,96 = \left(\overline{x}_{c_2} - 155\right)/4 \Rightarrow \overline{x}_{c_2} = 162,84.$$

Figura 12.4 Teste $H_0: \mu = 155$ vs $H_1: \mu \neq 155$.

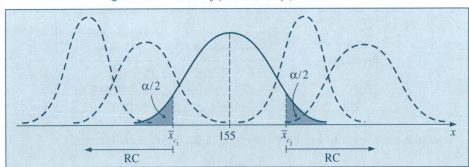

Portanto, nesse caso, a região de rejeição da hipótese H_0 é (veja o Quadro 12.3)

$$RC = \{\bar{x} \in \mathbb{R} | \bar{x} < 147{,}16 \text{ ou } \bar{x} > 162{,}84\}.$$

Do apresentado nesta seção, vemos que, dependendo do grau de informação que se tem do problema, podemos ter regras de decisão unilaterais ou bilaterais. Na seção seguinte, iremos dar os passos para a construção de um teste de hipótese.

Quadro 12.3 Resumo do teste $H_0: \mu = 155$, $H_1: \mu \neq 155$, com $RC =]-\infty, 147{,}16] < [162{,}84, +\infty[$.

Origem Real dos Parafusos	Decisão	
	RC (147,16 — 162,84) → B	RC → não B
B	Sem erro	Erro tipo II, $\beta = ?$
não B	Erro tipo I, $\alpha = 5\%$	Sem erro

Problemas

1. Para decidirmos se os habitantes de uma ilha são descendentes da civilização **A** ou **B**, iremos proceder do seguinte modo:

   (i) selecionamos uma amostra de 100 moradores adultos da ilha, e determinamos a altura média deles;

   (ii) se essa altura média for superior a 176, diremos que são descendentes de **B**; caso contrário, são descendentes de **A**.

   Os parâmetros das alturas das duas civilizações são:

   A: $\mu = 175$ e $\sigma = 10$;

   B: $\mu = 177$ e $\sigma = 10$.

   Definamos: Erro de tipo **I** — dizer que os habitantes da ilha são descendentes de **B** quando, na realidade, são de **A**.

   Definamos: Erro de tipo **II** — dizer que são de **A** quando, na realidade, são de **B**.

   (a) Qual a probabilidade do erro de tipo **I**? E do erro de tipo **II**?

12.3 PROCEDIMENTO GERAL DO TESTE DE HIPÓTESES

(b) Qual deve ser a regra de decisão se quisermos fixar a probabilidade do erro de tipo I em 5%? Qual a probabilidade do erro de tipo II, nesse caso?

(c) Se $\sigma_A = 5$, como ficariam as respostas de (b)?

(d) Quais as probabilidades do erro de tipo II, nas condições da questão (b), se a média $\mu_B = 178$? E $\mu_B = 180$? E $\mu_B = 181$? Coloque num gráfico os pares $(\mu_B, P(\text{erro II}|\mu_B))$.

2. Fazendo o teste

$$H_0: \mu = 1.150 \ (\sigma = 150) \text{ contra } H_1: \mu = 1.200 \ (\sigma = 200),$$

e $n = 100$, estabeleceu-se a seguinte região crítica:

$$RC = [1.170, +\infty[.$$

(a) Qual a probabilidade α de rejeitar H_0 quando verdadeira?

(b) Qual a probabilidade β de aceitar H_0 quando H_1 é verdadeira?

(c) Qual deve ser a região crítica para que $\alpha = \beta$?

3. Nas situações abaixo, escolha como hipótese nula, H_0, aquela que para você leva a um erro de tipo I mais importante. Descreva quais os dois erros em cada caso.

(a) O trabalho de um operador de radar é detectar aeronaves inimigas. Quando surge alguma coisa estranha na tela, ele deve decidir entre as hipóteses:

1. *está começando um ataque;*
2. *tudo bem, apenas uma leve interferência.*

(b) Num júri, um indivíduo está sendo julgado por um crime. As hipóteses sujeitas ao júri são:

1. *o acusado é inocente;*
2. *o acusado é culpado.*

(c) Um pesquisador acredita que descobriu uma vacina contra resfriado. Ele irá conduzir uma pesquisa de laboratório para verificar a veracidade da afirmação. De acordo com o resultado, ele lançará ou não a vacina no mercado. As hipóteses que pode testar são:

1. *a vacina é eficaz;*
2. *a vacina não é eficaz.*

4. Se, ao lançarmos três vezes uma moeda, aparecerem 3 coroas, decidimos rejeitar a hipótese de que a moeda é "honesta". Quais as probabilidades de erro de tipo I e erro de tipo II, se $p = 2/3$?

5. A variável X, custo de manutenção de um tear, pode ser considerada como tendo distribuição normal de média μ e desvio padrão 20 unidades. Os valores possíveis de μ podem ser 200 ou 210. Para verificar qual dos dois valores é o mais provável, usar-se-á uma amostra de 25 teares. Defina:

(a) Uma hipótese a ser testada.

(b) Uma regra de decisão e encontre as probabilidades dos erros de tipo I e II.

12.3 Procedimento geral do teste de hipóteses

A construção de um teste de hipóteses, para um parâmetro populacional, pode ser colocada do seguinte modo. Existe uma variável X associada a dada população e tem-se uma hipótese sobre determinado parâmetro θ dessa população. Por exemplo, afirmamos que o verdadeiro valor de θ é θ_0. Colhe-se uma amostra aleatória de elementos dessa população, e com ela deseja-se comprovar ou não tal hipótese.

Como já vimos anteriormente, iniciamos nossa análise explicitando claramente qual a hipótese que estamos colocando à prova e a chamamos de *hipótese nula*, e escrevemos

$$H_0: \theta = \theta_0.$$

Em seguida, convém explicitar também a hipótese que será considerada aceitável, caso H_0 seja rejeitada. A essa hipótese chamamos de *hipótese alternativa*, e a sua caracterização estatística irá depender do grau de conhecimento que se tem do problema estudado. A alternativa mais geral seria

$$H_1: \theta \neq \theta_0.$$

Poderíamos, ainda, ter alternativas da forma

$$H_1: \theta < \theta_0 \quad \text{ou} \quad H_1: \theta > \theta_0,$$

dependendo das informações que o problema traz.

Qualquer que seja a decisão tomada, vimos que estamos sujeitos a cometer erros. Para facilitar a linguagem, introduzimos as definições:

Erro de tipo I: rejeitar a hipótese nula quando essa é verdadeira. Chamamos de α a probabilidade de cometer esse erro, isto é,

$$\alpha = P(\text{erro do tipo I}) = P(\text{rejeitar } H_0 | H_0 \text{ é verdadeira}).$$

Erro de tipo II: não rejeitar H_0 quando H_0 é falsa. A probabilidade de cometer esse erro é denotada por β, logo

$$\beta = P(\text{erro do tipo II}) = P(\text{não rejeitar } H_0 | H_0 \text{ é falsa}).$$

O objetivo do teste de hipóteses é dizer, usando uma estatística $\hat{\theta}$, se a hipótese H_0 é ou não aceitável. Operacionalmente, essa decisão é tomada por meio da consideração de uma região crítica RC. Caso o valor observado da estatística pertença a essa região, rejeitamos H_0; caso contrário, não rejeitamos H_0. Esta região é construída de modo que $P(\hat{\theta} \in RC | H_0$ é verdadeira) seja igual a α, fixado *a priori*. RC recebe o nome de *região crítica ou região de rejeição* do teste. Um fato importante a ressaltar é que a região crítica é sempre construída sob a hipótese de H_0 ser verdadeira. A determinação do valor de β já é mais difícil, pois usualmente não especificamos valores fixos para o parâmetro sob a hipótese alternativa. Mais adiante trataremos dessa situação, ao considerarmos o poder de um teste.

A probabilidade α de se cometer um erro de tipo I (ou de primeira espécie) é um valor arbitrário e recebe o nome de *nível de significância* do teste. O resultado da amostra é tanto mais significante para rejeitar H_0 quanto menor for esse nível α. Ou seja, quanto menor for α, menor é a probabilidade de se obter uma amostra com estatística pertencente à região crítica, sendo pouco verossímil a obtenção de uma amostra da população para a qual H_0 seja verdadeira. Usualmente, o valor de α é fixado em 5%, 1% ou 0,1%.

A fixação do valor de α envolve uma questionável arbitrariedade. Neste sentido, há um modo alternativo de se proceder, que será considerado na Seção 12.8.

12.4 Passos para a construção de um teste de hipóteses

Vimos, nas seções anteriores, o procedimento que se deve usar para realizar um teste de hipóteses. Daremos abaixo uma sequência que pode ser usada sistematicamente para qualquer teste de hipóteses.

Passo 1. Fixe qual a hipótese H_0 a ser testada e qual a hipótese alternativa H_1.

Passo 2. Use a teoria estatística e as informações disponíveis para decidir qual estatística (estimador) será usada para testar a hipótese H_0. Obter as propriedades dessa estatística (distribuição, média, desvio padrão).

Passo 3. Fixe a probabilidade α de cometer o erro de tipo I e use este valor para construir a região crítica (regra de decisão). Lembre que essa região é construída para a estatística definida no passo 2, usando os valores do parâmetro hipotetizados por H_0.

Passo 4. Use as observações da amostra para calcular o valor da estatística do teste.

Passo 5. Se o valor da estatística calculado com os dados da amostra não pertencer à região crítica, não rejeite H_0; caso contrário, rejeite H_0.

Procuraremos, sempre que fizermos teste de hipóteses, distinguir bem esses cinco passos. Finalmente um comentário sobre H_0 e o erro de tipo I. Devemos tomar como H_0 aquela hipótese, que, rejeitada, conduza a um erro de tipo I mais importante de evitar. Vejamos um exemplo devido a Neyman (1978). Suponha um experimento para se determinar se um produto A é ou não cancerígeno. Após realizado o teste, podemos concluir: (i) A é cancerígeno ou (ii) A não é cancerígeno. Cada uma dessas conclusões pode estar errada e temos os dois tipos de erro já mencionados, dependendo de qual hipótese seja H_0. Do ponto de vista do usuário do produto, a hipótese a ser testada deve ser

$$H_0\text{: A é cancerígeno,}$$

pois a probabilidade de erro na rejeição dessa hipótese, se ela for verdadeira, deve ser um valor muito pequeno. Outros exemplos estão contidos no Problema 3.

12.5 Testes sobre a média de uma população com variância conhecida

Vejamos, agora, uma aplicação dos cinco passos definidos na seção anterior, para testar a hipótese de que a média de uma população μ seja igual a um número fixado μ_0, supondo-se a variância σ^2 dessa população conhecida.

Exemplo 12.2 Uma máquina automática para encher pacotes de café enche-os segundo uma distribuição normal, com média μ e variância sempre igual a 400 g². A máquina foi regulada para $\mu = 500$ g. Desejamos, periodicamente, colher uma amostra de 16 pacotes e verificar se a produção está sob controle, isto é, se $\mu = 500$ g ou não. Se uma dessas amostras apresentasse uma média $\bar{x} = 492$ g, você pararia ou não a produção para regular a máquina?

Vejamos como testar essa hipótese.

Passo 1. Indiquemos por X o peso de cada pacote; então, $X \sim N(\mu, 400)$. E as hipóteses que nos interessam são:

$$H_0: \mu = 500 \text{ g},$$
$$H_1: \mu \neq 500 \text{ g},$$

pois a máquina pode desregular para mais ou para menos.

Passo 2. Pela afirmação do problema, $\sigma^2 = 400$ será sempre a mesma; logo, para todo μ, a média $\bar{X}$ de 16 pacotes terá distribuição $N(\mu, 400/16)$, de modo que o desvio padrão (ou erro padrão) de $\bar{X}$ é $\sigma_{\bar{x}} = 5$. Em particular, se H_0 for verdadeira, $\bar{X} \sim N(500, 25)$.

Passo 3. Vamos fixar $\alpha = 1\%$; pela hipótese alternativa, vemos que H_0 deve ser rejeitada quando $\bar{X}$ for muito pequena ou muito grande (dizemos que temos um teste bilateral). Portanto, nossa região crítica será como a da Figura 12.5.

Figura 12.5 Região crítica para o teste $H_0: \mu = 500$ vs $H_1: \mu \neq 500$ do Exemplo 12.2.

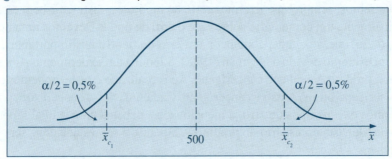

Da tabela da curva normal padronizada obtemos que

$$z_1 = -2{,}58 = (\bar{x}_{c_1} - 500)/5 \Rightarrow \bar{x}_{c_1} = 487{,}1,$$
$$z_2 = 2{,}58 = (\bar{x}_{c_2} - 500)/5 \Rightarrow \bar{x}_{c_2} = 512{,}9.$$

Segue-se que a região crítica é

$$\text{RC} = \{\bar{x} \in \mathbb{R} | \bar{x} \leq 487{,}1 \text{ ou } \bar{x} \geq 512{,}9\}.$$

Passo 4. A informação pertinente da amostra é sua média, que nesse caso particular é $\bar{x}_0 = 492$.

Passo 5. Como $\bar{x}_0$ não pertence à região crítica, nossa conclusão será não rejeitar H_0. Ou seja, o desvio da média da amostra para a média proposta por H_0 pode ser considerado como devido apenas ao sorteio aleatório dos pacotes.

A situação analisada não é muito realista: conhecer a variância da população. O caso mais geral, de média e variância desconhecidas, será tratado na Seção 12.10.

12.6 TESTE PARA PROPORÇÃO

Problemas

6. Sabe-se que o consumo mensal per capita de um determinado produto tem distribuição normal, com desvio padrão 2 kg. A diretoria de uma firma que fabrica esse produto resolveu que retiraria o produto da linha de produção se a média de consumo per capita fosse menor que 8 kg. Caso contrário, continuaria a fabricá-lo. Foi realizada uma pesquisa de mercado, tomando-se uma amostra de 25 indivíduos, e verificou-se que $\sum_{i=1}^{25} X_i = 180$ Kg, em que X_i representa o consumo mensal do i-ésimo indivíduo da amostra.

   (a) Construa um teste de hipótese adequado, utilizando $\alpha = 0,05$, e com base na amostra colhida determine a decisão a ser tomada pela diretoria.

   (b) Qual a probabilidade β de se tomar uma decisão errada se, na realidade, a média populacional for $\mu = 7,8$ kg?

   (c) Se a diretoria tivesse fixado $\alpha = 0,01$, a decisão seria a mesma? (Justifique sua resposta.)

   (d) Se o desvio da população fosse 4 kg, qual seria a decisão, com $\alpha = 0,05$? (Justifique sua resposta.)

7. A associação dos proprietários de indústrias metalúrgicas está muito preocupada com o tempo perdido com acidentes de trabalho, cuja média, nos últimos tempos, tem sido da ordem de 60 horas/homem por ano e desvio padrão de 20 horas/homem. Tentou-se um programa de prevenção de acidentes, após o qual foi tomada uma amostra de nove indústrias e medido o número de horas/homens perdidas por acidente, que foi de 50 horas. Você diria, no nível de 5%, que há evidência de melhoria?

8. O salário médio dos empregados das indústrias siderúrgicas de um país é de 2,5 salários mínimos, com um desvio padrão de 0,5 salários mínimos. Uma indústria é escolhida ao acaso e desta é escolhida uma amostra de 49 empregados, resultando um salário médio de 2,3 salários mínimos. Podemos afirmar que esta indústria paga salários inferiores à média nacional, com o nível de 5%?

9. Uma companhia de cigarros anuncia que o índice médio de nicotina dos cigarros que fabrica apresenta-se abaixo de 23 mg por cigarro. Um laboratório realiza 6 análises desse índice, obtendo: 27, 24, 21, 25, 26, 22. Sabe-se que o índice de nicotina se distribui normalmente, com variância igual a 4,86 mg². Pode-se aceitar, no nível de 10%, a afirmação do fabricante?

12.6 Teste para proporção

Vamos usar os passos descritos na Seção 12.4 para mostrar a construção do teste para proporções.

Passo 1. Temos uma população e uma hipótese sobre a proporção p de indivíduos portadores de certa característica. Esta hipótese afirma que essa proporção é igual a certo valor p_0. Então,

$$H_0: p = p_0.$$

O problema fornece informações sobre a alternativa, que pode ter uma das três formas abaixo:

(i) $H_1: p \neq p_0$ (teste bilateral);
(ii) $H_1: p > p_0$ (teste unilateral à direita); e
(iii) $H_1: p < p_0$ (teste unilateral à esquerda).

Passo 2. Como vimos na Seção 10.9, a estatística $\hat{p}$, a proporção amostral, tem uma distribuição aproximadamente normal, a saber,

$$\hat{p} \sim N\left(p, \frac{p(1-p)}{n}\right).$$

Passo 3. Fixado um valor de α, devemos construir a região crítica para p, sob a suposição de que o parâmetro definido por H_0 seja o verdadeiro. Ou seja, podemos escrever

$$\hat{p} \sim N\left(p_0, \frac{p_0(1-p_0)}{n}\right).$$

e, consequentemente, teremos a região crítica da Figura 12.6, supondo a alternativa (i) acima; sendo que $d = Z(1 - \alpha/2)\sqrt{p_0(1-p_0)/n}$ e $Z(p)$ é o p-quantil da normal padrão.

O quarto e quinto passos irão depender da amostra, e o procedimento está descrito no exemplo seguinte.

Figura 12.6 Região crítica para o teste $H_0: p = p_0$ vs $H_1: p \neq p_0$.

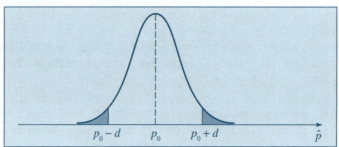

Exemplo 12.3 Uma estação de televisão afirma que 60% dos televisores estavam ligados no seu programa especial da última segunda-feira. Uma rede competidora deseja contestar essa afirmação e decide usar uma amostra de 200 famílias para um teste. Qual deve ser o procedimento adotado para avaliar a veracidade da afirmação da estação? No passo 4 a seguir daremos o resultado da amostra, pois é importante ficar claro que esse resultado não deve influenciar a escolha da alternativa.

Passo 1. Vamos colocar à prova a afirmação da estação, isto é,

$$H_0: p = 0{,}60.$$

Sabemos que, se essa hipótese não for verdadeira, espera-se uma proporção menor, nunca maior. A estação divulgaria o máximo possível. Isso nos leva à hipótese alternativa

$$H_1: p < 0{,}60.$$

12.6 TESTE PARA PROPORÇÃO

Passo 2. A estatística a ser usada é $\hat{p}$, a proporção de 200 famílias que assistiram ao programa na última segunda-feira, e da teoria sabemos que

$$\hat{p} \sim N\left(p, \frac{p(1-p)}{200}\right).$$

Passo 3. Fixaremos $\alpha = 0{,}05$ e sob a suposição que H_0 seja verdadeira,

$$\hat{p} \sim N(0{,}60, 0{,}24/200),$$

o que irá fornecer a região crítica (veja a Figura 12.7)

$$RC = \{\hat{p} \in \mathbb{R} \mid \hat{p} \leq 0{,}544\}.$$

Figura 12.7 Região crítica para o teste H_0: $p = 0{,}60$ vs H_1: $p < 0{,}60$ do Exemplo 12.3.

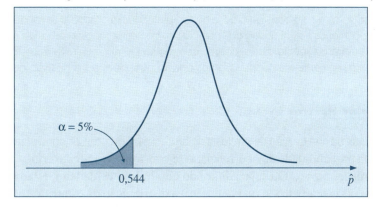

De fato, devemos achar o valor $\hat{p}_c$, tal que $P(\hat{p} \leq \hat{p}_c) = 0{,}05$, e usando a aproximação normal acima, teremos

$$P\left(Z \leq \frac{\hat{p}_c - 0{,}60}{\sqrt{0{,}24/200}}\right) = 0{,}05,$$

o que implica

$$\frac{\hat{p}_c - 0{,}60}{\sqrt{0{,}24/200}} = -1{,}645,$$

o valor $-1{,}645$ sendo obtido da normal padronizada. Segue-se que $\hat{p}_c = 0{,}544$, correspondendo à região crítica acima.

Passo 4. Admitamos que, da pesquisa feita com as 200 famílias, obtivemos 104 pessoas que estavam assistindo ao programa. A proporção da amostra será $\hat{p} = 104/200 = 0{,}52$.

Passo 5. Do resultado do passo anterior, vemos que $0{,}52 \in RC$; portanto, somos levados a rejeitar H_0. Isto é, há evidências que a audiência do programa de segunda-feira não foi de 60%, mas inferior a esse número.

366 CAPÍTULO 12 — TESTES DE HIPÓTESES

Problemas

10. Uma pessoa gaba-se de adivinhar qual será o resultado do lance de uma moeda, mas é preciso que os presentes não o perturbem com pensamentos duvidosos. Para testar tal capacidade, lançou-se uma moeda perfeita 6 vezes, e o adivinhador acertou 5. Qual seria sua conclusão?

11. O consumidor de um certo produto acusou o fabricante, dizendo que mais de 20% das unidades fabricadas apresentam defeito. Para confirmar sua acusação, ele usou uma amostra de tamanho 50, em que 27% das peças eram defeituosas. Mostre como o fabricante poderia refutar a acusação. Utilize um nível de significância de 10%.

12. Um fabricante garante que 90% dos equipamentos que fornece a uma fábrica estão de acordo com as especificações exigidas. O exame de uma amostra de 200 peças desse equipamento revelou 25 defeituosas. Teste a afirmativa do fabricante, nos níveis de 5% e 1%.

13. Os produtores de um programa de televisão pretendem modificá-lo se for assistido regularmente por menos de um quarto dos possuidores de televisão. Uma pesquisa encomendada a uma empresa especializada mostrou que, de 400 famílias entrevistadas, 80 assistem ao programa regularmente. Com base nos dados, qual deve ser a decisão dos produtores?

12.7 Poder de um teste

Vimos que, na construção de um teste de hipóteses, procuramos controlar o erro de tipo I, fixando sua probabilidade de ocorrência, α, e construindo a região crítica de modo que $P(RC|H_0$ verdadeira$) = \alpha$. Ou seja, admitindo que H_0 seja verdadeira, estamos admitindo conhecido(s) o(s) parâmetro(s) que define(m) a distribuição da estatística usada no teste.

Por outro lado, a probabilidade do erro do tipo II, na maioria dos casos, não pode ser calculada, pois a hipótese alternativa usualmente especifica um conjunto de valores para o parâmetro. Voltemos ao exemplo da seção anterior.

Exemplo 12.2 (continuação) No exemplo da máquina de encher pacotes de café, a v.a. X, que descrevia o peso de cada pacote, tinha uma distribuição normal com média μ e variância 400, de modo que a média amostral $\overline{X} \sim N(500, 25)$, sob a hipótese H_0. Esse fato foi utilizado para determinar a região crítica $RC = \{\overline{x} \in \mathbb{R} \mid \overline{x} < 487,1 \text{ ou } \overline{x} > 512,9\}$ e nossa regra de decisão para verificar se a máquina estava ou não produzindo sob controle foi:

$$\text{Se } \overline{x} \in RA, \text{ a máquina está sob controle; se } \overline{x} \in RC, \text{ não está,}$$

em que RA é a região de aceitação do teste, isto é, o complementar de RC em relação a $\mathbb{R}$ e, portanto, dada no nosso caso por $RA = \{\overline{x} \in \mathbb{R} \mid 487,1 \le \overline{x} \le 512,9\}$.

A probabilidade β do erro de tipo II não pode ser calculada, a menos que se especifique um valor alternativo para μ. Segue-se que a função característica de operação do teste é dada por

$$\beta(\mu) = P(\text{aceitar } H_0/\mu) = P(\overline{X} \in RA|\mu)$$
$$= P(487,1 \le \overline{X} \le 512,9)|\mu).$$

12.7 PODER DE UM TESTE

Por exemplo, se a máquina se desregular para $\mu = 505$, teremos

$$\beta(505) = P\left(\overline{X} \in \text{RA} \,|\, \mu = 505\right) = P\left(-3,58 \le Z \le 1,58\right) = 94,28\%,$$

usando o fato que agora $\overline{X} \sim N(505, 25)$. Lembre-se de que supomos que $\sigma^2 = 400$, sempre!

Para qualquer outro valor do parâmetro μ podemos encontrar o respectivo valor de β, para a regra de decisão adotada. No Quadro 12.4, temos as decisões que podemos tomar e suas respectivas implicações.

Quadro 12.4 Decisões possíveis para o teste H_0: $\mu = 500$ *versus* H_1: $\mu \ne 500$.

Decisão	Valor real do parâmetro	
	H_0: $\mu = 500$	H_1: $\mu \ne 500$
a máquina está sob controle: $\mu = 500$	$P(RA \mid H_0) = 0,99$	$P(RA \mid H_1) = \beta$ depende de valor alternativo de μ
a máquina não está sob controle: $\mu \ne 500$	$P(RC \mid H_0) = 0,01$	$P(RC \mid H_1) = 1 - \beta$ depende de valor alternativo de μ

Observe, por exemplo, que $1 - \beta(500) = P(\text{rejeitar } H_0 | \mu = 500) = \alpha = 0,01$.

A quantidade $1 - \beta(\mu)$ é usualmente chamada de *poder* ou *potência do teste*, e é a probabilidade de rejeitar a hipótese H_0, dado um valor qualquer de μ, especificado ou não pela hipótese alternativa, e será denotado por $\pi(\mu)$. No nosso exemplo,

$$\pi(\mu) = P\left(\text{rejeitar } H_0 \,|\, \mu\right) = P\left(\overline{X} < 487,1 \text{ ou } \overline{X} > 512,9 \,|\, \mu\right).$$

Na Tabela 12.1, temos alguns valores de $\beta(\mu)$ e de $\pi(\mu)$, para diferentes valores de μ, e, na Figura 12.8, a representação gráfica da determinação dessa probabilidade. Observe que quanto maior for a distância entre o valor fixado em $H_0(\mu = 500)$ e o valor atribuído para a hipótese alternativa, maior será a probabilidade de tomar a decisão correta. Na Figura 12.9, temos o gráfico de $\pi(\mu)$ para os valores de μ da Tabela 12.1.

Tabela 12.1 Valores de $\beta(\mu)$ e $\pi(\mu)$, usando a regra de decisão $RC = \{\overline{x} \in \mathbb{R} \,|\, \overline{x} \le 487,1 \text{ ou } \overline{x} \ge 512,9\}$.

Verdadeiro valor de μ		$\pi(\mu)$ (em %)	$\beta(\mu)$ (em %)
À esquerda de 500	À direita de 500		
500	500	1,0	99,0
498	502	1,7	98,3
495	505	5,7	94,3
492	508	16,4	83,6
490	510	28,1	71,9
487	513	51,0	49,0
485	515	66,3	33,7
480	520	92,1	7,9
475	525	99,2	0,8

As seguintes propriedades de $\pi(\mu)$ são facilmente verificadas:

(i) $\pi(-\infty) = \pi(+\infty) = 1$;

(ii) $\pi(500) = \alpha$;

(iii) π decresce para $\mu < 500$ (isto é, $d\pi/d\mu < 0$ para $\mu < 500$) e π cresce para $\mu > 500$ (isto é, $d\pi/d\mu > 0$, para $\mu > 500$).

Vemos que $\pi(\mu)$ indica a probabilidade de uma decisão correta, para as diversas alternativas do parâmetro e pode ser usada para decidir entre dois testes para uma mesma hipótese.

Figura 12.8 Determinação do poder para o teste do Exemplo 12.2.

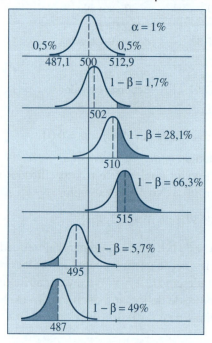

Figura 12.9 Curva de poder para o Exemplo 12.2.

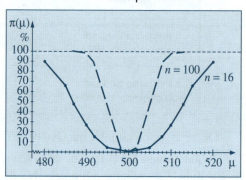

Exemplo 12.4 Se, no Exemplo 12.2, a amostra colhida fosse de 100 pacotes em vez de 16, e mantivéssemos o mesmo nível de significância $\alpha = 1\%$, a nova região crítica seria

$$RC = \{\bar{x} \in \mathbb{R} | \bar{x} \leq 494,8 \text{ ou } \bar{x} \geq 505,2\}.$$

Construindo a função poder para esse teste, obtemos a curva tracejada na Figura 12.9. Verifique essas afirmações.

Observando as duas curvas na Figura 12.9, notamos que para todos os valores sob a hipótese alternativa, a probabilidade de uma decisão correta é maior para amostras de tamanho 100 do que de tamanho 16. Dizemos, nesse caso, que o teste baseado em amostras de tamanho 100 é *mais poderoso* do que o teste baseado em amostras de tamanho 16. Esse fato está de acordo com a intuição de que um teste com amostras maiores deve levar a melhores resultados.

12.7 PODER DE UM TESTE

De modo geral, se quisermos testar

$$H_0 : \theta = \theta_0$$
$$H_1 : \theta \neq \theta_0,$$

e determinada a RC do teste, baseada na estatística $\hat{\theta}$, podemos dar a seguinte definição geral.

Definição. A função poder (ou potência) do teste de H_0 contra H_1 é definida por

$$\pi(\theta) = P(\hat{\theta} \in RC \mid \theta),$$

ou seja, é a probabilidade de rejeitar a hipótese nula, como função de θ.

O gráfico dessa função é semelhante àqueles da Figura 12.9, e $\pi(\theta)$ tem as propriedades (i)–(iii) acima, substituindo 500 por θ_0.

Se tivermos hipóteses alternativas unilaterais, da forma H_1: $\theta < \theta_0$ ou H_1: $\theta > \theta_0$, obteremos os gráficos da Figura 12.10.

Figura 12.10 Curvas de poder para alternativas unilaterais.

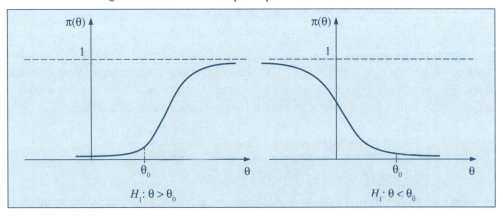

Nos exemplos anteriores, fixamos o tamanho da amostra, n, e o nível de significância, α. Suponha que queiramos determinar o tamanho da amostra e os limites da RC, para alcançarmos dado poder para determinado valor do parâmetro. No Exemplo 12.2, poderíamos, por exemplo, fixar $\pi(510) = 0,80$ e $\pi(500) = 0,05$ (o nível de significância). Dados esses valores, podemos determinar n e a RC. Veja o Problema 30.

Problemas

14. Suponha que estejamos testando H_0: $p = 0,5$ contra H_1: $p \neq 0,5$, e que, para uma amostra de tamanho $n = 10$, decidimos pela região crítica $RC = \{0, 1, 2, 8, 9, 10\}$.
    (a) Determine o nível de significância α.
    (b) Calcule o poder do teste para $p = 0,2, 0,4, 0,6, 0,8$. Faça um gráfico do poder como função de p.
    (c) Qual o poder do teste para $p = 0,5$?

15. Sendo X o custo de manutenção de um tear, sabe-se que $X \sim N(\mu, 400)$. Para testar a hipótese $H_0: \mu = 200$, contra a alternativa $H_1: \mu > 200$, será usada uma amostra de 25 teares.

   (a) Fixando-se $\alpha = 5\%$, encontre a correspondente RC.
   (b) Atribuindo-se valores arbitrários para μ, esboce a função poder do teste.
   (c) Para que valores de μ o poder será maior do que 50%?

12.8 Valor-p

O método de construção de um teste de hipóteses, descrito nas seções anteriores, parte da fixação do nível de significância α. Pode-se argumentar que esse procedimento pode levar à rejeição da hipótese nula para um valor de α e à não rejeição para um valor menor. Outra maneira de proceder consiste em apresentar a *probabilidade de significância* ou *valor-p* do teste. Os passos são muito parecidos aos já apresentados; a principal diferença está em não construir a região crítica. O que se faz é indicar a probabilidade de ocorrer valores da estatística mais extremos do que o observado, sob a hipótese de H_0 ser verdadeira.

Exemplo 12.5 Voltemos ao Exemplo 12.3, em que

$$H_0: p = 0,60.$$

Como vimos, admitindo essa hipótese verdadeira, $\hat{p} \sim N(0,60; 0,24/200)$. Colhida a amostra obtivemos $\hat{p}_0 = 104/200 = 0,52$. Portanto, podemos calcular qual a probabilidade de ocorrerem valores de $\hat{p}$ mais desfavoráveis para H_0 do que esse. É evidente que quanto menor for $\hat{p}$, maior será a evidência contra $H_0: p = 0,60$. Assim, calculemos

$$P(\hat{p} < 0,52 | p = 0,60) = P\left(Z < \frac{\sqrt{200}(0,52 - 0,60)}{\sqrt{0,24}}\right)$$
$$= P(Z < -2,30) = 0,01 = 1\%.$$

Esse resultado mostra que, se a audiência do programa fosse de 60% realmente, a probabilidade de encontrarmos uma amostra de 200 famílias com 52% ou menos de audiência é de 1%. Isso sugere que, ou estamos diante de uma amostra rara de ocorrer, 1 em 100, ou então a hipótese formulada não é aceitável. Nesse caso, somos levados a essa segunda opção, ou seja, os dados da amostra sugerem que a hipótese H_0 deve ser rejeitada.

O procedimento está ilustrado na Figura 12.11. O valor-p do teste será $\hat{\alpha} = 0,01$.

Figura 12.11 Determinação do valor-p para o Exemplo 12.5.

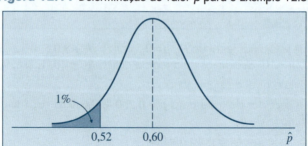

12.8 VALOR-*P*

Exemplo 12.6 Um antibiótico *A* traz em sua bula a seguinte citação: "Nas bronco-pneumonias, a ação anti-inflamatória de A é colocada em evidência pelo estudo dos parâmetros ventilatórios em duplo-cego contra placebo. Durante o tratamento com A pode-se observar uma melhora significativa em relação ao placebo, da capacidade vital ($p < 0,05$) e o VEMS($p < 0,001$) e do débito respiratório máximo ($p < 0,001$)".

Esse exemplo ilustra o uso cada vez mais difundido em muitas áreas aplicadas do conceito de valor-*p*. As afirmações do tipo "$p < 0,05$" acima referem-se a esse conceito. Vale a pena comentar um pouco sobre "estudos duplo-cego", mencionados acima. Nesse tipo de estudo, um número *n* de indivíduos é dividido em dois grupos de tamanhos aproximadamente iguais; a seleção dos indivíduos que vão pertencer a cada grupo é aleatória. Os indivíduos de um grupo recebem o tratamento (o antibiótico A, no caso), e os do outro grupo recebem placebo (uma substância inóqua). Os pesquisadores que acompanham o experimento não sabem quem recebeu tratamento e quem recebeu placebo, o mesmo acontecendo com os pacientes, daí o nome duplo-cego.

Podemos considerar probabilidades de significância bilaterais. Um procedimento é tomar o valor-*p* bilateral igual a duas vezes o valor-*p* unilateral. Esta prática é razoável quando a distribuição da estatística do teste, sob H_0, for simétrica.

Exemplo 12.7 Uma companhia de serviços de ônibus intermunicipais planejou uma nova rota para servir vários locais situados entre duas cidades importantes. Um estudo preliminar afirma que a duração das viagens pode ser considerada uma v.a. normal, com média igual a 300 minutos e desvio padrão 30 minutos. As dez primeiras viagens realizadas nessa nova rota apresentaram média igual a 314 minutos. Esse resultado comprova ou não o tempo médio determinado nos estudos preliminares?

Passo 1. Indicando por *X* a duração de cada viagem e por $\mu = E(X)$, queremos testar

$$H_0: \mu = 300,$$
$$H_1: \mu \neq 300.$$

Passo 2. Amostras de dez viagens terão média $\overline{X} \sim N(\mu, \sigma^2/10)$.

Passo 3. Sob a hipótese de que H_0 é verdadeira, e pelo fato de σ^2 ser conhecido ($\sigma = 30$), teremos

$$\overline{X} \sim N(300, 900/10).$$

Passo 4. Como o valor observado $\overline{x}_0 = 314$, podemos encontrar a probabilidade de ocorrerem amostras com valores de $\overline{X}$ mais extremos do que esse:

$$P\left(\overline{X} > 314\right) = P\left(Z > \frac{314 - 300}{9,49}\right) = P\left(Z > 1,48\right) = 0,07.$$

Como a distribuição de $\overline{X}$ é normal, portanto simétrica, tomamos $\hat{\alpha} = 0,14$. Nosso problema consiste em decidir se essa probabilidade corresponde ou não à chance de ocorrer um evento raro. Por ser uma probabilidade não muito pequena, podemos concluir

372   CAPÍTULO 12 — TESTES DE HIPÓTESES

que não existe muita evidência para rejeitar H_0. Assim, os estudos preliminares parecem estar corretos.

Um problema que pode ocorrer com o procedimento acima, de dobrar a probabilidade, é que o valor de $\hat{\alpha}$ pode ser maior do que um. Por isso, às vezes, é preferível anunciar o valor do valor-p unilateral e a direção segundo a qual a observação afasta-se de H_0. No exemplo, o resultado indica que a chance de ocorrerem amostras com médias iguais ou superiores a 314 é 7%, que é um valor ainda não pequeno. Para outro método, ver o Problema 43.

Se indicarmos genericamente por $\hat{\alpha}$ o valor-p, rejeitaremos H_0 para aqueles níveis de significância α maiores do que $\hat{\alpha}$. No Exemplo 12.7, rejeitaremos H_0, por exemplo, se $\alpha = 0{,}10$, mas não a rejeitaremos se $\alpha = 0{,}05$ ou $\alpha = 0{,}01$. Ou seja, se o nível descritivo for muito pequeno, como o caso $\hat{\alpha} < 0{,}01$ do Exemplo 12.6, há evidências de que a hipótese não seja válida. Como vimos nesse exemplo, a probabilidade de significância é muitas vezes denotada por p na literatura (p-value).

Em nosso procedimento de testar uma hipótese estamos usando uma escala de evidências sugerida por Fisher (1954). Suponha que estejamos testando H_0 contra H_1 e, como vimos, rejeitamos H_0 se o valor-p $\hat{\alpha}$ for "bastante pequeno". A Tabela 12.2, extraída de Efron e Gous (1997), ilustra a escala de Fisher, contra H_0 (ou a favor de H_1).

Tabela 12.2 Escala de significância de Fisher.

valor-p	0,10	0,05	0,025	0,01	0,005	0,001
Natureza da evidência	marginal	moderada	substancial	forte	muito forte	fortíssima

Assim, um valor de $\hat{\alpha} = 0{,}01$ indica uma evidência forte contra a validade de H_0, $\hat{\alpha} = 0{,}05$ indica uma evidência moderada etc. É interessante notar que Fisher tomou como ponto de referência o valor 0,05: valores do valor-p menores do que 0,05 indicam que devemos rejeitar a hipótese nula. As considerações feitas por Fisher referiam-se a testes do qui-quadrado (veja o Capítulo 14).

Problemas

16. Suponha que queiramos testar H_0: $\mu = 50$ contra H_1: $\mu > 50$, em que μ é a média de uma normal $N(\mu, 900)$. Extraída uma amostra de $n = 36$ elementos da população, obtemos $\bar{x} = 52$. Calcule o valor-p $\hat{\alpha}$ do teste.

17. Os novos operários de uma empresa são treinados a operarem uma máquina, cujo tempo X (em horas) de aprendizado é anotado. Observou-se que X segue de perto a distribuição $N(25, 100)$. Uma nova técnica de ensino, que deve melhorar o tempo de aprendizado, foi testada em 16 novos empregados, o quais apresentaram 20,5 horas como tempo médio de aprendizado. Usando o valor-p, você diria que a nova técnica é melhor que a anterior?

12.9 Teste para a variância de uma normal

Um teste sobre a variância desconhecida de uma variável, com distribuição normal, irá usar a distribuição qui-quadrado, introduzida na Seção 7.7.

Considere a média amostral $\bar{X}$ e a variância amostral S^2, ambas obtidas de uma amostra de tamanho n, $(X_1, \ldots, X_n)$ de $X \sim N(\mu, \sigma^2)$. A soma

$$\left(\frac{X_1 - \mu}{\sigma}\right)^2 + \ldots \left(\frac{X_n - \mu}{\sigma}\right)^2$$

terá distribuição $\chi^2(n)$, pois cada $(X_i - \mu)/\sigma$ terá distribuição $N(0,1)$. Logo, se definirmos

$$\hat{\sigma}_*^2 = \frac{1}{n}\sum_{i=1}^{n}(X_i - \mu)^2,\tag{12.1}$$

vemos que

$$Y = \frac{n\hat{\sigma}_*^2}{\sigma^2} = \sum_{i=1}^{n}\left(\frac{X_i - \mu}{\sigma}\right)^2\tag{12.2}$$

tem distribuição $\chi^2(n)$. Observe que o estimador $\hat{\sigma}_*^2$ é muito parecido com o estimador $\hat{\sigma}^2$, definido em (11.6), com μ tomando o lugar de $\bar{X}$. É muito importante conhecer a distribuição de $\sum_{i=1}^{n}(X_i - \bar{X})^2$, para se ter a distribuição de S^2, que será usada no teste desta seção. Note inicialmente que

$$\sum_{i=1}^{n}(X_i - \mu)^2 = \sum_{i=1}^{n}\left\{(X_i - \bar{X}) + (\bar{X} - \mu)\right\}^2$$

$$= \sum_{i=1}^{n}(X_i - \bar{X})^2 + 2(\bar{X} - \mu)\sum_{i=1}^{n}(X_i - \bar{X}) + n(\bar{X} - \mu)^2$$

e de $\sum_{i}(X_i - \bar{X}) = 0$, vem que

$$\sum_{i=1}^{n}(X_i - \mu)^2 = \sum_{i=1}^{n}(X_i - \bar{X})^2 + n(\bar{X} - \mu)^2.\tag{12.3}$$

Dividindo ambos os membros por σ^2, e reescrevendo (12.3) de forma conveniente, teremos

$$\sum_{i=1}^{n}\left(\frac{X_i - \mu}{\sigma}\right)^2 = \sum_{i=1}^{n}\left(\frac{X_i - \bar{X}}{\sigma}\right)^2 + \left(\frac{\sqrt{n}(\bar{X} - \mu)}{\sigma}\right)^2.\tag{12.4}$$

O primeiro membro da Expressão (12.4) tem distribuição $\chi^2(n)$, como vimos acima. O último termo de (12.4) tem distribuição $\chi^2(1)$. Seria, então, razoável supor que o primeiro termo do segundo membro tenha distribuição $\chi^2(n - 1)$. A comprovação desse fato exige recursos fora do alcance deste livro, mas podemos resumir o resultado da seguinte maneira.

Teorema 12.1 Seja $(Z_1, ..., Z_n)$ uma amostra aleatória simples retirada de uma população $N(0,1)$. Então:

(i) $\bar{Z}$ tem distribuição $N(0,1/n)$;

(ii) as variáveis $\bar{Z}$ e $\sum_{i=1}^{n}\left(Z_i - \bar{Z}\right)^2$ são independentes; e

(iii) $\sum_{i=1}^{n}\left(Z_i - \bar{Z}\right)^2$ tem distribuição $\chi^2(n-1)$.

Corolário 12.1 A variável aleatória $(n-1)S^2/\sigma^2$ tem distribuição $\chi^2(n-1)$.

Prova. De fato,

$$\frac{(n-1)S^2}{\sigma^2} = \frac{n-1}{\sigma^2}\frac{1}{n-1}\sum_{i=1}^{n}\left(X_i - \bar{X}\right)^2 = \sum_{i=1}^{n}\left(\frac{X_i - \bar{X}}{\sigma}\right)^2 = \sum_{i=1}^{n}\left(Z_i - \bar{Z}\right)^2,$$

bastando escrever $\left(X_i - \bar{X}\right)/\sigma = \left(X_i - \mu\right)/\sigma - \left(\bar{X} - \mu\right)/\sigma$.

A Expressão (12.4) e a própria definição de χ^2 garantem uma propriedade muito útil: a soma de duas v.a. independentes, cada uma com distribuição χ^2, é uma v.a. também com distribuição χ^2:

$$\chi^2\left(p\right) + \chi^2\left(q\right) = \chi^2\left(p+q\right).$$

Voltemos ao nosso problema original. Queremos testar

$$H_0 : \sigma^2 = \sigma_0^2$$
$$H_1 : \sigma^2 \neq \sigma_0^2$$

Nossas suposições são que $X_i \sim N(\mu, \sigma^2)$, $i = 1, ..., n$ e os X_i são independentes. A estatística do teste será, sob H_0,

$$\chi^2 = \frac{(n-1)S^2}{\sigma_0^2} \sim \chi^2\left(n-1\right). \tag{12.5}$$

Como temos um teste bilateral, a região crítica será da forma $RC = \left(0, \chi_1^2\right] \cup \left[\chi_2^2, +\infty\right)$, tal que

$$P\left(\chi^2 \in RC|H_0\right) = P\left(0 < \chi^2 < \chi_1^2 \text{ ou } \chi^2 > \chi_2^2\right) = \alpha,$$

sendo α o nível de significância do teste, fixado *a priori*.

Observado o valor s_0^2 da estatística S^2, obteremos o valor $\chi_0^2 = \dfrac{(n-1)s_0^2}{\sigma_0^2}$. Se $\chi_0^2 \in RC$, rejeitamos H_0; caso contrário, aceitamos H_0.

12.9 TESTE PARA A VARIÂNCIA DE UMA NORMAL

Exemplo 12.8 Uma das maneiras de manter sob controle a qualidade de um produto é controlar sua variabilidade. Uma máquina de encher pacotes de café está regulada para enchê-los com média de 500 g e desvio padrão de 10 g. O peso de cada pacote X segue uma distribuição $N(\mu, \sigma^2)$. Colheu-se uma amostra de 16 pacotes e observou-se uma variância de $S^2 = 169$ g^2. Com esse resultado, você diria que a máquina está desregulada com relação à variância?

Estamos interessados em testar, então,

$$H_0 : \sigma^2 = 100,$$
$$H_1 : \sigma^2 \neq 100.$$

A estatística para realizar o teste é (12.5), com $n = 16$. Fixado o nível de significância α em 5%, teremos da Tabela IV que a região crítica é dada por $RC = \{\chi^2: 0 \leq \chi^2 \leq 6{,}262$ ou $\chi^2 \geq 27{,}488\}$. Veja a Figura 12.12. O valor observado da estatística é

$$\chi_0^2 = \frac{(n-1)s_0^2}{\sigma_0^2} = \frac{(15)(169)}{100} = 25{,}35.$$

Como $\chi_0^2 \notin RC$, somos levados a aceitar H_0, isto é, a máquina está sob controle quanto à variância.

Figura 12.12 Região crítica para o teste do Exemplo 12.8.

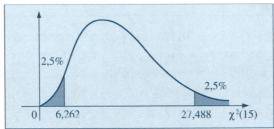

A construção do IC(σ^2; γ) é feita a partir da expressão

$$P\left(\chi_1^2 \leq \frac{(n-1)S^2}{\sigma^2} \leq \chi_2^2\right) = \gamma, \tag{12.6}$$

que permite obter a seguinte desigualdade:

$$\frac{(n-1)S^2}{\chi_2^2} \leq \sigma^2 \leq \frac{(n-1)S^2}{\chi_1^2}, \tag{12.7}$$

que será o IC procurado. Veja a Figura 12.13.

Figura 12.13 Valores críticos para a construção de um intervalo de confiança para a variância.

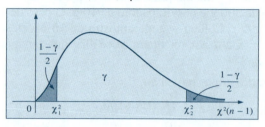

Exemplo 12.9 Os dados abaixo referem-se às vendas diárias, em reais, durante uma semana, de carros de uma revendedora. Construir um IC(σ^2; 90%).

Vendas: 253, 187, 96, 450, 320, 105.

Inicialmente, calculamos a variância amostral, que é $s_0^2 = 18.460$; em seguida, os valores χ_1^2 e χ_2^2 que satisfaçam (12.6):

$$P(1,145 \leq \chi^2(5) \leq 11,070) = 0,90.$$

Substituindo em (12.7) obtemos

$$IC(\sigma^2; 0,90) = [8.338; 80.611].$$

Problemas

18. De uma população $X \sim N(50, 100)$ retira-se uma amostra de dez elementos e calculam-se os valores de $\hat{\sigma}_*^2$ e S^2. Encontre os valores pedidos abaixo, com a maior precisão possível.
    (a) Se $P(\hat{\sigma}_*^2 > a) = 10\%$, encontre o valor de a.
    (b) Sabendo-se que $P(S^2 < a) = 5\%$ e $P(S^2 > b) = 5\%$, encontre a e b.
    (c) $P(S^2 < 163,16) = \alpha$, encontre α.
    (d) $P(S^2 > 100) = \alpha$, encontre α.
    (e) $P(S^2 < 18) = \alpha$, encontre α.
    (f) Se o valor observado de S^2 foi 180, qual a probabilidade de encontrar uma amostra que produza um S^2 maior do que o observado?

19. Observou-se a produção mensal de uma indústria durante vários anos, verificando-se que ela obedecia a uma distribuição normal, com variância 300. Foi adotada uma nova técnica de produção e, durante 24 meses, observou-se a produção mensal. Após esse período, constatou-se que $\bar{x} = 10.000$ e $s^2 = 400$. Há razões para se acreditar que a variância mudou, ao nível de 20%?

20. Numa linha de produção, é muito importante que o tempo gasto numa determinada operação não varie muito de empregado para empregado.
    (a) Que parâmetro estatístico poderia ser usado para avaliar esse fato? Por quê?

12.10 TESTE SOBRE A MÉDIA DE UMA NORMAL COM VARIÂNCIA DESCONHECIDA

(b) Se 11 empregados apresentam os tempos abaixo para realizar essa operação, qual seria a estimativa para a parâmetro acima?

125	135	115	120	150	130
125	145	125	140	130	

12.10 Teste sobre a média de uma normal com variância desconhecida

Vimos, na Seção 12.5, como testar a média de uma normal, supondo que a variância seja conhecida. Comentamos que essa não é uma suposição realista, logo iremos supor agora que temos uma v.a. X, com distribuição normal, com média μ e variância σ^2 desconhecidas.

No Capítulo 7, introduzimos a distribuição t de Student. Veremos, a seguir, como ela pode ser usada para testar hipóteses sobre μ nessa situação.

Consideremos a estatística

$$\frac{\bar{X} - \mu}{S/\sqrt{n}}. \tag{12.8}$$

Inicialmente, dividamos o numerador e denominador pelo desvio padrão σ da população, e teremos

$$\frac{\left(\left(\sqrt{n}\left(\bar{X} - \mu\right)/\sigma\right)\right)}{\left(S/\sigma\right)}.$$

O numerador $Z = \left(\sqrt{n}\left(\bar{X} - \mu\right)\right)/\sigma$ tem distribuição $N(0, 1)$, como já foi visto. O quadrado do denominador pode ser escrito como

$$\frac{\left(n-1\right)S^2}{\sigma^2} \Big/ \left(n-1\right) = \frac{Y}{n-1},$$

em que $Y = (n - 1)S^2/\sigma^2$. Mas, como foi visto na seção anterior, se os X_i forem normais, Y tem distribuição $\chi^2(n - 1)$; logo, a estatística (12.8) é o quociente entre uma v.a $N(0, 1)$ e a raiz quadrada de uma v.a $\chi^2(n - 1)$, dividida pelo número de graus de liberdade, e pelo Teorema 7.1 temos que

$$\frac{\sqrt{n}\left(\bar{X} - \mu\right)}{S} \sim t\left(n-1\right). \tag{12.9}$$

Observe que Z e Y são independentes, pois $\bar{X}$ e S^2 são independentes, pelo Teorema 12.1 (ii).

Estamos, agora, em condições de testar as hipóteses

$$H_0 : \mu = \mu_0,$$
$$H_1 : \mu \neq \mu_0.$$

$$T = \frac{\sqrt{n}\left(\bar{X} - \mu_0\right)}{S}, \qquad (12.10)$$

que sabemos agora ter uma distribuição t de Student com $(n-1)$ graus de liberdade. Fixado o valor de α, podemos usar a Tabela V e encontrar o valor t_c, tal que $P(|T| < t_c) = 1 - \alpha$. Veja a Figura 12.14.

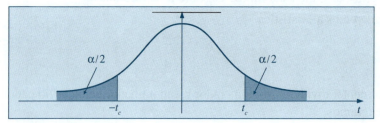

Figura 12.14 Valores críticos para o teste t.

Colhida a amostra de n indivíduos, calculamos os valores $\bar{x}_0$ e s_0^2 das estatísticas $\bar{X}$ e S^2, respectivamente, e depois o valor $t_0 = \sqrt{n}(\bar{x}_0 - \mu_0)/s_0$ de T. Se o valor dessa estatística for inferior a $-t_c$, ou superior a t_c, rejeita-se H_0. Caso contrário, aceita-se H_0.

Para a construção de intervalos de confiança, temos que

$$P\left(-t_\gamma < \frac{\sqrt{n}\left(\bar{X} - \mu\right)}{S} < t_\gamma\right) = \gamma,$$

da qual segue o intervalo de confiança

$$\text{IC}(\mu;\gamma) = \bar{X} \pm t_\gamma \frac{S}{\sqrt{n}}, \qquad (12.11)$$

muito parecido com aquele da variância conhecida.

Exemplo 12.10 Um fabricante afirma que seus cigarros contêm não mais que 30 mg de nicotina. Uma amostra de 25 cigarros fornece média de 31,5 mg e desvio padrão de 3 mg. No nível de 5%, os dados refutam ou não a afirmação do fabricante?

Passo 1. As hipóteses aqui são:

$$H_0 : \mu = 30,$$
$$H_1 : \mu > 30.$$

Passo 2. Supondo que X, a quantidade de nicotina por cigarro, tenha distribuição $N(\mu, \sigma^2)$, a estatística

$$T = \frac{\sqrt{25}\left(\bar{X} - 30\right)}{S}$$

terá distribuição $t(24)$.

Passo 3. Por ser um teste unilateral, devemos procurar o valor t_c tal que

$$P(T > t_c) = 0{,}05.$$

Da Tabela V, obtemos $t_c = 1{,}711$, ou seja, a região crítica para a estatística T é $RC = [1{,}711; +\infty[$.

Passo 4. O valor observado da estatística é

$$t_0 = \frac{5\left(31{,}5 - 30\right)}{3} = 2{,}5.$$

Passo 5. Como t_0 pertence à região crítica, rejeitamos H_0, ou seja, há evidências de que os cigarros contenham mais de 30 g de nicotina.

Outra maneira de proceder é calcular o valor-p, ou seja,

$$\hat{\alpha} = P(T > t_0 | H_0) = P(T > 2{,}5 | H_0) = 0{,}01.$$

Esse valor pequeno de $\hat{\alpha}$ leva à rejeição de H_0.

Para construir um IC$(\mu; 0{,}95)$, verificamos na Tabela V que o valor $t_\gamma = 2{,}064$ e, portanto,

$$IC\left(\mu; 0{,}95\right) = 31{,}5 \pm \left(2{,}064\right)3/\sqrt{25},$$

ou seja,

$$IC(\mu; 0{,}95) =]30{,}26; 32{,}74[.$$

Antes de encerrar este capítulo cabe uma observação. Quando aceitamos uma hipótese, estamos concluindo que temos algum conhecimento sobre a distribuição da variável de interesse. Já quando rejeitamos a hipótese, a distribuição da variável não fica especificada. A construção de intervalos de confiança desempenha um papel importante nessa situação. Ressaltamos, também, que temos usado a expressão "aceitamos" a hipótese, quando o mais correto talvez fosse "não rejeitamos" a hipótese.

380 CAPÍTULO 12 — TESTES DE HIPÓTESES

Problemas

21. Da população X, $N(50, 100)$ retirou-se uma amostra casual simples de tamanho $n = 10$, calculando-se o valor de $\bar{X}$, S e o respectivo valor de t.

    (a) Se $P\left(|\bar{X} - 50| < tS/\sqrt{10}\right) = 90\%$, encontre o valor de t.

    (b) Se $\bar{X} = 48$ e $S^2 = 120$, qual a probabilidade de encontrar um valor de t menor que o produzido por essa amostra?

    (c) Se $S^2 = 120$, calcule a $P(|\bar{X} - 50| < 2)$.

22. O tempo médio, por operário, para executar uma tarefa, tem sido 100 minutos, com um desvio padrão de 15 minutos. Introduziu-se uma modificação para diminuir esse tempo, e, após certo período, sorteou-se uma amostra de 16 operários, medindo-se o tempo de execução de cada um. O tempo médio da amostra foi 85 minutos, e o desvio padrão foi 12 minutos. Estes resultados trazem evidências estatísticas da melhora desejada? Em caso afirmativo, estime o novo tempo médio de execução. (Apresente as suposições teóricas usadas para resolver o problema.)

23. Estamos desconfiados de que a média das receitas municipais *per capita* das cidades pequenas (0 – 20.000 habitantes) é maior do que a das receitas do estado, que é de 1.229 unidades. Para comprovar ou não essa hipótese, sorteamos dez cidades pequenas, e obtivemos os seguintes resultados: 1.230; 582; 576; 2.093; 2.621; 1.045; 1.439; 717; 1.838; 1.359.

    Obs.: Para facilitar os cálculos, informamos que a soma das observações é 13.500, e a soma dos quadrados das observações é 22.335.650 ($13.500^2 = 182.250.000$).

    (a) Mostre que o teste de hipótese usado, com $\alpha = 0,05$, levará à aceitação de que a média das cidades pequenas é igual à do estado.

    (b) Você não acha estranha essa conclusão quando observa que a média da amostra obtida é bem maior do que a média do estado? Como você explicaria isso?

24. Deseja-se estimar qual a porcentagem média da receita familiar gasta com alimentação pelos moradores de uma grande vila industrial. Para isso, selecionou-se uma amostra de 16 famílias, que apresentou os seguintes resultados:

41	44	35	42	34	22	42	42
38	62	29	63	38	45	48	40

    (a) Dê um IC de 95% para a porcentagem média de todas as famílias de moradores da vila.

    (b) Que suposição você fez para responder a pergunta anterior?

12.11 Problemas suplementares

25. A precipitação pluviométrica anual numa certa região tem desvio padrão $\sigma = 3,1$ e média desconhecida. Para os últimos 9 anos, foram obtidos os seguintes resultados: 30,5; 34,1; 27,9; 35,0; 26,9; 30,2; 28,3; 31,7; 25,8.

    (a) Construa um teste de hipóteses para saber se a média da precipitação pluviométrica anual é maior que 30,0 unidades. Utilize um nível de significância de 5%.

    (b) Discuta o mesmo problema, considerando σ desconhecido.

12.11 PROBLEMAS SUPLEMENTARES

(c) Supondo que, na realidade, $\mu = 33{,}0$, qual a probabilidade de tirarmos uma conclusão errada?

26. Supõe-se que determinado tipo de indústria deva ter, em média, 30 empregados. Para testar tal hipótese, colhe-se uma amostra de 50 indústrias, cujo resultado está abaixo. Caso rejeite a hipótese, dê um intervalo de confiança para a verdadeira média (suponha que $s^2 = \sigma^2$).

Nº de empregados	Frequência
25 ⊢ 35	8
35 ⊢ 45	10
45 ⊢ 55	13
55 ⊢ 65	10
65 ⊢ 75	9

27. Uma fábrica de automóveis anuncia que seus carros consomem, em média, 11 litros por 100 km, com desvio padrão de $0{,}8$ litro. Uma revista resolve testar essa afirmação e analisa 35 automóveis dessa marca, obtendo $11{,}3$ litros por 100 km como consumo médio (considerar distribuição normal). O que a revista pode concluir sobre o anúncio da fábrica, no nível de 10%?

28. Um dos maiores problemas de uma grande rede de vendas a varejo é a adequação do estoque declarado com o real existente. Decidiu-se fazer a verificação por meio de procedimentos amostrais. Indicando por X o total em unidades monetárias de cada produto em estoque, verificou-se que $X \sim N(\mu, 400)$. Serão sorteados 4 produtos. O total X de cada um será verificado e calcular-se-á a média $\bar{X}$, que será a estatística de decisão. Numa determinada filial, o valor declarado de μ é 50. Havendo falta, esse parâmetro deve ser 45; no caso de excesso, 58.

(a) Defina H_0 e H_1.

(b) Descreva os erros do tipo I e II.

(c) Fixando $\alpha = 10\%$, qual a regra de decisão para julgar se o estoque está correto ou não?

(d) Calcule o erro β.

(e) Qual o significado de α e β nesse problema?

29. Seja X uma v.a. com distribuição binomial, com $n = 15$. Considere $H_0: p \geq 0{,}5$ contra $H_1: p < 0{,}5$, com $RC = \{0, 1, 2\}$.

(a) Calcule a probabilidade do erro de tipo I.

(b) Calcule a probabilidade do erro de tipo II quando $p = 0{,}3$.

(c) Esboce o gráfico do poder do teste.

30. O custo X de manutenção de teares segue uma distribuição normal, $X \sim N(\mu, 400)$. Durante muito tempo, o parâmetro μ tem sido adotado como igual a 200. Suspeita-se que esse parâmetro aumentou, e só nos interessa saber se o novo parâmetro superior a 210. Assim, queremos planejar um teste em que $\alpha = 5\%$ (quando $\mu = 200$) e $\beta = 10\%$ (quando $\mu = 210$).

(a) Qual deve ser o tamanho da amostra?

(b) Qual a RC nesse caso?

382 CAPÍTULO 12 — TESTES DE HIPÓTESES

31. O número médio diário de clientes de um posto de gasolina tem sido **250**, com um desvio padrão de **80** clientes. Durante uma campanha de **25** dias, em que os clientes recebiam um brinde, o número médio de clientes foi **280**, com um desvio padrão de **50**. Você diria que a campanha modificou a distribuição do número de clientes do posto? Descreva as suposições feitas para a resolução do problema.

32. A receita média, em porcentagem, dos quase **600** municípios de um estado tem sido **7%**. O governo pretende melhorar esse índice e, para isso, está estudando alguns incentivos. Para verificar os efeitos desses incentivos, sorteou **10** cidades e estudou quais seriam as porcentagens investidas neles. Os resultados foram, em porcentagem, **8, 10, 9, 11, 8, 12, 16, 9, 12, 13**.

    Admitindo-se que esses números realmente venham a ocorrer, os dados trazem evidência de melhoria? Caso altere a média do estado, dê um intervalo de confiança para a nova média.

33. Para o problema anterior, construa $IC(\sigma^2; 90\%)$ e descreva as suposições consideradas para obtenção da resposta.

34. A prefeitura de uma cidade quer estimar a proporção p dos moradores favoráveis à mudança do horário comercial, com o intuito de economizar combustível. Essa proporção deverá ser estimada com um erro máximo de **5%**, a um nível de **90%** de confiança.

    (a) Que tamanho deverá ter a amostra se a proporção p esperada deve estar entre **20%** e **50%**? (Justifique a resposta.)

    (b) Numa amostra de **400** moradores, **160** foram favoráveis à mudança; qual seria o intervalo de confiança para p, nesse caso, com $\gamma = 0,95$?

35. Numa pesquisa realizada com **2.000** proprietários de carros na cidade de São Paulo, **800** responderam que pretendem mudar de carro no decorrer do próximo ano. Dê um **IC** de **90%** para a proporção de todos os proprietários de carros de São Paulo que pretendem mudar de carro no próximo ano.

36. Um fabricante de um certo tipo de aço especial afirma que seu produto tem um severo serviço de controle de qualidade, traduzido pelo desvio padrão da resistência à tensão, que não é maior do que **5 kg** por cm^2. Um comprador, querendo verificar a veracidade da afirmação, tomou uma amostra de **11** cabos e submeteu-a a um teste de tensão. Os resultados foram os seguintes: $\bar{x} = 263$ e $s^2 = 48$. Estes resultados trazem alguma evidência contra a afirmação do fabricante? Use $\alpha = 0,05$.

37. Um escritório de investimento acredita que o rendimento das diversas ações movimentadas por ele foi de **24%**. Mais ainda, a nova estratégia definida deve garantir uma maior uniformidade nos rendimentos das diversas ações. No passado, o desvio padrão do rendimento era da ordem de **5%**. Para verificar as duas hipóteses, tomaram-se 8 empresas ao acaso, obtendo-se os seguintes rendimentos (dados em %): 23,6; 22,8; 25,7; 24,8; 26,4, 24,3; 23,9 e 25. Quais seriam as conclusões?

38. Sendo X o número de sucessos em $n = 10$ provas de Bernoulli, queremos testar $H_0: p = 0,6$.

    (a) Se o teste for unilateral e rejeitarmos H_0 para valores pequenos de X, determine $\hat{\alpha}$ se o valor observado de X for 3.

    (b) Determine $\hat{\alpha}$ se o teste for bilateral, na situação de (a), isto é, $X = 3$.

39. Considere a situação do problema anterior e suponha que o valor observado seja $X = 6$. O que acontece no caso (b) do problema anterior? O resultado $X = 6$ suporta ou não H_0?

12.12 Complementos metodológicos

1. *Valor-p bilateral.* Vimos no texto um procedimento para determinar $\hat{\alpha}$ no caso bilateral. Outra possibilidade é fazer as probabilidades nas duas caudas complementares em termos da distância à média (ou mediana) da distribuição sob H. Assim, se x for o valor observado de X e m for a média da distribuição, colocamos

$$\hat{\alpha} = P(X \geq x) + P(X \leq m - (x - m)),$$

se x estiver na cauda superior e

$$\hat{\alpha} = P(X \leq x) + P(X \geq m + (m - x)),$$

se x estiver na cauda inferior.

Calcule $\hat{\alpha}$ usando esse critério para os Problemas 38 e 39.

2. *Hipóteses gerais.* Nossos testes sempre foram da forma

$$H_0: \theta = \theta_0, \quad H_1: \theta \neq \theta_0,$$

para algum parâmetro θ, ou hipóteses alternativas unilaterais ($\theta < \theta_0$ ou $\theta > \theta_0$). Mas podemos ter testes da forma

$$H_0: \theta \leq \theta_0, \quad H_1: \theta > \theta_0,$$

Neste caso, as probabilidades dos erros de tipo I e tipo II seriam

$$\alpha = P(\text{rejeitar } H_0 | \theta \leq \theta_0),$$

$$\beta = P(\text{não rejeitar } H_0 | \theta > \theta_0),$$

de modo que tanto α como β seriam funções do valor do parâmetro θ: $\theta \leq \theta_0$, no caso de α e $\theta > \theta_0$, no caso de β. Nesta situação, o nível de significância do teste não é igual α. Definimos o nível de significância como a probabilidade máxima do erro de tipo I, para $\theta \leq \theta_0$.

Se H_0 for uma hipótese simples, $\theta = \theta_0$, o nível de significância e a probabilidade de erro de tipo I coincidem. Nos problemas em que a função poder do teste, $\pi(\theta)$, for estritamente crescente, o máximo da probabilidade em questão ocorre para $\theta = \theta_0$, e novamente o nível de significância coincide com α.

Verifique que isso também é verdade para as hipóteses $H_0: \theta \geq \theta_0$, $H_1: \theta < \theta_0$ e a função poder estritamente decrescente.

Capítulo 13

Inferência para Duas Populações

13.1 Introdução

Neste capítulo, abordaremos o tópico importante de comparar duas populações P_1 e P_2, baseados em dados fornecidos por amostras dessas populações. Como vimos, uma grande parte das técnicas usadas em Estatística supõe que as variáveis aleatórias envolvidas tenham distribuição normal. Alguns testes que trataremos envolverão a normal. Contudo, se essa suposição de normalidade for violada, procedimentos mais "robustos" têm de ser utilizados, e veremos exemplos de tal situação.

Uma pergunta que aparece frequentemente em Ciência é a seguinte: o método A é melhor do que o B? Em termos estatísticos, ela equivale a comparar dois conjuntos de informações, resultantes das medidas obtidas da aplicação dos dois métodos a dois conjuntos de objetos ou indivíduos.

Uma das dificuldades que enfrentamos é a de caracterizar adequadamente a "igualdade" ou "equivalência" de duas populações. Por exemplo, suponha que estamos interessados em saber se alunos de duas regiões, A e B, tiveram desempenhos iguais em um mesmo teste nacional. Mais ainda, suponha que tenhamos os resultados do teste para "todos os alunos" das duas regiões, isto é, conhecemos as duas populações. Suponha que cálculos posteriores revelem que as médias e desvios padrões das duas populações sejam iguais, isto é, $\mu_A = \mu_B$ e $\sigma_A = \sigma_B$. Será que isso equivale a dizer que os desempenhos nas duas regiões são equivalentes? Se uma análise mais cuidadosa não for feita, poderemos ser levados a responder afirmativamente a essa questão. Entretanto, observando a Figura 13.1, vemos que é possível ter duas distribuições com os mesmos parâmetros acima, mas formas bastante distintas.

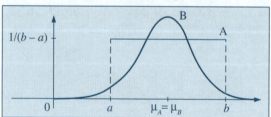

Figura 13.1 Distribuições das populações A e B, com $\mu_A = \mu_B = 4$, $\sigma_A = \sigma_B = 1{,}16$.

13.1 INTRODUÇÃO

Esse fato nos remete à necessidade de também mencionarmos a forma da distribuição. Especificada a forma, a igualdade dos parâmetros que identificam a curva implica a igualdade ou coincidência das duas populações. É bem pouco provável que um mesmo fenômeno obedeça a formas de distribuições distintas, como no exemplo da Figura 13.1. Seguir uma mesma distribuição, porém com parâmetros distintos, é mais verossímil. Como a normal é um modelo importante e seguido por muitas variáveis de interesse prático, estaremos admitindo essa forma, a não ser quando uma análise dos dados nos diga o contrário.

Neste capítulo, trataremos de várias situações, que passamos a descrever.

1. *Inferências para duas médias: amostras independentes*

Aqui temos dados na forma de duas amostras, extraídas independentemente de cada população. É muito comum em experimentos do tipo "controle" *versus* "tratamento", nos quais o interesse principal é verificar o efeito desse último. O caso típico é aquele de comparar uma nova droga com uma padrão, usadas para o tratamento de uma doença.

Exemplo 13.1

(a) Um curso de Estatística é ministrado pela televisão para um grupo de alunos e ao vivo para outro grupo. Queremos testar a hipótese de que o curso ao vivo é mais eficaz que o curso por meio da televisão.

(b) Queremos comparar o efeito de duas rações, A e B, sobre o crescimento de porcos.

Dois grupos de porcos em crescimento foram alimentados com as duas rações e após cinco semanas verificam-se quais foram os ganhos de peso dos porcos dos dois grupos.

(c) 20 canteiros foram plantados com uma variedade de milho. Em dez deles um novo tipo de fertilizante é aplicado e nos outros um fertilizante padrão. Examinando-se as produções dos dois canteiros, queremos saber se há diferenças significativas entre as produções.

Na maioria das vezes fica claro o que chamamos de controle e tratamento. No exemplo (c) acima, os canteiros tratados com o novo fertilizante seriam o grupo de tratamento, enquanto os demais, tratados com o fertilizante usual, constituiriam o grupo de controle. Mas nos exemplos (a) e (b) essa distinção é apenas convencional.

Formalmente, o *modelo* para o problema das duas amostras é o seguinte: as v.a. $X_1, ..., X_m$ representam as respostas do grupo de controle e são consideradas v.a. independentes, com a mesma distribuição, P_1; $Y_1, ..., Y_n$ representam as respostas do grupo de tratamento e são v. a. independentes, com a mesma distribuição, P_2. Além disso, $X_1, ..., X_m, Y_1, ..., Y_n$ são independentes entre si.

A hipótese a ser testada é

$$H_0: P_1 = P_2, \tag{13.1}$$

ou seja, queremos testar a homogeneidade das populações de onde as amostras foram extraídas. H_0 é chamada *hipótese de homogeneidade*.

O significado de (13.1) dependerá muito do interesse do pesquisador em considerar qual "tipo" de igualdade implicará a coincidência das duas distribuições. Admitamos que tanto P_1 como P_2 sigam uma distribuição normal, ou seja, $P_1 \sim N(\mu_1, \sigma^2_1)$ e $P_2 \sim N(\mu_2, \sigma^2_2)$. Na Figura 13.2, temos as quatro situações possíveis. Observando os gráficos da Figura 13.2 não temos dúvidas em reconhecer que as duas populações são iguais no caso (a) e diferentes no caso (d). Já nos outros dois casos, podem existir situações em que elas possam ser consideradas iguais ou não. Por exemplo, uma pesquisa para verificar se o salário médio da região P_1 é o mesmo da região P_2 aceita como resposta verdadeira tanto a situação (a) como a (b). Outra pesquisa para verificar se dois processos produzem peças com a mesma qualidade em termos de dispersão aceita como verdadeiras as situações (a) ou (c).

Assim, a estratégia para comparar duas populações, por meio de seus parâmetros, envolve suposições sobre a forma das distribuições, para depois testar médias e variâncias. É comum estarmos interessados em testar apenas que P_1 e P_2 difiram em *localização* (ou posição), isto é, a alternativa a H_0 é que P_1 esteja à direita de P_2, ou o contrário, mas que ambas tenham a mesma dispersão (caso $\mu_1 \neq \mu_2$ e $\sigma_1 = \sigma_2$ da figura). Nesse caso, H_0 será equivalente a

$$H_0: \Delta = 0, \qquad (13.2)$$

com $\Delta = \mu_2 - \mu_1$.

Figura 13.2 (a) $\mu_1 = \mu_2$, $\sigma_1 = \sigma_2$ (b) $\mu_1 = \mu_2$, $\sigma_1 \neq \sigma_2$ (c) $\mu_1 \neq \mu_2$, $\sigma_1 = \sigma_2$ (d) $\mu_1 \neq \mu_2$, $\sigma_1 \neq \sigma_2$.

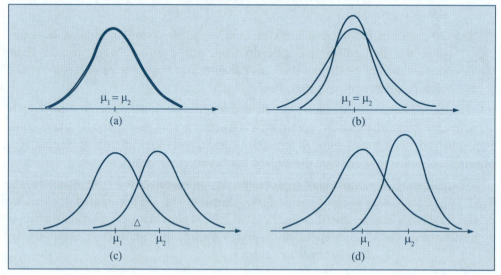

Os testes t de Student e de Wilcoxon, descritos a seguir, são apropriados para esse tipo de situação. O teste t é aplicável quando P_1 e P_2 supostas são normais, com médias μ e $\mu + \Delta$, respectivamente, e com a mesma variância. O teste de Wilcoxon aplica-se para P_1 e P_2 quaisquer, mas suponha-se que a escala de medidas seja pelo menos ordinal.

A análise fica mais fácil quando a P_1 e P_2 são atribuídas distribuições de variáveis contínuas. Discutiremos a razão desta suposição adicional.

Outro caso de interesse é aquele em que queremos testar se as duas médias são iguais, mas as variâncias são diferentes. Na Figura 13.1, as duas curvas teriam dispersões diferentes ao redor de suas médias. Então, um teste preliminar de igualdade de variâncias seria necessário. O teste t de Student para o caso de populações normais será apresentado neste capítulo.

A hipótese (13.1) ou (13.2) nos diz que não há efeito do tratamento. A alternativa usual para H_0 é que o efeito do tratamento é o de aumentar as respostas. Isto é, P_2 gera valores maiores que P_1, com maior frequência. Mas pode ocorrer o contrário: diminuir as respostas. Por exemplo, o "tratamento" visa a diminuir o tempo para executar determinada tarefa.

2. Inferências para duas médias: amostras dependentes

Quando se comparam as médias de duas populações, pode ocorrer uma diferença significativa por causa de fatores externos não controlados. Por exemplo, no caso do Exemplo 13.4 abaixo, poderia ocorrer que um dos grupos tivesse vendedores mais experientes e habilidosos do que o outro. Logo, a diferença seria devido a esses fatos, e não ao mérito real da técnica de vendas. Um modo de contornar esse problema é coletar as observações em pares, de modo que os dois elementos de cada par sejam homogêneos em todos os sentidos, exceto no que diz respeito ao fator que queremos comparar.

Por exemplo, no caso do Exemplo 13.1 (a), para testar os dois métodos de ensino, poderíamos usar n pares de gêmeos, sendo que um elemento de cada par recebe aulas pela TV e outro ao vivo. Esse procedimento pretende controlar o maior número possível de fatores externos que possam afetar o aprendizado. Se houver diferença no aprendizado, essa dever-se-á realmente ao método.

Esse procedimento também é usado quando observações das duas amostras são feitas no mesmo indivíduo, por exemplo, medindo uma característica do indivíduo antes e depois de ele ser submetido a um tratamento.

O teste t de Student para observações pareadas (ou emparelhadas), supondo normalidade, é apropriado para essas situações.

3. Inferências para duas variâncias: amostras independentes

Como vimos no item 1, podemos testar se duas amostras independentes provêm de duas populações com variâncias iguais, desconhecidas. Se essas variâncias forem diferentes, o teste tem de ser modificado. Esse teste, sob a suposição de normalidade das duas populações, usa uma estatística que tem uma distribuição especial, chamada F de Snedecor.

Finalizando esta seção, ressaltamos que poderemos ter mais do que duas amostras, e técnicas semelhantes podem ser desenvolvidas. Veja o Capítulo 15.

13.2 Comparação das variâncias de duas populações normais

A situação que vamos considerar nesta seção envolve a utilização da distribuição F, estudada na Seção 7.7. A descrição a seguir é importante.

Uma das distribuições amostrais mais usadas, e que corresponde a uma distribuição F, resulta do seguinte problema. Suponha que temos duas amostras independentes, de tamanhos n_1 e n_2, retiradas de duas populações normais com a mesma variância σ^2. Indiquemos os estimadores de σ^2 obtidos das amostras por S^2_1 e S^2_2, respectivamente. Já vimos que

$$U = \frac{(n_1 - 1)S_1^2}{\sigma^2} \sim \chi^2(n_1 - 1),$$

$$V = \frac{(n_2 - 1)S_2^2}{\sigma^2} \sim \chi^2(n_2 - 1),$$

e portanto a v.a.

$$\frac{S_1^2}{S_2^2} = \frac{\dfrac{U}{n_1 - 1}}{\dfrac{V}{n_2 - 1}} \sim F(n_1 - 1,\ n_2 - 1). \tag{13.3}$$

Essa variável será usada no teste desta seção.

Consideremos, agora, uma amostra $X_1, \ldots, X_n$ de uma população com distribuição $N(\mu_1, \sigma_1^2)$ e uma amostra $Y_1, \ldots, Y_m$ de uma população com distribuição $N(\mu_2, \sigma_2^2)$. Suponhamos que as duas amostras sejam independentes.

Queremos testar

$$H_0: \sigma_1^2 = \sigma_2^2 = \sigma^2$$
$$H_1: \sigma_1^2 \neq \sigma_2^2.$$

Chamemos de S_1^2 e S_2^2 as variâncias amostrais respectivas. De (13.3) e sob a suposição de H_0 ser verdadeira, isto é $\sigma_1^2 = \sigma_2^2$, temos que

$$W = S_1^2/S_2^2 \sim F(n-1, m-1). \tag{13.4}$$

Fixado α, encontramos dois números f_1 e f_2, da Tabela VI, tais que

$$P(W \in RC) = P(W < f_1 \text{ ou } W > f_2) = \alpha.$$

Os valores f_1 e f_2 são determinados de modo que $P(W < f_1) = \alpha/2 = P(W > f_2)$. Na prática, consideramos o quociente (13.4) de tal sorte que $S_1^2/S_2^2 > 1$.

Colhidas as amostras de n e m indivíduos, respectivamente, das duas populações, calculamos os valores observados s_{10}^2 e s_{20}^2 e o valor observado de W, ou seja, $w_0 = s_{10}^2/s_{20}^2$.

Se w_0 pertencer à região crítica, rejeitamos H_0; caso contrário, a aceitamos.

13.2 COMPARAÇÃO DAS VARIÂNCIAS DE DUAS POPULAÇÕES NORMAIS

Exemplo 13.2 Queremos verificar se duas máquinas produzem peças com a mesma homogeneidade quanto à resistência à tensão. Para isso, sorteamos duas amostras de seis peças de cada máquina, e obtivemos as seguintes resistências:

Máquina A	145	127	136	142	141	137
Máquina B	143	128	132	138	142	132

As hipóteses a serem testadas são:

$$H_0: \sigma_A^2 = \sigma_B^2 = \sigma^2$$
$$H_1: \sigma_A^2 \neq \sigma_B^2.$$

Sob a suposição de normalidade das medidas de resistência à tensão, para as duas máquinas, temos que a v.a. W, definida por (13.4), tem uma distribuição $F(5,5)$. Fixando $\alpha = 0,10$ e consultando a Tabela VI, teremos

$$RC =]0, (5,05)^{-1}[\cup]5,05, +\infty[.$$

Das amostras encontramos $s_A^2 = 40$ e $s_B^2 = 37$, portanto $w_0 = 1,08$. Como esse valor não pertence à região crítica, aceitamos H_0, ou seja, as máquinas produzem com a mesma homogeneidade quanto à variabilidade.

Caso tivéssemos rejeitado a hipótese de igualdade das variâncias, seria conveniente obter um intervalo de confiança para o quociente das duas variâncias. De (13.3) podemos escrever, quando $\sigma_1^2 \neq \sigma_2^2$,

$$W = \frac{S_1^2/\sigma_1^2}{S_2^2/\sigma_2^2} = \frac{U/(n-1)}{V/(m-1)} \quad F(n-1, m-1),$$

e para um dado γ, $0 < \gamma < 1$, podemos encontrar dois valores f_1 e f_2, tais que

$$P(f_1 < F(n-1, m-1) < f_2) = \gamma.$$

Dessa igualdade, segue-se que, com probabilidade γ,

$$f_1 < \frac{S_1^2}{S_2^2} \cdot \frac{\sigma_2^2}{\sigma_1^2} < f_2,$$

ou seja, o IC(σ_2^2/σ_1^2; γ) será dado por

$$f_1 \frac{S_2^2}{S_1^2} < \frac{\sigma_2^2}{\sigma_1^2} < f_2 \frac{S_2^2}{S_1^2} \tag{13.5}$$

Exemplo 13.3 Suponha que para outras seis medidas para as máquinas A e B do Exemplo 13.2 tivéssemos $S_A^2 = 85$ e $S_B^2 = 8$. Como $w_0 = 85/8 = 10,62$, rejeitaríamos H_0. Então, o IC dado por (13.5) ficaria, com $\gamma = 0,90$,

$$\frac{1}{5,05} \frac{8}{85} < \frac{\sigma_B^2}{\sigma_A^2} < 5,05 \frac{8}{85},$$

390 CAPÍTULO 13 — INFERÊNCIA PARA DUAS POPULAÇÕES

ou seja,

$$0,019 < \frac{\sigma_B^2}{\sigma_A^2} < 0,475.$$

Invertendo-se, obtemos, também,

$$2,10 < \frac{\sigma_A^2}{\sigma_B^2} < 52,6,$$

que indica a variação possível, no nível fixado, da razão entre as duas variâncias. Note que, sob H_0, temos $\sigma_A^2/\sigma_B^2 = 1$, que não pertence a esse intervalo.

Problemas

1. Da população $X \sim N(50, 100)$ retirou-se uma amostra casual simples de $n = 10$ elementos. Da população $Y \sim N(60, 100)$ retirou-se uma amostra casual simples de $m = 6$ indivíduos, independente da primeira. Obtemos as variâncias amostrais S_1^2 e S_2^2, respectivamente.

   (a) Encontre o valor de a, tal que $P(S_1^2/S_2^2 < a) = 95\%$.

   (b) Encontre o valor de b, tal que $P(S_1^2/S_2^2 > b) = 95\%$.

2. Por que em (13.3) as v.a. U e V são independentes?

3. Uma das maneiras de medir o grau de satisfação dos empregados de uma mesma categoria quanto à política salarial é por meio do desvio padrão de seus salários. A fábrica **A** diz ser mais coerente na política salarial do que a fábrica **B**. Para verificar essa afirmação, sorteou-se uma amostra de 10 funcionários não especializados de **A**, e 15 de **B**, obtendo-se os desvios padrões $s_A = 1.000$ reais e $s_B = 1.600$ reais. Qual seria a sua conclusão?

4. Deseja-se comparar a qualidade de um produto produzido por duas fábricas. Essa qualidade será definida pela uniformidade com que o produto é produzido em cada fábrica. Tomaram-se duas amostras, uma de cada fábrica, medindo-se o comprimento dos produtos (o resumo dos resultados está no quadro abaixo). A qualidade das duas fábricas é a mesma? Caso a sua resposta seja negativa, dê um intervalo de confiança para indicar a intensidade dessa desigualdade.

Estatísticas	Fábrica A	Fábrica B
Amostra	21	17
Média	21,15	21,12
Variância	0,0412	0,1734

13.3 Comparação de duas populações: amostras independentes

Nesta seção, estudaremos o caso em que temos duas amostras independentes, $X_1, \ldots, X_n$ e $Y_1, \ldots, Y_m$, de duas populações P_1 e P_2, respectivamente.

13.3 COMPARAÇÃO DE DUAS POPULAÇÕES: AMOSTRAS INDEPENDENTES

Estaremos interessados em comparar as médias dessas populações, verificando se elas podem ser consideradas iguais ou não. No caso de populações normais, teremos, preliminarmente, de usar o que aprendemos na seção anterior, para testar se as variâncias de P_1 e P_2 são iguais.

Consideraremos duas situações: na primeira, iremos supor que as populações sejam normais (reveja os Problemas 32, 33 e 34 do Capítulo 10, os Problemas 31 e 32 do Capítulo 11 e o Problema 29 do Capítulo 12); na segunda, essa suposição não é necessária.

13.3.1 Populações normais

Aqui, $P_1 \sim N(\mu_1, \sigma_1^2)$ e $P_2 \sim N(\mu_2, \sigma_2^2)$.

Queremos testar a hipótese (13.1), que aqui fica escrita na forma

$$H_0: \mu_1 = \mu_2.$$

Na situação da Figura 13.2(c), a alternativa adequada é

$$H_1: \mu_2 > \mu_1,$$

mas supondo as variâncias iguais. Se estivermos apenas interessados em verificar se existe diferença entre as médias das duas populações, não importando a direção, então a alternativa adequada será

$$H_1: \mu_1 \neq \mu_2.$$

Para cada amostra calculamos os estimadores da média e da variância:

$$\bar{X} = \frac{1}{n} \sum_{i=1}^{n} X_i, \quad S_1^2 = \frac{1}{n-1} \sum_{i=1}^{n} \left(X_i - \bar{X} \right)^2;$$

$$\bar{Y} = \frac{1}{m} \sum_{i=1}^{m} Y_i, \quad S_2^2 = \frac{1}{m-1} \sum_{i=1}^{m} \left(Y_i - \bar{Y} \right)^2.$$

Sob a hipótese H_0, isto é, $\mu_1 = \mu_2$,

$$E\left(\bar{X} - \bar{Y} \right) = 0, \tag{13.6}$$

$$\mathrm{Var}\left(\bar{X} - \bar{Y} \right) = \mathrm{Var}\left(\bar{X} \right) + \mathrm{Var}\left(\bar{Y} \right) = \frac{\sigma_1^2}{n} + \frac{\sigma_2^2}{m}. \tag{13.7}$$

Como $\bar{X} - \bar{Y}$ tem distribuição normal, se as variâncias fossem conhecidas, a estatística

$$Z = \frac{\bar{X} - \bar{Y}}{\sqrt{\sigma_1^2/n + \sigma_2^2/m}} \tag{13.8}$$

teria distribuição normal padrão, *sob a hipótese nula H_0*, e poderia ser usada para testar H_0 contra H_1. Contudo, nas situações de interesse prático, as variâncias não são conhecidas, devendo ser substituídas por estimativas convenientes. Aqui, a distribuição t de Student desempenha papel importante. Notemos que, da definição da v.a. t de Student, $t = \sqrt{n}(\bar{X} - \mu)/S$, podemos obter

$$t^2 = \frac{\left(\dfrac{\bar{X} - \mu}{\sigma/\sqrt{n}}\right)^2}{\left[(n-1)S^2/\sigma^2\right]/(n-1)} \quad F(1, n-1), \tag{13.9}$$

o que mostra uma relação entre as distribuições $t(n-1)$ e $F(1, n-1)$. Observe que o numerador de (13.9) é o quadrado de uma $N(0, 1)$ e, portanto, tem uma distribuição $\chi^2(1)$, e o denominador é o quociente de uma v.a. $\chi^2(n-1)$ por $(n-1)$.

Vamos considerar dois casos.

(a) Mesma Variância, Desconhecida

Suponha que, ao testar a hipótese de igualdade de variâncias, esta não seja rejeitada, isto é, $\sigma_1^2 = \sigma_2^2 = \sigma^2$, porém essa variância comum é desconhecida. Como S_1^2 e S_2^2 são dois estimadores não viesados de σ^2, podemos combiná-los para obter um estimador comum

$$S_p^2 = \frac{(n-1)S_1^2 + (m-1)S_2^2}{n+m-2} = \frac{\sum_{i=1}^{n}\left(X_i - \bar{X}\right)^2 + \sum_{i=1}^{m}(Y_i - \bar{Y})^2}{n+m-2}, \tag{13.10}$$

que também é um estimador não viesado de σ^2. Mais ainda, cada parcela do numerador de (13.10), quando dividida por σ^2, terá distribuição qui-quadrado, com $(n-1)$ e $(m-1)$ graus de liberdade, respectivamente. Logo, teremos que

$$\frac{(n+m-2)S_p^2}{\sigma^2} \sim \chi^2(n+m-2). \tag{13.11}$$

Pelo Teorema 7.1, a estatística

$$T = \frac{\dfrac{\bar{X} - \bar{Y}}{\sigma\sqrt{1/n + 1/m}}}{S_p/\sigma} = \frac{\bar{X} - \bar{Y}}{S_p\sqrt{1/n + 1/m}} \tag{13.12}$$

terá uma distribuição t de Student, com $(n + m - 2)$ graus de liberdade, *sob a hipótese* H_0, isto é, se $\mu_1 = \mu_2$.

Tabela 13.1 Dados para duas técnicas de vendas.

Dados	Vendas	
	Técnica A	Técnica B
Média	68	76
Variância	50	52
Vendedores	12	15

13.3 COMPARAÇÃO DE DUAS POPULAÇÕES: AMOSTRAS INDEPENDENTES

Exemplo 13.4 Duas técnicas de venda são aplicadas por dois grupos de vendedores: a técnica A, por 12 vendedores, e a técnica B, por 15 vendedores. Espera-se que a técnica B produza melhores resultados. No final de um mês, obtiveram-se os resultados da Tabela 13.1.

Vamos testar, para o nível de significância de 5%, se há diferenças significativas entre as vendas resultantes das duas técnicas. Supondo que as vendas sejam normalmente distribuídas e usando o teste da Seção 13.2, vemos que $\sigma_A^2 = \sigma_B^2$.

As hipóteses a serem testadas ficam

$$H_0: \mu_A = \mu_B$$
$$H_1: \mu_A < \mu_B.$$

Pelas suposições acima, podemos usar a estatística (13.12), com $n = 12$, $m = 15$ e $S_p^2 = (11S_A^2 + 14S_B^2)/25$. Da Tabela V obtemos $RC = \,]1{,}708, + \infty[$.

Da Tabela 13.1 calculamos

$$s_p^2 = \frac{(11)(50) + (14)(52)}{25} = 51{,}12,$$

$$t_0 = \frac{76 - 68}{(7{,}15)\sqrt{\frac{1}{12} + \frac{1}{15}}} = 2{,}89.$$

Como $t_0 \in RC$, rejeitamos H_0, ou seja, existe evidência de que a técnica B produz melhores resultados do que a técnica A.

Encontrada diferença entre os métodos, a continuação natural é construir um intervalo de confiança para a diferença $\Delta = \mu_B - \mu_A$. Do resultado (13.12) é fácil verificar que

$$IC(\Delta; \gamma) = (\bar{x}_0 - \bar{y}_0) \pm t_\gamma s_p \sqrt{1/n + 1/m}.$$

Para o nosso exemplo, com $\gamma = 0{,}95$, esse intervalo reduz-se a

$$IC(\Delta; 0{,}95) = 8 \pm (2{,}06)(7{,}15)\sqrt{\frac{1}{12} + \frac{1}{15}}$$
$$= 8 \pm 5{,}7 = \,]2{,}3; 13{,}7[.$$

(b) Variâncias Desiguais, Desconhecidas

Quando a hipótese de igualdade de variâncias for rejeitada, devemos usar a estatística

$$T = \frac{\bar{X} - \bar{Y}}{\sqrt{S_1^2/n + S_2^2/m}}. \tag{13.13}$$

CAPÍTULO 13 — INFERÊNCIA PARA DUAS POPULAÇÕES

Pode-se provar que, sob a veracidade de H_0, a v.a. T aproxima-se de uma distribuição t de Student, com o número de graus de liberdade dado aproximadamente por

$$\nu = \frac{(A+B)^2}{A^2/(n-1)+B^2/(m-1)}. \tag{13.14}$$

na qual

$$A = s_1^2/n, \quad B = s_2^2/m.$$

Como esse valor é geralmente fracionário, arredonde para o inteiro mais próximo para obter o número de graus de liberdade.

Exemplo 13.5 Queremos testar as resistências de dois tipos de vigas de aço, A e B. Tomando-se $n = 15$ vigas do tipo A e $m = 20$ vigas do tipo B, obtemos os valores na Tabela 13.2. Usando um teste F com nível $\alpha = 10\%$ rejeitamos a hipótese de variâncias iguais.

Tabela 13.2 Médias e variâncias para dois tipos de vigas de aço.

Tipo	Média	Variância
A	70,5	81,6
B	84,3	210,8

Consideremos as hipóteses

$$H_0: \mu_A = \mu_B$$
$$H_1: \mu_A \neq \mu_B.$$

A estatística a ser usada é (13.13), com $\nu = (255,36)/(2,11 + 5,85) = 32,08$, logo tomamos $\nu = 32$. Com $\alpha = 0,05$, obtemos da Tabela V que $RA = \,]{-}2,037; \, 2,037[$. Com os dados da Tabela 13.2, temos $t_0 = (-13,8)/(4,0) = -3,45$.

Como $t_0 \in RC$, rejeitamos H_0, ou seja, há evidências de que os dois tipos de vigas têm resistências médias diferentes.

Problemas

5. Num estudo comparativo do tempo médio de adaptação, uma amostra aleatória, de 50 homens e 50 mulheres de um grande complexo industrial, produziu os seguintes resultados:

Estatísticas	Homens	Mulheres
Médias	3,2 anos	3,7 anos
Desvios padrões	0,8 anos	0,9 anos

Que conclusões você poderia tirar para a população de homens e mulheres dessa indústria? (Indique as suposições feitas para resolver o problema.)

13.3 COMPARAÇÃO DE DUAS POPULAÇÕES: AMOSTRAS INDEPENDENTES

6. Diversas políticas em relação às filiais de uma rede de supermercados estão associadas ao gasto médio dos clientes em cada compra. Deseja-se comparar esse parâmetro para duas novas filiais, por meio de duas amostras de **50** clientes cada. As médias obtidas foram 62 e 71, respectivamente. Sabe-se que o desvio padrão, em ambos os casos, deve ser da ordem de **20** unidades. É possível afirmar que o gasto médio nas duas filiais seja o mesmo? Caso contrário, dê um intervalo de confiança para a diferença.

7. Uma fábrica de embalagens para produtos químicos está estudando dois processos para combater a corrosão de suas latas especiais. Para verificar o efeito dos tratamentos, foram usadas amostras cujos resultados estão no quadro abaixo (em porcentagem de corrosão eliminada). Qual seria a conclusão sobre os dois tratamentos?

Método	Amostra	Média	Desvio Padrão
A	15	48	10
B	12	52	15

8. No Problema 4, teste a hipótese de que as médias dos comprimentos do produto produzido pelas duas fábricas são iguais.

9. Para investigar a influência da opção profissional sobre o salário inicial de recém-formados, investigaram-se dois grupos de profissionais: um de liberais em geral e outro de formados em Administração de Empresas. Com os resultados abaixo, expressos em salários mínimos, quais seriam suas conclusões?

Liberais	6,6	10,3	10,8	12,9	9,2	12,3	7,0	
Administradores	8,1	9,8	8,7	10,0	10,2	8,2	8,7	10,1

13.3.2 Populações não normais

Passamos, agora, a descrever um teste que não faz suposições a respeito da forma das distribuições P_1 e P_2, a não ser que as variáveis envolvidas tenham uma escala de medida pelo menos ordinal. Ou seja, podemos abordar o caso de variáveis qualitativas ordinais e variáveis quantitativas. Esse teste (chamado de Wilcoxon ou de Mann-Whitney) pertence a uma categoria de procedimentos chamados *não paramétricos* ou *livres de distribuição*.

Teremos para análise amostras *independentes* das duas populações e queremos testar a hipótese (13.1) contra a alternativa de que as distribuições diferem em localização: estaremos interessados em saber se uma população tende a ter valores maiores do que a outra, ou se elas têm a mesma mediana ou média.

O teste de Wilcoxon é baseado nos *postos* dos valores obtidos combinando-se as duas amostras. Isso é feito ordenando-se esses valores, do menor para o maior, independentemente do fato de qual população cada valor provém. A estatística do teste é a *soma* dos postos associados aos valores amostrados de uma população, P_1, por exemplo. Se essa soma for grande, isso é uma indicação de que os valores dessa população tendem a ser maiores do que os valores de P_2, e, então, rejeitamos (13.1).

No caso de termos uma v.a. qualitativa ordinal, comumente associamos números às diversas categorias (ou classes, ou atributos), segundo as quais a variável é classificada.

396   CAPÍTULO 13 — INFERÊNCIA PARA DUAS POPULAÇÕES

Por exemplo, podemos ter 1 para *bom*, 2 para *muito bom* e 3 para *ótimo*. Vemos, então, que esses valores são os postos, nesse caso, e em outras situações é preferível trabalhar com postos do que com valores arbitrários associados à v.a. qualitativa.

Quando trabalhamos com v.a. quantitativas poderemos ter valores repetidos nas amostras. Veremos como associar postos nesse caso. Para evitar esses *empates*, uma possibilidade é supor que a v.a. seja contínua, de modo que se X for uma tal variável, $P(X = x_0) = 0$. Essa suposição é eventualmente necessária para o desenvolvimento teórico do teste, mas na prática, quer X seja contínua ou discreta, valores repetidos poderão aparecer.

(a) Observações Distintas

Suponha que tenhamos N observações $Z_1, Z_2, ..., Z_N$. Ordenando-as da menor para a maior obtemos as estatísticas de ordem, $Z_{(1)} \leq Z_{(2)} \leq ... \leq Z_{(N)}$. Inicialmente, suponha que não haja observações coincidentes, de modo que os sinais de $\leq$ são substituídos por $<$. Então, associamos números (normalmente 1, 2, ..., N), chamados *postos*, que correspondem às posições das observações na ordenação. O posto de Z_i é igual a 1 + (número de $Z_j < Z_i$). Assim, dadas as observações

$$Z_1 = 0{,}3, \ Z_2 = 1{,}5, \ Z_3 = -0{,}5, \ Z_4 = 2{,}0,$$

os postos de Z_1, Z_2, Z_3 e Z_4 serão, respectivamente,

$$R_1 = 2, \ R_2 = 3, \ R_3 = 1, \ R_4 = 4,$$

já que a ordenação resulta em

$$-0{,}5 < 0{,}3 < 1{,}5 < 2{,}0, \quad \text{ou} \quad Z_3 < Z_1 < Z_2 < Z_4.$$

Exemplo 13.6 Num estudo sobre um novo método para ensinar Matemática elementar, foram selecionadas cinco crianças. Destas, três são escolhidas ao acaso e ensinadas segundo o novo método, enquanto as outras duas funcionaram como controle e receberam instrução por um método tradicional. Após um período de cinco semanas é feito um teste, e as crianças são ordenadas segundo seu desempenho: a criança que tiver menor nota recebe posto 1 etc., até a criança que tiver maior nota recebe posto 5.

O método de ensino será considerado eficaz se as três crianças que recebem o novo método tiverem postos altos nessa ordenação combinada das cinco crianças. Seja H_0 a hipótese nula que especifica que o tratamento (novo método) não tem efeito, isto é, a nota da criança não é afetada se ela for ou não ensinada pelo novo método. Se H_0 for verdadeira, o posto atribuído a cada criança é determinado somente pela sua inteligência, ou seja, a ordenação das crianças não depende de qual recebe tratamento e qual funciona como controle. A Tabela 13.3 mostra todos os casos possíveis para a ordenação, em que C indica controle e T, tratamento.

13.3 COMPARAÇÃO DE DUAS POPULAÇÕES: AMOSTRAS INDEPENDENTES

Tabela 13.3 Valores de W_S para o Exemplo 13.6.

Postos					W_S
1	2	3	4	5	
C	C	T	T	T	12
C	T	C	T	T	11
T	C	C	T	T	10
C	T	T	C	T	10
T	C	T	C	T	9
C	T	T	T	C	9
T	C	T	T	C	8
T	T	C	T	C	7
T	T	T	C	C	6
T	T	C	C	T	8

Vemos que as crianças e seus postos podem ser divididos em dois grupos (tratados e controles) de $\binom{5}{3} = 10$ maneiras diferentes. A suposição de que as três crianças recebendo o tratamento são selecionadas ao acaso e de que os tratamentos são equivalentes, implica que todas as dez possibilidades têm a mesma probabilidade 1/10.

Consideremos a estatística

$$W_S = S_1 + S_2 + S_3, \qquad (13.15)$$

em que S_1, S_2 e S_3 são os postos das crianças que receberam o tratamento na amostra combinada.

Poderíamos considerar como regra de decisão para rejeitar H_0 a ocorrência de $W_S = 12$, correspondendo à ocorrência de CCTTT, clara superioridade do tratamento. Qual seria a probabilidade de esse evento ocorrer por mero acaso, ou seja, quando os dois métodos são equivalentes? Nesse caso teremos

$$P(W_S = 12 | H_0 \text{ verdadeiro}) = 0,10,$$

que é a probabilidade do erro de tipo I, ou seja, o nível de significância do teste. Mas, como vimos antes, usualmente procedemos de maneira oposta, ou seja, fixamos α e não a regra de decisão.

Como vimos acima, rejeitamos H_0 para valores grandes de W_S, ou seja, $W_S \geq c$, em que c é uma constante determinada a partir do nível de significância do teste, α. Obtemos o *teste de Wilcoxon*:

"Rejeite H_0 se $W_S \geq c$, em que c é determinada por $P(W_S \geq c | H_0 \text{ é verdadeira}) = \alpha$."

A distribuição nula (isto é, sob H_0) de W_S é obtida da Tabela 13.3 e está na Tabela 13.4.

Tabela 13.4 Distribuição de W_S, observações distintas.

w	6	7	8	9	10	11	12
$P(W_S = w)$	1/10	1/10	2/10	2/10	2/10	1/10	1/10

A distribuição de W_S é simétrica ao redor do valor 9 que, como veremos, representa a média de W_S, dada por $n(N+1)/2$, com $N = n + m$ (Ver Figura 13.3).

Figura 13.3 Distribuição de W_S para o Exemplo 13.6.

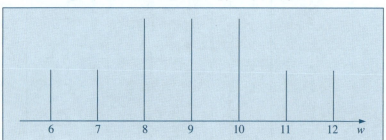

Se, por exemplo, $\alpha = 0{,}05$, não existe valor satisfazendo $P(W_S \geq c) = 0{,}05$. Podemos encontrar c somente para valores de α iguais a 0,1; 0,2; 0,4 etc. Por exemplo, se $\alpha = 0{,}1$, então

$$P(W_S \geq 12) = 0{,}1 \quad \text{e} \quad c = 12.$$

Consideremos, agora, a situação geral. Queremos testar (13.1). Temos duas amostras independentes, $X_1, \ldots, X_n$, de P_1, e $Y_1, \ldots, Y_m$, de P_2. Seja $N = n + m$ e combinamos as duas amostras numa só, ordenamos os N valores no menor para o maior e chamemos $S_1 < S_2 < \ldots < S_m$ os postos dos Y_i (tratamentos) e $R_1 < R_2 < \ldots < R_n$ os postos dos X_i (controles). Estamos supondo que não haja empates. Seja

$$W_S = S_1 + S_2 + \ldots + S_m \qquad (13.16)$$

a soma dos postos dos tratamentos. Rejeitamos H_0 se $W_S \geq c$.

No caso bilateral, rejeite H_0 se $W_S < c_1$ ou $W_S > c_2$, para dado α.

Não é difícil verificar que, se a distribuição de P_1 for contínua, então

$$P(S_1 = s_1, \ldots, S_m = s_m) = \frac{1}{\binom{N}{m}}, \qquad (13.17)$$

em que $s_1 < s_2 < \ldots < s_m$ e $s_i \in \{1, 2, \ldots, N\}$, $N = n + m$.

Observação. Por (13.17) vemos que a distribuição dos postos e portanto de W_S não depende de P_1. Isso não ocorrerá se P_1 não for contínua. Se as distribuições P_1 e P_2 forem contínuas, há ausência de empates (isto é, coincidência entre valores de X e de Y). Isso significa que poderíamos considerar nossas medidas de X e Y de tal sorte que coincidências seriam evitadas. Na prática, contudo, as medidas são feitas em geral com o mesmo número de casas decimais, de modo que empates podem ocorrer. Essa situação é analisada abaixo.

A distribuição sob H_0 de W_S pode ser encontrada como no Exemplo 13.6. Para dado valor de w, verificamos quantas amostras de tamanho m, retiradas de $P = \{1, 2, \ldots, N\}$ fornecem o valor de w. Se $\#(w; n, m)$ indicar esse número, então, por (13.17),

13.3 COMPARAÇÃO DE DUAS POPULAÇÕES: AMOSTRAS INDEPENDENTES

$$P\left(W_s = w | H_0 \text{ é verdadeira}\right) = \frac{\#\left(w; n, m\right)}{\binom{N}{m}}.$$ (13.18)

Pode-se provar o seguinte resultado (veja, por exemplo, Lehmann, 1975):

Teorema 13.1 Para a estatística W_S temos:

$$E\left(W_s\right) = \frac{m\left(N+1\right)}{2},$$ (13.19)

$$\mathrm{Var}\left(W_S\right) = \frac{nm\left(N+1\right)}{12}$$ (13.20)

Além disso, a distribuição de W_S pode ser aproximada pela distribuição normal; quando $n, m \to \infty$, a v.a.

$$Z = \frac{W_S - E\left(W_s\right)}{\sqrt{\mathrm{Var}\left(W_s\right)}}$$ (13.21)

tem uma distribuição aproximada $N(0, 1)$.

Uma estatística equivalente a W_S é

$$U_S = W_S - \frac{1}{2}m\left(m+1\right),$$ (13.22)

chamada *estatística de Mann-Whitney*. Há duas vantagens em se usar U_S:

(a) a distribuição de U_S para $n = n_1$ e $m = m_1$ é a mesma que a distribuição de U_S quando os tamanhos são invertidos, isto é, para $n = m_1$ e $m = n_1$. Isso não acontece com W_S;

(b) o valor mínimo de W_S é obtido quando os postos dos m tratamentos são $1, 2, ..., m$ e $1 + 2 + ... + m = m(m + 1)/2$; logo, o valor mínimo de U_S é zero, para quaisquer valores de n e m, simplificando a construção de tabelas. A Tabela VIII do Apêndice dá os valores de $P(U_S \leq u)$.

Para essa estatística temos o resultado seguinte.

Teorema 13.2 A média e variância de U_S são dadas por

$$E\left(U_S\right) = \frac{nm}{2}$$ (13.23)

e

$$\mathrm{Var}\left(U_S\right) = \frac{nm\left(N+1\right)}{12},$$ (13.24)

respectivamente. Além disso, a distribuição de U_S pode também ser aproximada por uma normal.

400   CAPÍTULO 13 — INFERÊNCIA PARA DUAS POPULAÇÕES

Exemplo 13.7 Suponha que $m = n = 10$ e queremos calcular $P(W_S \leq 87)$. O valor tabelado é 0,0952, que é encontrado na Tabela VIII com $n = m = 10$, e levando-se em conta que $U_S = 87 - 10 \times 11/2 = 32$ e, portanto, $P(U_S \leq 32) = 0,0952$.

Por outro lado, usando a aproximação normal, $E(W_S) = 105$, $\text{Var}(W_S) = 175$, temos

$$P\left(W_s \leq 87\right) = P\left(\frac{W_s - 105}{\sqrt{175}} \leq \frac{87 - 105}{\sqrt{175}}\right) = P\left(Z \leq -1,36\right) \approx 0,087,$$

que está bem próxima do valor encontrado usando-se a tabela.

A aproximação pode ser melhorada usando-se a correção de continuidade discutida na Seção 7.5, pois aqui também estamos aproximando a distribuição de uma v.a. discreta (W_S) por uma distribuição de variável contínua (normal). Verifique que, usando essa correção, obtemos $P(W_S \leq 87) \approx 0,0934$.

(b) Observações Não Todas Distintas

Consideremos, agora, a situação em que haja observações coincidentes, ou empates.

Suponha, por exemplo, que $n = 3$, $m = 2$ e as observações são

$$1,3; \ 1,5; \ 1,5; \ 2,1; \ 2,5.$$

Nesse caso, usamos *postos médios*. Associamos o posto 1 à observação 1,3; às duas observações empatadas 1,5 associamos a média dos postos 2 e 3, que seriam atribuídas se as observações fossem distintas, ou seja, atribuímos o posto $(2 + 3)/2 = 2,5$; à observação 2,1 atribuímos o posto 4 e à observação 2,5 atribuímos o posto 5.

Embora a atribuição de postos seja diferente nesse caso, continuaremos a usar a mesma notação anterior para os postos das observações X_i e Y_i. A distribuição da estatística W_S não é mais dada por (13.17), pois os valores de $S_1, \ldots, S_m$ não são mais os anteriores. Retomemos o exemplo dado. Temos que a distribuição conjunta dos postos S_1 e S_2 será:

$$P(S_1 = 1, S_2 = 2,5) = 2/10, \qquad P(S_1 = 1, S_2 = 4) = 1/10,$$

$$P(S_1 = 1, S_2 = 5) = 1/10, \qquad P(S_1 = S_2 = 2,5) = 1/10,$$

$$P(S_1 = 2,5, S_2 = 4) = 2/10, \qquad P(S_1 = 2,5, S_2 = 5) = 2/10,$$

$$P(S_1 = 4, S_2 = 5) = 1/10,$$

pois ainda cada uma das $\binom{5}{2} = 10$ escolhas de dois dos postos médios como S_1 e S_2 são igualmente prováveis. Portanto a distribuição de $W_S = S_1 + S_2$ é dada pela Tabela 13.5.

Tabela 13.5 Distribuição de W_S, observações não-distintas.

w	3,5	5,0	6,0	6,5	7,5	9,0
$P(W_S = w)$	2/10	2/10	1/10	2/10	2/10	1/10

13.3 COMPARAÇÃO DE DUAS POPULAÇÕES: AMOSTRAS INDEPENDENTES

Observe que a distribuição da v.a. W_S nesse caso não é simétrica; será simétrica ao redor de $m(N+1)/2$ se $n = m$.

Genericamente, o teste de Wilcoxon, no caso de observações empatadas, rejeita H_0 usando a mesma regra de decisão que no caso de observações não empatadas, exceto que a distribuição de W_S vai depender de n, m e dos números de observações empatadas em cada valor, ao contrário da situação de não empates, para a qual a distribuição de W_S depende somente de n e m.

Exemplo 13.8 Supondo $n = 3$, $m = 2$, as observações dos controles são 1,3, 1,5 e 2,1, e as observações dos tratamentos são 1,5 e 2,5. Então,

$$S_1 = 2,5, \quad S_2 = 5, \quad R_1 = 1, \quad R_2 = 2,5, \quad R_3 = 4 \quad e \quad W_S = S_1 + S_2 = 7,5.$$

Pelo que vimos acima, o valor-p será

$$\hat{\alpha} = P(W_S \geq 7,5) = 2/10 + 1/10 = 0,3,$$

logo não rejeitaremos H_0 nos níveis usuais.

Suponha que temos d_1 observações empatadas no menor valor, d_2 observações empatadas no segundo menor valor etc. até d_e observações empatadas no maior valor, em que e é o número de valores distintos. Denominamos $(e; d_1, ..., d_e)$ de *configuração de empates*, e a distribuição de W_S dependerá dessa configuração. Assim sendo, tabelas teriam de ser construídas para cada configuração de empates, o que não é prático. O que se faz é o seguinte: se o número de empates for pequeno, continue a usar a Tabela VIII. Caso contrário, use a aproximação normal. Nesse caso, a média de W_S é a mesma anterior, mas a variância é igual à anterior menos uma correção devida aos empates:

$$Var\left(W_s\right) = \frac{mn\left(N+1\right)}{12} - \frac{mn}{12N\left(N-1\right)} \sum_{i=1}^{e} \left(d_i^3 - d_i\right). \tag{13.25}$$

A aproximação normal será adequada se m e n forem relativamente grandes, e as proporções d_i/N não forem próximas de 1.

Exemplo 13.9 Em aparelhos dentários são usados grampos de dois tipos: um modelo em T e outro circunferencial, C. O objetivo é verificar se a resistência à remoção de grampos em T é a mesma do modelo C. Foram usados 40 corpos de provas (dente-grampo), sendo 20 para o modelo T e 20 para o modelo C, com cinco leituras para cada corpo de prova, num total de 100 observações para cada modelo. As Figuras 13.4 e 13.5 mostram os histogramas para os dois modelos, a resistência sendo medida em kg.

Figura 13.4 Resistência à remoção, em kg, para o modelo C.

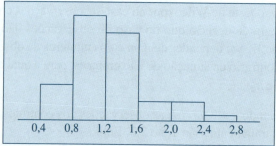

Figura 13.5 Resistência à remoção, em kg, para o modelo T.

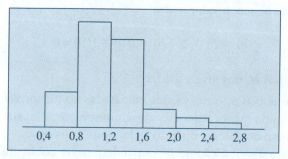

Vemos que há assimetrias nos histogramas, sugerindo que a aplicação do teste t de Student não é adequada nessa situação. A Tabela 13.6 mostra as médias das 5 leituras para cada corpo de prova, para o modelo T e para o modelo C (em ordem crescente).

Admitamos que o grupo de controle seja aquele em que os grampos sejam do tipo T, e grampos do tipo C constituam o tratamento. Ordenando as médias da Tabela 13.6 e atribuindo postos obtemos a Tabela 13.7.

Tabela 13.6 Valores de resistência à remoção para os dois modelos.

T	C	T	C
0,60	0,52	1,19	1,19
0,63	0,77	1,20	1,20
0,83	0,79	1,26	1,34
0,85	0,79	1,28	1,36
0,91	0,81	1,30	1,38
0,95	0,81	1,37	1,43
1,01	0,89	1,45	1,64
1,03	0,98	1,54	1,71
1,03	1,01	1,68	2,16
1,16	1,18	2,20	2,25

13.3 COMPARAÇÃO DE DUAS POPULAÇÕES: AMOSTRAS INDEPENDENTES

Tabela 13.7 Postos para o Exemplo 13.9.

Média	0,52	0,60	0,63	0,77	0,79	0,79	0,81	0,81	0,83	0,85
Tipo	C	T	T	C	C	C	C	C	T	T
Posto	1	2	3	4	5,5	5,5	7,5	7,5	9	10
Média	0,89	0,91	0,95	0,98	1,01	1,01	1,03	1,03	1,16	1,18
Tipo	C	T	T	C	C	T	T	T	T	C
Posto	11	12	13	14	15,5	15,5	17,5	17,5	19	20
Média	1,19	1,19	1,20	1,20	1,26	1,28	1,30	1,34	1,36	1,37
Tipo	C	T	T	C	T	T	T	C	C	T
Posto	21,5	21,5	23,5	23,5	25	26	27	28	29	30
Média	1,38	1,43	1,45	1,54	1,64	1,68	1,71	2,16	2,20	2,25
Tipo	C	C	T	T	C	T	C	C	T	C
Posto	31	32	33	34	35	36	37	38	39	40

Aqui $n = m = 20$ e queremos testar

H_0: a resistência à remoção é a mesma para os dois tipos de grampos;

H_1: o tipo C apresenta menor resistência à remoção do que o do tipo T.

A soma dos postos dos tratamentos é

$$W_S = S_1 + S_2 + \ldots + S_{20} = 406,5.$$

Usando a aproximação normal, a v.a.

$$Z = \frac{W_S - E(W_S)}{\sqrt{\text{Var}(W_S)}}, \tag{13.26}$$

em que $\text{Var}(W_S)$ é dada por (13.25), e terá distribuição aproximadamente $N(0, 1)$. Consultando a Tabela 13.7, temos

$$d_1 = d_2 = d_3 = d_4 = 1, \quad d_5 = 2, \quad d_6 = 2, \quad d_7 = \ldots = d_{12} = 1,$$
$$d_{13} = 2, \quad d_{14} = 2, \quad d_{15} = d_{16} = 1, \quad d_{17} = 2, \quad d_{18} = 2,$$
$$d_{19} = \ldots = d_{34} = 1.$$

Aqui, temos $e = 34$ valores distintos e

$$E(W_S) = (20 \times 41)/2 = 410,$$
$$\text{Var}(W_S) = (20 \times 20 \times 41)/12 - (20 \times 20)/(12 \times 40 \times 39)\, [(8 - 2) \times 6]$$
$$= 1.366,667 - 2,857 = 1.363,810.$$

O valor de (13.26) é

$$Z = (406,5 - 410)/36,93 = -0,095.$$

Como rejeitaremos H_0 se $W_S \leq c$, no nível $\alpha = 0,05$, devemos comparar esse valor com o valor $-1,64$ da normal padrão, portanto não rejeitamos H_0.

CAPÍTULO 13 — INFERÊNCIA PARA DUAS POPULAÇÕES

Vemos que o valor-p do teste é

$$\hat{\alpha} = P(W_S \leq 406{,}5) \approx P(Z \leq -0{,}095) = 0{,}46,$$

que é uma indicação de que a hipótese H_0 deve ser aceita.

Observação. Comparação entre o Teste t e o Teste de Wilcoxon.

O teste t baseia-se na suposição de que as populações P_1 e P_2 sejam normais. Uma violação dessa suposição altera a distribuição da estatística usada no teste e muda as probabilidades dos erros de tipo I e II. Dizemos que um teste é *robusto* contra a violação de uma suposição se suas probabilidades de erro de tipo I e II não são afetadas de forma apreciável pela violação.

Pode-se mostrar que o teste t é pouco sensível à heterogeneidade de variâncias se $m = n$, mas ele será mais afetado se as variâncias forem diferentes e $m \neq n$.

Os testes t e de Wilcoxon são comparados pelos de seus poderes em termos de uma quantidade chamada *eficiência relativa assintótica*, mas não entraremos em detalhes aqui sobre esse assunto. Mas podemos resumir a situação da seguinte maneira:

(a) o teste t é mais poderoso quando temos populações normais, mas a perda de eficiência do teste de Wilcoxon é pequena (menos de 5%) nesse caso;

(b) haverá pouca diferença entre os dois testes para distribuições próximas da normal;

(c) o teste de Wilcoxon é mais eficiente para distribuições que têm caudas "mais pesadas" do que a normal.

Para se ter uma ideia do que significa mais pesada, observamos que as distribuições t e Cauchy têm distribuições com caudas mais pesadas que a normal. Se P_1 e P_2 forem ambas uniformes, pode-se provar que os dois testes são igualmente eficientes e se P_1 e P_2 forem ambas exponenciais, o teste de Wilcoxon é três vezes mais eficiente.

Problemas

10. Vinte canteiros foram plantados com milho. Em dez deles um novo tipo de fertilizante foi aplicado, obtendo-se as produções abaixo. Há diferenças significativas entre as produções? A alternativa é que o novo fertilizante tende a produzir valores maiores. Tome $\alpha = 0{,}05$. Calcule $\hat{\alpha}$.

Controle	7,1	6,0	8,0	7,0	6,6	7,4	7,0	7,0	6,9	6,8
Tratamento	6,9	6,8	7,5	6,8	6,9	6,8	6,8	6,8	6,7	6,6

11. Obtenha a distribuição nula de W_S para os casos:

(a) $m = 2, n = 2$;   (b) $m = 2, n = 4$;   (c) $m = n = 3$.

12. Calcule as seguintes probabilidades, usando a Tabela VIII e a aproximação normal.

(a) $m = 6, n = 7, P(W_S \leq 48)$

(b) $m = 8, n = 10, P(W_S \leq 65)$

(c) $m = 10, n = 10, P(W_S \geq 63)$

13.4 COMPARAÇÃO DE DUAS POPULAÇÕES: AMOSTRAS DEPENDENTES

13. Encontre a distribuição nula de W_S no caso de empates, para os casos:

   (a) $m = n = 3, d_1 = d_2 = 1, d_3 = 2, d_4 = d_5 = 1$

   (b) $m = n = 3, d_1 = d_2 = d_3 = 2$

   (c) $m = 2, n = 3, d_1 = d_2 = 1, d_3 = 3$

14. Faça os histogramas para W_S nos Problemas 11 e 13.

15. Suponha que as observações dos tratamentos sejam 3, 3, 5 e 7, e as observações dos controles sejam 1, 4 e 8, e que o teste de Wilcoxon rejeite para valores grandes de W_S. Calcule $\hat{\alpha} = P(W_S \geq w)$, em que w é o valor observado de W_S.

13.4 Comparação de duas populações: amostras dependentes

Na Seção 13.1, já discutimos essa situação. Aqui, temos duas amostras $X_1, \ldots, X_n$ e $Y_1, \ldots, Y_n$, só que agora as observações são pareadas, isto é, podemos considerar que temos na realidade uma amostra de pares $(X_1, Y_1), \ldots, (X_n, Y_n)$. Se definirmos a v.a. $D = X - Y$, teremos a amostra $D_1, D_2, \ldots, D_n$, resultante das diferenças entre os valores de cada par. Observe que reduzimos a um problema com uma única população, conforme estudado nos capítulos anteriores.

Consideraremos dois casos: no primeiro, supomos que a população das diferenças é normal; no segundo, supomos que essa população é simétrica.

13.4.1 População normal

Nessa situação, faremos a seguinte suposição: a v.a. D tem distribuição normal $N(\mu_D, \sigma_D^2)$. Podemos deduzir daqui que

$$\bar{D} = \frac{1}{n}\sum_{i=1}^{n} D_i = \frac{1}{n}\sum_{i=1}^{n}(X_i - Y_i) = \bar{X} - \bar{Y} \tag{13.27}$$

terá distribuição $N(\mu_D, \sigma_D^2/n)$.

Considere

$$S_D^2 = \frac{1}{n-1}\sum_{i=1}^{n}(D_i - \bar{D})^2. \tag{13.28}$$

Pelo Teorema 7.1, a estatística

$$T = \frac{\sqrt{n}(\bar{D} - \mu_D)}{S_D} \tag{13.29}$$

terá distribuição t de Student, com $(n-1)$ graus de liberdade.

Como

$$\mu_D = E(D) = E(X - Y) = E(X) - E(Y) = \mu_1 - \mu_2,$$

qualquer afirmação sobre o $\mu_1 - \mu_2$ corresponde a uma afirmação sobre μ_D.

406 CAPÍTULO 13 — INFERÊNCIA PARA DUAS POPULAÇÕES

Exemplo 13.10 Cinco operadores de certo tipo de máquina são treinados em máquinas de duas marcas diferentes, A e B. Mediu-se o tempo que cada um deles gasta na realização de uma mesma tarefa, e os resultados estão na Tabela 13.8.

Tabela 13.8 Tempos para realização de tarefa para cinco operadores.

Operador	Marca A	Marca B
1	80	75
2	72	70
3	65	60
4	78	72
5	85	78

Com o nível de significância de 10%, poderíamos afirmar que a tarefa realizada na máquina A demora mais do que na máquina B?

Estamos interessados em testar

$$H_0: \mu_A = \mu_B$$
$$H_1: \mu_A > \mu_B.$$

Essas hipóteses são equivalentes a

$$H_0: \mu_D = 0$$
$$H_1: \mu_D > 0.$$

Como é o mesmo operador que realiza a tarefa nas duas máquinas, estamos diante do caso em que se pode usar variáveis emparelhadas. Vamos admitir que, sob H_0, a diferença de tempo segue uma distribuição normal $N(0, \sigma_D^2)$. Logo, usamos a estatística (13.29).

Para determinar a região crítica, note que, devido à forma de H_1, devemos encontrar t_c tal que $P(T > t_c) = 0,10$, sendo que T tem distribuição $t(4)$. Usando a Tabela V, obtemos

$$RC =]1,54; +\infty[.$$

Da Tabela 13.8 obtemos os valores de D:

$$d_i: 5, 2, 5, 6, 7$$

e, portanto,

$$\bar{d} = 5 \quad \text{e} \quad s_D^2 = 3,5.$$

O valor observado da estatística T é $t_0 = (5/1,87)(\sqrt{5}) = 5,98.$ Segue-se que rejeitamos H_0, ou seja, demora-se mais para realizar a tarefa com a máquina A.

Podemos construir um intervalo de confiança para μ_D; para $\gamma = 0,90$,

$$IC(\mu_A - \mu_B; 0,90) = IC(\mu_D; 0,90) = 5 \pm (2,13)(1,87)/\sqrt{5}$$

13.4 COMPARAÇÃO DE DUAS POPULAÇÕES: AMOSTRAS DEPENDENTES

ou seja,

$$IC(\mu_D; 0,90) =]3,22; 6,78[.$$

13.4.2 População não normal

Vamos considerar, agora, um teste baseado nos postos das diferenças D_i: o chamado *teste dos postos sinalizados de Wilcoxon*. Para esse teste, supomos que a escala das diferenças seja pelo menos intervalar e que os pares (X_i, Y_i) constituam uma AAS.

Isso implica, em particular, que os D_i são independentes, com a mesma mediana. Suponha, ainda, que cada D_i tenha uma distribuição simétrica. Ou seja, as médias e medianas coincidem.

Exemplo 13.11 Suponha que se possa simular um modelo por meio de duas linguagens computacionais, que chamaremos A e B. Supostamente, o tempo usando B é menor que o tempo usando A. Cinco pares de alunos são selecionados para o teste, de modo que cada membro de um par tenha a mesma habilidade computacional nas duas linguagens do que o outro. Um membro de cada par é escolhido ao acaso e este vai usar a linguagem B; o outro usará A. O tempo de simulação (em segundos) de cada linguagem é anotado, obtendo-se a Tabela 13.9.

Tabela 13.9 Tempos de simulação (em segundos) para as linguagens A e B.

Par	1	2	3	4	5
Tempo de $B(X)$	300	410	420	410	400
Tempo de $A(Y)$	350	390	490	435	440
$D = X - Y$	−50	20	−70	−25	−40
Posto de $|D|$	4	1	5	2	3
Posto sinalizado	−4	+1	−5	−2	−3

Queremos testar a hipótese de que os tempos são semelhantes contra a hipótese de que os tempos de B são menores. Ou, ainda,

$$H_0: \mu_B - \mu_A = \mu_D = 0,$$
$$H_1: \mu_B - \mu_A = \mu_D < 0.$$

Na quarta linha da Tabela 13.9 estão apresentadas as diferenças D_i, e os postos são calculados a partir das variáveis $|D_i|$, ou seja, os módulos (ou valores absolutos) dos D_i (quinta linha). A sexta linha, "posto sinalizado", é obtida atribuindo-se ao posto de $|D_i|$ o sinal correspondente de D_i. Por exemplo, para a primeira observação, $D_1 = 300 - 350 = -50$, com $|D_1| = 50$, que tem posto 4 e, portanto, posto sinalizado -4.

Notamos que só há um posto positivo, $+1$. Se indicarmos por T^+ a soma dos postos positivos, rejeitaremos H_0 se T^+ for "pequeno". É claro que podemos trabalhar com os postos negativos também, e considerar $T^- = -$(soma dos postos negativos). No exemplo, $T^+ = 1$ e $T^- = 14$. Usando T^-, rejeitaremos H_0 se esta for "grande". Note que $T^+ + T^- =$

15, que é a soma de todos os postos dos $|D_i|$, que, por sua vez, é $n(n + 1)/2$, sendo $n = 5$ o número de pares. Em geral, devemos usar a menor soma.

Trabalhemos com T^+. Para conduzir o teste, devemos obter a distribuição dessa estatística, sob a hipótese nula H_0. Para isso, note que, se H_0 for verdadeira, cada posto tem a mesma probabilidade de ser associado com um sinal + ou com um sinal –. Logo, a sequência de postos sinalizados é uma de todas as possíveis combinações de ± 1, ± 2, ..., ± 5. Há $2^5 = 32$ tais combinações, todas equiprováveis sob H_0, ou seja, com probabilidade 1/32 .

Na Tabela 13.10, temos todas as possibilidades juntamente com o valor de T^+. Na Tabela 13.11, temos a distribuição de T^+. Note que a distribuição de T^+ é simétrica, com média e mediana iguais a 7,5.

Tabela 13.10 Sinais possíveis para os postos, Exemplo 13.10.

1	2	3	4	5	T+	1	2	3	4	5	T+
+	+	+	+	+	15	+	+	–	+	–	7
–	+	+	+	+	14	–	+	–	–	+	7
+	–	+	+	+	13	–	–	+	+	–	7
+	+	–	+	+	12	+	–	–	–	+	6
–	–	+	+	+	12	+	+	+	–	–	6
+	+	+	–	+	11	–	+	–	+	–	6
–	+	–	+	+	11	+	–	–	+	–	5
+	+	+	+	–	10	–	+	+	–	–	5
–	+	+	–	+	10	–	–	–	–	+	5
+	–	–	+	+	10	+	–	+	–	–	4
–	+	+	+	–	9	–	–	–	+	–	4
–	–	–	+	+	9	+	+	–	–	–	3
+	–	+	–	+	9	–	–	+	–	–	3
+	+	–	–	+	8	–	+	–	–	–	2
+	–	+	+	–	8	+	–	–	–	–	1
–	–	+	–	+	8	–	–	–	–	–	0

Tabela 13.11 Distribuição de T^+ sob H_0.

T+	0	1	2	3	4	5	6	7	8	9	10	11	12	13	14	15
Frequência	1	1	1	2	2	3	3	3	3	3	3	2	2	1	1	1

O valor-p do teste é $P(T^+ \leq 1|H_0) = 2/32 = 0,06$, usando a Tabela 13.11. Ou seja, há indicação de que o tempo de simulação usando a linguagem B é menor do que o tempo de A. Observe que temos poucos pares, e o valor $\hat{\alpha} = 0,06$ não é tão pequeno (reveja a Tabela 12.2). Mas como temos somente um posto positivo dentre cinco, somos levados a duvidar da validade de H_0.

Vejamos, agora, o caso geral. Tomemos os valores absolutos das diferenças, ou seja,

$$|D_i| = |X_i - Y_i|, \, i = 1, \, ... \, m.$$

13.4 COMPARAÇÃO DE DUAS POPULAÇÕES: AMOSTRAS DEPENDENTES

Quando $X_i = Y_i$ omitir a diferença correspondente e seja n o número de diferenças estritamente diferentes de zero. Associemos a cada par (X_i, Y_i) o posto do módulo de D_i correspondente. Use postos médios, se houver D_i coincidentes.

A hipótese a ser testada é que a média (ou a mediana) das diferenças seja igual a zero contra a alternativa que não seja. Testes unilaterais podem, também, ser considerados. Ou seja, dada a simetria da distribuição dos D_i, iremos testar

$$H_0: \mu_D = 0,$$
$$H_1: \mu_D \neq 0,$$

em que μ_D representa, como antes, a média das diferenças.

Considere

$$R_i = \begin{cases} R(X_i, Y_i), & \text{se } D_i > 0, \\ -R(X_i, Y_i), & \text{se } D_i < 0, \end{cases} \tag{13.30}$$

em que $R(X_i, Y_i)$ é o posto associado a (X_i, Y_i).

Temos dois casos a tratar:

(a) Se não houver empates, use a estatística

$$T^+ = \sum \left(R_i \text{ com } D_i > 0 \right), \tag{13.31}$$

ou seja, a soma dos postos positivos. Use a Tabela IX, página 528, para obter os quantis w_p da estatística, ou seja, o valor, tal que $P(T^+ < w_p) \leq p$ e $P(T^+ > w_p) \leq 1 - p$, se H_0 for verdadeira. Para $n > 50$ use a aproximação normal, com média e variância dados no teorema abaixo. Para $p > 0{,}5$ o quantil é dado por

$$w_p = \frac{n(n+1)}{2} - w_{1-p}.$$

(b) Se houver empates, use a estatística

$$V = \frac{\sum_{i=1}^{N} R_i}{\sqrt{\sum_{i=1}^{N} R_i^2}}, \tag{13.32}$$

que tem uma distribuição aproximadamente $N(0,1)$, sob a hipótese nula.

Teorema 13.3 A média e variância de T^+ são dadas por

$$E(T^+) = \frac{n(n+1)}{4} \tag{13.33}$$

e

$$\text{Var}(T^+) = \frac{n(n+1)(2n+1)}{24}, \tag{13.34}$$

respectivamente.

410 CAPÍTULO 13 — INFERÊNCIA PARA DUAS POPULAÇÕES

Exemplo 13.11 (continuação) Obtivemos aqui $T^+ = 1$. A região crítica é unilateral à esquerda, logo rejeitamos H_0 se $T^+ < w_\alpha$, em que w_α é o quantil dado pela Tabela IX. Se fixarmos $\alpha = 0{,}025$ ou $\alpha = 0{,}01$, obteremos $w_\alpha = 0$, com $n = 5$, e, portanto, aceitaremos H_0. Se $\alpha = 0{,}05$, então $w_\alpha = 1$, e o valor observado estará na fronteira da região crítica e teremos dúvidas em aceitar ou rejeitar H_0. Como salientamos antes, a decisão, nesse caso, dependerá de uma análise cuidadosa dos resultados, dado o pequeno valor de n.

13.5 Comparação de proporções em duas populações

Nosso objetivo agora é a comparação das proporções p_1 e p_2 de indivíduos de duas populações P_1 e P_2, respectivamente, que tenham um mesmo atributo. Para isso, extraímos duas amostras independentes dessas populações, com tamanhos n_1 e n_2, respectivamente, e obtemos os estimadores usuais $\hat{p}_1$ e $\hat{p}_2$. Das Seções 10.9 e 12.6 temos que

$$\hat{p}_1 \sim N\left(p_1, \frac{p_1(1-p_1)}{n_1}\right), \quad \hat{p}_2 \sim N\left(p_2, \frac{p_2(1-p_2)}{n_2}\right).$$

Usando os resultados da Seção 13.3.1 e Problema 10.32, obtemos

$$\hat{p}_1 - \hat{p}_2 \sim N\left(p_1 - p_2, \frac{p_1(1-p_1)}{n_1} + \frac{p_2(1-p_2)}{n_2}\right),$$

e portanto,

$$z = \frac{(\hat{p}_1 - \hat{p}_2) - (p_1 - p_2)}{\sqrt{\dfrac{p_1(1-p_1)}{n_1} + \dfrac{p_2(1-p_2)}{n_2}}} \sim N(0,1).$$

Pode-se provar que, substituindo p_1 e p_2 por seus estimadores,

$$\hat{z} = \frac{(\hat{p}_1 - \hat{p}_2) - (p_1 - p_2)}{\sqrt{\dfrac{\hat{p}_1(1-\hat{p}_1)}{n_1} + \dfrac{\hat{p}_2(1-\hat{p}_2)}{n_2}}} \sim N(0,1). \tag{13.35}$$

Suponha agora que queiramos testar as hipóteses

$$H_0: p_1 = p_2,$$
$$H_1: p_1 \neq p_2.$$

13.5 COMPARAÇÃO DE PROPORÇÕES EM DUAS POPULAÇÕES

Usando os mesmos argumentos apresentados na Seção 13.3.1(a), deve-se usar um estimador comum de $p_1 = p_2$, a saber

$$\hat{p}_c = \frac{n_1 \hat{p}_1 + n_2 \hat{p}_2}{n_1 + n_2},$$

e de (13.35) obtemos, sob H_0,

$$\hat{z} = \frac{\hat{p}_1 - \hat{p}_2}{\sqrt{\hat{p}_c (1 - \hat{p}_c)\left(\frac{1}{n_1} + \frac{1}{n_2}\right)}} \sim N(0,1). \tag{13.36}$$

Exemplo 13.12 Para lançamento da nova embalagem do sabonete X a divisão de criação estuda duas propostas, A e B. Em cada um de dois supermercados similares, foram colocados sabonetes com cada tipo de embalagem, e a clientes selecionados aleatoriamente foi perguntado se tinham notado o sabonete e que descrevessem o tipo de embalagem. A seguir estão os resultados:

Proposta	Notaram?		Total
	Sim	Não	
A	168	232	400
B	180	420	600
Total	348	652	1000

Queremos testar a hipótese que os dois tipos de embalagem são igualmente atraentes, ou seja,

$$H_0: p_A = p_B,$$

$$H_1: p_A \neq p_B.$$

Da tabela obtemos $\hat{p}_c = 348/1000 = 0{,}348$, substituindo em (13.36), obtemos:

$$\hat{z} = \frac{0{,}42 - 0{,}30}{\sqrt{(0{,}348)(0{,}652)\left(\dfrac{1}{400} + \dfrac{1}{600}\right)}} = 3{,}90.$$

Consultando a Tabela III, encontramos um valor-p próximo de zero, o que leva à rejeição de H_0. Como este resultado mostra que as variâncias também são diferentes, a construção de um intervalo de confiança para $p_A - p_B$ pode ser feita usando (13.35). Supondo o coeficiente de confiança $\gamma = 0{,}95$, obtemos

$$\text{IC}(p_A - p_B; 0{,}95) = (0{,}42 - 0{,}30) \pm 1{,}96\sqrt{\frac{(0{,}42)(0{,}58)}{400} + \frac{(0{,}30)(0{,}70)}{600}}$$

$$= 0{,}12 \pm 0{,}061,$$

ou seja,

$$\text{IC}(p_A - p_B; 0{,}95) = \,]0{,}059; 0{,}181[.$$

412 CAPÍTULO 13 — INFERÊNCIA PARA DUAS POPULAÇÕES

Problemas

16. Para investigar a lealdade de consumidores a um determinado produto, sorteou-se uma amostra de **200** homens e **200** mulheres. Foram classificados como tendo alto grau de fidelidade **100** homens e **120** mulheres. Os dados trazem evidências de diferença de grau de fidelidade entre os sexos? Em caso afirmativo construa um intervalo de confiança para a diferença.

17. Em uma amostra de **500** famílias da cidade **A**, constatou-se que **298** haviam comprdo, durante os últimos **30** dias, o refrigerante Meca-Mela em sua nova versão incolor. Na cidade **B**, esse número foi de **147** em **300** famílias entrevistadas. Na cidade **A**, foi feita uma campanha publicitária pela rádio local, e não na cidade **B**. Os resultados trazem evidências de que as campanhas locais aumentam as vendas?

18. Um partido afirma que a porcentagem de votos masculinos a seu favor será **10%** a mais que a de votos femininos. Em uma pesquisa feita entre **400** homens, **170** votariam no partido, enquanto que entre **625** mulheres, **194** lhe seriam favoráveis. A afirmação do partido é verdadeira ou não? Caso rejeite a igualdade, dê um **IC** para a diferença.

19. Para investigar os resultados do segundo turno de uma eleição estadual tomaram-se duas amostras de **600** eleitores cada: uma da capital e outra do interior. Da primeira, **276** disseram que votariam no candidato A, enquanto que **312** eleitores do interior também o fariam.

    (a) Estime a proporção de eleitores da capital que votariam em **A**. Dê um **IC**.

    (b) Existe diferença nas proporções entre capital e interior?

    (c) Que tamanho igual deveriam ter ambas as amostras para que a diferença entre as proporções fosse estimada com erro inferior a **2%**?

    (d) Qual a proporção esperada de votos que irá receber o candidato **A** no estado?

    (e) De uma amostra de **120** indivíduos da classe **A** e **B**, **69** são favoráveis a eleição em dois turnos, enquanto que em uma amostra de **100** indivíduos da classe **C**, **48** é que são favoráveis. Existe evidência e diferenças de opiniões em relação à classe social?

20. Para verificar a importância de um cartaz nas compras de certo produto, procedeu-se do seguinte modo:

    (a) formaram-se sete pares de lojas;

    (b) os pares foram formados de modo que tivessem as mesmas características quanto à localização, ao tamanho e ao volume de vendas;

    (c) num dos elementos do par, colocou-se o cartaz; no outro, não;

    (d) as vendas semanais foram registradas, e os resultados estão a seguir.

    Qual seria a sua conclusão sobre a eficiência do cartaz? Use o teste t, fazendo as suposições necessárias.

Pares	Vendas	
	Sem cartaz	Com cartaz
1	13	16
2	18	24
3	14	18
4	16	14
5	19	26
6	12	17
7	22	29

13.6 EXEMPLO COMPUTACIONAL

21. Resolva o problema anterior, usando o teste dos postos sinalizados de Wilcoxon.
22. Aplique o teste de Wilcoxon para os dados do Exemplo 13.10.
23. Os dados abaixo referem-se a medidas de determinada variável em **19** pessoas antes e depois de uma cirurgia. Verifique se as medidas pré e pós-operatórias apresentam a mesma média. Que suposições você faria para resolver o problema? Faça gráficos apropriados para verificar suas suposições.

Pessoas	Pré	Pós	Pessoas	Pré	Pós
1	50,0	42,0	10	40,0	50,0
2	50,0	42,0	11	50,0	48,0
3	50,0	78,0	12	75,0	52,0
4	87,5	33,0	13	92,5	74,0
5	32,5	96,0	14	38,0	47,5
6	35,0	82,0	15	46,5	49,0
7	40,0	44,0	16	50,0	58,0
8	45,0	31,0	17	30,0	42,0
9	62,5	87,0	18	35,0	60,0
			19	39,4	28,0

13.6 Exemplo computacional

Consideremos as medidas de um índice de placa bacteriana obtidas de 26 crianças em idade pré-escolar, antes e depois do uso de uma escova experimental (Hugger). Veja o CD-Placa, no final do livro.

Como temos medidas feitas num mesmo indivíduo, as duas amostras são dependentes. Se quisermos testar se os índices médios de placa bacteriana antes e depois da escovação são iguais, teremos de usar a metodologia da seção anterior. Usando a notação dessa seção, teremos que testar

$$H_0: \mu_1 = \mu_2$$
$$H_1: \mu_1 > \mu_2,$$

ou, o que é equivalente,

$$H_0: \mu_D = 0$$
$$H_1: \mu_D > 0.$$

Na Tabela 13.12, temos os dados e as diferenças $d_i = x_i - y_i$, $i = 1, 2, ..., 26$. Na Figura 13.6, temos os *box plots* dos dois conjuntos de dados, que sugerem distribuições bem diferentes.

Tabela 13.12 Índices de placa bacteriana.

Sujeito	Antes (x_i)	Depois (y_i)	$d_i = x_i - y_i$	Postos de $|d_i|$
1	2,18	0,43	1,75	18
2	2,05	0,08	1,97	20
3	1,05	0,18	0,87	7
4	1,95	0,78	1,17	13
5	0,28	0,03	0,25	2
6	2,63	0,23	2,40	23,5
7	1,50	0,20	1,30	16
8	0,45	0,00	0,45	3
9	0,70	0,05	0,65	5
10	1,30	0,30	1,00	10
11	1,25	0,33	0,92	8
12	0,18	0,00	0,18	1
13	3,30	0,90	2,40	23,5
14	1,40	0,24	1,16	12
15	0,90	0,15	0,75	6
16	0,58	0,10	0,48	4
17	2,50	0,33	2,17	21
18	2,25	0,33	1,92	19
19	1,53	0,53	1,00	10
20	1,43	0,43	1,00	10
21	3,48	0,65	2,83	26
22	1,80	0,20	1,60	17
23	1,50	0,25	1,25	14,5
24	2,55	0,15	2,40	23,5
25	1,30	0,05	1,25	14,5
26	2,65	0,25	2,40	23,5
		Total	35,52	351,0

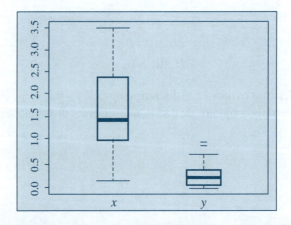

Figura 13.6 *Box plot* para x_i (antes) e y_i (depois). R.

Temos que $\bar{d} = 1,366$ e $S_D^2 = 0,5631$, donde o desvio padrão $S_D = 0,75$.

A estatística do teste é

$$t = \frac{\sqrt{n}\left(\bar{d} - 0\right)}{S_D} = \frac{\sqrt{26}\left(1,366\right)}{0,75} = 9,2864.$$

Fixando-se $\alpha = 0,01$, o valor crítico da estatística t com 25 graus de liberdade é 2,485, que deve ser comparado com o valor obtido acima. Logo, rejeitamos H_0, de modo que a nova escova é eficaz em remover a placa bacteriana.

O valor-p do teste é

$$\hat{\alpha} = P(t(25) > 9,2864) \approx 0,$$

o que confirma que a hipótese nula deve ser rejeitada. Um intervalo de confiança para μ_D é dado por [1,063; 1,669]. A saída do programa Minitab para efetuar esse teste está no Quadro 13.1. Uma breve explicação dos comandos segue abaixo:

(a) o comando "Paired C1, C2" significa que estamos solicitando que seja feito um teste com observações pareadas, que estão nas colunas C1 e C2;

(b) o comando "Test 0.0" significa que queremos um teste para igualdade de médias;

(c) o comando "Alternative 1" significa que a hipótese alternativa é aquela estabelecida acima, isto é, $\mu_1 > \mu_2$;

(d) o comando "Confidence 95.0" estabelece que o intervalo de confiança a ser construído tem coeficiente de confiança $\gamma = 0,95$;

(e) finalmente, os comandos "GDotplot;" e "GBoxplot." pedem para fazer um gráfico de dispersão unidimensional e um *box plot*, respectivamente.

A saída do programa mostra:

(a) as médias das duas amostras e a diferença das médias ("Mean");

(b) os desvios padrões das duas amostras e das diferenças ("StDev"); por exemplo, $S_D = 0,75$, como encontramos acima.

(c) os erros padrões estimados dos estimadores ("SE Mean"); por exemplo, o erro padrão estimado de $\bar{X} - \bar{Y}$ é $S_D/\sqrt{n} = 0,147$; esse valor é usado para construir o intervalo de confiança para $\mu_1 - \mu_2$;

(d) o intervalo de confiança com c.c. $= 0,95$ para $\mu_1 - \mu_2$, dado por [1,063; 1,669];

(e) o valor observado da estatística t ("T-value"), no caso t = 9,29, e o valor-p ("P-value"), que é zero nesse caso.

Além dessa saída, podemos pedir gráficos ilustrativos. Por exemplo, o *dotplot* com o intervalo de confiança da Figura 13.7. Neste, vemos destacado o valor estipulado por H_0, que, no exemplo, é zero, e não pertence ao intervalo. Na Figura 13.8, temos o *box plot* das diferenças, com o mesmo intervalo de confiança e H_0.

Quadro 13.1 Test t pareado. Minitab.

```
> attach(tab13_12)
> t.test(antes,depois,
  alternative="two.sided",
  paired=TRUE, conf.level = 0.95)

Paired t-test

data: tab13_12$antes and tab13_12$depois
t = 9.29, df = 25, p-value = 1.4e-09
alternative hypothesis:
  true difference in means is not equal to 0
95 percent confidence interval:
  1.0632 1.6691
sample estimates:
mean of the differences
               1.3662
```

Figura 13.7 Dotplot das diferenças d_i, com o intervalo de confiança para μ_D; também mostrados $H_0\ \mu_D = 0$ e $\bar{d} = 1{,}366$. R.

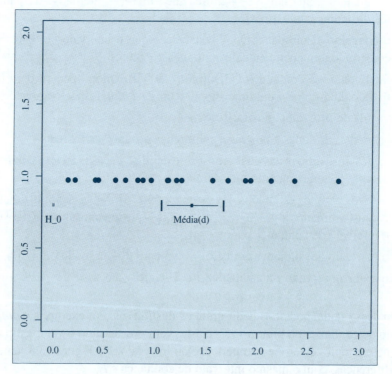

Figura 13.8 *Box plot* para as diferenças d_i, com o intervalo de confiança para μ_D; também mostrados $H_0\ \mu_D = 0$ e $\bar{d} = 1,366$. R.

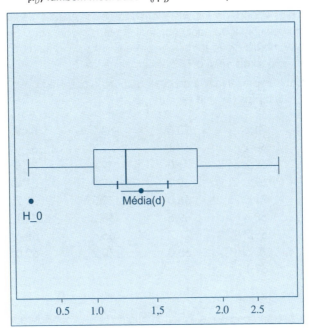

13.7 Problemas suplementares

24. Uma empresa deseja estudar o efeito de uma pausa de dez minutos para um cafezinho sobre a produtividade de seus trabalhadores. Para isso, sorteou seis operários, e contou o número de peças produzidas durante uma semana sem intervalo e uma semana com intervalo. Os resultados sugerem se há ou não melhora na produtividade? Caso haja melhora, qual deve ser o acréscimo médio de produção para todos os trabalhadores da fábrica?

Operário	1	2	3	4	5	6
Sem Intervalo	23	35	29	33	43	32
Com Intervalo	28	38	29	37	42	30

25. Numa indústria, deseja-se testar se a produtividade média dos operários do período diurno é igual à produtividade média dos operários do período noturno. Para isso, colheram-se duas amostras, uma de cada período, observando-se a produção de cada operário. Os resultados obtidos foram os seguintes:

	n	Σx_i	Σx_i^2
Diurno	15	180	2.660
Noturno	15	150	2.980

De acordo com esses resultados, quais seriam suas conclusões?

418 CAPÍTULO 13 — INFERÊNCIA PARA DUAS POPULAÇÕES

26. Num levantamento feito com os operários da indústria mecânica, chegou-se aos seguintes números: salário médio = **3,64** salários mínimos e desvio padrão = **0,85** salário mínimo. Suspeita-se que os salários da subclasse formada pelos torneiros mecânicos são diferentes dos salários do conjunto todo, tanto na média como na variância. Que conclusões você obteria se uma amostra de **25** torneiros apresentasse salário médio igual a **4,22** salários mínimos e desvio padrão igual a **1,25** salário mínimo?

27. Os dados abaixo representam a porcentagem do orçamento gasto com pessoal para **50** pequenos municípios de uma certa região.

69,5	71,6	73,0	68,9	68,9	70,0
72,6	66,2	68,1	72,4	67,6	73,2
67,6	69,7	71,0	69,4	71,5	73,8
69,6	69,6	68,2	69,9	71,4	70,7
69,7	71,0	66,0	70,3	71,7	69,2
69,8	68,4	69,5	68,2	72,1	70,8
72,2	69,2	71,7	65,6	69,6	70,1
69,9	70,5	68,0	70,2	69,0	66,3
69,4	67,1				

(a) Analise estatisticamente os dados.

(b) Com base na sua análise, e sabendo que na região considerada existem, ao todo, **200** municípios, em quantos deles você acha que o gasto com pessoal é maior que **70%** do orçamento?

(c) Em outra região, sabe-se que o gasto médio com pessoal é de **65%**, e o desvio padrão é de **20%**. Qual das duas regiões é mais homogênea em relação a essa variável? Por quê?

28. Uma amostra de **100** trabalhadores de uma fábrica grande demora, em média, **12** minutos para completar uma tarefa, com um desvio padrão de dois minutos. Uma amostra de **50** trabalhadores de uma outra fábrica demora, em média, **11** minutos para completar a mesma tarefa, com desvio padrão igual a três minutos.

(a) Construa um **IC** de **95%** para a diferença entre as duas médias populacionais.

(b) Deixe bem claro quais as suposições feitas para a solução apresentada.

29. Deseja-se testar se dois tipos de ensino profissional são igualmente eficazes. Para isso, sortearam-se duas amostras de operários; a cada uma, deu-se um dos tipos de treinamento e, no final, submeteram-se os dois grupos a um mesmo teste. Que tipo de conclusão você poderia tirar, baseando-se nos resultados abaixo?

Amostra	Nº de elementos	Média	Desvio padrão
Tipo I	12	75	5
Tipo II	10	74	10

30. Numa discussão sobre reajuste salarial, entre empresários e o sindicato dos empregados, chegou-se a um impasse. Os empresários dizem que o salário médio da categoria é **7,6** salários mínimos (**SM**), e os empregados dizem que é **6,5 SM**. Para eliminar dúvidas,

13.7 PROBLEMAS SUPLEMENTARES

cada um dos grupos resolveu colher uma amostra independente. Os empresários, com uma amostra de **90** operários, observaram um salário médio de **7,0 SM**, com um desvio padrão igual a **2,9 SM**. Já a amostra do sindicato, com **60** operários, apresentou média igual a **7,10 SM** e desvio padrão de **2,4 SM**.

(a) As amostras colhidas servem para justificar as respectivas afirmações dos dois grupos?

(b) De posse dos dois resultados, qual é o seu parecer?

31. A Torrefação Guarany está querendo comprar uma nova ensacadora de café. Após consultar o mercado, ficou indecisa entre comprar a de marca **A** ou a de marca **B**. Quanto ao custo, facilidade de pagamento, tamanho etc. elas são equivalentes. O fator que decidirá a compra será a precisão em encher os pacotes (medido pela variância). Deseja-se, na realidade, testar hipótese $\sigma_A^2 = \sigma_B^2$, por meio da estatística $F = S_A^2/S_B^2$. Podem-se construir regiões críticas bilaterais, unilaterais à direita ou à esquerda, dependendo do objetivo. Indique qual seria a região crítica mais favorável às seguintes pessoas: (Justifique.)

(a) proprietário da torrefação;

(b) fabricante de **A**; e

(c) fabricante de **B**.

32. Um médico deseja saber se uma certa droga reduz a pressão arterial média. Para isso, mediu a pressão arterial em cinco voluntários, antes e depois da ingestão da droga, obtendo os dados do quadro abaixo. Você acha que existe evidência estatística de que a droga realmente reduz a pressão arterial média? Que suposições você fez para resolver o problema?

Voluntário	A	B	C	D	E
Antes	68	80	90	72	80
Depois	60	71	88	74	76

33. Uma amostra de **100** lâmpadas elétricas produzidas pela fábrica **A** indica uma vida média de **1.190** horas, com desvio padrão de **90** horas. Uma amostra de **75** lâmpadas produzidas pela fábrica **B** indica uma vida média de **1.230** horas, com desvio padrão de **120** horas. Admitindo que as variâncias populacionais sejam diferentes, você acha que existe diferença entre as vidas médias populacionais das lâmpadas produzidas pelas fábricas **A** e **B**?

34. Queremos comparar dois métodos de ensino **A** e **B**. Dispomos de **40** crianças. Podemos proceder de duas maneiras:

(i) Sorteamos **20** crianças para compor uma classe, e as restantes formam outra classe. Aplicamos um método a cada classe e, depois, fazemos uma avaliação para todas as crianças a respeito do assunto ensinado.

(ii) Aplicamos inicialmente um teste de inteligência às **40** crianças. Numeramos as crianças de **1** a **40**, segundo o resultado do teste. Consideramos os **20** pares $(1, 2)$, $(3, 4)$, ..., $(39, 40)$, e de cada par sorteamos uma criança para cada classe.

Obtemos, assim, duas classes de **20** crianças, homogêneas quanto à inteligência. Aplicamos um método a cada classe e depois avaliamos todas as crianças.

(a) Qual a variável de observação em cada procedimento?

(b) Quais as hipóteses estatísticas adequadas?

(c) Qual o teste estatístico de decisão em cada caso?

420 CAPÍTULO 13 — INFERÊNCIA PARA DUAS POPULAÇÕES

(d) Qual dos dois procedimentos você preferiria? Por quê?

35. De 400 moradores sorteados de uma grande cidade industrial, 300 são favoráveis a um projeto governamental, e de uma amostra de 160 moradores de uma cidade cuja principal atividade é o turismo, 120 são contra.

   (a) Você diria que a diferença de opiniões nas duas cidades é estatisticamente significante?

   (b) Qual seria um IC de 90% para a proporção de favoráveis ao projeto nas duas cidades? (Suponha que o número de pessoas nas duas cidades seja aproximadamente igual.)

36. Para verificar o grau de adesão de uma nova cola para vidros, preparam-se dois tipos de montagem: cruzado (A), em que a cola é posta em forma de X, e quadrado (B), em que a cola é posta apenas nas quatro bordas. Os resultados da resistência para duas amostras de 10 cada estão abaixo. Que tipo de conclusão poderia ser tirada?

Método A	16	14	19	18	19	20	15	18	17	18
Método B	13	19	14	17	21	24	10	14	13	15

37. Em um estudo para comparar os efeitos de duas dietas, **A** e **B**, sobre o crescimento, 6 ratos foram submetidos à dieta **A**, e 9 ratos à dieta **B**. Após 5 semanas, os ganhos em peso foram:

A	15	18	12	11	14	15			
B	11	11	12	16	12	13	8	10	13

   (a) Admitindo que temos duas amostras independentes de populações normais, teste a hipótese de que não há diferença entre as duas dietas, contra a alternativa que a dieta **A** é mais eficaz, usando o teste t de Student, no nível de $\alpha = 0,01$. Calcule $\hat{\alpha}$.

   (b) Efetue o teste usando a estatística de Wilcoxon, com $\alpha = 0,01$. Calcule $\hat{\alpha}$.

38. As amostras $(X_1, ..., X_{10})$ e $(Y_1, ..., Y_{10})$ de duas populações normais com médias μ_1 e μ_2 e mesma variância σ^2 forneceram as estatísticas:

$$\bar{X} = 80, S_1^2 = 16; \quad \bar{Y} = 83, S_2^2 = 18.$$

Teste, com o nível $\alpha = 0,05$, a hipótese H_0: $\mu_1 = \mu_2$ contra a alternativa H_1: $\mu_1 < \mu_2$.

39. Em um estudo sobre um novo método para ensinar Matemática a alunos do primeiro grau, dez crianças foram selecionadas ao acaso de um grupo de 20 e ensinadas pelo novo método, enquanto as outras dez serviram como controle e ensinadas pelo método tradicional. Após dez semanas o desempenho dos alunos em um teste foi avaliado e obtiveram-se as seguintes notas:

Novo método	8,5	7,5	9,0	9,5	10,0	7,0	6,5	8,0	8,5	7,0
Controle	7,5	10,0	6,5	5,0	8,0	7,5	4,5	9,5	6,5	7,5

Teste, com nível $\alpha = 0,05$, a hipótese de que o novo método é mais eficaz, utilizando o teste t e o teste Wilcoxon. Obtenha $\hat{\alpha}$ em cada caso.

13.7 PROBLEMAS SUPLEMENTARES

40. Seja $W_R = R_1 + \ldots + R_n$ a soma dos postos dos controles. Qual o valor de $W_R + W_S$?

41. Se $n = 4$ e $m = 6$, prove que $P(W_S \geq 35) = P(W_S \leq 31)$, usando o fato que W_S é simétrica em torno de $m(N + 1)/2$.

42. Se $n = 4$ e $m = 6$, prove que $P(W_S \geq 35) = P(W_R \leq 20)$.

43. Para o CD-Placa, teste se a escova convencional é eficaz para remover a placa bacteriana. Calcule o valor-p do teste.

44. Para o CD-Temperaturas, teste se a temperatura média de Cananeia é igual à temperatura média de Ubatuba (suponha que as observações para cada cidade sejam independentes, embora saibamos que elas não são, pois temos dados de séries temporais).

45. Numa pesquisa sobre a opinião dos moradores de duas cidades, A e B, com relação a um determinado projeto, obteve-se:

Cidade	A	B
Nº de entrevistados	400	600
Nº de favoráveis	180	350

Construa um **IC** para a diferença de proporções de opiniões nas duas cidades.

46. Duas máquinas A e B, são usadas para empacotar pó de café. A experiência passada garante que o desvio padrão para ambas é de 10 g. Porém, suspeita-se que elas têm médias diferentes. Para verificar, sortearam-se duas amostras: uma com 25 pacotes da máquina A e outra com 16 pacotes da máquina B. As médias foram, respectivamente, $\bar{x}_A = 502{,}74$ g e $\bar{x}_B = 496{,}60$ g. Com esses números, e com o nível de 5%, qual seria a conclusão do teste $H_0: \mu_A = \mu_B$?

47. Na região sul da cidade, 60 entre 400 pessoas preferem a bebida Meca-Mela entre as demais similares. Na região norte, a proporção é de 40 entre 225 entrevistados. Baseado no resultado dessa amostra, você diria que a proporção de todos os moradores nas duas regiões é a mesma? Use $\alpha = 0{,}05$.

48. Uma pesquisa mercadológica sobre fidedignidade a um produto foi realizada em dois anos consecutivos, com duas amostras independentes de 400 donas de casa em cada uma delas. A preferência pela marca em questão foi de 33% e 29%, respectivamente. Os resultados trazem alguma evidência de mudança de preferência?

49. No exemplo 13.12, suponha que se acredite que a proposta A chame a atenção em pelo menos 5% a mais do que a proposta B. Teste a validade de tal afirmação, isto é, teste $H_0: p_A - p_B = 0{,}05$ contra $H_1: p_A - p_B > 0{,}05$.

Capítulo 14

Análise de Aderência e Associação

14.1 Introdução

No Capítulo 4, estudamos como analisar descritivamente dois conjuntos de dados provenientes de duas variáveis aleatórias, resumidas na forma de tabelas de dupla entrada. Essas variáveis podem ser qualitativas ou quantitativas, e a ideia era que podíamos classificar os elementos da amostra de cada variável em categorias, ou classes ou ainda atributos. Na Tabela 4.11, temos a situação geral, em que duas v.a. qualitativas X e Y foram classificadas em r categorias para X e s categorias para Y. Usaremos a notação dada naquele capítulo (ver Seção 4.4). Lá, estávamos interessados em analisar a possível associação entre X e Y, e, para isso, propusemos o uso da estatística qui-quadrado de Pearson, dada por (4.4), e que repetimos aqui:

$$\chi^2 = \sum_{i=1}^{r} \sum_{j=1}^{s} \frac{\left(n_{ij} - n_{ij}^*\right)^2}{n_{ij}^*},\tag{14.1}$$

em que n_{ij}^* denota o valor esperado sob a hipótese de que as duas v.a. não são associadas. Naquele capítulo, apenas notamos que essa estatística deveria ser "pequena", se a hipótese H_0 de não associação fosse verdadeira, e "grande", caso contrário. Lá também estudamos como medir, por meio do coeficiente de correlação, a associação entre duas variáveis quantitativas. Neste capítulo, vamos precisar esses conceitos. Além do teste mencionado no Capítulo 4, iremos estudar outros testes que utilizam muito a estatística (14.1), bem como outras distribuições já estudadas. Faremos, agora, uma breve resenha sobre esses testes.

1. *Testes de Aderência*

Temos uma população P e queremos verificar se ela segue uma distribuição especificada P_0, isto é, queremos testar a hipótese $H_0: P = P_0$. No Capítulo 12, vimos também como testar essa hipótese, empregando testes sobre os parâmetros média e variância.

14.1 INTRODUÇÃO

Aqui, o teste comparará o número de casos ocorridos em caselas especificadas, com o número esperado de casos nelas, quando a hipótese H_0 for verdadeira.

O procedimento consiste em considerar classes, segundo as quais a variável X, característica da população, pode ser classificada. A variável X pode ser qualitativa ou quantitativa. Neste capítulo, estudaremos um teste no qual as probabilidades da v.a. X pertencer a cada uma das classes são especificadas. A estatística usada será (14.1).

Exemplo 14.1 Um dado é lançado 300 vezes, com os resultados dados na Tabela 14.1. Por enquanto, considere somente a linha correspondente às frequências observadas. Com os resultados observados, queremos saber se o dado é "honesto", isto é, se a probabilidade de ocorrência de qualquer face é 1/6. Ou seja, queremos testar a hipótese

$$H_0: p_1 = p_2 = \dots = p_6 = 1/6,$$

em que $p_i = P$ (face i), $i = 1, 2, \dots, 6$. Isso equivale a dizer que P_0 segue uma distribuição uniforme discreta.

Tabela 14.1 Resultados do lançamento de um dado 300 vezes.

Ocorrência (i)	1	2	3	4	5	6	Total
Freq. Observada (n_i)	43	49	56	45	66	41	300
Freq. Esperada (n_i^*)	50	50	50	50	50	50	300

2. Testes de Homogeneidade

Considere o seguinte exemplo.

Exemplo 14.2 Uma prova básica de Estatística foi aplicada a 100 alunos de Ciências Humanas e a 100 alunos de Ciências Biológicas. As notas são classificadas segundo os graus A, B, C, D e E (em que D significa que o aluno não recebe créditos e E indica que o aluno foi reprovado). Os resultados estão na Tabela 14.2.

Tabela 14.2 Resultados da aplicação de uma prova de Estatística a 100 alunos de Ciências Humanas e 100 alunos de Biologia.

Aluno de	Grau					Total
	A	B	C	D	E	
C. Humanas	15	20	30	20	15	100
C. Biológicas	8	23	18	34	17	100
Total	23	43	48	54	32	200

Queremos testar se as distribuições das notas, para as diversas classes, são as mesmas para os dois grupos de alunos. Esse teste pode ser estendido para o caso de três ou mais populações.

424 CAPÍTULO 14 — ANÁLISE DE ADERÊNCIA E ASSOCIAÇÃO

Testes desse tipo já foram vistos no Capítulo 13, quando queríamos testar a hipótese (13.1). Estudamos lá dois testes, o t de Student e o de Wilcoxon. Para esses testes, supomos ou que as populações sejam normais ou, então, preferencialmente, que tenham distribuições contínuas (não necessariamente normais). Mas, de qualquer modo, testávamos separadamente se as duas populações diferiam em localização ou escala. No caso presente iremos apresentar um teste baseado na estatística (14.1), que contempla alternativas gerais; por exemplo, as populações podem diferir-se em localização e escala.

Novamente, para efetuar o teste, consideramos amostras das duas populações, P_1 e P_2, e classificamos os seus elementos de acordo com certo número de categorias para as duas variáveis características de P_1 e P_2.

3. Testes de Independência

Vimos, no Capítulo 4, a importância de quantificar o grau de associação entre duas variáveis, usando a estatística (14.1). Porém, essa quantificação só tem sentido se as variáveis não forem independentes. O teste que apresentaremos aqui supõe a existência de duas v.a.'s X e Y, e os valores de amostras delas são classificados segundo categorias, obtendo-se uma tabela de dupla entrada. Queremos testar a hipótese que X e Y são independentes.

Exemplo 14.3 Uma companhia de seguros analisou a frequência com que 2.000 segurados (1.000 homens e 1.000 mulheres) usaram hospitais. Os resultados estão na Tabela 14.3. A hipótese a testar é que o uso de hospital independe do sexo do segurado (veja o Problema 6 do Capítulo 4).

Tabela 14.3 Frequências com que 2.000 segurados usaram hospital.

	Homens	Mulheres
Usaram hospital	100	150
Não usaram hospital	900	850

4. Teste para o Coeficiente de Correlação

Quando se investiga associação entre duas variáveis quantitativas, o artifício de agrupar os dados em intervalos (classes) reduz a variável quantitativa a um caso particular de variável qualitativa, assim, poderíamos usar as mesmas técnicas da análise desse último tipo de variável. Mas esse procedimento pode não ser o melhor possível, e o uso do coeficiente de correlação como medida de associação entre variáveis quantitativas é o caminho mais apropriado. Na Seção 14.5, voltaremos a tratar desse tema agora sob o ponto de vista da inferência.

Para finalizar esta seção, notamos que os testes descritos nos itens (1)-(3) são todos baseados na distribuição qui-quadrado e são parte dos chamados *testes não paramétricos*. Para essa classe de testes não se supõe que a população (ou populações) siga algum modelo particular, como fizemos para alguns dos testes dos Capítulos 12 e 13. Na Seção 14.6, introduzimos, por meio de um exemplo, um outro tipo de teste não paramétrico de aderência, baseado na comparação da distribuição empírica dos dados com a distribuição hipotetizada para a população.

14.2 Testes de aderência

Retomemos o Exemplo 14.1.

Exemplo 14.1 (continuação) Para o uso da fórmula (14.1) necessitamos conhecer os valores esperados do lançamento do dado, sob a hipótese de ele ser "honesto", ou seja, sob a hipótese H_0 formulada anteriormente. Observamos da Tabela 14.1 que o dado foi lançado 300 vezes. Então, se H_0 for verdadeira, esperaremos 50 casos em cada casela, como mostrado na tabela. Na Fórmula (14.1) e na tabela, denotamos as frequências observadas por n_i e as esperadas por n_i^*. Usando a fórmula podemos calcular o qui-quadrado observado,

$$\chi^2_{obs} = \frac{(43-50)^2}{50} + \dots + \frac{(41-50)^2}{50} = \frac{376}{50} = 8,96.$$

Como veremos a seguir, essa estatística, sob H_0, segue uma distribuição qui-quadrado, com o número de graus de liberdade apropriado. Imagine que queiramos simular uma amostra de 300 lançamentos de um dado. O problema seria o de preencher as seis caselas correspondentes às frequências n_i, na Tabela 14.1, com a restrição de a soma ser 300. É fácil ver que só podemos preencher "livremente" cinco das caselas, uma delas (qualquer) resultará como a diferença entre 300 e a soma dessas cinco. Temos, então, cinco "graus de liberdade" para preencher as caselas.

Consultando a Tabela IV, com $\alpha = 0,05$ e 5 graus de liberdade, encontramos o valor crítico $\chi^2_c = 11,070$, que é maior do que $\chi^2_{obs} = 8,96$, logo, não rejeitamos H_0. Ou seja, há evidências de que o dado seja honesto.

O problema aqui pode ser caracterizado da seguinte maneira. Temos uma amostra $X_1, \dots, X_n$ da v.a. X que caracteriza a população P e queremos testar a hipótese

$$H_0: P = P_0 \tag{14.2}$$

em que P_0 tem uma distribuição de probabilidades especificada. Muitas vezes, como é o caso de variáveis qualitativas e variáveis discretas, a variável X de interesse da população é categorizada em classes $A_1, A_2, \dots, A_s$ e temos as probabilidades $p_i = P(X \in A_i)$, $i = 1, 2, \dots, s$. Então, a hipótese H_0 pode ser formulada de modo equivalente como

$$H_0: p_1 = p_{10}, p_2 = p_{20}, \dots, p_s = p_{s0},$$

em que p_{i0} são os valores especificados pela hipótese nula, ou seja, são as probabilidades conhecidas que determinam P_0.

No caso de uma v.a. discreta X, assumindo os valores $i = 0, 1, 2, \dots$, temos que $p_i = P(X = i)$, $i \geq 0$; X pode ser uma v.a. binomial, ou Poisson ou ainda geométrica, por exemplo. Poderemos querer testar se a amostra observada vem de uma dessas distribuições.

Se X for uma v.a. contínua, poderemos dividir o seu domínio de variação em intervalos (de mesma amplitude, por exemplo) e construir a distribuição de frequências correspondente, como fizemos no Capítulo 2. Por exemplo, poderemos querer testar se nossa amostra foi escolhida de uma população com distribuição normal (média e variância especificadas).

Em todas as situações, obtemos uma tabela de contingência $1 \times s$, como aquela formada pela primeira linha (frequências observadas) da Tabela 14.4.

426 CAPÍTULO 14 — ANÁLISE DE ADERÊNCIA E ASSOCIAÇÃO

Tabela 14.4 Frequências observadas e esperadas numa tabela $1 \times S$.

Categoria	A_1	A_2	...	A_S	Total
Freq. Observadas	O_1	O_2	...	O_S	n
Freq. Esperadas	E_1	E_2	...	E_S	n

Incidentalmente, o modelo probabilístico apropriado para essa situação é o *modelo multinomial*. Veja o Problema 27.

Vamos escrever a estatística (14.1) na forma

$$\chi^2 = \sum_{i=1}^{s} \frac{\left(O_i - E_i\right)^2}{E_i}, \tag{14.3}$$

em que O_i representa o valor efetivamente observado para a classe A_i, e E_i representa o valor esperado, sob a hipótese H_0, para a classe A_i. Como temos n observações, os valores esperados sob H_0 são dados por

$$E_i = np_{i0}, \quad i = 1, 2, ..., s. \tag{14.4}$$

Se a hipótese H_0 for verdadeira, pode-se demonstrar que χ^2 tem uma distribuição qui-quadrado com $(s - 1)$ graus de liberdade.

A hipótese alternativa a H_0 é que pelo menos uma das igualdades não valha, ou seja,

$$H_1: p_j \neq p_{j0}, \text{ para pelo menos um } j. \tag{14.5}$$

Rejeitaremos H_0 se o valor da estatística (14.3) for grande, no sentido que podemos encontrar um valor c da Tabela IV, tal que $P(\chi^2(s - 1) > c) = \alpha$, para o nível de significância α fixado. Temos, pois, um teste unilateral à direita.

Exemplo 14.4 Um estudo sobre acidentes de trabalho numa indústria revelou que, em 150 acidentes, obtemos a distribuição da Tabela 14.5.

Tabela 14.5 Acidentes de trabalho numa indústria nos dias da semana.

Dia	Seg.	Terça	Quarta	Quinta	Sexta	Total
O_i	32	40	20	25	33	150
E_i	30	30	30	30	30	150
$(O_i - E_i)^2/E_i$	0,1333	3,333	3,333	0,833	0,300	7,932

O objetivo é testar a hipótese que os acidentes ocorrem com igual frequência nos cinco dias da semana. Ou seja, queremos testar

$$H_0: p_1 = p_2 = ... = p_5 = 1/5,$$
$$H_1: p_j \neq 1/5, \quad \text{para pelo menos um } j.$$

14.2 TESTES DE ADERÊNCIA

Sob a hipótese nula, os valores esperados estão na Tabela 14.5. Por exemplo, $E_1 = 150 \times 1/5 = 30$ etc. Obtemos

$$\chi^2_{obs} = \frac{(32-30)^2}{30} + ... + \frac{(33-30)^2}{30} = 7,932.$$

Fixando-se $\alpha = 0,05$, temos que o valor crítico de uma distribuição $\chi^2(4)$ é 9,488, portanto não rejeitamos H_0. O valor-p do teste é

$$\hat{\alpha} = P(\chi^2(4) > 7,932) \approx 0,09552,$$

o que nos diz a mesma coisa.

Exemplo 14.5 Retomemos o Exemplo 6.17, no qual consideramos o ajuste de uma distribuição de Poisson à desintegração de substâncias radioativas. Na Tabela 6.13, tínhamos as informações necessárias para calcular (14.3), sendo que $n_k = O_k$ e $np_k = E_k$, $k = 1, 2, ..., 11$. Temos, então, que $s = 11$ e $v = s - 1 = 10$ graus de liberdade. O valor observado de (14.3) é $\chi^2 = 12,875$, e não rejeitamos H_0, no nível de significância $\alpha = 0,05$, pois o valor crítico obtido da Tabela IV é 18,307. Verifique que o valor-p aqui é $\hat{\alpha} > 0,23$.

Finalmente, vejamos um exemplo para testar se um conjunto de dados vem de uma população normal especificada.

Exemplo 14.6 Considere os dados abaixo, que supostamente são uma amostra de tamanho $n = 30$ de uma distribuição normal, de média $\mu = 10$ e variância $\sigma^2 = 25$. Os dados já estão ordenados.

1,04	1,73	3,93	4,44	6,37	6,51
7,61	7,64	8,18	8,48	8,57	8,65
9,71	9,87	9,95	10,01	10,52	10,69
11,72	12,17	12,61	12,98	13,03	13,16
14,11	14,60	14,64	14,75	16,68	22,14

Vamos classificar esses dados em quatro intervalos, delimitados pelos quartis teóricos $Q(0,25)$, $Q(0,5)$ e $Q(0,75)$ da $N(10,25)$. Chamando de $Z(p)$ os quantis da $N(0,1)$, temos

$$Q(0,25) = 10 + 5Z(0,25) = 10 + 5(-0,6745) = 6,6275,$$
$$Q(0,5) = 10 + 5Z(0,5) = 10 + 5(0) = 10,$$
$$Q(0,75) = 10 + 5Z(0,75) = 10 + 5(0,6745) = 13,3725.$$

A hipótese nula a ser testada é

$$H_0: P = N(10,25).$$

Tabela 14.6 Valores observados e esperados para dados, sob suposição de normalidade.

Classes	$A_1 = (-\infty; 6,63]$	$A_2 = (6,63; 10]$	$A_3 = (10; 13,37]$	$A_4 = (13,37; +\infty)$	Total
O_i	6	9	9	6	30
E_i	7,5	7,5	7,5	7,5	30

Na Tabela 14.6, temos os valores observados em cada intervalo e os valores esperados, sob H_0, ou seja, cada intervalo deve conter um quarto das observações, ou, ainda, as probabilidades das classes são dadas por

$$p_1 = P(X < 6{,}6275) = 0{,}25,$$
$$p_2 = P(6{,}6275 < X < 10) = 0{,}25 \text{ etc.}$$

O valor da estatística (14.3) é $\chi^2 = 1{,}2$, que deve ser comparado com o valor crítico de uma $\chi^2(3)$, para dado nível de significância. Se $\alpha = 0{,}05$, esse valor é 7,815, que nos leva a aceitar H_0, ou seja, podemos considerar que temos uma amostra de uma normal com média 10 e variância 25. O valor-p do teste é maior do que 0,75. Verifique. Um gráfico dos quantis dos dados contra os quantis de uma normal está na Figura 14.4. Os pontos deveriam estar todos próximos de uma reta. Isso acontece para a maioria dos pontos, mas há pontos distantes da reta e, em particular, um ponto atípico no canto superior direito (o valor 22,14). Um histograma e um *box plot* dos dados estão mostrados na Figura 14.1.

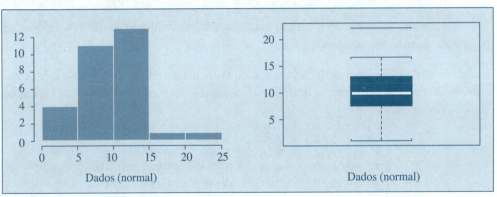

Figura 14.1 Histograma e *box plot* para os dados do Exemplo 14.6. SPlus.

Problemas

1. Calcule o valor-p para o Exemplo 14.1.
2. Calcule os valores-p para os Exemplos 14.5 e 14.6.
3. Um modelo genético especifica que animais de certa população devam estar classificados em quatro categorias, com probabilidades $p_1 = 0{,}656$, $p_2 = 0{,}093$, $p_3 = 0{,}093$, $p_4 = 0{,}158$. Dentre 197 animais, obtivemos as seguintes frequências observadas: $O_1 = 125$, $O_2 = 18$, $O_3 = 20$, $O_4 = 34$. Teste se esses dados estão de acordo com o modelo genético postulado.
4. Teste se os dados abaixo são observações de uma distribuição normal com média 30 e desvio padrão 10.

15,9	16,9	18,3	18,5	19,0
19,5	21,8	23,0	23,8	24,5
26,1	26,9	32,3	35,0	36,1
36,5	37,2	38,5	40,9	44,2

14.3 TESTES DE HOMOGENEIDADE

5. Um dado foi lançado 1.000 vezes, com os seguintes resultados:

Ocorrência	1	2	3	4	5	6
Frequência	158	186	179	161	141	175

Teste a hipótese que o dado é balanceado.

14.3 Testes de homogeneidade

Vimos no capítulo anterior como testar a hipótese (13.1) de que as duas populações P_1 e P_2 tinham a mesma distribuição. Os testes utilizados foram baseados na distribuição t de Student, que assume normalidade das populações, ou o teste não paramétrico de Wilcoxon (Mann-Whitney), que não faz essa suposição, mas fica bem mais fácil se as distribuições forem contínuas.

O teste que apresentaremos agora pode ser usado para dados discretos ou contínuos e serve para testar H_0 dada por (13.1) contra alternativas gerais, e não somente para testar diferenças de localização.

Exemplo 14.2 (continuação) Considerando P_1 como a população de alunos de Ciências Humanas e P_2 a dos alunos de Ciências Biológicas, nosso objetivo é testar a hipótese

$$H_0: P_1 = P_2,$$

usando os resultados amostrais da Tabela 14.2. Para isso, precisamos encontrar os valores esperados n_{ij}^*, para aplicar a fórmula (14.1).

Inicialmente, observemos que se H_0 for verdadeira, a distribuição de probabilidades nas duas linhas deveria ser a mesma, e equivaleria a ter uma única população P. A última linha (de totais) da Tabela 14.2 representaria uma amostra de 200 alunos dessa única população. A Tabela 14.7 apresenta as estimativas das proporções, em cada grau, para P_1, P_2 e P. Sendo H_0 verdadeira, deveríamos esperar para P_1 e P_2 as mesmas proporções observadas para P, ou valores aproximadamente iguais. Ou, ainda, todas as linhas dessa tabela deveriam ser iguais entre si, e iguais à linha de totais, o que aparentemente não ocorre. A partir dessas porcentagens, podemos obter as frequências absolutas correspondentes (ou valores esperados) se H_0 for verdadeira. Obtemos, então, a Tabela 14.8.

Tabela 14.7 Porcentagens estimadas das classes para cada população.

Aluno de	Grau					Total
	A	B	C	D	E	
C. Humanas	15	20	30	20	15	100
C. Biológicas	8	23	18	34	17	100
Total	11,5	21,5	24	27	16	100

Tabela 14.8 Frequências absolutas sob H_0 (n_{ij}^*).

Aluno de	Grau					Total
	A	B	C	D	E	
C. Humanas	11,5	21,5	24	27	16	100
C. Biológicas	11,5	21,5	24	27	16	100
Total	23	43	48	54	32	200

Desse modo, encontramos os valores esperados n_{ij}^*, que podem ser substituídos em (14.1), obtendo-se

$$\chi_{obs}^2 = \frac{(15-11,5)^2}{11,5} + ... + \frac{(15-16)^2}{16} + \frac{(8-11,5)^2}{11,5} + ... + \frac{(17-16)^2}{16} = 9,09.$$

Novamente, para consultar a tabela precisamos determinar os graus de liberdade, e vamos usar o mesmo argumento anterior. Quantas casas poderíamos preencher livremente em uma simulação, sendo que os totais marginais são conhecidos? Observando a Tabela 14.9, concluímos que basta preencher apenas quatro casas, as seis restantes são encontradas por diferenças. Como exemplo, preenchemos quatro casas com círculos; as demais (sinais de "mais") podem ser obtidas por diferenças a partir dos totais de linhas ou colunas.

Tabela 14.9 Determinação do número de graus de liberdade.

Aluno de	Grau					Total
	A	B	C	D	E	
C. Humanas	o	+	o	+	+	100
C. Biológicas	+	o	+	o	+	100
Total	23	43	48	54	32	200

Da Tabela IV, com $\alpha = 0,05$ e 4 graus de liberdade encontramos $\chi_c^2 = 9,488$, o que leva à não rejeição de H_0, ou seja, a distribuição das notas é a mesma para as duas populações.

Observe que os valores esperados na Tabela 14.8 podem ser obtidos de $n_{ij}^* = (n_{i.} \, n_{.j})/n$.

Exemplo 14.7 Consideremos, novamente, o Exemplo 13.9 e verifiquemos quantos elementos de cada amostra caem nas seguintes classes de resistência à remoção: (0,4; 1,0], (1,0; 1,6], (1,6; 2,2], (2,2; 2,8]. Obtemos a Tabela 14.10, com os valores esperados entre parênteses.

14.3 TESTES DE HOMOGENEIDADE

Tabela 14.10 Valores observados para amostras do Exemplo 13.12.

Populações	(0,4; 1,0]	(1,0; 1,6]	(1,6; 2,2]	(2,2; 2,8]	Total
$P_1(T)$	29 (33)	60 (52)	9 (11)	2 (4)	100
$P_2(C)$	37 (33)	44 (52)	13 (11)	6 (4)	100
Total	66	104	22	8	200

Utilizando (14.1) obtemos $\chi^2_{obs} = 6{,}1585$. Como temos $s = 4$, rejeitaremos H_0, se $6{,}1585 > c$, em que c é o valor de uma v.a. com distribuição $\chi^2(3)$, tal que $P(\chi^2(3) > c) = \alpha$. Com $\alpha = 0{,}05$, obtemos $c = 7{,}815$ da Tabela IV, logo não rejeitamos H_0 no nível α.

Esse teste pode ser estendido para o caso de termos r populações $P_1, \dots, P_r$ e querermos testar a hipótese

$$H_0: P_1 = P_2 = \dots = P_r \qquad (14.6)$$

contra a alternativa em que pelo menos duas são distintas. Obteremos uma tabela de dupla entrada $r \times s$. Designando-se os tamanhos das amostras dessas populações por $n_1, \dots, n_r$, com $n_1 + \dots + n_r = N$, e por n_{ij} o número de elementos da amostra de P_i classificados na categoria j, teremos a situação da Tabela 4.11. A hipótese a ser testada aqui é

$$H_0 : p_{11} = p_{21} = \dots = p_{r1}$$
$$\dots$$
$$p_{1s} = p_{2s} = \dots = p_{rs}$$

Nesse caso, a estatística (14.1) tem distribuição $\chi^2(v)$, em que o número de graus de liberdade v é dado por $v = (r - 1)(s - 1)$. O argumento para obter esse número é o mesmo usado para o Exemplo 14.2.

Problemas

6. Suponha que tenhamos razões para crer que as notas obtidas por estudantes de escolas públicas sejam menores que as notas obtidas por estudantes de escolas particulares, ao tomarem o exame vestibular para uma Universidade. Para testar essa hipótese, foram selecionadas duas amostras de estudantes que prestaram o vestibular, suas médias gerais foram anotadas e obteve-se a tabela a seguir.

Escola	(0; 2,5]	(2,5; 5,0]	(5,0; 7,5]	(7,5; 10,0]	Total
Pública	15	22	18	3	58
Particular	6	10	20	6	42
Total	21	32	38	9	100

Teste a hipótese que as duas populações são homogêneas, para o nível de significância $\alpha = 0{,}01$. Obtenha o valor-p $\hat{\alpha}$.

7. Cem estudantes foram divididos em duas classes de 50 cada e o objetivo era testar um novo método de ensinar Probabilidades. Uma classe recebeu um método tradicional

432

CAPÍTULO 14 — ANÁLISE DE ADERÊNCIA E ASSOCIAÇÃO

e a outra, o novo método. Após o curso, foi pedido que os estudantes resolvessem um problema típico de Probabilidades. Os resultados foram os seguintes:

	Exercício correto	Exercício errado
Método convencional	33	17
Método novo	37	13

Há razões para acreditar que o novo método é superior?

8. Duas novas drogas vão ser testadas em 160 pessoas portadoras de rinite alérgica. Metade das pessoas recebe a droga A e a outra metade recebe a droga B. Obtém-se a tabela abaixo. Teste a hipótese de que as duas drogas são igualmente eficazes para tratar a doença.

	Eficaz	Não Eficaz
Droga A	55	25
Droga B	48	32

9. Um produto novo é lançado por uma empresa, e, para verificar a sua aceitação, dois grupos de pessoas de duas cidades são consultados. De 100 pessoas da cidade A, 32 gostaram do produto e, de 50 pessoas da cidade B, 12 gostaram do produto. Há evidências que o produto seja igualmente aceito nas duas cidades?

14.4 Testes de independência

Retomemos o Exemplo 4.3, para efeito de ilustração.

Exemplo 14.8 Naquele exemplo, o que se queria era verificar se a criação de determinado tipo de cooperativa estava associada ao fator regional. Os dados das Tabelas 4.8 e 4.9 estão reproduzidas na Tabela 14.11.

Como temos três linhas e quatro colunas, o número de graus de liberdade da estatística é $v = (3 - 1)(4 - 1) = 6$. Fixando-se $\alpha = 0,05$, devemos procurar um valor c, tal que $P(\chi^2(6) > c) = 0,05$, e da Tabela IV obtemos $c = 12,592$. Portanto a região crítica do teste é $RC = [12,592; +\infty[$.

Vimos na Seção 4.3 como construir os valores esperados, sob a hipótese de independência (ver Tabela 4.9), que estão entre parênteses na Tabela 14.11. O valor observado da estatística qui-quadrado encontrado foi $\chi^2_{obs} = 171,76$. Como esse valor pertence à região crítica, rejeitamos H_0, ou seja, há uma forte dependência entre os fatores "tipo de cooperativa" e "região de localização".

O nível descritivo do teste é $\hat{\alpha} = P(\chi^2(6) > 171,76 | H_0$ é verdadeira$) < 0,1\%$, ou seja, temos uma forte indicação que H_0 deve ser rejeitada.

A formalização dos testes de independência passa a ser como segue. Chamemos de p_{ij} a probabilidade de um indivíduo ser classificado nas categorias i, $i = 1, ..., r$ e j, $j = 1, ..., s$, simultaneamente; denotemos por $p_{i.}$ e $p_{.j}$ as probabilidades marginais. A hipótese de independência pode ser escrita na forma

14.4 TESTES DE INDEPENDÊNCIA

$$H_0: p_{ij} = p_{i.}p_{.j}, \quad \text{para todo par } (i, j),$$
$$H_1: p_{ij} \neq p_{i.}p_{.j}, \quad \text{para algum par } (i, j).$$

Lembremos que $p_{i.} = \sum_{j=1}^{s} p_{ij}$ e $p_{.j} = \sum_{i=1}^{r} p_{ij}$.

Tabela 14.11 Valores observados e esperados para o Exemplo 14.8.

Estado	Consumidor	Produtor	Escola	Outras	Total
São Paulo	214(157)	237(269)	78(143)	119(79)	648
Paraná	51(73)	102(124)	126(67)	22(37)	301
Rio G. Sul	111(146)	304(250)	139(133)	48(73)	602
Total	376	643	343	189	1.551

A estatística a usar é novamente (14.1), que terá, sob a hipótese H_0, uma distribuição qui-quadrado com $v = (r - 1)(s - 1)$ graus de liberdade. Rejeitaremos H_0 se o valor observado da estatística for maior do que um valor crítico, dado pela Tabela IV, fixado um valor do nível de significância α.

Dado que a distribuição de qui-quadrado, nesse caso, é uma distribuição aproximada, precisamos tomar certos cuidados na sua aplicação. Um deles é garantir que todos os valores esperados das casela s não sejam inferiores a cinco.

Problemas

10. Para o Problema 16 do Capítulo 4, teste formalmente se a opinião dos habitantes depende do local da residência.

11. Teste se o uso de hospital independe do sexo para o Exemplo 14.3.

12. Para o Problema 22 do Capítulo 4, teste se existe dependência entre os fatores: tendência dos alunos a prosseguir os estudos e classe social dos entrevistados.

13. Investigando a "fidelidade" de consumidores de um produto, obteve-se uma amostra de 200 homens e 200 mulheres. Foram classificados como tendo alto grau de fidelidade 100 homens e 120 mulheres. Os dados fornecem evidência de possíveis diferenças de grau de fidelidade entre sexos?

14. Uma pesquisa sobre a qualidade de certo produto foi realizada enviando-se questionários a donas de casa pelo correio. Aventando-se a possibilidade de que os respondentes voluntários tenham um particular viés de respostas, fizeram-se mais duas tentativas com os não respondentes. Os resultados estão indicados abaixo. Você acha que existe relação entre a resposta e o número de tentativas?

Opinião sobre o produto	N. de donas de casa		
	1ª tentativa	2ª tentativa	3ª tentativa
Excelente	62	36	12
Satisfatório	84	42	14
Insatisfatório	24	22	24

14.5 Teste para o coeficiente de correlação

O teste apresentado na seção anterior é adequado para averiguar a independência de duas variáveis qualitativas. Vimos, na Seção 4.5, que para variáveis quantitativas o coeficiente de correlação é uma medida de associação mais adequada. Usualmente, podemos determinar o coeficiente de correlação para uma amostra, pois desconhecemos esse valor na população. Uma população que tenha duas variáveis não correlacionadas pode produzir uma amostra com coeficiente de correlação diferente de zero. Para testar se a amostra foi colhida de uma população para a qual o coeficiente de correlação entre duas variáveis é nulo, precisamos obter a distribuição amostral da estatística r, definida em (4.7). Esquematicamente, temos a situação da Figura 14.2.

Figura 14.2 Coeficiente de correlação para população e amostra.

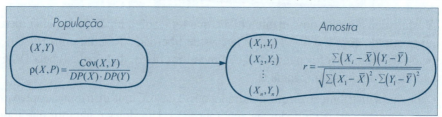

Seja $\rho = \rho(X, Y)$ o verdadeiro coeficiente de correlação populacional desconhecido. Vamos apresentar a distribuição amostral de r para duas condições da população: $\rho = 0$ e $\rho \neq 0$. Em ambos os casos, a distribuição amostral exige que a distribuição da v.a. (X, Y) na população seja *normal bidimensional*, como definida no Capítulo 8.

Exemplo 14.9 *Teste para* $\rho = \rho_0$. Durante muito tempo, o coeficiente de correlação entre a nota final num curso de treinamento de operários e sua produtividade, após seis meses do curso, resultou ser 0,50. Foram introduzidas modificações no curso, com o intuito de aumentar a correlação. Se o coeficiente de correlação de uma amostra de 28 operários submetidos ao novo curso foi 0,65, você diria que os objetivos da modificação foram atingidos?

A. *Hipóteses*

   X: resultado no teste; Y: produtividade;

   H_0: $\rho(X, Y) = 0,50$;

   H_1: $\rho(X, Y) > 0,50$;

B. *Estatística do Teste*

   R. Fisher sugeriu a seguinte transformação para a estatística r:

$$\xi = \frac{1}{2}\ell n \frac{1+r}{1-r}, \qquad (14.7)$$

14.5 TESTE PARA O COEFICIENTE DE CORRELAÇÃO

que tem uma distribuição muito próxima de uma normal $N(\mu_\xi, \sigma_\xi^2)$, com

$$\mu_\xi = \frac{1}{2}\ell n\frac{1+\rho_0}{1-\rho_0}, \quad \sigma_\xi^2 = \frac{1}{n-3}, \tag{14.8}$$

sendo n o tamanho da amostra $(X_1, Y_1), ..., (X_n, Y_n)$ e ρ_0 o valor do parâmetro populacional. A aproximação não vale para $\rho = -1$ ou $\rho = 1$. Além disso, para $\rho = 0$, temos um teste exato, que será visto no próximo exemplo. No nosso caso, sob a hipótese H_0, ξ terá distribuição aproximadamente normal, com

$$\mu_\xi = \frac{1}{2}\ell n\frac{1+0,5}{1-0,5} = 0,549, \quad \sigma_\xi^2 = \frac{1}{25} = 0,04.$$

C. *Região Crítica*

Como a hipótese alternativa sugere uma região crítica unilateral à direita, e como $\xi \sim N(0,549; 0,04)$, vem que a *RC* para ξ, no nível de significância $\alpha = 0,05$, será

$$RC = \left\{\xi : \xi > 0,549 + 1,654\sqrt{0,04}\right\} = \left\{\xi : \xi > 0,878\right\}.$$

D. *Resultado da Amostra*

Como $r = 0,65$, vem que

$$\xi_0 = \frac{1}{2}\ell n\frac{1+0,65}{1-0,65} = 0,774.$$

E. *Conclusão*

Como $\xi_0 \notin RC$, aceitamos H_0, ou seja, não existe evidência de que o coeficiente de correlação tenha aumentado.

Exemplo 14.10 *Teste para* $\rho = 0$. Queremos testar se existe ou não correlação entre o número de clientes e os anos de experiência de agentes de seguros. Sorteamos cinco agentes e observamos as duas variáveis. Os dados estão na Tabela 14.12. Qual seria a conclusão, baseando-se nesses dados?

Tabela 14.12 Anos de experiência para cinco agentes de seguros.

Agente	A	B	C	D	E
Anos de Experiência	2	4	5	6	8
Número de Clientes	48	56	64	60	72

A. *Hipóteses*

$H_0: \rho = 0$

$H_1: \rho \neq 0$

B. Estatística do Teste

Para amostras retiradas de uma população para a qual $\rho = 0$, pode-se provar que a estatística

$$T = r\sqrt{\frac{n-2}{1-r^2}} \tag{14.9}$$

tem distribuição t de Student com $n - 2$ graus de liberdade. No nosso exemplo, a estatística terá distribuição $t(3)$.

C. Região Crítica

Por ser um teste bilateral, consultando a Tabela V, teremos para $\alpha = 0,10$,

$$RC = (-\infty, -2,353] \cup [2,353, +\infty).$$

D. Resultado da Amostra

Calculando o coeficiente de correlação para os dados acima, obtemos $r = 0,95$; logo,

$$t_0 = (0,95)\sqrt{\frac{3}{1-(0,95)^2}} = 5,254.$$

E. Conclusão

Como $t_0 \in RC$, rejeitamos H_0, isto é, existe dependência entre anos de experiência e números de clientes.

Nesse caso, seria conveniente construir um intervalo de confiança para ρ. Observe que, se $\rho \neq 0$, devemos usar a estatística ξ de (14.7). Portanto, se tomarmos por exemplo $\gamma = 0,95$, devemos procurar dois números ξ_1 e ξ_2 para ξ, tais que

$$P(\xi_1 < \xi < \xi_2) = 0,95.$$

Como $\xi \sim N(\mu_\xi, 1/2)$, podemos escrever

$$P\left(\frac{\xi_1 - \mu_\xi}{\sqrt{1/2}} < \frac{\xi - \mu_\xi}{\sqrt{1/2}} < \frac{\xi_2 - \mu_\xi}{\sqrt{1/2}}\right) = 0,95,$$

ou seja,

$$P(-1,96 < Z < 1,96) = 0,95,$$

com $Z \sim N(0,1)$. Logo, o intervalo para μ_ξ é

$$IC\left(\mu_\xi; 0,95\right) = \xi_0 \pm 1,96\sqrt{1/2}.$$

Mas,

$$\xi_0 = \frac{1}{2}\ell n\frac{1+0,95}{1-0,95} = 1,832,$$

14.6 OUTRO TESTE DE ADERÊNCIA

logo

$$IC(\mu_\xi; 0,95) = 1,832 \pm 1,384 = (0,448; 3,216).$$

Como

$$\mu_\xi = \frac{1}{2}\ell n\frac{1+\rho}{1-\rho},$$

e uma expressão semelhante vale para os extremos do intervalo, podemos obter as operações inversas para encontrar os extremos do intervalo para ρ. Assim, de

$$0,448 = \frac{1}{2}\ell n\frac{1+r}{1-r}$$

obtemos

$$r = \frac{e^{0,896}-1}{e^{0,896}+1} = 0,420,$$

e de

$$3,216 = \frac{1}{2}\ell n\frac{1+r}{1-r}$$

obtemos

$$r = \frac{e^{6,432}-1}{e^{6,432}+1} = 0,997.$$

Finalmente, obtemos

$$IC(\rho; 0,95) = (0,420; 0,997).$$

Problemas

15. Estamos estudando se há ou não correlação entre as notas de diversas disciplinas de um curso de mestrado. Analisando uma amostra de 12 alunos, encontrou-se uma correlação de 0,60 entre as disciplinas de Estatística e Metodologia da Pesquisa. Teste a hipótese de não haver correlação entre as disciplinas. Caso a rejeite, dê um intervalo de confiança para o coeficiente de correlação populacional.

16. Existe relação entre o volume de uma carga e o tempo gasto para acondicioná-la? Para investigar esse fato, sortearam-se nove pedidos de mercadorias, medindo-se as duas variáveis de interesse. Com os dados obtidos abaixo, quais seriam as suas conclusões?

Tempo	84	108	110	133	144	152	180	196	231
Volume	48	72	63	82	88	109	112	123	140

14.6 Outro teste de aderência

Na Seção 14.2, estudamos, por meio da distribuição qui-quadrado, como testar a hipótese de que um conjunto de dados provém de uma distribuição especificada. Nesta seção, vamos introduzir uma outra maneira de testar a hipótese (14.2), por meio de um exemplo.

No Problema 47 do Capítulo 3, vimos que um estimador da verdadeira função densidade de uma população é o histograma. Em particular, foi apresentada uma maneira de obter o intervalo de classe, baseada numa "distância" entre o histograma e a função densidade.

Suponha que tenhamos uma amostra $X_1, \ldots, X_n$ de uma população P, sobre a qual estamos considerando uma v.a. X. Designemos por $f(x)$ a *função densidade* e por $F(x)$ a *função de distribuição acumulada* (f.d.a.) de X. Estimar $f(x)$ é equivalente a estimar $F(x)$. Nosso objetivo é testar se a amostra observada veio de uma distribuição de probabilidades especificada, e (14.2) é equivalente a

$$H_0: F(x) = F_0(x), \text{ para todo } x.$$

Vamos considerar a *função de distribuição empírica* (f.d.e.), $F_e(x)$, definida no Problema 17 do Capítulo 2, como um estimador de $F(x)$, para todo valor x real. A situação é a da Figura 14.3.

Figura 14.3 Gráficos da f.d.a. e f.d.e. e distâncias $d_i = F(x_{(i)}) - F_e(x_{(i)})$.

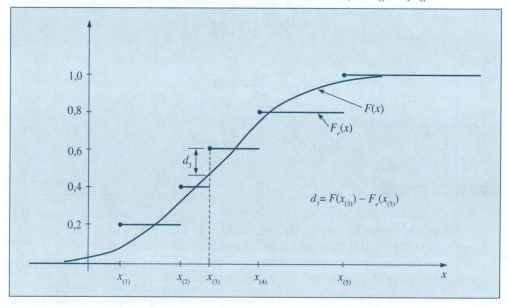

Se $F_e(x)$ for um bom estimador de $F(x)$ as duas curvas devem estar próximas. Como em todo teste de hipóteses, para testar a hipótese acima, teremos que definir o que significa "próximo". Há várias maneiras de medir a "distância" entre $F(x)$ e $F_e(x)$. Os probabilistas russos Kolmogorov e Smirnov propuseram uma estatística para o teste, obtida tomando o máximo dos valores absolutos das diferenças $F(x_i) - F_e(x_i)$, $i = 1, \ldots, n$. Nessas diferenças, calculadas nos valores amostrais, $F(x_i)$ é o valor calculado sob a hipótese nula H_0, ou seja, é o valor que a f.d.a. hipotetizada toma no ponto x_i. Formalmente, a estatística a ser usada no teste é

$$D = \max_{1 \leq i \leq n} \left| F(x_i) - F_e(x_i) \right|. \tag{14.10}$$

14.6 OUTRO TESTE DE ADERÊNCIA

O valor encontrado deve ser comparado com um valor crítico, obtido na Tabela X, fixado um nível de significância do teste. Se D for maior que o valor tabelado, rejeitamos H_0.

Retomemos o Exemplo 14.6, no qual queríamos testar se 30 valores observados provinham de uma distribuição normal, com média 10 e desvio padrão 5.

Exemplo 14.6 (continuação) A hipótese a ser testada pode ser escrita na forma

$$H_0: F(x) = F_0(x), \forall x,$$
$$H_1: F(x) \neq F_0(x), \text{ para algum } x,$$

em que $F_0(x)$ é a f.d.a. da v.a. $X \sim N(10,25)$.

Lembremos que a f.d.e. $F_e(x)$ é uma função em "escada", dando um salto igual a 1/30 em cada valor $x_{(i)}$.

Na Tabela 14.13, temos os cálculos necessários. Vemos, por exemplo:

$$F_0(1,04) = P(X \leq 1,04) = P\left(Z \leq \frac{1,04-10}{5}\right) = P(Z \leq -1,792) = 0,0366,$$

$$F_e(1,04) = 1/30 = 0,0333 \text{ etc.}$$

Tabela 14.13 Dados para o Teste de Kolmogorov-Smirnov do Exemplo 14.6.

x_i	$F(x_i)$	$F_e(x_i)$	$|F(x_i) - F_e(x_i)|$	x_i	$F(x_i)$	$F_e(x_i)$	$|F(x_i) - F_e(x_i)|$
1,04	0,0366	0,0333	0,00323	10,01	0,5008	0,5333	0,03253
1,73	0,0491	0,0667	0,01760	10,52	0,5414	0,5667	0,02525
3,93	0,1124	0,1000	0,01237	10,69	0,5549	0,6000	0,04512
4,44	0,1331	0,1333	0,00026	11,72	0,6346	0,6333	0,00124
6,37	0,2340	0,1667	0,06725	12,17	0,6679	0,6667	0,00119
6,51	0,2426	0,2000	0,04259	12,61	0,6992	0,7000	0,00083
7,61	0,3163	0,2333	0,08299	12,98	0,7244	0,7333	0,00892
7,64	0,3185	0,2667	0,05180	13,03	0,7277	0,7667	0,03892
8,18	0,3579	0,3000	0,05793	13,16	0,7363	0,8000	0,06369
8,48	0,3806	0,3333	0,04723	14,11	0,7945	0,8333	0,03887
8,57	0,3874	0,3667	0,02077	14,60	0,8212	0,8667	0,04545
8,65	0,3936	0,4000	0,00642	14,64	0,8233	0,9000	0,07670
9,71	0,4769	0,4333	0,04354	14,75	0,8289	0,9333	0,10439
9,87	0,4896	0,4667	0,02296	16,68	0,9092	0,9667	0,05744
9,95	0,4960	0,5000	0,00399	22,14	0,9924	1,0000	0,07591

Os valores de $F_0(x)$ podem ser obtidos como na Seção 7.8, por exemplo, usando o comando CDF do Minitab.

Da tabela, vemos que o valor máximo dos valores absolutos das diferenças é $D = 0,104$. Da Tabela X, vemos que para $\alpha = 0,05$, o valor crítico é 0,242, logo aceitamos H_0, ou seja, os dados realmente são uma amostra de uma distribuição normal, com $\mu = 10$ e $\sigma = 5$.

Podemos comparar os quantis (empíricos) dos dados com os quantis da normal, por meio de um gráfico $q \times q$, com o objetivo de verificar que os pontos se distribuem ao redor de uma reta, como na Figura 14.4.

Figura 14.4 Quantis da normal padrão contra quantis dos dados.

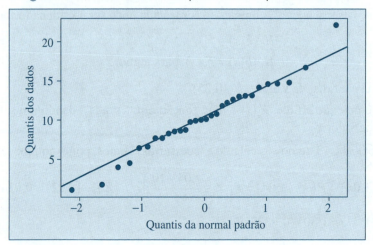

14.7 Problemas suplementares

17. Teste a independência entre o tipo de atividade e o tipo de propriedade de embarcações para o Problema 20 do Capítulo 4.

18. Supõe-se que uma moeda favoreça cara, na proporção de duas caras para três coroas. Para testar tal hipótese, lança-se uma moeda quatro vezes, contando-se o número de caras. Repete-se esse experimento 625 vezes. Os resultados estão na tabela abaixo. Esses dados confirmam ou não a suposição?

Nº de caras	0	1	2	3	4	Total
Frequências	72	204	228	101	20	625

19. Num laboratório foi realizada uma pesquisa de mercado em que se estudou a preferência com relação a dois adoçantes artificiais, **A** e **B**, obtendo-se os seguintes resultados.

Sexo	Preferem A	Preferem B	Indecisos
Feminino	50	110	40
Masculino	150	42	8

A distribuição de preferências pelos dois sexos é a mesma? Calcule o valor-p.

20. Prove que (14.3) pode ser escrita na forma

$$\chi^2 = \sum_{i=1}^{s} O_i^2 / E_i - n.$$

14.7 PROBLEMAS SUPLEMENTARES

21. Teste, para o nível de **5%**, se existe correlação ou não entre o setor primário e o índice de analfabetismo, usando a amostra do Problema 11 do Capítulo 4. Caso a resposta seja afirmativa, construa um **IC** de **95%** de confiança para ρ.

22. No Problema 28 do Capítulo 4, use as sugestões dadas para testar a hipótese $\rho = 0$.

23. Suspeita-se que o coeficiente de correlação entre o salário do marido e o da mulher seja de **0,60** ou mais. Para verificar tal hipótese, colheu-se uma amostra de **10** casais, observando-se o salário de ambos. Veja os resultados no Problema 29 do Capítulo 4. Qual seria sua conclusão?

24. No Problema 26 do Capítulo 4, temos três variáveis, X, Y e Z, e queremos verificar qual é maior, $\rho(X, Y)$ ou $\rho(X, Z)$. Verifique se algum dos coeficientes de correlação pode ser considerado como nulo.

25. Deseja-se verificar se os homens e as mulheres reagem do mesmo modo a um pré--treinamento que visa prepará-los para realizar certa tarefa. Um grupo de **28** mulheres e **52** homens são submetidos ao pré-treinamento e, em seguida, mede-se a correlação entre o resultado no teste do curso e o número de erros cometidos ao realizar a tarefa. Os coeficientes de correlação observados foram: para as mulheres, **–0,82**; para os homens, **–0,52**. Usando os resultados do CM-1, Fórmulas (14.11) – (14.14), qual seria sua conclusão? Interprete o significado do coeficiente de correlação negativo.

26. Suponha que uma empresa quer saber o efeito de fumar sobre testes respiratórios para seus trabalhadores. Suponha que os trabalhadores são divididos em três classes: nunca fumou, fumou no passado e fumante, e que dados anteriores mostram que as porcentagens de trabalhadores nessas três classes são, respectivamente: **52%**, **12%**, **36%**. Se dez trabalhadores são selecionados ao acaso, qual a probabilidade de se obter exatamente cinco que nunca fumaram, dois que fumaram no passado e três fumantes atuais? (Use 14.15).

27. Teste, para o nível $\alpha = 0,05$, que os dados abaixo são de uma amostra de uma distribuição uniforme no intervalo **(0,1)**.

0,145	0,299	0,516	0,901	0,433
0,430	0,932	0,356	0,178	0,248
0,882	0,125	0,517	0,519	0,251
0,191	0,661	0,321	0,504	0,206
0,224	0,960	0,092	0,179	0,974
0,173	0,413	0,372	0,887	0,275
0,561	0,853	0,527	0,239	0,124
0,060	0,968	0,421	0,041	0,775
0,810	0,603	0,229	0,452	0,874
0,785	0,384	0,064	0,990	0,983

28. Teste, para o nível $\alpha = 0,01$, se os dados abaixo provêm de uma distribuição exponencial, com média **0,5**.

0,378	0,391	0,458	0,063	0,009
1,007	0,470	0,368	0,831	0,387

0,228	0,389	0,627	0,480	0,093
0,123	0,089	0,646	0,093	0,400

29. Teste se os dados do CD-Notas são normais. Use o teste de aderência e o teste de Kolmogorov-Smirnov.

14.8 Complementos metodológicos

1. Comparação dos coeficientes de correlação de duas populações. Vamos supor que ρ_1 e ρ_2 sejam os coeficientes de correlação de duas populações, das quais retiramos duas amostras independentes, de tamanhos n e m, respectivamente. Desse modo, as v.a.

$$Z_1 = \frac{1}{2}\ell n \frac{1+r_1}{1-r_1} \quad e \quad Z_2 = \frac{1}{2}\ell n \frac{1+r_2}{1-r_2} \qquad (14.11)$$

são independentes e terão, respectivamente, as distribuições

$$Z_1 \sim N\left(\mu_1; \frac{1}{n-3}\right) \quad e \quad Z_2 \sim N\left(\mu_2; \frac{1}{m-3}\right), \qquad (14.12)$$

com

$$\mu_1 = \frac{1}{2}\ell n \frac{1+\rho_1}{1-\rho_1} \quad e \quad \mu_2 = \frac{1}{2}\ell n \frac{1+\rho_2}{1-\rho_2}. \qquad (14.13)$$

Segue-se que a v.a. $D = Z_1 - Z_2$ terá distribuição normal, com média

$$\mu_D = \mu_1 - \mu_2 = \frac{1}{2}\ell n\left(\frac{1+\rho_1}{1-\rho_1} \cdot \frac{1+\rho_2}{1-\rho_2}\right) \qquad (14.14)$$

e variância $\sigma_D^2 = 1/(n-3) + 1/(m-3)$. Quando $\rho_1 = \rho_2$, temos que $\mu_D = 0$. Esse resultado permite testar se dois coeficientes de correlação são iguais ou não.

2. Distribuição multinomial. Suponha que, quando realizamos um experimento aleatório, os resultados possíveis são os eventos $A_1, ..., A_s$, com probabilidades $p_i = P(A_i)$, $i = 1, ..., s$, $\Sigma_i p_i = 1$. Suponha que repetimos o experimento n vezes e que p_i permanece constante em todas as repetições. Defina as v.a. $X_1, ..., X_s$ como:

X_i = número de vezes que A_i ocorre nas n repetições, $i = 1, ..., s$.

Então, temos que

$$P\left(X_1 = n_1, X_2 = n_2, ..., X_s = n_s\right) = \frac{n!}{n_1! n_2! ... n_s!} p_1^{n_1} p_2^{n_2} ..., p_s^{n_s}, \qquad (14.15)$$

com $n_1 + ... + n_s = n$. Se $s = 2$ obtemos a distribuição binomial. Observe que $X_1 + ... + X_s = n$, logo as v.a. $X_1, ..., X_s$ não são independentes. Como cada $X_i \sim \text{Bin}(n, p_i)$, obtemos $E(X_i) = np_i$, $\text{Var}(X_i) = np_i(1 - p_i)$, $i = 1, ..., s$.

Capítulo 15

Inferência para Várias Populações

15.1 Introdução

Como vimos no Capítulo 1, uma das preocupações de um estatístico ao analisar um conjunto de dados é criar modelos que explicitem estruturas do fenômeno sob observação, as quais frequentemente estão misturadas com variações acidentais ou aleatórias. A identificação dessas estruturas permite conhecer melhor o fenômeno, bem como fazer afirmações sobre possíveis comportamentos.

Portanto, uma estratégia conveniente de análise é supor que cada observação seja formada por duas partes, como vimos em (1.1) do Capítulo 1:

$$\text{observação} = \text{previsível} + \text{aleatório}. \tag{15.1}$$

Aqui, a primeira componente incorpora o conhecimento que o pesquisador tem sobre o fenômeno e é usualmente expressa por uma função matemática, com parâmetros desconhecidos. A segunda parte, a aleatória (ou não previsível), representa aquilo que o pesquisador não pode controlar e para a qual são impostas algumas suposições, por exemplo, que ela obedeça a algum modelo probabilístico específico, que, por sua vez, também contém parâmetros desconhecidos.

Dentro desse cenário, o trabalho do estatístico passa a ser o de estimar os parâmetros desconhecidos das duas partes do modelo, baseado em amostras observadas.

Neste capítulo, iremos investigar um modelo simples, chamado de *análise de variância com um fator*. No capítulo seguinte, iremos estudar o modelo de regressão linear simples. As técnicas de análise de variância foram desenvolvidas principalmente pelo estatístico inglês Ronald A. Fisher, a partir de 1918. O leitor interessado pode consultar os trabalhos pioneiros de Fisher (1935, 1954) ou Peres e Saldiva (1982) para mais informações sobre esse assunto.

A situação geral pode ser descrita como segue. Temos uma população P de unidades experimentais (indivíduos, animais, empresas etc.), para a qual temos uma v.a. Y de interesse. Suponha, agora, que possamos classificar as unidades dessa população segundo *níveis* de um *fator*. Por exemplo, o fator pode ser o sexo, com dois níveis, arbitrariamente denotados por 1: sexo masculino e 2: sexo feminino. A v.a. Y pode ser a altura de cada indivíduo.

Genericamente, podemos ter I níveis para esse fator. A população fica, então, dividida em I subpopulações (ou estratos), $P_1, \ldots, P_I$, cada uma representada por um nível i do fator, $i = 1, 2, \ldots, I$. No exemplo citado, teríamos duas subpopulações: a dos indivíduos do sexo masculino e a dos indivíduos do sexo feminino.

Na Figura 15.1, mostramos graficamente as suposições adotadas para o comportamento da população neste modelo. A Figura 15.1(a) mostra um comportamento mais amplo, com distribuições distintas para cada subpopulação. Na Figura 15.1(b), aparece a suposição mais comum, em que a parte aleatória segue uma distribuição normal, com a mesma variância σ^2 para todas as subpopulações P_i, $i = 1, 2, \ldots, I$.

Figura 15.1 Formas da distribuição de y para os diversos níveis do fator.

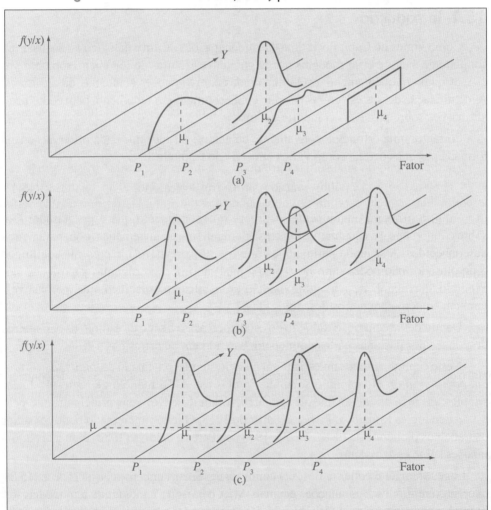

15.1 INTRODUÇÃO

Para cada nível i, observamos a v.a. Y em n_i unidades experimentais selecionadas ao acaso da subpopulação correspondente, ou seja, teremos uma amostra ($y_{i_1}, \ldots, y_{i n_i}$) dessa subpopulação. No exemplo citado acima, temos $i = 1, 2$, ou seja, dois níveis para o fator sexo. Extraímos uma amostra de tamanho n_1 de P_1: pessoas do sexo masculino, ($y_{11}, \ldots, y_{1n_1}$), e uma amostra de tamanho n_2 de P_2: pessoas do sexo feminino, ($y_{21}, \ldots, y_{2n_2}$). Essas amostras são independentes.

Suponha que $E(Y) = \mu$ para a população toda, ou seja, a *média global* da v.a. Y para P. Suponha, também, que $E(Y|P_i) = \mu_i$, $i = 1, \ldots, I$, ou seja, as médias da v.a. Y para as subpopulações sejam $\mu_1, \ldots, \mu_I$. No nosso exemplo, μ é a média das alturas da população de todos os indivíduos, μ_1 é a média das alturas dos homens, e μ_2 é a média das alturas das mulheres.

O objetivo é estimar μ_i, $i = 1, \ldots, I$ e testar hipóteses sobre essas médias. Uma hipótese de interesse é

$$H_0: \mu_1 = \mu_2 = \ldots = \mu_I = \mu, \tag{15.2}$$

contra a alternativa

$$H_1: \mu_i \neq \mu_j, \text{ para algum par } (i, j). \tag{15.3}$$

O teste acima corresponde a verificar se as duas populações estão dispostas como na Figura 15.1(c), ou seja, os centros das distribuições têm a mesma ordenada e estão sobre uma reta paralela ao eixo do fator. Isso significa que o fator não tem influência sobre a média da variável sob observação.

A análise da variância pode ser pensada como um método para testar a hipótese H_0 acima, por meio da análise das variâncias das diversas amostras. Esse método estende aquele visto no Capítulo 13, onde comparávamos apenas duas médias. A teoria desenvolvida naquele capítulo envolvia situações mais amplas do que as que serão vistas aqui. Sob as mesmas suposições os dois métodos são equivalentes. Porém, não podemos usar os métodos do Capítulo 13 para comparar mais do que duas populações. Poderia ser aventada a possibilidade de testar as hipóteses duas a duas, mas isso traz problemas relacionados no nível de significância do teste global, já que efetuaremos $\binom{I}{2}$ testes parciais. Voltaremos a esse assunto na Seção 15.4.

Um modelo conveniente para descrever essa situação é

$$y_{ij} = \mu_i + e_{ij} \quad i = 1, \ldots, I, \qquad j = 1, \ldots, n_i, \tag{15.4}$$

para o qual supomos que e_{ij} são v.a. independentes, de média zero e variância σ_e^2, desconhecida, por exemplo. Podemos adicionar a hipótese de que esses "erros" sejam normais, ou seja,

$$e_{ij} \sim N(0, \sigma_e^2), \tag{15.5}$$

para $i = 1, 2, \ldots, I, j = 1, 2, \ldots, n_i$.

Logo, além de estimar $\mu_1, \ldots, \mu_I$, temos que estimar também σ_e^2. Se (15.4) e (15.5) valerem, teremos I subpopulações normais $N(\mu_i, \sigma_e^2)$, $i = 1, 2, \ldots, I$, que têm médias diferentes e mesma variância. A Figura 15.1(b) ilustra essa situação, com $I = 4$.

446 CAPÍTULO 15 — INFERÊNCIA PARA VÁRIAS POPULAÇÕES

O modelo (15.4) é chamado *modelo com efeitos fixos*, no sentido de que as subpopulações determinadas pelos níveis do fator são aquelas de interesse do pesquisador. Se o experimento fosse repetido, amostras aleatórias das *mesmas* subpopulações seriam extraídas e analisadas. Pode-se considerar, também, modelos com efeitos aleatórios, mas esse caso não será tratado neste livro.

Exemplo 15.1 Um psicólogo está investigando a relação entre o tempo que um indivíduo leva para reagir a um estímulo visual (Y) e alguns fatores, como sexo (W), idade (X) e acuidade visual (Z, medida em porcentagem). Na Tabela 15.1, temos os tempos para n = 20 indivíduos (valores da v.a. Y). O fator sexo tem dois níveis: $i = 1$: sexo masculino (H) e $i = 2$: sexo feminino (M), com $n_1 = n_2 = 10$. O fator idade tem cinco níveis: $i = 1$: indivíduos com 20 anos de idade, $i = 2$: indivíduos com 25 anos etc., $i = 5$: indivíduos com 40 anos. Aqui, $n_1 = ... = n_5 = 4$. A acuidade visual, como porcentagem da visão

Tabela 15.1 Tempos de reação a um estímulo (Y) e acuidade visual (Z) de 20 indivíduos, segundo o sexo (W) e a idade (X).

Indivíduo	Y	W	X	Z
1	96	H	20	90
2	92	M	20	100
3	106	H	20	80
4	100	M	20	90
5	98	M	25	100
6	104	H	25	90
7	110	H	25	80
8	101	M	25	90
9	116	M	30	70
10	106	H	30	90
11	109	H	30	90
12	100	M	30	80
13	112	M	35	90
14	105	M	35	80
15	118	H	35	70
16	108	H	35	90
17	113	M	40	90
18	112	M	40	90
19	127	H	40	60
20	117	H	40	80

completa, também gera cinco níveis: $i = 1$: indivíduos com 100% de visão, $i = 2$: indivíduos com 90% de visão, e assim por diante. Não foi possível controlar essa variável *a priori* como as outras duas, já que ela exige exames oftalmológicos para sua mensuração. Daí o desbalanceamento dos tamanhos observados: $n_1 = 2$, $n_2 = 10$, $n_3 = 5$, $n_4 = 2$ e $n_5 = 1$. Fatores desse tipo são chamados de *co-fatores*.

Assim, para o fator sexo, teremos o modelo (15.4) com $i = 1, 2, j = 1, 2, 3, ..., 10$, e para o fator idade, o mesmo modelo com $i = 1, 2, ..., 5, j = 1, 2, 3, 4$.

15.1 INTRODUÇÃO

Exemplo 15.2 Uma escola analisa seu curso por meio de um questionário com 50 questões sobre diversos aspectos de interesse. Cada pergunta tem uma resposta, numa escala de 1 a 5 (v.a. Y), em que a maior nota significa melhor desempenho. Na última avaliação, usou-se uma amostra de alunos de cada período, e os resultados estão na Tabela 15.2. Aqui, o fator é período, com três níveis: $i = 1$: manhã, $i = 2$: tarde e $i = 3$: noite; temos $n_1 = 7$, $n_2 = 6$ e $n_3 = 8$.

Tabela 15.2 Avaliação de um curso segundo o período.

Período		
Manhã	Tarde	Noite
4,2	2,7	4,6
4,0	2,4	3,9
3,1	2,4	3,8
2,7	2,2	3,7
2,3	1,9	3,6
3,3	1,8	3,5
4,1		3,4
		2,8

Exemplo 15.3 Num experimento sobre a eficácia de regimes para emagrecer, homens, todos pesando cerca de 100 kg e de biotipos semelhantes, são submetidos a três regimes. Após um mês, verifica-se a perda de peso de cada indivíduo, obtendo-se os valores da Tabela 15.3.

Tabela 15.3 Perdas de peso de indivíduos submetidos a três regimes.

Regime		
1	2	3
11,8	7,4	10,5
10,5	9,7	11,2
12,5	8,2	11,8
12,3	7,2	13,1
15,5	8,6	14,0
11,4	7,1	9,8

Aqui, o fator é regime, com $I = 3$ níveis e cada regime é indexado por; $i = 1, 2, 3$. A v.a. Y é a perda de peso depois de um mês. $E(Y) = \mu$ é a perda de peso global dos 18 homens, μ_i é a perda média de peso para o regime i. As amostras têm todas o mesmo tamanho $n_1 = n_2 = n_3 = 6$.

Problemas

1. O modelo (15.4) pode ser escrito na forma

$$y_{ij} = \mu + \alpha_i + e_{ij},$$

com $i = 1, \dots, I$ e $j = 1, \dots, n_i$. Dizemos que α_i, é o efeito diferenciado da subpopulação P_i ou do nível i do fator. Mostre que os estimadores de mínimos quadrados para μ e α_i são dados por

$$\hat{\mu}_i = \frac{1}{n} \sum_{i=1}^{I} \sum_{j=1}^{n_i} y_{ij} = \bar{y},$$

$$\hat{\alpha}_i = \bar{y}_i - \bar{y}, \quad com \quad \bar{y}_i = \frac{1}{n_i} \sum_{j=1}^{n_i} y_{ij},$$

se impusermos a condição $\sum_{i=1}^{I} n_i \alpha_i = 0$.

2. Obtenha $\hat{\mu}$, $\hat{\alpha}_i$, para os Exemplos 15.2 e 15.3.

15.2 Modelo para duas subpopulações

Inicialmente, consideremos o caso em que temos um fator com dois níveis, como no Exemplo 15.1, com o fator sexo. Ou seja, queremos avaliar o efeito do sexo do indivíduo sobre o seu tempo de reação ao estímulo. Temos, então, o modelo

$$y_{ij} = \mu_i + e_{ij}, \tag{15.6}$$

em que

μ_i = efeito comum a todos os elementos do nível $i = 1, 2$;

e_{ij} = efeito aleatório, não controlado, do j-ésimo indivíduo do nível i,

y_{ij} = tempo de reação ao estímulo do j-ésimo indivíduo do nível i.

15.2.1 Suposições

É necessário introduzir suposições sobre os erros e_{ij} a fim de fazer inferências sobre μ_1 e μ_2. Iremos admitir que:

(i) $e_{ij} \sim N(0, \sigma_e^2)$, para todos $i = 1, 2$ e $j = 1, 2, \dots, n_i$.

(ii) $E(e_{ij} \, e_{ik}) = 0$, para $j \neq k$ e $i = 1, 2$, indicando independência entre observações dentro de cada subpopulação.

(iii) $E(e_{1j} \, e_{2k}) = 0$, para todo j e k, indicando independência entre observações das duas subpopulações.

Com essas suposições, temos duas amostras aleatórias simples, independentes entre si, retiradas das duas subpopulações $N(\mu_1, \sigma_e^2)$ e $N(\mu_2, \sigma_e^2)$.

Queremos testar a hipótese

$$H_0: \mu_1 = \mu_2$$

contra a alternativa

$$H_1: \mu_1 \neq \mu_2.$$

Como já salientamos acima, esse teste pode ser conduzido com os métodos do Capítulo 13, mas o objetivo aqui é introduzir a metodologia da análise de variância, com um caso simples. A extensão para mais de dois níveis será estudada na Seção 15.3.

15.2 MODELO PARA DUAS SUBPOPULAÇÕES

Note que estamos supondo que as variâncias residuais dos níveis 1 e 2 são iguais, ou seja,

$$\text{Var}(e_{1j}) = \text{Var}(e_{2j}) = \sigma_e^2, \text{ para todo } j = 1, \ldots, n_i. \tag{15.7}$$

Essa é a propriedade conhecida como *homoscedasticidade*, isto é, estamos admitindo que a variabilidade residual é a mesma para os dois níveis (ou que P_1 e P_2 têm a mesma variabilidade segundo a v.a. Y). Note também que

$$E(y_{ij}) = \mu_i, \quad \text{Var}(y_{ij}) = \text{Var}(e_{ij}) = \sigma_e^2. \tag{15.8}$$

15.2.2 Estimação do modelo

Nosso objetivo é estimar μ_1, μ_2 e σ_e^2 no modelo (15.6), para podermos testar H_0. Usaremos estimadores de mínimos quadrados. Poderíamos usar também estimadores de máxima verossimilhança, pois sabemos que nossas observações têm distribuição normal. Temos que, de (15.6), os *resíduos* são dados por

$$e_{ij} = y_{ij} - \mu_i, \tag{15.9}$$

e a soma dos quadrados dos resíduos é dada por

$$SQ(\mu_1, \mu_2) = \sum_{i=1}^{2} \sum_{j=1}^{n_i} e_{ij}^2 = \sum_{i=1}^{2} \sum_{j=1}^{n_i} \left(y_{ij} - \mu_i \right)^2$$

$$= \sum_{j=1}^{n_1} \left(\ldots \right)^2 + \sum_{j=1}^{n_2} \left(\ldots \right)^2$$

ou seja,

$$SQ(\mu_1, \mu_2) = \sum_{j=1}^{n_1} e_{1j}^2 + \sum_{j=1}^{n_2} e_{2j}^2. \tag{15.10}$$

Observe que essa soma de quadrados é uma função de μ_1 e, μ_2. Se as variâncias residuais das duas subpopulações não fossem iguais, essa soma seria mais afetada por aquele nível que tivesse maior variância, e isso deveria influenciar a escolha dos estimadores. Nesse caso, uma sugestão seria então minimizarmos a Fórmula (15.10) com e_{ij}^2 substituída por $(e_{ij}/\sigma_i)^2$, com $\text{Var}(e_{ij}) = \sigma_i^2$, o que conduz a *estimadores de mínimos quadrados ponderados*.

Derivando (15.10) em relação a μ_1 e μ_2 obtemos:

$$\frac{\partial SQ(\mu_1, \mu_2)}{\partial \mu_i} = -2 \sum_{j=1}^{n_i} \left(y_{ij} - \mu_i \right) = 0, \ i = 1, 2,$$

do que segue que os estimadores são dados por

$$\hat{\mu}_1 = \frac{1}{n_1} \sum_{j=1}^{n_1} y_{1j} = \bar{y}_1, \tag{15.11}$$

$$\hat{\mu}_2 = \frac{1}{n_2} \sum_{j=1}^{n_2} y_{2j} = \bar{y}_2, \tag{15.12}$$

que são as médias das observações dos níveis 1 e 2, respectivamente. Logo,

$$SQ(\hat{\mu}_1, \hat{\mu}_2) = \sum_{j=1}^{n_1} (y_{1j} - \bar{y}_1)^2 + \sum_{j=1}^{n_2} (y_{2j} - \bar{y}_2)^2. \tag{15.13}$$

Podemos pensar em (15.13) como a *quantidade total de informação quadrática perdida* pela adoção do modelo (15.6). Essa soma é também denominada *soma dos quadrados dos resíduos*.

Vejamos outra maneira de escrever essa soma. Dentro do grupo dos homens, a variância da subpopulação P_1 pode ser estimada por

$$S_1^2 = \frac{1}{n_1 - 1} \sum_{j=1}^{n_1} (y_{1j} - \bar{y}_1)^2 \tag{15.14}$$

e a variância da subpopulação P_2 das mulheres é estimada por

$$S_2^2 = \frac{1}{n_2 - 1} \sum_{j=1}^{n_2} (y_{2j} - \bar{y}_2)^2. \tag{15.15}$$

Segue-se que

$$SQ(\hat{\mu}_1, \hat{\mu}_2) = (n_1 - 1)S_1^2 + (n_2 - 1)S_2^2. \tag{15.16}$$

Temos, acima, dois estimadores não viesados do mesmo parâmetro σ_e^2 e, portanto, podemos definir uma variância amostral ponderada

$$S_e^2 = \frac{(n_1 - 1)S_1^2 + (n_2 - 1)S_2^2}{n_1 + n_2 - 2}, \tag{15.17}$$

e, usando (15.16), podemos escrever

$$S_e^2 = \frac{SQ(\hat{\mu}_1, \hat{\mu}_2)}{n - 2}, \tag{15.18}$$

se $n = n_1 + n_2$. Vemos que S_e^2 é a *quantidade média* de informação quadrática perdida e é um estimador não viesado de σ_e^2. Observe que esse é o mesmo estimador definido em (13.10).

Temos, portanto, um primeiro enfoque para estimar a variância desconhecida, σ_e^2, por meio da *variância devida ao erro* ou *variância dentro de amostras*, dada por S_e^2, que é baseada nas *variâncias amostrais*, dadas por (15.14) e (15.15). A soma de quadrados (15.16) é também chamada de *soma de quadradros dentro dos grupos*.

Um outro enfoque será visto mais adiante, e que consiste em estimar σ_e^2, por meio de uma *variância entre amostras*, baseada na variabilidade *entre as médias amostrais*, também chamada *variação devida ao fator*.

15.2 MODELO PARA DUAS SUBPOPULAÇÕES

451

Exemplo 15.1 (continuação) Para os dados da Tabela 15.1, temos:

Grupo dos Homens (nível l): $\bar{y}_1 = 110,1$, $\sum_{j=1}^{10}\left(y_{1j} - \bar{y}_1\right)^2 = 670,9, S_1^2 = 74,54$;

Grupo das Mulheres (nível 2): $\bar{y}_2 = 104,9$, $\sum_{j=1}^{10}\left(y_{2j} - \bar{y}_2\right)^2 = 566,9, S_2^2 = 62,99$.

Segue-se que

$$S_e^2 = \frac{670,9 + 566,9}{18} = \frac{1.237,8}{18} = 68,77, \quad S_e = 8,29.$$

Note que a soma dos quadrados dos resíduos é

$$SQ(\hat{\mu}_1, \hat{\mu}_2) = SQ\,(\bar{y}_1, \bar{y}_2) = 1.237,8.$$

Observe, também, que $\bar{y}_1$ e $\bar{y}_2$, denotam os tempos médios estimados de reação ao estímulo dos homens e mulheres, respectivamente.

Uma questão de interesse é a seguinte: será que o conhecimento do sexo de um indivíduo ajuda a melhorar a previsão do tempo de reação dele ao estímulo? Para responder a essa questão, devemos ter algum modelo alternativo para poder comparar os ganhos. O modelo usualmente adotado é o mais simples de todos, ou seja, aquele que considera os dados vindos de uma única população. Suponha que os valores da v.a. Y para todos os $n = 20$ indivíduos sigam o modelo

$$y_i = \mu + e_i, \quad i = 1, 2, \ldots, 20. \tag{15.19}$$

Podemos considerar esse modelo para *uma população*, ou seja, aquela de todos os indivíduos para a qual queremos investigar o tempo de reação ao estímulo, independentemente do sexo, idade e outros fatores.

Para o modelo (15.19) a soma dos quadrados dos resíduos é

$$SQ(\mu) = \sum_{i=1}^{n} e_i^2 = \sum_{i=1}^{n} (y_i - \mu)^2, \tag{15.20}$$

e o estimador de mínimos quadrados de μ, é obtido derivando-se (15.20) com relação a μ e igualando a zero, chegando-se a

$$\hat{\mu} = \frac{1}{n}\sum_{i=1}^{n} y_j = \bar{y}, \tag{15.21}$$

ou seja, a média de todas as observações. Como aqui $y_i \sim N(\mu, \sigma_e^2)$, um estimador da variância residual σ_e^2 é

$$S^2 = \frac{1}{n-1}\sum_{i=1}^{n} (y_1 - \bar{y})^2 = \frac{SQ(\hat{\mu})}{n-1} \tag{15.22}$$

ou seja, a nossa conhecida variância amostral.

CAPÍTULO 15 — INFERÊNCIA PARA VÁRIAS POPULAÇÕES

Para os dados da Tabela 15.1, encontramos

$$\bar{y} = \frac{2.150}{20} = 107,50,$$

$$S^2 = \frac{1.373}{19} = 72,26, \ S = 8,5.$$

Assim, sem informação adicional, podemos prever o tempo de reação de um indivíduo como 107,50, com um desvio padrão de 8,5. Os resíduos desse modelo e do modelo (15.6) estão na Tabela 15.4, colunas $e(1)$ e $e(2)$, respectivamente. Comparando esses resíduos, vemos que os segundos melhoram um pouco as previsões, isto é, fazem cair o erro quadrático médio de 8,5 para 8,29. Mas essa queda nos parece pequena para justificar a inclusão do fator *sexo* no modelo, e talvez fosse preferível adotar o modelo mais simples (15.19).

Tabela 15.4 Resíduos para vários modelos ajustados aos dados do Exemplo 15.1.

Variáveis				Resíduos dos Modelos		
				e(1)	e(2)	e(3)
Indivíduo	Tempo de Reação	Sexo	Idade	$y_i - \bar{y}$	$y_{ij} - \bar{y}_i$	$y_{ij} - \bar{y}_i$
1	96	H	20	−11,50	−14,1	−2,50
2	92	M	20	−15,50	−12,9	−6,50
3	106	H	20	−1,50	−4,1	7,50
4	100	M	20	−7,50	−4,9	1,50
5	98	M	25	−9,50	−6,9	−5,25
6	104	H	25	−3,50	−6,1	0,75
7	110	H	25	2,50	−0,1	6,75
8	101	M	25	−6,50	−3,9	−2,25
9	116	M	30	8,50	11,1	8,25
10	106	H	30	−1,50	−4,1	−1,75
11	109	H	30	1,50	−1,1	1,25
12	100	M	30	−7,50	−4,9	−7,75
13	112	M	35	−4,50	7,1	1,25
14	105	M	35	−2.50	0,1	−5,75
15	118	H	35	10,50	7,9	7,25
16	108	H	35	0,50	−2,1	−2,75
17	113	M	40	5,50	8,1	−4,25
18	112	M	40	4,50	7,1	−5,25
19	127	H	40	19,50	16,9	9,75
20	117	H	40	9,50	6,9	−0,25
d.p.				8,50	8,29	6,08
2d.p.				17,00	16,58	12,16

Nota: Nesta tabela, estão expressos os resíduos de diversos modelos ajustados aos dados e colocados juntos para comparar os "lucros" na adoção de cada modelo. No texto, aparece o significado de cada coluna dos resíduos.

15.2.3 Intervalos de confiança

Com as suposições feitas sobre os erros, podemos escrever

$$\bar{y}_1 \quad N\left(\mu_1, \sigma_e^2/n_1\right), \bar{y}_2 \quad N\left(\mu_2, \sigma_e^2/n_2\right) \tag{15.23}$$

o que permite construir intervalos de confiança separados para os dois parâmetros μ_1 e μ_2, como já vimos anteriormente. Esses têm a forma

$$\bar{y}_i \pm t_\gamma \frac{S_e}{\sqrt{n_i}}, \quad i = 1, 2, \tag{15.24}$$

em que t_γ é o valor crítico da distribuição t de Student com $v = n - 2$ graus de liberdade, tal que $P(-t_\gamma < t(n-2) < t_\gamma) = \gamma$, $0 < \gamma < 1$. Observe que o número de graus de liberdade é $(n-2)$ e não $n_i - 1$, porque

$$Z_i = \frac{\left(\bar{y}_i - \mu_i\right)\sqrt{n_i}}{\sigma_e} \sim N(0,1),$$

$$W = \frac{(n-2)S_e^2}{\sigma_e^2} \sim \chi^2(n-2)$$

e, portanto, $\dfrac{Z_i}{\sqrt{W/(n-2)}} = \dfrac{\sqrt{n_i}\left(\bar{y}_i - \mu_i\right)}{S_e}$ tem distribuição $t(n-2)$ pelo Teorema 7.1.

Daqui, obtemos (15.24).

Exemplo 15.1 (continuação) Para o Exemplo 15.1, temos:

$$IC\left(\mu_1; \ 0,95\right) = 110,10 \pm (2,101)8,29/\sqrt{10} =]104,59; \ 115,61[,$$
$$IC\left(\mu_2; \ 0,95\right) = 104,90 \pm (2,101)8,29/\sqrt{10} =]99,39; \ 110,41[,$$

com $t_{0,95} = 2,101$ encontrado na Tabela V, com $v = 18$ graus de liberdade.

Ainda, com as suposições feitas, podemos concluir que

$$\bar{y}_1 - \bar{y}_2 \sim N(\mu_1 - \mu_2, \ \sigma_e^2/n_1 + \sigma_e^2/n_2), \tag{15.25}$$

de modo que a estatística

$$T = \frac{\left(\bar{y}_1 - \bar{y}_2\right) - \left(\mu_1 - \mu_2\right)}{S_e\sqrt{1/n_1 + 1/n_2}} \tag{15.26}$$

tem distribuição t de Student com $v = n_1 + n_2 - 2 = n - 2$ graus de liberdade, e um intervalo de confiança para a diferença $\mu_1 - \mu_2$ pode ser construído.

454 CAPÍTULO 15 — INFERÊNCIA PARA VÁRIAS POPULAÇÕES

Exemplo 15.1 (continuação) Para o exemplo,

$$IC(\mu_1 - \mu_2; \ 0,95) = (\bar{y}_1 - \bar{y}_2) \pm t_y S_e \sqrt{1/n_1 + 1/n_2}$$
$$= (110,1 - 104,9) \pm (2,101)(8,29)\sqrt{1/10 + 1/10} = \,]{-}2,59; \ 12,99[.$$

Este resultado implica que a hipótese

$$H_0: \mu_1 = \mu_2 \tag{15.27}$$

não pode ser rejeitada no nível $\alpha = 0,05$, já que o zero pertence ao intervalo. Isso está de acordo com o resultado já apontado de que o conhecimento do sexo de um indivíduo não irá ajudar a prever o tempo de reação ao estímulo.

O teste da hipótese para (15.27), com as suposições adotadas, é feito usando a estatística (15.26), com $n_1 + n_2 - 2$ g.l., obtendo-se o valor observado $t_0 = 1,40$, que, comparado com o valor crítico de $2,101(\alpha = 5\%$ e 18 g.l.), leva à não rejeição da hipótese, como foi visto acima.

15.2.4 Tabela de análise de variância

As operações processadas anteriormente podem ser resumidas num quadro, para facilitar a análise. Se (15.27) for válida, o modelo adotado será

$$y_{ij} = \mu + e_{ij},$$

e a quantidade de informação perdida (devida aos resíduos) será dada por

$$SQ(\hat{\mu}) = \sum_{i=1}^{2} \sum_{j=1}^{n_i} \left(y_{ij} - \bar{y} \right)^2, \tag{15.28}$$

que iremos chamar de *soma de quadrados total*, abreviadamente, SQTot.

Analogamente, adotado o modelo (15.4), a quantidade de informação perdida é dada por (15.13) ou (15.16), e que chamamos de *soma de quadrados dos resíduos*, abreviadamente, SQRes, ou *soma de quadrados dentro dos dois grupos*, abreviadamente, SQDen.

A *economia* obtida ao passarmos de um modelo para outro será

$$SQTot - SQDen = SQEnt, \tag{15.29}$$

que chamaremos de *soma de quadrados entre grupos*. Não é difícil provar que (veja o Problema 18)

$$SQEnt = \sum_{i=1}^{2} n_i \left(\bar{y}_i - \bar{y} \right)^2. \tag{15.30}$$

Observando essa expressão, vemos que ela representa a variabilidade *entre as médias amostrais*, ou seja, uma "distância" entre a média de cada grupo e a média global.

15.2 MODELO PARA DUAS SUBPOPULAÇÕES

Donde o nome "soma de quadrados entre grupos". Quanto mais diferentes forem as médias $\bar{y}_i$, $i = 1, 2$, maior será SQEnt e, consequentemente, menor será SQDen.

As quantidades

$$QMTot = \frac{SQTot}{n-1} \tag{15.31}$$

e

$$QMDen = \frac{SQDen}{n-2} \tag{15.32}$$

são chamadas *quadrado médio total* e *quadrado médio dentro* (ou residual), respectivamente.

Todas essas informações são agrupadas numa única tabela, conhecida pelo nome de ANOVA (abreviação de ANalysis Of VAriance), descrita na Tabela 15.5.

Tabela 15.5 Tabela de Análise de Variância (ANOVA).

F.V.	$g.l.$	SQ	QM	F
Entre	1	SQEnt	QMEnt	QMEnt/S_e^2
Dentro	$n-2$	SQDen	QMDen (ou S_e^2)	
Total	$n-1$	SQTot	QMTot (ou S²)	

Na primeira coluna, temos as descrições das diferentes somas de quadrados, tecnicamente indicadas por fontes de variação (F.V.). Os graus de liberdade (g.l.) da segunda coluna estão associados às respectivas somas de quadrados, sendo que o número de g.l. da SQEnt é obtido por subtração. Falaremos abaixo sobre QMEnt e a razão $F = QMEnt/QMDen$.

Exemplo 15.1 (continuação) Com os dados obtidos anteriormente para o Exemplo 15.1, podemos construir a tabela ANOVA para o modelo (15.4). O resultado está na Tabela 15.6.

Tabela 15.6 Tabela ANOVA para o Exemplo 15.1.

F.V.	$g.l.$	SQ	QM	F
Entre	1	135,20	135,20	1,97
Dentro	18	1.237,80	68,77	
Total	19	1.373,00	72,26	

Da ANOVA encontramos os desvios padrões residuais $S_e = \sqrt{68,77} = 8,29$ do "modelo completo" (15.4) e $S = \sqrt{72,26} = 8,50$, do "modelo reduzido" (15.19). A economia propiciada ao passar de um modelo para outro, em termos de soma de quadrados, é 135,20, e em termos de quadrados médios, comparando 72,26 e 68,77. Proporcionalmente, economizamos

$$\frac{135,20}{1.373,00} = 0,0985 \approx 9,85\%,$$

456 CAPÍTULO 15 — INFERÊNCIA PARA VÁRIAS POPULAÇÕES

ou seja, aproximadamente 10% na SQ de resíduos. Podemos dizer que essa é *a propor-ção da variação explicada pelo modelo* (15.9). Essa medida é chamada *coeficiente de explicação* do modelo, denotada por

$$R^2 = \frac{SQEnt}{SQtot}.$$ (15.33)

Essa medida já foi usada na Seção 4.6. Veja o Problema 27.

A conveniência ou não do modelo (15.4) está associada ao teste (15.27), já que aceitar essa hipótese implica a adoção do modelo (15.19). Com as suposições feitas, a estatística para o teste é (15.26), que, sob H_0 fica

$$T = \frac{\overline{y}_1 - \overline{y}_2}{S_e\sqrt{1/n_1 + 1/n_2}},$$ (15.34)

que tem distribuição $t(n_1 + n_2 - 2)$. Também sabemos que o quadrado de T tem distribuição $F(1, n_1 + n_2 - 2)$ (ver Seção 13.3). Contudo,

$$QMEnt = SQEnt = n_1\left(\overline{y}_1 - \overline{y}\right)^2 + n_2(\overline{y}_2 - \overline{y})^2,$$

e como

$$\overline{y} = \frac{n_1\overline{y}_1 + n_2\overline{y}_2}{n_1 + n_2},$$

podemos escrever

$$QMEnt = \frac{n_1 n_2}{n_1 + n_2}\left(\overline{y}_1 - \overline{y}_2\right)^2 = \frac{\left(\overline{y}_1 - \overline{y}_2\right)^2}{1/n_1 + 1/n_2}.$$ (15.35)

Logo, concluímos que

$$T^2 = \frac{\left(\overline{y}_1 - \overline{y}_2\right)^2}{S_e^2\left(1/n_1 + 1/n_2\right)} = \frac{QMEnt}{S_e^2} = F.$$ (15.36)

Essa é a estatística que aparece na última coluna da tabela ANOVA. Portanto, pode-mos usar F, com $(1, n-2)$ graus de liberdade para testar a hipótese (15.27). Rejeitaremos H_0 se $F > c$, c determinado pelo nível de significância do teste.

Exemplo 15.4 Da ANOVA da Tabela 15.6, vemos que o valor da estatística F é 1,97. Consultando a Tabela VI, com (1,18) g.l. e $\alpha = 0,05$, encontramos o valor crítico 4,41. Logo, não rejeitamos H_0: $\mu_1 = \mu_2$. Isso significa que não há vantagem em usar o modelo (15.4) no lugar de (15.19).

15.3 MODELO PARA MAIS DE DUAS SUBPOPULAÇÕES

Problemas

3. Na tabela abaixo estão os dados referentes a uma amostra de 21 alunos do primeiro ano de um curso universitário. As variáveis são:

   Y: nota obtida na primeira prova do curso;

   X: se cursou escola particular (P) ou oficial (O);

   Z: o período em que está matriculado: manhã (M), tarde (T), noite (N).

y	56	68	69	70	70	72	75	77	83	84	84
x	P	O	P	P	O	O	O	P	P	P	O
z	N	M	M	M	T	N	M	M	T	N	N

y	85	90	92	95	95	95	100	100	100	100
x	O	P	O	P	P	P	P	P	P	P
z	T	T	M	M	N	T	T	M	M	T

   Considere o modelo $y_i = \mu + e_i$, $i = 1, 2, \ldots, 21$, $e_i \sim N(0, \sigma^2)$. Obtenha os erros quadráticos médios de $\hat{\mu}$ e $\hat{\sigma}^2$. Construa intervalos de confiança para μ e σ^2, com coeficiente de confiança 95%. Analise os resíduos do modelo.

4. Usando os dados do Problema 3, você diria que o fato de a pessoa ter cursado a escola particular ou oficial influi no resultado da primeira prova? Siga todos os passos do Exemplo 15.1 para responder a essa pergunta.

5. Usando os dados do Exemplo 15.2, você diria que o fato de estudar durante o dia ou à noite afeta o desempenho dos alunos?

6. Numa pesquisa sobre rendimentos por hora, com assalariados segundo o grau de instrução, obtiveram-se os dados da tabela abaixo. Construa a tabela ANOVA e verifique se existe diferença significativa entre os rendimentos das duas categorias.

Escolaridade	n	Σx_i	Σx_i^2
Fundamental	50	111,50	259,93
Médio	20	71,00	258,89

   [Observação: rendimentos (x) expressos como porcentagem do salário mínimo.]

7. Obtenha a tabela ANOVA para o Exemplo 15.3, usando o fator regime com os níveis 1 e 2.

15.3 Modelo para mais de duas subpopulações

Para ilustrar essa situação, vamos considerar o fator idade para o Exemplo 15.1. Consideremos o modelo

$$y_{ij} = \mu_i + e_{ij}, \tag{15.37}$$

para $i = 1, 2, 3, 4, 5$ (níveis de idade) e $j = 1, 2, 3, 4$ (quatro indivíduos para cada nível de idade). Na Figura 15.2, temos os *box plots* da variável resposta (tempo de reação estímulo), para cada nível do fator idade. Vemos claramente que o tempo aumenta com a idade.

Figura 15.2 *Box plots* para a variável *Y* (estímulo) para cada nível de idade. R.

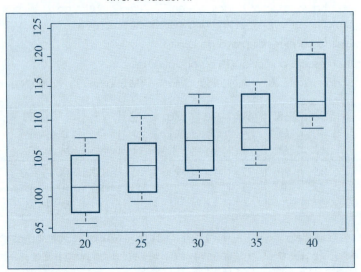

Agora, queremos minimizar

$$SQ(\mu_1,...,\mu_5) = \sum_{i=1}^{5}\sum_{j=1}^{4}(y_{ij} - \mu_i)^2, \qquad (15.38)$$

com as hipóteses $E(e_{ij}) = 0$, para todo i, j e $\text{Var}(e_{ij}) = \sigma_e^2$, para todo i, j. É fácil verificar que os estimadores das médias μ_i são

$$\hat{\mu}_i = \frac{1}{n_i}\sum_{j=1}^{4} y_{ij} = \bar{y}_i, \quad i = 1, 2, ..., 5, \qquad (15.39)$$

e que

$$\text{SQDen=SQRes=SQ}(\hat{\mu}_1,...,\hat{\mu}_5) = \sum_{i=1}^{5}\sum_{j=1}^{4}(y_{ij} - \bar{y}_i)^2,$$

ou seja,

$$\text{SQDen} = \sum_{i=1}^{5}(n_i - 1)S_i^2,$$

em que S_i^2 é variância amostral do i-ésimo nível (grupo de idade). Todas essas variâncias amostrais são estimadores não viesados de σ_e^2, logo pode-se, novamente, considerar o estimador ponderado

$$S_e^2 = \frac{\sum_{i=1}^{5}(n_i - 1)S_i^2}{n - 5} = \frac{\text{SQDen}}{n - 5}. \qquad (15.40)$$

15.3 MODELO PARA MAIS DE DUAS SUBPOPULAÇÕES

Para nossos dados, obtemos:

(1) $i = 1$ (20 anos)

$$\bar{y}_1 = 98,5, \qquad \sum_{j=1}^{4}\left(y_{1j} - \bar{y}_1\right)^2 = 107,0, \ S_1^2 = 35,67$$

(2) $i = 2$ (25 anos)

$$\bar{y}_2 = 103,25, \qquad \sum_{j=1}^{4}\left(y_{2j} - \bar{y}_2\right)^2 = 78,75, \ S_2^2 = 26,25$$

(3) $i = 3$ (30 anos)

$$\bar{y}_3 = 107,75, \qquad \sum_{j=1}^{4}\left(y_{3j} - \bar{y}_3\right)^2 = 132,75, \ S_3^2 = 44,25$$

(4) $i = 4$ (35 anos)

$$\bar{y}_3 = 110,75, \qquad \sum_{j=1}^{4}\left(y_{4j} - \bar{y}_4\right)^2 = 94,75, \ S_4^2 = 31,58$$

(5) $i = 5$ (40 anos)

$$\bar{y}_3 = 117,25, \qquad \sum_{j=1}^{4}\left(y_{5j} - \bar{y}_5\right)^2 = 140,75, \ S_5^2 = 46,92.$$

Segue-se que

$$S_e^2 = 554/15 = 36,93, \ S_e = 6,08.$$

A tabela ANOVA para o fator idade está na Tabela 15.7.

Tabela 15.7 Tabela ANOVA para o Exemplo 15.1, com fator idade.

F.V.	g.l.	SQ	QM	F
Entre	4	819,00	204,75	5,54
Dentro	15	554,00	36,93	
Total	19	1.373,00	72,26	

Da tabela concluímos que houve uma redução substancial na soma de quadrados (819 unidades quadradas), ou seja,

$$R^2 = \frac{819}{1.373} = 59,65\%,$$

isto é, aproximadamente 60% da variação total é explicada pelo fator idade, reduzindo o erro quadrático médio de 8,50 para 6,08.

Como antes, podemos construir os intervalos de confiança para os parâmetros μ_i. Por exemplo, para o grupo de idade de 25 anos,

$$\text{IC}\left(\mu_2; 0,95\right) = 103,25 \pm \frac{(2,131)(6,08)}{2} = \ ]96,77; 109,73[.$$

Os resíduos desse modelo encontram-se na Tabela 15.4, coluna $e(3)$, e verificamos que eles diminuíram bastante, indicando a boa capacidade de previsão do modelo. A análise dos resíduos na Figura 15.3 não sugere violação de nenhuma das suposições feitas.

Figura 15.3 Resíduos do modelo $y_{ij} = \mu_i + e_{ij}$ para o fator idade.

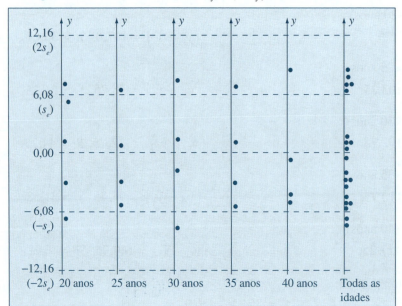

A hipótese

$$H_0: \mu_1 = \ldots = \mu_5 \qquad (15.41)$$

pode ser testada usando-se o valor 5,54 da estatística F. Da Tabela VI encontramos que o valor crítico de $F(4,15)$, com $\alpha = 0,05$, é 3,06, logo rejeitamos H_0. Ou seja, há evidências de que os tempos médios de reação para os diversos grupos de idade não sejam todos iguais.

Problemas

8. Usando os dados do Problema 3, você diria que o período que o aluno está cursando influencia seu desempenho na primeira prova?

9. Continuação do Problema 6. Na pesquisa de salário, acrescentou-se uma amostra de universitários.
   (a) O grau de escolaridade influencia os rendimentos?
   (b) Qual seria o rendimento médio para pessoas com formação universitária?
   (c) Existe diferença entre os rendimentos médios daqueles com instrução universitária e assalariados com primeiro grau? Com segundo grau?

Escolaridade	n	Σx_i	Σx_i^2
Fundamental	50	111,50	259,93
Médio	20	71,00	258,89
Superior	10	84,30	717,94

15.4 COMPARAÇÕES ENTRE AS MÉDIAS

10. Quer-se verificar a durabilidade de duas marcas de tintas que têm preços de custo bem diferenciados. Para isso foram selecionadas dez casas, cinco pintadas com a marca **A** e as cinco restantes pintadas com a marca **B**. Após um período de seis meses, foi atribuída a cada casa uma nota, resultante de vários quesitos. Os resultados foram os seguintes:

Marca A	85	87	92	80	84
Marca B	91	91	92	86	90

Com esses dados, você diria que uma das marcas é melhor do que a outra?

15.4 Comparações entre as médias

A análise de variância é apenas o primeiro passo no estudo de comparação de médias de vários grupos. Quando o modelo que está sendo testado apresenta pouco poder de previsão, ou seja, quando não houver evidências para rejeitar a hipótese de igualdade entre as médias, então a análise é final. O fator que está sendo investigado não produz efeito nenhum sobre a variável resposta.

Entretanto, quando o teste rejeita a hipótese de igualdade (15.2), estamos afirmando que ocorre pelo menos uma desigualdade, e essa conclusão na maioria dos casos não é suficiente para o pesquisador. Ele deseja saber de que modo ocorre essa desigualdade. Como ilustração, suponha que se rejeite a hipótese H_0: $\mu_1 = \mu_2 = \mu_3$. Então, existem as seguintes possibilidades para a alternativa:

$$(1)\ \mu_1 = \mu_2 \neq \mu_3,\ (2)\ \mu_1 \neq \mu_2 = \mu_3\ (3)\ \mu_1 = \mu_3 \neq \mu_2,\ e\ (4)\ \mu_1 \neq \mu_2 \neq \mu_3.$$

Existem vários métodos para resolver esse problema, e alguns deles podem ser vistos em Peres e Saldiva (1982). Aqui iremos discutir apenas um deles.

Um modo de investigar a causa da rejeição é comparar os grupos dois a dois. Como já foi visto na Seção 15.2, isso pode ser feito por meio da construção de intervalos de confiança para a diferença, obtendo-se, por exemplo,

$$IC\left(\mu_1 - \mu_2; \gamma\right) = \left(\bar{y}_1 - \bar{y}_2\right) \pm t_\gamma S_e \sqrt{1/n_1 + 1/n_2}, \tag{15.42}$$

com t_γ obtido de uma distribuição t de Student com $n - I$ graus de liberdade. Poderíamos, então, construir os intervalos para todos os possíveis pares e, observando-se aqueles que não contêm o valor zero, obter conclusões sobre a razão da rejeição.

Exemplo 15.5 Investigando o efeito da idade, vimos que a hipótese H_0 foi rejeitada. O intervalo de confiança para a diferença de duas médias quaisquer seria dado por

$$IC\left(\mu_i - \mu_j; 0,95\right) = \left(\bar{y}_i - \bar{y}_j\right) \pm (2,131)(6,08)\sqrt{1/4 + 1/4},$$
$$= \left(\bar{y}_i - \bar{y}_j\right) \pm 9,16.$$

462 CAPÍTULO 15 — INFERÊNCIA PARA VÁRIAS POPULAÇÕES

Segue-se que grupos de idade cuja diferença de médias seja superior a 9,16 seriam diferentes. Na Tabela 15.8, observa-se que se aceita a igualdade apenas para grupos vizinhos, indicando uma relação mais forte entre as variáveis, fato que será explorado no próximo capítulo.

Tabela 15.8 Médias e diferenças de médias para os diversos grupos de idades para o Exemplo 15.1.

Grupo	20 anos		25 anos		30 anos		35 anos		40 anos
Média	98,50		103,25		107,75		110,75		117,25
Diferença		4,75		4,50		3,00		6,50	

No entanto, com esse procedimento não se pode controlar as probabilidades do erro de tipo I, ou seja, a probabilidade de rejeitar uma hipótese verdadeira. Por exemplo, suponhamos que todas as médias sejam iguais. No problema acima, com cinco grupos e sob a hipótese nula, teríamos então $\binom{5}{2} = 10$ possíveis comparações duas a duas, cada uma testada no nível de 5%, e a probabilidade de que pelo menos uma das comparações exceda 9,16 é bem maior do que 5% (na realidade, pode ser mostrado que essa probabilidade está em torno de 29%). Essa probabilidade cresce com o número de comparações. Para controlar melhor essa probabilidade global do erro de tipo I, pode ser usada uma correção, baseada na desigualdade de Bonferroni (ver Problema 19). Usa-se, então, o intervalo

$$\text{IC}\left(\mu_i - \mu_j; \gamma\right) = \left(\overline{y}_i - \overline{y}_j\right) \pm t_\gamma^* S_e \sqrt{1/n_1 + 1/n_2}, \tag{15.43}$$

em que o único valor que muda é o de t_γ^*, que tem o mesmo número de graus de liberdade, mas o nível de significância agora é $\alpha^* = \alpha/m$, em que m é o número de comparações duas a duas que desejamos fazer.

Exemplo 15.6 No Exemplo 15.5, $\alpha^* = 0,05/10 = 0,005$. Da Tabela V, com 15 graus de liberdade, encontramos $t^* = 3,438$ (obtido por interpolação linear) e então

$$\text{IC}\left(\mu_i - \mu_j; 0,95\right) = \left(\overline{y}_i - \overline{y}_j\right) \pm (3,438)(6,08)\sqrt{1/2}$$

$$= \left(\overline{y}_i - \overline{y}_j\right) \pm 14,78.$$

Rejeitaremos H_0 para diferenças maiores do que 14,78 e vemos que apenas existe diferença entre os grupos de 20 e 40 anos.

Os intervalos de Bonferroni são conservadores, pois o nível α^* real será menor do que aquele nominal, e essa diferença aumenta com m. Portanto, recomenda-se que o seu uso seja restrito a um número pequeno de comparações.

15.5 TESTE DE HOMOSCEDASTICIDADE

Problemas

11. Queremos verificar o efeito do tipo de impermeabilização em lajes de concreto. As quantidades de água que passaram pela laje, em cada tipo, foram medidas durante um mês, obtendo-se os valores da tabela abaixo. Que conclusão pode obter?

I	II	III	IV
56	64	45	42
55	61	46	39
62	50	45	45
59	55	39	43
60	56	43	41

12. Os dados abaixo vêm de um experimento completamente aleatorizado, em que 5 processos de estocagem foram usados com um produto perecível por absorção de água. 25 exemplares desse produto foram divididos em cinco grupos de cinco elementos, e após uma semana mediu-se a quantidade de água absorvida. Os resultados codificados estão no quadro abaixo. Existem evidências de que os processos de estocagem produzem resultados diferentes?

Sexo				
A	B	C	D	E
8	4	1	4	10
6	−2	2	6	8
7	0	0	5	7
5	−2	−1	5	4
8	3	−3	4	9

15.5 Teste de homoscedasticidade

Uma das suposições básicas para a aplicação da técnica de ANOVA é a de homoscedasticidade, ou seja, que a variância seja a mesma em todos os níveis. Muitas vezes, não podemos garantir *a priori* se essa suposição é adequada, e podemos analisar os dados para obter uma resposta. Podemos fazer uma inspeção visual ou um teste. A seguir apresentaremos o teste de Barlett para testar a igualdade de variâncias (veja Dixon e Massey, 1957):

$$H_0 : \sigma_1^2 = \sigma_2^2 = \ldots = \sigma_I^2 \qquad (15.44)$$

As informações de que dispomos são: os tamanhos amostrais n_i, e variâncias amostrais $S_i^2 = 1, 2, \ldots, I$, com $n = n_1 + \ldots + n_I$.

O teste é construído do seguinte modo:

(i) calcule a variância comum

$$S_e^2 = \frac{\sum_{i=1}^{I}(n_i - 1)S_i^2}{n - I} = \frac{\text{SQDen}}{n - 1} = \text{QMDen};$$

464   CAPÍTULO 15 — INFERÊNCIA PARA VÁRIAS POPULAÇÕES

(ii) calcule

$$M = (n-I)\ell n S_e^2 - \sum_{i=1}^{I} (n_i - 1)\ell n S_i^2;$$

(iii) calcule

$$C = 1 + \frac{1}{3(I-1)}\left[\sum_{i=1}^{I}\left(\frac{1}{n_i-1}\right) - \left(\frac{1}{n-1}\right)\right];$$

(iv) construa a estatística M/C, que segue uma distribuição aproximada qui-quadrado, com $I-1$ g.l., para amostras grandes. Esquematicamente,

$$M/C \sim \chi^2 (I-1).$$

Exemplo 15.7 Voltemos aos dados do tempo de reação ao estímulo como função da idade. Da amostra obtemos os seguintes resultados:

Grupo etário	20	25	30	35	40
Tamanho amostra	4	4	4	4	4
Variância	35,67	26,25	44,25	31,58	46,92

Seguindo os passos (i) – (iv) acima, obtemos:

(i) $S_e^2 = 36,93$;

(ii) $M = (20-5)\,\ell\,n(36,93) - 3[\,\ell\,n(35,67) + ... + \ell\,n(46,92)] = 0,36$;

(iii) $C = 1 + \dfrac{1}{3(5-1)}\left[\dfrac{5}{3} - \dfrac{1}{19}\right] = 1,13$;

(iv) $M/C = (0,36)/(1,13) = 0,32$.

Consultando a Tabela IV, com 4 g.l. e $\alpha = 0,05$, encontramos $\chi_c^2 = 11,1$, e portanto não rejeitamos a hipótese H_0 de igualdade de variâncias.

15.6 Exemplo computacional

Vamos utilizar o Minitab para ilustrar o uso de um pacote para resolver um problema de análise de variância. Retomemos o Exemplo 15.1, como fator idade. O Quadro 15.1 mostra a saída do Minitab, usando a opção ANOVA do menu. Observe que os valores encontrados coincidem com aqueles já obtidos na Seção 15.3, Tabela 15.7. O valor-p do teste de igualdade de médias é indicado por $P = 0,006$. A saída mostra também as estimativas das médias dos grupos, os desvios padrões e o desvio padrão ponderado, $S_e = 6,08$. Os intervalos de confiança individuais estão mostrados de forma pictórica, com uma escala anexa, notando-se intersecções que levam à rejeição da hipótese de igualdade de médias.

Quadro 15.1 ANOVA para o Exemplo 15.1. Minitab.

```
One-way Analysis of Variance
Analysis of Variance for C1
Source      DF          SS          MS          F          P
C2          4           819.0       204.8       5.54       0.006
Error       15          554.0       36.9
Total       19          1373.0
                                            Individual 95% CIs For Mean
                                            Based on Pooled StDev
Level       N           Mean        StDev   ____+_____+_____+_____
20          4           98.50       5.97    (_____*_____)
25          4           103.25      5.12       (_____*_____)
30          4           107.75      6.65          (_____*_____)
35          4           110.75      5.62             (_____*_____)
40          4           117.25      6.85                (_____*_____)
                                            ____+_____+_____+_____
Pooled StDev = 6.08          100   110    120
```

Na Figura 15.3, temos os resíduos para cada nível do fator idade, bem como os resíduos para todas as idades. Na Figura 15.4, vemos os *box plots* desses resíduos, por nível, e na Figura 15.5, o *box plot* dos resíduos para todas as idades.

Figura 15.4 Box plots para os resíduos por nível do fator idade. R.

Figura 15.5 Box plot para os resíduos de todas as idades. R.

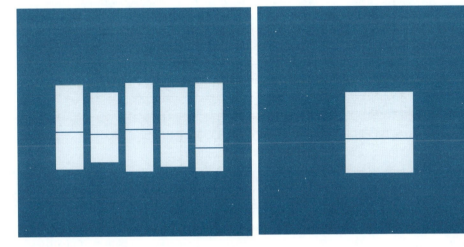

15.7 Problemas suplementares

13. A seção de treinamento de uma empresa quer saber qual de três métodos de ensino é mais eficaz. O encarregado de responder a essa pergunta pode dispor de 24 pessoas para verificar a hipótese. Ele as dividiu em três grupos de oito pessoas, de modo aleatório, e submeteu cada grupo a um dos métodos. Após o treinamento os 24 participantes foram submetidos a um mesmo teste, cujos resultados estão na tabela abaixo (quanto maior a nota, melhor o resultado). Quais seriam as conclusões sobre os métodos de treinamento?

Método 1		Método 2		Método 3	
3	8	4	7	6	7
5	4	4	4	7	9
2	3	3	2	8	10
4	9	8	5	6	9
Σx_i	38		37		62
Σx_i^2	224		199		496

14. Quer-se testar o efeito do tipo de embalagem sobre as vendas do sabonete Sebo. As embalagens são as seguintes:

    A: a tradicional embalagem preta   B: cartolina vermelha   C: papel alumínio rosa

    Escolheram-se três territórios de venda, com potenciais de vendas supostamente idênticos. Cada tipo de embalagem foi designado aleatoriamente a uma região e as vendas observadas durante 4 semanas, obtendo-se os resultados da tabela abaixo. Quais seriam suas conclusões e críticas a esse experimento?

Réplicas	Embalagens		
(Semanas)	A	B	C
1	15	21	9
2	20	23	13
3	9	19	20
4	12	25	18
Total	56	88	60

15. Um produtor de gelatina em pó está testando um novo lançamento e quer verificar em que condições de preparo o produto seria mais bem aceito. Vinte e quatro donas de casa atribuíram notas (0 a 10) para o prato que produziram com o produto. Junto com o produto foram fornecidos quatro tipos de receitas: duas para doces (A e D) e duas para salgados (B e C). Feita a análise estatística, quais recomendações você faria ao produtor? Discuta a validade das suposições feitas para resolver o problema.

Receita			
A	B	C	D
2	4	3	3
5	7	5	6
1	3	1	2
7	9	9	8
2	4	6	1
6	8	8	4

16. Num curso de extensão universitária, entre outras informações, obteve-se informação sobre salário e área de formação acadêmica, com os seguintes resultados:

Formação	n_i	$\bar{x}$	s
Humanas	65	28,75	3,54
Exatas	12	35,21	5,46
Biológicas	8	43,90	4,93

15.7 PROBLEMAS SUPLEMENTARES

Aqui, n_i indica a frequência, $\bar{x}$ o salário médio, e s o desvio padrão amostral. Teste a hipótese de que os salários médios nessas três áreas são iguais.

17. Suspeita-se que quatro livros, escritos sob pseudônimo, são de um único autor. Uma pequena investigação inicial selecionou amostras de páginas de cada um dos livros, contando-se o número de vezes que determinada construção sintática foi usada. Com os resultados abaixo, quais seriam as suas conclusões?

Livros			
1	2	3	4
28	29	26	39
31	33	24	27
17	35	22	35
25	24	19	34
26	28	23	28
22		25	34
24		29	33
		30	

18. Prove que $\text{QMEnt} = \sum n_i \left(\bar{y}_i - \bar{y} \right)^2$.

19. Construa uma ANOVA completa para os Exemplos 15.2 e 15.3.

20. Usando a proposta do Problema 19 e os dados do Exemplo 15.3, teste $H_0: \mu_1 = \mu_2 = \mu_3$, com $\alpha = 0{,}05$.

21. Teste a igualdade de variâncias para o Exemplo 15.3.

22. As vendas diárias (Y) de um grande centro de compras seguem uma distribuição normal com média igual a \$ 100 e desvio padrão igual a \$ 20.

    (a) Qual o intervalo que contém 95% das vendas diárias?

    (b) Se $\bar{X}$ representar a média de amostras de vendas de nove dias, qual intervalo conterá 95% das médias?

    (c) Compare e interprete os dois intervalos acima.

    Suponha, agora, que não se conheça nem a média nem o desvio padrão da população. Sorteou-se uma amostra de nove dias com as seguintes vendas diárias:

    | 157 | 162 | 135 | 136 | 154 | 178 | 180 | 127 | 128 |

    (d) Qual a melhor estimativa para a média populacional?

    (e) E para o desvio padrão populacional?

    (f) Construa um intervalo de confiança (IC) de 95% para a média populacional.

    (g) Construa um IC para a variância populacional.

    (h) Explique em poucas palavras o significado dos intervalos obtidos em (f) e (g).

    (i) Suponha, agora, que baseado nessa amostra você deva responder à pergunta (a).

    Como você não conhece a média e a variância populacional, você decide "emprestar" os respectivos valores da amostra e calcular o intervalo. Qual seria esse intervalo? Você tem alguma restrição a essa resposta?

468 CAPÍTULO 15 — INFERÊNCIA PARA VÁRIAS POPULAÇÕES

(j) Usando (15.47), construa o **IP** e interprete o resultado.

(k) Compare com a resposta dado em (h), explicando a diferença entre eles.

23. Mostre que o **IP** para uma observação futura Y_{if}, do i-ésimo grupo, pode ser escrito como:

$$\text{IP}\left(Y_{if};\gamma\right) = \overline{y}_i \pm t_\gamma S_e \sqrt{1 + \frac{1}{n_i}}$$

e calcule o **IP** para uma pessoa de 40 anos no Exemplo 15.1. Compare com o respectivo IC para a média do mesmo grupo.

24. Conduziu-se um estudo-piloto para determinar qual o intervalo de normalidade para o peso de crianças com dez anos de idade. Usando-se uma amostra de 50 crianças, encontrou-se o peso X de cada uma delas, com os seguintes resultados: $\Sigma_i x_i = 1.639,5 \text{ kg}$ e $\Sigma_i x_i^2 = 56.950,33 \text{ kg}^2$. Com esses dados, quais seriam os limites de um intervalo para que crianças com dez anos de idade fossem consideradas como tendo peso normal?

25. Prove a equivalência das Expressões (15.33) e (4.13).

15.8 Complementos metodológicos

1. Contrastes Múltiplos. Quando consideramos testar a hipótese $\mu_i = \mu_j$ dentre as I médias, a região crítica de nível a será dada por

$$\left|\overline{y}_i - \overline{y}_j\right| > t_{\alpha/2} S_e \sqrt{1/n_i + 1/n_j}, \tag{15.45}$$

na qual $t_{\alpha/2}$ encontra-se na Tabela V, com $n - I$ graus de liberdade e tal que $P(|t| > t_{\alpha/2}) = \alpha$.

A aplicação desse método apresenta um problema, que tem sido bastante estudado e é conhecido como o problema de ***contrastes múltiplos***.

No nosso Exemplo 15.1, com quatro observações por grupo de idade, teremos de aplicar (15.45) para cada uma das $m = \binom{5}{2} = 10$ possíveis comparações de médias duas a duas. Se $\alpha = 0,05$, por exemplo, teremos

$$P\left(\left|\overline{y}_i - \overline{y}_j\right| \le t_{\alpha/2} S_e \sqrt{1/2}\right) = 0,95, \tag{15.46}$$

e a probabilidade de que se verifiquem as dez condições (15.46), supondo independência, é $(0,95)^{10} = 0,598$, e não 0,95.

Portanto, aplicando-se o teste várias vezes, é provável que apareçam diferenças entre grupos, mesmo que elas não existam.

Um método que resolve o problema é baseado na desigualdade de Bonferroni. Seja A_ℓ o evento que consiste em rejeitar a hipótese $\mu_i = \mu_j$, sendo que essa hipótese é verdadeira. Suponha que $P(A_\ell) = \alpha$. Se B for o evento tal que rejeitamos pelo menos uma das hipóteses, quando ela é verdadeira, então

$$B = A_1 \cup A_2 \cup \ldots \cup A_m.$$

15.8 COMPLEMENTOS METODOLÓGICOS

Segue-se da *desigualdade de Bonferroni* que

$$P(B) = P(A_1 \cup A_2 \cup ... \cup A_m) \le \sum_{\ell=1}^{m} P(A_\ell) = m\alpha.$$

Se indicarmos por α^* a probabilidade do erro do tipo I global para os m contrastes, $P(B) \le \alpha^*$, logo tomamos o nível de cada contraste como

$$\alpha = \alpha^*/m.$$

Para m grande, α pode ser tão pequeno que não o encontramos em tabelas da distribuição t de Student. Pode-se usar a aproximação

$$t_\nu(\alpha) \approx z_\alpha \left(1 - \frac{z_\alpha + 1}{4\nu}\right)^{-1},$$

na qual ν é o número de graus de liberdade da distribuição t e Z_α é o valor da $N(0, 1)$ tal que $P(Z > Z_\alpha) = \alpha$.

2. Intervalo de predição. Vamos supor adotado o modelo (15.19) para a variável Y e desejamos prever uma observação futura Y_f. Pelo modelo adotado, podemos escrever que

$$Y_f = \mu + E_f,$$

que poderá ser estimado por $\hat{Y}_f = \bar{y} + \varepsilon_f$, e por desconhecer ε_f substituímo-lo por seu valor esperado, que é zero. Logo, o estimador (ou predição) da futura observação será a média da amostra. Admitindo a observação futura como independente das observações anteriores, podemos escrever

$$\text{Var}\left(\hat{Y}_f\right) = \text{Var}(\bar{y}) + \text{Var}\left(\varepsilon_f\right) = \frac{\sigma_e^2}{n} + \sigma_e^2 = \sigma_e^2\left(\frac{1}{n} + 1\right),$$

e que será estimada por

$$\widehat{\text{Var}}\left(\hat{Y}_f\right) = S_e^2\left(\frac{1}{n} + 1\right).$$

Usando a mesma argumentação para a construção de intervalos de confiança, podemos construir um **IC** para a futura observação, que chamaremos de intervalo de predição (**IP**), do seguinte modo:

$$\text{IP}\left(Y_f; \gamma\right) = \bar{y} \pm t_\gamma S_e \sqrt{1 + \frac{1}{n}}. \tag{15.47}$$

Capítulo 16

Modelos de Regressão

16.1 Introdução

No Capítulo 8, introduzimos o conceito de regressão para duas v.a. quantitativas, X e Y. Vimos que a esperança condicional de Y, dado que $X = x$, por exemplo, denotada por $E(Y|x)$, é uma função de x, ou seja,

$$E(Y|x) = \mu(x). \tag{16.1}$$

Em (8.27) definimos precisamente essa função. Uma definição similar vale para $E(X|y)$, que será uma função de y. Estamos considerando aqui o caso em que X e Y são definidas sobre uma mesma população P. Por exemplo, X pode ser a idade e Y o tempo de reação ao estímulo, no Exemplo 15.1. Nesse exemplo, a análise sugeriu a existência de uma relação mais forte entre as duas variáveis, e a modelamos por

$$y_{ij} = \mu_i + e_{ij}, i = 1, \ldots, 5, \qquad j = 1, \ldots, 4, \tag{16.2}$$

em que μ_i é a média do grupo de idade i. Podemos pensar que o fator idade determina cinco subpopulações (ou estratos) em P e de lá escolhemos cinco amostras aleatórias de tamanhos $n_i = 4$, $i = 1, \ldots, 5$.

Em (16.1), $\mu(x)$ pode ser qualquer função de x; veja o Exemplo 8.21. Um caso simples de interesse é aquele em que X e Y têm distribuição conjunta normal bidimensional. Nesse caso, $\mu(x)$ e $\mu(y)$ são, de fato, funções lineares. Veja a Seção 8.8.

Continuando com o Exemplo 15.1, tanto X (idade) como Y (tempo de resposta ao estímulo) são v.a. contínuas, e podemos pensar em introduzir um modelo alternativo para y_{ij}, dada a relação entre X e Y. Observando as médias de Y, segundo os grupos de idades, ou seja, $E(Y|x)$, percebemos que estas aumentam conforme as pessoas envelhecem. A Figura 16.1 mostra os dados observados, na qual notamos uma tendência crescente, bem como os valores repetidos de Y para cada nível de idade x.

Um modelo razoável para $E(Y|x)$ pode ser

$$E(Y|x) = \mu(x) = \alpha + \beta x, \tag{16.3}$$

ou seja, o tempo médio de reação é uma função linear da idade.

16.1 INTRODUÇÃO

Figura 16.1 Gráfico de dispersão de idade e tempo de reação ao estímulo, com reta ajustada.

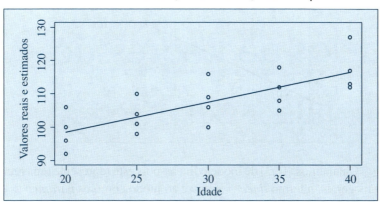

A forma da função $\mu(x)$ deve ser definida pelo pesquisador, em função do grau de conhecimento teórico que ele tem do fenômeno sob estudo. Um modelo alternativo a (16.2) seria, então,

$$y_{ij} = \mu(x_i) + e_{ij}, \tag{16.4}$$

com $E(Y|x_i) = \mu(x_i) = \alpha + \beta x_i$, $i = 1, 2, ..., 5$. Entretanto, a forma usual de escrever o modelo é

$$y_i = \mu(x_i) + e_i, \tag{16.5}$$

em que y_i indica o tempo de reação do i-ésimo indivíduo com x_i anos de idade, $i = 1, 2, ..., n$, e n é o número total de observações. Teremos, então, com essa notação, valores repetidos para X, por exemplo, $x_1 = ... = x_4 = 20$. Convém reforçar a ideia que estamos propondo um modelo de comportamento para as médias das subpopulações, logo teremos de estimar os parâmetros envolvidos na função $\mu(x)$, baseados numa amostra de $n = 20$ observações, no exemplo.

No caso de (16.3), o modelo pode ser escrito como

$$y_i = E(Y|x_i) + e_i = \alpha + \beta x_i + e_i, \quad i = 1, 2, ..., n, \tag{16.6}$$

devendo-se encontrar os valores mais prováveis para α e β, segundo algum critério, a partir de n observações de pares de valores de (X, Y).

Antes de prosseguirmos, seria conveniente interpretar os parâmetros envolvidos no modelo (16.5). Sabemos que α, o intercepto, representa o ponto onde a reta corta o eixo das ordenadas, e β, o coeficiente angular, representa o quanto varia a média de Y para um aumento de uma unidade da variável X. Esses parâmetros estão representados na Figura 16.2.

Voltando ao nosso exemplo, em que X é a idade e Y o tempo de reação, β representa o acréscimo no tempo médio de reação para cada ano de envelhecimento das pessoas. Aqui α representa o tempo de reação para a idade zero (recém-nascido), o que é uma inadequação do modelo.

Figura 16.2 Representação do modelo $E(Y|x) = \alpha + \beta x$.

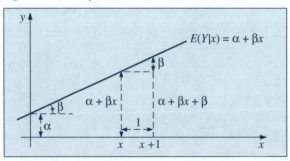

Observação. Chamamos (16.3) de modelo linear, pois este representa uma reta. Todavia, em casos mais gerais, o termo *linear* refere-se ao modo como os *parâmetros entram no modelo*, ou seja, de forma linear. Por exemplo, o modelo

$$E(Y|x) = \alpha + \beta x + \gamma x^2,$$

embora graficamente represente uma parábola, é *modelo linear em* α, β *e* γ. Por outro lado,

$$E(Y|x) = \alpha e^{\beta x} \qquad (16.7)$$

não é um modelo linear em α *e* β.

Determinados modelos não lineares podem ser transformados em lineares, por meio de transformações das variáveis. Assim, tomando-se o logaritmo (de base e) em (16.7) obtemos

$$\ell n E(Y|x) = \ell n(\alpha) + \beta x = \alpha' + \beta x,$$

que é linear em α' *e* β.

Ao lado de um tratamento formal para estudar o modelo (16.6), devemos usar as técnicas de análise de dados que estudamos na Parte 1 do livro. Em particular, podemos fazer diversos tipos de gráficos *antes* que o modelo seja ajustado, *durante* o processo de ajuste e, finalmente, *depois* que o modelo foi ajustado.

A Figura 16.1 é um exemplo de um gráfico que deve ser feito antes de selecionar o modelo. Ou seja, temos um gráfico de dispersão entre as variáveis X (idade) e Y (tempo de reação ao estímulo). Esse tipo de diagrama permite ver qual o tipo de relação existente entre as variáveis, se há valores atípicos, se há valores repetidos (como no Exemplo 15.1), se a variabilidade de Y está aumentando ou não com X etc. Nesse mesmo exemplo, se decidirmos incluir a variável "acuidade visual" no modelo, teríamos duas variáveis explicativas e poderíamos fazer, por exemplo, gráficos de dispersão entre a resposta e cada variável explicativa e entre as duas variáveis explicativas. Este último nos daria uma ideia do *planejamento* envolvido, ou seja, se os pares de valores das variáveis explicativas estão cobrindo o plano (x_i, x_2), se há grupos de pontos etc.

Exemplos de gráficos depois do ajuste serão vistos na Seção 16.5, quando fizermos uma análise dos resíduos, para avaliar a adequação do modelo aos dados. Gráficos durante o ajuste são utilizados quando estudarmos a possibilidade de considerar vários modelos alternativos para o problema em questão. Esse tópico não será explorado com detalhes no livro.

16.2 Estimação de parâmetros

Como no capítulo anterior, iremos encontrar os estimadores de mínimos quadrados para os parâmetros do modelo linear (16.6), mas o mesmo desenvolvimento pode ser aplicado em modelos mais complexos. Será necessário ainda introduzir algumas suposições para as v.a. envolvidas. A primeira delas é que a variável X é por hipótese controlada e não está sujeita a variações aleatórias. Dizemos que X é uma variável fixa (ou sem erro ou determinística). Segundo, para dado valor x de X, os erros distribuem-se ao redor da média $\alpha + \beta x$ com média zero, isto é,

$$E(e_i|x) = 0. \tag{16.8}$$

Em terceiro lugar, e pela mesma razão apresentada no capítulo anterior, devemos supor que os erros tenham a mesma variabilidade em torno dos níveis de X, ou seja,

$$\mathrm{Var}(e_i|x) = \sigma_e^2. \tag{16.9}$$

E em quarto lugar, introduziremos a restrição de que os erros sejam não correlacionados.

Colhida uma amostra de n indivíduos, teremos n pares de valores (x_i, y_i), $i = 1, \ldots, n$, que devem satisfazer ao modelo (16.6), isto é,

$$y_i = \alpha + \beta x_i + e_i, \quad i = 1, \ldots, n. \tag{16.10}$$

Temos, então, n equações e $n + 2$ incógnitas (α, β, e_1, e_2, $\ldots$, e_n). Precisamos introduzir um critério que permita encontrar α e β. Como no capítulo anterior, vamos adotar o critério que consiste em encontrar os valores de α e β que minimizam a soma dos quadrados dos erros, dados por

$$e_i = y_i - (\alpha + \beta x_i), \quad i = 1, \ldots, n. \tag{16.11}$$

Obtemos, então, a quantidade de informação perdida pelo modelo ou soma dos quadrados dos erros (ou desvios)

$$SQ(\alpha, \beta) = \sum_{i=1}^{n} e_i^2 = \sum_{i=1}^{n} \left\{ y_i - (\alpha + \beta x_i) \right\}^2. \tag{16.12}$$

Para cada valor de α e β teremos um resultado para essa soma de quadrados, e a solução de mínimos quadrados (MQ) é aquela que torna essa soma mínima. Temos, então, o problema de encontrar o mínimo de uma função de duas variáveis, α e β, no caso (ver Morettin et al., 2005). Derivando em relação a α e β e igualando a zero, observamos que as soluções $\hat{\alpha}$ e $\hat{\beta}$ devem satisfazer

$$n\hat{\alpha} + \hat{\beta} \sum_{i=1}^{n} x_i = \sum_{i=1}^{n} y_i,$$

$$\hat{\alpha} \sum_{i=1}^{n} x_i + \hat{\beta} \sum_{i=1}^{n} x_i^2 = \sum_{i=1}^{n} x_i y_i, \tag{16.13}$$

as quais produzem as soluções

$$\hat{\alpha} = \overline{y} - \hat{\beta}\overline{x},$$

$$\hat{\beta} = \frac{\displaystyle\sum_{i=1}^{n} x_i y_i - n\overline{x}\overline{y}}{\displaystyle\sum_{i=1}^{n} x_i^2 - n\overline{x}^2} \qquad (16.14)$$

Substituindo em (16.3), teremos o estimador para a média $\mu(x)$, dado por

$$\hat{\mu}(x_i) = \hat{\alpha} + \hat{\beta}x_i, \quad i = 1, \ldots, n, \qquad (16.15)$$

que iremos indicar por

$$\hat{y}_i = \hat{\alpha} + \hat{\beta}x_i, \qquad (16.16)$$

ou, ainda, por

$$\hat{y}_i = \overline{y} - \hat{\beta}\overline{x} + \hat{\beta}x_i = \overline{y} + \hat{\beta}(x_i - \overline{x}). \qquad (16.17)$$

Exemplo 16.1 Voltemos ao Exemplo 15.1 e vamos ajustar o modelo (16.10), com:

y_i: tempo de reação do i-ésimo indivíduo,

x_i: idade do i-ésimo indivíduo,

e_i: desvio, $i = 1, 2, \ldots, 20$.

Da Tabela 16.1 obtemos as informações:

$$n = 20, \quad \Sigma y_i = 2.150, \quad \Sigma x_i = 600, \quad \Sigma x_i y_i = 65.400,$$
$$\overline{y} = 107,50, \quad \overline{x} = 30, \quad \Sigma x_i^2 = 19.000.$$

Substituindo em (16.14) obtemos

$$\hat{\beta} = \frac{65.400 - (20)(30)(107,50)}{19.000 - (20)(30)^2} = 0,90,$$

$$\hat{\alpha} = 107,50 - (0,90)(30) = 80,50,$$

o que nos dá o *modelo ajustado*

$$\hat{y}_i = 80,50 + 0,90x_i, \quad i = 1, 2, \ldots, 20. \qquad (16.18)$$

Com esse modelo podemos prever, por exemplo, o tempo médio de reação para pessoas de 20 anos, que será indicado por $\hat{y}(20)$ e determinado por

$$\hat{y}(20) = 80,50 + (0,90)(20) = 98,50.$$

De modo análogo, os tempos médios para as idades 25, 30, 35 e 40 serão, respectivamente, estimados por: 103,00, 107,50, 112,00, e 116,50. Esses valores são muito próximos daqueles encontrados na Seção 15.3, e a vantagem desse modelo sobre aquele

16.2 ESTIMAÇÃO DE PARÂMETROS

é a possibilidade de estimar o tempo de reação médio para um grupo de idades não observado. Suponhamos, por exemplo, que se deseja estimar o tempo médio para o grupo de pessoas com 33 anos; este será dado por

$$\hat{y}(33) = 80,50 + (0,90)(33) = 110,20.$$

Na Figura 16.1, aparecem representados os dados observados, bem como a reta ajustada. Podemos observar que o modelo parece ser adequado, não apresentando nenhum ponto com desvio exagerado.

A reta ajustada (16.18) pode ser obtida por meio da função lm do pacote *MASS* do R. O valor de $\hat{\alpha}$ aparece como *Intercept* e o valor de $\hat{\beta}$ aparece como *id*, que é o símbolo usado para a variável idade. As demais informações constantes do quadro serão explicadas nas seções seguintes.

```
Call:
lm(formula = tr ~ id)

Residuals:
     Min      1Q    Median     3Q      Max
   -7.500  -4.125   -0.725   2.625   10.500

Coefficients:
              Estimate Std. Error t value Pr(>|t|)
(Intercept)    80.5000     5.4510  14.768  1.67e-11 ***
id              0.9000     0.1769   5.089  7.66e-05 ***
---
Signif. codes:   *** 0.001   ** 0.01   * 0.05

Residual standard error: 5.593 on 18 degrees of freedom
Multiple R-squared: 0.5899, Adjusted R-squared: 0.5672
F-statistic: 25.9 on 1 and 18 DF, p-value: 7.662e-05
```

Exemplo 16.1 (continuação) Como vimos, no exemplo, α representa o tempo de reação para a idade $x = 0$, o que não é razoável. Vamos considerar a idade modificada $x - 20$ e o modelo

$$y_i = \alpha + \beta (x_i - 20) + e_i,$$

para $i = 1, \ldots, 20$, de modo que, agora, α corresponde ao tempo de reação esperado para um indivíduo com idade de 20 anos. O parâmetro β continua com a mesma interpretação.

A reta ajustada agora fica

$$\hat{y}_i = 98,50 + 0,90 (x_i - 20), i = 1, \ldots, 20.$$

Obtemos a Figura 16.3 e o uso do R resulta no quadro abaixo. No quadro, *idm* representa a idade modificada.

Figura 16.3 Gráfico de dispersão de idade modificada e tempo de reação ao estímulo, com reta ajustada.

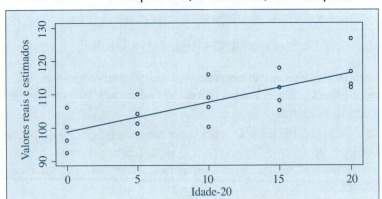

```
Call:
lm(formula = tr ~ id)

Residuals:
    Min      1Q   Median      3Q     Max
 -7.500  -4.125  -0.725   2.625  10.500

Coefficients:
            Estimate Std. Error t value Pr(>|t|)
(Intercept) 98.50000    2.1660  45.475   < 2e-16 ***
id           0.9000    0.1769   5.089  7.66e-05 ***
---
Signif. codes:   *** 0.001   ** 0.01   * 0.05

Residual standard error: 5.593 on 18 degrees of freedom
Multiple R-squared: 0.5899, Adjusted R-squared: 0.5672
F-statistic: 25.9 on 1 and 18 DF, p-value: 7.662e-05
```

Problemas

1. Usando os dados do Exemplo 15.1:
   (a) Encontre a reta de mínimos quadrados $\hat{z}_i = \alpha + \beta x_i$, em que z mede a acuidade visual e x, a idade.
   (b) Interprete o significado de α e β nesse problema.
   (c) Para cada indivíduo, encontre o desvio $\hat{e}_i = z_i - \hat{z}_i$; existe algum com valor muito exagerado?

2. A tabela abaixo indica o valor y do aluguel e a idade x de cinco casas.
   (a) Encontre a reta de MQ, supondo a relação $E(y|x) = \alpha + \beta x$.
   (b) Faça o gráfico dos pontos e da reta ajustada. Você acha que o modelo adotado é razoável?
   (c) Qual o significado do coeficiente angular nesse caso?

16.3 AVALIAÇÃO DO MODELO

(d) E do coeficiente linear?

x	10	13	5	7	20
y	4	3	6	5	2

3. Um laboratório está interessado em medir o efeito da temperatura sobre a potência de um antibiótico. Dez amostras de **50** gramas cada foram guardadas a diferentes temperaturas, e após **15** dias mediu-se a potência. Os resultados estão no quadro abaixo.

   (a) Faça a representação gráfica dos dados.

   (b) Ajuste a reta de **MQ**, da potência como função da temperatura.

   (c) O que você acha desse modelo?

   (d) A que temperatura a potência média seria nula?

Temperatura	30°		50°			70°			90°	
Potência	38	43	32	26	33	19	27	23	14	21

4. Ainda usando os dados do exemplo numérico 15.1, investigue o ajuste da reta de **MQ** na variável tempo de reação como função da acuidade visual.

5. Use a função *lm* do pacote *MASS* do R para obter estimativas dos parâmetros α e β para o modelo do Problema 1.

16.3 Avaliação do modelo

Nesta seção e nas seguintes, estudaremos várias formas de avaliar se o modelo linear postulado é adequado ou não, dadas as suposições que fizemos sobre ele.

16.3.1 Estimador de σ_e^2

Como no capítulo anterior, para julgar a vantagem da adoção de um modelo mais complexo (linear ou outro qualquer), vamos usar a estratégia de compará-lo com o modelo mais simples, que é aquele discutido na Seção 15.2, ou seja,

$$y_i = \mu + e_i. \tag{16.19}$$

A vantagem será sempre medida por meio da diminuição dos erros de previsão, ou ainda, da variância residual S_e^2. Para o modelo ajustado (16.16), cada *resíduo* é dado por

$$\hat{e}_i = y_i - \hat{y}_i = y_i - \hat{\alpha} - \hat{\beta}x_i. \tag{16.20}$$

Como vimos na Seção 16.1, vários gráficos envolvendo esses resíduos podem ser feitos para avaliar se eles são "bons representantes" dos verdadeiros e_i desconhecidos, no sentido de que as suposições feitas sobre estes estão satisfeitas. Esses gráficos serão estudados na Seção 16.5.

Quando estes resíduos forem pequenos, temos uma indicação de que o modelo está produzindo bons resultados. Para julgarmos se o resíduo é pequeno ou não, devemos

478 CAPÍTULO 16 — MODELOS DE REGRESSÃO

comparfilo com os resíduos do modelo alternativo, dados por $y_i - \bar{y}$. Da dificuldade de compará-los individualmente, preferimos trabalhar com as respectivas somas de resíduos quadráticos, dadas por

$$SQTot = \sum_{i=1}^{n} (y_i - \bar{y})^2 \qquad (16.21)$$

e

$$SQRes = \sum_{i=1}^{n} \hat{e}_1^2 = \sum_{i=1}^{n} (y_i - \hat{y}_i)^2. \qquad (16.22)$$

Exemplo 16.1 (continuação) Na quinta coluna da Tabela 16.1, aparecem os resíduos

$$\hat{e}_i = y_i - \hat{y}_i = y_i - (80,50 + 0,90x_i)$$

que elevados ao quadrado e somados produzirão

$$SQRes = 563,00.$$

Tabela 16.1 Resíduos para o modelo (16.18).

i	Variáveis			Resíduos
	Tempo de Reação	Sexo	Idade	$y_i - \hat{y}_i$
1	96	H	20	−2,5
2	92	M	20	−6,5
3	106	H	20	7,5
4	100	M	20	1,5
5	98	M	25	−5,0
6	104	H	25	1,0
7	110	H	25	7,0
8	101	M	25	−2,0
9	116	M	30	8,5
10	106	H	30	−1,5
11	109	H	30	1,5
12	100	M	30	−7,5
13	112	M	35	0,0
14	105	M	35	−7,0
15	118	H	35	6,0
16	108	H	35	−4,0
17	113	M	40	−4,5
18	112	M	40	−5,5
19	127	H	40	9,5
20	117	H	40	−0,5
SQRes				563
S_e^2				31,28
S_e				5,59
$2S_e$				11,18

16.3 AVALIAÇÃO DO MODELO

Sabemos que SQTot = 1.373,00, o que mostra uma sensível redução de 810 unidades. Mais ainda, a comparação da quinta coluna da Tabela 16.1 com a coluna $e(3)$ da Tabela 15.4 mostra o melhor comportamento dos resíduos do modelo de regressão (16.18).

No entanto, a comparação direta dessas somas de quadrados não nos parece justa, pois o modelo (16.18) tem mais parâmetros do que o modelo (16.19). Vejamos, então, como comparar as variâncias residuais. Para o modelo simples (16.19) o estimador não viesado de σ_e^2 é

$$S^2 = \frac{1}{n-1} \sum_{i=1}^{n} (y_i - \bar{y})^2 = \frac{\text{SQtot}}{n-1}. \tag{16.23}$$

Também vimos que para o modelo (16.2), com I níveis ou subpopulações, o estimado da variância residual era

$$S_e^2 = \frac{\text{SQDen}}{n-I} = \frac{\text{SQRes}}{n-I}, \tag{16.24}$$

e I também denota o número de parâmetros desconhecidos do modelo (as médias μ_i). Portanto, de modo geral, perde-se um grau de liberdade para cada parâmetro envolvido no modelo e é natural definir o estimador de σ_e^2 num modelo de regressão como sendo

$$S_e^2 = \frac{\text{SQRes}}{n-p}, \tag{16.25}$$

em que p é o número de parâmetros do modelo. No caso particular da regressão linear simples, $p = 2$ e

$$S_e^2 = \frac{\text{SQRes}}{n-2}, \tag{16.26}$$

será um estimador não viesado de σ_e^2, isto é, $E(S_e^2) = \sigma_e^2$. Veja o Problema 32.

Exemplo 16.2 Continuando o exemplo anterior, obteremos

$$S^2 = 1.373/19 = 72,26, \quad S = 8,50$$

e

$$S_e^2 = 563/18 = 31,28, \quad S_e = 5,59,$$

números que sugerem uma diminuição significativa na soma dos quadrados dos resíduos. Observe que, passando de um modelo com um parâmetro para outro com dois, há uma redução de 810 unidades na soma de quadrados residuais. Ou seja, perdendo um grau de liberdade, reduziu-se a soma dos resíduos quadráticos em 810 unidades, o que é mais uma evidência da vantagem de adoção do segundo modelo.

Na saída da aplicação da função **lm** do pacote **MASS**, vemos algumas estatísticas dos resíduos, sob o título *Residuals*. Vemos, em particular, que a sua mediana é −0,75.

Vemos, mais abaixo, sob o título *Residual standard error* (erro padrão dos resíduos), o valor 5,593, com 18 graus de liberdade ($n - 2$), que coincide com o valor de S_e obtido da Tabela 16.1. O mesmo valor aparece na saída seguinte, referente ao modelo usando a variável idade −20.

16.3.2 Decomposição da soma de quadrados

Ao passarmos do modelo simples para o modelo de regressão linear, vimos que a redução da soma de quadrados é dada por SQTot − SQRes. Esse lucro é devido à adoção do segundo modelo e será indicado por SQReg, significando a *soma dos quadrados devida à regressão*. Segue-se que

$$SQReg = SQTot - SQRes, \tag{16.27}$$

ou seja,

$$SQTot = SQReg + SQRes. \tag{16.28}$$

Observando a Figura 16.4, notamos que vale a seguinte relação:

$$y_i - \bar{y} = (y_i - \hat{y}_i) + (\hat{y}_i - \bar{y}) = \hat{e}_i + (\hat{y}_i - \bar{y}). \tag{16.29}$$

Em palavras, o desvio de uma observação em relação à média pode ser decomposto como o desvio da observação em relação ao valor ajustado pela regressão, mais o desvio do valor ajustado em relação à média.

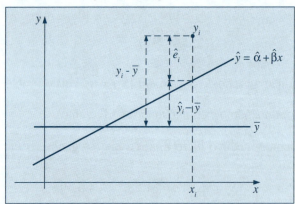

Figura 16.4 Representação gráfica dos diversos desvios.

Elevando-se ao quadrado ambos os membros da igualdade (16.29), tomando-se a soma e observando-se que a soma do duplo produto se anula (veja o Problema 31), obtemos

$$\sum_{i=1}^{n}(y_i - \bar{y})^2 = \sum_{i=1}^{n}(\hat{y}_i - \bar{y})^2 + \sum_{i=1}^{n}\hat{e}_i^2, \tag{16.30}$$

ou

$$SQTot = \sum_{i=1}^{n} (\hat{y}_i - \bar{y})^2 + SQRes. \tag{16.31}$$

do que deduzimos que

$$SQReg = \sum_{i=1}^{n} (\hat{y}_i - \bar{y})^2. \tag{16.32}$$

De (16.17) obtemos que

$$\hat{y}_i - \bar{y} = \hat{\beta}(x_i - \bar{x}),$$

portanto, podemos escrever

$$SQReg = \hat{\beta}^2 \sum_{i=1}^{n} (x_i - \bar{x})^2. \tag{16.33}$$

Daqui se pode observar que, quanto maior o valor de $\hat{\beta}$, maior será a redução da soma dos quadrados dos resíduos.

16.3.3 Tabela de análise de variância

Do mesmo modo como foi feito na Seção 15.2, podemos resumir as informações anteriores numa única tabela ANOVA, ilustrada na Tabela 16.2.

Tabela 16.2 Tabela ANOVA para modelo de regressão.

F.V.	g.l.	SQ	QM	F
Regressão	1	SQReg	SQReg = QMReg	$QMReg/S_e^2$
Resíduo	$n-2$	SQRes	$SQRes/(n-2) = S_e^2$	
Total	$n-1$	SQTot	$SQTot/(n-1) = S^2$	

Também podemos medir o lucro relativo que se ganha ao introduzir o modelo, usando a estatística

$$R^2 = \frac{SQReg}{SQTot}, \tag{16.34}$$

definida anteriormente. A estatística F será discutida na Seção 16.4.

Exemplo 16.3 Dos cálculos que nos levaram ao modelo (16.18), podemos construir a Tabela 16.3. Temos que

$$R^2 = \frac{810}{1.373} = 59\%,$$

Tabela 16.3 Tabela ANOVA para o modelo (16.18).

F.V.	g.l.	SQ	QM	F
Regressão	1	810	810	25,90
Resíduo	18	563	31,28	
Total	19	1.373	72,26	

O modelo proposto diminui a variância residual em mais da metade e explica 59% da variabilidade total. Verificamos, então, que é vantajosa a adoção do modelo linear (16.18) para explicar o tempo médio de reação ao estímulo, em função da idade.

Observe que o valor de F na Tabela 16.3, 25,90, encontra-se nas duas saídas da aplicação da função **lm** do R, no Exemplo 16.1: *F-statistic: 25.9 on 1 and 18 DF* (DF: graus de liberdade associados à estatística F, dados na coluna 1 da Tabela 16.3).

A estratégia adotada para verificar se compensa ou não utilizar o modelo $y = \alpha + \beta x + e$ é observar a redução no resíduo quando comparado com o modelo $y = \mu + e$. Se a redução for muito pequena, os dois modelos serão praticamente equivalentes, e isso ocorre quando a inclinação β for zero ou muito pequena, não compensando usar um modelo mais complexo. Estaremos, pois, interessados em testar a hipótese

$$H_0: \beta = 0, \qquad (16.35)$$

o que irá exigir que se coloque uma estrutura de probabilidades sobre os erros. Esse assunto será objeto da próxima seção. A Figura 16.5 ilustra as duas situações que podem ocorrer. Na Figura 16.5(a), temos o caso em que claramente a variável auxiliar ajuda a prever a variável resposta. Na situação da Figura 16.5(b), teremos dúvidas se vale a pena ou não introduzir um modelo mais complexo, ganhando muito pouco em termos de explicação.

Figura 16.5 Retas ajustadas a dois conjuntos de dados. (a) x explica y; (b) x não explica y.

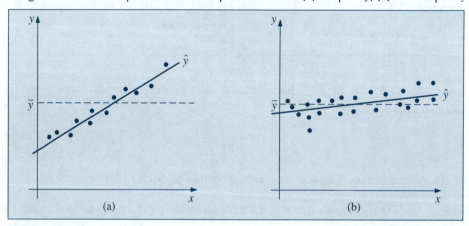

Para a avaliação final do modelo devemos investigar com mais cuidado o comportamento dos resíduos, o que será feito na Seção 16.5.

16.4 PROPRIEDADES DOS ESTIMADORES

Problemas

6. Usando os resultados do Problema 1, construa a tabela ANOVA para o modelo $\hat{z} = \hat{\alpha} + \hat{\beta}x$, encontrado naquele problema.

    (a) Qual a estimativa S^2? E S_e^2?

    (b) Você acha que a redução nos resíduos foi grande?

    (c) Qual o valor de R^2? Interprete esse número.

7. Um estudo sobre duração de certas operações está investigando o tempo requerido (em segundos) para acondicionar objetos e o volume (em dm³) que eles ocupam. Uma amostra foi observada e obtiveram-se os seguintes resultados:

Tempo	10,8	14,4	19,6	18,0	8,4	15,2	11,0	13,3	23,1
Volume	20,39	24,92	34,84	31,72	13,59	30,87	17,84	23,22	39,65

    (a) Faça o diagrama de dispersão dos dados.

    (b) Estime a reta de regressão do tempo de operação em função do volume.

    (c) Construa a tabela ANOVA para o modelo.

    (d) Qual o valor de S^2? É pequeno quando comparado com S_e^2?

    (e) Você acha que conhecer o volume do pacote ajuda a prever o tempo de empacotamento?

8. Construa a tabela ANOVA para o Problema 2 e interprete os resultados.

9. Construa a tabela ANOVA com os dados do Problema 3.

10. Idem para o Problema 4.

16.4 Propriedades dos estimadores

Iremos agora estudar as propriedades amostrais dos estimadores $\hat{\alpha}$ e $\hat{\beta}$, e para isso é conveniente voltar ao modelo c às suposições adotadas para a variável aleatória Y sob investigação. Lembremos que a variável X é suposta controlada, fixa, e para cada valor x de X teremos associada uma distribuição de probabilidades para Y, como ilustra a Figura 16.6(a), em que supomos que a dispersão é a mesma para cada nível da variável X. A Figura 16.6(b) ilustra o caso que será considerado aqui, em que estas distribuições condicionais são normais, com a mesma variância. Note que $E(Y|x)$ é linear, como estamos considerando neste capítulo.

Formalmente, o modelo

$$Y_i = E(Y|x_i) + e_i = \alpha + \beta x_i + e_i, \quad i = 1, ..., n$$

deve satisfazer as seguintes suposições:

(i) Para cada valor de x_i, o erro e_i tem média zero e variância constante σ_e^2;

(ii) Se $i \neq j$, $\text{Cov}(e_i, e_j) = 0$, isto é, para duas observações distintas, os erros são não correlacionados.

Segue-se que

$$E(Y_i|x_i) = \alpha + \beta x_i \quad \text{e} \quad \text{Var}(Y_i|x_i) = \sigma_e^2,$$

e ainda que Y_i e Y_j são não correlacionados, para $i \neq j$.

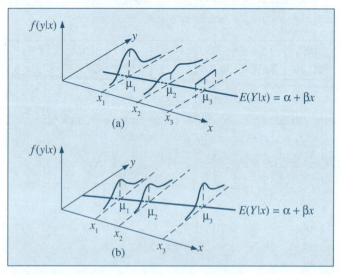

Figura 16.6 (a) médias alinhadas, distribuições com a mesma variância; (b) médias alinhadas, distribuições normais com a mesma variância.

16.4.1 Média e variância dos estimadores

Nesta seção, vamos obter a média e a variância dos estimadores $\hat{\alpha}$ e $\hat{\beta}$, dados em (16.14).

Proposição 16.1 Para o estimador $\hat{\beta}$ temos

$$E(\hat{\beta}) = \beta, \tag{16.36}$$

$$\text{Var}(\hat{\beta}) = \frac{\sigma_e^2}{\sum_{i=1}^{n}(x_i - \overline{x})^2}. \tag{16.37}$$

Prova. Inicialmente, vamos escrever $\hat{\beta}$ de um modo mais conveniente (veja o Problema 30):

$$\hat{\beta} = \frac{\sum_{i=1}^{n}(x_i - \overline{x})(Y_i - \overline{Y})}{\sum_{i=1}^{n}(x_i - \overline{x})^2} = \frac{\sum_{i=1}^{n}(x_i - \overline{x})Y_i - \overline{Y}\sum_{i=1}^{n}(x_i - \overline{x})}{\sum_{i=1}^{n}(x_i - \overline{x})^2}$$

$$= \frac{\sum_{i=1}^{n}(x_i - \overline{x})Y_i}{\sum_{i=1}^{n}(x_i - \overline{x})^2} = \sum_{i=1}^{n}\frac{(x_i - \overline{x})}{\sum_{i=1}^{n}(x_i - \overline{x})^2}Y_i = \sum_{i=1}^{n}w_i Y_i,$$

em que estamos usando a notação Y (maiúscula) e x (minúscula) para diferenciar o fato de que a primeira está sendo considerada aleatória e a segunda, fixa; e

$$w_i = \frac{x_i - \bar{x}}{\sum_{i=1}^{n}(x_i - \bar{x})^2}, \sum_{i=1}^{n} w_i = 0.$$

Observe que estamos usando o fato de $\sum_{i=1}^{n}(x_i - \bar{x}) = 0$ e que

$$\sum_{i=1}^{n} w_i x_i = \sum_{i=1}^{n} w_i x_i - \bar{x}\sum_{i=1}^{n} w_i = \sum_{i=1}^{n} w_i (x_i - \bar{x})$$

$$= \sum_{i=1}^{n} \frac{(x_i - \bar{x})}{\sum_{i=1}^{n}(x_i - \bar{x})^2}(x_i - \bar{x}) = 1.$$

Usando propriedades da esperança e variância de somas de v.a. (veja o Capítulo 8), podemos escrever

$$E\left(\hat{\beta}\right) = E\left(\sum_{i=1}^{n} w_i Y_i\right) = \sum_{i=1}^{n} w_i E\left(Y_i\right)$$

$$= \sum_{i=1}^{n} w_i \left(\alpha + \beta x_i\right) = \alpha \sum_{i=1}^{n} w_i + \beta \sum_{i=1}^{n} w_i x_i = \beta,$$

o que mostra que o estimador é não viesado. Para a variância,

$$\text{Var}\left(\hat{\beta}\right) = \text{Var}\left(\sum_{i=1}^{n} w_i Y_i\right) = \sum_{i=1}^{n} w_i^2 \text{Var}\left(Y_i\right),$$

pois as observações são não correlacionadas, e, portanto,

$$\text{Var}\left(\hat{\beta}\right) = \sum_{i=1}^{n} w_i^2 \sigma_e^2 = \sigma_e^2 \sum_{i=1}^{n}\left(\frac{x_i - \bar{x}}{\sum_{i=1}^{n}(x_i - \bar{x})^2}\right)^2 = \sigma_e^2 \frac{\sum_{i=1}^{n}(x_i - \bar{x})^2}{\left[\sum_{i=1}^{n}(x_i - \bar{x})^2\right]^2},$$

e o resultado segue.

Proposição 16.2 Para o estimador $\hat{\alpha}$ temos:

$$E(\hat{\alpha}) = \alpha, \tag{16.38}$$

$$\text{Var}(\hat{\alpha}) = \sigma_e^2 \frac{\sum_{i=1}^{n} x_i^2}{n\sum_{i=1}^{n}(x_i - \bar{x})^2}. \tag{16.39}$$

Prova. Precisaremos dos seguintes resultados (Problema 33):

$$\text{Cov}(\bar{y}, \hat{\beta}) = 0, \tag{16.40}$$

$$\sum_{i=1}^{n} (x_i - \bar{x})^2 = \sum_{i=1}^{n} x_i^2 - n\bar{x}^2. \tag{16.41}$$

Como

$$\bar{y} = \frac{1}{n} \sum_{i=1}^{n} y_i = \frac{1}{n} \sum_{i=1}^{n} (\alpha + \beta x_i + e_i)$$

$$= \alpha + \beta\bar{x} + \frac{1}{n} \sum_{i=1}^{n} e_i,$$

temos que

$$E(\bar{y}) = \alpha + \beta\bar{x} + \frac{1}{n} \sum_{i=1}^{n} E(e_i) = \alpha + \beta\bar{x},$$

dado que x é supostamente fixa e não uma v.a. Também,

$$\text{Var}(\bar{y}) = \frac{1}{n^2} \sum_{i=1}^{n} \text{Var}(e_i) = \frac{\sigma_e^2}{n}.$$

Temos, então, que

$$E(\hat{\alpha}) = E(\bar{y} - \hat{\beta}\bar{x}) = \alpha + \beta\bar{x} - \beta\bar{x} = \alpha,$$

e

$$\text{Var}(\hat{\alpha}) = \text{Var}(\bar{y} - \hat{\beta}\bar{x}) = \text{Var}(\bar{y}) + \text{Var}(\hat{\beta}\bar{x}) - 2\text{Cov}(\bar{y}, \hat{\beta}\bar{x})$$

$$= \text{Var}(\bar{y}) + \bar{x}^2\text{Var}(\hat{\beta}) - 2\bar{x}\text{Cov}(\bar{y}, \hat{\beta})$$

e usando os diversos resultados obtidos acima, obtemos (16.39).

16.4.2 Distribuições amostrais dos estimadores

Para completar o estudo das propriedades dos estimadores, vamos introduzir uma terceira suposição:

(iii) Os erros e_i são v.a. com distribuição normal, isto é,

$$e_i \sim N(0; \sigma_e^2), \tag{16.42}$$

o que implica

$$y_i \sim N(\alpha + \beta x_i; \sigma_e^2). \tag{16.43}$$

Como $\hat{\beta}$ e $\hat{\alpha}$ são combinações lineares de v.a. normais e independentes, temos o seguinte resultado:

16.4 PROPRIEDADES DOS ESTIMADORES

Proposição 16.3 Os estimadores $\hat{\alpha}$ e $\hat{\beta}$ têm ambos distribuição normal, com médias e variâncias dadas pelas Proposições 16.1 e 16.2, isto é,

$$\hat{\alpha} \sim N\left(\alpha; \frac{\sigma_e^2 \sum x_i^2}{n \sum (x_i - \bar{x})^2}\right), \tag{16.44}$$

$$\hat{\beta} \sim N\left(\beta; \frac{\sigma_e^2}{\sum (x_i - \bar{x})^2}\right), \tag{16.45}$$

Os resultados acima permitem concluir que

$$\frac{\hat{\beta} - \beta}{\sigma_e} \sqrt{\sum (x_i - \bar{x})^2} \sim N(0,1), \tag{16.46}$$

$$\frac{\hat{\alpha} - \alpha}{\sigma_e} \sqrt{\frac{n \sum (x_i - \bar{x})^2}{\sum x_i^2}} \sim N(0,1). \tag{16.47}$$

16.4.3 Intervalos de confiança para os parâmetros

Substituindo σ_e por seu estimador S_e em (16.46) e (16.47), sabemos que as estatísticas resultantes terão distribuição t de Student, com $(n - 2)$ graus de liberdade, o que permitirá construir intervalos de confiança para os parâmetros.

Proposição 16.4 As estatísticas

$$t\left(\hat{\beta}\right) = \frac{\hat{\beta} - \beta}{S_e} \sqrt{\sum (x_i - \bar{x})^2} \tag{16.48}$$

e

$$t\left(\hat{\alpha}\right) = \frac{\hat{\alpha} - \alpha}{S_e} \sqrt{\frac{n \sum (x_i - \bar{x})^2}{\sum x_i^2}} \tag{16.49}$$

têm distribuição t de Student com $(n - 2)$ graus de liberdade.

Esse resultado, combinado com os procedimentos de construção de intervalos de confiança já estudados, nos leva aos seguintes intervalos para α e β, com γ denotando o coeficiente de confiança e $t_\gamma(n - 2)$ denotando o valor obtido da Tabela V, com $(n - 2)$ graus de liberdade:

$$\text{IC}(\alpha; \gamma) = \hat{\alpha} \pm t_\gamma (n - 2) S_e \sqrt{\frac{\sum x_i^2}{n \sum (x_i - \bar{x})^2}}, \tag{16.50}$$

$$IC(\beta;\gamma) = \hat{\beta} \pm t_\gamma(n-2)S_e\sqrt{\frac{1}{\sum(x_i - \bar{x})^2}}. \tag{16.51}$$

Exemplo 16.4 Da tabela ANOVA do Exemplo 16.3 podemos retirar as informações necessárias para construir intervalos de confiança para α e β. Temos que $\sum x_i^2 = 19.000$, $\sum(x_i - \bar{x})^2 = 1.000$, e $\bar{x} = 30$.

Temos, também, $S_e^2 = 31,28$ e, portanto, $S_e = 5,59$. Se $\gamma = 0,95$, obtemos $t_{0,95}(18) = 2,101$. Os intervalos são dados por:

$$IC(\alpha;0,95) = 80,50 \pm (2,101)(5,59)\sqrt{\frac{19.000}{(1.000)(20)}} = 80,50 \pm 11,45,$$

$$IC(\beta;0,95) = 0,90 \pm (2,101)(5,59)\sqrt{1/1.000}$$
$$= 0,90 \pm 0,30.$$

Ou seja,

$$IC(\alpha; 0,95) = [69,05; 91,95],$$

$$IC[\beta; 0,95] = [0,60; 1,20].$$

Este último resultado é mais uma evidência de que $\beta \neq 0$, o que reforça conclusões anteriores.

Os intervalos de confiança (16.50) e (16.51) podem ser utilizados para testar hipóteses do tipo

$$H_0: \alpha = \alpha_0,$$

$$H_0: \beta = \beta_0.$$

Em particular, temos o resultado:

Proposição 16.5 A estatística para testar $H_0: \alpha = 0$ é

$$t(\hat{\alpha}) = \frac{\hat{\alpha}}{S_e}\sqrt{\frac{n\sum(x_i - \bar{x})^2}{\sum x_i^2}} \tag{16.52}$$

e a estatística para testar $H_0: \beta = 0$ é

$$t(\hat{\beta}) = \frac{\hat{\beta}}{S_e}\sqrt{\sum(x_i - \bar{x})^2}, \tag{16.53}$$

cada uma tendo distribuição t de Student com $(n-2)$ graus de liberdade.

16.4 PROPRIEDADES DOS ESTIMADORES

Observe que

$$\left[t\left(\hat{\beta}\right)\right]^2 = \frac{\hat{\beta}^2 \sum \left(x_i - \bar{x}\right)^2}{S_e^2},$$

e usando o resultado (16.33) podemos escrever

$$\left[t\left(\hat{\beta}\right)\right]^2 = \frac{\text{SQReg}}{S_e^2}, \qquad (16.54)$$

que é a estatística F que aparece na tabela ANOVA. Assim, para testar a hipótese $H_0: \beta = 0$, pode-se usar a estatística (16.54), que segue uma distribuição $F(1, n - 2)$.

Exemplo 16.5 Para testar separadamente as hipóteses acima, os valores das estatísticas correspondentes serão:

$$t\left(\hat{\alpha}\right) = \left(80{,}5/5{,}59\right)\sqrt{\frac{(20)(1.000)}{19.000}} = 14{,}77,$$

$$t\left(\hat{\beta}\right) = \left(0{,}90/5{,}59\right)\sqrt{1.000} = 5{,}09,$$

os quais devem ser comparados com 2,101, que é o valor crítico de $t(18)$, no nível de significância 5%. Vemos que em ambos os casos rejeitamos as hipóteses de que os parâmetros sejam iguais a zero. Comparando o resultado de $t(\hat{\beta})$ com o valor F da tabela ANOVA, constatamos que $t^2(\hat{\beta}) = 25{,}90 = F$, de acordo com o apresentado acima. Algumas vezes, para indicar a significância das estatísticas, a reta ajustada é escrita do seguinte modo:

$$\hat{y} = 80{,}50 \ + \ 0{,}90x,$$
$$(14{,}77) \quad (5{,}09)$$

em que entre parênteses aparece o valor de t, para indicar com que intensidade o parâmetro pode ser considerado distinto de zero.

16.4.4 Intervalo de confiança para $\mu(x)$

O modelo linear (16.6), estudado até agora, será utilizado frequentemente para fazer previsões da variável resposta (y) para algum nível da variável de controle (x). Usando o enunciado do Exemplo 16.1, poderíamos estar interessados em saber qual o tempo de reação aos 28 anos. É importante estabelecer se queremos estimar o tempo médio para o grupo etário de 28 anos ou o tempo de reação provável para uma pessoa de 28 anos. Veremos que a estimação pontual é a mesma nos dois casos, porém os intervalos de "confiança" serão distintos. Para entender bem as diferenças sugerimos recordar as soluções aos Exercícios 23, 24 e 25 do Capítulo 15.

Do modelo (16.3) e do exposto até agora, temos o seguinte resultado.

490 CAPÍTULO 16 — MODELOS DE REGRESSÃO

Proposição 16.6 A distribuição amostral do estimador (16.15) é dada por

$$\widehat{\mu(x_i)} = \hat{y}_i = \hat{\alpha} + \hat{\beta}x_i \sim N\left(\alpha + \beta x_i, \, \text{Var}(\hat{y}_i)\right) \tag{16.55}$$

em que

$$\text{Var}\left(\mu(x_i)\right) = \text{Var}(\hat{y}_i) = \sigma_e^2 \left[\frac{1}{n} + \frac{(x_i + \bar{x})^2}{\sum(x_i + \bar{x})^2}\right] \tag{16.56}$$

Prova. Das proposições 16.1 e 16.2 vem:

$$E\left(\widehat{\mu(x_i)}\right) = E(\hat{\alpha}) + E(\hat{\beta})x_i = \alpha + \beta x_i = \mu(x_i)$$

o que demonstra a primeira parte da proposição. De (16.17) temos

$$\hat{y}_i = \bar{y} + \hat{\beta}(x_i - \bar{x}),$$

portanto

$$\text{Var}(\hat{y}_i) = \text{Var}(\bar{y}) + (x_i - \bar{x})^2 \, \text{Var}(\hat{\beta}) + 2(x_i - \bar{x}) \, \text{Cov}(\bar{y}\,\hat{\beta}),$$

mas de (16.40), $\text{Cov}(\bar{y}, \hat{\beta}) = 0$, e de (16.37) vem

$$\text{Var}(\hat{y}_i) = \frac{\sigma_e^2}{n} + (x_i + \bar{x})^2 \frac{\sigma_e^2}{\sum(x_i + \bar{x})^2} = \sigma_e^2 \left[\frac{1}{n} + \frac{(x_i + \bar{x})^2}{\sum(x_i + \bar{x})^2}\right],$$

o que conclui a prova.

Com a proposição acima e substituindo σ_e^2 por seu estimador S_e^2 é fácil verificar que o Intervalo de Confiança para $\mu(x)$ será dado por:

$$\text{IC}\left(\mu(x); \gamma\right) = \hat{y}_i \pm t_\gamma(n-2) \, S_e \sqrt{\frac{1}{n} + \frac{(x_i - \bar{x})^2}{\sum(x_i - \bar{x})^2}}. \tag{16.57}$$

16.4.5 Intervalo de predição

Vejamos, agora, como construir um intervalo de predição para uma futura observação. Imitando a proposta do Problema 15.24, uma futura observação para um dado nível x_f é dada por

$$Y_f(x) = \mu(x_f) + \varepsilon_f$$

e o estimador será

$$\hat{Y}_f = \hat{y}_f + \varepsilon_f = \hat{y}_f,$$

em que substituímos o valor desconhecido ε_f pelo seu valor esperado que é zero.

Da expressão anterior calculamos:

$$\text{Var}\left(\hat{Y}_f\right) = \text{Var}\left(\hat{y}_f\right) + \text{Var}\left(\varepsilon_f\right) = \sigma_e^2 \left[\frac{1}{n} + \frac{\left(x_i - \bar{x}\right)^2}{\sum\left(x_i - \bar{x}\right)^2}\right] + \sigma_e^2,$$

ou seja,

$$\text{Var}\left(\hat{Y}_f\right) = \sigma_e^2 \left[1 + \frac{1}{n} + \frac{\left(x_f - \bar{x}\right)^2}{\sum\left(x_i - \bar{x}\right)^2}\right]. \tag{16.58}$$

Substituindo σ_e^2 pelo seu estimador S_e^2, teremos um estimador da variância, e analogamente o intervalo de predição abaixo:

$$\text{IP}\left(Y_f; \gamma\right) = \hat{y}_f \pm t_\gamma S_e \sqrt{1 + \frac{1}{n} + \frac{\left(x_f - \bar{x}\right)^2}{\sum\left(x_i - \bar{x}\right)^2}} \tag{16.59}$$

Exemplo 16.6 Qual o tempo de reação aos 28 anos?

A estimativa pontual é dada por:

$$\hat{y}(28) = 80,5 + 0,9(28) = 105,7.$$

Considerando como resposta adequada o tempo de reação médio do grupo de 28 anos, podemos escrever o Intervalo de Confiança para a média, ou seja:

$$\text{IC}\left(\mu(28); 0,95\right) = 105,7 \pm (2,101)(5,59)\sqrt{\frac{1}{20} + \frac{(28 - 30)^2}{1000}} =$$
$$= 105,7 \pm 2,7 = \,]103,0;\ 108,4[.$$

Se quiséssemos saber dentro de que intervalo 95% das futuras observações iriam estar, construiríamos o Intervalo de Predição:

$$\text{IP}\left(Y_f; 0,95\right) = 105,7 \pm (2,101)(5,59)\sqrt{1 + \frac{1}{20} + \frac{(28 - 30)^2}{1000}} =$$
$$= 105,7 \pm 12,1 = \,]93,6;\ 117,8[.$$

492

CAPÍTULO 16 — MODELOS DE REGRESSÃO

Problemas

11. Usando a tabela ANOVA, construída no Problema 5:

    (a) Construa o $IC(\beta; 95\%)$.

    (b) Construa o $IC(\alpha; 90\%)$.

    (c) Use a estatística F para testar a hipótese $H_0: \beta = 0$.

    (d) Construa o IC para a acuidade visual média do grupo etário de 28 anos.

    (e) E qual seria o Intervalo de Predição da acuidade visual das pessoas de 28 anos?

12. Com as informações do Exemplo 15.1, e a ANOVA construída no Problema 9, você diria que a acuidade visual ajuda a prever o tempo de reação dos indivíduos? Que estatística você usou para justificar seu argumento e por quê?

13. Investigando a relação entre a quantidade de fertilizante usado (x) e a produção de soja (y) numa estação experimental com 20 canteiros, obteve-se a equação de MQ:

$$\hat{y} = 15,00 + 2,83x.$$

$$(3,22) \quad (1,65)$$

Com esses resultados você diria que a quantidade de fertilizante influi na produção? Por quê?

16.5 Análise de resíduos

Para verificar se um modelo é adequado, temos que investigar se as suposições feitas para o desenvolvimento do modelo estão satisfeitas. Para tanto, estudamos o comportamento do modelo usando o conjunto de dados observados, notadamente as discrepâncias entre os valores observados e os valores ajustados pelo modelo, ou seja, fazemos uma *análise dos resíduos*.

O i-ésimo resíduo é dado por

$$\hat{e}_i = y_i - \hat{y}_i, \quad i = 1, 2, ..., n. \tag{16.60}$$

Lembremos que já utilizamos estes resíduos para obter medidas da qualidade dos estimadores dos parâmetros do modelo. Agora, iremos estudar o comportamento individual e conjunto destes resíduos, comparando com as suposições feitas sobre os verdadeiros erros e_i. Existem várias técnicas formais para conduzir essa análise, mas aqui iremos ressaltar basicamente métodos gráficos. Para mais detalhes, ver Draper e Smith (1998).

Uma representação gráfica bastante útil é obtida plotando-se pares $(x_i, \hat{e}_i)$, $i = 1, ..., n$. Outras vezes, é de maior utilidade fazer a representação gráfica dos chamados *resíduos padronizados*,

$$\hat{z}_i = \frac{y_i - \hat{y}_i}{S_e} = \frac{\hat{e}_i}{S_e}, \tag{16.61}$$

plotando-se os pares $(x_i, \hat{z}_i)$. Observe que a forma dos dois gráficos será semelhante, havendo apenas uma mudança de escala das ordenadas nos dois casos. Por isso, iremos usar a primeira representação, indicando no gráfico a posição do valor S_e.

16.5 ANÁLISE DE RESÍDUOS

Outro resíduo usado é o chamado *resíduo estudentizado*, definido por

$$\hat{r}_i = \frac{\hat{e}_i}{S_e\sqrt{1-v_{ii}}}, \qquad (16.62)$$

em que $v_{ii} = 1/n + (x_i - \bar{x})^2 / \sum(x_i - \bar{x})^2$. O denominador de (16.62) é o desvio padrão de $\hat{e}_i$. Não iremos explorar aqui a análise feita com esse tipo de resíduo.

Exemplo 16.7 Voltemos ao Exemplo 15.1. Os resíduos do modelo (16.18) estão reproduzidos na Tabela 16.4, dos quais foram obtidos os demais. Os dois primeiros resíduos estão representados na Figura 16.7. Note que os dois gráficos são parecidos e levarão ao mesmo tipo de diagnóstico. Comentários adicionais sobre esse exemplo serão feitos abaixo.

Tabela 16.4 Resíduos para o modelo (16.18).

Idade	$\hat{e}_i$	$\hat{z}_i$	$\hat{r}_i$	Idade	$\hat{e}_i$	$\hat{z}_i$	$\hat{r}_i$
20	-2,5	-0,45	-0,49	30	1,5	0,27	0,28
20	-6,5	-1,16	-1,26	30	-7,5	-1,34	-1,37
20	7,5	1,34	1,45	35	0,0	0,0	0,0
20	1,5	0,27	0,29	35	-7,0	-1,25	-1,30
25	-5,0	-0,89	-0,92	35	6,0	1,07	1,11
25	1,0	0,18	0,19	35	-4,0	-0,72	-0,75
25	7,0	1,25	1,30	40	-4,5	-0,80	-0,86
25	-2,0	-0,36	0,37	40	-5,5	-0,98	-1,06
30	8,5	1,52	1,56	40	9,5	1,70	1,84
30	-1,5	-0,27	-0,28	40	-0,5	-0,09	-0,10

Figura 16.7 Resíduos para o Exemplo 16.1. (a) $\hat{e}_i = y_i - \hat{y}_i$; (b) resíduos padronizados.

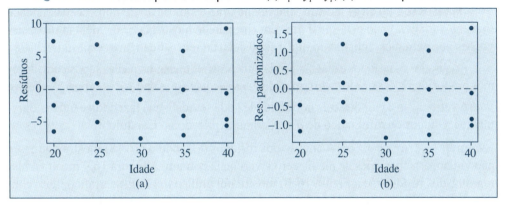

Obtido o gráfico dos resíduos, precisamos saber como identificar possíveis inadequações. Apresentamos na Figura 16.8 alguns tipos usuais de gráficos de resíduos. A Figura 16.8(a) é a situação ideal para os resíduos, distribuídos aleatoriamente em torno do zero, sem nenhuma observação muito discrepante.

Figura 16.8 Gráficos de resíduos. (a) situação ideal; (b), (c) modelo não linear; (d) elemento atípico; (e), (f), (g) heterocedasticidade; (h) não normalidade.

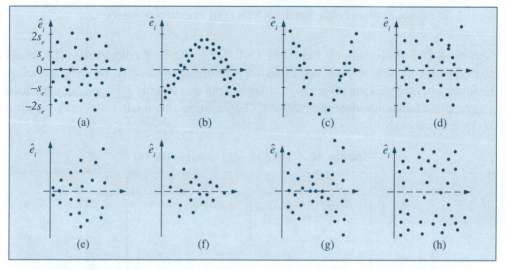

Nas situações (b) e (c), temos possíveis inadequações do modelo adotado, e as curvaturas sugerem que devemos procurar outras funções matemáticas que expliquem melhor o fenômeno.

A Figura 16.8(d) mostra a existência de um elemento discrepante, e deve ser investigada a razão desse desvio tão marcante. Pode ser um erro de medida, ou a discrepância pode ser real. Em situações como essa, em que há observações muito diferentes das demais, métodos chamados robustos têm de ser utilizados.

Os casos (e), (f) e (g) indicam claramente que a suposição de homoscedasticidade (mesma variância) não está satisfeita. Em (h), parece haver maior incidência de observações nos extremos, mostrando que a suposição de normalidade não está satisfeita.

Analisados os resíduos e diagnosticada uma possível transgressão das suposições, devemos propor alterações que tornem o modelo mais adequado aos dados e às suposições feitas.

A verificação da hipótese de normalidade pode ser realizada fazendo-se um histograma dos resíduos ou um gráfico de $q \times q$, como explicado no Capítulo 3.

Exemplo 16.7 (continuação) A análise dos resíduos do modelo (16.18) mostra que esses não violam as suposições de média zero e variância comum. A Figura 16.9 mostra o histograma dos resíduos, e a Figura 16.10 mostra um gráfico $q \times q$. Esse gráfico, feito com o R, coloca nos eixos das ordenadas os valores crescentes dos $\hat{e}_i$ e no eixo das abscissas os quantis de uma normal padrão. Se os valores fossem de uma normal, eles deveriam se dispor ao longo de uma reta. Notamos que tanto o histograma quanto o gráfico de quantis mostram que os resíduos não são normalmente distribuídos.

Figura 16.9 Histograma dos resíduos do modelo (16.18).

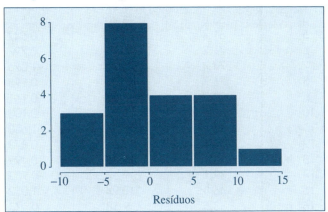

Figura 16.10 Gráfico $q \times q$ (normalidade) para os resíduos do modelo (16.18).

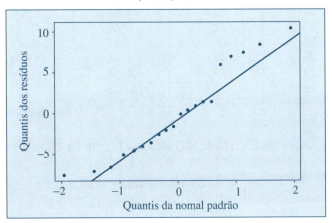

Quando a suposição de variância comum não estiver satisfeita, usualmente faz-se uma transformação da variável resposta y, ou da preditora x, ou de ambas. Para detalhes, ver Bussab (1986) e a Seção 16.6.

Exemplo 16.8 Num processo industrial, além de outras variáveis, foram medidas: X = temperatura média (°F) e Y = quantidade de vapor. Os dados estão na Tabela 16.5 (Draper e Smith, 1998, Appendix A).

Tabela 16.5 Temperatura e quantidade de vapor de um processo industrial.

N.	x_i	y_i	$\hat{e}_i$
1	35,3	10,98	0,174
2	29,7	11,13	−0,123
3	30,8	12,51	1,345
4	58,8	8,40	−0,531
5	61,4	9,27	0,547
6	71,3	8,73	0,797
7	74,4	6,36	−1,326
8	76,7	8,50	0,998
9	70,7	7,82	−0,161
10	57,5	9,14	0,106
11	46,4	8,24	−1,680
12	28,9	12,19	0,873
13	28,1	11,88	0,499
14	39,1	9,57	−0,933
15	46,8	10,94	1,052
16	48,5	9,58	−0,173
17	59,3	10,09	1,199
18	70,0	8,11	0,073
19	70,0	6,83	−1,207
20	74,5	8,88	1,202
21	72,1	7,68	−0,189
22	58,1	8,47	−0,517
23	44,6	8,86	−1,204
24	33,4	10,36	−0,598
25	28,6	11,08	−0,261

Fonte: Draper e Smith (1998).

O gráfico de dispersão e a reta de MQ estão na Figura 16.11(a). A reta estimada de MQ é dada por

$$\hat{y}_i = 9{,}424 - 0{,}0798(x_i - 52{,}6), \qquad (16.63)$$

ou ainda

$$\hat{y}_i = 13{,}623 - 0{,}0798x_i, \qquad (16.64)$$

de modo que $\hat{\alpha} = 13{,}623$ e $\hat{\beta} = -0{,}0798$. Os resíduos $\hat{e}_i = y_i - \hat{y}_i$ estão na quarta coluna da Tabela 16.5 e seu gráfico contra x_i na Figura 16.11(b). O gráfico $q \times q$ para verificar a suposição de normalidade está na Figura 16.11(c). Observamos que há vários pontos afastados da reta.

16.5 ANÁLISE DE RESÍDUOS

Figura 16.11 (a) gráfico de dispersão com reta ajustada;
(b) resíduos vs temperatura;
(c) gráfico $q \times q$ (normalidade).

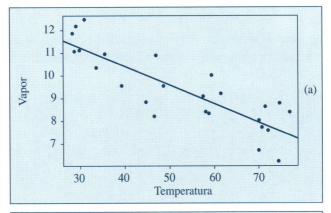

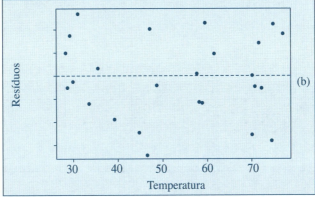

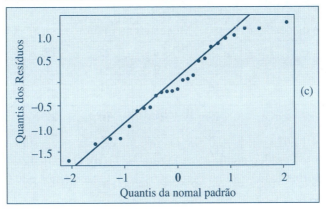

Problemas

14. Com o modelo linear já obtido para a acuidade visual como função da idade, construa os tipos de resíduos apresentados no Exemplo 16.6. Represente-os graficamente. Você observa alguma transgressão das suposições básicas?

15. Para cada gráfico de resíduo abaixo, indique qual a possível transgressão observada.

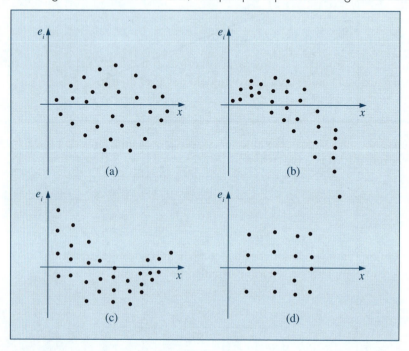

16. Abaixo estão os valores da variável preditora (x), os resíduos observados depois do ajuste do modelo e a ordem em que os dados foram obtidos.

Preditor	11	20	14	22	12	25	15
Resíduo	−1	−2	3	−3	−1	5	0
Ordem	9	6	13	1	7	14	8

Preditor	14	19	21	18	22	16	21
Resíduo	0	3	−2	2	−5	0	1
Ordem	3	12	4	11	2	10	5

(a) Verifique se existe alguma possível transgressão das suposições, analisando o gráfico (x_i, $\hat{e}_i$).

(b) Faça o gráfico do resíduo contra a ordem do experimento. Você observa alguma inconveniência?

16.6 Alguns modelos especiais

Nesta seção, introduziremos alguns modelos particulares simples e que são de interesse prático. Iniciamos com o modelo que teoricamente passa pela origem. Depois, consideramos modelos não lineares, mas que podem ser linearizados por meio de alguma transformação.

16.6.1 Reta passando pela origem

Em algumas situações temos razões teóricas (ou ditadas pelas peculiaridades do problema a analisar) para supor que o modelo deva ser do tipo

$$y_i = \beta x_i + e_i, \quad i = 1, \ldots, n. \tag{16.65}$$

Com as mesmas suposições anteriores e observada uma amostra (x_i, y_i), $i = 1, \ldots, n$, é fácil ver que o EMQ de β é

$$\hat{\beta} = \frac{\sum_{i=1}^{n} x_i y_i}{\sum_{i=1}^{n} x_i^2}. \tag{16.66}$$

Deixamos a cargo do leitor verificar como ficam os resultados obtidos anteriormente para o modelo completo nesse caso particular. Por exemplo,

$$E\left(\hat{\beta}\right) = \beta,$$

$$\text{Var}\left(\hat{\beta}\right) = \frac{\sigma_e^2}{\sum_{i=1}^{n} x_i^2}.$$

Exemplo 16.9 A mensuração exata (Y) de uma substância do sangue, por meio de uma análise química, é muito cara. Um novo método mais barato resulta na medida X, que supostamente pode ser usada para prever o valor de Y. Nove amostras de sangue foram obtidas e avaliadas pelos dois métodos, obtendo-se as medidas abaixo.

X	119	155	174	190	196	233	272	253	276
Y	112	152	172	183	192	228	263	239	263

Algumas estatísticas obtidas são:

$$n = 9, \qquad \sum_i x_i = 1.868, \qquad \sum_i y_i = 1.804,$$

$$\sum_i x_i y_i = 396.933, \quad \sum_i x_i^2 = 411.436, \quad \sum_i y_i^2 = 383.028.$$

Vamos ajustar o modelo (16.65) a esses dados. Obtemos

$$\hat{\beta} = 396.933/411.436 = 0{,}9648,$$

resultando no modelo ajustado

$$\hat{y}_i = 0{,}9648 x_i, \quad i = 1, 2, \ldots, 9.$$

É fácil ver que $S_e^2 = 5{,}9136$ e $S_e = 2{,}4318$. Para testar a hipótese H_0: $\beta = 0$, usamos a estatística

$$t(\hat{\beta}) = \frac{\hat{\beta} - \beta}{S_e} \sqrt{\sum x_i^2},$$

que resulta ser igual a $t(\hat{\beta}) = (0{,}9648/2{,}4318)\sqrt{411.436} = 254{,}48$, o que claramente leva à rejeição de H_0. Um intervalo de confiança para β, com coeficiente de confiança 95% é

$$0{,}9648 \pm (2{,}306) \frac{2{,}4318}{\sqrt{411.436}} = 0{,}9648 \pm 0{,}0087,$$

ou seja,

$$IC(\beta; 0{,}95) = [0{,}9561; 0{,}9735].$$

Os dados e a reta ajustada estão na Figura 16.12.

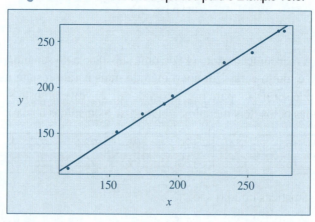

Figura 16.12 Dados e reta ajustada para o Exemplo 16.8.

16.6.2 Modelos não lineares

Quando usamos modelos de regressão, ou qualquer outro tipo de modelo, a situação ideal é aquela em que o pesquisador, por razões teóricas inerentes ao problema real sob estudo, pode sugerir a forma funcional da relação entre duas ou mais variáveis. Na prática,

16.6 ALGUNS MODELOS ESPECIAIS

isso nem sempre acontece. Muitas vezes, o pesquisador está interessado em usar técnicas de regressão para explorar modelos convenientes sugeridos pelos dados observados.

Como vimos, o primeiro passo para investigar o tipo de modelo a ser adotado é a representação gráfica dos dados, a qual pode sugerir a forma da curva relacionando as variáveis, além de fornecer outras informações (veja o final da Seção 16.1). Por exemplo, com os dados da Tabela 16.6 obtemos o diagrama de dispersão da Figura 16.13. Notamos claramente a inadequação da reta como modelo, sendo que provavelmente uma relação exponencial do tipo

$$f(x) = \alpha \, e^{\beta x} \qquad (16.67)$$

seja mais adequada. Um modelo que pode, então, ser sugerido, é

$$y_i = \alpha e^{\beta x_i} + \varepsilon_i, \quad i = 1, \ldots, n. \qquad (16.68)$$

Tabela 16.6 Taxa de Inflação no Brasil de 1961 a 1979.

Ano	t	Inflação (Y)	Y* = log Y
1961	−9	9	2,2
1963	−7	24	3,2
1965	−5	72	4,3
1967	−3	128	4,8
1969	−1	192	5,2
1971	1	277	5,6
1973	3	373	5,9
1975	5	613	6,4
1977	7	1.236	7,1
1979	9	2.639	7,9

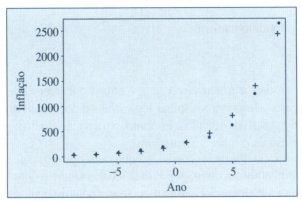

Figura 16.13 Dados de inflação no Brasil (pontos) e modelo exponencial ajustado (+).

502   CAPÍTULO 16 — MODELOS DE REGRESSÃO

Suponha que queiramos estimar os parâmetros α e β pelo método de mínimos quadrados. Devemos minimizar

$$S(\alpha,\beta) = \sum_{i=1}^{n} \varepsilon_i^2 = \sum_{i=1}^{n} \left(y_i - \alpha e^{\beta x_i} \right)^2. \tag{16.69}$$

Derivando S em relação a α e β e igualando a zero, obtemos as duas equações

$$\hat{\alpha} \sum_{i=1}^{n} e^{2\hat{\beta}x_i} = \sum_{i=1}^{n} y_i e^{\hat{\beta}x_i},$$

$$\hat{\alpha}^2 \sum_{i=1}^{n} x_i e^{2\hat{\beta}x_i} = \hat{\alpha} \sum_{i=1}^{n} x_i y_i e^{\hat{\beta}x_i}. \tag{16.70}$$

A solução desse sistema de equações não lineares exige o uso de procedimentos de otimização não lineares, como Newton-Raphson, Gauss-Newton, "scoring" e outros. Ou seja, os pontos de máximo da função S são obtidos numericamente, dada a impossibilidade de termos soluções analíticas para as Equações (16.70). Mas devemos dizer que essa é a regra, mais do que a exceção, em problemas encontrados na prática. Portanto, a utilização desses procedimentos de otimização é um requisito importante para estudantes de áreas como estatística, economia, engenharia etc.

Neste livro, vamos nos limitar a tratar de alguns casos em que as transformações das variáveis sob estudo permitirão o uso de um modelo linear simples.

Suponha que a função (16.67) seja apropriada para os dados da Tabela 16.6. Considere o modelo

$$y_i = \alpha e^{\beta x_i} \varepsilon_i, \quad i = 1, \ldots, n. \tag{16.71}$$

Observe que nesse modelo os erros ε_i entram de forma *multiplicativa* e não aditiva, como no caso do modelo (16.6). Considerando, agora, o logaritmo (na base e) de ambos os lados de (16.71) e chamando

$$y_i^* = \log y_i, \quad \alpha^* = \log \alpha, \quad \varepsilon_i^* = \log \varepsilon_i, \tag{16.72}$$

podemos escrever o modelo na forma

$$y_i^* = \alpha^* + \beta x_i + \varepsilon_i^*, \quad i = 1, \ldots, n. \tag{16.73}$$

Note que esse modelo é *linear* em α^* e β, e temos que supor que os erros ε_i sejam *positivos*; do contrário, não podemos tomar logaritmos deles. Por outro lado, os erros ε_i^* podem ser negativos, positivos ou nulos. Portanto, para o modelo linear (16.73) podemos fazer as suposições usuais das seções anteriores.

Exemplo 16.10 Utilizando os dados da Tabela 16.6, devemos, inicialmente, calcular os logaritmos naturais da variável Y. Note que nesse exemplo a variável explicativa é o

16.6 ALGUNS MODELOS ESPECIAIS

tempo, convenientemente codificado. Na Figura 16.14, temos o diagrama de dispersão dos dados transformados e da reta ajustada, a saber

$$\hat{y}_i^* = 5{,}27 + 0{,}28t, \quad t = -9, \ldots, 9. \tag{16.74}$$

A análise de tal modelo pode ser conduzida como antes. Veja o Problema 35.

Observe que o modelo original ajustado é

$$\hat{y}_i = 194{,}42 \cdot e^{0{,}28t}, \quad i = 1, \ldots, 10, \tag{16.75}$$

pois $\alpha = e^{5{,}27}$. Essa curva está representada na Figura 16.13. Os resíduos do modelo (16.74), transformado, e do modelo (16.75), original, são dados na Tabela 16.7 e nas Figuras 16.15 e 16.16, respectivamente. Note que em ambos os casos os resíduos não parecem ser aleatórios, havendo curvaturas, sugerindo a possibilidade de um modelo com termos quadráticos ou cúbicos, por exemplo.

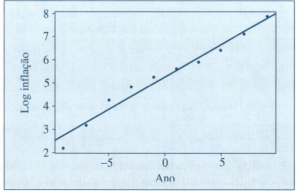

Figura 16.14 Diagrama de dispersão para o logaritmo da inflação com reta ajustada.

Tabela 16.7 Resíduos para os modelos linear e exponencial.

t	Resíduos Reta	Resíduos Exponencial
−9	−0,55	−6,643
−7	−0,11	−3,386
−5	0,43	24,057
−3	0,37	44,067
−1	0,21	45,061
1	0,05	19,757
3	−0,21	−77,348
5	−0,27	−175,412
7	−0,13	−145,251
9	0,11	222,632

Figura 16.15 Resíduos da reta ajustada ao logaritmo da inflação *versus* ano.

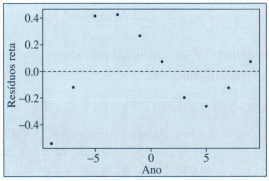

Figura 16.16 Resíduos do modelo exponencial ajustado aos dados originais *versus* ano.

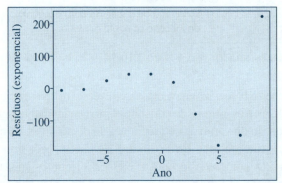

Os histogramas e gráficos $q \times q$ para normalidade dos resíduos estão nas Figuras 16.17 e 16.18. Notamos que o histograma é assimétrico, mostrando claramente o valor correspondente a $t = 9$. Como há poucos pontos, a análise de resíduos fica prejudicada; o gráfico $q \times q$ mostra os pontos não muito próximos de retas.

Figura 16.17 Histogramas: (a) resíduos reta ajustada ao log (inflação); (b) resíduos modelo exponencial.

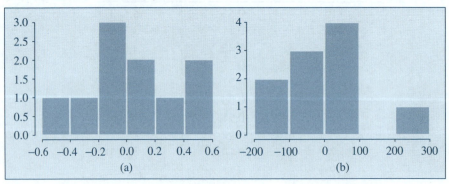

Figura 16.18 Gráficos $q \times q$ dos resíduos: (a) reta; (b) exponencial.

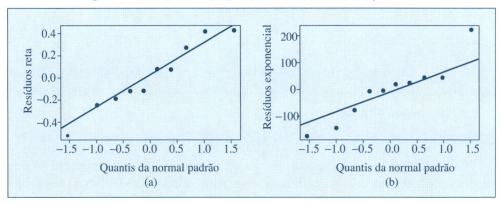

16.7 Regressão resistente

Nesta seção, vamos considerar apenas o caso de regressão linear simples. Ou seja, temos os valores observados (x_i, y_i), $i = 1, \ldots, n$ e queremos ajustar o modelo (16.6).

Notamos que os estimadores $\hat{\alpha}$ e $\hat{\beta}$ em (16.14) são baseados em $\bar{x}, \bar{y}$ e desvios em relação a essas médias.

A regressão resistente baseia-se em medianas, em vez de médias. Inicialmente, dividimos o conjunto dos n pontos em três grupos, de tamanhos aproximadamente iguais, baseados principalmente na ordenação da variável x e no gráfico de dispersão. Chamemos esses grupos de E (de esquerda), C (de centro) e D (de direita). Se $n = 3k$, cada grupo terá k pontos. Se $n = 3k + 1$, colocamos k pontos nos grupos E e D e $k + 1$ pontos no grupo C. Finalmente, se $n = 3k + 2$, colocamos $k + 1$ pontos nos grupos E e D e k pontos no grupo C.

Para cada grupo obtemos um *ponto resumo*, formado pela mediana dos x_i e a mediana dos y_i naquele grupo. Denominemos esses pontos por

$$(x_E, y_E), (x_C, y_C), (x_D, y_D).$$

Na Figura 16.19, temos um exemplo com três grupos com $k = 3$ em cada grupo.

Figura 16.19 Reta resistente com três grupos.

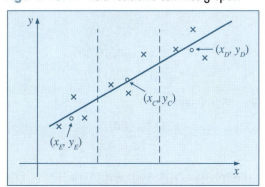

Os estimadores de β e α são dados, respectivamente, por

$$b_0 = \frac{y_D - y_E}{x_D - x_E},$$ (16.76)

$$a_0 = \frac{1}{3}\left[\left(y_E - b_0 x_E\right) + \left(y_C - b_0 x_C\right) + \left(y_D - b_0 x_D\right)\right].$$ (16.77)

A reta resistente ajustada é

$$\tilde{y}_i = a_0 + b_0 x_i, \quad i = 1, \dots, n.$$ (16.78)

Os modelos robustos necessitam, muitas vezes, recorrer a processos interativos para obter estimadores mais eficientes. Isso deve ser feito quando os resíduos não forem bem comportados. Não abordaremos esse tópico neste livro. Veja Hoaglin et al. (1983) para mais informação.

Exemplo 16.11 Voltemos aos dados do Exemplo 16.1. Como $n = 20 = 3 \times 6 + 2$, os grupos E, C e D serão formados com 7, 6 e 7 pontos, respectivamente. Observando a Figura 16.1, consideramos os grupos como seguem:

				Grupo E			
i	2	1	4	3	5	8	6
Idade	20	20	20	20	25	25	25
Y	92	96	100	106	98	101	104

			Grupo C			
i	7	12	10	11	9	14
Idade	25	30	30	30	30	35
Y	110	100	106	109	116	105

				Grupo D			
i	16	13	15	18	17	20	19
Idade	35	35	35	40	40	40	40
Y	108	112	118	112	113	117	127

Os pontos resumidores são:

$$(x_E, y_E) = (20, 100),$$
$$(x_C, y_C) = (30, 107,5),$$
$$(x_D, y_D) = (40, 113),$$

logo, as estimativas dos coeficientes serão

$$b_0 = \frac{113 - 100}{20} = 0,65$$

$$a_0 = \frac{1}{3}\left[\left(100 - 0,65(20)\right) + \left(107,5 - 0,65(30)\right) + \left(113 - 0,65(40)\right)\right] = 87,3$$

de modo que a reta resistente ajustada será

$$\tilde{y}_i = 87,3 + 0,65 x_i,$$

que está representada na Figura 16.20, justamente com a reta de MQ, dada em (16.18).

Figura 16.20 Reta de MQ (—) e reta resistente (– – –) para o Exemplo 16.11.

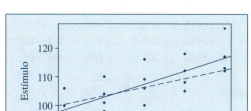

Na Seção 16.9, daremos um exemplo em que as duas retas, a de MQ e a resistente, são bastante diferentes.

16.8 Regressão linear múltipla

O modelo (16.10) pode ser generalizado para o caso em que tivermos mais de uma variável explicativa (ou **preditora**). Por exemplo, no Exemplo 16.1, podemos considerar as variáveis idade (X) e acuidade visual (Z) como explicativas da variável resposta Y (tempo de reação a um estímulo). Teremos o modelo

$$y_i = \beta_0 + \beta_1 x_i + \beta_2 z_i + e_i, \quad i = 1, \ldots, 20. \tag{16.79}$$

Para obter os estimadores de mínimos quadrados de β_0, β_1 e β_2 teremos que minimizar a soma de quadrados dos erros

$$SQ(\beta_0,\beta_1,\beta_2) = \sum_{i=1}^{20} \left(y_i - (\beta_0 - \beta_1 x_i + \beta_2 z_i)\right)^2, \tag{16.80}$$

com respeito a β_0, β_1 e β_2. Derivando (16.80) em relação a esses três parâmetros e igualando a zero, obtemos três equações, com três incógnitas, a saber os três parâmetros desconhecidos. A melhor maneira de resolver esse sistema e outros com mais variáveis é usar matrizes.

Não entraremos em detalhes sobre esse assunto neste livro, mas os alunos interessados poderão obter detalhes em Morettin e Singer (2022). Aqui, nos limitaremos a dar um exemplo de aplicação da função **lm()** do pacote **MASS** do R, aos dados do Exemplo 16.1.

```
Call:
lm(formula = tr ~ id + ac)

Residuals:
    Min      1Q   Median      3Q     Max
-9.7692 -0.6068   0.7480  1.7746  3.7692

Coefficients:
            Estimate Std. Error t value Pr(>|t|)
(Intercept) 126.56416   10.09118  12.542  5.1e-10 ***
id            0.65039    0.12794   5.083  9.2e-05 ***
ac           -0.45383    0.09282  -4.889 0.000138
---
Signif. codes:  0   '***' 0.001   '**' 0.01   '*' 0.05 '.' 0.1   ' ' 1

Residual standard error: 3.71 on 17 degrees of freedom
Multiple R-squared: 0.8296, Adjusted R-squared: 0.8095
F-statistic: 41.38 on 2 and 17 DF,  p-value: 2.935e-07
```

Pelo resultado, obtemos o modelo ajustado

$$\hat{y}_i = 126{,}56 + 0{,}65 x_i + 0{,}45 z_i \quad i = 1, \ldots, 20. \tag{16.81}$$

Vemos que Y varia diretamente com X (quanto maior a idade, maior o tempo de reação) e inversamente com Z (quanto maior a acuidade visual, menor o tempo de reação). Veja a Figura 16.21.

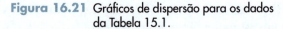

Figura 16.21 Gráficos de dispersão para os dados da Tabela 15.1.

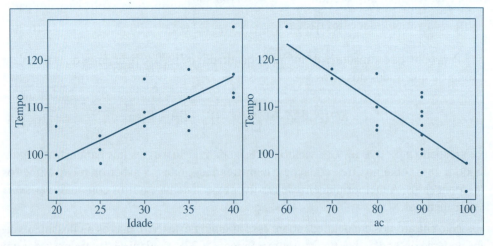

Todos os parâmetros são significativos (valores da estatística t maiores do que 2 e valores-p pequenos (menores do que 0.05)). O estimador do desvio padrão do erro é $S_e = 3{,}71$, menor que no modelo com uma variável explicativa.

Gráficos dos resíduos do modelo podem ser feitos, como no caso de uma variável explicativa. Veja o Problema 36.

16.9 Exemplos computacionais

Nesta seção, vamos considerar dois exemplos: um sobre a aplicação a dados reais do mercado de ações e outro aplicando regressão resistente a um conjunto de dados com um *outlier*.

Exemplo 16.12 Retomemos o Exemplo 4.13, no qual consideramos as variáveis Y = preço de ação da Telebrás e X = índice da Bolsa de Valores de São Paulo, cada uma com $n = 39$ observações. O gráfico de dispersão das duas variáveis está na Figura 16.22, juntamente com a reta de mínimos quadrados. O modelo ajustado é

$$\hat{y}_i = -5{,}57 + 0{,}93 x_i,$$

e no Quadro 16.1 temos a saída do programa Minitab. Nesta, encontramos:

(a) Estimativas dos coeficientes α e β, juntamente com as estimativas dos desvios padrões respectivos (1,085 e 0,0297).

(b) Valores da estatística t, para testar as hipóteses nulas de que os coeficientes são nulos (denotados por T), juntamente com o valor-p ($P = 0{,}000$), mostrando que devemos rejeitar essas hipóteses nulas.

(c) Uma tabela de análise de variância, com o valor $F = 969{,}44$, com 1 e 37 g.l., e o valor-p ($P = 0{,}000$).

(d) O valor de $R^2 = 96{,}3\%$, que nos diz que o modelo ajustado explica a maior parte da variabilidade dos dados.

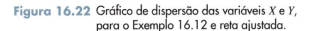

Figura 16.22 Gráfico de dispersão das variáveis X e Y, para o Exemplo 16.12 e reta ajustada.

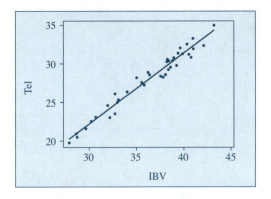

Quadro 16.1 Análise do Exemplo 16.12. Minitab.

Regression Analysis

The regression equation is
Tel = − 5.57 + 0.925 Ibv

Predictor	Coef	StDev	T	P
Constant	−5.570	1.085	−5.13	0.000
Ibv	0.92491	0.02971	31.14	0.000

S = 0.7614   R − Sq = 96.3%   R − Sq (adj) = 96.2%

Analysis of Variance

Source	DF	SS	MS	F	P
Regression	1	561.99	561.99	969.44	0.000
Residual Error	37	21.45	0.58		
Total	38	583.44			

Na Figura 16.23, temos gráficos que nos auxiliam a fazer um diagnóstico do modelo ajustado. Na Figura 16.23(a), temos o gráfico $q \times q$ dos quantis dos resíduos contra os quantis da normal padrão, para avaliar a normalidade dos resíduos. Na Figura 16.23(b), temos o gráfico dos resíduos contra a ordem das observações e, na Figura 16.23(d), o gráfico dos resíduos contra os valores ajustados. Finalmente, na Figura 16.23(c), temos o histograma dos resíduos. O que você pode dizer desses gráficos?

Figura 16.23 Gráficos após o ajuste do modelo: análise de resíduos, Exemplo 16.11. Minitab.

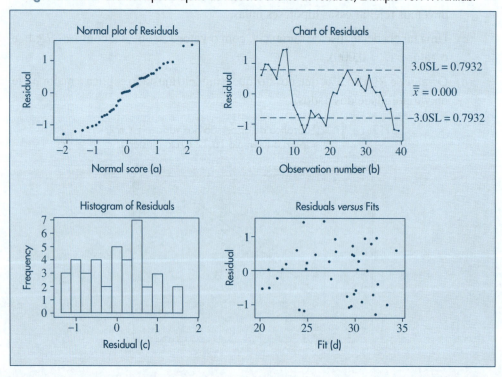

16.9 EXEMPLOS COMPUTACIONAIS

Exemplo 16.13 Considere os dados da Tabela 16.8, provenientes da mensuração da velocidade do vento no aeroporto de Filadélfia (EUA), sempre a uma hora da manhã, para os primeiros 15 dias de dezembro de 1974 (Graedel e Kleiner, 1985).

Tabela 16.8 Velocidade do vento no aeroporto de Filadélfia.

t	v_t	t	v_t
1	22,2	9	20,4
2	61,1	10	20,4
3	13,0	11	20,4
4	27,8	12	11,1
5	22,2	13	13,0
6	7,4	14	7,4
7	7,4	15	14,8
8	7,4		

Observamos no diagrama de dispersão da Figura 16.24 o valor atípico 61,1 destacado dos demais pontos. A reta de MQ ajustada aos dados é

$$\hat{v}_t = 30{,}034 - 1{,}454t, \quad t = 1, 2, \ldots, 15, \quad (16.82)$$

e é "puxada" por esse ponto. Essa reta está representada por uma linha cheia na figura.

Para ajustar a reta resistente, consideramos três conjuntos de cinco pontos. É fácil ver que obtemos

$$\tilde{v}_t = 21{,}56 - 0{,}92t, \quad t = 1, 2, \ldots, 15 \quad (16.83)$$

também representada por uma linha tracejada na figura.

Figura 16.24 Reta de MQ (———) e resistente (– – – –) para os dados de velocidade do vento.

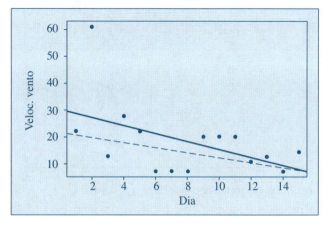

512 CAPÍTULO 16 — MODELOS DE REGRESSÃO

16.10 Problemas suplementares

17. Com o modelo $\hat{z} = \hat{\alpha} + \hat{\beta}x$ para a acuidade visual, desenvolvido nos problemas anteriores:

   (a) construa o IC de 95% para a acuidade visual média dos indivíduos com 18 anos de idade;

   (b) construa o IC de 95% para a acuidade visual esperada para indivíduos com 30 anos de idade; e

   (c) construa o IC com 95% de confiança para a acuidade visual média dos indivíduos com 80 anos. Comente o resultado.

18. No Problema 6, qual o tempo médio esperado para empacotar um volume com 30 dm³?

19. Os dados abaixo referem-se a meses de experiência de dez digitadores e o número de erros cometidos na digitação de determinado texto.

Meses x	1	2	3	4	5	6	7	8	9	10
Erros y	30	28	24	20	18	14	13	10	7	6

Dados: $\sum x_i = 60$, $\sum x_i^2 = 460$, $\sum y_i = 170$, $\sum x_i y_i = 768$.

   (a) Represente graficamente esse conjunto de dados.

   (b) Assumindo que um modelo de regressão linear é adequado, determine os coeficientes da equação pelo método dos mínimos quadrados.

   (c) Represente a reta de regressão no gráfico feito anteriormente.

   (d) Qual a posição do ponto $(\bar{x}, \bar{y})$ em relação à reta de regressão?

   (e) Qual o número esperado de erros para um digitador com 5 meses de experiência?

20. Os dados abaixo correspondem às variáveis renda familiar e gasto com alimentação numa amostra de dez famílias, representadas em salários mínimos.

Renda familiar (x)	Gasto com alimentação (y)
3	1,5
5	2,0
10	6,0
20	10,0
30	15,0
50	20,0
70	25,0
100	40,0
150	60,0
200	80,0

Obtenha a equação de regressão ajustada, $\hat{y} = \hat{\alpha} + \hat{\beta}x$.

   (a) Qual a previsão do gasto com alimentação para uma família com renda de 170 reais?

16.10 PROBLEMAS SUPLEMENTARES

(b) Qual a previsão do gasto para famílias com excepcional renda, por exemplo 1.000 reais? Você acha esse valor razoável? Por quê?

(c) Se você respondeu que o valor obtido em (b) não é razoável, encontre uma explicação para o ocorrido. (Sugestão: interprete a natureza das variáveis X e Y e o comportamento de Y para grandes valores de X.)

21. A análise do lucro anual de uma ação, como função linear da sua cotação média anual, forneceu os resultados abaixo com alguns campos em branco. Preencha as lacunas e interprete os resultados.

ANOVA

Fonte	g.l.	SQ	QM	F
Regressão Resíduo		1209		
Total	11	1766		

Modelo

Descrição	Coef.	EP	t	valor-p	LI (95%)	LS (95%)
Intercepto	49,00	22,00		0,055	−1,34	
Cotação	0,30	0,07		0,003		0,45

22. Um jornal quer verificar a eficácia de seus anúncios na venda de carros usados. A tabela abaixo mostra o número de anúncios publicados e o correspondente número de carros vendidos por seis companhias que usaram apenas esse jornal como veículo de propaganda.

Companhia	A	B	C	D	E	G
Anúncios	74	45	48	36	27	16
Carros vendidos	139	108	98	76	62	57

Ajustando-se a reta de regressão, obteve-se $y = 1,516x + 27,844$ e $F = 70,17$. Como você argumentaria com a companhia G para que ela aumentasse o número de anúncios, aumentando a venda de carros?

23. O custo de manutenção de tratores parece aumentar com a idade do trator. Os seguintes dados foram obtidos (X representa idade em anos e Y o custo por seis meses):

(a) Ajuste o modelo $\hat{y} = \hat{\beta}_0 + \hat{\beta}_1 x$ e teste a hipótese de interesse para o nível $\alpha = 0,10$.

(b) Devemos procurar um modelo mais adequado?

(c) Determine uma "previsão" para o custo de manutenção para tratores com 5 anos de idade e obtenha um intervalo de confiança com $\gamma = 0,90$.

(d) Teste as hipóteses $H_0 : \beta_0 = 300$, $H_1 : \beta_0 > 300$, para o nível $\alpha = 0,05$.

X	Y
0,5	163
0,5	182
1,0	978
1,0	466
1,0	549
4,0	495
4,0	723
4,0	681
4,5	619
4,5	1.049
4,5	1.033
5,0	890
5,0	1.522
5,0	1.194
5,5	987
6,0	764
6,0	1.373

24. Os dados abaixo referem-se a outro experimento de Galton (veja CM-1), dentro da mesma investigação, procurando estudar a relação entre o diâmetro, em centésimos de polegada, de ervilhas-pais (x) e ervilhas-filhas (y). Analise a reta de regressão para os dados e interprete os coeficientes.

Diâmetros em 0,01 de polegadas de sementes de ervilhas							
Pais (x)	15,0	16,0	17,0	18,0	19,0	20,0	21,0
Filhos (y)	15,4	15,7	16,0	16,3	16,6	17,0	17,3

25. Um pesquisador deseja verificar se um instrumento para medir concentração de ácido lático no sangue está bem calibrado. Para isso ele tomou **20** amostras de concentrações conhecidas e determinou a respectiva concentração por meio do instrumento. Como uma análise de regressão poderia auxiliar o pesquisador? Modele o problema acima, especificando as variáveis independente e dependente e as hipóteses de interesse.

26. Os dados abaixo correspondem a duas variáveis X e Y, em que:

X = concentração conhecida de ácido lático e

Y = concentração de ácido lático registrada pelo instrumento

X	Y				
1	1,1	0,7	1,8	0,4	
3	3,0	1,4	4,9	4,4	4,5
5	7,3	8,2	6,2		
10	12,0	13,1	12,6	13,2	
15	18,7	19,7	17,4	17,1	

16.10 PROBLEMAS SUPLEMENTARES

Ajuste o modelo $\hat{y} = \hat{\beta}_0 + \hat{\beta}_1 x$ e teste a hipótese $H_0 : \beta_1 = 1$ contra a alternativa $H_1 : \beta_1 \neq 1$. Tire conclusões com base no resultado desse teste.

27. Sejam X = volume de precipitação pluvial

    Y = produção de trigo por alqueire

    (a) Você acha que um modelo do tipo $Y = \alpha + \beta x + e$ seria adequado para essas variáveis? Por quê?

    (b) Caso esse modelo não seja adequado, esboce um gráfico do tipo de relação que você esperaria existir entre X e Y.

28. Num experimento foram aplicadas três doses diferentes de insulina em coelhos e foram observadas quedas na quantidade de açúcar no sangue (variável Y) depois de determinados períodos. Nesse tipo de experimento, é usual admitir-se que a relação entre queda de açúcar e o logaritmo da dose da insulina é linear.

log da dose (X)		
0,36	0,56	0,76
17	64	62
21	48	72
49	34	61
54	63	91

São dados:

$$\sum x_i = 6,72; \quad \sum x_i^2 = 4,0832; \quad \sum x_i y_i = 385,16;$$
$$\sum y_i = 636; \quad \sum y_i^2 = 38.602; \quad \bar{x} = 0,56; \quad \bar{y} = 53.$$

Faça um estudo completo sobre o ajuste do modelo $y = \beta_0 + \beta_1 x + \varepsilon$ a esses dados.

29. A indústria farmacêutica MIMI vende um remédio para combater resfriado. Após dois anos de operação, ela coletou as seguintes informações trimestrais:

Trimestre	Vendas (10.000) (Y)	Despesas c/ Propaganda (X)	Temperatura Média do Trimestre (Z)
1	25	11	2
2	13	5	13
3	8	3	16
4	20	9	7
5	25	12	4
6	12	6	10
7	10	5	13
8	15	9	4

$$\sum y = 128; \quad \sum y^2 = 2.352; \quad \sum yx = 1.101;$$
$$\sum x = 60; \quad \sum x^2 = 522; \quad \sum yz = 897;$$
$$\sum z = 69; \quad \sum z^2 = 779; \quad \sum xz = 397.$$

516 CAPÍTULO 16 — MODELOS DE REGRESSÃO

(a) Faça os gráficos (x, y) e (z, y).

(b) Encontre as retas $\hat{y} = a + bx$ e $\hat{y} = c + dz$.

(c) Qual das duas você acha estatisticamente mais adequada para prever as vendas? Por quê?

(d) De acordo com a decisão acima, qual a previsão de vendas para um trimestre em que a despesa de propaganda será 8 e a temperatura prevista 10?

30. Para construir um modelo linear relacionando a quantidade de fertilizantes usada (x) e a produtividade obtida (y) com uma amostra de sete canteiros, o pesquisador obteve as seguintes estatísticas:

$$\bar{x} = 400, \quad \bar{y} = 60, \quad s_x = 216{,}02, \quad s_y = 13{,}84 \quad e \quad r = 0{,}922.$$

(a) Encontre as estimativas do modelo $\hat{y} = \hat{\alpha} + \hat{\beta}x$.

(b) Construa a tabela ANOVA.

(c) Analise os resultados.

31. Obtenha (16.64) e os gráficos que seguem.

32. Para o Exemplo 16.10, obtenha a tabela ANOVA e os intervalos de confiança para α^* e β, ajustando o modelo (16.71).

33. Ainda para o Exemplo 16.10, obtenha o intervalo de confiança para α.

34. Para o exemplo da reação ao estímulo:

(a) construa o IC para a média das pessoas com 28 anos de idade;

(b) construa o IP para uma futura pessoa de 28 anos de idade;

(c) compare e ressalte as diferenças dos dois resultados.

35. Construa o gráfico das regiões de previsão da média e individual $(1 - \alpha = 0{,}95)$ para o modelo desenvolvido no Problema 3 e complementado no Problema 8. A que temperatura a potência média já poderia ser considerada como zero? Compare com a resposta dada na questão (d) do Problema 3.

36. Sejam Y = despesa com viagem, X = duração da viagem (em dias). Para uma amostra com $n = 102$ obteve-se:

$$\sum x_i = 510; \sum y_i = 7.140; \sum x_i^2 = 4.150; \sum x_i y_i = 54.900; \sum y_i^2 = 740.200; \bar{x} = 5; \bar{y} = 70.$$

(a) Obter a reta $\hat{y} = \hat{\alpha} + \hat{\beta}x_i$.

(b) Qual o significado prático de $\hat{\alpha}$ e $\hat{\beta}$?

(c) Uma viagem irá durar sete dias. Quanto o vendedor deve levar para que exista apenas uma chance em dez de lhe faltar dinheiro?

37. Para o modelo ajustado (16.81), obter:

(a) o gráfico dos resíduos *versus* cada variável explicativa;

(b) o gráfico dos resíduos *versus* o tempo de reação estimado;

(c) o gráfico $q \times q$ dos resíduos para avaliar a suposição de normalidade.

16.11 Complementos metodológicos

1. *Origem do Termo Regressão.* O uso do termo regressão deve-se a Francis Galton, por volta de 1885, quando investigava relações entre características antropométricas de sucessivas gerações. Uma de suas constatações era de que "cada peculiaridade de um homem é transmitida aos seus descendentes, mas, em média, numa intensidade menor". Por exemplo: embora pais com baixa estatura tendam a ter filhos também com baixa estatura, estes têm altura média maior do que a altura média de seus pais. O mesmo ocorre, mas em direção contrária, com pais com estatura alta. Essa afirmação pode ser mais bem compreendida observando-se os dados usados por Galton, e representados parcialmente na Figura 16.25. Se as características permanecessem as mesmas de geração para geração, esperar-se-ia que a reta de regressão tivesse seu coeficiente angular próximo de 1. Em sua análise, Galton encontrou o valor **0,516**, mostrando que a reta tende para aquela paralela ao eixo x e passando pela média ($y = \bar{y}$). A esse fenômeno de a altura dos filhos mover-se em direção à altura média de todos os homens ele chamou de *regressão* e, às vezes, de reversão, tendo aparecido num artigo de 1885, no *Journal of the Anthropological Institute*, com o título "Regression Towards Mediocrity in Hereditary Stature" — Regressão para a Mediocridade em Estaturas Hereditárias; mediocridade, aqui, referindo-se a média.

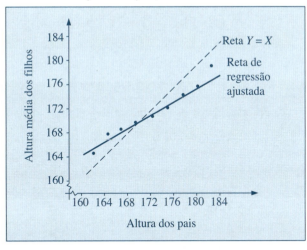

Figura 16.25 Média da altura de filhos contra altura composta dos pais, baseada no estudo de Galton.

2. Vamos provar que o coeficiente angular $\hat{\beta}$ da Fórmula **(16.14)** pode ser escrita como

$$\hat{\beta} = \frac{\sum(x_i - \bar{x})(y_i - \bar{y})}{\sum(x_i - \bar{x})^2} = \frac{S_{xy}}{S_x^2}$$

De (16.14) temos:

$$\hat{\beta} = \frac{\sum x_i y_i - n\bar{x}\bar{y}}{\sum x_i^2 - n\bar{x}^2}.$$

Mas,

$$\sum (x_i - \bar{x})(y_i - \bar{y}) = \sum (x_i y_i - \bar{x}y_i - \bar{y}x_i + \bar{x}\bar{y})$$
$$= \sum x_i y_i - \bar{x}\sum y_i - \bar{y}\sum x_i + n\bar{x}\bar{y}$$
$$= \sum x_i y_i - n\bar{x}\bar{y} - n\bar{x}\bar{y} + n\bar{x}\bar{y} = \sum x_i y_i - n\bar{x}\bar{y}.$$

De modo análogo,

$$\sum (x_i - \bar{x})^2 = \sum x_i^2 - n\bar{x}^2.$$

Definindo-se $s_{xy} = \dfrac{1}{n-1}\sum (x_i - \bar{x})(y_i - \bar{y})$ e

$$S_x^2 = \frac{1}{n-1}\sum (x_i - \bar{x})^2$$

a demonstração está completa.

3. Vamos provar (16.30), ou seja:

$$\sum (y_i - \bar{y})^2 = \sum (\hat{y}_i - \bar{y})^2 + \sum \hat{e}_1^2.$$

De (16.29),

$$y_i - \bar{y} = y_i - \hat{y}_i + \hat{y}_i - \bar{y} = \hat{e}_i + (\hat{y}_i - \bar{y}),$$

e elevando ao quadrado ambos os membros e somando-os, obtemos

$$\sum (y_i - \bar{y})^2 = \sum \hat{e}_i^2 + \sum (\hat{y}_i - y)^2 + 2\sum (\hat{y}_i - \bar{y})\hat{e}_i.$$

Mas, como

$$\hat{y}_i = \bar{y} + \hat{\beta}(x_i - \bar{x}) \quad \text{e} \quad \hat{e}_i = y_i - \bar{y} - \hat{\beta}(x_i - \bar{x}),$$

teremos

$$\sum \hat{e}_i (\hat{y}_i - \bar{y}) = \sum \left[(y_i - \bar{y}) - \hat{\beta}(x_i - \bar{x}) \right]\left[\hat{\beta}(x_i - \bar{x}) \right]$$
$$= \hat{\beta}\sum (y_i - \bar{y})(x_i - \bar{x}) - \hat{\beta}^2 \sum (x_i - \bar{x})^2.$$

Usando a expressão de $\hat{\beta}$, do Problema 30, obtemos

$$\sum \hat{e}_i (\hat{y}_i - \bar{y}) = 0,$$

o que demonstra a expressão.

4. Mostremos que $E(S_e^2) = \sigma_e^2$.

Vamos decompor a demonstração em três partes:

(a) Vejamos quanto vale $E(SQTot)$. Temos:

$$Y_i = \alpha + \beta x_i + e_i, \quad i = 1, 2, \ldots, n; \quad e_i \sim N(0, \sigma_e^2).$$

Somando as n parcelas em cada membro e dividindo por n, obtemos:

$$\overline{Y} = \alpha + \beta \overline{x} + \overline{e}, \quad \overline{e} \sim N(0; \sigma_e^2/n),$$

e, ainda,

$$Y_i - \overline{Y} = \beta(x_i - \overline{x}) + e_i - \overline{e},$$
$$SQTot = \sum (Y_i - \overline{Y})^2$$
$$= \beta^2 \sum (x_i - \overline{x})^2 + \sum (e_i - \overline{e})^2$$
$$+ 2\beta \sum (x_i - \overline{x})(e_i - \overline{e}).$$

Calculando a esperança, teremos:

$$E(SQTot) = \beta^2 \sum (x_i - \overline{x})^2 + E\left[\sum (e_i - \overline{e})^2 \right]$$
$$+ 2\beta \sum (x_i - \overline{x}) E(e_i - \overline{e})$$
$$= \beta^2 \sum (x_i - \overline{x})^2 + E\left[\sum (e_i - \overline{e})^2 \right] + 0.$$

Mas

$$E\left[\sum (e_i - \overline{e})^2 \right] = (n-1) E\left[\frac{\sum (e_i - \overline{e})^2}{n-1} \right] = (n-1)\sigma_e^2,$$

pois é equivalente à variância de uma amostra aleatória simples de tamanho n, retirada da população $N(0, \sigma_e^2)$, e já vimos que essa é a expressão de um estimador não viesado da variância σ_e^2. Então:

$$E(SQTot) = \beta^2 \sum (x_i - \overline{x})^2 + (n-1)\sigma_e^2.$$

(b) Vamos calcular agora $E(SQReg)$. De (16.33),

$$SQReg = \hat{\beta}^2 \sum (x_i - \overline{x})^2$$

e de (16.37),

$$\text{Var}\left(\hat{\beta}\right)=\sigma_e^2\Big/\sum\left(x_i-\bar{x}\right)^2.$$

Mas da definição de variância, sabemos que

$$\text{Var}(\hat{\beta}) = E(\hat{\beta}^2) - E^2(\hat{\beta}) = E(\hat{\beta}^2) - \beta^2$$

pois $E(\hat{\beta}) = \beta$. Combinando estas expressões, teremos:

$$E[\text{SQReg}]=\sum\left(x_i-\bar{x}\right)^2 E\left(\hat{\beta}^2\right)=\left[\text{Var}\left(\hat{\beta}\right)+\hat{\beta}\right]\sum\left(x_i-\bar{x}\right)^2$$

$$=\left\{\frac{\sigma_e^2}{\sum\left(x_i-\bar{x}\right)^2}+\beta^2\right\}\sum\left(x_i-\bar{x}\right)^2$$

$$=\sigma_e^2+\beta^2\sum\left(x_i-\bar{x}\right)^2.$$

Explicitamente, $E[\text{SQReg}]=\sigma_e^2+\beta^2\sum\left(x_i-\bar{x}\right)^2$.

(c) Finalmente, como

$$\text{SQRes} = \text{SQTot} - \text{SQRes},$$

$$E[\text{SQRes}]=\left[\beta^2\sum\left(x_i-\bar{x}\right)^2+(n-1)\sigma_e^2\right]-\left[\sigma_e^2+\beta^2\sum\left(x_i-\bar{x}\right)^2\right],$$

$$E[\text{SQRes}]= (n-2)\sigma_e^2,$$

a partir de que podemos escrever:

$$\text{E}\left(\frac{\text{SQRes}}{n-2}\right)= \sigma_e^2,$$

ou seja,

$$S_e^2=\frac{\sum\left(y_i-\hat{y}_i\right)^2}{n-2}$$

é estimador não viesado de σ_e^2.

5. Vamos, agora, provar que $\text{Cov}(\bar{Y}, \hat{\beta}) = 0$

    (a) Inicialmente vamos provar que, se X e Y são independentes, $U = aX + bY$ e $V = mX + nY$, então

    $$\text{Cov}(U, V) = am\text{Var}(X) + bn\text{Var}(Y).$$

16.11 COMPLEMENTOS METODOLÓGICOS

Sabemos que $Cov(U, V) = E(UV) - E(U) \cdot E(V)$,

$$E(U) = aE(X) + bE(Y),$$
$$E(V) = mE(X) + nE(Y),$$
$$E(UV) = E[(aX + bY)(mX + nY)]$$
$$= amE(X^2) + anE(XY) + bmE(XY) + bnE(Y^2).$$

Substituindo na expressão da covariância, teremos:

$$Cov(U,V) = amE(X^2) + bnE(Y^2) + (an + bm)E(XY)$$
$$- [amE^2(X) + bnE^2(Y) + (an + bm)E(X)E(Y)]$$
$$= am[E(X^2) - E^2(X)] + bn[(E(Y^2) - E^2(Y)]$$
$$+ (an + bm)[E(XY) - E(X) + E(Y)]$$
$$= am\text{Var}(X) + bn\text{Var}(Y),$$

e o último termo desaparece, pois as variáveis são independentes. A expressão pode ser generalizada quando X_1, X_2, ..., X_n são independentes, com

$$U = a_1 X_1 + a_2 X_2 + ... + a_n X_n = \sum a_i X_i,$$
$$V = b_1 X_1 + b_2 X_2 + ... + b_n X_n = \sum b_i X_i,$$

então, $Cov(U, V) = \Sigma a_i b_i \text{Var}(X_i)$.

Quando $\text{Var}(X_i) = \sigma^2$, temos:

$$Cov(U,V) = \sigma^2 \sum a_i b_i.$$

(b) $Cov(\bar{Y}, \hat{\beta}) = 0$.

Sabemos que:

$$\bar{Y} = \frac{1}{n} \sum Y_i = \sum \frac{1}{n} Y_i = \sum a_i Y_i, \text{ com } a_i = \frac{1}{n},$$

$$\hat{\beta} = \sum w_i Y_i, \text{ com } w_i = \frac{x_i - x}{\sum (x_i - x)^2}$$

então

$$Cov(\bar{Y}, \hat{\beta}) = Cov\left(\sum a_i Y_i, \sum w_i Y_i\right) = \sum a_i w_i \text{Var}(Y_i)$$
$$= \sigma_e^2 \sum a_i w_i = 0,$$

pois $\sum a_i w_i = (1/n) \sum w_i = 0$, o que demonstra a propriedade.

Capítulo 17

Séries Temporais

17.1 Introdução

Em capítulos anteriores analisamos conjuntos de dados obtidos de variáveis aleatórias independentes e com a mesma distribuição. No Capítulo 16 vimos o caso em que tínhamos uma variável resposta e uma variável explicativa (ou preditora), de modo que, explicitamente, sabíamos qual era o papel de cada uma. Neste capítulo vamos considerar o caso em que observamos uma variável aleatória ao longo do tempo, de modo que as observações $X_1, X_2, ..., X_n$ dessa variável não serão mais independentes: haverá uma *correlação* entre elas. Tal conjunto de observações é denominada uma *série temporal*. Este capítulo é baseado em Morettin e Toloi (2018) e Morettin e Toloi (1985).

As séries temporais usadas neste capítulo estão na página

https ://www.ime.usp.br/~pam/ST.html

Exemplo 17.1 São exemplos de séries temporais:

- (i) os valores diários das ações da Petrobrás na Bolsa de Valores de São Paulo, de 18/08/1998 a 17/09/2010, com $n = 2.999$ observações;
- (ii) as quantidades anuais de chuva na cidade de Fortaleza (Ceará), de 1879 a 1997, com $n = 149$ observações;
- (iii) os valores mensais da temperatura na cidade de Ubatuba (São Paulo), de janeiro de 1976 a dezembro de 1980, com $n = 60$ observações;
- (iv) índice de produção industrial no Brasil de janeiro de 1969 a julho de 1980, com $n = 139$ observações;
- (v) os registros de quatro canais do encefalograma (EEG) de um paciente com crise epilética.

17.1 INTRODUÇÃO

Nos exemplos (i)-(iv) temos senes temporais *discretas*, ao passo que no caso (v) temos uma série temporal *contínua*. Se tivermos uma série contínua, observada durante um intervalo de tempo de amplitude T, teremos que discretizá-la, por meio de uma amostragem em intervalos de tempo equiespaçados. Designando-se o intervalo de amostragem por Δt, a série discreta terá $n = T/\Delta$ observações.

Podemos ter séries temporais observadas em intervalos de tempo irregularmente espaçados. Por exemplo, observações astronômicas podem depender de aspectos climáticos, ou podemos ter a quebra de um equipamento de mensuração de determinado fenômeno durante certo tempo.

Na Figura 17.1 temos os gráficos das séries temporais (i)-(v) e, na Figura 17.2, o gráfico da série (v).

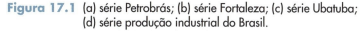

Figura 17.1 (a) série Petrobrás; (b) série Fortaleza; (c) série Ubatuba; (d) série produção industrial do Brasil.

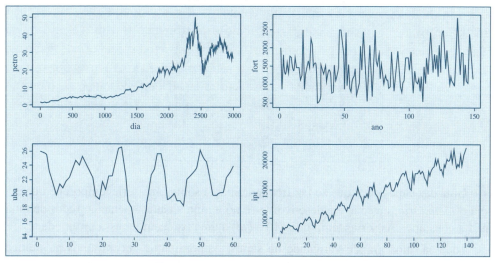

Figura 17.2 Registros EEG.

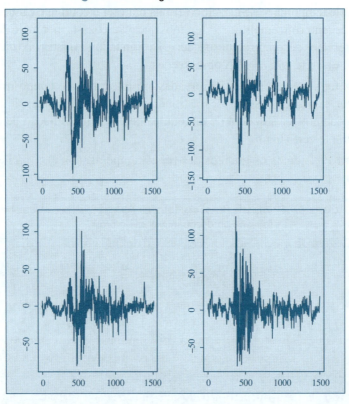

Uma das suposições que se faz frequentemente sobre uma série temporal é que ela seja *estacionária*, ou seja, ela desenvolve-se no tempo aleatoriamente ao redor de uma média constante. As séries temporais (ii) e (iii) acima parecem ter essa propriedade.

Todavia, uma grande variedade de séries temporais que encontramos na prática apresentam alguma forma de não estacionariedade. As séries temporais (i) e (iv) são exemplos. Séries econômicas e financeiras exibem em geral *tendências*, sendo o caso mais simples aquele em que a série oscila ao redor de uma reta, com inclinação positiva ou negativa (tendência linear).

Se uma variável X desenvolve-se no tempo, formando uma série temporal, usaremos a notação X_t, na qual o índice representa o tempo. Vamos supor que a série seja observada em instantes de tempo igualmente espaçados e, para facilitar a notação, usaremos $t = 1, 2, \ldots, n$

17.2 Transformações

Se uma série temporal for não estacionária pode-se usar uma transformação para torná-la estacionária e, depois, usar algum procedimento desejado que se aplique a séries estacionárias. A transformação mais comum consiste em tomar *diferenças* da série original, até obter-se uma série estacionária. Na maioria dos casos de interesse, uma ou duas diferenças são suficientes.

Dada a série não estacionária X_t, a primeira diferença é definida por

$$\Delta X_t = X_t - X_{t-1}, \tag{17.1}$$

para $t = 2, \ldots, n$. A segunda diferença é dada por

$$\Delta^2 X_t = \Delta [\Delta X_t] = \Delta [X_t - X_{t-1}],$$

ou seja,

$$\Delta^2 X_t = X_t - 2 X_{t-1} + X_{t-2}, \tag{17.2}$$

De modo geral, a n-ésima dieferença de X_t é definida por

$$\Delta^n = \Delta [\Delta^{n-1} X_t], \tag{17.3}$$

Se for necessária uma diferença para X_t tornar-se estacionário, dizemos que ela é *integrada de ordem um*, e escrevemos $X_t \sim I(1)$. De modo geral, se forem necessárias p diferenças para que a série torne-se estacionária, diremos que ela é integrada de ordem p, e escrevemos $X_t \sim I(p)$. Séries econômicas e financeiras são, em geral $I(1)$. Um processo estacionário diz-se $I(0)$.

Outra razão para transformar os dados é estabilizar sua variância. Para séries como a do exemplo a seguir, existe uma tendência e pode ocorrer um acréscimo da variância da série à medida que o tempo passa. Nessas situações uma transformação logarítmica pode ser adequada.

Para séries econômicas e financeiras não estacionárias, como a do Excmplo 17.1(i), um procedimento usual é considerar

$$Y_t = \Delta \log X_t = \log X_t - \log X_{t-1}, \tag{17.4}$$

que é denominado *log-retorno* e que tem importância na análise de séries temporais financeiras.

Exemplo 17.2 Considere a série temporal da Tabela 17.1, referente ao consumo de energia elétrica no Espírito Santo, de janeiro de 1977 a dezembro de 1978 (parte de uma série maior, veja abaixo, valores divididos por mil). O gráfico da série está na Figura 17.3(a). Vemos uma tendência crescente, aproximadamente linear.

Tabela 17.1 Consumo de energia elétrica no Espírito Santo, jan./1977 a dez./1978 (X_t), sua diferença (ΔX_t) e a média móvel de 3 termos ($\hat{T}_t$).

t	X_t	ΔX_t	$\hat{T}_t$	t	X_t	ΔX_t	$\hat{T}_t$
1	84,6	–	–	13	110,3	–9,3	112,7
2	89,9	5,3	85,5	14	118,1	17,8	115,0
3	81,9	–8,0	89,1	15	116,5	–1,6	122,9
4	95,4	13,5	89,5	16	134,2	17,7	128,5
5	91,2	–4,2	92,1	17	134,7	0,5	137,9
6	89,8	–1,4	90,2	18	144,8	10,1	141,3
7	89,7	–0,1	92,5	19	144,4	–0,4	149,5
8	97,9	8,2	97,0	20	159,2	14,8	157,3
9	103,4	5,5	103,0	21	168,2	9,0	167,5
10	107,6	4,2	110,5	22	175,2	7,0	172,6
11	120,4	12,8	112,5	23	174,5	–0,7	174,5
12	109,6	–10,8	113,4	24	173,7	–0,8	–

Tomando-se uma diferença, obtemos a curva da Figura 17.3(b). A série ΔX_t também está apresentada na Tabela 17.1. Note que perdemos uma observação, e a série com uma diferença já parece ser estacionária. O gráfico da série de energia de janeiro de 1968 a setembro de 1980, com $n = 141$ observações, é mostrada na Figura 17.4(a), e agora a tendência é não linear; na Figura 17.4(b) encontramos sua diferença, que é estacionária na maior parte do domínio (tempo), exceto no final, onde a série original apresenta um salto atípico.

Figura 17.3 Série de consumo de energia com reta ajustada, tendência (círculos) e diferença.

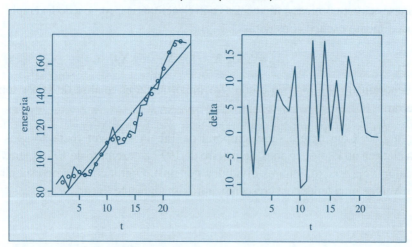

17.2 TRANSFORMAÇÕES

Figura 17.4 (a) Série de consumo de energia de 1968 a 1979; (b) sua diferença; (c) o logaritmo da série; (d) a diferença do logaritmo.

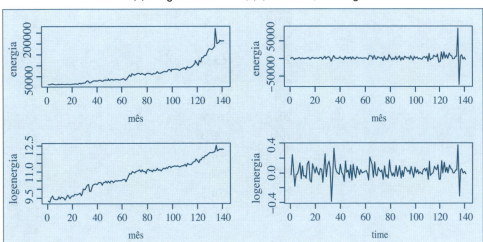

Para estabilizar a variância, façamos a transformação logarítmica, considerando-se o log X_t e, depois, tomando a diferença dessa série, que estão apresentadas nas Figuras 17.4(c) e 17.4(d). Observamos, primeiro, que o logaritmo de X_t agora apresenta uma tendência linear e, segundo, que a diferença dessa série é "mais estacionária".

Como a série com $n = 24$ apresenta uma tendência aproximadamente linear, e chamando esta de T_t, podemos ajustar uma regressão linear aos dados, obtendo-se a reta ajustada

$$\hat{T}_t = 68{,}44 + 4{,}24t. \tag{17.5}$$

Esta reta está apresentada, junto com a série, na Figura 17.3. Usando (17.5) podemos fazer previsões para a série. Veja a seção seguinte.

Problemas

1. Classifique as séries a seguir (discreta ou contínua):
   (a) índices diários da Bolsa de valores de São Paulo, de janeiro de 2018 a dezembro de 2022;
   (b) registros de marés no porto de Santos (SP) por meio de um aparelho medidor (marégrafo), durante 30 dias;
   (c) número de ocorrência de Covid-19 por dia na cidade do Rio de Janeiro, durante o mês de janeiro de 2022;
   (d) medidas das três componentes de um fluxo turbulento (como o vento), num intervalo de tempo.

528   CAPÍTULO 17 — SÉRIES TEMPORAIS

2. Considere a série temporal abaixo:

Ano	X_t
2012	27,6
2013	44,1
2014	63,8
2015	86,2
2016	122,4
2017	161,9
2018	208,3
2019	276,8
2020	363,2
2021	498,3
2022	719,6

(a) Faça o gráfico da série. Ela é estacionária?

(b) Obtenha a primeira diferença da série e faça seu gráfico: essa diferença é estacionária?

(c) Mesmas questões de (b) para a segunda diferença.

17.3 Previsão

Um dos objetivos da análise de uma série temporal é fazer previsões de valores futuros da série.

Suponha que tenhamos observações de X_t até o instante T e queremos prever o valor da série no instante $T + h$. Diremos que T é a *origem* e h é o *horizonte* de previsão. A previsão é denotada por $\hat{X}_T(h)$.

Para fazer previsões usamos algum modelo, como aquele dado por (17.5). Por exemplo, colocando-se $t = 25$ nesse modelo, obtemos $\hat{X}_{24}(1) = 174,5$, que seria previsão da série *um passo à frente*, ou seja, para $h = 1$.

Além de um modelo, precisamos especificar uma *função perda* e frequentemente usamos o *erro quadrático médio* como perda, dado por

$$EQM = E\,[X_{t+h} - \hat{X}_T(h)]^2 = E\,[e_T(h)]^2, \tag{17.6}$$

na qual $e_T(h)$ é o *erro de previsão*. No exemplo, $T = 24$, $h = 1$, o valor real para $t = 25$ (janeiro de 1979) é 179,8 e o erro de previsão estimado pelo modelo é $\hat{e}_{24}(1) = 5,3$.

Dado o modelo que descreve a série temporal e minimizando-se (17.6) obtemos uma fórmula para $\hat{X}_T(h)$.

Os procedimentos de previsão que podemos usar podem ser simples ou complexos, dependendo do modelo adotado. Neste capítulo mencionaremos apenas alguns métodos baseados em modelos simples.

Problemas

3. Usando (17.5) faça a previsão da série para $t = 26$ e $t = 27$, e os erros estimados de previsão, sabendo-se que $X_{26} = 185{,}8$ e $X_{27} = 270{,}3$.

17.4 Componentes de uma série temporal

Um modelo bastante utilizado para séries temporais supõe que essa possa ser escrita como uma soma de componentes: um nível local, uma tendência, uma componente sazonal e um termo aleatório:

$$X_t = \mu_t + T_t + S_t + e_t, \quad t = 1, \ldots, n. \tag{17.7}$$

Exemplo 17.3 Consideremos a série dos índices de produção industrial (IPI) do Brasil, de janeiro de 1969 a julho de 1980, com $n = 139$ observações (Exemplo 17.1(d)) cujo gráfico está repetido na Figura 17.5. Notamos que há um aumento gradual das observações; dizemos que a série apresenta uma *tendência*, crescente no caso e que em geral pode ser representado por uma função suave do tempo t.

Temos uma *componente sazonal* quando as observações são intra-anuais, registradas mensalmente, trimestralmente, semanalmente ou diariamente, por exemplo. É também chamada *componente anual* (no caso de observações mensais) ou estacional (devido às estações do ano). No caso da série IPI há uma periodicidade marcante de 12 meses.

Removendo-se as componentes μ_t, T_t e S_t, o que sobra é a *componente aleatória, residual ou irregular*, e_t. Essa pode ser um *ruído branco*, ou seja, uma série de variáveis aleatórias não correlacionadas, de média zero e variância constante, ou uma série mais complicada que pode ser representada por um modelo mais complexo. Veja Morettin e Toloi (2018) para detalhes.

Figura 17.5 Série de índices de produção industrial do Brasil.

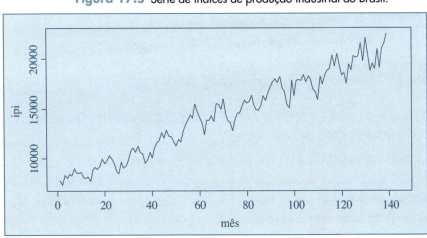

530 CAPÍTULO 17 — SÉRIES TEMPORAIS

O modelo (17.7) é dito *aditivo*, que é adequado quando, por exemplo, S_t não depende de outras componentes. Se as amplitudes sazonais variam com a tendência, um modelo mais adequado pode ser o *multiplicativo*,

$$X_t = \mu_t \cdot T_t \cdot S_t \cdot e_t. \tag{17.8}$$

Veja a Seção 17.10. As componentes dos modelos (17.7) e (17.8) são chamadas de *não observáveis*. O problema que se apresenta é o de modelar convenientemente as componentes, μ_t, T_t, S_t e e_t com o fim de, por exemplo, fazer previsões da série. Usualmente, representamos μ_t, T_t e S_t por funções suaves do tempo, como polinômios e funções trigonométricas.

17.5 Tendências

Há vários métodos para estimar a tendência T_t no modelo (17.7):

(a) ajustar um polinômio, uma exponencial ou outra função suave do tempo;

(b) suavizar os valores da série por meio de médias móveis ou outros métodos, como o *Lowess* (*locally weighted regression scatter plot smoothing*), no qual a suavização é feita por meio de sucessivos ajustes de retas de mínimos quadrados ponderados a subconjuntos das observações. Veja Morettin e Toloi (2018) para detalhes;

(c) Utilizar diferença, como vimos na Seção 17.2.

Estimada a tendência por meio de T_t, podemos obter a série livre de tendência,

$$\hat{Y}_t = X_t - \hat{T}_t. \tag{17.9}$$

(a) Ajuste de um polinômio

No Exemplo 17.2 vimos um ajuste de um modelo linear para a série de consumo de energia, obtido o modelo estimado dado em (17.5). Podemos prever valores futuros por meio de

$$\hat{X}_{24}(h) = \hat{T}_{24+h}, \qquad h = 1, 2, \ldots,$$

ou seja,

$$\hat{X}_{24}(h) = 68,44 + 4,24(24 + h), \qquad h = 1, 2, \ldots$$

Por exemplo, para $h = 1$, o valor real é $X_{25} = 179,8$, o valor previsto é $\hat{X}_{24}(1) = 174,5$ e o erro estimado de previsão é 5,3.

(b) Médias móveis

Vamos, agora, ver com suavizar uma série X_t usando uma *média móvel centrada de ordem 2m + 1* (ordem ímpar, *m* inteiro positivo). Considere as observações X_1, X_2, ..., X_n. Então, a média móvel é dada por

$$\hat{T}_t = \frac{1}{2m+1} \sum_{j=-m}^{m} X_{t+j}, \quad t = m + 1, \ldots, n - m, \tag{17.10}$$

17.5 TENDÊNCIAS
531

A *média móvel centrada de ordem* $2m$ (ordem par) é dada por

$$\hat{T}_t = \frac{1}{4m} \left[X_{t-m} + X_{t+m} + 2 \sum_{i=t-m+1}^{t+m-1} X_i \right], \quad t = m+1, \ldots, n-m, \qquad (17.11)$$

Em ambos os casos perdemos m observações em cada extremo da série. Por exemplo, se fizermos $m = 1$ em (17.10), obteremos médias móveis de três termos, centradas no instante t (ou em X_t),

$$\hat{T}_t = \frac{1}{3} (X_{t-1} + X_t + X_{t+1})$$

e perdemos uma observação no começo e uma no final da série. Assim,

$$\hat{T}_2 = \frac{1}{3} (X_1 + X_2 + X_3),$$

e a média será centrada em $t = 2$. No caso de (17.11), ainda com $m = 1$, teremos

$$\hat{T}_t = \frac{1}{4} [X_{t-1} + 2X_t + X_{t+1}].$$

Por exemplo,

$$\hat{T}_2 = \frac{1}{4} [X_1 + 2X_2 + X_3].$$

A série de médias móveis é mais suave do que a série original, ao passo que, usando diferenças, podemos obter uma curva mais irregular.

O método não permite fazer previsões, pois ele não é baseado num modelo probabilístico. Podemos, também, considerar médias móveis com pesos diferentes. Cabe ao usuário selecionar o valor mais adequado de m.

Pode-se, também, calcular a média móvel das r observações mais recentes, ou seja,

$$M_t = \frac{X_t + X_{t-1} + \ldots + X_{t-r+1}}{r},$$

ou

$$M_t = M_{t-1} + \frac{X_t - X_{t-r}}{r}, \qquad (17.12)$$

com a convenção que $X_0 = 0$, de modo que M_t é uma estimativa da tendência no instante t que não pondera as observações mais antigas. Nesse caso, costuma-se calcular a previsão de valores futuros, a partir da origem t, como sendo a última média móvel calculada, ou seja, $\hat{X}_T(h) = M_t$, para horizontes de previsão não muito grandes.

Exemplo 17.4 Para os dados da Tabela 17.1 já demos um exemplo do item (a): ajustamos o modelo linear (17.5) aos dados. É fácil obter a série livre de tendência, usando (17.9). Veja o Problema 4, a Figura 17.3 e a Tabela 17.1, onde temos indicados os valores de $\hat{T}_t$, com $m = 1$ (média móvel de três termos).

532
CAPÍTULO 17 — SÉRIES TEMPORAIS

Problemas

4. Obtenha a série livre de tendência para o Exemplo 17.4.
5. Se $T_t = \beta_0 + \beta_1 t$, obtenha os estimadores de mínimos quadrados de β_0 e β_1. Use o fato que $\sum_{t=1}^n t = n(n+1)/2$ e $\sum_{t=1}^n t^2 = n(n+1)(2n+1)/6$.
6. Para os dados do Problema 2, calcule médias móveis de três termos.

17.6 Sazonalidade

Como vimos na Seção 17.4, consideramos como sazonais os fenômenos que ocorrem regularmente de ano para ano, como aumento da temperatura no verão e aumento de vendas no comércio na Páscoa ou no Natal.

Exemplo 17.5 Vamos considerar a série IPI do Exemplo 17.3. Observamos um comportamento aproximadamente periódico, com *período* $s = 12$. Veja a Figura 17.5.

Vemos relações entre observações para meses sucessivos em um ano particular e relações entre observações para o mesmo mês em anos sucessivos. Ou seja, X_t é relacionada com X_{t-1}, X_{t-2} etc., mas também com X_{t-s}, X_{t-2s} etc. De modo geral, as séries sazonais apresentam correlação alta em defasagens (*lags*) sazonais, isto é, múltiplos do período s.

Para efeito de ilustração, consideremos o caso de dados mensais e o número total de observações, n, é um múltiplo de 12, isto é, $n = 12p$, p = número de anos, de modo que os dados podem ser representados como na Tabela 17.2.

A notação da Tabela 17.2 é como segue:

$$\bar{X}_{i\cdot} = \frac{1}{12} \sum_{j=1}^{12} X_{ij}, \quad i = 1, \ldots, p,$$

$$\bar{X}_{\cdot j} = \frac{1}{p} \sum_{i=1}^{p} X_{ij}, \quad j = 1, \ldots, 12,$$

$$\bar{X} = \frac{1}{12p} \sum_{i=1}^{p} \sum_{j=1}^{12} X_{ij}$$

$$= \frac{1}{n} \sum_{t=1}^{n} X_t.$$

Vemos, pois, que é conveniente reescrever o modelo (17.7) na forma

$$X_{ij} = T_{ij} + S_j + e_{ij}, \quad i = 1, \ldots, p, \quad j = 1, \ldots, 12. \tag{17.13}$$

No modelo (17.13), temos que o padrão sazonal não varia muito de ano para ano e pode ser representado por doze constantes.

17.6 SAZONALIDADE

Tabela 17.2 Observações mensais de uma série temporal com p anos.

Anos	Meses					Médias
	jan	fev	mar	...	dez	
	1	2	3		12	
1	X_{11}	X_{12}	X_{13}	...	$X_{1,12}$	$\bar{X}_{1.}$
2	X_{21}	X_{22}	X_{23}	...	$X_{2,12}$	$\bar{X}_{2.}$
⋮	⋮	⋮	⋮	⋮	⋮	⋮
p	X_{p1}	X_{p2}	X_{p3}	...	$X_{p,12}$	$\bar{X}_{.p}$
Médias	$\bar{X}_{.1}$	$\bar{X}_{.2}$	$\bar{X}_{.3}$	...	$\bar{X}_{.12}$	$\bar{X}$

No caso de sazonalidade não constante, o modelo ficaria

$$X_{ij} = T_{ij} + S_{ij} + e_{ij}, \quad i = 1,\ldots, p, \quad j = 1,\ldots,12. \tag{17.14}$$

Existem vários procedimentos para se estimar S_t, sendo que os mais usuais são:

(a) método de regressão;

(b) método de médias móveis;

(c) método de diferença sazonal.

Trataremos aqui dos métodos (a) e (b). Para o método (c), veja a seção de Complementos Metodológicos.

17.6.1 Método de regressão

Neste caso, supomos que a sazonalidade seja determinística, com

$$S_t = \sum_{j=1}^{12} \alpha_j d_{jt}, \quad t = 1, \ldots, n, \tag{17.15}$$

na qual d_{jt} são senos, cossenos ou variáveis sazonais *dummies*. Supondo-se sazonalidade constante, α_j não depende de t e podemos ter, por exemplo,

$$d_{jt} = \begin{cases} 1 & \text{se o período } t \text{ corresponde ao mês } j, \quad j = 1, \ldots, 12, \\ 0, & \text{caso contrário,} \end{cases} \tag{17.16}$$

com a restrição

$$\sum_{j=1}^{12} \alpha_j = 0. \tag{17.17}$$

Nesse caso, α_j é denominado *j-ésimo índice sazonal*. Pode-se mostrar que, se valem (17.15) e (17.16), podemos escrever (17.14) com

$$S_t = \sum_{j=1}^{11} \alpha_j D_{jt}, \tag{17.18}$$

com

$$D_{jt} = \begin{cases} 1 & \text{se o período } t \text{ corresponde ao mês } j, \quad j = 1, \ldots, 11, \\ -1, & \text{se o período } t \text{ corresponde ao mês } 12, \\ 0 & \text{caso contrário.} \end{cases} \tag{17.19}$$

Se a série tiver também uma tendência, como aquela do Exemplo 17.3, poderemos usar o modelo

$$X_t = \sum_{j=0}^{m} \beta_j t^j + \sum_{j=1}^{11} \alpha_j D_j + e_t, \tag{17.20}$$

e usar o método dos mínimos quadrados para estimar os β_j e α_j.

Exemplo 17.6 Consideremos a série de IPI de janeiro de 1973 a dezembro de 1976, com $n = 48$ observações. Nesse caso, temos uma tendência linear ($m = 1$) e obtemos que uma estimativa da tendência é

$$\hat{T}_t = 12558 + 92,2t,$$

enquanto as estimativas dos índices sazonais são $\hat{\alpha}_1 = -856,0$, $\hat{\alpha}_2 = -1446$, $\hat{\alpha}_3 = -488,4$, $\hat{\alpha}_4 = -618,3$, $\hat{\alpha}_5 = -132,2$, $\hat{\alpha}_6 = 81,9$, $\hat{\alpha}_7 = 866,7$, $\hat{\alpha}_8 = 866,8$, $\hat{\alpha}_9 = 556,4$, $\hat{\alpha}_{10} = 1403,7$, $\hat{\alpha}_{11} = 176,8$ e $\hat{\alpha}_{12} = -431,2$ é obtido de (17.16). Para detalhes veja Morettin e Toloi (2018).

Podemos, também, representar S_t por uma soma de senos e cossenos, como

$$S_t = \sum_{k=1}^{K} \left(\alpha_k \, sen \frac{2\pi kt}{s} + \beta_k \, cos \frac{2\pi kt}{s} \right)$$

e usar o método de mínimos quadrados para estimar os coeficientes.

17.6.2 Método de médias móveis

Este método pode ser usado tanto no caso de sazonalidade constante como no caso de estocástica. Vamos considerar aqui o caso de sazonalidade constante.

Se a série tiver uma tendência, ela será estimada antes como na seção anterior. Depois consideramos a série $Y_t = X_t - \hat{T}_t$, livre da tendência.

A seguir, as componentes sazonais são estimadas por meio de médias móveis de $s = 12$ meses (para s diferente de 12, o procedimento é similar).

Calculamos

$$\overline{Y}_{\cdot j} = \frac{1}{n_j} \sum_{i=1}^{n_j} Y_{ij}, \qquad j = 1, 2, \ldots, 12, \tag{17.21}$$

17.6 SAZONALIDADE

usando a notação da Tabela 17.2. Como a soma dos $\overline{Y}_{.j}$ em geral não é zero, consideramos

$$S_j = \overline{Y}_{.j} - \overline{Y}, \quad j = 1, 2, \ldots, 12.$$

como estimativas das constantes sazonais, com

$$\overline{Y} = \frac{1}{12} \sum_{j=1}^{12} \overline{Y}_{.j}, \tag{17.22}$$

Nesse caso, de (17.22), a soma das constantes sazonais anula-se. No caso de modelo multiplicativo, a soma é igual a um.

Exemplo 17.7 Consideremos os dados ao IPI do Brasil de 1973 a 1976. A Tabela 17.3 traz a série livre de tendência (estimada por uma média móvel centrada de 12 meses),

$$\hat{T}_t = \frac{1}{24} \left[X_{t-6} + 2 \sum_{j=-5}^{5} X_{t+j} + X_{t+6} \right], \quad t = 7, \ldots, 42,$$

e as estimativas das constantes sazonais, $\hat{S}_j, j = 1, 2, \ldots, 12$. A Tabela 17.4 apresenta a série livre da componente sazonal, $X_2^{SA} = X_t - \hat{S}_t$. A Figura 17.7 mostra a série original (linha cheia) e a série sazonalmente ajustada (linha pontilhada).

Problemas

7. Obtenha a reta de tendência e as estimativas das constantes sazonais para o Exemplo 17.6.

8. Calcule a tendência do Exemplo 17.7 por meio de uma média móvel centrada de 12 meses, a série livre de tendência, as estimativas das componentes sazonais $\hat{S}_j$ e a série livre de componente sazonal, conforme Tabela 17.4.

Tabela 17.3 Série IPI livre de tendência e estimativas das constantes sazonais.

Mês	1973	1974	1975	1976	$\overline{Y}_{.j}$	$\hat{S}_j$
janeiro	–	−514,42	−925,58	−1.076,79	−838,93	−873,68
fevereiro	–	−1.752,96	−1.760,50	−786,96	−1.433,47	−1.468,22
março	–	−408,92	−723,46	65,79	−355,53	−390,28
abril	–	−492,08	−124,83	−612,37	−409,76	−444,51
maio	–	−36,33	−187,67	54,25	−56,88	−91,63
junho	–	−602,21	295,50	480,04	57,78	23,03
julho	474,29	1.219,54	969,29	–	887,71	852,96
agosto	903,29	1.132,96	469,13	–	835,13	800,38
setembro	455,79	633,29	492,13	–	527,07	492,32
outubro	1.737,96	1.684,967	943,25	–	1.455,39	1.420,64
novembro	746,33	73,96	−184,50	–	211,93	177,18
dezembro	93,96	−667,33	−816,83	–	−463,40	−498,15

Tabela 17.4 Série IPI livre da componente sazonal.

Mês	1973	1974	1975	1976
janeiro	12.671,68	14.450,68	14.481,68	15.702,68
fevereiro	12.746,22	13.919,22	14.262,22	16.765,22
março	12.335,28	14.246,28	14.279,28	16.720,28
abril	12.139,51	14.256,51	14.999,51	16.248,51
maio	12.825,63	14.371,63	14.636,63	16.714,63
junho	13.381,97	13.668,97	15.090,97	17.172,97
julho	12.983,04	14.649,04	15.033,04	16.838,04
agosto	13.587,62	14.622,62	14.740,62	17.211,62
setembro	13.576,68	14.454,68	15.277,68	17.132,68
outubro	14.098,36	14.610,36	14.954,36	16.823,36
novembro	14.502,82	14.284,82	15.208,82	16.924,82
dezembro	14.602,15	14.289,15	15.425,15	17.242,15

Figura 17.6 Valores de X_t (linha cheia) e X_t^{SA} (linha azul clara) para parte da série IPI.

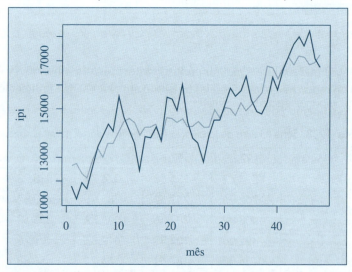

17.7 Métodos de suavização para previsão

Nesta seção iremos estudar alguns métodos de suavização exponencial para previsão de séries temporais que contenham tendência e sazonalidade. Métodos mais complexos, baseados em modelos ARMA (autorregressivo e médias móveis), por exemplo, podem ser consultados em Morettin e Toloi (2018).

17.7.1 Séries localmente constantes

Nesse caso, o modelo adequado para a série temporal é

$$X_t = \mu_t + e_t, \quad t = 1, \ldots, n \tag{17.23}$$

supondo-se e_t um ruído aleatório, com média zero e variância constante.

Médias móveis simples (MMS)

Aqui, vamos usar (17.12) e a previsão para todos os valores futuros, a partir da origem t, é dada por

$$\hat{X}_t(h) = M_t \tag{17.24}$$

para todo horizonte $h = 1, 2, 3 \ldots$ .Usando (17.12), podemos escrever

$$\hat{X}_t(h) = \hat{X}_{t-1}(h) + \frac{X_t - X_{t-r}}{r}. \tag{17.25}$$

A Equação (17.25) pode ser interpretada como um mecanismo de atualização da previsão, pois a cada instante corrige a estimativa prévia de X_{t+h}.

A escolha de r pode ser feita minimizando

$$Q = \sum_{t=\ell+1}^{n} (X_t - \hat{X}_{t-1}(r))^2 \tag{17.26}$$

ou seja, escolher r que fornece a melhor previsão a um passo das observações já obtidas e ℓ é escolhido de modo que o valor inicial utilizado em (17.12) não influencie a previsão.

O método somente pode ser usado para séries estacionárias e há a necessidade de armazenar $r - 1$ observações.

Exemplo 17.8 Consideremos os dados da Tabela 17.5 e tomemos $r = 3$. Então,

$$M_t = \frac{X_t + X_{t-1} + X_{t-2}}{3},$$

e

$$M_t = M_{t-1} \frac{X_t - X_{t-3}}{3}, \tag{17.27}$$

com a convenção que $X_0 = 0$ e $t \geq r$.

Tabela 17.5 Ajustamento dos Métodos MMS, com $r = 4$, e SES, com $\alpha = 0,3$.

t	X_t	M_t	$\overline{X}_t$	t	X_t	M_t	$\overline{X}_t$
1	47	–	47,0	9	59	51,57	52,3
2	64	–	52,1	10	48	49,33	51,0
3	23	44,67	43,4	11	71	59,33	57,0
4	71	52,67	51,7	12	35	51,33	50,4
5	38	44,00	47,6	13	57	54,33	52,4
6	64	57,67	52,5	14	40	44,00	48,7
7	55	52,33	53,2	15	58	51,67	51,5
8	41	53,33	49,5	16	44	47,33	49,3

Por exemplo, $M_3 = (X_3 + X_2 + X_1)/3 = 44,67$, $M_4 = (X_4 + X_3 + X_2)/3 = 52,67$ etc. As previsões com origem $t = 16$ são dadas por

$$\hat{X}_{16}(h) = \frac{X_{16} + X_{15} + X_{14}}{3} = 47,33 \quad h = 1,2, \ldots .$$

Suavização exponencial simples (SES)

A SES pode ser descrita pela equação

$$\overline{X}_t = \alpha X_t + (1 - \alpha)\overline{X}_{t-1}, \quad t = 1,2, \ldots, n, \tag{17.28}$$

na qual $\overline{X}_0 = \overline{X}_1 = X_1$, $\overline{X}_t$ é denominado *valor exponencialmente suavizado* e α é a *constante de suavização*, $0 \le \alpha \le 1$.

Utilizando (17.28) recursivamente, obtemos

$$\overline{X}_t = X_t + \alpha(1 - \alpha)X_{t-1} + \alpha(1 - \alpha)^2 X_{t-2} + \ldots, \tag{17.29}$$

o que mostra que a SES é uma média ponderada que dá pesos maiores às observações mais recentes.

A previsão dos valores futuros da série, com origem t e horizonte h, é dada por

$$\hat{X}_t(h) = \overline{X}_t, \quad h = 1,2,3, \ldots, \tag{17.30}$$

ou

$$\hat{X}_t(h) = \alpha X_t + (1 - \alpha)\hat{X}_{t-1}(h + 1). \tag{17.31}$$

17.7 MÉTODOS DE SUAVIZAÇÃO PARA PREVISÃO

A Equação (17.31) pode ser interpretada como uma equação de atualização de previsão, obtida uma nova observação. O pacote forecast e a função ses do R podem ser usados para os métodos dessa seção.

Exemplo 17.9 Na Tabela 17.5 também estão mostrados os valores exponencialmente suavizados, com $\alpha = 0{,}3$. Por exemplo,

$$\overline{X}_1 = X_1 = 47,$$
$$\overline{X}_2 = 0{,}3X_2 + 0{,}7\overline{X}_1 = 52{,}1,$$
$$\overline{X}_3 = 0{,}3X_3 + 0{,}7\overline{X}_2 = 34{,}3 \text{ etc.}$$

Na Figura 17.7 temos os dados juntamente com os valores exponencialmente suavizados e as previsões feitas com origem $t = 5$, ou seja,

$$\hat{X}_5(h) = \overline{X}_5 = 47{,}6 \quad h = 1, 2, \ldots.$$

Figura 17.7 Gráfico de X_t (linha cheia), $\overline{X}_t$ (linha azul clara) e previsões com origem em $t = 5$ (círculos).

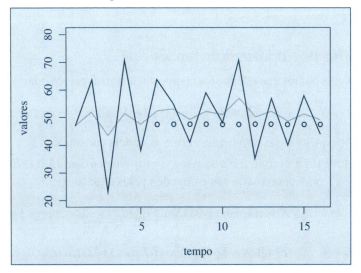

Exemplo 17.10 Vamos considerar a série de emissão diária do poluente NO_2 (dióxido de nitrogênio) na cidade de São Paulo, de 1º de janeiro a 31 de dezembro de 1997 ($n = 365$). Na Figura 17.8 temos os gráficos da série, do ajuste do modelo exponencial

com $\alpha = 0{,}2$, previsões, para $h = 100$ e os intervalos de confiança (coeficientes de confiança 85% e 95%).

Figura 17.8 Gráfico da série (linha cheia), ajuste (linha azul clara), previsões (reta celeste) e intervalos de confiança.

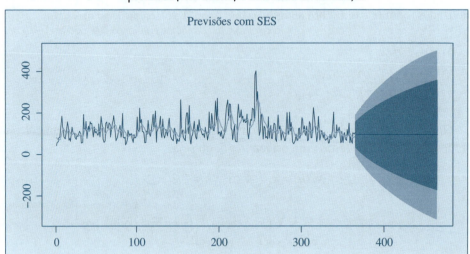

17.7.2 Séries que apresentam tendência

Neste caso, supomos que a série seja composta de um nível local mais uma tendência,

$$X_t = \mu_t + T_t + e_t, \quad t = 1, \ldots, n. \tag{17.32}$$

sendo que o erro aleatório e_t tem média zero e variância constante.

O procedimento a usar aqui é a *suavização exponencial de Holt (SEH)*, segundo a qual o nível e a tendência da série são estimados pelas equações

$$\overline{X}_t = \alpha X_t + (1 - \alpha)(\overline{X}_{t-1} + \hat{T}_{t-1}), \quad t = 2, \ldots, n, \tag{17.33}$$

$$\hat{T}_t = \beta(\overline{X}_t - \overline{X}_{t-1}) + (1 - \beta)\hat{T}_{t-1}, \quad t = 2, \ldots, n, \tag{17.34}$$

com $0 \leq \alpha \leq 1$, $0 \leq \beta \leq 1$ denominadas *constantes de suavização*.

As previsões são dadas por

$$\hat{X}_t(h) = \overline{X}_t = h\hat{T}_t, \quad h > 0. \tag{17.35}$$

As equações (17.33) e (17.34) podem ser usadas para atualizar as previsões. O pacote forecast e a função holt podem ser utilizados para esse caso.

Exemplo 17.11 Vamos considerar a série de consumo de energia no Espírito Santo, de janeiro de 1968 a setembro de 1979, com $n = 141$ observações, já mostrada na Figura 17.4(a). Na Figura 17.9 temos série original, o ajuste pela SEH e as previsões para $h = 10$, com os intervalos de confiança. O programa estima os valores de α e β.

Figura 17.9 Gráfico da série energia (linha cheia), ajuste (linha azul clara), previsões (reta celeste) e intervalos de confiança. Método SEH.

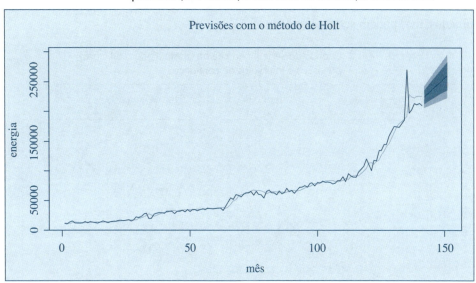

17.7.3 Séries que apresentam componente sazonal

No caso do modelo geral (17.7), usamos o método de *suavização exponencial sazonal de Holt-Winters* (SEHW), baseado em três equações, uma para cada componente da série: nível, tendência e sazonalidade. Suponha que o período da sazonalidade seja s. Temos a seguir as estimativas do fator sazonal, nível e tendência:

$$\hat{F}_t = \gamma(X_t - \overline{X}_t) + (1-\gamma)\hat{F}_{t-s}, \quad 0 < \gamma < 1, \tag{17.36}$$

$$\overline{X}_t = \alpha(X_t - \hat{F}_{t-s}) + (1-\alpha)\overline{X}_{t-1} + \hat{T}_{t-1}, \quad 0 < \alpha < 1, \tag{17.37}$$

$$\hat{T}_t = \beta(\overline{X}_t - \overline{X}_{t-1}) + (1-\beta)\hat{T}_{t-1}, \quad 0 < \beta < 1. \tag{17.38}$$

Podemos considerar, também, o modelo multiplicativo. Veja Morettin e Toloi (2018) para detalhes.

As previsões de valores futuros são dadas por:

$$\hat{X}_t(h) = \overline{X}_t + h\hat{T}_t + \hat{F}_{t+h-s}, \quad h = 1, 2, \ldots, s, \tag{17.39}$$

$$\hat{X}_t(h) = \overline{X}_t + h\hat{T}_t + \hat{F}_{t+h-2s}, \qquad h = 1, 2, \ldots, 2s, \text{ etc.} \tag{17.40}$$

Exemplo 17.12 Retomemos a série de índices de produção industrial (IPI) do Brasil, considerada no Exemplo 17.3, de janeiro de 1969 a dezembro de 1979 ($n = 132$ observações, 11 anos completos). Usando o programa **forecast** e a função HoltWinters, obtemos a Figura 17.10, na qual temos a série original, os valores ajustados pela SEHW, as previsões para $h = 12$ e o intervalo de confiança com nível 95%. Os valores dos parâmetros foram estimados, mas podem ser especificados.

Figura 17.10 Gráfico da série (linha cheia), ajuste (linha azul clara), previsões e intervalos de confiança.

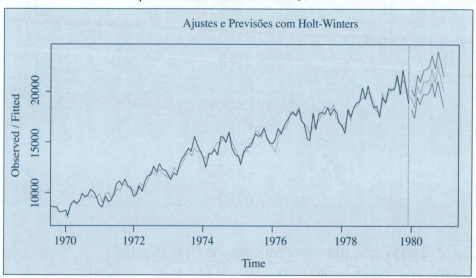

Problemas

9. Refaça o Exemplo 17.8 com $r = 2$ e $r = 4$. Entre os valores $r = 2, 3, 4$, qual você escolheria? (Sugestão: Calcule o EQM de ajustamento para cada valor de r).
10. No Exemplo 17.8, atualize as previsões, supondo-se que temos os valores observados sejam $X_{17} = 52$, $X_{18} = 46$ e $X_{19} = 54$.
11. Para o Exemplo 17.11, especifique três pares de valores para os parâmetros (α, β) e escolha o modelo com o menor EQM.
12. Problema similar ao anterior, especificando três triplas de valores para (α, β, γ).

17.8 Correlação serial

Consideremos as observações $X_1, \ldots, X_n$ de uma série temporal estacionária, ou seja, não há tendência presente.

Para precisar o conceito de estacionariedade, lembremos o conceito de covariância entre duas variáveis aleatórias X e Y, estudado no Capítulo 8. A definição é dada na Equação (8.12) e, no caso discreto, temos a Equação (8.13). No caso contínuo, basta substituir as duas somas por duas integrais e a função de probabilidade conjunta pela função densidade conjunta.

Mas, a maneira de obter a covariância, é utilizar a Expressão (8.14), que decorre da definição. O coeficiente de correlação é definido em (8.18).

Esses parâmetros não são conhecidos e há necessidade de estimá-los. No Capítulo 4 introduzimos estimadores da covariância e coeficiente de correlação, dados por (4.10) e (4.9), respectivamente. Vamos repeti-los aqui: dados n pares (x_i, y_i), $i = 1, \ldots, n$ da variável (X, Y),

$$\widehat{\text{cov}}(X, Y) = \frac{\sum_{i=1}^{n}(x_i - \overline{x})(y_i - \overline{y})}{n},$$

$$\widehat{\text{corr}}(X, Y) = \frac{1}{n}\sum_{i=1}^{n}\left(\frac{x_i - \overline{x}}{dp(X)}\right)\left(\frac{y_i - \overline{y}}{dp(Y)}\right),$$

nas quais $\overline{x}, \overline{y}$ são as médias amostrais de X e Y, respectivamente, e $dp(X)$, $dp(Y)$ os respectivos desvios padrões amostrais.

Contudo, essas estimativas da covariância e correlação são *medidas globais* de dependência, a segunda variando entre zero e um.

No caso de séries temporais, além de se ter uma só variável que é ordenada no tempo, há correlação entre dois valores quaisquer, por exemplo, entre X_1 e X_2, ou entre X_1 e X_{10}. É de se esperar que a correlação entre X_1 e X_2 seja maior do que entre X_1 e X_{10}. Em geral, gostaríamos de calcular a covariância e a correlação entre X_t e X_s, que vamos designar por $\gamma(t,s)$ e $\rho(t,s)$, ou seja, ambas dependem, em geral, de t e s.

Mas para séries temporais que sejam estacionárias, essas medidas dependem apenas da diferença $|s - t|$. A definição precisa desse tipo de estacionariedade é a seguinte:

Definição. A série temporal X_t é estacionária se:

    (a) $E[X_t] = \mu,$

    (b) $Var[X_t] = \sigma^2,$

    (c) $Cov[X_t, X_s] = \gamma(|s - t|),$

sendo μ e σ^2 constantes finitas. Ou seja, a média e variância de uma série estacionária são constantes e a covariância depende somente do intervalo de tempo entre t e s, e não dos instantes t e s.

Na realidade, essa definição aplica-se às séries chamadas *fracamente estacionárias* (ou estacionárias até segunda ordem, pois a definição usa somente momentos até segunda ordem). Séries *estritamente estacionárias* (ou fortemente estacionárias) têm propriedades diferentes. Veja Morettin e Toloi (2018).

Resumindo,

$$\gamma(\tau) = Cov(X_t, X_{|t-\tau|}), \qquad (17.41)$$

$$\rho(\tau) = Corr(X_t, X_{|t-\tau|}) = \frac{\gamma(\tau)}{\gamma(0)}, \qquad (17.42)$$

para $\tau = 0, \pm 1, \pm 2 \ldots$. Note que $\gamma(0) = Cov(X_t, X_t) = \sigma^2$, é a variância de X_t.

Chamamos $\gamma(\tau)$ de *função de autocovariância* e $\rho(\tau)$ de *função de autocorrelação* (f.a.c.). Do mesmo que o coeficiente de a correlação, $-1 \le \rho(\tau) \le 1$, para todo τ.

Notamos que τ é tempo, $\rho(0)$, e não é difícil ver que ambas as funções são pares, isto é, $\gamma(\tau) = \gamma(-\tau)$ e $\rho(\tau) = \rho(-\tau)$; logo, basta considerar seus gráficos para $\tau \ge 0$. Na Figura 17.7 temos o comportamento típico da f.a.c. de uma série estacionária: tende para zero, à medida que τ cresce, ou seja, a correlação entre dois valores de X_t decresce, se a separação, no tempo, entre eles aumenta.

Para estimar $\gamma(\tau)$ e $\rho(\tau)$, comecemos por $\gamma(1)$ e $\rho(1)$, que dão a dependência entre X_t e X_{t-1} ou X_{t+1}, ou seja, observações separadas por uma unidade de tempo. Com as n observações $X_1, \ldots, X_n$, formemos os $n-1$ pares

$$(X_1, X_2), (X_2, X_3), \ldots, (X_{n-1}, X_n).$$

Fazendo uma analogia com o caso de variáveis independentes, teremos que

$$\hat{\gamma}(1) = \frac{1}{n-2} \sum_{t=1}^{n-1} (X_t - \bar{X}_1)(X_{t+1} - \bar{X}_2), \qquad (17.43)$$

sendo $\bar{X}_1 = \sum_{t=1}^{n-1}/(n-1)$ a média das $(n-1)$ primeiras observações e $\bar{X}_2 = \sum_{t=2}^{n}/(n-1)$ a média das $(n-1)$ últimas observações. Como, para n grande, $\bar{X}_1 \approx \bar{X}_2$ e $n-2 \approx n$, usaremos a fórmula a seguir, que é a mais comum:

$$\hat{\gamma}(1) = \frac{1}{n} \sum_{t=1}^{n-1} (X_t - \bar{X})(X_{t+1} - \bar{X}), \qquad (17.44)$$

sendo $\bar{X}$ a média amostral de todas as observações. Dizemos que $\hat{\gamma}(1)$ é a *covariância amostral de lag 1.*

17.8 CORRELAÇÃO SERIAL

Figura 17.11 Comportamentos típicos de uma f.a.c.

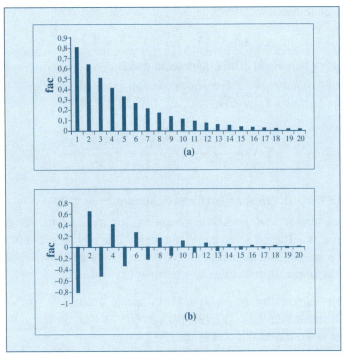

Do mesmo modo, fazendo analogia com o coeficiente de correlação amostral, obteremos

$$\hat{\rho}(1) = \frac{\hat{\gamma}(1)}{\hat{\gamma}(0)} = \frac{\sum_{t=1}^{n-1}(X_t - \bar{X})(X_{t+1} - \bar{X})}{\sum_{t=1}^{n}(X_t - \bar{X})^2}, \quad (17.45)$$

pois os desvios padrões das primeira $n-1$ e últimas $n-1$ observações serão aproximados por $[\sum_{t=1}^{n}(X_t - \bar{X})^2/n]^{1/2}$. Dizemos que $\hat{\rho}(1)$ é a *correlação amostral de lag 1*.

Similarmente, para obter estimativas de $\gamma(2)$ e $\rho(2)$, tomamos pares de observações separadas por duas unidades de tempo, ou seja,

$$(X_1, X_3), (X_2, X_4), \ldots, (X_{n-2}, X_n).$$

e calculamos

$$\hat{\gamma}(2) = \frac{1}{n} \sum_{t=1}^{n-2}(X_t - \bar{X})(X_{t+2} - \bar{X}), \quad (17.46)$$

$$\hat{\rho}(2) = \frac{\hat{\gamma}(2)}{\hat{\gamma}(0)} = \frac{\sum_{t=1}^{n-2}(X_t - \bar{X})(X_{t+2} - \bar{X})}{\sum_{t=1}^{n}(X_t - \bar{X})^2}. \quad (17.47)$$

De modo geral para estimar $\gamma(\tau)$ e $\rho(\tau)$, tomamos pares de observações separadas por τ unidades de tempo,

$$(X_1, X_{\tau+1}), (X_2, X_{\tau+2}), \ldots, (X_{n-\tau}, X_n).$$

Teremos $n - \tau$ pares e as estimativas serão dadas por

$$\hat{\gamma}(\tau) = \frac{1}{n} \sum_{t=1}^{n-r} (X_t - \bar{X})(X_{t+\tau} - \bar{X}), \qquad (17.48)$$

$$\hat{\rho}(\tau) = \frac{\hat{\gamma}(\tau)}{\hat{\gamma}(0)} = \frac{\sum_{t=1}^{n-\tau}(X_t - \bar{X})(X_{t+\tau} - \bar{X})}{\sum_{t=1}^{n}(X_t - \bar{X})^2}, \qquad (17.49)$$

para $\tau > 0$. Para $\tau < 0$, definimos $\hat{\gamma}(-\tau) = \hat{\gamma}(\tau)$, similarmente para $\hat{\rho}(-\tau)$.

Se tivermos uma série de variáveis aleatórias com média zero, variância constante J2 e não correlacionadas, ou seja, aquilo que denominamos de *ruído branco*, todas as covariâncias e correlações serão nulas, exceto que $\hat{\gamma}(0) = \sigma^2$ e $\hat{\rho}(0) = 1$. Podemos estimar σ^2 pela variância amostral, $\sigma^2 = \sum_{t=1}^{n}(X_t - \bar{X})^2/(n-1)$.

Exemplo 17.13 Vamos usar a função **acf1** do pacote **astsa** do R para obter as autocorrelações estimadas (Equação (17.49)) para a série de NO_2 do Exemplo 17.10. Essas autocorrelações estão mostradas na Figura 17.12.

Exemplo 17.14 A Figura 17.13 mostra a série de temperaturas de Ubatuba (veja o CD-Temperaturas), de janeiro de 1976 a dezembro de 1985, com $n = 120$ dados e sua f.a.c. Essas autocorrelações têm um comportamento periódico, com período igual ao da série, neste caso, doze meses.

Figura 17.12 Autocorrelações amostrais para a série de NO_2.

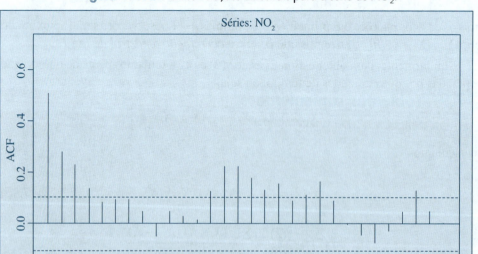

Figura 17.13 Gráfico da série de Ubatuba e suas autocorrelações amostrais.

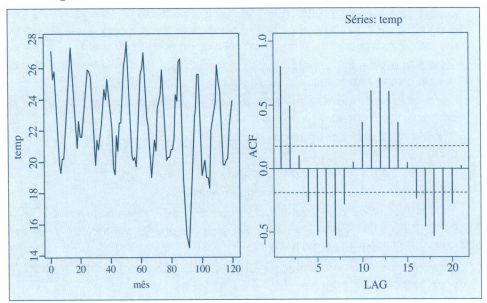

Problemas

13. Calcule $\hat{\gamma}(1)$ e $\hat{\rho}(1)$ para os dados da Tabela 17.5.
14. Use o **astsa** para calcular as autocorrelações para a série de consumo de energia do Espírito Santo (veja o Exemplo 17.11). O que você nota nesse caso? Esse problema mostra que não se pode calcular a f.a.c para séries não estacionárias. Ou melhor, essa função mostra que as autocorrelações não tendem a zero, como deveriam (veja a Figura 17.11).
15. Calcule, agora, o logaritmo dos valores da série de energia e, depois, tome uma diferença. Veja a Figura 17.4(d). Obtenhas as autocorrelações para essa nova série. O que você nota agora?

17.9 Problemas suplementares

16. Considere a série de consumo de energia no Espírito Santo de janeiro de 1973 a dezembro de 1975.
    (a) A série é estacionária? Tem tendência?
    (b) Tome uma diferença da série. Esta é estacionária?
    (c) Investigue o logaritmo da série e a primeira diferença desse logaritmo.
17. Considere a série de ações da Petrobrás do Exemplo 17.1(a). Responda às três questões do problema anterior.

CAPÍTULO 17 — SÉRIES TEMPORAIS

18. Considere a série de consumo de energia no Espírito Santo de 1968 a 1979, com $n = 141$ observações, e ajuste um modelo para a tendência da forma $T_t = \alpha e^{\beta t}$. Tome o logaritmo de T_t (na base e) e obtenha um modelo linear. Estime esse novo modelo usando mínimos quadrados e depois obtenha os estimadores de α e β.

19. Considere a série IPI completa. Ajuste um modelo que contemple tanto a tendência como a componente sazonal.

20. Use o gráfico da Figura 17.14 para verificar se o modelo sazonal para a série do Exemplo 17.7 é aditivo ou multiplicativo.

21. Considere os preços das ações da Petrobrás, do Exemplo 17.1(a), de 01/02/2000 a 28/04/2000.

    (a) Ajuste médias móveis simples (Seção 17.7.1) com $r = 3, 4$ e 5.

    (b) Verifique qual delas fornece o melhor ajustamento.

    (c) Utilize a melhor para fazer previsões para os dias 2, 3 e 4 de maio de 2000.

22. Com os dados do problema anterior, responda às questões (a), (b) e (c) substituindo MMS por SES com $\alpha = 0,3$ e $\beta = 0,5$.

23. Com base na série de temperaturas de Ubatuba do Exemplo 17.14, considere a SEHW para fazer previsões para $h = 12$.

24. Considere a série de temperatura de Cananeia (veja o CD-Temperaturas). Ajuste um modelo usando a SEHW. Faça previsões para $h = 12$.

17.10 Complementos metodológicos

1. Transformação de Box-Cox. Na Seção 3.6 discutimos transformações que podem ser feitas em dados para obter dados mais simétricos ou com distribuição próxima da normal. Uma outra classe de transformações que pode ser utilizada é definida por

$$X_t^{(\lambda)} = \begin{cases} \dfrac{X_t^{\lambda} - c}{\lambda}, & se\ \lambda \neq 0, \\ \log, X_t & se\ \lambda \neq 0, \end{cases}$$

na qual λ e c são parâmetros a serem estimados. Para se ter uma ideia do tipo de transformação adequada, ver Morettin e Toloi (2018). Alguns pacotes, como o **forecast**, dão a opção de fazer esta transformação, antes de efetuar as previsões.

2. Teste para modelo sazonal aditivo. Um teste para verificar se um modelo sazonal é aditivo ou multiplicativo é baseado num gráfico da amplitude sazonal contra a tendência anual, definidas por:

$$\hat{t}_i = \frac{1}{n} \sum_{j=1}^{n} \hat{T}_{ij}, \quad i = 1, \ldots, p,$$

sendo p o número de anos e $n = 12$ para dados mensais, por exemplo, e

$$\hat{s}_i = \frac{1}{n} \sum_{j=1}^{n} |X_{ij} - \hat{T}_{ij}|.$$

Veja a Figura 17.14. Se a reta ajustada a esses pontos for paralela ao eixo das abscissas, há uma indicação de que a amplitude sazonal não depende da tendência e o modelo é aditivo. Caso contrário, temos uma dependência de S_t sobre T_t e o modelo é multiplicativo.

Nas fórmulas acima, $\hat{T}_{ij}$ é uma estimativa da tendência para o ano i e mês j. No caso dessa ser estimada por uma média móvel de 12 meses, temos que definir as quantidades de modo conveniente para o primeiro e último ano. Veja Morettin e Toloi (2018) para detalhes.

Figura 17.14 Gráfico para verificar se o modelo é aditivo.

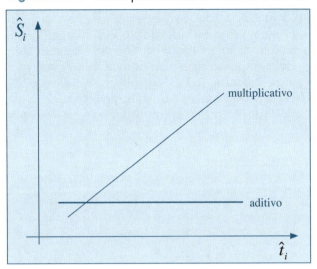

3. Testes para tendência e sazonalidade. A análise do gráfico de uma série temporal pode revelar características importantes, como tendência, sazonalidade, observações atípicas (*outliers*). Além do gráfico, podemos utilizar testes de hipóteses para verificar a existência de uma ou várias dessas características.

Por exemplo, podemos testar as hipóteses

H_0: não existe tendência,

H_1: existe tendência,

antes da estimação da tendência. Se postularmos uma função como tendência, como $T_t = \alpha + \beta t$, depois de ajustar o modelo usando mínimos quadrados, podemos testar as hipóteses

H_0: $\alpha = 0$ (não existe intercepto),

H_1: $\alpha \neq 0$ (existe intercepto),

ou

H_0: $\beta = 0$ (não existe tendência linear),

H_1: $\beta \neq 0$ (existe tendência linear).

CAPÍTULO 17 — SÉRIES TEMPORAIS

Esses tipos de testes foram discutidos no Capítulo 16. Para testes antes de estimar a tendência, podemos usar o teste de sequências, teste do sinal e teste baseado no coeficiente de correlação de Spearman.

No caso de testes para sazonalidade, há testes paramétricos e não paramétricos. Se houver tendência, é conveniente eliminá-la antes. Entre os testes não paramétricos podemos utilizar o teste de Kruskal-Wallis e o teste de Friedman, nos quais se usam postos no lugar das observações.

No caso paramétrico, podemos utilizar um teste F adequado a uma análise de variância (veja o Capítulo 15), no qual queremos testar se $S_1 = S_2 = \ldots = S_s$ contra a hipótese que $S_i \neq S_j$, para algum par (i, j). Para detalhes, veja Morettin e Toloi (2018).

4. Intervalos de confiança para autocorrelações. Vimos que o ruído branco tem autocorrelações nulas, exceto no caso $\tau = 0$, sendo $\rho(0) = 1$. Nos gráficos das autocorrelações estimadas aparecem duas retas pontilhadas ao redor do zero. Essas retas formam um intervalo de confiança aproximado para as verdadeiras autocorrelações. Se um valor $\hat{\rho}(\tau)$ cair fora desse intervalo, podemos garantir, com confiança 95%, que o valor verdadeiro de $\hat{\rho}(\tau)$ é diferente de zero. Valores de $\hat{\rho}(\tau)$ dentro do intervalo indicam que os verdadeiros valores de $\rho(\tau)$ podem ser considerados nulos. Para detalhes, veja Morettin e Toloi (2018).

REFERÊNCIAS

Livros básicos

BLACKWELL, D. *Estatística básica*. São Paulo: Editora McGraw-Hill, 1973.

BUSSAB, W. O. *Análise de variância e de regressão*. São Paulo: Atual, 1986.

FELLER, W. *An introduction to probability theory and its applications*. v. I. 2. ed. Nova York: Wiley, 1964.

HAMMERSLEY, J. M.; HANDSCOMB, D. C. *Monte Carlo methods*. Nova York: Wiley, 1964.

MORETTIN, P. A.; HAZZAN, S.; BUSSAB, W. O. *Cálculo: funções de uma e várias variáveis*. 3. ed. São Paulo: Editora Saraiva, 2016.

HELENE, O. A. M.; VANIN, V. R. *Tratamento estatístico de dados*. 2. ed. São Paulo: Editora Edgard Blücher, 1991.

MEYER, P. L. *Introductory probability and statistical applications*. Reading: Addison--Wesley, 1965.

MORETTIN, P. A. *Introdução à estatística para ciências exatas*. São Paulo: Atual, 1981.

MURTEIRA, B. J. *Análise exploratória de dados*. Lisboa: McGraw-Hill, 1993.

SOBOL, I. M. *Método de Monte Carlo*. Moscou: Editorial MIR, 1976.

STUART, A. *The ideas of sampling*. Nova York: MacMillan Publishing Company, 1984.

TUKEY, J. W. *Exploratory data analysis*. Reading: Addison-Wesley, 1977.

Livros mais avançados

BUSSAB, W. O.; BOLFARINE, H. *Elementos de amostragem*. São Paulo: Editora E. Blücher, 2005.

CHAMBERS, J. M.; CLEVELAND, W. S.; KLEINER, B.; TUKEY, P. A. *Graphical methods for data analysis*. Nova York: Chapman and Hall, 1983.

CONOVER, W. J. *Pratical nonparameric statistics*. Nova York: Wiley, 1971.

DAVISON, A. C.; HINKLEY, D. V. *Bootstrap methods and their application*. Cambridge University Press, 1997.

DIXON, W. J.; MASSEY, F. J. *Introduction to statistical analysis*. 2. ed. Nova York: McGraw-Hill, 1957.

DRAPER, N. R.; SMITH, H. *Applied regression analysis*. 3. ed. Nova York: Wiley, 1998.

EFROM, B.; TIBSHIRANI, R. J. *An introduction to the bootstrap*. Nova York: Chapman and Hall, 1993.

FISHER, R. A. *The design of experiments*. Edimburgo: Oliver and Boyd, 1935.

_____ . *Statistical methods for research workers*. 12. ed. Nova York: Hafner, 1954.

HOAGLIN, D. C.; MOSTELLER, F.; TUKEY, J. W. *Understanding robust and exploratory data analysis*. Nova York: Wiley, 1983.

KLEIJNEN, J.; VAN GROENENDAAL, W. *Simulation:* a statistical perspective. Chichester: John Wiley and Sons, 1994.

LEHMANN, E. L. *Nonparametrics:* statistical methods based on ranks. São Francisco: Holden-Day, 1975.

MORETTIN, P. A.; SINGER, J. M. *Estatística e ciências de dados*. Rio de Janeiro: LTC, 2022.

MORETTIN, P. A.; TOLOI, C. M. C. *Análise de séries temporais*. 3. ed. São Paulo: Blucher, 2018. v. 1.

MORETTIN, P. A.; TOLOI, C. M. C. *Séries temporais*. São Paulo: Atual Editora, 1985.

O'HAGAN, A. Bayesian inference. Londres: Edward Arnold, 1994.

PERES, C. A.; SALDIVA, C. D. *Planejamento de experimentos*. São Paulo: 5º SINAPE, 1982.

ROSS, C. A. *Simulation*. 2. ed. Nova York: Academic Press, 1997.

Artigos de interesse

BOX, G. E. P.; MÜLLER, M. E. A note on the generation of random normal deviates. *Annals of Statistics*, 29, p. 610-611, 1958.

EFRON, B. Bootstrap methods: another look at the jackknife. *Annals of Statistics*, 7, p. 1-26, 1979.

EFRON, B.; GOUS, A. Bayesian and frequentist model selection. *TR* n. 193, Division of Biostatistics, Stanford University, 1997.

FREEDMAN, D.; DIACONIS, P. On the maximum deviation between the histogram and the underling density. *Zeitschrift für wahrscheinlichkeits theorie und Verwandte Gebiete*, 58, p. 139-167.

GRAEDEL, T. E.; KLEINER, B. Exploratory analysis of atmospheric data. *Probability, Statistics and Decision Making in the Atmospheric Sciences* (A. H. Murphy and R. W. Katz, Editors), p. 1-43. Boulder: Westview Press, 1985.

Metropolis, N.; ULAM, S. The Monte Carlo method. *Journal of The American Statistical Association*, 44, p. 335-341, 1949.

NEYMAN, J. *Probabilidade e Estatística Frequentista*. Rio de Janeiro: IMPA/CNPq, 1978.

SALDIVA, P. H. N., LICHTENFELS, A. J. F. C.; PAIVA, P. S. O.; BARONE, I. A.; MARTINS, M. A.; MASSAD, E.; PEREIRA, J. C. R.; XAVIER, V. P.; SINGER, J. M.; BÖHM, G. M. Association between air pollution and mortality due to respiratory diseases in children in São Paulo: a preliminary report. *Environmental Research*, 65, p. 218-226, 1994.

SINGER, J. M.; ANDRADE, D. F. Regression models for the analysis of pretest data. *Biometrics*, 53, p. 729-735, 1997.

VON NEUMANN, J. Various techniques used in connection with random digits, Monte Carlo Method. *U. S. National Bureau of Standards Applied Mathematical Series*, 12, p. 36-38, 1951.

Tabelas

HARTER, H. L.; OWEN, D. B. *Selected tables in mathematical statistics*. Volume 1. Chicago: Markham, 1970.

MILLER, L. H. Table of percentage points of Kolmogorov statistics. *Journal of the American Statistical Association*, 51, p. 11-121, 1956.

PEREIRA, J. S. C.; BUSSAB, W. O. *Tábuas de estatística e matemática*. São Paulo: Brasiliense, 1974.

CONJUNTOS DE DADOS

A seguir apresentamos vários conjuntos de dados, que serão referenciados no texto pela sigla CD acompanhada de um nome identificador.

CD-Brasil: Dados sobre o Brasil

CD-Municípios: Populações de Municípios do Brasil

CD-Notas: Notas em Estatística

CD-Poluição: Dados de Poluição de São Paulo

CD-Temperaturas: Temperaturas Médias Mensais

CD-Salários: Salários para Quatro Profissões

CD-Veículos: Estatísticas sobre Veículos

CD-PIB: Produto Interno Bruto do Brasil

CD-Mercado: Preços de Ações da Telebrás e IBOVESPA

CD-Placa: Índices de Placa Bacteriana

1. Dados sobre o Brasil

Dados de superfície (em km^2), população estimada e densidade (hab/km^2) das unidades federativas (UF) do Brasil, por região.

Regiões	UF	Superfície	População	Densidade
Norte	RO	237.576,167	1.453.756	6,12
	AC	164.165,250	653.385	3,99
	AM	1.559.161,810	3.221.040	2,07
	RR	224.298,980	395.725	1,76
	PA	1.247.689,515	7.065.573	5,66
	AP	142.814,585	587.311	4,11
	TO	277.620,914	1.243.627	4,48
	Subtot.	3.853.327	14.623.317	3,79
Nordeste	MA	331.983,293	6.118.995	18,43
	PI	251.529,186	3.032.435	12,06
	CE	148.825,602	8.185.250	55,0
	RN	52.796,791	3.013.740	57,08
	PB	56.439,838	3.641.397	64,52
	PE	98.311,616	8.486.638	86,32
	AL	27.767,661	3.037.231	109,38
	SE	21.910,348	1.939.426	88,52
	BA	564.692,669	14.080.670	24,94
	Subtot.	1.554.257	51.535.782	33,16

Continua

Continuação

Regiões	UF	Superfície	População	Densidade
Sudeste	MG	586.528,293	19.273.533	32,86
	ES	46.077,519	3.351.669	72,74
	RJ	43.696,054	15.420.450	352,90
	SP	248.209,426	39.827.690	160,46
	Subtot.	924.511	77.873.342	84,23
Sul	PR	199.314,850	10.284.503	51,6
	SC	95.346,181	5.866.487	61,53
	RS	281.748,583	10.582.287	37,56
	Subtot.	576.410	26.733.277	46,38
Centro/ Oeste	MS	357.124,962	2.265.813	6,34
	MT	903.357,908	2.854.642	3,16
	GO	340.086,698	5.647.035	16,6
	DF	5.801,937	2.455.903	423,29
	Subtot.	1.606.372	13.223.393	8,23
Brasil	Total	8.514.876.636	183.987.711	21,61

Fonte: IBGE, Contagem da População, 2007.

2. Populações de Municípios do Brasil

Populações (em 10.000 habitantes) dos 30 municípios mais populosos do Brasil.

Nº	Município	População	Nº	Município	População
1	São Paulo (SP)	988,8	16	Nova Iguaçu (RJ)	83,9
2	Rio de Janeiro (RJ)	556,9	17	São Luís (MA)	80,2
3	Salvador (BA)	224,6	18	Maceió (AL)	74,7
4	Belo Horizonte (MG)	210,9	19	Duque de Caxias (RJ)	72,7
5	Fortaleza (CE)	201,5	20	São Bernardo do Campo (SP)	68,4
6	Brasília (DF)	187,7	21	Natal (RN)	66,8
7	Curitiba (PR)	151,6	22	Teresina (PI)	66,8
8	Recife (PE)	135,8	23	Osasco (SP)	63,7
9	Porto Alegre (RS)	129,8	24	Santo André (SP)	62,8
10	Manaus (AM)	119,4	25	Campo Grande (MS)	61,9
11	Belém (PA)	116,0	26	João Pessoa (PB)	56,2
12	Goiânia (GO)	102,3	27	Jaboatão (PE)	54,1
13	Guarulhos (SP)	101,8	28	Contagem (MG)	50,3
14	Campinas (SP)	92,4	29	São José dos Campos (SP)	49,7
15	São Gonçalo (RJ)	84,7	30	Ribeirão Preto (SP)	46,3

Fonte: IBGE, Contagem da População, 1996.

3. Notas em Estatística

Notas de 100 alunos do curso de Economia da FEA-USP, em prova da disciplina Introdução à Probabilidade e à Estatística, 1999.

3,5	4,0	5,5	6,0	5,0	5,5	5,0	5,5	4,0	10,0
6,5	9,5	4,0	7,0	7,5	3,0	4,5	5,0	2,5	6,0
5,0	6,5	3,5	4,5	8,5	4,0	8,0	7,0	6,0	7,5
8,5	6,0	9,0	6,0	6,5	7,5	5,5	6,5	8,0	8,5
4,5	7,5	8,0	3,0	4,0	8,0	4,5	5,5	6,0	6,0
7,5	3,5	3,0	7,0	1,5	4,5	10,0	5,5	2,5	10,0
4,0	6,5	7,5	5,5	7,0	7,5	6,0	6,5	6,5	5,5
6,5	5,0	5,5	7,5	8,0	6,5	5,0	7,0	6,0	5,5
3,0	5,0	3,5	6,0	6,5	6,0	8,0	5,5	7,5	6,0
2,5	7,5	9,0	6,0	6,5	3,5	4,5	7,0	5,0	5,0

Fonte: Autores.

4. Dados de Poluição de São Paulo

Dados de poluentes na cidade de São Paulo, 1º jan. a 30 abr. 1991.

CO: monóxido de carbono (ppm); O_3: ozônio (ppb)

Temp.: temperatura (°C); Umid.: umidade relativa do ar ao meio-dia (%)

Data	CO	O_3	Temp.	Umid.	Data	CO	O_3	Temp.	Umid.
Jan. 1	6,6	113,6	15,2	56	21	6,2	134,3	17,0	57
2	6,2	115,2	15,5	55	22	6,1	82,1	20,0	61
3	7,9	130,4	16,8	62	23	7,3	233,2	20,1	61
4	8,6	110,4	16,4	96	24	6,6	72,0	18,9	68
5	8,8	107,2	15,2	62	25	6,2	96,8	18,8	70
6	6,4	86,4	16,0	64	26	5,1	61,6	15,9	94
7	6,9	120,0	16,3	63	27	6,1	32,8	15,2	97
8	7,9	150,4	17,8	68	28	5,7	35,2	17,0	63
9	8,2	149,0	18,1	71	29	6,7	87,2	18,6	61
10	8,7	117,3	18,3	64	30	6,5	85,6	20,0	63
11	6,3	59,7	19,2	69	31	5,7	34,7	19,9	88
12	6,3	27,2	17,2	76					
13	6,3	119,2	15,1	62					
14	6,4	120,8	18,9	78					
15	7,7	26,7	19,2	90					
16	7,9	50,1	18,3	73					
17	7,9	35,2	16,0	94					
18	7,7	40,0	15,5	78					
19	6,9	96,0	16,0	62					
20	6,2	142,0	18,0	66					

Continua

Continuação

Data	CO	O_3	Temp.	Umid.	Data	CO	O_3	Temp.	Umid.
Fev. 1	5,8	22,9	18,9	78	15	6,2	172,7	19,0	70
2	6,2	83,9	17,8	73	16	6,7	65,2	19,0	80
3	5,5	204,2	17,0	75	17	6,1	149,2	18,0	63
4	6,7	192,5	17,9	66	18	6,7	100,0	16,7	76
5	7,9	99,7	18,0	65	19	7,4	128,4	15,8	65
6	6,4	182,3	17,8	63	20	5,9	135,7	16,0	58
7	6,9	141,0	18,2	72	21	5,5	121,2	17,0	99
8	6,4	87,2	18,0	85	22	6,1	85,2	17,6	57
9	5,2	34,4	18,5	96	23	7,2	48,4	16,9	86
10	5,7	40,0	18,9	81	24	5,6	81,6	15,2	61
11	4,7	60,8	20,0	67	25	7,2	72,8	15,2	71
12	7,3	82,0	17,9	68	26	6,9	164,9	17,0	63
13	6,2	98,9	18,0	67	27	6,9	137,1	17,0	58
14	6,7	200,0	17,0	60	28	7,7	82,4	17,3	62

Data	CO	O_3	Temp.	Umid.	Data	CO	O_3	Temp.	Umid.
Mar. 1	6,3	38,8	18,9	60	17	6,6	92,8	15,8	59
2	7,7	30,4	18,8	76	18	7,7	97,1	16,9	55
3	6,4	26,7	18,1	90	19	10,3	32,0	18,9	97
4	6,4	33,6	18,3	69	20	7,5	56,0	18,1	65
5	7,9	24,0	18,1	89	21	11,4	91,7	19,0	74
6	6,2	12,3	18,0	75	22	9,5	38,9	17,8	88
7	6,8	12,3	18,0	99	23	7,8	33,1	17,1	75
8	8,0	129,2	21,0	69	24	7,4	34,7	18,0	78
9	8,3	105,6	19,0	65	25	8,9	140,8	18,6	77
10	7,8	116,8	19,0	64	26	9,5	27,7	16,0	92
11	6,9	85,3	19,0	59	27	10,1	18,8	14,2	94
12	7,5	56,0	19,0	61	28	12,5	24,0	14,0	96
13	8,4	61,9	20,1	62	29	6,2	33,1	14,8	83
14	8,1	50,7	18,0	77	30	7,9	28,8	16,3	91
15	6,6	40,5	16,9	64	31	7,6	18,7	17,0	81
16	7,1	48,5	15,2	53					

Data	CO	O_3	Temp.	Umid.	Data	CO	O_3	Temp.	Umid.
Abr. 1	9,1	27,2	17,8	56	16	7,8	29,9	18,5	69
2	7,0	42,7	16,4	69	17	11,6	20,3	18,0	59
3	7,2	62,4	16,0	62	18	6,9	19,7	19,0	64
4	7,8	68,3	16,0	64	19	7,8	13,3	16,1	83
5	9,1	16,5	14,8	80	20	6,9	34,7	13,1	70
6	9,7	122,1	12,3	57	21	4,7	40,0	13,8	62
7	6,3	104,0	14,9	66	22	7,9	150,2	14,8	58
8	10,8	35,2	17,6	65	23	7,4	120,7	13,2	60
9	12,0	150,3	17,9	70	24	8,5	28,8	14,9	50
10	8,9	48,8	16,6	60	25	8,5	9,1	15,5	97
11	7,6	38,4	18,9	52	26	9,0	2,7	15,9	82
12	9,4	59,7	19,0	56	27	8,9	11,2	14,1	75
13	11,9	39,6	19,8	82	28	10,3	33,1	14,5	58
14	10,3	63,5	19,1	57	29	6,1	34,4	14,0	64
15	8,3	92,0	18,4	60	30	7,0	53,6	15,1	73

Fonte: Saldiva et. al. (1994).

CONJUNTOS DE DADOS

5. Temperaturas Médias Mensais

Temperaturas médias mensais, em graus centígrados, de janeiro de 1976 a dezembro de 1985, em Cananeia e Ubatuba, São Paulo.

Ano	Cananeia	Ubatuba	Ano	Cananeia	Ubatuba
1976	25,2	27,1	1980	24,4	26,1
	24,3	25,3		25,0	26,6
	24,2	25,8		26,4	27,7
	21,4	23,7		23,6	24,4
	19,8	21,6		21,7	23,0
	17,0	20,0		18,2	20,5
	17,2	19,3		17,6	20,1
	17,6	20,2		17,8	20,3
	20,2	20,2		17,3	19,7
	21,6	21,3		20,2	21,5
	22,5	23,7		22,2	22,6
	24,0	25,5		24,6	25,6
1977	25,3	26,4	1981	25,0	25,9
	26,4	27,4		26,2	27,0
	24,9	26,3		24,3	24,7
	21,8	23,8		22,3	22,9
	21,0	22,3		21,9	22,3
	19,3	20,8		18,2	19,9
	20,8	22,6		17,1	19,0
	19,6	21,6		18,0	20,2
	20,2	21,6		19,5	21,4
	21,6	22,5		19,4	20,7
	22,5	23,3		23,2	23,4
	24,0	24,1		23,6	23,8
1978	24,8	25,9	1982	23,8	24,3
	25,2	25,8		25,0	25,9
	24,3	25,5		23,9	23,7
	21,6	22,9		21,6	22,1
	19,2	21,5		19,9	20,1
	17,4	19,8		20,3	20,3
	18,9	21,4		18,8	20,3
	17,5	20,8		18,7	20,8
	19,7	21,8		19,7	20,8
	21,6	22,3		20,6	21,5
	22,9	23,7		22,4	24,3
	23,9	24,7		23,8	23,8
1979	22,9	24,0	1983	25,9	26,4
	24,5	25,3		25,9	26,6
	23,2	24,2		24,1	23,5
	21,8	23,2		22,6	18,9
	19,3	22,3		20,9	18,0
	16,6	19,6		16,9	15,3
	16,5	19,2		17,2	14,7
	18,8	21,7		17,9	14,4
	18,1	20,5		17,1	16,2
	22,0	22,5		20,4	19,9
	21,7	22,5		23,5	22,6
	24,1	24,5		24,5	23,3

Continua

558 ESTATÍSTICA BÁSICA

Continuação

Ano	Cananeia	Ubatuba	Ano	Cananeia	Ubatuba
1984	26,2	25,6	1985	24,0	23,8
	26,6	25,6		25,5	26,2
	24,7	23,3		25,3	25,1
	22,2	19,1		23,8	24,5
	21,8	19,4		20,1	21,6
	19,5	20,1		18,0	19,8
	18,3	19,0		18,0	19,8
	16,2	19,0		19,1	20,1
	18,3	18,3		19,2	20,2
	21,4	22,0		21,6	22,2
	22,3	22,5		22,6	22,9
	23,0	23,1		24,0	23,9

Fonte: Boletim Climatológico, n° 6, 1989, IO-USP.

6. Salários

Salários, em 1979 (em francos suíços), para quatro profissões, em 30 cidades de diferentes países.

Cidade	Prof. Sec.	Mecânico	Administrador	Eng. Eletr.
Amsterdã	34.125	26.542	59.280	47.730
Atenas	11.025	12.456	31.980	18.870
Bogotá	4.725	3.806	14.040	14.430
Bruxelas	28.350	25.528	59.280	33.855
Buenos Aires	5.775	6.574	21.060	36.075
Caracas	11.550	20.068	45.240	42.180
Chicago	33.600	39.790	60.060	48.285
Cid. México	6.825	8.304	28.860	22.200
Dublin	18.375	13.840	23.400	25.530
Estocolmo	28.875	25.950	54.600	33.855
Genebra	56.700	37.022	71.760	53.835
Hong-Kong	11.550	5.822	20.280	17.205
Istambul	4.725	6.228	13.260	12.210
Londres	20.745	17.646	31.200	21.090
Los Angeles	32.550	36.330	59.280	46.065
Madri	14.700	12.110	32.760	31.635
Manila	2.100	1.730	20.280	4.440
Milão	12.600	13.494	17.160	31.080
Montreal	29.400	23.528	51.480	34.410
Nova Iorque	27.300	32.870	67.080	53.280
Paris	24.150	15.916	40.560	43.845
Rio de Janeiro	7.350	8.650	53.040	42.735
San Francisco	32.025	39.946	65.520	46.065
São Paulo	9.450	11.072	74.470	29.970
Singapura	8.925	5.190	24.960	8.325
Sydney	28.350	20.068	34.320	31.080
Tel Aviv	7.875	9.688	14.040	14.430
Tóquio	30.450	16.954	63.180	34.410
Toronto	29.925	25.950	44.460	39.960
Zurique	52.500	34.600	78.000	55.500

Fonte: "Prices and Salaries Around The World", 1979/1980. União dos Bancos Suíços, Zurique.

7. Estatísticas sobre Veículos

Dados sobre 30 veículos novos, nacionais (N) e importados (I) em março de 1999. Preço em dólares, comprimento em metros e motor em CV.

Veículo	Preço	Comprimento	Motor	N/I
Asia Towner	9.440	3,36	40	I
Audi A3	38.850	4,15	125	I
Chevrolet Astra	10.532	4,11	110	N
Chevrolet Blazer	16.346	4,60	106	N
Chevrolet Corsa	6.176	3,73	60	N
Chevrolet Tigra	12.890	3,92	100	I
Chevrolet Vectra	13.140	4,47	110	N
Chrysler Neon	31.640	4,36	115	I
Dodge Dakota	11.630	4,98	121	N
Fiat Fiorino	6.700	4,16	76	N
Fiat Marea	12.923	4,39	127	N
Fiat Uno Mille	5.257	3,64	57	N
Fiat Palio	6.260	3,73	61	N
Fiat Siena	7.780	4,10	61	I
Ford Escort	10.767	4,20	115	I
Ford Fiesta	6.316	3,83	52	N
Ford Ka	5.680	3,62	54	N
Ford Mondeo	33.718	4,56	130	I
Honda Civic	14.460	4,45	106	N
Hyundai Accent	21.500	4,12	91	I
Peugeot 106	13.840	3,68	50	I
Renault Clio	13.700	3,70	74	I
Toyota Corolla	15.520	4,39	116	N
Toyota Perua	24.632	4,40	96	N
VW Gol	6.340	3,81	54	N
VW Golf	22.200	4,15	100	I
VW Parati	9.300	4,08	69	N
VW Polo	12.018	4,14	99	I
VW Santana	11.386	4,57	101	N
VW Saveiro	7.742	4,38	88	N

Fonte: Folha de S. Paulo, 14 mar. 1999.

8. Produto Interno Bruto do Brasil

Dados anuais do PIB, de 1861 a 1986; índices relativos a 1949.

Ano	PIB	Ano	PIB	Ano	PIB	Ano	PIB
1861	4.57	1893	9.38	1925	43.64	1957	155.71
1862	5.04	1894	9.14	1926	44.83	1958	167.70
1863	5.18	1895	8.80	1927	47.51	1959	177.09
1864	5.35	1896	8.12	1928	54.28	1960	194.27
1865	5.71	1897	7.33	1929	52.51	1961	214.28
1866	5.65	1898	6.89	1930	47.99	1962	225.63
1867	5.14	1899	6.98	1931	39.45	1963	229.02
1868	5.05	1900	8.08	1932	39.40	1964	235.66
1869	5.61	1901	9.14	1933	42.44	1965	242.02
1870	6.48	1902	10.17	1934	51.18	1966	254.37

Continua

560   ESTATÍSTICA BÁSICA

Continuação

Ano	PIB	Ano	PIB	Ano	PIB	Ano	PIB
1871	6.56	1903	10.48	1935	58.04	1967	266.58
1872	6.55	1904	11.34	1936	63.79	1968	291.37
1873	6.72	1905	12.47	1937	66.35	1969	317.59
1874	7.71	1906	13.76	1938	68.54	1970	347.77
1875	7.88	1907	14.45	1939	67.43	1971	386.99
1876	7.98	1908	16.01	1940	67.53	1972	433.62
1877	7.30	1909	17.81	1941	65.07	1973	494.29
1878	7.32	1910	20.56	1942	66.03	1974	538.96
1879	7.38	1911	24.29	1943	66.30	1975	567.05
1880	7.88	1912	26.75	1944	68.24	1976	624.37
1881	7.62	1913	26.00	1945	75.01	1977	652.71
1882	6.86	1914	22.91	1946	84.48	1978	683.46
1883	6.65	1915	20.84	1947	87.30	1979	749.82
1884	6.54	1916	21.07	1948	93.76	1980	799.61
1885	7.02	1917	21.96	1949	100.00	1981	772.85
1886	8.07	1918	24.60	1950	106.44	1982	779.94
1887	8.94	1919	28.47	1951	112.83	1983	760.20
1888	9.25	1920	30.39	1952	115.70	1984	803.53
1889	9.59	1921	31.23	1953	118.59	1985	869.90
1890	9.64	1922	33.76	1954	130.57	1986	941.26
1891	9.35	1923	39.11	1955	139.59		
1892	9.15	1924	43.60	1956	144.05		

9. Mercado

Preços de fechamento de ações da Telebrás (multiplicados por 1000) e índice diário da Bolsa de Valores de São Paulo (dividido por 100), de 1º de janeiro de 1995 a 29 de junho de 1995.

Mês	Dia	Telebrás	Índice	Mês	Dia	Telebrás	Índice	Mês	Dia	Telebrás	Índice
Jan.	2	34,99	43,19	Fev.	1	31,34	39,90	Mar.	2	20,96	29,89
	3	33,31	40,98		2	30,78	38,98		3	21,42	29,88
	4	32,09	39,68		3	31,44	39,44		6	20,40	28,67
	5	32,56	40,37		6	30,59	38,30		7	18,43	26,16
	6	30,31	38,27		7	28,63	36,37		8	16,84	23,63
	9	28,91	36,28		8	27,60	35,56		9	15,06	21,38
	10	26,10	32,70		9	26,38	34,01		10	21,05	26,86
	11	28,25	34,99		10	25,26	33,08		13	20,77	26,71
	12	30,41	38,41		13	24,98	32,95		14	23,30	30,17
	13	32,00	41,04		14	24,56	31,92		15	21,99	29,39
	16	31,25	40,56		15	23,02	30,69		16	23,75	31,42
	17	32,37	42,10		16	20,96	28,64		17	22,08	29,81
	18	30,87	40,79		17	22,45	30,23		20	21,14	28,70
	19	28,63	38,09		20	21,61	29,62		21	22,45	30,06
	20	29,56	38,62		21	19,74	27,93		22	22,36	30,04
	23	28,44	37,58		22	20,49	28,72		23	23,67	31,46
	24	29,28	38,40		23	23,02	32,17		24	25,63	33,61
	26	29,84	39,27		24	23,48	32,71		27	25,73	33,72
	27	28,35	37,84						28	24,61	32,56
	30	27,32	35,81						29	24,51	31,98
	31	30,41	38,85						30	24,14	31,26
									31	22,64	29,79

Continua

CONJUNTOS DE DADOS

Continuação

Mês	Dia	Telebrás	Índice	Mês	Dia	Telebrás	Índice	Mês	Dia	Telebrás	Índice
Abr.	3	22,08	28,94	Maio	2	31,23	38,62	Jun.	1	29,53	37,74
	4	24,33	31,25		3	31,99	39,76		2	30,91	39,66
	5	24,98	31,80		4	32,41	40,44		5	31,50	40,63
	6	25,54	32,54		5	31,71	40,08		6	30,36	39,33
	7	25,35	31,92		8	30,86	39,14		7	29,07	38,08
	10	24,79	31,14		9	32,23	40,65		8	29,01	38,18
	11	24,23	30,18		10	31,90	40,50		9	27,51	36,71
	12	23,95	30,21		11	30,62	39,51		12	28,16	37,05
	17	24,89	31,13		12	30,95	39,98		13	29,42	37,89
	18	25,82	31,94		15	29,91	38,94		14	27,88	36,65
	19	27,23	33,31		16	29,63	38,35		16	28,48	37,18
	20	27,79	33,84		17	31,14	39,64		19	28,57	36,96
	24	29,00	35,13		18	31,23	40,08		20	27,15	35,77
	25	30,13	36,99		19	30,81	39,50		21	27,88	36,32
	26	30,69	38,26		22	31,99	40,34		22	27,70	35,99
	27	31,06	38,51		23	32,56	40,88		23	27,74	35,86
	28	30,86	38,14		24	33,31	41,00		26	27,65	35,37
					25	32,37	40,19		27	28,80	36,61
					26	30,27	39,05		28	29,21	37,15
					29	30,91	38,96		29	28,62	36,78
					30	28,71	37,07				
					31	28,98	37,21				

Fonte: Bolsa de Valores de São Paulo.

10. Índices de Placa Bacteriana

Medidas de um índice de placa bacteriana obtidas de 26 crianças em idade pré-escolar, antes e depois do uso de uma escova experimental e de uma escova convencional.

		Tipo de Escova			
		Hugger		Convencional	
Sujeito	Sexo	Antes da Escovação	Depois da Escovação	Antes da Escovação	Depois da Escovação
1	F	2,18	0,43	1,20	0,75
2	F	2,05	0,08	1,43	0,55
3	F	1,05	0,18	0,68	0,08
4	F	1,95	0,78	1,45	0,75
5	F	0,28	0,03	0,50	0,05
6	F	2,63	0,23	2,75	1,60
7	F	1,50	0,20	1,25	0,65
8	F	0,45	0,00	0,40	0,13
9	F	0,70	0,05	1,18	0,83
10	F	1,30	0,30	1,43	0,58
11	F	1,25	0,33	0,45	0,38
12	F	0,18	0,00	1,60	0,63
13	F	3,30	0,90	0,25	0,25

Continua

562 — ESTATÍSTICA BÁSICA

Continuação

		Tipo de Escova			
		Hugger		Convencional	
Sujeito	Sexo	Antes da Escovação	Depois da Escovação	Antes da Escovação	Depois da Escovação
14	F	1,40	0,24	2,98	1,03
15	M	0,90	0,15	3,35	1,58
16	M	0,58	0,10	1,50	0,20
17	M	2,50	0,33	4,08	1,88
18	M	2,25	0,33	3,15	2,00
19	M	1,53	0,53	0,90	0,25
20	M	1,43	0,43	1,78	0,18
21	M	3,48	0,65	3,50	0,85
22	M	1,80	0,20	2,50	1,15
23	M	1,50	0,25	2,18	0,93
24	M	2,55	0,15	2,68	1,05
25	M	1,30	0,05	2,73	0,85
26	M	2,65	0,25	3,43	0,88

Fonte: Singer e Andrade (1997).

TABELAS

As tabelas a seguir são, em geral, autoexplicativas, mas o uso de cada uma está explicado no texto. O Manual Explicativo de Pereira e Bussab (1974) pode ser consultado para mais explicações.

1. As Tabelas I a VII são reproduzidas de Pereira e Bussab (1974), com permissão da Editora e autores.

2. A Tabela VIII foi elaborada usando o SPlus e baseada em Lehmann (1975).

3. As Tabelas IX e X são adaptadas de Pereira e Bussab (1974), com permissão da Editora e autores.

Tabela I — Distribuição Binomial

$X \sim b(n,p)$

Corpo da tabela dá as probabilidades $P(X = j)$, $j = 0, 1, \ldots, n$.

n = 2

x	0,05	0,10	0,20	0,25	0,30	0,40	0,50	0,60	0,70	0,75	0,80	0,90	0,95
0	902	810	640	562	490	360	250	160	090	062	040	010	002
1	095	180	320	375	420	480	500	480	420	375	320	180	095
2	002	010	040	062	090	160	250	360	490	562	640	810	902

n = 3

x	0,05	0,10	0,20	0,25	0,30	0,40	0,50	0,60	0,70	0,75	0,80	0,90	0,95
0	857	729	512	422	343	216	125	064	027	016	008	001	0⁺
1	135	243	384	422	441	432	375	288	189	141	096	027	007
2	007	027	096	141	189	288	375	432	441	422	384	243	135
3	0⁺	001	008	016	027	064	125	216	343	422	512	729	857

n = 4

x	0,05	0,10	0,20	0,25	0,30	0,40	0,50	0,60	0,70	0,75	0,80	0,90	0,95
0	815	656	410	316	240	130	062	026	008	004	002	0⁺	0⁺
1	171	292	410	422	412	346	250	154	076	047	026	004	0⁺
2	014	049	154	211	265	346	375	346	265	211	154	049	014
3	0⁺	004	026	047	076	154	250	346	412	422	410	292	171
4	0⁺	0⁺	002	004	008	026	062	130	240	316	410	656	815

n = 5

x	0,05	0,10	0,20	0,25	0,30	0,40	0,50	0,60	0,70	0,75	0,80	0,90	0,95
0	774	590	328	237	168	078	031	010	002	001	0⁺	0⁺	0⁺
1	204	328	410	396	360	259	156	077	028	015	006	0⁺	0⁺
2	021	073	205	264	309	346	312	230	132	088	051	008	001
3	001	008	051	088	132	230	312	346	309	264	205	073	021
4	0⁺	0⁺	006	015	028	077	156	259	360	396	410	328	204
5	0⁺	0⁺	0⁺	001	002	010	031	078	168	237	328	590	774

n = 6

x	0,05	0,10	0,20	0,25	0,30	0,40	0,50	0,60	0,70	0,75	0,80	0,90	0,95
0	735	531	262	178	118	047	016	004	001	0⁺	0⁺	0⁺	0⁺
1	232	354	393	356	303	187	094	037	010	004	002	0⁺	0⁺
2	031	098	246	297	324	311	234	138	060	033	015	001	0⁺
3	002	015	082	132	185	276	312	276	185	132	082	015	002
4	0⁺	001	015	033	060	138	234	311	324	297	246	098	031
5	0⁺	0⁺	002	004	010	037	094	187	303	356	393	354	232
6	0⁺	0⁺	0⁺	0⁺	001	004	016	047	118	178	262	531	735

n = 7

x	0,05	0,10	0,20	0,25	0,30	0,40	0,50	0,60	0,70	0,75	0,80	0,90	0,95
0	698	478	210	133	082	028	008	002	0⁺	0⁺	0⁺	0⁺	0⁺
1	257	372	367	311	247	131	055	017	004	001	0⁺	0⁺	0⁺
2	041	124	275	311	318	261	164	077	025	012	004	0⁺	0⁺
3	004	023	115	173	227	290	273	194	097	058	029	003	0⁺
4	0⁺	003	029	058	097	194	273	290	227	173	115	023	004
5	0⁺	0⁺	004	012	025	077	164	261	318	311	275	124	041
6	0⁺	0⁺	0⁺	001	004	017	055	131	247	311	367	372	257
7	0⁺	0⁺	0⁺	0⁺	0⁺	002	008	028	082	133	210	478	698

n = 8

x	0,05	0,10	0,20	0,25	0,30	0,40	0,50	0,60	0,70	0,75	0,80	0,90	0,95
0	663	430	168	100	058	017	004	001	0⁺	0⁺	0⁺	0⁺	0⁺
1	279	383	336	267	198	090	031	008	001	0⁺	0⁺	0⁺	0⁺
2	051	149	294	311	296	209	109	041	010	004	001	0⁺	0⁺
3	005	033	147	208	254	279	219	124	047	023	009	0⁺	0⁺
4	0⁺	005	046	087	136	232	273	232	136	087	046	005	0⁺
5	0⁺	0⁺	009	023	047	124	219	279	254	208	147	033	005
6	0⁺	0⁺	001	004	010	041	109	209	296	311	294	149	051
7	0⁺	0⁺	0⁺	0⁺	001	008	031	090	198	267	336	383	279
8	0⁺	0⁺	0⁺	0⁺	0⁺	001	004	017	058	100	168	430	663

n = 9

x	0,05	0,10	0,20	0,25	0,30	0,40	0,50	0,60	0,70	0,75	0,80	0,90	0,95
0	630	387	134	075	040	010	002	0⁺	0⁺	0⁺	0⁺	0⁺	0⁺
1	299	387	302	225	156	060	018	004	0⁺	0⁺	0⁺	0⁺	0⁺
2	063	172	302	300	267	161	070	021	004	001	0⁺	0⁺	0⁺
3	008	045	176	234	267	251	164	074	021	009	003	0⁺	0⁺
4	001	007	066	117	172	251	246	167	074	039	017	001	0⁺
5	0⁺	001	017	039	074	167	246	251	172	117	066	007	001
6	0⁺	0⁺	003	009	021	074	164	251	267	234	176	045	008
7	0⁺	0⁺	0⁺	001	004	021	070	161	267	300	302	172	063
8	0⁺	0⁺	0⁺	0⁺	0⁺	004	018	060	156	225	302	387	299
9	0⁺	0⁺	0⁺	0⁺	0⁺	0⁺	002	010	040	075	134	387	630

n = 10

x	0,05	0,10	0,20	0,25	0,30	0,40	0,50	0,60	0,70	0,75	0,80	0,90	0,95
0	599	349	107	056	028	006	001	0⁺	0⁺	0⁺	0⁺	0⁺	0⁺
1	315	387	268	188	121	040	010	002	0⁺	0⁺	0⁺	0⁺	0⁺
2	075	194	302	282	233	121	044	011	001	0⁺	0⁺	0⁺	0⁺
3	010	057	201	250	267	215	117	042	009	003	001	0⁺	0⁺
4	001	011	088	146	200	251	205	111	037	016	006	0⁺	0⁺
5	0⁺	001	026	058	103	201	246	201	103	058	026	001	0⁺
6	0⁺	0⁺	006	016	037	111	205	251	200	146	088	011	001
7	0⁺	0⁺	001	003	009	042	117	215	267	250	201	057	010
8	0⁺	0⁺	0⁺	0⁺	001	011	044	121	233	282	302	194	075
9	0⁺	0⁺	0⁺	0⁺	0⁺	002	010	040	121	188	268	387	315
10	0⁺	0⁺	0⁺	0⁺	0⁺	0⁺	001	006	028	056	107	349	599

n = 11

x	0,05	0,10	0,20	0,25	0,30	0,40	0,50	0,60	0,70	0,75	0,80	0,90	0,95
0	569	314	086	042	020	004	0⁺	0⁺	0⁺	0⁺	0⁺	0⁺	0⁺
1	329	384	236	155	093	027	005	001	0⁺	0⁺	0⁺	0⁺	0⁺
2	087	213	295	258	200	089	027	005	001	0⁺	0⁺	0⁺	0⁺
3	014	071	221	258	257	177	081	023	004	001	0⁺	0⁺	0⁺
4	001	016	111	172	220	236	161	070	017	006	002	0⁺	0⁺
5	0⁺	002	039	080	132	221	226	147	057	027	010	0⁺	0⁺
6	0⁺	0⁺	010	027	057	147	226	221	132	080	039	002	0⁺
7	0⁺	0⁺	002	006	017	070	161	236	220	172	111	016	001
8	0⁺	0⁺	0⁺	001	004	023	081	177	257	258	221	071	014
9	0⁺	0⁺	0⁺	0⁺	001	005	027	089	200	258	295	213	087
10	0⁺	0⁺	0⁺	0⁺	0⁺	001	005	027	093	155	236	384	329
11	0⁺	0⁺	0⁺	0⁺	0⁺	0⁺	0⁺	004	020	042	086	314	569

n = 12

x	0,05	0,10	0,20	0,25	0,30	0,40	0,50	0,60	0,70	0,75	0,80	0,90	0,95
0	540	282	069	032	014	002	0⁺	0⁺	0⁺	0⁺	0⁺	0⁺	0⁺
1	341	377	206	127	071	017	003	0⁺	0⁺	0⁺	0⁺	0⁺	0⁺
2	099	230	283	232	168	064	016	002	0⁺	0⁺	0⁺	0⁺	0⁺
3	017	085	236	258	240	142	054	012	001	0⁺	0⁺	0⁺	0⁺
4	002	021	133	194	231	213	121	042	008	002	001	0⁺	0⁺
5	0⁺	004	053	103	158	227	193	101	029	011	003	0⁺	0⁺
6	0⁺	0⁺	016	040	079	177	226	177	079	040	016	0⁺	0⁺
7	0⁺	0⁺	003	011	029	101	193	227	158	103	053	004	0⁺
8	0⁺	0⁺	001	002	008	042	121	213	231	194	133	021	002
9	0⁺	0⁺	0⁺	0⁺	001	012	054	142	240	258	236	085	017
10	0⁺	0⁺	0⁺	0⁺	0⁺	002	016	064	168	232	283	230	099
11	0⁺	0⁺	0⁺	0⁺	0⁺	0⁺	003	017	071	127	206	377	341
12	0⁺	0⁺	0⁺	0⁺	0⁺	0⁺	0⁺	002	014	032	069	282	540

n = 13

x	0,05	0,10	0,20	0,25	0,30	0,40	0,50	0,60	0,70	0,75	0,80	0,90	0,95
0	513	254	055	024	010	001	0⁺	0⁺	0⁺	0⁺	0⁺	0⁺	0⁺
1	351	367	179	103	054	011	002	0⁺	0⁺	0⁺	0⁺	0⁺	0⁺
2	111	245	268	206	139	045	010	001	0⁺	0⁺	0⁺	0⁺	0⁺
3	021	100	246	252	218	111	035	006	001	0⁺	0⁺	0⁺	0⁺
4	003	028	154	210	234	184	087	024	003	001	0⁺	0⁺	0⁺
5	0⁺	006	069	126	180	221	157	066	014	005	001	0⁺	0⁺
6	0⁺	001	023	056	103	197	209	131	044	019	006	0⁺	0⁺
7	0⁺	0⁺	006	019	044	131	209	197	103	056	023	001	0⁺
8	0⁺	0⁺	001	005	014	066	157	221	180	126	069	006	0⁺
9	0⁺	0⁺	0⁺	001	003	024	087	184	234	210	154	028	003
10	0⁺	0⁺	0⁺	0⁺	001	006	035	111	218	252	246	100	021
11	0⁺	0⁺	0⁺	0⁺	0⁺	001	010	045	139	206	268	245	111
12	0⁺	0⁺	0⁺	0⁺	0⁺	0⁺	002	011	054	103	179	367	351
13	0⁺	0⁺	0⁺	0⁺	0⁺	0⁺	0⁺	001	010	024	055	254	513

TABELAS

Tabela I — Distribuição Binomial (continuação)

14 – 15 – 16 · 17 – 18 – 19

n = 14

x=0→	0,05	0,10	0,20	0,25	0,30	0,40	0,50	←x
0	488	229	044	018	007	001	0+	14
1	359	356	154	083	041	007	001	13
2	123	257	250	180	113	032	006	12
3	026	114	250	240	194	065	022	11
4	004	035	172	220	229	155	061	10
5	0+	008	086	147	196	207	122	9
6	0+	001	032	073	126	207	183	8
7	0+	0+	009	028	062	157	209	7
8	0+	0+	002	008	023	092	183	6
9	0+	0+	0+	002	007	041	122	5
10	0+	0+	0+	0+	001	014	061	4
11	0+	0+	0+	0+	0+	003	022	3
12	0+	0+	0+	0+	0+	001	006	2
13	0+	0+	0+	0+	0+	0+	001	1
14	0+	0+	0+	0+	0+	0+	0+	0=x
↓p	0,95	0,90	0,80	0,75	0,70	0,60	0,50	n=14

n = 15

x=0→	0,05	0,10	0,20	0,25	0,30	0,40	0,50	←x
0	463	206	035	013	005	0+	0+	15
1	366	343	132	067	031	005	0+	14
2	135	267	231	156	092	022	003	13
3	031	129	250	225	170	063	014	12
4	005	043	188	225	219	127	042	11
5	001	010	103	165	206	186	092	10
6	0+	002	043	092	147	207	153	9
7	0+	0+	014	039	081	177	196	8
8	0+	0+	003	013	035	118	196	7
9	0+	0+	001	003	012	061	153	6
10	0+	0+	0+	001	003	024	092	5
11	0+	0+	0+	0+	001	007	042	4
12	0+	0+	0+	0+	0+	002	014	3
13	0+	0+	0+	0+	0+	0+	003	2
14	0+	0+	0+	0+	0+	0+	0+	1
15	0+	0+	0+	0+	0+	0+	0+	0=x
↓p	0,95	0,90	0,80	0,75	0,70	0,60	0,50	n=15

n = 16

x=0→	0,05	0,10	0,20	0,25	0,30	0,40	0,50	←x
0	440	185	028	010	003	0+	0+	16
1	371	329	113	053	023	003	0+	15
2	146	275	211	134	073	015	002	14
3	036	142	246	208	146	047	009	13
4	006	051	200	225	204	101	028	12
5	001	014	120	180	210	162	067	11
6	0+	003	055	110	165	198	122	10
7	0+	0+	020	052	101	189	175	9
8	0+	0+	006	020	049	142	196	8
9	0+	0+	001	006	019	084	175	7
10	0+	0+	0+	001	006	039	122	6
11	0+	0+	0+	0+	001	014	067	5
12	0+	0+	0+	0+	0+	004	028	4
13	0+	0+	0+	0+	0+	001	009	3
14	0+	0+	0+	0+	0+	0+	002	2
15	0+	0+	0+	0+	0+	0+	0+	1
16	0+	0+	0+	0+	0+	0+	0+	0=x
↓p	0,95	0,90	0,80	0,75	0,70	0,60	0,50	n=16

n = 17

x=0→	0,05	0,10	0,20	0,25	0,30	0,40	0,50	←x
0	418	167	023	008	002	0+	0+	17
1	374	315	096	043	017	002	0+	16
2	158	280	191	114	058	010	001	15
3	041	156	239	189	125	034	005	14
4	008	060	209	221	187	080	018	13
5	001	017	136	191	208	138	047	12
6	0+	004	068	128	178	184	094	11
7	0+	001	027	067	120	193	148	10
8	0+	0+	008	028	064	161	185	9
9	0+	0+	002	009	028	107	185	8
10	0+	0+	0+	002	009	057	148	7
11	0+	0+	0+	001	003	024	094	6
12	0+	0+	0+	0+	001	008	047	5
13	0+	0+	0+	0+	0+	002	018	4
14	0+	0+	0+	0+	0+	0+	005	3
15	0+	0+	0+	0+	0+	0+	001	2
16	0+	0+	0+	0+	0+	0+	0+	1
17	0+	0+	0+	0+	0+	0+	0+	0=x
↓p	0,95	0,90	0,80	0,75	0,70	0,60	0,50	n=17

n = 18

x=0→	0,05	0,10	0,20	0,25	0,30	0,40	0,50	←x
0	397	150	018	006	002	0+	0+	18
1	376	300	081	034	013	001	0+	17
2	168	284	172	096	046	007	001	16
3	047	168	230	170	105	025	003	15
4	009	070	215	213	168	061	012	14
5	001	022	151	199	202	115	033	13
6	0+	005	082	144	187	166	071	12
7	0+	001	035	082	138	189	121	11
8	0+	0+	012	038	081	173	167	10
9	0+	0+	003	014	039	128	185	9
10	0+	0+	001	004	015	077	167	8
11	0+	0+	0+	001	005	037	121	7
12	0+	0+	0+	0+	001	015	071	6
13	0+	0+	0+	0+	0+	004	033	5
14	0+	0+	0+	0+	0+	001	012	4
15	0+	0+	0+	0+	0+	0+	003	3
16	0+	0+	0+	0+	0+	0+	001	2
17	0+	0+	0+	0+	0+	0+	0+	1
18	0+	0+	0+	0+	0+	0+	0+	0=x
↓p	0,95	0,90	0,80	0,75	0,70	0,60	0,50	n=18

n = 19

x=0→	0,05	0,10	0,20	0,25	0,30	0,40	0,50	←x
0	377	135	014	004	001	0+	0+	19
1	377	285	068	027	009	001	0+	18
2	179	285	154	080	036	005	0+	17
3	053	180	218	152	087	017	002	16
4	011	080	218	202	149	047	007	15
5	002	027	164	202	192	093	022	14
6	0+	007	095	157	192	145	052	13
7	0+	001	044	097	153	180	096	12
8	0+	0+	017	049	098	180	144	11
9	0+	0+	005	020	051	146	176	10
10	0+	0+	001	007	022	098	176	9
11	0+	0+	0+	002	008	053	144	8
12	0+	0+	0+	0+	002	024	096	7
13	0+	0+	0+	0+	001	008	052	6
14	0+	0+	0+	0+	0+	002	022	5
15	0+	0+	0+	0+	0+	001	007	4
16	0+	0+	0+	0+	0+	0+	002	3
17	0+	0+	0+	0+	0+	0+	0+	2
18	0+	0+	0+	0+	0+	0+	0+	1
19	0+	0+	0+	0+	0+	0+	0+	0=x
↓p	0,95	0,90	0,80	0,75	0,70	0,60	0,50	n=19

ESTATÍSTICA BÁSICA

Tabela II — Distribuição de Poisson

$X \sim \text{Pois}(\lambda)$

Corpo da tabela dá as probabilidades $P(X = j)$, $j = 0, 1, 2...$

X \ λ	0,001	0,005	0,010	0,015	0,020	0,025	0,030	0,035	0,040	0,045	0,050	0,055	0,060	0,065	0,070	0,075	λ \ X
0	9990	9950	9900	9851	9802	9753	9704	9656	9608	9560	9512	9465	9418	9371	9324	9277	0
1	0010	0050	0099	0148	0196	0244	0291	0338	0384	0430	0476	0521	0565	0609	0653	0696	1
2	0+	0+	0+	0001	0002	0003	0004	0006	0008	0010	0012	0014	0017	0020	0022	0026	2
3	0+	0+	0+	0+	0+	0+	0+	0+	0+	0+	0+	0+	0+	0+	0001	0001	3
≥4	0+	0+	0+	0+	0+	0+	0+	0+	0+	0+	0+	0+	0+	0+	0+	0+	≥4

X \ λ	0,080	0,085	0,090	0,095	0,100	0,200	0,300	0,400	0,500	0,600	0,700	0,800	0,900	1,000	1,200	1,400	λ \ X
0	9231	9185	9139	9094	9048	8187	7408	6703	6065	5488	4966	4493	4066	3679	3012	2466	0
1	0739	0781	0823	0864	0905	1637	2222	2681	3033	3293	3476	3595	3659	3679	3614	3452	1
2	0030	0033	0037	0041	0045	0164	0333	0536	0758	0988	1217	1438	1647	1839	2169	2417	2
3	0001	0001	0001	0001	0002	0011	0033	0071	0126	0198	0284	0383	0494	0613	0867	1128	3
4	0+	0+	0+	0+	0+	0001	0003	0007	0016	0030	0050	0077	0111	0153	0260	0395	4
5	0+	0+	0+	0+	0+	0+	0+	0001	0002	0004	0007	0012	0020	0031	0062	0111	5
6	0+	0+	0+	0+	0+	0+	0+	0+	0+	0+	0001	0002	0003	0005	0012	0026	6
7	0+	0+	0+	0+	0+	0+	0+	0+	0+	0+	0+	0+	0+	0001	0002	0005	7
8	0+	0+	0+	0+	0+	0+	0+	0+	0+	0+	0+	0+	0+	0+	0+	0001	8
≥9	0+	0+	0+	0+	0+	0+	0+	0+	0+	0+	0+	0+	0+	0+	0+	0+	≥9

X \ λ	1,600	1,800	2,000	2,500	3,000	3,500	4,000	4,500	5,000	5,500	6,000	6,500	7,000	8,000	9,000	10,000	λ \ X
0	2019	1653	1353	0821	0498	0302	0183	0111	0067	0041	0025	0015	0009	0003	0001	0+	0
1	3230	2975	2707	2052	1494	1057	0733	0500	0337	0225	0149	0098	0064	0027	0011	0005	1
2	2584	2678	2707	2565	2240	1850	1465	1125	0842	0618	0446	0318	0223	0107	0050	0023	2
3	1378	1607	1804	2138	2240	2158	1954	1687	1404	1133	0892	0688	0521	0286	0150	0076	3
4	0551	0723	0902	1336	1680	1888	1954	1898	1755	1558	1339	1118	0912	0573	0337	0189	4
5	0176	0260	0361	0668	1008	1322	1563	1708	1755	1714	1606	1454	1277	0916	0607	0378	5
6	0047	0078	0120	0278	0504	0771	1042	1281	1462	1571	1606	1575	1490	1221	0911	0631	6
7	0011	0020	0034	0100	0216	0385	0595	0824	1044	1234	1377	1462	1490	1396	1171	0901	7
8	0002	0005	0009	0031	0081	0169	0298	0463	0653	0849	1033	1188	1304	1396	1318	1126	8
9	0+	0001	0002	0009	0027	0066	0132	0232	0363	0519	0688	0858	1014	1241	1318	1251	9
10	0+	0+	0+	0002	0008	0023	0053	0104	0181	0285	0413	0558	0710	0993	1186	1251	10
11	0+	0+	0+	0+	0002	0007	0019	0043	0082	0143	0225	0330	0452	0722	0970	1137	11
12	0+	0+	0+	0+	0+	0002	0006	0016	0034	0065	0113	0179	0264	0481	0728	0948	12
13	0+	0+	0+	0+	0+	0+	0002	0006	0013	0028	0052	0089	0142	0296	0504	0729	13
14	0+	0+	0+	0+	0+	0+	0+	0002	0005	0011	0022	0041	0071	0169	0324	0521	14
15	0+	0+	0+	0+	0+	0+	0+	0001	0002	0004	0009	0018	0033	0090	0194	0347	15
16	0+	0+	0+	0+	0+	0+	0+	0+	0+	0001	0003	0007	0014	0045	0109	0217	16
17	0+	0+	0+	0+	0+	0+	0+	0+	0+	0+	0001	0003	0006	0021	0058	0128	17
18	0+	0+	0+	0+	0+	0+	0+	0+	0+	0+	0+	0001	0002	0009	0029	0071	18
19	0+	0+	0+	0+	0+	0+	0+	0+	0+	0+	0+	0+	0001	0004	0014	0037	19
20	0+	0+	0+	0+	0+	0+	0+	0+	0+	0+	0+	0+	0+	0002	0006	0019	20
21	0+	0+	0+	0+	0+	0+	0+	0+	0+	0+	0+	0+	0+	0001	0003	0009	21
22	0+	0+	0+	0+	0+	0+	0+	0+	0+	0+	0+	0+	0+	0+	0001	0004	22
23	0+	0+	0+	0+	0+	0+	0+	0+	0+	0+	0+	0+	0+	0+	0+	0002	23
24	0+	0+	0+	0+	0+	0+	0+	0+	0+	0+	0+	0+	0+	0+	0+	0001	24
≥25	0+	0+	0+	0+	0+	0+	0+	0+	0+	0+	0+	0+	0+	0+	0+	0+	≥25

Tabela III — Distribuição Normal Padrão
$Z \sim N(0,1)$
Corpo da tabela dá a probabilidade p, tal que $p = P(0 < Z < Z_c)$

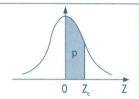

Parte inteira e primeira decimal de Z_c	\multicolumn{10}{c}{Segunda decimal de Z_c}	Parte inteira e primeira decimal de Z_c
	0	1	2	3	4	5	6	7	8	9	
	p = 0										
0,0	00000	00399	00798	01197	01595	01994	02392	02790	03188	03586	0,0
0,1	03983	04380	04776	05172	05567	05962	06356	06749	07142	07535	0,1
0,2	07926	08317	08706	09095	09483	09871	10257	10642	11026	11409	0,2
0,3	11791	12172	12552	12930	13307	13683	14058	14431	14803	15173	0,3
0,4	15542	15910	16276	16640	17003	17364	17724	18082	18439	18793	0,4
0,5	19146	19497	19847	20194	20540	20884	21226	21566	21904	22240	0,5
0,6	22575	22907	23237	23565	23891	24215	24537	24857	25175	25490	0,6
0,7	25804	26115	26424	26730	27035	27337	27637	27935	28230	28524	0,7
0,8	28814	29103	29389	29673	29955	30234	30511	30785	31057	31327	0,8
0,9	31594	31859	32121	32381	32639	32894	33147	33398	33646	33891	0,9
1,0	34134	34375	34614	34850	35083	35314	35543	35769	35993	36214	1,0
1,1	36433	36650	36864	37076	37286	37493	37698	37900	38100	38298	1,1
1,2	38493	38686	38877	39065	39251	39435	39617	39796	39973	40147	1,2
1,3	40320	40490	40658	40824	40988	41149	41309	41466	41621	41774	1,3
1,4	41924	42073	42220	42364	42507	42647	42786	42922	43056	43189	1,4
1,5	43319	43448	43574	43699	43822	43943	44062	44179	44295	44408	1,5
1,6	44520	44630	44738	44845	44950	45053	45154	45254	45352	45449	1,6
1,7	45543	45637	45728	45818	45907	45994	46080	46164	46246	46327	1,7
1,8	46407	46485	46562	46638	46712	46784	46856	46926	46995	47062	1,8
1,9	47128	47193	47257	47320	47381	47441	47500	47558	47615	47670	1,9
2,0	47725	47778	47831	47882	47932	47982	48030	48077	48124	48169	2,0
2,1	48214	48257	48300	48341	48382	48422	48461	48500	48537	48574	2,1
2,2	48610	48645	48679	48713	48745	48778	48809	48840	48870	48899	2,2
2,3	48928	48956	48983	49010	49036	49061	49086	49111	49134	49158	2,3
2,4	49180	49202	49224	49245	49266	49286	49305	49324	49343	49361	2,4
2,5	49379	49396	49413	49430	49446	49461	49477	49492	49506	49520	2,5
2,6	49534	49547	49560	49573	49585	49598	49609	49621	49632	49643	2,6
2,7	49653	49664	49674	49683	49693	49702	49711	49720	49728	49736	2,7
2,8	49744	49752	49760	49767	49774	49781	49788	49795	49801	49807	2,8
2,9	49813	49819	49825	49831	49836	49841	49846	49851	49856	49861	2,9
3,0	49865	49869	49874	49878	49882	49886	49889	49893	49897	49900	3,0
3,1	49903	49906	49910	49913	49916	49918	49921	49924	49926	49929	3,1
3,2	49931	49934	49936	49938	49940	49942	49944	49946	49948	49950	3,2
3,3	49952	49953	49955	49957	49958	49960	49961	49962	49964	49965	3,3
3,4	49966	49968	49969	49970	49971	49972	49973	49974	49975	49976	3,4
3,5	49977	49978	49978	49979	49980	49981	49981	49982	49983	49983	3,5
3,6	49984	49985	49985	49986	49986	49987	49987	49988	49988	49989	3,6
3,7	49989	49990	49990	49990	49991	49991	49992	49992	49992	49992	3,7
3,8	49993	49993	49993	49994	49994	49994	49994	49995	49995	49995	3,8
3,9	49995	49995	49996	49996	49996	49996	49996	49996	49997	49997	3,9
4,0	49997	49997	49997	49997	49997	49997	49998	49998	49998	49998	4,0
4,5	49999	50000	50000	50000	50000	50000	50000	50000	50000	50000	4,5

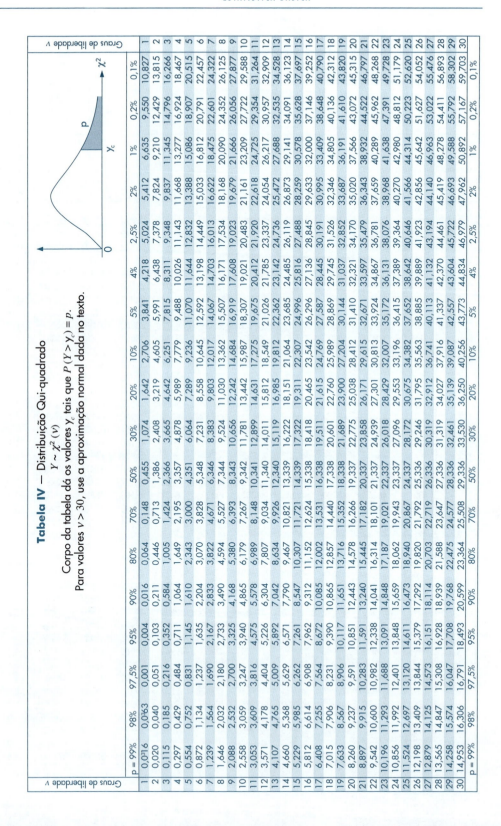

Tabela V — Distribuição t de Student

Corpo da tabela dá os valores t_c tais que $P(-t_c < t < t_c) = 1 - p$.
Para $v > 120$, usar a aproximação normal.

Graus de liberdade v	p = 90%	80%	70%	60%	50%	40%	30%	20%	10%	5%	4%	2%	1%	0,2%	0,1%	Graus de liberdade v
1	0,158	0,325	0,510	0,727	1,000	1,376	1,963	3,078	6,314	12,706	15,894	31,821	63,657	318,309	636,619	1
2	0,142	0,289	0,445	0,617	0,816	1,061	1,386	1,886	2,920	4,303	4,849	6,965	9,925	22,327	31,598	2
3	0,137	0,277	0,424	0,584	0,765	0,978	1,250	1,638	2,353	3,182	3,482	4,541	5,841	10,214	12,924	3
4	0,134	0,271	0,414	0,569	0,741	0,941	1,190	1,533	2,132	2,776	2,998	3,747	4,604	7,173	8,610	4
5	0,132	0,267	0,408	0,559	0,727	0,920	1,156	1,476	2,015	2,571	2,756	3,365	4,032	5,893	6,869	5
6	0,131	0,265	0,404	0,553	0,718	0,906	1,134	1,440	1,943	2,447	2,612	3,143	3,707	5,208	5,959	6
7	0,130	0,263	0,402	0,549	0,711	0,896	1,119	1,415	1,895	2,365	2,517	2,998	3,499	4,785	5,408	7
8	0,130	0,262	0,399	0,546	0,706	0,889	1,108	1,397	1,860	2,306	2,449	2,896	3,355	4,501	5,041	8
9	0,129	0,261	0,398	0,543	0,703	0,883	1,100	1,383	1,833	2,262	2,398	2,821	3,250	4,297	4,781	9
10	0,129	0,260	0,397	0,542	0,700	0,879	1,093	1,372	1,812	2,228	2,359	2,764	3,169	4,144	4,587	10
11	0,129	0,260	0,396	0,540	0,697	0,876	1,088	1,363	1,796	2,201	2,328	2,718	3,106	3,025	4,437	11
12	0,128	0,259	0,395	0,539	0,695	0,873	1,083	1,356	1,782	2,179	2,303	2,681	3,055	3,930	4,318	12
13	0,128	0,259	0,394	0,538	0,694	0,870	1,079	1,350	1,771	2,160	2,282	2,650	3,012	3,852	4,221	13
14	0,128	0,258	0,393	0,537	0,692	0,868	1,076	1,345	1,761	2,145	2,264	2,624	2,977	3,787	4,140	14
15	0,128	0,258	0,393	0,536	0,691	0,866	1,074	1,341	1,753	2,131	2,248	2,602	2,947	3,733	4,073	15
16	0,128	0,258	0,392	0,535	0,690	0,865	1,071	1,337	1,746	2,120	2,235	2,583	2,921	3,686	4,015	16
17	0,128	0,257	0,392	0,534	0,689	0,863	1,069	1,333	1,740	2,110	2,224	2,567	2,898	3,646	3,965	17
18	0,127	0,257	0,392	0,534	0,688	0,862	1,067	1,330	1,734	2,101	2,214	2,552	2,878	3,610	3,922	18
19	0,127	0,257	0,391	0,533	0,688	0,861	1,066	1,328	1,729	2,093	2,205	2,539	2,861	3,579	3,883	19
20	0,127	0,257	0,391	0,533	0,687	0,860	1,064	1,325	1,725	2,086	2,197	2,528	2,845	3,552	3,850	20
21	0,127	0,257	0,391	0,532	0,686	0,859	1,063	1,323	1,721	2,080	2,189	2,518	2,831	3,527	3,819	21
22	0,127	0,256	0,390	0,532	0,686	0,858	1,061	1,321	1,717	2,074	2,183	2,508	2,819	3,505	3,792	22
23	0,127	0,256	0,390	0,532	0,685	0,858	1,060	1,319	1,714	2,069	2,177	2,500	2,807	3,485	3,768	23
24	0,127	0,256	0,390	0,531	0,685	0,857	1,059	1,318	1,711	2,064	2,172	2,492	2,797	3,467	3,745	24
25	0,127	0,256	0,390	0,531	0,684	0,856	1,058	1,316	1,708	2,060	2,166	2,485	2,787	3,450	3,725	25
26	0,127	0,256	0,390	0,531	0,684	0,856	1,058	1,315	1,706	2,056	2,162	2,479	2,779	3,435	3,707	26
27	0,127	0,256	0,389	0,531	0,684	0,855	1,057	1,314	1,703	2,052	2,158	2,473	2,771	3,421	3,690	27
28	0,127	0,256	0,389	0,530	0,684	0,855	1,056	1,313	1,701	2,048	2,154	2,467	2,763	3,408	3,674	28
29	0,127	0,256	0,389	0,530	0,683	0,854	1,055	1,311	1,699	2,045	2,150	2,462	2,756	3,396	3,659	29
30	0,127	0,256	0,389	0,530	0,683	0,854	1,055	1,310	1,697	2,042	2,147	2,457	2,750	3,385	3,646	30
35	0,126	0,255	0,388	0,529	0,682	0,852	1,052	1,306	1,690	2,030	2,133	2,438	2,724	3,340	3,591	35
40	0,126	0,255	0,388	0,529	0,681	0,851	1,050	1,303	1,684	2,021	2,123	2,423	2,704	3,307	3,551	40
50	0,126	0,254	0,387	0,528	0,679	0,849	1,047	1,299	1,676	2,009	2,109	2,403	2,678	3,261	3,496	50
60	0,126	0,254	0,387	0,527	0,679	0,848	1,045	1,296	1,671	2,000	2,099	2,390	2,660	3,232	3,460	60
120	0,126	0,254	0,386	0,526	0,677	0,845	1,041	1,289	1,658	1,980	2,076	2,358	2,617	3,160	3,373	120
∞	0,126	0,253	0,385	0,524	0,674	0,842	1,036	1,282	1,645	1,960	2,054	2,326	2,576	3,090	3,291	∞
	p = 90%	80%	70%	60%	50%	40%	30%	20%	10%	5%	4%	2%	1%	0,2%	0,1%	

Tabela VI — Distribuição F
Corpo da tabela dá os valores f_c tais que $P(F > f_c) = 0,05$.

Grau de liberdade do numerador de F: v_1

Graus de liberdade do denominador de F: v_2	1	2	3	4	5	6	7	8	9	10	12	14	15	16	18	20	24	30	40	60	120	∞	Graus de liberdade do denominador de F: v_2
1	161,4	199,5	215,7	224,6	230,2	234,0	236,8	238,9	240,5	241,9	243,9	245,4	245,9	246,5	247,3	248,0	249,1	250,1	251,1	252,2	253,3	254,3	1
2	18,51	19,00	19,16	19,25	19,30	19,33	19,35	19,37	19,38	19,40	19,41	19,42	19,43	19,43	19,44	19,45	19,45	19,46	19,47	19,48	19,49	19,50	2
3	10,13	9,55	9,28	9,12	9,01	8,94	8,89	8,85	8,81	8,79	8,74	8,72	8,70	8,69	8,67	8,66	8,64	8,62	8,59	8,57	8,55	8,53	3
4	7,71	6,94	6,59	6,39	6,26	6,16	6,09	6,04	6,00	5,96	5,91	5,87	5,86	5,84	5,82	5,80	5,77	5,75	5,72	5,69	5,66	5,63	4
5	6,61	5,79	5,41	5,19	5,05	4,95	4,88	4,82	4,77	4,74	4,68	4,64	4,62	4,60	4,58	4,56	4,53	4,50	4,46	4,43	4,40	4,36	5
6	5,99	5,14	4,76	4,53	4,39	4,28	4,21	4,15	4,10	4,06	4,00	3,96	3,94	3,92	3,90	3,87	3,84	3,81	3,77	3,74	3,70	3,67	6
7	5,59	4,74	4,35	4,12	3,97	3,87	3,79	3,73	3,68	3,64	3,57	3,53	3,51	3,49	3,47	3,44	3,41	3,38	3,34	3,30	3,27	3,23	7
8	5,32	4,46	4,07	3,84	3,69	3,58	3,50	3,44	3,39	3,35	3,28	3,24	3,22	3,20	3,17	3,15	3,12	3,08	3,04	3,01	2,97	2,93	8
9	5,12	4,26	3,86	3,63	3,48	3,37	3,29	3,23	3,18	3,14	3,07	3,03	3,01	2,99	2,96	2,94	2,90	2,86	2,83	2,79	2,75	2,71	9
10	4,96	4,10	3,71	3,48	3,33	3,22	3,14	3,07	3,02	2,98	2,91	2,87	2,85	2,83	2,80	2,77	2,74	2,70	2,66	2,62	2,58	2,54	10
11	4,84	3,98	3,59	3,36	3,20	3,09	3,01	2,95	2,90	2,85	2,79	2,74	2,72	2,70	2,67	2,65	2,61	2,57	2,53	2,49	2,45	2,40	11
12	4,75	3,89	3,49	3,26	3,11	3,00	2,91	2,85	2,80	2,75	2,69	2,64	2,62	2,60	2,57	2,54	2,51	2,47	2,43	2,38	2,34	2,30	12
13	4,67	3,81	3,41	3,18	3,03	2,92	2,83	2,77	2,71	2,67	2,60	2,55	2,53	2,52	2,48	2,46	2,42	2,38	2,34	2,30	2,25	2,21	13
14	4,60	3,74	3,34	3,11	2,96	2,85	2,76	2,70	2,65	2,60	2,53	2,48	2,46	2,44	2,41	2,39	2,35	2,31	2,27	2,22	2,18	2,13	14
15	4,54	3,68	3,29	3,06	2,90	2,79	2,71	2,64	2,59	2,54	2,48	2,42	2,40	2,39	2,35	2,33	2,29	2,25	2,20	2,16	2,11	2,07	15
16	4,49	3,63	3,24	3,01	2,85	2,74	2,66	2,59	2,54	2,49	2,42	2,37	2,35	2,33	2,30	2,28	2,24	2,19	2,15	2,11	2,06	2,01	16
17	4,45	3,59	3,20	2,96	2,81	2,70	2,61	2,55	2,49	2,45	2,38	2,34	2,31	2,29	2,26	2,23	2,19	2,15	2,10	2,06	2,01	1,96	17
18	4,41	3,55	3,16	2,93	2,77	2,66	2,58	2,51	2,46	2,41	2,34	2,29	2,27	2,25	2,22	2,19	2,15	2,11	2,06	2,02	1,97	1,92	18
19	4,38	3,52	3,13	2,90	2,74	2,63	2,54	2,48	2,42	2,38	2,31	2,26	2,23	2,22	2,18	2,16	2,11	2,07	2,03	1,98	1,93	1,88	19
20	4,35	3,49	3,10	2,87	2,71	2,60	2,51	2,45	2,39	2,35	2,28	2,22	2,20	2,18	2,15	2,12	2,08	2,04	1,99	1,95	1,90	1,84	20
21	4,32	3,47	3,07	2,84	2,68	2,57	2,49	2,42	2,37	2,32	2,25	2,20	2,18	2,16	2,12	2,10	2,05	2,01	1,96	1,92	1,87	1,81	21
22	4,30	3,44	3,05	2,82	2,66	2,55	2,46	2,40	2,34	2,30	2,23	2,17	2,15	2,13	2,10	2,07	2,03	1,98	1,94	1,89	1,84	1,78	22
23	4,28	3,42	3,03	2,80	2,64	2,53	2,44	2,37	2,32	2,27	2,20	2,15	2,13	2,11	2,08	2,05	2,01	1,96	1,91	1,86	1,81	1,76	23
24	4,26	3,40	3,01	2,78	2,62	2,51	2,42	2,36	2,30	2,25	2,18	2,13	2,11	2,09	2,05	2,03	1,98	1,94	1,89	1,84	1,79	1,73	24
25	4,24	3,39	2,99	2,76	2,60	2,49	2,40	2,34	2,28	2,24	2,16	2,11	2,09	2,07	2,04	2,01	1,96	1,92	1,87	1,82	1,77	1,71	25
26	4,23	3,37	2,98	2,74	2,59	2,47	2,39	2,32	2,27	2,22	2,15	2,09	2,07	2,05	2,02	1,99	1,95	1,90	1,85	1,80	1,75	1,69	26
27	4,21	3,35	2,96	2,73	2,57	2,46	2,37	2,31	2,25	2,20	2,13	2,08	2,06	2,04	2,00	1,97	1,93	1,88	1,84	1,79	1,73	1,67	27
28	4,20	3,34	2,95	2,71	2,56	2,45	2,36	2,29	2,24	2,19	2,12	2,06	2,04	2,02	1,99	1,96	1,91	1,87	1,82	1,77	1,71	1,65	28
29	4,18	3,33	2,93	2,70	2,55	2,43	2,35	2,28	2,22	2,18	2,10	2,05	2,03	2,01	1,97	1,94	1,90	1,85	1,81	1,75	1,70	1,64	29
30	4,17	3,32	2,92	2,69	2,53	2,42	2,33	2,27	2,21	2,16	2,09	2,04	2,01	1,99	1,96	1,93	1,89	1,84	1,79	1,74	1,68	1,62	30
40	4,08	3,23	2,84	2,61	2,45	2,34	2,25	2,18	2,12	2,08	2,00	1,95	1,92	1,90	1,87	1,84	1,79	1,74	1,69	1,64	1,58	1,51	40
60	4,00	3,15	2,76	2,53	2,37	2,25	2,17	2,10	2,04	1,99	1,92	1,86	1,84	1,81	1,78	1,75	1,70	1,65	1,59	1,53	1,47	1,39	60
120	3,92	3,07	2,68	2,45	2,29	2,17	2,09	2,02	1,96	1,91	1,83	1,77	1,75	1,72	1,69	1,66	1,61	1,55	1,50	1,43	1,35	1,25	120
∞	3,84	3,00	2,60	2,37	2,21	2,10	2,01	1,94	1,88	1,83	1,75	1,69	1,67	1,63	1,60	1,57	1,52	1,46	1,39	1,32	1,22	1,00	∞
	1	2	3	4	5	6	7	8	9	10	12	14	15	16	18	20	24	30	40	60	120	∞	

Tabela VI — Distribuição F (continuação)
Corpo da tabela dá os valores f_c tais que $P(F > f_c) = 0,025$.

2,5%

Graus de liberdade do denominador de F: v_2	Grau de liberdade do numerador de F: v_1																			Graus de liberdade do denominador de F: v_2
	1	2	3	4	5	6	7	8	9	10	12	15	20	24	30	40	60	120	∞	
1	647,8	799,5	864,2	899,6	921,8	937,1	948,2	956,7	963,3	963,3	976,7	984,9	993,1	997,2	1001	1006	1010	1014	1018	1
2	38,51	39,00	39,17	39,25	39,30	39,33	39,36	39,37	39,39	39,40	39,41	39,43	39,45	39,46	39,46	39,47	39,48	39,49	39,50	2
3	17,44	16,04	15,44	15,10	14,88	14,73	14,62	14,54	14,47	14,42	14,34	14,25	14,17	14,12	14,08	14,04	13,99	13,95	13,90	3
4	12,22	10,65	9,98	9,60	9,36	9,20	9,07	8,98	8,90	3,84	8,75	8,66	8,56	8,51	8,46	8,41	8,36	8,31	8,26	4
5	10,01	8,43	7,76	7,39	7,15	6,98	6,85	6,76	6,68	6,62	6,52	6,43	6,33	6,28	6,23	6,18	6,12	6,07	6,02	5
6	8,81	7,26	6,60	6,23	5,99	5,82	5,70	5,60	5,52	5,46	5,37	5,27	5,17	5,12	5,07	5,01	4,96	4,90	4,85	6
7	8,07	6,54	5,89	5,52	5,29	5,12	4,99	4,90	4,82	4,76	4,67	4,57	4,47	4,42	4,36	4,31	4,25	4,20	4,14	7
8	7,57	6,06	5,42	5,05	4,82	4,65	4,53	4,43	4,36	4,30	4,20	4,10	4,00	3,95	3,89	3,84	3,78	3,73	3,67	8
9	7,21	5,71	5,08	4,72	4,48	4,32	4,20	4,10	4,03	3,96	3,87	3,77	3,67	3,61	3,56	3,51	3,45	3,39	3,33	9
10	6,94	5,46	4,83	4,47	4,24	4,07	3,95	3,85	3,78	3,72	3,62	3,52	3,42	3,37	3,31	3,26	3,20	3,14	3,08	10
11	6,72	5,26	4,63	4,28	4,04	3,88	3,76	3,66	3,59	3,53	3,43	3,33	3,23	3,17	3,12	3,06	3,00	2,94	2,88	11
12	6,55	5,10	4,47	4,12	3,89	3,73	3,61	3,51	3,44	3,37	3,28	3,18	3,07	3,02	2,96	2,91	2,85	2,79	2,72	12
13	6,41	4,97	4,35	4,00	3,77	3,60	3,48	3,39	3,31	3,25	3,15	3,05	2,95	2,89	2,84	2,78	2,72	2,66	2,60	13
14	6,30	4,86	4,24	3,89	3,66	3,50	3,38	3,29	3,21	3,15	3,05	2,95	2,84	2,79	2,73	2,67	2,61	2,55	2,49	14
15	6,20	4,77	4,15	3,80	3,58	3,41	3,29	3,20	3,12	3,06	2,96	2,86	2,76	2,70	2,64	2,59	2,52	2,46	2,40	15
16	6,12	4,69	4,08	3,73	3,50	3,34	3,22	3,12	3,05	2,99	2,89	2,79	2,68	2,63	2,57	2,51	2,45	2,38	2,32	16
17	6,04	4,62	4,01	3,66	3,44	3,28	3,16	3,06	2,98	2,92	2,82	2,72	2,62	2,56	2,50	2,44	2,38	2,32	2,25	17
18	5,98	4,56	3,95	3,61	3,38	3,22	3,10	3,01	2,93	2,87	2,77	2,67	2,56	2,50	2,44	2,38	2,32	2,26	2,19	18
19	5,92	4,51	3,90	3,56	3,33	3,17	3,05	2,96	2,88	2,82	2,72	2,62	2,51	2,45	2,39	2,33	2,27	2,20	2,13	19
20	5,87	4,46	3,86	3,51	3,29	3,13	3,01	2,91	2,84	2,77	2,68	2,57	2,46	2,41	2,35	2,29	2,22	2,16	2,09	20
21	5,83	4,42	3,82	3,48	3,25	3,09	2,97	2,87	2,80	2,73	2,64	2,53	2,42	2,37	2,31	2,25	2,18	2,11	2,04	21
22	5,79	4,38	3,78	3,44	3,22	3,05	2,93	2,84	2,76	2,70	2,60	2,50	2,39	2,33	2,27	2,21	2,14	2,08	2,00	22
23	5,75	4,35	3,75	3,41	3,18	3,02	2,90	2,81	2,73	2,67	2,57	2,47	2,36	2,30	2,24	2,18	2,11	2,04	1,97	23
24	5,72	4,32	3,72	3,38	3,15	2,99	2,87	2,78	2,70	2,64	2,54	2,44	2,33	2,27	2,21	2,15	2,08	2,01	1,94	24
25	5,69	4,29	3,69	3,35	3,13	2,97	2,85	2,75	2,68	2,61	2,51	2,41	2,30	2,24	2,18	2,12	2,05	1,98	1,91	25
26	5,66	4,27	3,67	3,33	3,10	2,94	2,82	2,73	2,65	2,59	2,49	2,39	2,28	2,22	2,16	2,09	2,03	1,95	1,88	26
27	5,63	4,24	3,65	3,31	3,08	2,92	2,80	2,71	2,63	2,57	2,47	2,36	2,25	2,19	2,13	2,07	2,00	1,93	1,85	27
28	5,61	4,22	3,63	3,29	3,06	2,90	2,78	2,69	2,61	2,55	2,45	2,34	2,23	2,17	2,11	2,05	1,98	1,91	1,83	28
29	5,59	4,20	3,61	3,27	3,04	2,88	2,76	2,67	2,59	2,53	2,43	2,32	2,21	2,15	2,09	2,03	1,96	1,89	1,81	29
30	5,57	4,18	3,59	3,25	3,03	2,87	2,75	2,65	2,57	2,51	2,41	2,31	2,20	2,14	2,07	2,01	1,94	1,87	1,79	30
40	5,42	4,05	3,46	3,13	2,90	2,74	2,62	2,53	2,45	2,39	2,29	2,18	2,07	2,01	1,94	1,88	1,80	1,72	1,64	40
60	5,29	3,93	3,34	3,01	2,79	2,63	2,51	2,41	2,33	2,27	2,17	2,06	1,94	1,88	1,82	1,74	1,67	1,58	1,48	60
120	5,15	3,80	3,23	2,89	2,67	2,52	2,39	2,30	2,22	2,16	2,05	1,94	1,82	1,76	1,69	1,61	1,53	1,43	1,31	120
∞	5,02	3,69	3,12	2,79	2,57	2,41	2,29	2,19	2,11	2,05	1,94	1,83	1,71	1,64	1,57	1,48	1,39	1,27	1,00	∞
	1	2	3	4	5	6	7	8	9	10	12	15	20	24	30	40	60	120	∞	

Tabela VII — Números Aleatórios

61	09	26	29	85	11	95	77	79	04	57	00	91	29	59	83	53	87	02	02
94	47	40	99	93	82	13	22	40	33	19	72	55	69	82	16	94	21	66	39
50	40	50	55	79	00	58	17	26	30	38	11	54	89	04	13	69	17	35	48
51	01	75	76	54	43	11	28	32	75	33	09	04	78	74	91	56	79	43	39
25	45	79	30	63	56	44	70	05	04	31	81	46	02	92	32	06	71	12	48
63	94	61	14	24	60	27	00	00	95	54	31	59	00	79	94	46	32	61	90
12	95	04	73	06	72	76	88	55	62	38	79	18	68	10	31	93	58	66	92
38	06	78	00	85	42	57	29	28	34	79	91	93	58	82	97	37	07	64	67
22	69	28	18	25	08	90	93	53	17	54	12	21	03	56	30	88	53	46	82
07	95	63	14	76	53	62	10	21	57	55	74	57	68	22	38	84	55	57	49
61	41	81	16	97	55	19	65	08	62	26	38	74	32	30	44	64	64	91	80
97	15	71	92	40	28	33	35	23	32	75	36	18	98	41	10	50	93	75	95
39	81	34	84	33	83	42	77	35	00	51	42	82	63	30	47	01	98	96	73
58	35	04	52	06	81	24	32	74	53	28	82	43	35	01	73	34	47	05	76
52	85	30	59	37	00	49	88	07	43	08	04	00	48	36	23	31	88	80	88
41	92	93	01	94	13	33	63	32	35	38	91	18	89	71	67	46	73	42	47
88	51	22	59	99	51	20	74	13	55	30	41	25	99	10	26	01	33	24	13
11	12	32	28	25	67	22	97	11	73	55	24	09	23	47	12	93	44	80	47
33	02	06	80	29	39	78	49	81	21	42	00	99	80	44	56	33	83	46	16
03	67	08	29	16	04	92	31	62	03	94	53	02	60	55	72	46	68	25	93
41	54	93	90	86	52	14	58	90	34	83	00	73	38	14	50	77	58	08	94
18	84	83	61	42	96	82	86	02	30	40	16	65	55	63	20	40	24	79	80
06	15	93	11	72	17	32	31	84	89	53	66	01	99	53	75	79	92	20	61
12	74	92	15	60	93	84	37	29	62	24	96	78	93	28	34	41	69	04	51
79	13	36	81	55	51	46	66	68	85	07	73	35	42	52	61	29	21	02	34
01	78	33	32	06	16	45	94	09	18	40	14	73	03	61	80	69	79	52	95
90	73	28	21	38	57	39	36	24	33	31	99	64	86	19	61	55	50	65	14
44	10	20	96	70	32	41	46	22	97	08	22	02	47	43	57	15	87	76	59
52	47	00	27	41	43	70	17	52	44	51	26	94	73	17	72	16	51	81	77
23	03	84	44	29	43	57	05	46	59	89	00	65	01	20	27	32	66	34	56

TABELAS

Tabela VIII — Distribuição de Mann-Whitney U_S

O corpo da tabela dá as probabilidades $P(U_S \leq u)$.

m	u	n = 3	n = 4	n = 5	n = 6	n = 7	n = 8	n = 9	n = 10
3	0	0500	0286	0179	0119	0083	0061	0045	0035
	1	1000	0571	0357	0238	0167	0121	0091	0070
	2	2000	1143	0714	0476	0333	0242	0182	0140
	3	3500	2000	1250	0833	0583	0424	0318	0245
	4	5000	3143	1964	1310	0917	0667	0500	0385
	5	6500	4286	2857	1905	1333	0970	0727	0559
	6	8000	5714	3929	2738	1917	1394	1045	0804
	7	9000	6857	5000	3571	2583	1879	1409	1084
	8	9500	8000	6071	4524	3333	2485	1864	1434
	9	1,0000	8857	7143	5476	4167	3152	2409	1853
	10		9429	8036	6429	5000	3879	3000	2343
	11		9714	8750	7262	5833	4606	3636	2867
	12		1,0000	9286	8095	6667	5394	4318	3462
	13			9643	8690	7417	6121	5000	4056
	14			9821	9167	8083	6848	5682	4685
	15			1,0000	9524	8667	7515	6364	5315
4	0		0143	0079	0048	0030	0020	0014	0010
	1		0286	0159	0095	0061	0040	0028	0020
	2		0571	0317	0190	0121	0081	0056	0040
	3		1000	0556	0333	0212	0141	0098	0070
	4		1714	0952	0571	0364	0242	0168	0120
	5		2429	1429	0857	0545	0364	0252	0180
	6		3429	2063	1286	0818	0545	0378	0270
	7		4429	2778	1762	1152	0768	0531	0380
	8		5571	3651	2381	1576	1071	0741	0529
	9		6571	4524	3048	2061	1414	0993	0709
	10		7571	5476	3810	2636	1838	1301	0939
	11		8286	6349	4571	3242	2303	1650	1199
	12		9000	7222	5429	3939	2848	2070	1518
	13		9429	7937	6190	4636	3414	2517	1868
	14		9714	8571	6952	5364	4040	3021	2268
	15		9857	9048	7619	6061	4667	3552	2697
	16		1,0000	9444	8238	6758	5333	4126	3177
	17			9683	8714	7364	5960	4699	3666
	18			9841	9143	7939	6586	5301	4196
	19			9921	9429	8424	7152	5874	4725
	20			1,0000	9667	8848	7697	6448	5275

Obs.: Todas as entradas (com exceção de 1,0000) devem ser precedidas de 0.

Tabela VIII — Distribuição de Mann-Whitney (continuação)

m	u	n = 5	n = 6	n = 7	n = 8	n = 9	n = 10	m	u	n = 7	n = 8	n = 9	n = 10
5	0	0040	0022	0013	0008	0005	0003	7	0	0003	0002	0001	0001
	1	0079	0043	0025	0016	0010	0007		1	0006	0003	0002	0001
	2	0159	0087	0051	0031	0020	0013		2	0012	0006	0003	0002
	3	0278	0152	0088	0054	0035	0023		3	0020	0011	0006	0004
	4	0476	0260	0152	0093	0060	0040		4	0035	0019	0010	0006
	5	0754	0411	0240	0148	0095	0063		5	0055	0030	0017	0010
	6	1111	0628	0356	0225	0145	0097		6	0087	0047	0026	0015
	7	1548	0887	0530	0326	0210	0140		7	0131	0070	0039	0023
	8	2103	1234	0745	0466	0300	0200		8	0189	0103	0058	0034
	9	2738	1645	1010	0637	0415	0276		9	0265	0145	0082	0048
	10	3452	2143	1338	0855	0559	0376		10	0364	0200	0115	0068
	11	4206	2684	1717	1111	0734	0496		11	0487	0270	0156	0093
	12	5000	3312	2159	1422	0949	0646		12	0641	0361	0209	0125
	13	5794	3961	2652	1772	1199	0823		13	0825	0469	0274	0165
	14	6548	4654	3194	2176	1489	1032		14	1043	0603	0356	0215
	15	7262	5346	3775	2618	1818	1272		15	1297	0760	0454	0277
	16	7897	6039	4381	3108	2188	1548		16	1588	0946	0571	0351
	17	8452	6688	5000	3621	2592	1855		17	1914	1159	0708	0439
	18	8889	7316	5619	4165	3032	2198		18	2279	1405	0879	0544
	19	9246	7857	6225	4716	3497	2567		19	2675	1678	1052	0665
	20	9524	8355	6806	5284	3986	2970		20	3100	1984	1261	0806
									21	3552	2317	1496	0976
6	0		0011	0006	0003	0002	0001		22	4024	2679	1755	1148
	1		0022	0012	0007	0004	0002		23	4508	3063	2039	1349
	2		0043	0023	0013	0008	0005		24	5000	3472	2349	1574
	3		0076	0041	0023	0014	0009		25	5492	3894	2680	1819
	4		0130	0070	0040	0024	0015		26	5976	4333	3032	2087
	5		0206	0111	0063	0038	0024		27	6448	4775	3403	2374
	6		0325	0175	0100	0060	0037		28	6900	5225	3788	2681
	7		0465	0256	0147	0088	0055		29	7325	5667	4185	3004
	8		0660	0367	0213	0128	0080		30	7721	6106	4591	3345
	9		0898	0507	0296	0180	0112						
	10		1201	0688	0406	0248	0156						
	11		1548	0903	0539	0332	0210						
	12		1970	1171	0709	0440	0280						
	13		2424	1474	0906	0567	0363						
	14		2944	1830	1142	0723	0467						
	15		3496	2226	1412	0905	0589						
	16		4091	2669	1725	1119	0736						
	17		4686	3141	2068	1361	0903						
	18		5314	3654	2454	1638	1999						
	19		5909	4178	2864	1942	1317						
	20		6504	4726	3310	2280	1566						
	21		7056	5274	3773	2643	1838						
	22		7576	5822	4259	3035	2139						
	23		8030	6346	4749	3445	2461						
	24		8452	6859	5251	3878	2811						
	25		8799	7331	5741	4320	3177						
	26		9102	7774	6227	4773	3564						
	27		9340	8170	6690	5227	3962						
	28		9535	8526	7136	5680	4374						
	29		9675	8829	7546	6122	4789						
	30		9794	9097	7932	6555	5211						

TABELAS

Tabela VIII — Distribuição de Mann-Whitney (continuação)

m	u	n = 8	n = 9	n = 10	m	u	n = 9	n = 10	m	u	n = 10
8	0	0001	0000	0000	9	0	0000	0000	10	0	0000
	1	0002	0001	0000		1	0000	0000		1	0000
	2	0003	0002	0001		2	0001	0000		2	0000
	3	0005	0003	0002		3	0001	0001		3	0000
	4	0009	0005	0003		4	0002	0001		4	0001
	5	0015	0008	0004		5	0004	0002		5	0001
	6	0023	0012	0007		6	0006	0003		6	0002
	7	0035	0019	0010		7	0009	0005		7	0002
	8	0052	0028	0015		8	0014	0007		8	0004
	9	0074	0039	0022		9	0020	0011		9	0005
	10	0103	0056	0031		10	0028	0015		10	0008
	11	0141	0076	0043		11	0039	0021		11	0010
	12	0190	0103	0058		12	0053	0028		12	0014
	13	0249	0137	0078		13	0071	0038		13	0019
	14	0325	0180	0103		14	0094	0051		14	0026
	15	0415	0232	0133		15	0122	0066		15	0034
	16	0524	0296	0171		16	0157	0086		16	0045
	17	0653	0372	0217		17	0200	0110		17	0057
	18	0803	0464	0273		18	0252	0140		18	0073
	19	0974	0570	0338		19	0313	0175		19	0093
	20	1172	0694	0416		20	0385	0217		20	0116
	21	1393	0836	0506		21	0470	0267		21	0144
	22	1641	0998	0610		22	0567	0326		22	0177
	23	1911	1179	0729		23	0680	0394		23	0216
	24	2209	1383	0864		24	0807	0474		24	0262
	25	2527	1606	1015		25	0951	0564		25	0315
	26	2869	1852	1185		26	1112	0667		26	0376
	27	3227	2117	1371		27	1290	0782		27	0446
	28	3605	2404	1577		28	1487	0912		28	0526
	29	3992	2707	1800		29	1701	1055		29	0615
	30	4392	3029	2041		30	1933	1214		30	0716
	31	4796	3365	2299		31	2181	1388		31	0827
	32	5204	3715	2574		32	2447	1577		32	0952
	33	5608	4074	2863		33	2729	1781		33	1088
	34	6008	4442	3167		34	3024	2001		34	1237
	35	6395	4813	3482		35	3332	2235		35	1399
	36	6773	5187	3809		36	3652	2483		36	1575
	37	7131	5558	4143		37	3981	2745		37	1763
	38	7473	5926	4484		38	4317	3019		38	1965
	39	7791	6285	4827		39	4657	3304		39	2179
	40	8089	6635	5173		40	5000	3598		40	2406

Tabela IX — Distribuição de Wilcoxon T^+
O corpo da tabela dá os valores w_p tais que $P(T^+ < w_p) = p$

	$w_{0.005}$	$w_{0.01}$	$w_{0.025}$	$w_{0.05}$	$w_{0.10}$		$w_{0.005}$	$w_{0.01}$	$w_{0.025}$	$w_{0.05}$	$w_{0.10}$
$n = 4$	0	0	0	0	1	$n = 27$	84	94	108	120	135
5	0	0	0	1	3	28	92	102	117	131	146
6	0	0	1	3	4	29	101	111	127	141	158
7	0	1	3	4	6	30	110	121	138	152	170
8	1	2	4	6	9	31	119	131	148	164	182
9	2	4	6	9	11	32	129	141	160	176	195
10	4	6	9	11	15	33	139	152	171	188	208
11	6	8	11	14	18	34	149	163	183	201	222
12	8	10	14	18	22	35	160	175	196	214	236
13	10	13	18	22	27	36	172	187	209	228	251
14	13	16	22	26	32	37	184	199	222	242	266
15	16	20	26	31	37	38	196	212	236	257	282
16	20	24	30	36	43	39	208	225	250	272	298
17	24	28	35	42	49	40	221	239	265	287	314
18	28	33	41	48	56	41	235	253	280	303	331
19	33	38	47	54	63	42	248	267	295	320	349
20	38	44	53	61	70	43	263	282	311	337	366
21	44	50	59	68	78	44	277	297	328	354	385
22	49	56	67	76	87	45	292	313	344	372	403
23	55	63	74	84	95	46	308	329	362	390	423
24	62	70	82	92	105	47	324	346	379	408	442
25	69	77	90	101	114	48	340	363	397	428	463
26	76	85	99	111	125	49	357	381	416	447	483
						50	374	398	435	467	504

Tabela X — Distribuição de Kolmogorov-Smirnov D
O corpo da tabela dá os valores D_c tais que $P(|D| \geqslant D_c) = p$.

n	p 0,05	0,02	0,01	n	p 0,05	0,02	0,01	n	p 0,05	0,02	0,01
1	975	990	995	21	287	321	344	41	208	232	249
2	842	900	929	22	281	314	337	42	205	229	246
3	708	785	829	23	275	307	330	43	203	227	243
4	624	689	734	24	269	301	323	44	201	224	241
5	563	627	669	25	264	295	317	45	198	222	238
6	519	577	617	26	259	290	311	46	196	219	235
7	483	538	576	27	254	284	305	47	194	217	233
8	454	507	542	28	250	279	300	48	192	215	231
9	430	480	513	29	246	275	295	49	190	213	228
10	409	457	489	30	242	270	290	50	188	211	226
11	391	437	468	31	238	266	285				
12	375	419	449	32	234	262	281	> 50	$\dfrac{1{,}358}{\sqrt{n}}$	$\dfrac{1{,}517}{\sqrt{n}}$	$\dfrac{1{,}628}{\sqrt{n}}$
13	361	404	432	33	231	258	277				
14	349	390	418	34	227	254	273				
15	338	377	404	35	224	251	269				
16	327	366	392	36	221	247	265	Expressão geral para $n > 50$			
17	318	355	381	37	218	244	262				
18	309	346	371	38	215	241	258	$D_c \cong \dfrac{\sqrt{-\log_e \frac{p}{2}}}{\sqrt{2n}}$			
19	301	337	361	39	213	238	255				
20	294	329	352	40	210	235	252				

RESPOSTAS

Capítulo 2

1. (a) razão   (e) razão
    (b) ordinal (f) nominal
    (c) razão   (g) intervalar
    (d) intervalar

3. População (em mil habitantes)

Número de habitantes	n_i	f_i
Menos de 1.000	3	0,1111
1.000 a 5.000	12	0,4444
5.000 10.000	6	0,2222
10.0000 a 20.000	5	0,1852
Mais de 20.000	1	0,0371

    Densidade populacional:

Densidade (hab./km^2)	n_i	f_i
Menos de 10	9	0,3333
10 a 30	5	0,1852
30 a 50	4	0,1481
50 a 100	6	0,2222
Mais de 100	3	0,1111
Total	**27**	**1,0000**

6. (a) Histograma

    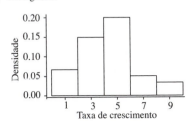

    (b) Gráfico de dispersão unidimensional

    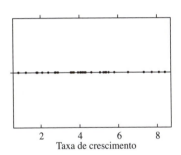

8. Histograma

    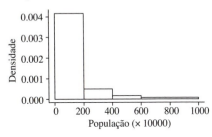

    Ramo-e-folhas
    Decimal point is 1 place to the right of the colon

    4 : 6
    5 : 0046
    6 : 234778
    7 : 35
    8 : 045
    9 : 2
    10 : 22
    11 : 69
    12 :
    13 : 06
    14 :
    15 : 2
    16 :
    17 :
    18 : 8
    19 :
    20 : 1
    21 : 1
    22 : 5

    Valores maiores: 556.9 998,8

    Gráfico de dispersão unidimensional

    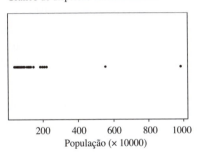

Gráfico de dispersão unidimensional

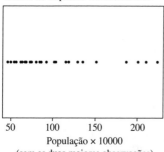

População × 10000
(sem as duas maiores observações)

1 0. (a) Zona Urbana:

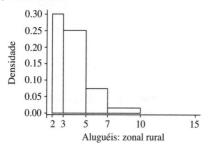

Zona Rural:

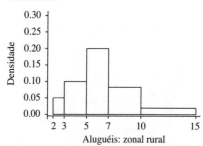

(b) Os histogramas indicam que os aluguéis dos imóveis localizados na zona rural estão mais concentrados entre os valores 2 e 5, diferentemente da zona urbana. Também se percebe que valores entre 10 e 15 estão presentes apenas na amostra retirada da zona urbana. Além disso, a distribuição para a zona urbana é menos assimétrica do que a distribuição para a zona rural.

1 3. (a)

Idade	n_i	f_i	F_i
[20, 25)	2	0,0555	0,0555
[25, 30)	6	0,1668	0,2223
[30, 35)	10	0,2778	0,5001
[35, 40)	8	0,2222	0,7223
[40, 45)	8	0,2222	0,9445
[45, 50)	2	0,0555	1,0000
Total	**36**	**1,0000**	

(b)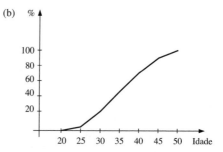

(c) 25% → $i \approx 31$;
50% → $i \approx 35$;
75% → $i \approx 42$.

1 4.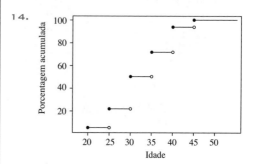

1 5. Ramo-e-folhas para a variável CO:
4 : 77
5 : 12
5 : 55677789
6 : 111112222222222333334444444
6 : 56666777778999999999
7 : 00122233444
7 : 55667777788888899999999
8 : 012334
8 : 55678999
9 : 0114
9 : 557
10 : 1333
10 : 8
11 : 469
12 : 05

Capítulo 3

1. (a) 0,66
   (b) 0,5
   (c) 0,8393
   (e) 330

2. $\bar{x} = 2,6; \text{md} = 2,6; \text{dp} = 0,04$

6. (a) 2
   (b) 2
   (c) $\bar{x} = 2,11$, supondo-se o valor 6 para "mais que 5".

8.

$d_q = 9; di = 14; ds = 14$; aproximadamente normal.

9. $q(0,1) = 13,5; q(0,9) = 79,0$.

11. Distribuição assimétrica à direita.

    Desenho esquemático (*box plot*) dos salários dos funcionários da Companhia Milsa.

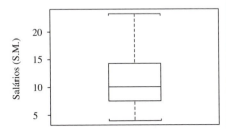

16. (a) Histograma das vendas semanais de vendedores de gêneros alimentícios

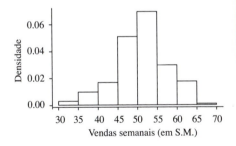

(b) $\bar{x} = 51,2$
(c) $s = 6,62$
(d) 94%
(e) md = 52,5

17. (a) $q(0,1) = 92,4$,
    (b) $q(0,2) = 102,1$,
    (c) $q_1 = 105,7, q_2 = 135,8, q_3 = 208,6$.

19. (b) $\bar{x} = 3,65; \text{Var} = 28,19; \text{dp} = 5,31$.
    (c) $q_1 = 2, q_2 = 3,25$.
    (d) Média dobra e variância multiplicada por 4.
    (e) Média e mediana aumentadas de 2; variância não se altera.

21. (a) Receber menos do que 5.000.
    (b) empresa B.

23. (c) média = 1,75; md = 1,6
    (d) var = 0,963; dp = 0,98
    (e) $q_1 = 1,1$

25. média = 6,9; var = 6,19;
    moda = 9; md = 7; $q_1 = 4,8$.

27. (a) não; $\bar{x} = 22,5$.
    (b) $\bar{x} - 22 = 0,48; 2\,\text{dp}(X)/\sqrt{n} = 1,08$; logo, a campanha não surtiu efeito
    (c) Histograma da idade média dos candidatos

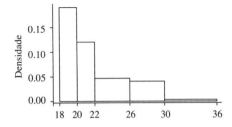

29. $F \approx 1$

31. $S_*^2 = 32,5; t = 0,03$; desempenhos semelhantes.

36. (a) $\bar{x} = 0,305; \text{var} = 0,218$
    (b) $x =$ proporção dos empregados da capital

(c) Histograma de X

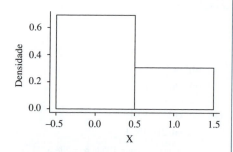

37. (a) Z é uma nota padronizada.
(b) As notas padronizadas são:

0,58	0,58	−0,18	−0,18	0,58
1,35	−0,18	−0,18	0,58	−0,18
1,35	−0,95	−0,95	0,58	0,58
−0,95	−0,18	0,58	−3,26	−0,95
−0,95	−0,18	1,35	0,58	0,58

(c) $\bar{z} = 0$: $d_p = 1$
(d) $z = -3,26$
(e) política

CM2. (a) $\bar{x}(0,1) = 10,84$; $\bar{x}(0,25) = 10,52$

CM3. CV(A) = 20%; CV(B) = 30%

38. dam (urb) = 1.413.000; dam (rural) = 546.900

41.

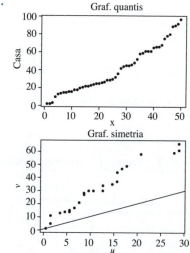

Dados não simétricos; pontos acima da reta $u = v$ no gráfico de simetria.

43. (a) $n = 120$; $d_q = 16$; $\Delta = 5,47 = 16(0,039896)^{1/3}$.
(b) $n = 30$; $d_q = 20.734$; $\Delta = 7.600 =$
$= 20.734(0,049237)^{1/3}$.

Capítulo 4

1. (b) 50% (d) 58,3%
   (c) 19,4%

3. (b) 2,5% (d) 12,5%
   (c) 50%
   (e) Bastante modificada; maioria das pessoas que ganham pouco têm alta rotatividade.

5. Existe relação, pois as probabilidades marginais não se repetem no interior da tabela.

7. $\chi^2 = 0,67$, $C = 0,81$

8. Problema 3: $\chi^2 = 5,625$, $C = 0,351$, $T = 0,375$.
Problema 6: $\chi^2 = 11,42$, $C = 0,075$, $T = 0,076$.

9. Não há diferenças entre as três empresas.

11. (b) O gráfico indica dependência linear entre as variáveis.
(c) 0,86
(d) Porto Alegre e Fortaleza apresentam comportamentos diferentes dos demais.

13. (a)

[scatter plot: Tempo de reação vs Número de objetos]

(b) 0,74

15. Seção e Notas de Estatística não são correlacionadas.

18. (a)

Estado	Salário			
Civil	Menos de 10 S.M.	entre 10 e 20 S.M.	Mais de 20 S.M.	Total
solteiro	0,12	0,19	0,09	0,40
casado	0,08	0,31	0,21	0,60
Total	**0,20**	**0,50**	**0,30**	**1,00**

RESPOSTAS

(b) Considere-se a tabela do total de colunas:

Estado Civil	Salário			Total
	Menos de 10 S.M.	entre 10 e 20 S.M.	Mais de 20 S.M.	
solteiro	0,60	0,38	0,30	0,40
casado	0,40	0,62	0,70	0,60
Total	**1,00**	**1,00**	**1,00**	**1,00**

Pelas diferenças entre as proporções marginais e as do interior da tabela, diz-se que existe relação entre as variáveis.

20.

	Atividade			Total
	Costeira	Fluvial	Internacional	
Estatal	5 (33,64)	141 (129,02)	51 (34,34)	197
Particular	92 (63,64)	231 (242,98)	48 (64,66)	371

Como $X^2 = 51,09$, parece existir associação entre o tipo de atividade e a propriedade das embarcações.

21. $X^2 = 18,5$; há indicação de relação.

22. (a) tomando porcentagens por colunas, há evidências de que a distribuição de respostas SIM e NÃO não coincidem.

(b) $X^2 = 33,63$; há dependência.

(c) $X^2 = 7,01$.

25. Corr$(X, Y) = -0,92$

28. (a) $\chi^2 = 0,0008$; logo, não há associação entre os resultados.

(b) Corr$(X_1, X_2) = 0$, de acordo com (a)

30. (b) $\bar{v}(0,1) = 30,2$, Var$(V) = 130,6$; há um vendedor excepcional.

(c) $q_1 = 23,5$

(d) Os *box plots* a seguir indicam que existe alguma diferença entre a distribuição das vendas nas três diferentes zonas. Assim, não é justo aplicar um mesmo critério para todas as zonas.

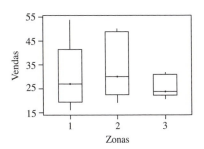

(e) Corr$(T, V) = 0,71$, Corr$(E, V) = 0,26$, logo a nota no teste é variável mais importante.

(f) $X^2 = 3,76$; baixa associação.

34. Os salários da capital têm variabilidade maior e a distribuição mais assimétrica. As médias e medianas são similares.

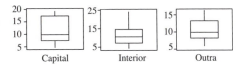

36. Os *box plots* da figura abaixo mostram que a região sudeste tem maior mediana e também maior variabilidade, enquanto as regiões norte e central apresentam variabilidades menores do que as demais. As distribuições são todas assimétricas.

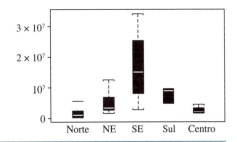

Capítulo 5

1. $\Omega = \{(B, C), (B, R), (V, B), (V, V)\}$, em que C = cara e R = coroa.

2. $\Omega = \{5, (\bar{5}, 5), (\bar{5}, \bar{5}, 5...)\}$, em que $\bar{5}$ indica qualquer face distinta de face 5.

4. $\Omega_1 = \{(C, C), (C, R), (R, C), (R, R)\}$,

$\Omega_2 = \{0, 1, 2\}$, com ω = número de cara nos dois lançamentos. Segue-se que $\Omega_1 = \{C, R\} \times \{C, R\}$.

5. $\Omega_1 = \{(C, 1), (C, 2), ..., (C, 6), (R, 1), (R, 2), ..., (R, 6)\} = \{C, R\} \times \{1, 2, 3, 4, 5, 6\}$

7. (a) $\{(C, R), (R, C), (C, C)\}$

(b) $\{(C, C)\}$

(c) $\{(C, R), (R, C), (R, R)\}$

9. (a) $\sum_{i=1}^{8} P(\omega_i) = 2(1/4) + 2(1/8) + 4(1/16) = 1$

(b) $P(A \text{ vencer}) = (1/4) + (1/16) = 5/16 = P(B \text{ vencer})$

(c) $P(AC\ BA, BC\ AB) = 1/8$

10. (a) $\sum_{k=0}^{\infty}(5/6)^k (1/6) = (1/6)(1/(1-5/6)) = 1$

(b) $(1/6)(5/6)2 = 0,12$

13. Do Problema 7: (a) 3/4 (b) 1/4 (c) 3/4
Do Problema 12:
$P(A) = 0{,}11$, $P(B) = 0{,}5$, $P(A \cup B) = 0{,}53$,
$P(A \cap B) = 0{,}08$, $P(A^c) = 0{,}89$.

17. 0,92

18. (a) 0,56 (b) 0,67

20. $h(p_1, p_2, p_3) = p_1(p_2 + p_3 - p_2 p_3)$

22. $h(p) = p^2(2 - p^2)$

24. 0,16

25. 0,56

26. (a) $P(H) = 0{,}75$, $P(A|H) = 0{,}20$, $P(B|M) = 0{,}30$
(b) $P(A \cap H) = 0{,}15$, $P(A \cup H) = 0{,}925$
(c) $P(M|A) = 0{,}538$

28. 0,60

29. $3/28 = 0{,}107$

30. (a) 0,0296 (b) 0,0298

31. (a) 0,165 (c) 0,790
(b) 0,132

32. (a) $(1/2)^3 = 1/8$ (b) $(0{,}9)^3 = 0{,}73$

33. (a) 0,049 (c) 0,463
(b) 0,295

34. (a) 0,375 (c) 0,333
(b) 0,292

35. 0,0135

36. 0,999

37. 0,36; 0,41; 0,23

38. (a) 0,086 (b) 0,736

39. (a) 0,312 (b) 0,58

40. (a) 0,62 (c) 0,11
(b) 0,21 (d) 0,29

41. (a) 0,28 (c) 0,68
(b) 0,02

42. (a) $\left(\dfrac{8.300}{15.800}\right)\left(\dfrac{8.299}{15.799}\right)$ (c) $\left(\dfrac{13.000}{15.800}\right)\left(\dfrac{12.999}{15.799}\right)$

44. 0,072

45. $1 - \left[\dfrac{m}{m+n-b} \times \dfrac{m-1}{m+n-b-1}\right]$

48. $h(p) = p(p^4 - p^3 - 2p^2 + 2p + 1)$

50.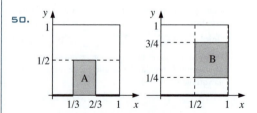

- $P(A) = (2/3 - 1/2) \times 1/2 = 1/6$
- $P(B) = 1/2 \times (3/4 - 1/4) = 1/4$
- $P(A \cap B) = (2/3 - 1/2)(1/2 - 1/4) = 1/24$
- $P(A \cup B) = 1/6 + 1/4 - 1/24 = 3/8$
- $P(A^c) = 1 - 1/6 = 5/6$
- $P(B^c) = 1 - 1/4 = 3/4$
- $P(A^c \cap B^c) = 1 - P(A \cup B) = 1 - 3/8 = 5/8$

53. $(N)_n / N^n$

55. (a) $P(A \cap (B \cap C)) = P(A \cap B \cap C) =$
$= P(A)P(B)P(C) = P(A)P(B \cap C)$
(b) $P((A \cup B) \cap C) = P(A \cup B) + P(C) - P((A \cup B) \cup C)$
$= P(A) + P(B) - P(A)P(B) + P(C)$
$-[P(A) + P(B) + P(C) - P(A)P(B) - P(A)P(C)$
$- P(B)P(C) + P(A)P(B)P(C)]$, de onde
$P((A \cup B) \cap C) = P(A)P(C) + P(B)P(C)$
$- P(A)P(B)P(C) = P(A \cup B)P(C)$

56. Não, pois $P(A \cap B) \geq 5/12$ e $P(A \cap B) = 0$ para que A e B sejam mutuamente exclusivos.

58. Note que $V = (V \cap U^c) \cup (U \cap V)$ e $U \cup V =$
$= (V \cap U^c) \cup U$. Tome probabilidades e a diferença entre elas.

59. (a) $P(A_i) = 1/2$, $i = 1, 2, 3$ e $P(A) = 0$.
(b) $P(A_i \cap A_j) = 1/4 = P(A_i)P(A_j)$,
mas $P(A_1 \cap A_2 \cap A_3) = 0 \neq P(A_1)P(A_2)P(A_3)$.

60. $P(A_1 \cap ... \cap A_n) = P(A_1)P(A_2|A_1) ... P(A_n|A_1 \cap ... A_{n-1})$

62. p, em que $1-p = (1-1/365)(1-2/365)...(1-(k-1)/365)$ é a probabilidade de todos os aniversários serem distintos.

63. $1 - p \approx 1 - 2/365 - 3/365 - ... - (k-1)/365 - 1/365$
$+ 2/365^2 + ...$ e desprezando termos com denominadores 365^2, 365^3 etc. obtemos o resultado.

64. $P(A|F) = 0{,}563$, $P(C|F) = 0{,}845$.

Capítulo 6

1.

X	0	1	2	3
P(X = x)	1/56	15/56	30/56	10/56

3.

X	1	2	3	4	...
P(X = x)	0,50	0,25	0,125	0,0625	...

De modo geral,
$P(X = x) = (1/2)(1/2)^{x-1} = (1/2)^x, x = 1, 2, 3...$

5. No contexto apresentado, a distribuição do número de caras é dada por:

$$P(Y=y) = \binom{4}{y} p^y (1-p)^{4-y} \quad y = 0,1,2,3,4.$$

7. Problema 1: $E(X) = 1,875$, $\text{Var}(X) = 0,502$.
Problema 2: $E(X) = 1,875$, $\text{Var}(X) = 0,703$.

8. $E(Y) = 2,0$, $\text{Var}(Y) = 1,0$

10.

X	0	1	2	3
p(x)	1/8	3/8	3/8	1/8

Y	1	2	3
p(y)	1/4	1/2	1/4

$E(X)=1,5$, $E(Y)=2$, $\text{Var}(X)=0,75$, $\text{Var}(Y)=0,5$

11. $E(V) = 1 - q$, $\text{Var}(V) = q(1 - q)$

13. Y toma valores 0, 50.000, 100.000, com probabilidades 126/150, 23/150 e 1/150, respectivamente.
$E(Y) = 8.333,33$.

15. A partir do problema 11, tem-se:

$$F_V(v) = \begin{cases} 0, v < 0 \\ q, 0 \le v < 1 \\ 1, v \ge 1 \end{cases}$$

Gráfico para $q = 0,4$.

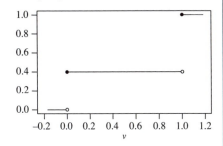

17. $E(T) = 4,6$; $E(G) = 2,75$; $\text{Var}(G) = 0,4125$

20. 1) $X \sim b(5, 1/3)$; 2) não é binomial; ensaios não independentes; 3) X será binomial se a proporção de bolas brancas for a mesma em todas as urnas; 4) X será binomial se a proporção de pessoas com opinião contrária for a mesma nas dez cidades; 5) X será binomial se a probabilidade de obter peça defeituosa for a mesma para todas as máquinas.

22. (a) 0,2834 (c) 0,2792
(b) 0,5925

24. binomial: 0,3758; Poisson: 0,4060.

26. O gráfico da distribuição de X, $p(x)$, é

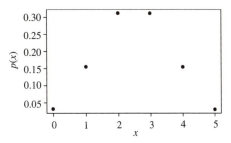

O gráfico da f.d.a de X, $F(x)$, é

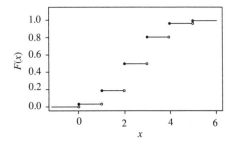

29. duas flores

31. (a) 0,656 (c) 0,049
(b) 0,292 (d) 0,996

32. 0,9418

33. (a) 0,2013 (b) 0,6242 (c) 0,3222

34. (a) 0,1428 (b) dois navios (c) 2

37. Vender por 13,50 reais.

39. 6,48

42. (a) 0,705 (b) 0,236 (c) 0,933

ESTATÍSTICA BÁSICA

44. (a) 1/3; (b) 7/8; (c) $1/2^{10}$

48. 9×10^{-6}

50. $p = 0,2$

53. A mediana é qualquer valor em (1, 2).

55. 6.200

CM2. Basta notar que $Y = j$ se e somente se A ocorre na j-ésima repetição e A ocorre $(r-1)$ vezes nas $(k-1)$ repetições anteriores. A probabilidade desse evento é

$$p\binom{j-1}{r-1}p^{r-1}q^{j-r} = \binom{j-1}{r-1}p^{r}q^{j-r}, j = r, r+1,...$$

Capítulo 7

1. (b) e^{-20}

3. (a) 1/100 (b) $r^2/100$

5. $E(X) = 1/2, \mathrm{Var}(X) = 1/24$

6. $E(X) = 1, \mathrm{Var}(X) = \pi - 1$

8. (a) $(-7b^3)/(b^3 + 8)$ (b) $E(X) = -3/4, \mathrm{Var}(X) = 3/80$

10. (a) 0,375 (c) 245 kg
(b) 4.000 kg

11. $E(X) = 1/2, \mathrm{Var}(X) = 1/4$

13. (b) $E(L) = (2/3)C_3 + (1/3)C_2 - C_1$

15. (a) 0,933 (c) 0,683
(b) 0,977 (d) $a = 19,6$

17. (a) 9413 (b)]164,25; 175,75[

19. $P(D_1 > 45) = 0,31, P(D_2 > 45) = 0,5;$
$P(D_1 > 49) = 0,121, P(D_2 > 49) = 0,092$

21. 0,033

23. 0,1043

24. 0,9986

26. $g(y) = 3/8(y + 0,6)^2, -2,6 \leq y \leq -0,6; E(Y) = -2,10$

28. (a) 2,47 (b) 0,338 (c) 2,06

30. Notar que $G(u) = P(0 \leq U \leq u) = u, 0 \leq u \leq 1.$

31. (a) 0,4 (c) 0,3
(b) 0,2 (d) 0,2

33. 7,70 e 3, respectivamente.

35. 4,33; 5,54; 6,02

37. 9,34

39. (a) $1/2(e^3 - e)$

40. $E(X) = a, \mathrm{Var}(X) = 4a^2/3$

43. (a) $F_X(\sqrt{y}) - F_X(-\sqrt{y})$ (c) $E(X^2) = 1/3$
(b) $1/2\sqrt{y}, 0 < y < 1$ (d) $E(Y) = 1/3$

45. (a) Use integração por partes
(b) idem
(c) $\Gamma(1) = 1, \Gamma(1/2) = \sqrt{\pi}$

47. $E(Y) = 1$

CM5. $E(X) = \infty$, use $y = 1 + x^2.$

51. $Q(0,1) = 4,88, Q_1 = 7,32, Q_2 = 10, Q_3 = 12,68,$
$Q(0,9) = 15,12$

CM6. (a) 0,051 (b) 0,101

Capítulo 8

1. (a) $\Omega = \{C1, ..., C6, R1, ..., R6\}, C = $ cara,
$R = $ coroa; (c) independentes; (d) 1/2, 1, 1/2, 0,
2/3, 1/2

3. (a)

Y \ X	−1	0	1	$p(y)$
−1	1/12	0	1/12	1/6
0	1/6	0	1/6	1/3
1	1/4	0	1/4	1/2
$p(x)$	1/2	0	1/2	1

(b) médias: 0; 1/3; variâncias: 1; 5/9

(c)

X|Y = 0	−1	1
$p(x\|Y = 0)$	0,5	0,5

Y|X = 1	−1	0	1
$p(y\|X = 1)$	1/6	2/6	3/6

5. (a) 1/3, 14/9 (b) $a = \pm 10, b = 30$

RESPOSTAS **587**

6. (a)

Y \ X	1	2	3	4	$p(y)$
1	1/16	2/16	2/16	2/16	7/16
2	0	1/16	2/16	2/16	5/16
3	0	0	1/16	2/16	3/16
4	0	0	0	1/16	1/16
$p(x)$	1/16	3/16	5/16	7/16	1

(b) médias: 3,125; 1,875; 5; variâncias: 0,86; 0,86; 2,5

9. (a) 3,85; 1,46 (b) 3,78; 5,43

11. $\text{Cov}(X, Y) = 0,12$, $\rho(X, Y) = 0,197$

13. $E(XY) = 0 = E(X)E(Y)$, mas X e Y são dependentes, pois $P(X = 1, Y = 1) = 0 \neq 1/4 \times 1/4$

15. (a) independentes, covariância nula

(b) médias: 1, 1/2, 3/2;

variâncias: 1/2, 1/4, 3/4

16. 0,65

19. (a) $f_X(x) = e^{-x}, x > 0; f_Y(y) = e^{-y}, y > 0$

(b) $(1 - e^{-1})(e^{-1} - e^{-2})$

(c) $\rho = 0$, pois X e Y são independentes.

21. Densidades coincidem com as marginais do problema 19(a), pois X e Y são independentes.

23. $f_X(x) = e^{-x}, x > 0; f_Y(y) = 3 \cdot e^{-3y}, y > 0$; logo, independentes; densidades condicionais iguais às marginais.

25. $E(Y|x) = (6x + 16)/(3x + 6), 0 \leq y \leq 4$;
$E(Y|x = 3) = 34/15$;
$E(X|y) = (6x + 16)/(3y + 6), 0 \leq x \leq 4$;
$E(X|y = 2) = 7/3$

27. $f_Z(z) = (-2z^3 + 12z - 8)/3, 1 < z < 2$

29. $f_Z(z) = 2/(2 + z)^2, z > 0$

30. $E(Z) = 0$, $\text{Var}(Z) = 1/2$

32.

x	1	2	3
$p(x)$	0,2	0,4	0,4

y	0	1	2
$p(y)$	0,4	0,2	0,4

$x + y$	1	2	3	4
$p(x + y)$	0,2	0,2	0,4	0,2

$x - y$	0	1	2
$p(x - y)$	0,2	0,4	0,4

$x - y - 1$	−1	0	1
$p(x - y - 1)$	0,2	0,4	0,4

34. 35%

36. (a) 0,30; 1/6; dependentes (b) $\rho = -0,512$

39. $\rho(AX + B, CY + D) = \rho(AX, CY) =$
$= (AC)/(|AC|)\rho(X, Y) = \rho(X, Y)$, se $A > 0, C > 0$.

41. 6,17

44. $e^{-x}e^{-y} = f(x, y), \forall x, y > 0$

46. $E(\bar{X}) = \mu$, $\text{Var}(\bar{X}) = \sigma^2/n$

Capítulo 9

1. 18 mod 5 = 3, 360 mod 100 = 60.

3. u_i: 0,13; 0,65; 0,25; 0,25; ...; h = 3

4. u_i: 0,19; 0,47; 0,11; 0,43; ...; 0,87; h = 20.

6. $(x_1, ..., x_5) = (1, 3, 2, 2, 2)$, se u_i: 0,11; 0,82; 0,43; 0,56; 0,60

7. $(x_1, ..., x_{10}) = (5, 3, 4, 4, 4, 5, 4, 6, 5, 5)$, se u_i: 0,57; 0,19; 0,38; 0,33; 0,31; 0,54; 0,38; 0,79; 0,54; 0,55.

8. Geramos o número aleatório u e $x = (u - 1)^{1/3}$;
$x = -0,793$.

9. Para u_i: 0,419; 0,885; 0,111; 0,330; 0,036; 0,415; 0,188; 0,061; 0,127; 0,791; obtemos 0, 1, 0, 0, 0, 0, 0, 0, 0, 1.

10. Considere dez experimentos de Bernoulli, $E_1, ..., E_{10}$; em cada um deles, seja $X_i \sim \text{Ber}(0,2)$. Por exemplo, se em E_1 geramos os NA u_i: 0,11; 0,82; 0,00; 0,43; 0,56; 0,60; 0,72; 0,42; 0,08; 0,53; então os valores de X_1 respectivos serão 0, 1, 0, 0, 0, 0, 0, 0, 0, 0 e portanto a v.a. binomial é $Y = 0 + 1 + 0 + ... + 0 = 1$, e assim por diante.

11. Usando os u_i do problema 9, obteremos: T_i: 0,435; 0,061; 1,099; 0,554; 1,662; 0,440; 0,836; 1,398; 1,032; 0,117.

588 ESTATÍSTICA BÁSICA

12. (a) Usando os NA do problema 10 obtemos:

$x_1 = 0,332$; $x_2 = 0,906$; $x_3 = 0,000$; $x_4 = 0,656$; $x_5 = 0,748$; $x_6 = 0,775$; $x_7 = 0,849$; $x_8 = 0,648$; $x_9 = 0,283$; $x_{10} = 0,728$.

(b) Suponha $u_1 = 0,94$; então $z_1 = \Phi^{-1}(u_1) = -1,56$ e portanto $x_1 = 10 + 2z_1 = 13$, 12, etc.

(c) Para $u_1 = 0,94$, temos que $t_1 = 1,711$ etc.

14. Com os valores z_i gerados no problema 12(b), calcule $w = z_1^2 + z_2^2 + z_3^2$ etc.

17. Para $u_1 = 0,6$ e $u_2 = 0,09$, calcule z_1 e z_2 dadas no método de Box-Müller, obtendo $z_1 = 0,562$ e $z_2 = 0,357$. Repita.

19. [1] Suponha gerado $u_1 = 0,6$; [2] $r = 3/7 = 0,43$, $j = 0$, $pr = (0,7)^5 = 0,17$, $F = 0,17$. [3] $u_1 > F$ [4]$pr = (0,43)(5)(0,17) = 0,37$, $F = 0,17 + 0,37 = 0,54$, $j = 1$; [5]$u_1 = 0,6 < F$, logo coloque $x_1 = 1$. Repita para $u_2, ..., u_5$.

23. Suponha os três primeiros valores gerados da Exp $(1/2)$ do problema 11. Então o primeiro valor gerado de $X \sim$ gama $(3; 1/2)$ seria $x_1 = 0,435 + 0,061 + 1,099 = 1,595$. Continue.

Capítulo 10

1. (a) amostra não aleatória; opinião de operário está relacionada com sua chegada.

(b) alturas são amostra aleatória.

(c) amostra viesada.

(d) não há problemas se os supermercados forem, inicialmente, homogêneos quanto à venda de sabão em pó.

3. (c) 0,375%

4.

$\hat{\sigma}^2$	0	1	4	7
$p(\hat{\sigma}^2)$	7/25	10/25	6/25	2/25

7. (a) 0,68 (b) 1,00 (d) $n = 4$

9. (a) 7,51% (b) 84,13%

11. (a)

$\hat{p}$	0	1/8	2/8	3/8	4/8	5/8	6/8	7/8	1
$p(\hat{p})$	0,168	0,336	0,294	0,147	0,046	0,009	0,001	0+	0+

(b) $Y \sim N(1,6; 1,28)$

(c) razoável, pois n pequeno e $p \neq 1/2$

(d) $p = 1/2$

13. (a) 0,5

(b) zero

14. (a) $\mu = 12$, $Md = 12$, $\sigma^2 = 10,8$

(b)

$\bar{x}$	6	7	9	10,5	12	13,5	15	16,5	18
$p(\bar{x})$	0,01	0,04	0,12	0,20	0,26	0,20	0,12	0,04	0,01

distribuição da mediana é igual à distribuição de $\bar{x}$.

(c) $E(\bar{X}) = E(md) = 12$ (d) $Var(\bar{X}) = Var(md) = 5,4$; qualquer uma

(e)

z	-2,59	-1,94	-1,29	-0,65	0	0,65	1,29	1,94	2,59
$p(z)$	0,01	0,04	0,12	0,20	0,26	0,20	0,12	0,04	0,01

(f) $E(Z) = 0$, $Var(Z) = 1$

(g)

s^2	0,0	4,5	18,0	40,5	72,0
$p(s^2)$	0,26	0,40	0,24	0,08	0,02

(h) $E(S^2) = 10,8$, $Var(S^2) = 204,12$

(i)

t	-3	-1	-0,3	0	0,3	1	3
$p(t)$	0,04	0,24	0,04	0,10	0,04	0,24	0,04

Note que $\sum p(t) < 1$, pois $S = 0$, com probabilidade 0,26 e, nesses casos, não podemos definir t.

(j) $E(t) = 0$, $Var(t) = 1,2$ (k) $P(|t| < 2) = 0,76$, $P(|t| < 4,3) = 0,74$.

RESPOSTAS
589

17. $n = 1.692$

19. Note que $p(1-p) \leq 1/4$, logo $n \leq n_0$.

21. (a) 0,02275

(b) $n = 20$, probabilidade $= 0,0216$

(c) $n = 1$, probabilidade $= 0,31$

23. (a) $400/n$

(b) 0,617

(c) 0,317

(d) $d = 5,16$

(e) $n = 1.537$

25. (a) 0,2644

(b) 0,16

27. 0,06%

29. (a) máx. $= 72,28$

(b) máx. $= 48$, mín. $= 52$

(c) máx. $= 72$, mín. $= 52$

(d) 0,954

32. (a) Pelo TLC, $\bar{X} \sim N\left(\mu_1, \sigma_1^2/n\right), \bar{Y} \sim N\left(\mu_2, \sigma_2^2/m\right)$

(b) $E(D) = \mu_1 - \mu_2$, $\text{Var}(D) = \sigma_1^2/n + \sigma_2^2/m$

(d) $D \sim N\mu_1 - \mu_2$; $\sigma_1^2/n + \sigma_2^2/m$

34. 0,356

35. $\hat{p}_1 - \hat{p}_2 \sim N\left(p_1 - p_2; p_1(1-p_1)/n + p_2(1-p_2)/m\right)$

37. $f_M(m) = nm^{n-1}/\theta^n, 0 \leq m \leq \theta$

CM4. $\bar{X}_0 = 0, \bar{X}_1 = 3, S_1^2 = 0, \bar{X}_2 = 4, S_2^2 = 2,$
$\bar{X}_3 = 3,333, S_3^2 = 2,347, \bar{X}_4 = 3,998, S_4^2 = 3,333,$
$\bar{X}_5 = 4, S_5^2 = 2,510.$

39. $E(\hat{T}) = N\,E(\hat{X}) = N\mu = N(T/N) = T,$
$\text{Var}(\hat{T}) = N^2\text{Var}(\bar{X}) = N^2\left(\sigma^2/n\right)$

40. Substitua S^2 em [3] por $S^2 = \bar{x}_n(1-\bar{x}_n)$.

Capítulo 11

1.

$\hat{p}$	0,0	0,2	0,4	0,6	0,8	1,0
$P(\hat{p})$	0,32768	0,4096	0,2048	0,0512	0,0064	0,00032

$E(\hat{p})=0,2$, $\text{Var}(\hat{p})=0,032$.

3. $E(\hat{p}_1) = E(\hat{p}_2) = p$, $\text{Var}(\hat{p}_1) = p(1-p)/n$, $\text{Var}(\hat{p}_2) = p(1-p)$

4. $\hat{p}_1$ consistente, $\hat{p}_2$ não consistente

6. (a) $S(\mu) = 5\mu^2 - 76\mu + 390$

(b) $\mu = 7,6$

8. $\hat{\alpha}_{MQ} = y - \hat{\beta}_{MQ}\bar{x}; \hat{\beta}_{MQ} = \left(\sum(x_i - \bar{x})(y_i - \bar{y})\right)/\left(\sum(x_i - \bar{x})^2\right).$

10. $L(p) = p^3(1-p)^2; L(1/5) = 0,0512, L(2/5) = 0,02304,$
$L(3/5) = 0,03456, L(4/5) = 0,02048$

12. $\hat{P}_{MV} = \bar{x}$

13. $\hat{\lambda}_{MV} = \bar{y}$

14. $\gamma = 0,95 :]167,06; 172,94[$
$\gamma = 0,85 :]161,81; 168,19[$
$\gamma = 0,70 :]177,92; 182,08[$

16. (a) $n = 385$

(b) $n = 666$

18. $IC(p; 0,90) =]0,67; 0,73[$; conservador: $]0,667; 0,733[$

20. (a) $n = 3933$

(b) $]0,535; 0,566[$

21. (a) $t = 1,833$;

(b) 0,275

(c) 0,422

23. (a) $]148,37; 151,63[$

(b) $n = 100$

25. $\bar{x} = 400$; IC para salário médio: $]379,53; 420,47[$

27. (a) $]0,553; 0,647[$

(b) 2,7%

(c) A amostra seria impraticável: $n = 3.689.473$

29. $]0,471; 0,569[$

30. $\gamma = 0,64$

34. $P\{|k/n - p| \geq \varepsilon\} \leq \text{Var}(k/n)/\varepsilon^2 = p(1-p)/n\varepsilon^2.$

36. $\hat{\mu}_{MV} = \bar{X}, \sigma_{MV}^2 = \hat{\sigma}^2 = \sum(X_i - \bar{X})^2/n.$

CM5. (a) $V_M(\theta) = -\theta/(n+1) \to 0, n \to \infty$

(b) $EQM(T_2) = \text{Var}(T_2) = \theta^2/n(n+2)$

(c) T_2 consistente

CM8. (a) $]4,941; 5,247[$, amplitude $L_1 = 0,306$

(b) $]4,944; 5,244[$, amplitude $L_2 = 0,300$

(c) igual a (b), amplitude $L_3 = 0,300$.

Como $n = 1.000$, intervalos de (b) e (c) são iguais e $L_2 = L_3 < L_1$.

37. $]10,19; 10,41[$

39. $\hat{\lambda}_M = \bar{X}$ ou $\hat{\lambda}M = \hat{\sigma}^2$.

Capítulo 12

2. (a) $\alpha = 9,18\%$

(b) $\beta = 6,68\%$

(c) $RC = \{\bar{x} : \bar{x} \geq 1171,43\}$

4. $\alpha = 0,125$, $\beta = 0,7037$

5. (a) H_0: $\mu = 200$, H_1: $\mu = 210$

(b) $RC = \{\bar{x} : \bar{x} \geq 205\}$; $\alpha = \beta = 0,106$

7. H_0: $\mu = 60$, H_1: $\mu < 60$; $RC = \{\bar{x} : \bar{x} < 49,03\}$; não rejeitaria H_0: não há evidências de melhoria.

9. H_0: $\mu \geq 23$, H_1: $\mu < 23$; $RC = (-\infty, -1, 28]$, $z_{obs} = 1,3$, não rejeitamos H_0.

10. $\hat{\alpha} = 0,11$; logo, não rejeitamos H_0: $p = 0,5$.

13. Como $\hat{\alpha} = 0,010$, rejeitamos H_0: $p = 1/4$ e o programa deve ser modificado.

16. $\hat{\alpha} = 0,345$.

17. $\hat{\alpha} = 3,6\%$; logo, a técnica é melhor que a anterior.

19. $RC = \{\chi^2 : \chi^2 \leq 14,85 \text{ ou } \chi^2 \geq 32\}$; $\chi^2_{obs} = 30,67$; logo, a variância não mudou.

21. (a) $t = 1,833$

(b) $0,275$

(c) $0,422$

22. $\hat{\alpha} \approx 0$, donde rejeitamos H_0: $\mu = 100$, $\bar{x} = 85$ min.

24. (a) $IC(\mu; 0,95) =]36,04; 47,03[$

(b) $(\bar{X} - \mu)\ \sqrt{n}/S \sim t(n-1)$.

26. $RC = \{\bar{x} : \bar{x} \leq 26,3 \text{ ou } \bar{x} \geq 33,7\}$; $\bar{x} = 50,4$; rejeitamos H_0

$IC = (\mu; 0,95) =]46,7; 54,1[$

27. $z_{obs} = 2,22$; logo, rejeitamos H_0: $\mu = 11$.

30. (a) $n \approx 35$

(b) $RC = \{\bar{x} : \bar{x} \geq 205,6\}$

32. $t_{obs} = 4,75$; logo, rejeitamos H_0: $\mu = 7$;

$IC =]8,99; 12,61[$

34. (a) $n \approx 271$

(b) $]0,35; 0,45[$.

36. $\chi^2_{obs} = 19,2$; logo, rejeitamos H_0: $\sigma^2 = 25$.

38. (a) $\hat{\alpha} = 0,055$

(b) bilateral = 0,11

39. (a) $\hat{\alpha} = 0,633$

(b) bilateral > 1

Capítulo 13

1. (a) $a = 4,77$ (b) $b = 0,95$

3. Aceitamos H_0: $\sigma_A^2 = \sigma_B^2$; logo, as duas fábricas são igualmente homogêneas.

5. Aceitamos H_0: $\sigma_1^2 = \sigma_2^2$ e rejeitamos H_0: $\mu_1 = \mu_2$, logo, a população de homens e mulheres tem idades médias diferentes. Supomos populações normais.

7. Aceitamos H_0: $\sigma_1^2 = \sigma_2^2$ e rejeitamos H_0: $\mu_A = \mu_B$; $t_{obs} = -2,133$; logo, os dois tratamentos são diferentes; B é mais eficaz.

9. Aceitamos H_0: $\sigma_1^2 = \sigma_2^2$ e H_0: $\mu_1 = \mu_2$; $t_{obs} = 0,63$

10. $W_S = 87$, $z_{obs} = -1,36$; aceitamos H_0: $\mu_C = \mu_T$; $\hat{\alpha} = 0,09$ (unilateral)

12. (a) $0,8170; 0,8051$

(b) $0,18; 0,16$

(c) $0,9996; 0,9924$

15. $\hat{\alpha} = 0,5$

17. $v_{obs} = 2,37$; logo, rejeitamos H_0.

18. $v_{obs} = 2,03$; logo, rejeitamos H_0.

19. Supondo normalidade, $t_{obs} = -0,83$; aceitamos H_0: $\mu_D = 0$; $\hat{\alpha} = 0,42$. Usando Wilcoxon, $z_{obs} = -0,83$, $\hat{\alpha} = 0,41$.

25. Não rejeitamos H_0: $\mu_D = \mu_N$, $t_{obs} = 0,65$; a produção diurna é mais homogênea, mas a produtividade média é a mesma.

28. (a) $IC(\mu_B - \mu_A; 0,95) =]0,06; 1,94[$

(b) amostras de duas normais independentes, com variâncias desiguais desconhecidas.

RESPOSTAS

591

30. (a) Não rejeitamos H_0: $\mu = 7,6$ e H_0: $\mu = 6,5$; logo, as amostras servem para justificar as afirmações dos dois grupos.

(b) Aceitamos H_0: $\mu_1 = \mu_2$, $t_{obs} = 1,33$; logo, os salários médios dos dois grupos são iguais.

32. H_0: $\mu_D = 0$, H_1: $\mu_D < 0$; $t_{obs} = -2,09$, $v = 4$ g.l.; logo, aceitamos H_0; não há evidências de que a droga reduza a pressão; a variabilidade é muito grande.

33. $t_{obs} = -2,42$, $v = 132$ g.l. (usamos a normal!); rejeitamos H_0: $\mu_A = \mu_B$.

35. (a) $IC(p_A - p_B; 0,90) =]0,433; 0,567[$; como o zero não pertence ao IC, rejeitamos a hipótese de igualdade de opiniões nas duas cidades.

(b) $IC =]0,466; 0,534[$

37. (a) $t_{obs} = -2,12$, aceitamos H_0: $\mu_A = \mu_B$, $\hat{\alpha} = 0,06$

(b) $W_S = 58$, $z_{obs} = -1,66$, aceitamos H_0; $\hat{\alpha} = 0,05$

39. (a) $t_{obs} = 1,36$, aceitamos H_0: $\mu_N = \mu_C$ versus H_1 : $\mu_N > \mu_C$, $\hat{\alpha} > 10\%$

(b) $W_S = 121$, $z_{obs} = 1,22$, aceitamos H_0, $\hat{\alpha} = 11\%$

41. $P(W_S \geq 35) = P(W_S \geq 33 + 2) = P(W_S \leq 33 - 2) = P(W_S \leq 31)$

43. $t_{obs} = 7,813$, $\hat{\alpha} \approx 0$, $IC(\mu_D; 0,95) =]0,829; 1,423[$

Capítulo 14

1. $\chi^2_{obs} = 8,96$; logo, não rejeitamos H_0, para o nível $\alpha = 0,05$.

3. $\chi^2_{obs} = 0,563$; o valor tabelado, com 2 g.l., para o nível $\alpha = 0,01$ é 11,34; logo, os dados estão de acordo com o modelo.

5. $\chi^2_{obs} = 8,17$; logo, o dado é balanceado.

6. $\chi^2_{obs} = 6,95$; as duas populações são homogêneas, mesmo com $\alpha = 0,01$; $\hat{\alpha} = 0,078$.

8. As duas drogas são igualmente eficazes: qui-quadrado observado é 1,34.

10. $\chi^2_{obs} = 19,67$; logo, a opinião depende do local.

12. $\chi^2_{obs} = 33,63$; portanto, a tendência de o aluno prosseguir os estudos depende da classe social.

13. $\chi^2_{obs} = 4,04$, e para o nível $\alpha = 0,05$ rejeitamos a hipótese de que homens e mulheres têm a mesma fidelidade.

15. $T_{obs} = 2,37$ e rejeitamos H_0: $\rho = 0$; $IC(\rho; 0,95) = =]0,04; 0,873[$.

17. $\chi^2_{obs} = 51,4$; logo, o tipo de atividade está relacionado com o tipo de propriedade de embarcações.

19. $\chi^2_{obs} = 101,75$ e $\hat{\alpha} \approx 0$; logo, a preferência pelos sexos não é a mesma.

21. $r = 0,87$, $T_{obs} = 4,24$; logo, rejeitamos H_0: $\rho = 0$; o intervalo de confiança para ρ, com coeficiente de confiança 0,95, é $]0,414; 0,975[$.

23. $r = 0,41$; $\xi_0 = 0,4356$; a região crítica é $RC = = \{\xi : \xi < 0,071\}$, no nível $\alpha = 0,05$. Logo, a correlação entre os salários é menor que 0,6.

24. H_0: $\rho(X, Y) = 0$; H'_0: $\rho(X, Y) = 0$. Os valores amostrais são $r(X, Y) = 0,949$ e $r(X, Y) = 0,707$. Portanto, rejeitamos as duas hipóteses.

26. $P(X_1 = 5, X_2 = 2, X_3 = 3) = 0,064$.

Capítulo 15

2. Exemplo 15.2: $\hat{\mu} = 3,16$; $\hat{\alpha}_M = 0,22$; $\hat{\alpha}_T = -0,93$; $\hat{\alpha}_N = 0,50$

Exemplo 15.3: $\hat{\mu} = 10,70$; $\hat{\alpha}_1 = 1,63$; $\hat{\alpha}_2 = -2,67$; $\hat{\alpha}_3 = 1,03$

3. $IC(\mu; 0,95) =]77,9; 89,8[$; $IC(\sigma^2; 0,95) =]100,1; 356,5[$.

4. $F_{obs} = 2,197$; p-valor $= 0,15$; o tipo de escola não tem influência.

5. $F_{obs} = 6,18$; p-valor $= 0,02$; o período influencia.

6. $F_{obs} = 92,2$; p-valor $\leq 0,001$; há diferença de rendimentos entre as duas categorias.

8. Não, pois $F_{obs} = 1,038$ e p-valor $= 0,37$.

9. (a) Sim, pois $F_{obs} = 487,23$ e o valor tabelado de $F(2,77)$, com $\alpha = 0,05$, é 3,11.

(b) $8,43 \pm 0,36$

10. Não há evidências, pois $F_{obs} = 3,90$ e o valor tabelado de $F(1,8)$, com $\alpha = 0,05$, é 5,32.

11. Existe evidência de efeitos distintos, pois $F_{obs} = 29,79$ e o p-valor $\leq 0,001$.

ESTATÍSTICA BÁSICA

Bonferroni sugere $\mu_I = \mu_{II} > \mu_{III} = \mu_{IV}$.

12. Sim, $F_{obs} = 16,47$, p-valor $< 0,001$. Bonferroni indica $\mu_C = \mu_B < \mu_D = \mu_A = \mu_E$

13. Há evidências de que as médias são diferentes, pois $F_{obs} = 6,05$ e p-valor $= 0,008$.

Bonferroni sugere $\mu_1 = \mu_2 < \mu_3$.

16. Rejeitamos a hipótese ($F_{obs} = 59,0$; o valor tabelado $= 3,11$). Por Bonferroni, teríamos $\mu_H < \mu_E < \mu_B$.

17. Não deve ser um único autor ($F_{obs} = 6,71$, valor tabelado $= 3,03$). Possibilidades sugeridas por Bonferroni: $\mu_1 = \mu_3 < \mu_4$; $\mu_1 = \mu_2 = \mu_3$; $\mu_2 = \mu_4$.

21. $M/C = 2,01$, p-valor $= 0,367$; os grupos são homocedásticos.

23. $IP(Y_{40}; 0,95) =]102,77; 131,73[$; $IC(\mu_{40}; 0,95) =]110,77; 123,73[$

Capítulo 16

1. (a) $\hat{z}_i = 101,50 - 0,55x_i$

(b) Sim, para o indivíduo 19.

2. (a) $\hat{y}_i = 6,87 - 0,26x_i$

3. (b) $\hat{y}_i = 50,46 - 0,38x_i$

(c) $132,4°$

6. (a) $S^2 = 100$; $S_e^2 = 88,75$

(c) $R^2 = 18,9\%$

(b) Não (p-valor $= 8\%$)

7. (b) $\hat{y}_i = 0,662 + 0,539x_i$

(d) Sim; $S_e^2 = 1,023$ e $S^2 = 22,013$.

(e) Sim, p-valor $\approx 0,00\%$.

11. (a) $]-1,18; 0,08[$

(b) $]82,21; 120,79[$

(c) $F_{obs} = 3,41$, p-valor $= 0,08$; logo, não rejeitamos $\beta = 0$.

17. (a) $]82,84; 100,32[$

(b) $]80,59; 89,41[$

(c) $]29,90; 93,10[$

18. $16,832 \pm 0,876$

19. (b) $\hat{y}_i = 32,12 - 2,52x_i$

(d) encontra-se sobre a reta.

(e) $]16,95; 22,09[$

23. (a) $\hat{y}_i = 323,62 + 131,72x_i$; $F_{obs} = 13,68$, valor tabelado $F_c = 3,07$, rejeito H_0: $\beta = 0$

(c) $982,2 \pm 147,2$

(d) $t_{obs} = 0,16$, $t_c = 1,753$. Não há evidências para rejeitar H_0.

26. $\hat{y} = 0,159 + 1,228x$; $t_{obs} = 4,85$, $t_c = 2,101$. Rejeita-se H_0.

29. (b) $\hat{y} = 1,312 + 1,958x$; $\hat{y} = 25,710 - 1,126z$.

(c) maior p-valor

(d) $16,98 \pm 1,89$

32. $IC(\alpha^*; 0,95) =]5,03; 5,51[$, $IC(\beta; 0,95) =]0,24; 0,32[$

33. $IC(\alpha; 0,95) =]153,40; 247,54[$

34. (a) $IC(\mu(28); 0,95) =]102,98; 108,43[$

(b) $IP(Y(28); 0,95) =]93,64; 117,76[$

36. (a) $\hat{y} = 10 + 12x$

(c) $106,97$

Capítulo 17

1. (a) discreta.
   (b) contínua.
   (c) discreta.
   (d) contínua.

2. (a) não estacionária.
   (b)-(c):
   $\Delta X_t = (16,5; 19,7; 22,4; 36,2; 39,5; 46,4; 68,5; 86,4; 135,1; 221,3)$,
   $\Delta^2 X_t = (3,2; 2,7; 13,8; 3,3; 6,9; 22,1; 17,9; 48,7; 86,2)$, ambas são não estacionárias.

3. Previsões: 178,68 e 182,92; erros estimados: 10,56 e 87,38.

5. $\hat{\beta}_0 = \overline{X} - \hat{\beta}_1 \overline{t}$,
   $\hat{\beta}_1 = \dfrac{\sum_{t=1}^{n} t X_t - \left[\left(\sum_{t=1}^{n} t\right)\left(\sum_{t=1}^{n} X_t\right)\right]/n}{\sum_{t=1}^{n} t^2 - \left(\sum_{t=1}^{n} t\right)^2/n}$,
   com $\overline{t} = \sum_{t=1}^{n} t/n = n(+1)/(2n)$ e
   $\sum_{t=1}^{n} t^2 = n(n+1)/(2n+1)/6$

10. $\hat{X}_{17}(1) = 51,33$; $\hat{X}_{18}(1) = 47,33$; $\hat{X}_{19}(1) = 50,67$.

13. $\hat{\gamma}(1) = -144,22$ e $\hat{\rho}(1) = -0,77$

14. As autocorrelações se mantêm quase constantes e iguais a um.

15. A diferença do logaritmo da série parece ser estacionária, e suas autocorrelações comportam-se como as de uma série estacionária.

17. (a) a série é não estacionária e tem uma tendência não linear.
    (b) a série parece ser estacionária, mas há dois valores atípicos no final ($t = 134$ e $t = 135$), que a tornam "localmente estacionária" (esse conceito é mais complicado e não será discutido neste livro).
    (c) o logaritmo da série tem uma tendência que se aproxima de uma tendência linear, e a diferença torna a série dos logaritmos "mais estacionária", atenuando os dois valores atípicos.

23. Usando SEHW e o pacote forecast obtemos a Figura 17.15. Use a função predict para obter as previsões e os intervalos de confiança.

Figura 17.15 Ajuste e previsões (linha cinza clara) usando SEHW para a série Ubatuba (linha escura).

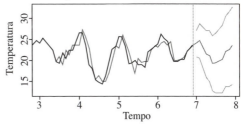

ÍNDICE REMISSIVO

– A –

Amostra
  aleatória simples, 288-291
  com reposição, 288, 289, 290, 293, 294
  estratificada, 314
  por conglomerados, 314
  sem reposição, 289, 309
  sistemática, 314
  tamanho de uma, 307-309
Análise
  bidimensional, 226, 243, 244, 251-253, 277-278
  de aderência, 422-440
  de dados, 4, 7, 9, 76-116, 269, 472
  de resíduos, 492-499
  exploratória de dados, 13-116
Aproximação normal, 202-203, 210, 308
Associação
  entre variáveis, 81-83, 88-99

– B –

Bayes, T., 339
  Teorema de, 10, 133-138, 139, 339, 340, 341
Bonferroni, 462, 468, 469
Bootstrap, 7, 343-345
Box Plots, 53-56

– C –

Coeficiente
  de contingência, 84, 87, 88
  de correlação, 93-95, 103
  de variação, 72
Comparação de médias, 461-463
Confiabilidade, 131
  teoria da, 130

Contrastes, 468
Covariância, 94, 236-240
Curva de nível, 227, 228, 253

– D –

Dados, estatística e ciência de, 5-7
Densidade
  de frequência, 23-24, 35
  de probabilidade, 185-186, 190, 244, 247, 253, 284
Desigualdade de Chebyshev, 349
Desvio
  absoluto mediano, 46, 72
  médio, 44, 46
  padrão, 45-46, 47, 51, 53
Distribuição
  amostral da média, 297-301
  amostral da mediana, 295, 296, 304
  amostral da proporção, 301-303
  amostral da variância, 304
  Bernoulli, 160-161
  Beta, 213, 223
  binomial, 162-165
  condicional, 228, 229, 230, 246, 277
  conjunta, 76, 78, 79, 81, 82, 83, 88, 225-228, 230, 232, 236
  de frequências, 17, 18, 22, 23, 42, 43, 78
  de frequências de variável, 147
  de Pascal, 182
  exponencial, 182, 192
  F de Snedecor, 212-213
  Gama, 208-209
  geométrica, 169, 175, 181
  hipergeométrica, 165-166
  lognormal, 222
  Mann-Whitney, 395
  marginais, 244, 277, 341

multinomial, 442
normal, 26, 52, 56, 58, 74, 196, 197, 199, 211, 222
normal bidimensional, 251-253
Pareto, 213, 221
Poisson, 166-170
qui-quadrado, 209-211
t de Student, 211-212
uniforme, 158-159, 183, 184, 185, 189, 194, 195, 196
Weibull, 213, 222
Wilcoxon, 386, 395, 397, 401

– E –

Erro
padrão, 53, 337-338
quadrático médio, 322, 348, 350
Escalas, 19
Espaço amostral, 120-121, 125
Esperança
condicional, 230
matemática, 153, 156
Estatísticas
de ordem, 42, 48, 52, 292, 396
Estimação de parâmetros, 316, 473-476
Estimadores
consistentes, 321
de momentos, 324-325
de máxima verossimilhança, 328-330
de mínimos quadrados, 325-327
não viesados, 305-306, 322
propriedades de, 318-323
Evento(s)
aleatório, 120, 257
certo, 122
impossível, 122
independentes, 132, 147
intersecção, 123
reunião, 123
Excel, 8, 13, 309

– F –

Frequência
absoluta, 23, 36
acumulada, 36-37
relativa, 17, 42, 64
Função
característica de operação, 357
de distribuição acumulada, 65, 69, 156-157, 175, 190-192
de distribuição empírica, 37, 38, 70, 438
de probabilidade, 149, 150, 156, 159, 160, 165, 175
de variáveis aleatórias, 232-234
de verossimilhança, 329, 330, 339

– G –

Gráfico
de dispersão, 2, 21, 27, 28, 29, 30, 31, 88-92, 100, 471
de dispersão simbólico, 103, 105
de quantis, 10, 69, 495
de simetria, 57, 58, 61
em barras, 20, 21, 23
em setores, 21
para variáveis, 20-24

– H –

Hipótese
alternativa, 356, 357
Histograma, 23, 24, 25, 26, 28, 29, 30, 33
alisado, 33, 35, 36, 185

– I –

Independência
de eventos, 127, 129
de variáveis, 238-250
Inferência
Bayesiana, 136, 139, 338-342
estatística, 1, 3, 10, 136, 139, 281-548

ÍNDICE REMISSIVO

para duas populações, 384-417
para várias populações, 433-468
Intervalo
de confiança, 332, 332, 333, 345,
406, 411, 415, 416, 417, 436,
489-490, 500
de predição, 469, 490-491
interquartil, 51
para a média, 327, 330
para a variância, 327

— L —

Lei dos grandes números, 349

— M —

Média
aparada, 43, 53, 72
aritmética, 41-42
de v.a., 154
Mediana
amostral, 296, 303
de v.a., 42
Medidas
de associação, 84-88
de dispersão, 43-46
de posição, 41-43
resistentes, 43
resumo, 41-75
Método
congruencial, 260, 261
de máxima verossimilhança, 328,
335
de mínimos quadrados, 325
Minitab, 7
Modelos
de v.a., 262
lineares, 327, 443, 472, 473, 477,
482, 489
não lineares, 494, 499, 500-505
para duas subpopulações, 448-457
para mais de duas subpopulações,
457-461

probabilísticos, 10, 74, 119, 146,
158-170, 183, 193-202, 257,
281
Monte Carlo, métodos, 257

— N —

Números
aleatórios, 257-261, 265, 267,
273, 290, 344, 345, 572
pseudo-aleatórios, 242, 245
tabela(s) de, 259, 289, 312, 572

— O —

Outliers, 54, 55

— P —

Pacotes estatísticos, 7, 8, 265
Parâmetro(s), 281, 283, 285, 292
População, 281-284
Porcentagem, 17, 18
Probabilidade(s), 77, 114, 119-145,
146-156
condicional, 127-131
propriedades, 122-126
regra do produto, 128
subjetiva(s), 138-139
Processo
de Poisson, 166-170
estocástico, 172, 288
Proporção, 17

— Q —

Quantis
empíricos, 47-53
teóricos, 173
Qui-quadrado, 85, 86, 88, 209-211

— R —

Ramos-e-folhas, 95, 313

Regressão
   análise de resíduos, 492-497
   ANOVA, 481
   estimação, 473, 477-479
   intervalo de confiança, 489-490
   intervalo de predição, 490-491
   linear simples, 479
   modelos especiais, 499
   resistente, 505-507
   soma de quadrados, 470
Resumo de dados, 13-40

— S —

Simulação, 175, 215, 257-278
   Bernoulli, 266
   binomial, 266
   exponencial, 267
   Gama, 271, 277
   qui-quadrado, 268, 271
   v.a., 262-266
Soma de quadrados, 326, 449, 450, 480
   dentro, 450, 454
   entre, 454
   regressão, 480
   total, 454
SPlus, 7, 8, 52, 53, 60, 62, 96, 97, 165, 216, 260, 165, 169-271, 309, 428

— T —

Tabela
   ANOVA, 455
   de contingência, 425
   de dupla entrada, 77
Técnicas computacionais, 5
Teorema Limite Central, 203, 298
Transformações
   de Box-Müller, 268, 276
   de variáveis, 59
Teste
   de aderência, 425-428, 437-440

   de hipótese, 10, 285, 316, 352, 359-360, 361
   de homoscedasticidade, 463-464
   de homogeneidade, 385, 423, 429-432
   de independência, 432-433
   de Kolmogorov-Smirnov, 439
   de Mann-Whitney, 395
   de média, 361
   de proporção, 363-366
   de variância, 373
   de Wilcoxon, 386, 395-397
   erros de um, 353-358
   nível de significância, 360
   para coeficiente de correlação, 434-437
   poder, 366-370
   região crítica, 360
   T, 378, 386, 387, 402, 404

— V —

Valor médio
   amostral, 6, 337
   de v.a., 153-154
   propriedades do, 155-156
Valor-p, 370-372
Valores
   atípicos, 43, 54
   discrepantes, 51
Variáveis
   aleatórias, 76, 146-182, 183-224, 225-256, 262-266
   contínuas, 183-224
   discretas, 158-171
   independência, 162
   multidimensionais, 225-256
   nominais, 43
   ordinais, 43
   qualitativas, 43
   quantitativas, 43
Variância
   amostral, 333, 338
   de v.a., 154, 337